BIBLIOTHEQUE
DES ARTISTES ET DES AMATEURS:
OU
TABLETTES ANALYTIQUES,
ET MÉTHODIQUES,
SUR LES SCIENCES ET LES BEAUX ARTS;
DÉDIÉE AU ROI.

Ouvrage utile à l'Instruction de la Jeunesse, à l'usage des Personnes de tout âge & de tout état, orné de Cartes & d'Estampes en Taille douce : avec une Table raisonnée des Auteurs, sur l'usage & le choix des Livres.

PAR l'Abbé DE PETITY, Prédicateur de la REINE.

Omnia in Mensurâ, & Numero, & Pondere disposuisti. Sap. cap. 11. v. 21.

TOME II. PART. II.

A PARIS,
Chez P. G. SIMON, Imprimeur du Parlement, rue de la Harpe, à l'Hercule.

M. DCC. LXVI.
AVEC APPROBATION ET PRIVILEGE DU ROY.

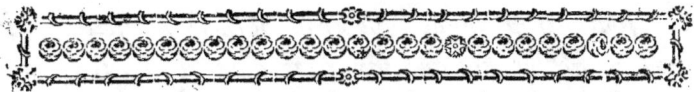

AVERTISSEMENT.

L'Intérêt d'un Ouvrage dérive de trois Sources principales ; d'un Sujèt qui affecte, d'un Plan qui satisfait, d'un Style qui attache.

1°. la Vérité, l'Utilité, & la Variété, sont les qualités les plus précieuses du Sujèt ; & celles qui contribuent le plus à le rendre capable d'affecter. Nous avons tâché de définir, de peser, de comparer toutes ces qualités ; & nous indiquons celles qui méritent la préférence, lorsqu'on n'a pas pû les réunir toutes.

2°. Le Plan pour satisfaire, doit réunir la Justesse, la Netteté, la Simplicité, la Fécondité, l'Unité, & la Proportion. « Mesures, dit un Sçavant Auteur (a), mesurés le Compas à la main, le Cercle que vous allés parcourir ; entrés par son Centre ; donnés à chacun de ses rayons sa place naturelle.... Empêchés qu'aucun d'eux ne passe la circonférence, ou ne se jette à côté, & n'aille croiser un rayon voisin.... Rejettés les notions vulgaires, tou-

---

(a) Le Père Curetti.

AVERTISSEMENT.

« jours trop vagues ou trop bornées ; rejettés plus
« encore les notions favorites d'un tel parti, d'une
« telle secte ; bâtissés, non pour le préjugé qui passe,
« mais pour la vérité qui demeure ; remontés à des
« principes que l'Opinion soit forcée d'admettre, &
« la Passion de respecter ; ces principes, créés-les,
« s'ils manquent.... Combinés d'après le Génie,
« mais ordonnés d'après la Nature ; ayés le coup-
« d'œil de l'un, & le secrèt de l'autre ».

Telle est la netteté du Plan de cet Ouvrage, il enseigne à placer les différentes parties & les différentes vûes, de manière qu'elles s'éclairent mutuellement, & qu'on tire de leurs clartés réunies une grande & forte Lumière, qui perce le sujèt dans toute sa profondeur, & répand le jour dans toute sa surface.

La principale règle que nous avons suivie, a été de subordonner la foule des Vérités secondaires, à Deux, à Trois, ou Quatre Vérités primitives, qui les dominent sans résistance, & les embrassent sans restriction ; nous avons tâché de soutenir, d'élever un Principe par son énergie intrinsèque, & sans aucun appui extérieur.

On pourroit en quelque sorte appliquer à l'unité, aux proportions du plan, & aux différentes parties de

AVERTISSEMENT.

l'Ouvrage; l'idée qu'Ovide (a) nous donne des Heures qui entourent le Char du Soleil. « *Elles se meuvent, dit-* » *il, à des intervalles égaux; elles s'appellent, elles* » *se reconnoissent, elles s'embrassent en quelque sorte* » *l'une l'autre; elles ont presque le même air, sans* » *avoir les mêmes traits: enfin on les reconnoît, &* » *on les distingue comme des Sœurs* ».

Facies non omnibus una,
Nec diversa tamen qualem decet esse Sororum.

Mais tout ce Plan merveilleux (ne manquera-t-on pas de dire,) n'est fondé que sur des conjectures. Quelle vaste Carrière n'ouvre-t-il pas à la Critique? Quelle finesse, quelle sagacité? Pour ne pas se laisser séduire par de fausses ressemblances, pour rapprocher les choses en apparence les plus éloignées, pour les ramener à leur vrai principe. Cet Ordre Systématique, singulier & nouveau, ne sent-il pas la Cabale? dira quelqu'un. De ce Plan, dira celui-ci, naissent les anciennes Opinions de Platon & de Pytagore sur les Nombres? Quelle Chimère!

Voici ma réponse. La Cabale des Juifs étoit une

(a) Métamorph. L. 2.

AVERTISSEMENT.

Doctrine merveilleuse qui dévoiloit, à ce qu'on difoit, les Secrèts de la Religion, & même ceux de la Nature. Jamais Science ne fit efpérer à fes partifans de plus grands avantages; elle promettoit de les affranchir de l'Erreur & des foibleffes de l'Humanité, de les conduire dans des routes pleines de lumières, de leur rendre familier le commerce des intelligences fpirituelles, de les unir étroitement avec Dieu, de leur communiquer le Don des Langues, l'Efprit de Prophétie, & le Pouvoir de faire des Prodiges. Telles étoient les prétentions de ceux qui fuivoient l'Étude de la Cabale dans toute fon étenduë. Plufieurs n'en embraffoient qu'une partie, négligeant, ou même condamnant quelquefois le refte. L'un fe livroit à des idées abftraites, & ne cherchoit que des connoiffances purement fpéculatives; l'autre s'attachoit dans fes opérations, à produire des effèts fenfibles: celui-ci fe flattoit de trouver dans les Livres Saints tous les fecrèts qu'il vouloit fçavoir; celui-là lifoit l'Hiftoire de l'Univers dans les Aftres: chacun, felon fon goût, ou fuivant le degré d'intelligence qu'il pouvoit avoir.

Les moyens dont on fe fervoit pour acquérir tant de fublimes connoiffances, n'étoient pas des moyens ordinaires. Les Sciences Humaines roulent cependant

AVERTISSEMENT.

toutes sur l'expérience, ou sur le raisonnement; celle-ci n'employoit qu'une Combinaison de Lettres, de Nombre, ou de quelques autres Symboles.

Il est donc évident que la Cabale ne porte point avec soi le Caractère de la Sagesse; on ne sent que trop, qu'elle est l'Ouvrage des hommes. Principes faux ou incertains, Maximes superstitieuses, Interprétations arbitraires, Allégories forcées, Abus manifeste des Livres Saints, Mystères recherchés dans les événements, dans les objets réels, & dans les Symboles; Vertus attribuées à des jeux d'imagination sur les Mots, sur les Lettres, & sur les Nombres; Attention à consulter les Astres, Commerce prétendu avec les esprits, Récits fabuleux, Histoires ridicules; tout y respire l'imposture, & la séduction, tout nous y avertit, que cette Doctrine ne vient pas du Ciel.

Voilà ce qu'en pensent les hommes judicieux, sçavants, profonds; & par ce qu'on a pû lire jusqu'à présent de cet Ouvrage, peut-on sensément m'opposer de semblables difficultés?

Afin de me mettre à la portée de tout le monde, j'hazarde une Comparaison. Bien des gens entrent dans un Appartement, dans une Gallerie, dans un beau Sallon; ils y sont assés long-temps, sans voir le quart

AVERTISSEMENT.

de ce qu'il y a à voir ; & sans s'arrêter à ce qu'il y a de plus remarquable, parlent beaucoup cependant, & ne disent rien de sensé ; précipitant leur jugement sur tout, loüant ou blâmant sans réfléxion, sans aucune intelligence, & sans se donner le temps de réfléchir sur les impressions qu'on a reçûës, pour parler en conséquence ; & tout cela se fait ou d'un air gauche, embarrassé, ou en Fanfaron.

Un Curieux intelligent qui entre dans un Cabinèt, jette un coup-d'œil général, & voit des yeux de l'âme, plus encore que des yeux du corps ; la Disposition, l'Arrangement, la Symétrie, & l'effet du tout ensemble. Il joüit des diverses manières, & des différents talens, souvent contrastés, & même diamétralement opposés des plus grands Maîtres ; pour arriver au même but, qui est l'Imitation. Rien n'échappe à l'Homme intelligent. Les Glaces, les Lustres, les Girandoles, leurs formes, leurs qualités ; ainsi que des différentes tables de Marbres précieux, Cabinèts, Coffres & Boëtes de Laque du Japon, Bronzes & Figures de Marbre, Porcelaines de prix, Pendules, & autres Ouvrages de Marqueterie ; Tapisseries, Lits & Meubles de goût.

On doit donc entrer dans le détail d'un Cabinèt,
en la

AVERTISSEMENT.

en le parcourant, commençant par la porte, & en faisant le tour ; donnant à chaque morçeau l'attention convenable, pour tâcher d'en conserver quelques traçes dans l'esprit ; & l'idée sera complette, si l'impression est agréable.

La comparaison est sensible ; je laisse au Lecteur intelligent d'en tirer la conséquence.

3°. J'ai cru remarquer dans la plûpart des Dictionnaires peu d'éxactitude dans quelques-uns, plusieurs fautes essentielles dans quelques autres ; des omissions considérables dans ceux-ci, des contradictions manifestes dans ceux-là. Mon Plan est donc en général d'être plus éxact que les premiers, moins fautif que les seconds, plus étendu que les troisièmes, plus d'accord avec moi-même que les derniers ; de rassembler sur chaque Faculté, & comme sous un seul point de vûë, (avec le secours des Cartes, ou Tablettes Méthodiques), tout ce qui se trouve de bon & de correct, non-seulement dans le grand nombre des Dictionnaires déja imprimés, mais encore dans tous les Livres qui ont paru avec l'approbation des Sçavants ; j'ai beaucoup puisé dans les Mémoires des différentes Académies, dans les Journaux des Sçavants, dans ceux de Trévoux, & autres ; dans les Mercures

AVERTISSEMENT.

de France, dans les Feuilles périodiques, Avis divers, &c. J'ai tâché de me rendre utile au Public, en lui faisant part de cette Compilation ; qu'on pourra regarder sans trop de prévention, comme bonne, dès qu'elle sera finie, & qu'on en pourra envisager toutes les parties.

Plusieurs personnes qui ont eu communication de mon Projet, & qui ont lû quelques articles de Science ou d'Art, m'ont conseillé, pour la perfection de l'Ouvrage, & la plus grande commodité des Lecteurs, de l'enrichir de Figures. M. Simon Imprimeur du Parlement, en conçut tout l'agrément & toute l'utilité ; & pour ne rien épargner de ce qui pouvoit contribuer à la satisfaction du Public, il s'est porté de lui-même à en faire la dépense.

On sent fort bien qu'un Ouvrage de cette nature, sera utile, nécessaire, & commode ; mais on doit encore mieux sentir quelle en est la difficulté : combien il faut de temps, de travail, & d'éxactitude pour le conduire à sa fin. Je ne me flatterois jamais d'y réussir, sans les secours de toute espèce que je trouve, non-seulement dans les sources que j'ai déja citées ; mais encore dans toutes sortes de bons Livres. J'espère en puiser de nouveaux dans la bonne volonté de ceux

AVERTISSEMENT.

qui ont du zèle pour la République des Lettres ; j'ai déja eu le bonheur d'en trouver. M. le Roux Deshautesrayes, Professeur Royal en Langue Arabe, Interprête du Roi pour les Langues Orientales, & associé de l'Académie Royale d'Angers, a bien voulu se charger de tout ce qui concerne les Douze Mères Langues, dont la notice forme seule plus de la moitié de ce Volume ; mais comme il est mon ami, je laisse à de meilleures plumes, à apprécier l'immensité de ses recherches, & son profond sçavoir. M. Paillasson Expert-Écrivain-Juré-Vérificateur, & Professeur actuel de l'Académie Royale d'Écriture, a donné tous ses soins, sur les principes d'un Art si nécessaire à l'Éducation.

Je ne m'en tiens pas là : je prie les Sçavants de vouloir bien m'aider de leurs conseils, chacun dans les différents genres d'étude qu'ils ont affecté. Je recevrai avec reconnoissance & docilité, tout ce qui pourra servir à la perfection de mon Dessein ; je profiterai avec joye des Mémoires que des personnes éclairées & sans prévention, voudront bien me procurer.

Je ne puis dire au juste à quel nombre de Volumes s'étendra la Bibliothèque des Artistes & des Amateurs : cet objèt dépendra des Mémoires & des

AVERTISSEMENT.

secours qu'on me fournira, des conseils & des avis que je recevrai ; enfin des moyens qui se présenteront pour la continuation de cet Ouvrage.

Je me suis prescrit un Ordre de travail, mes Tablettes Méthodiques sont toutes faites ; mes Extraits sont fort avancés pour les Volumes qui suivront ; presque toutes mes matières sont ébauchées, & en train d'être suivies. Les obstacles ne m'ont point rebuté jusqu'à présent ; & j'espère parvenir, à force de veilles & de soins, au But que je me suis proposé.

IMPRIMERIE.

Le Blanc étant la couleur la plus pure et la plus susceptible de l'Impression, tel est le vêtement de cette Déesse. Cette langue de feu sur sa tête exprime son activité, sa vigilance; elle marque aussi que la qualité principale de l'Imprimerie est d'être pure dans la Correction. Les gros volumes et balles de papier sur lesquels elle est assise, avec cette devise SEMPER UBIQUE, *indiquent naturellement, que par le secours de l'Imprimerie, les écrits des Sçavants se répandent par toute la Terre. La Cassette des lettres alphabétiques, le* Visorium, *le* Composteur, *la Galée, la Presse, le Chassis, et le petit Génie pliant des feuilles, sont des attributs qui s'expliquent d'eux-mêmes. Le Serpent mordant sa queuë en forme de cercle, est le symbole de la réunion des lettres, pour composer des mots, assembler les dictions, les défaire, les distribuer chacune dans sa Casse, les remettre, et les reserver pour l'usage d'une autre Forme.*

L'Ovale est surmonté d'un Crible, *emblême du sage, qui sçait discourir et raisonner à propos des choses divines et humaines: le propre de cet instrument étant de séparer le son de la farine, le bon du mauvais; &c. Les Cannes ou roseaux, rouleaux de Papyrius ou écorces d'arbres, avec la peau de mouton indiquent les rares et sçavants Écrits des Anciens.*

Tome II.

IMPRIMERIE.

C'est une Déesse assise sur plusieurs gros Volumes et Ballots de papier, ayant sur la tête une langue de feu, tenant de la main gauche un Composteur, regardant attentivement le Visorium, et prenant en même-tems de la droite, une lettre dans un des Casseaux d'Imprimerie: à ses pieds on apperçoit un Serpent bigarré mordant sa queue en forme de Cercle. A ses côtés est un petit Génie pliant des feuilles imprimées sur une petite table, près de lui, on voit une Presse, un Chassis, une Forme d'Imprimerie, avec des Coins et un marteau; l'Eloignement est orné d'une petite Bibliothèque.

Unité.
Caractères.

Binaire.
Impression noire, Impression rouge et noire.

Ternaire.
Composition, Correction, Distribution.

Quaternaire.
Papier, Parchemin, Carton, Satin.

Septénaire.
Les sept Formats les plus ordinaires.

in-Folio, in-Quarto, in-Octavo, in-Douze, in-Dix-huit, in-Vingt-quatre, in-Trente-deux.

Duodénaire.
Les douze Mères Langues.

Hébreu	Arabe	Syriaque	Ethiopien	Arménien	Grec	Romain	Islandois	Russe	Tartare	Géorgien	Malabar
Samaritain, Rabinique	Pers.	Chr. de S.t Thom., Mronchelea			Boustrophédon, Capit. ?	Étrusque, Gothique, Allemand, François	Anglo-Saxon, Runique, Moeso Gothique, Irlandois	Ancien, Moderne, Ovrien, Illirien	Thibétan, Mantchou.		

Tome II. partie 2.de

TABLETTES ANALYTIQUES
ET MÉTHODIQUES,
SUR
DIVERSES SCIENCES ET BEAUX ARTS.

DE L'IMPRIMERIE.

DISCOURS PRÉLIMINAIRE,
Sur l'Imprimerie.

'ART d'Imprimer, fut inventé vers le milieu du quinzième Siècle ; les uns en attribuent l'Invention à Jean Faufte Bourgeois de Mayençe, & à Pierre Scheffer fon gendre ; qui ne pouvant faire la dépenfe qui étoit néceffaire pour réuffir dans cette Entreprife, y affocièrent Jean Guttemberg, Gentilhomme de la même Ville de Mayençe. D'autres veulent que ce Jean Guttemberg ait été Chevalier Allemand de la Ville de Strasbourg, qui ayant formé le Projèt de l'Imprimerie, alla à Mayençe ; où il entra en Société avec Jean Faufte, & Pierre Scheffer.

Il y en a qui foutiennent que Jean Mentel, Bourgeois de Strasbourg, a été l'Inventeur de cet Art ; & qu'il fut trahi par Jean Gansfleifch fon valet, qui ayant communiqué fon fecrèt

Tome II.   Q q

à Jean Guttemberg, se retira avec lui à Mayençe ; où ils s'associèrent avec Fauste & Scheffer. Ils assurent que l'Empereur Frédéric III. voulant faire honneur à ce Jean Mentel, lui donna pour Armes un champ de gueules au Lyon couronné d'or, accolé d'un Rouleau voltigeant d'azur.

Si l'on s'en rapporte à ce que publient les Hollandois, l'Invention de cet Art est dûë à Laurent Coster, Bourgeois de Harlem dans le Comté de Hollande ; auquel Jean Fauste qui demeuroit chés lui, enleva ses Caractères pendant la Messe de Minuit, & se retira à Mayençe. Les Célestins de Paris ont dans leur Bibliothèque un Livre intitulé *Speculum Salutis*, imprimé par ce Coster ; mais il ne paroît pas, que cette Impression ait été faite avec des Caractères séparés. Il y a sujèt de croire, qu'il s'est servi seulement de Planches gravées.

Les premiers Livres imprimés que l'on ait vûs en Europe, sont un Durandus *de Ritibus Ecclesiæ*, de l'Année 1461 ; & une Bible qui fut achevée d'imprimer en 1462 par Jean Fauste & Pierre Scheffer. Jean Fauste en apporta à Paris plusieurs éxemplaires, dont il y en avoit beaucoup en vélin, ornés de Grandes Lettres & de Vignettes d'Or faites à la main ; & comme d'ailleurs l'Impression de cette Bible étoit tout-à-fait semblable à l'écriture, il les vendit extrêmement chèr, comme autant de manuscrits. Cependant comme il en avoit apporté grand nombre, l'égalité de l'écriture ayant paru impossible dans tant de Volumes par les voyes naturelles ; on le soupçonna de Magie, & l'accusation qu'on lui fit devant le Juge, l'obligea de quitter Paris, & de retourner à Mayençe.

Cette Bible se trouve dans plusieurs Bibliothèques de Paris. Nicolas Janson qui s'établit à Venise en 1486, est le premier qui ait commencé à polir & à embellir l'Imprimerie. Alde Manuçe inventa le Caractère Italique dans la même Ville, vers l'an 1495 ; & eut la Gloire d'être le premier qui imprima le Grec & l'Hébreu.

L'Art d'imprimer des Livres fut imaginé en 1439, dans la Ville de Strasbourg, par un Gentilhomme Allemand, nommé *Jean Guttemberg*, natif de Mayence. Il n'inventa pas l'Art ; avant lui on gravoit sur des planches de bois, des Ornements, des Desseins, & même des Lettres pour expliquer les figures *.

Guttemberg imagina que par cet Art il pourroit faire un Livre, puisqu'on faisoit bien des recueils d'images ; la conclusion étoit naturelle, aussi la saisit-il avidement. Pour cet effet il s'associa secrètement avec trois Bourgeois de Strasbourg ; *André Dritzehen, Jean Riff, & André Heilmann*. Cette Société à peine concluë, fut dissoute par la mort d'un des associés. Guttemberg s'étant arrangé avec les autres quitta Strasbourg, & fut s'établir à Mayence sa patrie ; où il fit une nouvelle société avec *Jean Faust*, vers l'an 1440.

Les essais étant faits, le premier Ouvrage un peu important qui parût, fut le *Catholicon* ; suivant le témoignage de l'Abbé Trithème, qui nous apprend qu'il fut gravé sur des planches de bois fixes : une planche faisoit une page.

Le premier progrès de l'Art qui suivit, fut de séparer les Lettres sur le bois, pour les rendre mobiles ; & pouvoir par-là, composer un Livre entier avec les mêmes Lettres. C'est ainsi qu'ils firent l'Édition d'une Bible Latine en deux volumes *in-Folio*, vers 1450. Ils firent passer cette Édition pour Manuscrit. Fauste en apporta quelques exemplaires à Paris, qu'il vendit comme manuscrit ; & à différents prix : ceux qui avoient acheté les exemplaires les plus chèrs, lui intentèrent un pro-

* Voyés, *Dissertation sur l'Art de graver en bois par M. Fournier le Jeune*.

cès, comme leur ayant furvendu ; ce qui l'obligea de quitter Paris.

Les frais & bénéfices de cette Bible, occafionèrent un compte entre ces deux Affociés ; il y eut procès qui fut la caufe de leur féparation en 1455.

Voilà l'Origine de l'Imprimerie la mieux fondée, & la plus vraifemblable ; les Hiftoriens qui donnent l'Invention de l'Imprimerie à Cofter de Harlem, ou à Meintel de Strasbourg font fans preuves. On fait fur le premier des contes ridicules ; & on ne peut citer un Livre, dont on puiffe lui attribuer l'Impreffion avec certitude. L'autre ne paroît comme Imprimeur, qu'en 1466, vingt-fept ans après l'Origine ; & encore c'eft une infcription manufcrite qui marque cette date *.

L'Art de l'Imprimerie en Caractères de Fonte, tel qu'on l'éxèrce, fut inventé à Mayençe par *Pierre Schoiffert*, homme très-ingénieux ; & qui étoit employé dans la fociété de Guttemberg & de Fauft, & qui devint gendre de ce dernier.

Cette Découverte fe fit vers 1458. Il grava des poinçons, frappa des matriçes, compofa un moule, & fondit des caractères ; avec lefquels il imprima le *Catholicon Johannis Januenfis*, qui parut en 1460. Pendant l'impreffion de ce Livre qui eft un Dictionnaire fort gros, il perfectionna fon caractère ; & imprima de ce nouveau Caractère, le *Durandi Rationale Divinorum Officiorum*, moins confidérable pour l'impreffion, que le *Catholicon*. On les imprimoit en même temps, ils parûrent tous deux en 1460 ; à quelques mois près l'un de l'autre.

Le fecond Graveur de Caractère eft *Nicolas Janfon*, Fran-

---

* Voyés la Réfutation de ces préjugés, dans l'Ouvrage de M. Fournier le Jeune, intitulé, *De l'Origine & des Productions de l'Imprimerie Primitive*.

çois de nation, qui avoit travaillé sous Schoiffert; il se retira à Venise, où il grava des caractères romains; & eut la gloire d'établir les premières Imprimeries d'Italie & de France, par les instructions qu'il donna à ceux qui voulurent suivre cet état, & les caractères qu'il leur fournit.

CHAPITRE PREMIER.
UNITÉ DE L'IMPRIMERIE.
Caractères.

L'IMPRIMERIE est composée de trois principales parties; la *Gravure*, la *Fonte*, & l'*Impression des Caractères*. Ces trois Parties étoient réunies dans les premiers Typographes, Schoiffert & Janson. Peu de personnes après eux sçurent allier cette Science complette de l'Art.

C'est avec la plus grande exactitude & précision possible, que tous *Caractères*, Ornement ou Signe en fonte nécessaires à l'Imprimerie, se gravent en relief sur le bout d'une tige d'acier que l'on nomme *Poinçon*. On commence ce Poinçon par la frappe du *Contre-Poinçon*, qui est une autre tige d'acier très-trempée; au bout de laquelle on a déterminé en relief, la juste forme du creux qui doit se trouver dans la figure du Poinçon. Ainsi par l'empreinte du contre-poinçon qu'on a fait à coups de marteau sur le Poinçon, ce dernier a reçu la forme intérieure de la figure qu'il représente, après son entière perfection.

Le Poinçon étant fini, acquiert par la trempe, assez de dureté pour pouvoir lui-même être frappé à coups de marteau sur de petits cubes oblongs, de cuivre rouge; de grosseurs relatives à celle du Poinçon, qui y laisse son empreinte. Ces cubes oblongs s'appellent *Matrices*. La fonte coulée dans leurs empreintes, rend le *Caractère* du Poinçon qui les a frappé.

Les *Caractères* sont composés de plomb, de régule, d'antimoine; ces Métaux liés ensemble forment un corps solide, propre à l'impression. Ce mélange s'appelle *Matière*. Pour en faire usage, on la fait dissoudre & liquifier dans une cuillière de fonte, faite exprès & posée sur un fourneau; d'où l'Ouvrier puise avec une petite cuiller le métal fondu, pour le jetter dans le moule.

Le *Moule* est de fer, séparé en deux parties qui se rejoignent avec justesse, par le moyen de petites bandes saillantes; qui s'engrainent dans des espèces de rainures, & qui ne laissent de vuide que l'espace qui doit être rempli par la matière, & contenir le *Caractère*. A l'extrêmité inférieure du moule, on place la matrice; à laquelle on donne une assiète sûre, en la faisant soutenir à chaque lettre que l'on fond, par un fer élastique & recourbé en anse; dont un des bouts s'applique au-dessous du corps de la matrice. L'extrêmité supérieure de la cavité qui reçoit le métal liquifié, est plus évasée jusqu'à l'endroit où se rencontre le pied de la lettre. C'est par cette embouchure, que se verse la matière: la séparation & la réunion des deux côtés du moule, de même que l'application de la matrice, se réitèrent à chaque *Caractère* que l'on fond.

La hauteur des *Caractères* est dix lignes & demie géométriques. On appelle *Corps*, l'épaisseur perpendiculaire sur laquelle ils sont fondus. C'est à l'une des extrêmités de ces Corps, que le *Caractère* ressort en relief. Il y en a de vingt proportions différentes, qui ont entr'elles un rapport combiné. Le Tableau suivant fera connoître leurs noms, & leurs grosseurs.

TABLEAU

Des vingt Corps de Caractères, d'usage ordinaire dans l'Imprimerie :

Qui nous ont été fournis par M. Fournier le Jeune, Graveur-Fondeur de Caractères.

PARISIENNE, ROMAIN.

Quand on excelle dans son Art, & qu'on lui donne toute la perfection dont il est capable, l'on en sort en quelque manière, & l'on s'égale à ce qu'il y a de plus noble & de plus relevé. Vignon est un Peintre, Coloffe au Muséum, & l'Auteur de Pyrame est un Poëte ; mais Mignard est Michard, Lully est Lully, & Corneille est Corneille.

Après le mérite personnel, il faut l'avouer, ce sont les éminentes dignités & les grands titres dont les hommes tirent plus de distinction, de plus d'éclat ; ce qui ne fait être un Erasme doit penser à être Evêque. Quelques-uns, pour étendre leur renommée, entastent sur leurs personnes des Pairies, des Colliers d'Ordre, des Primaties, la Pourpre ; ils auroient besoin d'une Tiare; mais quel besoin a Bénigne d'être Cardinal ?

Un honnête homme se paye par ses mains de l'application qu'il a à son devoir, par le plaisir qu'il sent à la faire, & se désintéresse sur les éloges, l'estime & la reconnoissance qui lui manquent quelquefois.

PARISIENNE, ITALIQUE.

Qui peut avec les plus rares talens & le plus excellent mérite n'être point convaincu de son inutilité, quand il considère qu'il laisse, en mourant, un monde qui ne se sent pas de sa perte, & où sans de gens se trouvent pour le remplacer ?

Combien d'hommes admirables, & qui avoient de très beaux génies, sont morts sans qu'on en ait parlé ? Combien vivent encore dont on ne parlera jamais.

Quitte une société peinte à un homme qui est sans prôneurs & sans cabale, qui n'est engagé dans aucun Corps, mais qui est seul, & qui n'a pas beaucoup de mérite pour toute recommandation, de se faire jour à travers l'obscurité où il se trouve, & de venir au niveau d'un fat qui est en crédit !

Les hommes sont trop occupés deux-mêmes pour avoir le loisir de pénétrer ou de discerner les autres : de là vient qu'avec un grand mérite & une plus grande modestie l'on peut être long-temps ignoré.

NOMPAREILLE, ROMAIN.

Lorsque l'on considère les biens & les maux que l'éloquence fait dans le monde, il est difficile de juger si elle est plus utile que dommageable, & si l'on n'a pas lieu de regretter cette bienheureuse simplicité des premiers siècles, où les hommes s'exprimoient avec un langage grossier, mais sincère, & qui étoit toujours une image fidèle de leurs sentimens.

L'artifice des paroles n'étoit point nécessaire, dans un temps où l'avarice ni l'envie n'étoient pas connues, & où l'envie ni la haine, ni tant d'autres passions qui troublent maintenant la société civile, n'avoient pas encore infecté le cœur humain.

Comme la vertu toute simple & dépourvûe du secours de l'éloquence est presque inutile aux autres & à soi, aussi l'éloquence qui n'est pas accompagnée de la vertu, traîne souvent après elle l'oppression des particuliers & la ruine de l'Etat.

NOMPAREILLE, ITALIQUE.

Entre les désordres que l'Eloquence cause, il n'y en a point de si terribles que ceux qui sont dans la justice : cette licence effrénée de parler, cet air audacieux & décidé d'assurer les choses, de les colorer & de les déguiser comme on veut. Les Loix, les Ordonnances, toutes nos maximes, en seroient ébranlées jusqu'aux fondemens si les Juges ne les soutenoient avec fermeté.

La parole n'est faite que pour la Vérité. C'est pour l'expliquer & pour la défendre que l'Eloquence est instituée : mais il est des vérités que l'on doit cacher, d'autres qu'on doit éclaircir avec une grande discrétion, il en est qu'on persuade mieux sans les dire, mais toutes perdent quelques choses de leur force dans la bouche d'un homme que l'intérêt ou la passion font parler.

Un mot tenu par sagesse vaut mieux que mille échapés par indiscretion. Le cœur de l'imprudent est sur ses lèvres, mais la langue du Sage est dans le fond de son cœur.

Nota. On trouve encore un Caractère plus petit que la Parisienne ou Sédanoise, qu'on nomme *Perle* ; mais il est plus de curiosité que d'usage.

MIGNONE, ROMAINE.

On ne voit presque rien de juste ou d'injuste, qui ne change de qualité en changeant de climat. Trois dégrés d'élévation du Pole renversent toute la Jurisdiction. Un Méridien décide de la vérité, ou peu d'années de possession. Les loix fondamentales changent; le droit a ses époques. Plaisante justice, qu'une rivière ou une montagne borne! Vérité en deçà des Pirénées, erreur au-delà.

L'opinion dispose de tout; elle fait la beauté, la justice & le bonheur, qui est le tout du monde.

Le plus grand Philosophe sur une planche plus large qu'il ne faut pour marcher à son ordinaire, s'il y a au-dessous un précipice, quoique sa raison le convainque de sa sûreté, son imagination prévaudra. Plusieurs n'en sauroient soutenir la pensée sans pâlir de crainte. Qui ne sait qu'il y en a à qui la vûe des chats, des rats, l'écrasement d'un charbon, emporte la raison hors des gonds.

MIGNONE, ITALIQUE.

Rien n'est si important à l'homme que son état; rien ne lui est si redoutable que l'éternité. Et ainsi, qu'il se trouve des hommes indifférens à la perte de leur être & au péril d'une éternité de misere, cela n'est point naturel. Ils sont tout autres à l'égard de toutes autres choses : ils craignent jusqu'aux plus petites, ils les prévoient, ils les sentent; & ce même homme qui passe les jours & les nuits dans la rage & dans le désespoir pour la perte d'une charge ou pour quelque offense imaginaire à son honneur, est celui-là même qui sait qu'il va tout perdre par la mort, & qui demeure néanmoins sans inquiétude, sans trouble & sans émotion.

Cette étrange insensibilité pour les choses les plus terribles, dans un cœur si sensible aux plus légeres, est une chose monstrueuse; c'est un enchantement incompréhensible & un assoupissement surnaturel.

PETIT-TEXTE, ROMAIN.

Il y a long-temps qu'on a comparé le Corps Politique au corps humain. La bonne ou la mauvaise santé du corps dépend de la manière dont chaque partie fait sa fonction : ce n'est point en se mêlant des fonctions de l'estomac, que les pieds deviendroient utiles.

L'Univers seroit trop admirable, si personne n'y jouoit que le rôle qui lui est propre. Sous prétexte que l'abus est général, il ne faut pas s'y livrer. Il arrive sur le théâtre du Monde ce qui arrive sur celui de la Comédie ; on y siffle les Acteurs qui représentent des personnages pour lesquels ils ne sont pas faits.

L'Artisan le plus vil, qui fait bien son métier, est plus cher à la Société qu'un Ministre & un Général d'Armée qui font mal le leur.

PETIT-TEXTE, ITALIQUE.

Un emploi est-il prêt à vaquer? cent femmes sont aussi-tôt en campagne, & volent chez le Ministre : elles y font l'écho perpétuel du mérite factice de leurs protégés. Des soins plus importans lui dérobent le loisir de l'examen, il les croit sur parole, & l'emploi est donné à celui qui a fait répéter son nom par le plus grand nombre de voix imposantes.

L'homme de mérite, au contraire, ne vante jamais ses talens ; il attend l'occasion de les mettre en œuvre, & l'occasion ne le cherche pas. Il a l'extérieur & le langage simples : il ne perd pas sa matinée à étudier les attitudes & les phrases du soir : il travaille beaucoup, & voit peu de monde : ses amis sont des gens de mérite comme lui ; par conséquent, il est peu connu. Il reste ignoré, ou remis à une autre fois.

GAILLARDE, ROMAINE.

Devroit-il suffire d'avoir été grand & puissant dans le monde, pour être louable & célébré à ses funérailles devant le saint autel & dans la chaire de vérité? N'y a-t-il point d'autre grandeur que celle qui vient de l'autorité & de la naissance? Pourquoi n'est-il pas établi de faire publiquement le Panégyrique d'un homme qui a excellé pendant sa vie dans la bonté, dans l'équité, dans la douceur, dans la fidélité, dans la piété? Ce qu'on appelle une Oraison funèbre, n'est aujourd'hui bien reçu du plus grand nombre des auditeurs, qu'à mesure qu'elle s'éloigne davantage du discours chrétien, ou qu'elle approche de plus près d'un éloge profane.

GAILLARDE, ITALIQUE.

Ce qu'on appelle communément un homme charmant, est un homme qui ne sçait rien, & décide de tout ; qui s'est fait un répertoire de trente attitudes indécentes ou ridicules ; qui est instruit de tout ce qui se passe dans le monde, & lit des premiers les misères qui paroissent ; qui se pique des plus profondes connoissances sur les modes, & se met toujours à ravir ; dont toutes les voitures sont élégantes, & les chevaux toujours rendus ; qui va chaque jour dans trente maisons ; qui s'engage à souper dans vingt endroits, & vient à dix heures en demander où il n'est pas attendu ; qui sçait tirer une douzaine de phrases d'un mot qui ne signifie rien ; qui ment avantageusement sur son compte, & plaisamment sur celui des autres ; qui veut paroître le tyran de toutes les femmes, & n'est que la ressource de celles qui sont décriées, le jouet des coquettes, l'esclave des bons airs, & le fléau de la bonne compagnie : cependant, marionnette assez amusante pour quelqu'un de raisonnable, qui ne le voit qu'une fois & qu'un moment.

PETIT-ROMAIN, ROMAIN.

Les égaremens de l'esprit humain sont quelquefois si ridicules, qu'on a de la peine à les croire. En Égypte, le maître de la maison eû mouroit un chat, se rasoit le sourcil gauche en signe de deuil. Il n'y a pas deux cents ans qu'en France on procédoit contre les rats avec les mêmes formalités que contre les hommes. Le Célèbre Chasseneuz, qui fut depuis premier Président au Parlement de Provence, n'étant encore qu'Avocat du Roi au Bailliage d'Autun en Bourgogne, prit la défense des rats contre une sentence d'excommunication lancée contr'eux par l'Evêque d'Autun.

PETIT-ROMAIN, ITALIQUE.

Il y avoit autrefois chez les Turcs de fréquentes contestations touchant la préséance entre les Gens de guerre & les Gens de loi : le Grand Seigneur, pour les mettre d'accord, déclara que la main gauche seroit désormais la plus honorable parmi les gens de guerre, & la main droite parmi les Gens de loi ; ainsi, quand ces deux corps marchent ensemble, chacun croit être dans la place d'honneur. Combien de fois a-t-on vû des Corps entiers & respectables, où des personnes en place, retarder l'expédition des affaires les plus importantes pour des minuties de cérémonial !

Tome II.

Philosophie, Romaine.

L'intempérance de la langue est une des plus dangereuses maladies de l'esprit ; c'est un mal inquiet & intraitable. Le venin des aspics, pour nous servir des termes de Salomon, est sous la langue de l'homme injuste & éloquent ; la vie & la mort sont entre ses mains : rien de si dangereux que ses paroles ; elles partent de sa bouche comme des éclairs. La violence des aquilons & la rapidité des torrents ne font point tant de ravages que ses discours : ils forment l'orage & le soutiennent, pour faire tomber la foudre avec plus de puissance.

Philosophie, Italique.

Quel amas prodigieux de choses incompatibles ! D'une même source, dit l'Ecriture Sainte, coulent des eaux douces & amères ; une même bouche fait le calme & la tempête, la paix & la guerre. Au milieu de la plus grande tranquilité, dans l'union la plus étroite des esprits, si une langue artificieuse vient à semer la discorde ; les disputes s'élèvent tout d'un coup comme un orage, les cœurs se blessent, la haine s'allume, & l'amitié se détruit.

Cicéro, Romain.

L'air que nous respirons, nos alimens, les saisons, le climat, le tempérament, l'âge, l'extraction même, & ces dispositions intérieures au bien & au mal que le sang des pères communique à leurs enfans, sont autant d'ennemis qui attaquent notre raison & nos sens, & qui corrompent notre jugement.

L'habitude non seulement adoucit les disgraces de notre condition présente, mais encore elle semble changer la qualité des choses auxquelles nous nous accoûtumons.

Cicéro, Italique.

Bon nombre de fils de famille marqués de quelques défauts essentiels, sont ornés d'un petit collet : il est bien peu d'enfans de Gentilshommes, & même de Bourgeois, lorsqu'ils sont disgraciés de la Nature, qui ne soient consacrés au service des Autels. Quelle vocation !

Les défauts corporels ne sont cependant pas des marques de ceux de l'ame ; la plus belle & la plus grande est souvent logée dans le corps le plus contrefait & le plus difforme.

St. Augustin, Romain.

A un homme vain, altier, qui est un mauvais plaisant & un grand parleur, qui parle de soi avec confiance & des autres avec mépris, impétueux, entreprenant, sans mœurs ni probité, de nul jugement & d'une imagination très-libre ; il ne lui manque plus, pour être adoré de beaucoup de femmes, que de beaux traits & la taille élégante.

St. Augustin, Italique.

On regarde une femme savante comme on fait une belle arme ; elle est cizelée artistement, d'une plissure admirable & d'un travail recherché ; c'est une pièce de cabinet que l'on montre aux curieux, qui n'est pas d'usage, qui ne sert pas plus à la guerre & à la chasse qu'à l'agriculture & au commerce.

Gros-texte, Romain.

Ce que l'on appelle proprement le Génie, est toûjours accompagné d'une sorte d'audace, & cette audace, regardée par le vulgaire comme un mouvement de la vanité, est un certain essor de l'ame, qui caractèrise les hommes d'un mérite supérieur.

Gros-texte, Italique.

Un Avocat, après avoir consacré sa voix au Public, ne peut être l'organe de la passion des particuliers. Il doit plus à la raison, qui est le bien commun de tous les hommes, qu'à la défense de ses parties. L'intérêt de la Justice est préférable à celui des plaideurs, & il seroit honteux de leur vouloir faire gagner leur cause, si la Vérité perdoit la sienne.

GROS-ROMAIN, ROMAIN.

Ce sont les hommes, dit Plutarque, de qui nous apprenons à discourir, mais ce sont les Dieux qui nous enseignent à garder le silence; non pas un silence froid, stupide & inanimé, qui n'est que la suite ordinaire de l'ignorance, mais un silence judicieux, qui tait ce qu'il faut taire.

PETIT-PARANGON, ROM.

Les Tyrans sont les premiers esclaves de la tyrannie, & ne sont pas les moins malheureux.

Julien l'Apostat dit judicieusement, qu'il n'y a que les tyrans qui donnent leurs succès, &c.

GROS-ROMAIN, ITALIQ.

Un sage Athénien répondit à un homme qui promettoit d'enseigner la méthode d'une mémoire artificielle : Apprends plûtôt à oublier ce qu'il ne faut pas dire.

Le grand art de ceux qui parlent en public n'est pas toûjours de chercher ce qui peut & doit servir, mais d'éviter ce qui peut nuire.

PETIT-PARANGON, ITAL.

Le grand usage du monde & la connoissance de ce qui s'y passe, tiennent lieu souvent de talens, d'esprit, de mérite, & même de vertus; mais lorsqu'il faut compter avec soi-même, &c.

DE L'IMPRIMERIE, CHAP. I.

Gros-Parangon, Rom.

L'HOMME croit souvent se conduire, lorsqu'il est conduit; & pendant que par son esprit il tend à un point, son cœur l'entraîne insensiblement à un autre.

Gros-Parangon, Ital.

Il y a dans le cœur & dans l'esprit humain une génération perpétuelle de passions, ensorte que la ruine de l'une est presque toujours l'établissement d'une autre.

Palestine, Romain.

A mesure que l'expérience a moins de force & que l'on est plus ignorant, on voit plus de prodiges merveilleux & de belles choses.

Palestine, Italique.

A mesure qu'on a plus d'esprit, on trouve bien plus d'hommes originaux. Les gens du commun ne voyent point de différence entre les hommes.

PETIT-CANON, ROMAIN.

Les grandes ames ont de grandes vertus. Le courage est souvent inspiré par la seule ambition.

PETIT-CANON, ITALIQUE.

Les Sciences & les Arts cultivés dans un État décèlent le Génie de la nation, & l'esprit du gouvernement

TRISMÉGISTE, ROMAIN.

Le Soleil, ainsi que la mort, ne se peut point regarder fixement.

TRISMÉGISTE, ITALIQUE.

Chacun a sa façon de s'exprimer qui vient de sa façon de sentir.

GROS-CANON, ROMAIN.

Qui vit content de peu, possède tout.

GROS-CANON, ITALIQUE.

L'on est toujours la dupe des plai-sirs.

DOUBLE-CANON, ROM.

Peu de choses nous amuse.

DOUBLE-CANON, ITAL.

Rien de durable dans ce monde.

316 DE L'IMPRIMERIE, CHAP. I.

TRIPLE-CANON. *GROSSE NOMPAREILLE.*

Dieu peut tout.

Dis peu.

Nous

DE L'IMPRIMERIE, CHAP. I.

Nous avons laissé le *Caractère* sortant brute du moule ; il demande encore des soins : on en rompt le jet, ou superflu de la fonte. Après l'avoir frotté sur une pierre de Grès grenuë, pour ôter quelques superfluites de métal ; on le range du même sens dans un Compoſteur, qui eſt un inſtrument de bois étroit, dans la longueur duquel il y a une entaille. Enſuite on le porte ainſi arrangé dans un autre Inſtrument que l'on nomme *Juſtifieur*, pour lui donner preſque ſon dernier degré de perfection. C'eſt dans ce *Juſtifieur*, que tout ce qui pourroit paroître à l'impreſſion, autre que l'Œil du *Caractère*, eſt enlevé par le rabot du Fondeur. Ce rabot exécute ſur la Lettre, le même effet que celui qui forme des moulures ſur le bois. Le tranchant du rabot eſt changé ſelon la partie du *Caractère* ſur laquelle il doit opérer.

Le *Caractère* reçoit enfin ſon dernier degré de perfection, par ce qu'on nomme *Apprêt* ; qui conſiſte à dreſſer & réduire le corps de la Lettre à ſa juſte proportion.

Pluſieurs d'entre les vingt Corps de *Caractères* dont nous venons de parler, ont chacun diverſes ſortes d'Œil, qui ſont plus ou moins gros. Pour les diſtinguer on ajoute à leurs Noms, *Petit*, *Moyen*, ou *Gros* Œil, &c. Ceux dont on a compoſé le Tableau précédent, ſont Œils ordinaires, ou Moyens.

Les *Caractères* les plus en uſage, outre les Lettres ordinaires, ont chacun leur *Italique* (1). Leurs MAJUSCULES (2). PETITES MAJUSCULES (3). Chiffres Arabes & Romains (4). Lettres ac-

---

(1) Il ſert principalement à diſtinguer, ce que l'on rapporte d'un Auteur dans le diſcours ; comme auſſi à donner de l'agrément aux titres des Ouvrages par la variation des Caractères.

(2) Les *Majuſcules* ſe mettent au commencement de chaque *Alinea*, au premier mot de chaque Vers, aux Noms propres ; &c.

(3) Les *petites Majuſcules* ſervent à faire remarquer dans le diſcours, un Mot ou une Phraſe importante ; & pour les titres du haut des pages

Tome II.   S ſ

centuées (5). Ponctuations. (6). Guillemèts » (7). Divisions =
(8). Paranthèses ( ) (9). Crochèts [ ] (10). Étoile * (11). Pa-

dans les Livres. Après une Lettre grife ou de deux points, on mèt le reste du mot en Majuscules ou en petites Majuscules. Dans quelques Pièces, le premier mot de chaque *Alinea* est aussi en petites Majuscules ; mais la première Lettre toujours Majuscule.

(4) Les *Chiffres Arabes* sont ceux dont nous faisons le plus usage dans tous les comptes. Voyez la valeur des *Chiffres Romains* au second Tableau de l'Écriture. *Page 276 de ce Volume.*

(5) Sur les *Lettres Accentuées*. Voyez la Grammaire. *Pag. 49. T. I.*

(6) *Idem* pour la *Ponctuation*. Voyez la Grammaire, *pag. 158. T. I.*

(7) Lorsqu'un Ouvrage est en différentes Langues, & qu'on en imprime une en Italique, les passages des Auteurs que l'on rapporte dans celle imprimée en Romain, demandent des *Guillemèts*. Si un Ouvrage est d'une seule Langue, & que les passages dont nous parlons soient trop étendus ; on mèt aussi des *Guillemèts*.

(8) La *Division* se place entre le verbe & son nominatif, quand ce dernier est après le verbe ; comme dans *est-il vrai ?* plutôt que de jetter trop de blanc entre les mots d'une ligne, le Compositeur sépare le dernier avec la *Division*, en observant de recommencer la ligne suivante par une consonne.

(9) L'emploi si fréquent que l'on fait ici de la *Paranthèse*, montre assez à quoi elle est propre.

(10) Les *Crochèts* servent à renfermer les choses auxquelles on veut que le lecteur fasse attention. Dans la Poësie, lorsque tout un Vers ne peut entrer dans la ligne, on porte au-dessus ce qui en reste entre deux *Crochèts*. Dans les Tables les crochèts servent à transporter un article après le nom. On appelle aussi Crochèts des traits ou lignes recourbées par le bout ⌢ , qui servent à embrasser plusieurs Articles ; pour faciliter les divisions. Ils sont encore employés dans les Généalogies & Traités abrégés. Dans l'Imprimerie on en trouve de doubles, d'ornés, & de plusieurs pièces qu'on nomme Accolades.

(11) L'*Étoile* marque les poses du chant dans les Livres d'Église. Elle indique quelquefois les notes qui se mèttent au bas des pages, quand

DE L'IMPRIMERIE, CHAP. I.

ragraphe § (12). Pied de Mouche ¶ (13). Mains ☞ ☜ (14). Ils ont *pour les Livres d'usages*, des Croix †. Verset ℣. Répons ℟. Lettre d'Abréviations ā, &c. Pour la *Poësie* des Longues ā, Breves ĕ, Douteuses ĭ; &c.

Pour les Ouvrages d'Astronomie, on fait usage des Soleils ☉.

Des quatre Phases de la Lune.

● Nouvelle Lune. ☽ Premier Quartier. ☺ Pleine Lune. ☾ Dernier Quartier.

Des douze Signes du Zodiaque.

♈ Le Bélier. ♉ Le Taureau. ♊ Les Gémeaux. ♋ L'Écrevisse. ♌ Le Lyon. ♍ La Vierge. ♎ La Balance. ♏ Le Scorpion. ♐ Le Sagittaire. ♑ Le Capricorne. ♒ Le Verseau. ♓ Les Poissons.

Des sept Planettes, & Nœuds de la Lune.

♄ Saturne. ♃ Jupiter. ♂ Mars. ☉ Le Soleil. ♀ Vénus. ☿ Mercure. ☾ La Lune. ☊ ☋ Nœuds.

---

elles sont en petit nombre. Mais si elles sont multipliées, & qu'il y en ait encore de Marginales avec; on renvoye ordinairement les premières par des Chiffres Arabes entre deux Paranthèses, & les secondes par des Lettres disposées de même. Les dernières se nomment *Lettrines*.

(12) Le *Paragraphe* n'est guères en usage, que dans les Ouvrages de Droit. Il sert à diviser un Livre, comme on le fait par *Chapitres*, *Sections*; &c.

(13) On se sert des *Pieds de Mouches* pour des remarques particulières. L'Auteur qui s'en sert, a soin d'en expliquer le motif, dans la Préface de son Ouvrage.

(14) Les *Mains* ont la même destination que le *Pied de Mouche*.

Des Aspects.

☌ Conjonction. ✶ Sextil. □ Quadrat. △ Trine. ☍ Opposition. ☄ Comette.

Pour les Mathématiques & l'Algèbre.

+ Plus. — Moins. = Égalité. ✕ Par. √ Racine.

Pour la Pharmacie.

℔ Livre de Médecine de 12 onces. ℔ß Demie-Livre. ʒß Demie-Once. ʒ Gros *ou* Dragme. ʒß Demi Gros. ℈ Scrupule. ℈ß Demi-Scrupule. ℞ Recette. ḡ Grain.

La Lettre qui commence le premier mot du Discours dans les Chapitres, Articles, & autres semblables divisions, est ordinairement une *Lettre de deux points* : ainsi nommée parce qu'elle occupe l'espace de deux lignes. On en fait un fréquent usage pour les Frontispices & Titres. Il y en a de Romain, Italique, & ornées de plusieurs desseins.

DEUX POINTS DE NOMPAREILLE Romain.
DEUX POINTS DE NOMPAREILLE *Italique.*
DEUX POINTS DE NOMPAREILLE Ornées.

Presque tous les Corps ont chacun leurs Lettres de deux points, leurs différences d'Œil en hauteur varie par degrés; depuis près d'une ligne & demie, jusqu'à dix lignes environ.

Pour les Affiches, on a au-dessus les *Moyennes & Grosses de fonte*; & des Lettres gravées en cuivre, ou en bois

L'Ordre qui a déterminé à mettre une Lettre de deux points à la tête du premier mot de chaque Chapitre, ou Division; exigeoit quelque chose de plus, pour celle qui commence le premier mot du Discours d'un Livre, ou d'une Pièce : aussi se sert-on d'une Lettre Gravée, entourée d'ornemens, qu'on appelle *Lettre Grise*. Le haut des pages où s'employent ces Lettres, est toujours décoré de gravures de différens desseins; quelquefois analogues au sujet destiné à l'impression. Ces gravures nommées *Vignettes*, ont plus ou moins de hauteur; mais doivent occuper la largeur de la page. Elles sont ordinairement en bouis. Souvent à la tête des Épîtres Dédicatoires, on en met d'armoiriées, imprimées en taille douce.

D'autres ornemens, de mêmes gravures, se mettent aux Frontispices des Ouvrages, à la fin des divisions; comme Chapitres, &c. quand il reste assez de vuide aux pages, où ces divisions finissent; ces Ornemens sont les *Fleurons*, ou *Cul de Lampe*.

Une quantité de petits desseins séparés, qui sont en fonte, servent aussi par leur réunion à former des *Vignettes*, *Fleurons*, & *Cadres*.

L'Imprimerie portée à un haut degré de perfection, ne manque pas même de divers caractères de *Notes* pour le Plein-Chant.

Le talent supérieur de M. Fournier le Jeune, qui ne cesse d'enrichir cet Art, vient de donner nouvellement un fort beau Caractère de *Musique*.

La séparation de plusieurs titres de suite, & des différens discours contenus dans un Ouvrage, se fait avec une ligne de Vignette en fonte, avec un *Réglèt triple*, *double*, ou *simple*. Le trait ou réglèt simple sert quelquefois à diviser les notes du texte. Lorsque les notes sont à deux colonnes, il sert aussi à les séparer.

Les mots se séparent les uns des autres, avec de petites plaques de différentes épaisseurs, appellées *Espaces*. Tous les Corps de caractères ont leurs Espaces, qui sont moins hautes que la lettre, & ne paroissent point à l'impression.

Chaque fonte * a pareillement fes *Demi-Cadratins*, *Cadratins*, & *Cadrats* ; qui font auffi plus bas que la lettre. On donne ordinairement aux chiffres d'une fonte, l'épaiffeur de fes demi-cadratins ; parce que dans l'Arithmétique les demi-cadratins font néceffaires, pour faire tomber avec jufteffe les Chiffres les uns fur les autres. Ils fervent comme les Cadratins à féparer les lettres d'avec les titres.

Le *Cadratin*, morceau de métal éxactement quarré, fe mèt au commencement de chaque ligne où l'on fait un Alinea. Il forme dans l'impreffion le blanc de deux demi-cadratins.

Les *Cadrats* beaucoup plus gros, forment les blancs à la fin des lignes, & tous les autres blancs qui fe trouvent dans l'intérieur des pages.

Après avoir traité de la manière dont on fait les Caractères, de leur fubftance, de leurs noms, & de la forme & utilité des figures d'impreffion le plus en ufage ; il paroîtroit convenable de plaçer ici, ce qui concerne les Caractères des Langues anciennes & étrangères ; mais pour conferver l'ordre que nous nous fommes prefcrit, nous en ferons l'objèt du Chapitre VI. ou Duodénaire.

Ce qui a été expofé jufqu'à préfent, peut donner une idée de l'Affemblage des Caractères ; qui confifte à plaçer les Lettres des mots, par fuite à côté l'un de l'autre : à en former des Lignes, des Pages, & enfin des Planches. On nomme ce Travail *Compofition*, & celui qui le fait *Compofiteur*.

Forcé de paffer au Binaire, & de parler de l'Impreffion ; nous reviendrons après l'avoir fait, aux parties de la *Compo-*

---

* Fonte en ce fens, eft une quantité de chaque efpèce de Caractères fur un même Corps, qui dôit être fuffifante pour imprimer un Ouvrage de plufieurs feuilles.

fition, *Correction*, & *Diſtribution* ; à ce qui regarde les Papiers, Parchemins, &c ; & aux Impoſitions ou manières d'arranger les pages pour en former des planches.

CHAPITRE II.
BINAIRE DE L'IMPRIMERIE.

Impreſſion Noire.   *Impreſſion Rouge & Noire.*

DE L'IMPRESSION NOIRE.

I. L'IMPRIMEUR (1) qui veut ſe rendre habile, ne doit pas négliger de prendre une connoiſſance parfaite de toutes les pièces dont une preſſe eſt compoſée ; parce qu'avec le talent néceſſaire, le défaut d'une ſeule de ces pièces qui ſont en grand nombre, peut l'empêcher de faire une belle Impreſſion : cette connoiſſance lui donnera encore le moyen d'adoucir ſon travail, par le Jeu libre & aiſé qu'elle le mettra à portée de procurer à ſa Preſſe (2).

---

(1) On appelle Imprimeur, celui dont l'occupation eſt de tirer ou imprimer le Papier. Ils doivent être deux à chaque Preſſe ; l'un pour toucher la forme, & l'autre tirer le papier.

(2) « Pour comprendre le jeu de la Preſſe, il eſt à propos de faire
» connoître ſes principales parties. Cette Machine dans ſon opéra-
» tion, exécute deux Mouvemens ; l'un Vertical, qui eſt la preſſion ;
» & l'autre Horizontal, qui eſt l'action de faire aller & revenir le
» métal, & tout ce qui l'accompagne, à chaque feuille de papier que
» l'on imprime. Qu'on ſe figure d'abord deux poutres plantées à une
» diſtance d'environ d'un pied & demi ; ces deux poutres appellées
» *Jumelles*, ſont renduës ſtables & immobiles par quatre pièces de
» bois ; deux poſées tranſverſalement, & fortement attachées aux par-
» ties ſupérieure & inférieure. La première de ces pièces porte le

La Preſſe étant en bon état, deux *Planches* ou *Formes* ; (*qu'on nomme une Feuille,*) ſont remiſes aux Imprimeurs. La

» nom de *Sommier d'en-bas* ; & la ſeconde, celui de *Chapeau*. Les deux
» autres ſe nomment *Patins*, & ſoutiennent le corps de la preſſe. Il
» reſte par conſéquent un eſpace quarré, dans le vuide duquel s'o-
» pèrent les ſimples, mais admirables effets de l'Imprimerie. Pour y
» parvenir, on pratique un autre Sommier mobile, nommé *Sommier*
» *d'en-haut*, au milieu duquel eſt un *Écrou*, qui reçoit l'extrémité ſu-
» périeure d'une *Vis ;* l'autre extrémité qui porte le nom de *Pivot*,
» tourne dans un morceau d'acier creuſé appellé *Grenouille* ; cette Gre-
» nouille s'enclave dans le ſommet d'une dernière pièce nommée *Pla-*
» *tine*, qui eſt une maſſe de cuivre quarrée, & liée fortement par ſes
» quatre angles, aux quatre angles correſpondans d'une *Boëte* de même
» figure. La *Boëte* ſe trouve occuper le milieu de la vis, qu'elle laiſſe
» paſſer au travers de ſes deux ſurfaces ſupérieure, & inférieure. Afin
» de conſerver une direction perpendiculaire, invariable à cette con-
» tinuité de pièces, & exécuter un foulage juſte & égal ; on conſtruit
» à la hauteur du milieu de la Boëte ; c'eſt-à-dire, à une égale diſ-
» tance du Sommier d'en-haut & de la ſurface de la platine, une *Ta-*
» *blette*, qui ayant une ouverture quarrée dans ſon milieu, ouvre un
» libre paſſage à la Boëte, pour monter & deſcendre, ſans qu'il lui
» ſoit poſſible de vaciller. Pour faciliter le mouvement à cette partie
» de la preſſe, on ſe ſert d'un Levier de fer recourbé qu'on appelle
» *Barreau ;* une de ſes extrémités entre dans la Vis, & la traverſe
» d'outre en outre, à la hauteur d'un pouce ou environ au-deſſus de la
» Boëte. L'autre extrémité eſt garnie d'un manche de bois. Or ces
» différentes pièces étant diſpoſées dans l'ordre ci-deſſus, & dans une
» direction perpendiculaire ; on peut concevoir facilement que le mou-
» vement par lequel l'Imprimeur attire le *Barreau*, fait deſcendre la
» Vis, la Boëte, & la Platine ; & que le mouvement contraire fait re-
» monter le tout. Ainſi s'exécute la preſſion, qui eſt le mouvement
» vertical de la Preſſe. Voyons maintenant, ce qui concerne ſon mou-
» vement horizontal ».

« Pour s'en former une idée, il eſt néceſſaire de diviſer les inſtru-
» mens

DE L'IMPRIMERIE, CHAP. II. 325

première, pour tirer les feuilles de papier d'un côté; & la seconde, pour imprimer ces feuilles en *retiration*, ou sur la sur-

» mens de ce second mouvement, en deux parties. La première est le
» *Berçeau*; la seconde est le *Coffre*, & ce qu'il contient. Le Berçeau
» est un composé de deux longues pièces de bois, qui posent vers leur
» milieu sur le sommier d'en-bas; leurs extrémités posent sur d'autres
» soutiens stables & immobiles. Elles sont taillées en coulisses, afin
» de laisser au Coffre la liberté de glisser sans vaciller. Leur intervalle
» est traversé dans sa longueur par deux autres bandes couvertes en-
» dessus de lames de fer poli, auxquelles on a donné le nom de *Pe-*
» *tites Poutres*, ou *Bandes de Fèr*. On a soin de tenir ces bandes de
» fèr bien huilées; & le dessous du Coffre étant garni de distance en
» distance de crampons aussi de fèr, qui glissent sur ces bandes; le
» moindre mouvement de la Manivelle fait avancer, & reculer le
» Coffre ».

« Le Coffre est un assemblage de quatre pièces de bois, de quatre
» doigts de hauteur sur trois d'épaisseur; dans le quarré qu'elles for-
» ment on enchasse une Pierre polie, que l'on nomme *Marbre*. C'est
» sur cette Pierre que l'on pose la Forme. Au bout du Coffre opposé
» à celui qui regarde la Platine, par le moyen de deux charnières on
» attache le *Tympan*. Ce *Tympan* est un chassis de bois sur lequel on
» colle un parchemin, on étend le papier sur ce parchemin pour l'im-
» primer; & l'on le couvre ensuite d'une *Frisquette*. C'est un autre
» Chassis de fèr fort mince; on y colle une feuille ou deux de papier
» que l'on découpe exprès, pour ne laisser passer que la lettre; &
» préserver de taches & de macules le blanc de la marge, & celui
» qui se rencontre entre les pages. La *Frisquette* est attachée au Tym-
» pan, par des charnières semblables à celles qui attachent le Tympan
» au corps du Coffre. Ce Coffre, & tout ce qu'il renferme se pose sur
» le Berçeau. Pour le faire rouler, on fait traverser les deux grandes
» bandes du Berçeau, proche des Jumelles, par une barre de fèr,
» appellée *Broche du Rouleau*. Au milieu de cette Broche est le *Rou-*
» *leau*, qui est un morceau de bois; autour duquel on fait faire un

Tome II.   T t

face restée blanche. Un des Imprimeurs place d'abord la première de ces Formes sur le *Marbre* qui est dans le *Coffre* de la Presse ; en observant de la faire rencontrer, sous le milieu de la *Platine* : ensuite il fait son *Regiſtre* ; c'est-à-dire, il procède au moyen de faire retrouver les pages de sa retiration avec justesse, sous celles de sa première Forme ; il rend cette Forme immobile sur le Marbre, arrête les *Pointures* ou petites pointes de fer placées sur le Tympan, qui non-seulement fixent le papier ; mais servent aussi à faciliter la rencontre des pages d'un côté à l'autre : & les *Couplets* du Tympan & de la *Frisquette* étant arrêtés bien ferme, il examine si tout vient également

» tour à une corde, dont les extrémités sont attachées aux deux ex-
» trémités opposées du Coffre dans sa longueur ».

« A la partie de la Broche du Rouleau, qui est du côté de l'Ouvrier ;
» on adopte une *Manivelle*, ou Poignée. L'Artiste en la tournant de
» la main gauche, fait avancer le Coffre sous la Platine ; & sa droite
» en attirant à lui le Barreau, fait fouler la Platine sur le Tympan :
» alors le Papier étendu dessous reçoit l'Impression du caractère, dont
» la superficie est enduite d'encre. La Manivelle retournée aussi-tôt,
» fait reculer le Coffre ; on lève le Tympan ainsi que la Frisquette,
» & on retire le papier imprimé. Telle est la Manœuvre qui multi-
» plie tous les jours avec autant de promptitude & de facilité, les
» plus beaux Chef-d'œuvres de l'esprit humain ».

« On peut encore remarquer plusieurs choses dans la construction
» de la Presse, qui sans être d'une nécessité absoluë pour l'opération,
» ne laissent pas de contribuer beaucoup à la beauté & à l'aisance de
» l'éxécution. Le *Petit Tympan* qui s'enclave dans le grand, est un pe-
» tit chassis de bois, couvert aussi d'un parchemin ; il se met dans le
» grand pardessus. Entre ces deux Tympans on étend les *Blanchets*,
» qui sont des pièces d'une étoffe de laine fort épaisse, & taillées de
» la figure & de la grandeur du Tympan. Leur fonction est d'augmen-
» ter, & de faciliter le foulage ».

DE L'IMPRIMERIE, CHAP. II.   327

sur une première feuille qu'il imprime. S'il y a nécessité, il met sur le Tympan des morceaux de papier plus ou moins épais, qu'on nomme *Hausses*; pour donner un foulage uniforme à tout ce qui doit paroître à l'impression. Durant le travail de ce premier Imprimeur, son compagnon prévoyant, a eu soin de tremper dans une eau pure, une ou plusieurs fois par chaque main, le papier dont ils doivent se servir les jours suivans ; ou il a remanié celui qui étoit déja trempé, pour lui faire prendre par-tout une même humidité ; évitant de ne rien négliger dans cet apprêt, qu'il sçait contribuer beaucoup à la beauté de son Ouvrage.

Les deux Imprimeurs s'étant réunis à leur Presse ; l'un place alors une de ces feuilles humides sur le *Tympan*, & rabat la *Frisquette* dessus, pour faire passer le tout sous la *Platine* ; & rendre en deux coups de *Barreau*, l'empreinte de la forme sur le papier : tandis que l'autre disperse sur la superficie de la forme qu'il frappe de ses deux *Balles*, une légère teinte d'une encre épaisse, composée d'huile cuite avec de la térébenthine (*vernis*), & de noir de fumée broyés ensemble. L'Opération des deux Artistes se répète jusqu'à la fin du nombre de feuilles, qu'on a déterminé de tirer.

Les *Balles* dont nous venons de parler, ont la figure de gros entonnoirs : elles sont de bois. On les remplit à comble de laine, qu'on couvre de deux cuirs crus apprêtés pour cet usage. Ce qui rend un rond moëleux propre à disposer l'encre sur la forme. L'encre s'étend très mince, dans l'endroit de l'encrier où l'on porte une des balles pour en prendre. C'est en faisant joüer dans les mains avec une certaine fermeté, les deux ronds des balles l'un sur l'autre, que l'encre se distribuë également par-tout. L'Imprimeur jaloux de son travail ne ménage point ce mouvement ; & ne prenant que tant soit peu d'encre

T t ij

de quatre en quatre feuilles, il obferve de toucher fes *Balles* droites & fermes, fans les élever trop fur la forme; & de conferver à fon Ouvrage une teinte toujours égale.

Celui qui a le *Barreau*, prenant de fon côté le foin de bien *Marger* ou plaçer fon impreffion fur le papier ; de tirer fes coups avec autant d'égalité que de vigueur, & ne vifant pas trop à la quantité ; ce bon accord procure une belle Impreffion. Le papier blanc tiré, l'Imprimeur relève la première forme fans déranger les coins des deux extrémités du fond fur le marbre ; il pofe en la même plaçe la retiration, & la fait rencontrer avec la frifquette ; il prend enfuite une feuille de papier tirée d'un côté, qu'il mèt fur la retiration ; le côté refté blanc contre la lettre, de manière à faire rencontrer précifément les chiffres de l'un fur l'autre : il mouille fon Tympan, l'abaiffe fur la feuille qui s'y attache ; & après avoir relevé le tout enfemble, il fait entrer les pointes des pointures dans les mêmes trous du papier blanc ; & ayant perfectionné fon regiftre pour la retiration, il continuë fon travail comme auparavant.

Chaque Forme entièrement tirée & lavée, d'une leffive faite avec de la potaffe, qui en ôte tout ce qu'il y a d'encre ; elle retourne après au Compofiteur, qui remèt les caractères à leur plaçe, dans le même ordre qu'il les a pris.

DE L'IMPRESSION ROUGE ET NOIRE.

II. Il eft très-rare de voir d'autres couleurs que le Noir & le Rouge, employées pour l'Impreffion.

Si l'Impreffion en Noir demande de l'adreffe & de l'éxactitude, celle qu'on nomme *Rouge & Noire* en demande encore plus. Le premier foin de l'Ouvrier eft de faire fon encre, compofée du même vernis que l'Encre Noire ; mais un peu plus liquide. Au lieu de Noir de fumée, on broye du Vermillon avec ce vernis, en y ajoutant un morceau de colle de poisson détrempée dans de l'eau de vie ; afin de rendre l'Encre luisante. Les Balles sont de peau blanche. La composition de la forme se fait presque comme pour le noir seul. Les Dimensions pour le Tirage, ou le *Métage en train* est aussi le même ; sinon qu'il est encore plus important, que la forme soit bien arrêtée sur le marbre de la presse ; & que les couplets du Tympan & de la Frisquette soient absolument stables. La Frisquette est garnie d'un parchemin neuf, sous lequel on met une feuille de papier fin ; pour empêcher l'extrémité des coupures de porter sur l'impression, quand ce parchemin vient à s'allonger par l'humidité du Tympan. On imprime en *Rouge* les pages de la forme sur cette Frisquette ; alors tout ce qui doit marquer en *Rouge* est découpé soigneusement dans le parchemin, & les morceaux découpés sont collés sur le Tympan ; de façon, que la Frisquette étant abaissée sur ce même Tympan, tous les morceaux découpés se rencontrent juste avec les vuides formés dans la Frisquette. Après avoir ainsi placé ces découpures, appellées *Taquons* ; on les couvre d'une feuille de papier, nommée *Feuille de marge*, qui sert pour le registre ou rencontre des pages. La justesse qu'éxige le rapport du *Rouge* avec le *Noir*, fait mettre trois pointures sur le Tympan, pour y tenir les feuilles plus invariables. L'Ouvrier ayant trouvé son foulage égal sur toute sa forme ; imprime alors le *Rouge*, comme il feroit le noir. Quand il se trouve peu d'impression en *Rouge* dans une forme, on en éleve les caractères plus que les autres, en mettant des *Taquons* dessous ; au lieu de les placer sur le Tympan, & le Tirage se fait avec modération.

Dans les Imprimeries où cette impression est fréquente, on a pour le *Rouge* des caractères plus hauts que les autres ; ce qui supprime l'embarras des *Taquons*. Lorsque la forme est tirée, on la leſſive avec ſoin ; on en enlève tout ce qui a marqué en *Rouge*: on remplace ce vuide avec des cadrats, & on remèt cette forme ſous preſſe pour la tirer de nouveau en *Noir*; après avoir bien mis en lignes & rapproché les deux couleurs, pour en faire comme une ſeule Impreſſion.

CHAPITRE III.
TERNAIRE DE L'IMPRIMERIE.

Compoſition,   *Correction,*   *Diſtribution.*

DE LA COMPOSITION.

I. LE *Compoſiteur* eſt celui qui aſſemble, ou compoſe les planches. Il reſte debout en façe de ſa *Caſſe*, qui eſt ordinairement diviſée comme le modèle ci-après (1). Ayant lû

A	B	C	D	E	F	G	A	B	C	D	E	F	G
H	I	K	L	M	N	O	H	I	K	L	M	N	O
P	Q	R	S	T	V	X	P	Q	R	S	T	V	X
â	ê	î	ô	û	Y	Z	J	U	Æ	æ	§	Y	Z
á	é	í	ó	ú	;	ſb	ffl	*	Œ	œ	†	]	!
à	è	ì	ò	ù	ſt	ſl	fl	Ç	ç	W	w	)	?
„	„	J	U	j	ff	ff	ff	ë	ï	ü	É	É	¶

o	ç	&	-	,		1	2	3	4	5	6	7	8
&	b	c	d		e	s	f	f	g	h	9	0	
											æ	œ	
z	l	m	n	i		o	p	q	ffi	ffi	k		
y									fi	fi	:		
x	v	u	t	Eſpaces.		a	r	.	,	Quadrats.			

(1) Cette Caſſe ordinaire eſt un compoſé de pluſieurs planches minces,

De l'Imprimerie, Chap. III.

sur la *Copie* arrêtée à son *Visorium* (2), plusieurs mots de suite qu'il retient, il jette aussi-tôt la vûe sur la lettre qui lui est nécessaire ; & ne fixe que celle-là : il la prend avec légèreté de la main droite ; il la porte rapidement dans son *Composteur* (3) qu'il tient à la gauche ; & réitère ce mouvement pour chaque lettre qu'il place l'une près de l'autre, jusqu'à ce que sa ligne soit complette ; ayant attention de séparer également tous les mots, avec une ou deux Espaces. Alors cette ligne est mise dans la *Galée* (4) : une autre lui succède, la page s'a-

___

posées de champ, & solidement attachées sur un fond d'environ 2 pieds & demi, ou trois pieds. Les deux parties dont elle est composée, sont placées sur des tréteaux, en forme de pupitre. Les petits quarrés creux de différentes grandeurs, que renferment ces deux parties, sont appellés cassetins. Chacun d'eux renferme une quantité d'une même espèce de lettres. Cette casse contient cent cinquante-deux de ces Cassetins. Celle qui sert à contenir les Caractères Grecs pour les Ouvrages des grands Auteurs, est de même construction ; mais elle a près de huit cents Cassetins, & est divisée en six parties.

(2) Le *Visorium* est une espèce de latte d'environ quinze pouces, posée sur le bord de la casse, & tournant sur un pivot. La *Copie* ou Manuscrit qu'on imprime s'arrête sur ce *Visorium*, avec deux petites pincettes de bois nommées *Mordans*.

(3) On appelle *Composteur*, un Instrument de cuivre ou de fer, recourbé en équerre dans toute sa longueur ; ou pour mieux dire, une lame de Métal repliée à angle droit : deux Clavettes mobiles sont arrêtées sur cette lame, par une vis. On la fait avancer ou reculer, selon la largeur que l'on veut donner aux pages. L'extrémité opposée appellée *Tête* du Composteur, est toujours stable & immobile.

(4) On nomme *Galée* une surface plane & quarrée, garnie sur trois de ses côtés de rebords d'un demi pouce de hauteur ; dans ces rebords est une rainure, dans laquelle on introduit une planche d'un bois mince & poli, qui couvre tout l'extérieur de la Galée ; cette planche se

chève, & est liée fortement avec une ficèle pour être enlevée comme d'une seule pièce.

Lorsque le nombre des Pages est suffisant pour une Feuille, on l'*Impose*; c'est-à-dire, on en forme deux planches, dont on fait un Essai ou *Épreuve* que l'on collationne ; & sur laquelle on marque les fautes pour les corriger dans les pages. Il faut observer que chaque Caractère a un, ou plusieurs petits crans; ils sont ici le guide du Compositeur, pour placer toutes les lettres du même sens. On ne peut composer habilement, si en levant la lettre, on a toujours l'œil porté sur ces crans. Toutes les lignes doivent se placer, & se justifier également. On doit les tenir droites dans le Composteur & dans la *Galée*. Il faut que les chiffres ou *Folio* des Pages se suivent éxactement, de même que les Signatures (5) ; & Réclames de chaque feuille,

---

nomme *Coulisse*. On la fait entrer par le côté qui est sans rebord.

Les grandes Pages se retirent de la Galée, avec & dessus la coulisse; ou elles restent jusqu'à ce qu'on les fasse glisser sur le Marbre, (*Table de pierre polie*) pour être imposées.

(5) Chaque Feuille est marquée par une Lettre de l'Alphabèth, qu'on nomme *Signature*. Si un Volume contient plus de 23 Feuilles, la 24ᵉ sera A a : la 47ᵉ A a a ; & de suite en recommençant jusqu'à la fin du Volume. Elles se mettent au bas des Pages. Dans les Feuilles de huit pages & au-dessus, la *Signature* se répète avec un chiffre Romain de deux en deux Pages, jusqu'à la moitié de chaque Feuille. Ouvrez un in-4°. au *Folio* 17, vous trouverez la *Signature* C ; le *Folio* 19 aura C ij. Dans l'in-12. vous y verrez dans le même ordre jusqu'au nombre vj avec sa lettre. On place encore, au-dessous de la dernière ligne de la dernière page d'une feuille, le premier mot de la page suivante, appellé *Réclame*.

C'est ainsi, que pensant au Relieur dès le commencement de l'Impression ; on lui donne un guide, pour le conduire dans son travail.

Lorsqu'un Ouvrage a plusieurs Volumes, pour le premier on met

sans

DE L'IMPRIMERIE, CHAP. III. 333

sans quoi le désordre régnera jusqu'entre les mains du Relieur. Outre l'intelligence que demande le manuel de la *Composition;* l'Artiste qui y est occupé, ne peut encore trop réunir de sçavoir.

DE LA CORRECTION.

II. Toutes les Pages d'une *Feuille* étant faites; l'Artiste les dispose en deux Formes, sur lesquelles on tire un Exemplaire appellé *Épreuve.* Cet Exemplaire se porte au Prote (1), qui le lit & le corrige. La *Correction* du Prote consiste, à collationner l'Épreuve sur la Copie ou Manuscrit; & à marquer en marge toutes les fautes ou omissions du Compositeur. La manière de marquer ces fautes, est commune à presque tous les *Correcteurs* d'Épreuves. Les personnes qui n'ont jamais fait imprimer, ou ne le font que rarement, sont souvent embarrassées pour rendre leurs *Corrections* intelligibles; souvent ces personnes embarassent aussi le Compositeur, par leurs marques particulières qui occasionnent quelquefois de nouvelles fautes. C'est ce qui a fait penser qu'il ne seroit pas inutile, de tracer dans le Protocole ci-joint les marques les plus ordinaires pour la *Correction* des Épreuves.

Le Compositeur après avoir reçu l'Épreuve où les fautes sont marquées, les examine; & les ayant bien reconnuës, il range de suite dans son Composteur tout ce qu'il doit placer dans sa Forme. Cette Forme est ensuite desserrée de façon, que des milliers de morceaux qui la composent, se lèvent chacun avec le bout d'une Pointe sans le moindre effort. L'Ouvrier place

---

Tome I. au bas de la première page de chaque Feuille. Pour le second Volume on met Tome II; &c.

(1) Le *Prote* est le Chef, & celui qui est chargé du Détail de l'Imprimerie. C'est lui qui distribuë à chaque Ouvrier, ce qu'il doit faire.

donc & déplaçe, & remèt toujours les lignes de leurs longueurs, avec le fecours des efpaçes. La *Correction* faite, là Forme eft refferée ; tout ce qu'elle contenoit de trop eft reporté en fon lieu : & ce travail fe continuë pour la feconde Forme, comme pour la première. Une ou plufieurs Épreuves ayant été corrigées, le Prote en repaffe une dernière appellée *Tierçe*. Alors la Preffe commençe fon opération.

DE LA DISTRIBUTION.

III. S'il falloit dans un même tems, avoir toutes les Planches des grands Ouvrages ; tels que l'Hiftoire Éccléfiaftique, le Moréry ; &c. il feroit pour ainfi dire, impoffible de les imprimer. Non-feulement ces Ouvrages fe repartiffent prefque toujours par Volumes, dans plufieurs Imprimeries ; mais dans chaque Imprimerie on ne tient que le nombre néceffaire de Formes, pour occuper fans interruption les Compofiteurs & les Preffes. Dès qu'une Forme eft entièrement tirée, l'Imprimeur la leffive, & elle retourne au Compofiteur. Celui-ci ayant vuidé fa Caffe, deffère une de ces Formes, l'arrofe d'eau avec une éponge pour en rendre la diftribution plus facile, mèt dans une Galée tous les titres & lignes qui peuvent lui fervir encore ; & enlevant fur deux Reglèttes autant de lignes qu'il peut en tenir de la main gauche, il prend de la droite plufieurs mots qu'il lit, & qu'il fait difparoître à l'inftant, par la rapidité avec laquelle il jètte chaque lettre dans fon Caffetin. Cette Poignée diftribuée, il en reprend une autre ; & continuë jufqu'à ce que la Caffe foit remplie. Lorfqu'il fe trouve de l'Italique ou autres Caractères dans fa diftribution, il les replaçe auffi avec ordre ; ayant attention de ne point confondre une forte avec l'autre, pour s'éviter une infinité de Corrections dans la Compofition fuivante.

Page 334. bis

PROTOCOLE
POUR
LA CORRECTION DES ÉPREUVES.

MANIERE DE MARQUER LES FAUTES.

EXEMPLES des Fautes à corriger, folio recto.

Lettres ou mots à changer............	Et expecto resurrectionem vivoru,	e/e/r/mortuorum/
Lettres ou mots gâtés à changer......	Quicumque ~~·····~~, ante omnia	vult salvus /esse/
Lettres ou mots à ajouter............	Je crois en Tout-puissant, Créateur du Ciel	i/Dieu le Pere/
Lignes à ajouter.....................	Aures habent, & non ~~ambulabunt~~: non clamabunt in gutture suo.	*/audient/ voyez la Copie
Lettres ou mots à supprimer..........	Notre Perfe, qui êtes aux Cieux, que que	8/8/
Lettres ou mots à retourner..........	Je vous salue, ~~Marie~~, pleine de graces,	3/3/
Lettres ou mots à transposer.........	Virgo Dei genitrix, quem non capit totus	ʊʊ/⌐⌐/
Lignes à transposer..................	Disperfit dedit pauperibus : * juftitia ejus suis fremet & tabefcet : * defiderium pecca= manet in feculum feculi : cornu ejus exal= tabitur in gloria. Peccator videbit & irafcetur, dentibus fuum peribit.	*transposez*
Blanc à ajouter......................	HYMNUS. AD Cœnam Agni providi, Jam lucis orto fidere, Deum precemur fupplices	#/
Blanc à supprimer ou à diminuer......		C / ⊃ /
Mots à séparer.......................	Sequentia fancti Evangelii fecundum Joannem	#/#/#/#/
Lettres à rapprocher.................	Crucifixus etiam pro nobis fub	͡ / ͡ / ͡ /

Tome II.

Page 334. Ter

MANIERE DE MARQUER LES FAUTES.

Éxemples de Fautes à corriger folio verſo.

Marque	Exemple	Description
8/ Tp	Confiteor Deo omnipotenti, B. M. ſemp- Ter Virginis, &c.	*Mot mal divisé à la fin de la ligne.*
/ Rom.	Si quelqu'un, dit J. C. veut venir après moi	*Mots qu'il faut mettre en romain.*
/ Ital.	J. C. dit : Combien avez vous de pains ?	*Mots qu'il faut mettre en Italiques.*
/~~~~	Expecta Dominum, viriliter age & confor-	*Mots ou lignes à redreſſer.*
|x|x|x	Dixit Dominus Domino meo : ſede à dextris	*Lettres trop hautes.*
|o|m|n	Donec po|am ini|icos tu|s	*Lettres trop baſſes.*
....	Tecum principium in die virtutis tuæ	*Lettres à nettoyer.*
|x|x	Un ſeul Dieu tu adoreras & aimeras	*Eſpaces à baiſſer.*
|cs|res|grs	Mgr Mees M. ſM. Mme Melle M. ſ.	*Lettres ſupérieures à rehauſſer.*
|18|xii|XV	Chapitre xv, Article 12, Verſet XVIII.	*Chiffres à mettre ſuivant leur gradation.*
/:/,	Dieu dit| & tout fut fait| il commanda	*Corrections de Ponctuations.*
/?	L oiſiveté eſt la mere de tous vices	*Correction d'Apoſtrophe.*
/à/è	Anathême à qui n'aime pas J. C.	*Corrections d'Accents.*
/ffi.	A chaque jour ſuffit ſon mal	*Correction de Lettres doubles.*
/≡/=	Didier Eraſme fut un prodige d'érudition	*Petites et grandes Majuſcules à mettre.*
/—	—— Crux ahna, ſalve	*Blanc à ſupprimer.*
/⌐	[Crux venerabilis, torrente Chriſti	*Alinea que l'on veut marquer.*

Celui qui corrige une Épreuve, s'il y a pluſieurs fautes dans une même ligne, peut adopter différentes marques pour chacune, afin d'éviter la confuſion & la mé priſe. On ſe ſert ordinairement des ſuivantes : 1ʳᵉ faute ≠ 2ᵉ ╫ 3ᵉ ╫╫ 4ᵉ ╫╫╫ &c. Mais il faut obſerver de répéter toujours en marge, après la faute ſur le *recto*, & avant ſur le *verſo*, la même marque qu'on a faite dans la page pour indiquer ce qu'on veut y placer. C'eſt ainſi qu'on en uſera, ſur-tout lorſqu'on aura pluſieurs ajoutés à faire dans une même page.

Tome II.

CHAPITRE IV.
QUATERNAIRE DE L'IMPRIMERIE.
Papiers, Parchemins, Cartons, Satins.

PAPIERS, &c.

QUOIQUE le *Papier* soit ce dont on fait le plus d'usage pour l'Impression ; néanmoins on imprime aussi sur le *Parchemin*, sur des *Cartons* & *Cartes* ; & sur le *Satin*. On a vû dans le Chapitre II. la manière d'apprêter le *Papier* pour l'Imprimer. Les *Cartes*, *Cartons* minces & *Parchemins*, se tirent quelquefois sans aucun apprêt, ou à sec ; mais on est plus assuré d'une bonne Impression en leur donnant une certaine humidité qui les rend souples. Le *Satin* qu'on employe ordinairement pour les Thèses demande beaucoup de soin, sur-tout celui d'être tenu dans la plus grande propreté.

V v ij

DE L'IMPRIMERIE, CHAP. IV.

Il y a des *Papiers* de différentes grandeurs & qualités, dont la connoissance peut être utile à plusieurs personnes; c'est pourquoi nous en donnons ici l'État.

État des différentes espèces de Papiers.

Noms & Espèces de chaque Papier.	Largeur.		Hauteur.	
	Pouces.	Lignes.	Pouces.	Lignes.
Grand Louvois, *Fin*.	36	3	29	
Grand Aigle, *Fin & Bulle*.	36	6	24	9
Grande Fleur de Lys, *Fin & Bulle*.	31		22	
Grand Colombier, *Fin & Moyen*.	31	9	21	3
Chapelèt, *Fin, Moyen, & Bulle*.	30		21	6
Petit Chapelèt, *Bulle*.	29		20	3
Nom de Jésus, *Fin, Moyen, & Bulle*.	26		19	6
Petite Fleur de Lys, *Bulle*.	24		19	
Grand Royal, *Bulle*.	22	8	17	10
Grand Raisin, *Fin, Moyen, & Bulle*.	22	8	17	
Carré Large, *Moyen & Bulle*.	21		15	6
Lombard, *Fin, Moyen, & Bulle*.	20	6	16	6
Carré Ordinaire, *Auvergne & Limoge, Fin, Moyen, & Bulle*.	20		15	6
A la Main, *Bulle*.	20	3	13	6
Cavalier, *Fin, Moyen, & Bulle*.	19	6	16	2
Écu, *Fin, Moyen, & Bulle*.	19		14	2
Tellier, *Fin, & Moyen*.	16		12	3
Romaine, *Fin, & Moyen*.	15		10	4
Cartier, *Fin*.	14		11	6
Papier au Pot, *Bulle*.	Idem.			

Les *Papiers* dont l'Imprimerie fait le plus usage, sont, le Carré fin, moyen & bulle d'Auvergne; & les Carrés fin, moyen & bulle de Limoges.

On vend le *Papier* par Feuilles, par Cahier, par Main, & par Rame. La Feuille est ployée en deux; le Cahier en contient six, la main 25, & la Rame cinq cents.

CHAPITRE V.
SEPTÉNAIRE DE L'IMPRIMERIE.

Sept Impositions les plus ordinaires :

In-Folio, in-4°. in-8°. in-12. in-18. in-24. in-32.

L'*Imposition* est une des plus belles Manœuvres de l'Imprimerie. Par l'arrangement & la combinaison, une seule Feuille de papier peut contenir jusqu'à cent vingt-huit pages. Une pareille *Imposition* n'est pas fort commune. Les plus ordinaires sont l'in-*Folio*, qui contient quatre pages. l'in-4°. qui en contient huit ; l'in-8°. seize ; l'in-12. vingt-quatre ; l'in-18. trente-six ; l'in-24. quarante-huit ; & l'in-32. soixante-quatre. Le nombre indicatif du Format doit toujours être double, pour faire une Feuille.

L'*Imposition* la plus simple nous servira d'exemple, pour donner une idée de l'ingénieuse combinaison des autres. Le Compositeur a-t-il fini quatre pages in-*Folio* ; il place la première & la quatrième sur une table de pierre appellée *Marbre*, l'une à sa main gauche, & l'autre à sa droite. Un *Chassis* (1) ou ca-

---

(1) Il y a des *Chassis* pour l'in-12. & autres Formats, qui sont plus longs que larges ; & que la barre sépare dans leur longueur. Ceux dont on se sert pour les Affiches & autres choses semblables n'ont point cette barre du milieu, & se nomment *Ramettes*. Les bois dont on fait usage pour retenir & emboiter les pages, pris ensemble portent le nom de *Garnitures* ; mais pris séparément ils ont différens noms, suivant la place & les fonctions qu'ils remplissent. On appelle *Têtières*, ceux qui se mettent entre les têtes des pages ; *Bois de Fond*, ceux qui se couchent entre les pages selon leur longueur ; *Grands Bi-*

dre de barre de fèr, traversé par le milieu d'une autre barre du même métal, sert à environner ces deux pages. Entre elles & les barres du *Chaſſis*, l'Artiſte mèt des bois de différentes eſpèces. Ceux de l'intérieur déterminent les marges de l'Impreſſion; ceux des côtés & du bas des pages viennent répondre au chaſſis, & reçoivent l'effort des coins, que le Compoſiteur y fait entrer à coups de marteau; ce qui retient le tout enſemble: & cette première Forme ſe tranſporte alors, comme ſi elle étoit d'une ſeule pièce.

Pour la ſeconde Forme, il mèt la troiſième page à ſa main gauche, où étoit avant la première; la ſeconde à ſa droite, où étoit la quatrième; & ayant pareillement placé le *Chaſſis* & d'autres bois parfaitement égaux aux premiers, il ôte les fiſçèles qui entourent ſes pages; après quoi il ſerre cette ſeconde Forme, comme la précédente.

Mais ſoit en impoſant ou après avoir corrigé, le Compoſiteur, avant que de ſerrer chaque Forme entièrement, a ſoin de paſſer ſur la ſurface de toutes les pages, une petite planche quarrée d'un bois tendre, appellé *Taquoir*; ſur lequel il frappe à meſure & à petits coups de marteau, pour qu'une lettre ne ſe tienne pas plus élevée que l'autre, dans toute la Forme.

Voyons comment ces pages ſe retrouvent dans l'Ordre, ſur le papier. J'ai poſé 1 & 4.... 3 & 2. Je préſente l'un des côtés

---

ſeaux, ceux qui ſe mèttent en-dehors, & ſur les côtés de la Forme; *Petits Biſeaux*, ceux qui ſont au bas des pages.

On a ſoin de placer la partie la plus large des Grands Biſeaux, au haut de la forme du côté du bois de tête; la barre du milieu doit ſéparer les deux têtes des Petits Biſeaux. Cet arrangement offre non-ſeulement un coup-d'œil de propreté, mais donne encore une grande aiſance à l'Ouvrier pour ſerrer & deſſerrer les coins.

d'une Feuille entièrement blanche sur 1 & 4, & renversant cette feuille de gauche à droite sur 3 & 2 ; je me trouve aussitôt 1 sur 2, & 3 sous 4. Voilà donc mes Pages de suite ; puisqu'en levant ma Feuille pour la seconde fois, 3 précèdera 4, qui a été d'abord imprimé sur la première Forme. On trouvera dans la Science-Pratique de l'Imprimerie, des exemples de toutes les *Impositions* avec figures.

CHAPITRE VI.
DUODÉNAIRE DE L'IMPRIMERIE.

Les Douze Mères Langues,

Sçavoir :

Hébreu,   *Arabe*,   *Syriaque*,   *Étiopien*,
Samaritain, Rabinique.   Turc, Persan.

Arménien,   *Grèc*,   *Romain*,   *Islandois*,
                Cophte.   Anglosaxon, Rhunique,
                                                   Mœsogothique, Irlandois.

Russe,   *Tartare*,   *Géorgien*,   *Malabar*.
Ancien, Moderne,   Thibétan.
Servien, Illirien.

PLUSIEURS Auteurs anciens ont fait honneur aux Phéniciens, de l'invention de l'Écriture ; mais il paroît constant, que cet honneur doit être déféré à *Osiris* ou Mercure premier Roi d'Égypte. L'Origine de l'Idolâtrie Égyptienne, & des Caractères Sacrés & Hiéroglyphes, est la même. Le Dieu *Thoor* ou *Osiris* inventa, dit Sanchoniathon ancien Auteur Phénicien, l'*Écriture* des premiers *Caractères*; il tira les *portraits des Dieux, pour en faire les Caractères sacrés des Égyptiens.* Les portraits des Dieux dont il est parlé dans ce passage, sont ce que les Anciens ont appellé *Hiéroglyphes*; c'est-à-dire, Sculptures sacrées : & *Grammata*; c'est-à-dire, les *Lettres* ou Portraits des Dieux.

En effèt ces portraits des Dieux étoient chargés d'Emblêmes significatifs, & formoient déja une sorte d'Écriture figurée : ils peignoient aux yeux la Vertu & les qualités bonnes ou mauvaises des Héros que l'on représentoit ; & ils devinrent insensiblement les objèts de la vénération & du Culte idolatrique des Égyptiens. Ces *Hiéroglyphes* ou *Grammata* simplifiés ensuite, & assujettis à un petit nombre de traits de convention, produisirent une sorte d'Écriture, qui fut appellée *Sacerdotale*; parce qu'elle fut affèctée aux seuls Prêtres Égyptiens. Les caractères de cette Écriture furent appellés *Hiérogrammes* ou Lettres Sacrés, qu'il ne faut pas confondre comme l'on voit avec les Hiéroglyphes. La table d'Isis conservée dans le cabinèt du Duc de Mantouë, & gravée dans l'Ouvrage de Pignorius ; ainsi que dans l'Antiquité expliquée de Dom Bernard de Montfaucon, nous offre des modèles de ces deux sortes d'Écriture. On y voit que les Caractères sacrés qui règnent autour des bordures de cette table, ne sont qu'une Peinture abrégée & simplifiée des Divinités, des Vases, des Instruments, &c. représentés en grand dans le corps de la table.

Il paroît constant par Socrate cité dans le Phédre de Platon, par Diodore de Sicile, Cicéron, Pline, & par plusieurs autres anciens Écrivains ; que l'Écriture Alphabétique est de l'invention du même Prince, nommé par les uns *Menès* ou Mercure ; par les autres *Thot* ou *Thoor*, Osiris : & par les Grècs, Hermès. Suivant le témoignage de plusieurs de ces Écrivains, le Monarque Égyptien avoit le premier distingué les

voyelles

voyelles des consonnes, les muettes des liquides ; & il étoit parvenu à assujettir le langage, alors barbare, à des règles fixes ; il régla jusqu'à l'Harmonie des mots & des phrases. Relativement à cette utile invention, il fut, après sa mort, honoré comme le Dieu de l'Éloquence & du Sçavoir, & les Écrivains Égyptiens lui dédioient leurs Ouvrages ; ainsi que nous l'apprend Jamblique dans son Traité des Mystères de l'Égypte. Les Grècs qui donnèrent à ce Dieu les noms de *Grammateus* & d'*Hermès*, ignoroient qu'ils n'étoient que la simple traduction des termes Égyptiens, *Athsori* ou *Osiri*, & *Anoubi*, dont le premier signifie un Statuaire, un Peintre, celui qui faisoit les *Grammata* ou les portraits des Dieux ; & le second exprime un homme éloquent, un Orateur, un Hérault, un Prophète, qualités qui semblent peut-être disparates parmi nous ; mais qui se trouvoient toujours réünies chez les Égyptiens, de même que chez les Hébreux. Les Grècs oublièrent l'origine de ces noms, ils donnèrent au terme de *Grammateus* la signification de Secrétaire, & enchérissant sur cette idée, ils attachèrent des aîles à la tête & aux pieds de cette Divinité, & lui mettant le Caducée à la main, ils supposèrent qu'il étoit le Messager des Dieux.

L'Écriture alphabétique fut empruntée des Hiérogrammes ou Lettres Sacrées, dont l'éxistence étoit antérieure ; & c'est pour cette raison que les plus anciens des Élémens que nous connoissons, ont des dénominations qui rappellent cette Origine: *Aleph* signifie Bœuf, Chef. *Beth*, Maison ; *Ghimel*, Chameau ; *Daleth*, Porte ; *Waw*, Crochèt ; *Zaïn*, Trait, Glaive, Massuë ; *Cheth*, Quadrupede, Sac ; *Theth*, Bouë ; *Iod*, la Main ; *Caph*, la paume de la Main ; *Lamed*, Pointe pour animer le bœuf au travail ; *Mem*, Tache ou Eau ; *Noun*, Poisson, Race, Lignée ; *Samech*, Appui ; *Ain*, l'Œil ; *Phe*, la Bouche, le

Visage; *Tsade*, les Côtés; *Coph*, un Singe; *Resch*, la Tête; *Schin*, les Dents; *Taw*, Terme, Borne.

Ces dénominations sont, à ce que je pense, de la première Antiquité, mais on ne peut dire la même chose des Élémens qu'elles désignent; puisque la figure de ces Éléments s'éloigne sensiblement de celle des objèts signifiés : cette raison nous détermine à reconnoître la perte du premier Alphabèth, qui a donné la naissance à ceux dont on donne une suite dans cet Ouvrage. Cet ancien Alphabèt, c'est un fait constant, devroit se trouver chez les Égyptiens; mais il s'est perdu dans la suite des Siècles, & quelques monumens qui nous restent dans le caractère courant des Égyptiens ne peuvent suffire pour le rétablir. L'ancien Alphabèt Hébreu, connu aujourd'hui sous le nom d'*Alphabèt Samaritain*, me paroît plus empreint qu'aucun autre des marques d'une grande Antiquité; & c'est pour cela que nous le plaçons au premier rang. Ce Caractère étoit commun aux Juifs avant la captivité, ou pour s'expliquer encore avec plus de précision, c'étoit le Caractère en usage dans la *Phénicie*, avant que les Hébreux entrassent dans le Pays de Canaan; de sorte qu'on le doit plutôt appeler Caractère Phénicien, que Samaritain ou Hébreu, comme Richard Simon en fait la remarque : en effet, ce Caractère a les plus grandes ressemblances avec les différents Alphabèts Phéniciens publiés depuis quelques années par M. l'*Abbé Barthelemi*, Garde des Médailles, & Membre de l'Académie des Belles Lettres. Ces Alphabèts Phéniciens sont d'autant moins suspects, qu'ils sont faits d'après des Inscriptions & des Médailles trouvées à Carpentras, à Malte, en Chypre & en Sicile. Ces Caractères Samaritains ou Phéniciens, comme on voudra les appeler, sont sans points-voyelles.

DE L'IMPRIMERIE CHAP.
ALPHABETS.

PONCTUATION HÉBRAIQUE		Valeur Numerique	Hebreu Rabinique	Hebreu ou Chaldéen	Samaritain ou Anc.ⁿ Hébreu	Nom
Longues	Breves					
Camets ... ㄒ	Patach ... A					
Tséré	Segol ... ׃ E	1	א	א	א	Aleph
Grand Chiric ... ?	Petit Chiric ... I					
Cholem ... ה	Cateph Camets ׃ O	2	ב	ב	ב	Beth
Schoureck ... ה	Kibbuts ... OU	3	ג	ג	ג	Gimel
Très Breves.		4	ד	ד	ד	Daleth
Cateph-patach ... ׃ A		5	ה	ה	ה	He
Cateph-Segol ... ׃ E		6	ו	ו	ו	Vau
Scheva ... ׃ E						
ACCENTS ROYAUX		7	ז	ז	ז	Zaijn
Zarka	Pasic	8	ח	ח	ח	Cheth
Segola	Zakeph gadol					
Pazer-Gadol	Zakeph-Caton	9	ט	ט	ט	Teth
Carne-phara	Paschta	10	י	י	י	Iod
Talscha	Tharcha	20	כ	כ	כ	Coph
Azla	Athnach	30	ל	ל	ל	Lamed
Rebia	Thebir					
Gheraschaim	Schalscheleth	40	מ	מ	מ	Mem
Accents Ministres		50	נ	נ	נ	Nun
Kadma	Tharsa	60	ס	ס	ס	Samech
Maarich	Schophar jaschar	70	ע	ע	ע	Aijn
Darga	Schophar maepach	80	פ	פ	פ	Phe
Jareach-ben-jomo		90	צ	צ	צ	Tsade
Accents Mixtes		100	ק	ק	ק	Caph
Jetib	Sachpha	200	ר	ר	ר	Resch
Schene-khuterin	Meajelah	300	ש	ש	ש	Schin
Legarmeh	Soph-pasuc	400	ת	ת	ת	Tau
LETTRES FINALES de l'Hebreu et du Rabinique						
Phe 800	Caph 500					
Tsade 900	Mem 600					
Aleph 1000	Nun 700					

Des Hautes rayes del. — Laurent Sculp.

Tome II.

HÉBREU.

I. Le Caractère que nous appellons *Hébreu*, étoit en usage parmi les Caldéens. Les Hébreux pendant le tems de leur captivité à Babylone, obligés de vivre avec leurs vainqueurs, se familiarisèrent avec ces Caractères; & de retour à Jérusalem, ils y en perpétuèrent l'usage. Esdras surnommé le Scribe par excellence, fit alors une revision des différents morceaux dont la Bible est composée, & adopta les Caractères Caldéens, abandonnant les anciens aux Samaritains, que les Hébreux consideroient comme leurs adversaires, comme des Schismatiques ennemis de Jérusalem & de son Temple, & avec lesquels ils ne vouloient avoir rien de commun.

Ces Lettres sont également au nombre de 22, & s'écrivent de droit à gauche. Elles sont toutes consonnes. Les Points qui suivent dans la Planche tiennent lieu de voyelles, ils sont au nombre de 14, & se divisent en longues, brèves, & très-brèves. Ils servent à exprimer les cinq voyelles A. E. I. O. U. Tous ces points se placent sous les Lettres, à l'excèption cependant du *Khiric gadol*, du *Kholem* & du *Schourec*, qui s'apposent sur les Lettres ou à côté. On remarquera que la consonne doit toujours se prononcer avant la voyelle. On exceptera cependant de cette règle générale les deux lettres gutturales *Cheth* & *Aïn*, lorsque placées à la fin d'un mot elles ont sous elles un *Patac*; car alors c'est la voyelle que l'on prononçe avant la consonne. Outre ces 14 points-voyelles on ne doit point oublier le *Daguesch* (.) qui est un petit point, qui se mèt au milieu d'une lettre, & sert à la doubler. Le *Raphe*, (-) ligne qui se mèt au-dessus d'une lettre, & désigne qu'il faut en adoucir la prononçiation.

Indépendamment des Points dont on vient de parler, les

Hébreux ont un grand nombre d'Acçents, dont le principal usage est de fixer le Chant. On attribuë l'invention de ces Acçents, & même des points-voyelles, aux *Massorètes*, Docteurs Juifs de la célèbre Académie de Tibériade, qui les aposèrent sur le texte de la Bible, conformément à l'usage & à la traduction reçuë. La plûpart de ces Acçents dont on va parler, sont autant de petits Hiéroglyphes que leur nom sert à rappeller. On les divise en Acçents Royaux, en Acçents ministres ou serviles, & en Acçents mixtes ou dérivés. Les Acçents Royaux sont au nombre de 16, les Ministres au nombre de 7; & les Mixtes au nombre de 6.

Acçents Royaux.

Les 16 Acçents Royaux sont :

1°. Le *Zarka*, *Sparsor*, le *Lançeur*. On appelloit ainsi une Arme, dont se servoient les anciens Hébreux; c'étoit une longue corde à un des bouts de laquelle étoient attachés plusieurs cercles ou gros anneaux de fèr, & qu'ils lançoient à leurs ennemis. Cet Acçent indique une voix basse d'abord, ensuite étenduë & plus élevée qui se termine comme en cercle.

2°. *Segola. Propriété.* Ainsi appellé, parce qu'il représente un Ornement royal composé de trois Perles précieuses. Il indique une pause, telle que la pourroit faire un homme, qui ébloui par l'éclat d'une pierre précieuse soupireroit après; & c'est pour cela que les Anciens l'appelloient encore *Sadé*, *Pause*. Il peut aussi avoir été appellé *Segol* ou *Segola*, parce qu'il imite trois grains d'une grappe de raisin.

3°. *Pazèr-gadol*, le grand Disperseur, ainsi appellé; parce qu'il disperse la voix. Sa figure est à-peu-près celle de la Lettre *h* renversée. Cet Acçent indique une élévation de voix, coupée par une autre voix qui fort comme de côté, s'élève en haut, & disperse en quelque forte le son.

4°. *Carne-phara*, ou la *Corne de Vache*; ainsi appellé de sa figure. Son chant est presque semblable à celui du grand Disperseur, mais avec plus de force, quelques diversités & tremblements; comme si la voix paroissoit doublée avec une espèce de cercle à la fin.

5°. *Talscha*, ou *Telischa*, le *Déracineur*; comme si le son qu'il désigne, se déraçinoit du fond de la poitrine. Son chant est une voix basse qui devient plus forte, se prolonge, & se termine enfin par une espèce de cercle.

6°. *Azla*, l'*Ambulant*, ainsi appellé; parce qu'il semble se promener, & s'affermir dans un lieu haut. Son chant semble se promener, s'arrêter, & se reposer sur un son élevé & plus aigu que le *Tarcha*.

7°. *Rebia*, l'*Éminent*, ainsi appellé; parce qu'il s'appose dans un endroit éminent au-dessus de la lettre, à la différence du point-voyelle *Cholem*, que l'on peint plus petit, & qui se met toujours entre deux lettres. Le *Rebia* a le même chant que l'*Azla*; mais avec plus de force sur la fin.

8°. *Schene-gherischin*, ou les deux *Expulseurs*, autrement *Gheraschaim*, ainsi appellés de ce que les sons qu'ils indiquent, sont comme poussés & chassés les uns sur les autres: son chant est celui de l'*Azla*, avec certain redoublement, mais moindre cependant que celui du *Rebia*; qui est au-dessus de tous les autres Accents par son chant & par sa position.

Un *Ghérèsch* est l'une des deux virgules des deux Expulseurs. Seule, elle indique un chant pareil, mais moins fort. Le *Ghérèsch* n'a qu'un mouvement, le *Schene-gherischin* en a deux. La figure du *Ghérèsch* & celle de l'*Azla* se ressemblent: cependant ils diffèrent réellement en ce que, lorsqu'il y aura un Acçent ſervile ſur la première lettre du mot précédent, le ſervile ſera la corne droite, & l'Acçent ſuivant ſera appellé *Expulſeur*, ou les deux *Expulſeurs*, s'il y a deux virgules : mais s'il n'y a point d'Acçent ſervile ſur la première lettre, alors l'Acçent ſuivant ſera l'*Azla*.

9°. *Peſic*, ou le *Diviſeur*, eſt un bâton droit placé entre deux mots, & qui les ſépare. Cet Acçent n'a d'autre chant, que celui d'une tranſition immédiate & arbitraire d'un ſon grave à un autre ſon plus ou moins aigu ; ce qui produit une ſorte de rupture aſſez rude, mais qui eſt d'uſage néanmoins dans toutes les Synagogues.

10°. *Zakeph-gadol*. *Erector magnus*, ainſi appellé ; parce qu'il prolonge, élève, & fortifie beaucoup les ſons de voix déſignés dans ſon chant ; & qu'il ſe termine par un ſaut d'un ſon aigu à un ſon grave.

11°. *Zakeph-caton*, *Erector parvus*. Cet Acçent eſt le diminutif du précédent ; il élève la voix auſſi, mais pas tant que le *Zakeph-gadol*.

12°. *Paſchta*, *Extenſor*. Ainſi appellé parce qu'il étend, prolonge, & fait baiſſer le ſon de la voix ſur le mot, avec ſuſpenſion, juſqu'à ce qu'on arrive au petit *Paſchta* qui eſt pauſe. Sa figure eſt une virgule qui s'élève en haut de droit à gauche. Le double *Paſchta* ne ſe place au commencement du mot, ſur la lettre qui veut un Acçent, que lorſque la ſyllabe ſuivante n'en reçoit point ; alors ſa figure eſt double, & diffère de celle du *Schene-gheriſchin*, en ce que dans cette dernière ce ſont deux virgules l'une proche de l'autre, tirées de gauche à droite ; & que dans celle du *Schene-gheriſchin* les virgules ſont diſtantes l'une de l'autre, & tirées de droit à gauche. Le chant des deux *Paſchta* eſt le même que celui d'un ſeul ; mais plus fort, puiſque le mouvement eſt doublé.

13°. *Tharcha*, *Travail*. Acçent ainsi appellé, de ce qu'il désigne une rétrogradation dans les sons de son chant, comme si la fatigue le faisoit rester en chemin & rétrograder. Son chant, voix basse & pause sous le mot, pour marquer qu'il ne faut pas élever la voix. On l'appelle encore *Meayela*.

14°. *Athnach*, Repos, Pause, Respiration. Ainsi appellé de ce qu'il marque toujours une conclusion de chant, un Repos absolu, où la voix paroît s'adoucir, s'étendre, finir. Sa figure ressemble à une écuelle renversée, ce qui le fait encore appeller *Sachpha*: quoiqu'on ait donné ce dernier nom particulièrement à l'Acçent qui est au commencement du verset.

15°. *Thebir*, le Rompant. Ainsi appellé, de ce qu'il introduit une Rupture, une Disjonction, immédiatement après les sons des Acçents qui le précédent ordinairement; comme l'*Azla*, le *Schene-gherischin*, & le *Rebia*. Sa figure est un arc de cercle avec un point au milieu sur la gauche, touchant l'arc comme s'il le divisoit. Cet Acçent se place sous le mot. Son Chant est celui d'une voix rompuë avec un certain cercle non fermé, comme si quelque chose entroit au milieu.

16°. *Schalscheleth*, la Chaîne. Cet Acçent ressemble à une chaîne d'un côté, & à une sçie de l'autre; il désigne plusieurs pauses. Voilà pourquoi on le met sur le mot, préférablement aux autres Acçents.

Acçents Serviles, ou Ministres.

1°. *Kadma*, *Précurseur*, Antécédent; il précède toujours l'*azla*. Son chant n'est rien qu'un seul mouvement allant vers l'autre, & qui n'est pas fixe. Quelques-uns donnent à cet Acçent le nom d'*Eschel*, Arbre; parce qu'il est comme un arbre planté.

2°. *Maarich*, ou le *Prolongeant*. Cet Acçent prolonge le

son de son chant avec légèreté, à voix basse, & par un seul mouvement jusqu'à la pause ; en quoi il diffère des cornes & de la lune d'un jour.

3°. *Darga*, Degré. Cet Acçent est fait en forme d'échelon. Son chant est tremblant comme un échelon rompu, pour aller vers un Acçent rompant ; & cela sans préparation stable, comme du *kadma* vers l'*azla*; ou comme des cornes vers les autres Acçents.

4°. *Jareach ben jomo*. La Lune d'un jour, ainsi appellé ; parce qu'il représente un Croissant. Son chant est celui de la corne droite, pour servir à celui de la corne de vache.

5°. *Tharsa*. Le *Bouclier*, autrement appellé *telischa kethanah*, le petit Déracineur. Sa figure est presque semblable à celle du *Telischa*, dont nous avons parlé ci-dessus. Son chant est aussi le même ; mais on remarquera cette différence, que l'Éradicateur se met au commencement du mot, & le Bouclier à la fin. Le Bouclier est servile, parce qu'il est continu au mot suivant ; & jamais l'Éradicateur n'est continu au Bouclier.

6°. *Schophar jaschar*, la Corne ou la Trompette droite. Quelques-uns l'appellent la *Corne ambulante*, & les Juifs Allemands l'employent sous le nom de *Mounach*. Son chant allonge le discours commençant par une voix basse, ensuite il s'étend dans cette même voix comme s'il se promenoit de droite à gauche ; & c'est pour cette raison qu'on a appellé cet Acçent la Corne Ambulante, ou *Hilloui*, le Sublime.

7°. *Schophar maepach*. La Corne renversée. Son chant est celui de la corne droite, avec cette différence ; qu'il indique une certaine petite pause, qui n'est pas dans la corne droite. Quelques-uns distinguent encore deux autres espèces de Cornes ; sçavoir, la Corne soutenante, & le *Mecarbel* ; mais elles ne diffèrent des cornes droites & renversées, que suivant la

position

DE L'IMPRIMERIE, CHAP. VI. 349
position de plusieurs autres accents qui les précèdent, ou qui les suivent.

Accents Mixtes.

1°. *Jetib*. L'*Assis*. Les sons de son chant sont continus sur le même degré, comme étant debout, *Assis*. Sa figure est la même que celle du *schophar mahepach* ; mais ce dernier Accent se place après les mouvements, & entre les points à gauche ; au lieu que le *Jetib* se place au commencement du mot : c'est pourquoi quelques-uns l'ont appellé la Corne antécédente, parce qu'il précède le point. Le *Jetib* comporte une certaine pause ou conclusion, & a rapport à l'étenduë.

2°. *Schene khuterin*. Les deux Bâtons. Leur chant ressemble à celui du *Thebir*, mais il a moins de vigueur, de tremblement, & de rupture. Ils sont aussi différents du *Thebir*, en ce que leur chant est continu au chant suivant ; au lieu que le *Thebir* n'y est point continu.

3°. *Legarmeh*. L'*Os* brisé. Appellé ainsi, parce qu'il est comme un Os brisé. Son chant est un chant de Disjonction diatonique, si cela peut s'appeller chant. Cet Accent se place sur le mot, & ordinairement entre les deux cornes droites, (*Schophar jaschur*) ; & s'il est précédé de deux cornes droites, il acquiert le surnom de *Rebia*, ou l'*Éminent*.

4°. *Sachpha*, L'Écuelle renversée ; c'est une pause, repos, ou soupir ; & précisément cet Accent est le même que l'*Athnach*.

5°. *Meajelah*. L'*Alêne*. Cet Accent ressemble au *Tarcha*.

6°. *Soph-pasuc*. Fin du verset. Cet Accent est la fin & le complement de la chose. Il n'a d'autre usage que celui d'indiquer une pause totale.

De tous ces Accents en général, les premiers regardés

comme Rois font pofans ; c'eft-à-dire *Concluans*. Les derniers confidérés comme Miniftres, n'ont pas cet avantage ; en ce qu'ils fervent pour la plûpart à la prolongation des mots, & conféquemment à celle du chant. La pofition des Acçents Rois eft d'être prefque généralement au-deffus des mots ; celle des Acçents Miniftres au contraire, eft d'être placés au-deffous. Les Juifs n'ont point d'autres notes que ces Acçents, pour marquer le chant dans leurs Bibles ; & ils s'appofent fur le texte même. Quoique ces Acçents Muficaux foient immuables dans toutes les Synagogues, il n'en eft pas de même du chant qui diffère parmi les Juifs répandus tant en Italie, qu'en Efpagne, & en Allemagne.

Hébreu Rabinique.

On appelle ainfi un Caractère plus coulant, dont tous les Juifs fe fervent pour écrire, il eft plus expéditif que l'Hébreu quarré ordinaire. On écrit toujours dans ce Caractère fans points-voyelles.

Arabe.

Turc, Perfan.

II. Les Arabes écrivent de droite à gauche, ainfi que les autres Peuples dont nous avons parlé jufqu'ici. Leur Alphabèt eft compofé de vingt-huit lettres ; c'eft-à-dire, qu'ils ont fix lettres de plus que les Hébreux, les Syriens, & les Samaritains. Cet Alphabèt tel qu'on le donne ici, a été mis dans cet ordre par les Nouveaux Grammairiens ; qui en cela, n'ont eu en vûë que de réunir des lettres de même figure.

En effèt, plufieurs de ces Lettres ne font reconnoiffables que par les points diftinctifs qui s'appofent deffus & deffous. L'Ordre ancien de l'Alphabèt Arabe ne diffère point de celui

DE L'IMPRIMERIE CHAPITRE VI. *Pag. 350. bis.*

ALPHABET ARABE.

LETTRES PARTICULIÈRES aux Turcs et aux Persans.			Valeur Numérique.	Figure. A la Fin.	Au Milieu.	Au Commencement.	Nom.
Valeur.	Figure.	Nom.	1	ا	ا	ا	Alif
P. Ex: Padischah	پ	Pe	2	ب	ب	ب	Be
C. Italien. Ex: Tchelebi	چ	Tchim	400	ت	ت	ت	Te
Ghi. Ex: Gueuz	گ	KefAgemi	500	ث	ث	ث	The
N. Finale des François	ڭ	SaghynNun	3	ج	ج	ج	Gim
J. Franç. Ex: Janvir	ژ	ZeAgemi	8	ح	ح	ح	Hha
POINTS - VOYELLES.			600	خ	خ	خ	Cha
A.....Ba..َ		Phatah	4	د	د	د	Dal
I.E.....Bi..ِ	Ex: Kiafra		700	ذ	ذ	ذ	Dhal
O. OU...Bou..ُ		9 Damma	200	ر	ر	ر	Re
VOYELLES-TANOUIN, ou Nunnations.			7	ز	ز	ز	Zain
An....Ban..ً		"	60	س	س	س	Sin
In.....Bin..ٍ	Ex.		300	ش	ش	ش	Schin
Oun...Boun..ٌ		"	90	ص	ص	ص	Soad
NOTES ORTOGRAPHIQUES.			800	ض	ض	ض	Tthad
ٱ Wesla	ء Hamza		9	ط	ط	ط	Tta
ْ Giezma	~ Madda		900	ظ	ظ	ظ	Tthda
ّ Teschdid			70	ع	ع	ع	Ain
PONCTUATION.			1000	غ	غ	غ	Ghain
* و * ، . ٭ ٦٦			80	ف	ف	ف	Fe
CHIFFRES INDIENS,			100	ق	ق	ق	Caph
Vulgair.^mt appelés Chiffres Arabes.			20	ك	ك	ك	Kaf
V	7	١	30	ل	ل	ل	Lam
٨	8	٢	40	م	م	م	Mim
٩	9	٣	50	ن	ن	ن	Nun
١.	10	٤	6	و	و	و	Waw
٢.	20	٥	5	ه	ه	ه	He
٣.	30	٦	10	ي	ي	ي	Je

Des Hautesrayes Del.   *Laurent Sculp.*

DE L'IMPRIMERIE, CHAP. VI.

des Hébreux, & la preuve en est claire, en ce que la valeur numérale des lettres Arabes correspond à celle des Hébreux. Les six lettres que les Arabes ont ajoutées à cet ancien Alphabèt, sont *The*, ou *Thse*, *Cha*, *Dhal*, ou *Dhzal*, *Tdhad*, *Tthda*, & *Ghain*. Elles doivent être placées à la fin de cet Alphabèt dans le même ordre que je viens de les nommer, & elles valent; sçavoir, *The*, 500; *Cha*, 600; *Dhal*, 700; *Tdhad*, 800; *Tthda*, 900; *Ghain*, 1000. Ces six lettres ne diffèrent que par leurs points, des lettres *Te*, *Hha*, *Dal*, *Sfad*, *Tta*, & *Ain*.

Si nous étions aujourd'hui bien au fait de l'ancienne prononciation de l'Hébreu, sans doute que nous pourrions expliquer la raison qui a porté les Arabes à admettre ces six lettres d'augmentation; car il y a lieu de présumer que les Hébreux prononçoient le *Tav* tantôt comme un *T*, & tantôt comme *Ths*; qu'ils aspiroient quelquefois la lettre *He*, & la prononçoient dans certains mots comme le *Cha* des Arabes, &c; par la même raison qu'un point mis à droite ou à gauche sur la lettre Schin en fait un *Schin* ou un *Sin*. Quoique les Hébreux n'ayent pas mis la même distinction sur les autres lettres que je viens de nommer, cela n'empêche point qu'elle ne pût subsister dans l'usage; & conséquemment que cela ait donné lieu aux Arabes de la faire dans leur Alphabèt. On peut croire encore que l'étendue des Pays où on parle Arabe, & les différentes dialectes de cette Langue, ont donné lieu à ces lettres d'augmentation.

Pour retenir plus facilement l'Alphabèt *Arabe*, rangé suivant l'ordre de l'Alphabèt Hébreu, les Maîtres ont imaginé huit termes d'art, dans lesquels elles sont nommées à la file, & chacune dans l'ordre qu'elle doit avoir, ces termes d'art sont: *Abgiad*, *Hawaz*, *Hhoutti*, *Kalaman*, *Saafass*, *Caraschat*, *Thachadh*, *Tthdatdhighin*.

On remarquera que les Arabes d'Afrique plaçent les lettres *Sin* & *Schin* après le *Caph*, & qu'ils mettent trois points sous le *Sin*. Ils ne mettent qu'un point sur le *Caph*, & le *Fe* l'a dessous.

Quant à la prononçiation des lettres Arabes, il est difficile de la transmettre par écrit, sur-tout celle des lettres gutturales ; comme cependant l'Arabe est une Langue vivante, & que la prononçiation de ses lettres peut servir à déterminer celle de l'Hébreu, du Syrien, du Samaritain, &c ; nous allons en parler le plus succintement qu'il nous sera possible.

1°. L'*Alif* ne souffre aucune difficulté, cette lettre écrite seule est toujours nôtre A ; mais elle prend le son de la voyelle qui est appofée dessus ou dessous.

2°. Le *Be* répond éxactement au nôtre.

3°. Le *Te* n'est point différent non plus de notre T.

4°. Le *The* est une lettre dentale qui se prononce en frappant de la langue sur les dents supérieures : elle répond au ϑ *Thetha* des Grècs. Quelques-uns la prononçent *Thse*. Quelques termes radicaux rangés sous cette lettre indiquent qu'elle répond souvent au *Tav* hébreu, & quelquefois au *Schin*.

5°. Le *Gim* se prononce comme notre G, & notre J consonne dans les mots Jardin, général, girouette, jonc, jupon, joüe.

6°. Le *Hha* est une lettre gutturale qui se prononce du fond du gosier, comme si l'on faisoit un petit effort pour cracher.

7°. Le *Cha* répond au *Cheth* hébreu. Sa prononçiation est la même que celle du *Hha* ; mais encore plus forte, & plus tirée du fond du gosier.

8°. Le *Dal* répond à notre D.

9°. Le *Dhal* ; quelques-uns écrivent *Dhsal*, doit se prononcer comme en béguayant, & en frappant du bout de la langue sur les dents supérieures.

10°. Le *Re* n'est point différent de notre R.

11°. Le *Zain* répond éxactement à notre Z.

12°. Le *Sin* répond également à notre S.

13°. Le *Schin* répond au *sh* des Anglois ; c'est-à-dire, qu'il se prononçe comme notre *ch* dans les mots, *Chanoine*, *Chemin*, *Chine*, &c.

14°. Le *Sfad* est une lettre sifflante, qui se prononçe comme si l'on cherchoit à faire sentir deux S. Elle répond au *Tsade* hébreu ; mais il ne faut pas y mêler la prononçiation du *t*, comme font les hébraïsans.

15°. Le *Tdhad*, que d'autres écrivent *Dhad* & *Dzhad*, se prononçe en frappant du bout de la langue sur les gencives supérieures. Il produit un son qui tient du D & du Z ; mais si confus ou plutôt si ménagé, qu'en prononçant cette lettre, on ne distingue ni le *d*, ni le *z*.

16°. Le *Tta* répond au *Teth* hébreu, c'est un T plus fort & prononcé avec avec plus d'élévation que le T ordinaire.

17°. *Tthda* que d'autres écrivent *Dha* & *Da*, se prononçe comme le *Tdhad* ci-dessus. Les Turcs qui adouçissent infiniment la prononçiation de l'Arabe, prononçent cette lettre comme un Z. Ainsi ils diront *Mouzaffer*, au lieu de Moudhaffer, *Nezam-el-mulk*, pour *Nedham-el-moulk*.

18°. & 19°. *Ain* & *Ghain*, sont les deux lettres les plus dures à prononçer de tout l'Alphabèt, & il n'est pas difficile de reconnoître un Arabe par le son de l'une de ces deux lettres. Leur son se tire du plus profond du gosier qui se dilate beaucoup, & forme comme un raclement qui produit le son de ces deux lettres.

20°. Le *Fe* répond à notre F.

21°. Le *Caph* se prononçe comme si l'on vouloit imiter le croassement guttural du Corbeau.

22°. Le *Kaf* se prononce beaucoup plus mollement que le *Caph* ci-dessus; & presque comme si l'on écrivoit *Kiaf*, ou comme le *Ch* des Italiens dans les mots *Chiaro*, *Chiodo*; il est vrai que cet adoucissement est plus particulier aux Turcs qu'aux Arabes.

23°. 24°. 25°. Le *Lam*, le *Mem* & le *Noun* ne souffrent aucune difficulté, & se prononcent comme nos lettres L, M, & N.

26°. Le *Waw* répond au double W Allemand.

27°. Le *He* n'est point différent de notre H.

28°. Le *Ie* répond au *Iod* hébreu, & se prononce comme notre Y dans *Noyer*, *Noyons*.

Les Persans & les Turcs se servent également de cet Alphabèt, ainsi que les Arabes; mais comme ils ont quelques sons de plus, ils y ont ajouté cinq lettres, sçavoir:

Le *Pe* qui se prononce comme notre P, dans les mots *Père*, *Parent*. Exemple. *Padischah*, Empereur.

Le *Tchim*, qui se prononce comme le C italien dans le mot *Cecita*. Exemple. *Tchelebi*, Monsieur.

Le *Kef-agemi* qui se prononce comme notre G dans le mot *Galant*. Exemple. *Gueuz*, l'Automne.

Le *Saghyr-nun* qui répond à notre N final & sourd dans les mots *Autun*, Ville; *Malin*, *Loin*, qui se prononcent presque comme s'il y avoit un G après. Exemple. *Babananun*, du Père; *Aghanün*, du Maître.

Le *Zeagmi* qui répond à notre J consonne, dans les mots *Jamais*, *Jardin*, *Joli*. Exemple *Jen*, Honteux. *Jenghiar*, Rouille.

Toutes les lettres dont on vient de parler sont censées consonnes; les voyelles que les Arabes nomment *Al-hharakat*, c'est-à-dire, *Motions*; parce qu'elles déterminent les sons que chaque consonne doit avoir, sont au nombre de deux, quant à la figure ; au nombre de trois, quant à la dénomination & à la position ; & enfin au nombre de six, quant à la valeur.

La première porte le nom de *Phatah*, *Ouverture* ; & c'est une petite ligne qui se met toujours sur la consonne ; elle a le son de la lettre A, mais posée sur la première lettre d'un mot, cet A se prononce de manière qu'il a plutôt le son de l'E. Exemple : au lieu de *Kalama* & de *Farraha*, on prononce *Kelama*, *Ferraha*.

La seconde voyelle porte le nom *Kiafra*, *Fraction* ; & c'est quant à la figure, la même que le *Phatah*, mais au lieu que le *Phatah* se met toujours sur la consonne, le *Kiafra* se met toujours dessous. Elle a le son de la lettre I, lorsqu'elle se trouve sous la dernière lettre d'un mot, ou qu'elle est suivie d'un *Ie* ; mais posée sous une lettre au commencement de ce même mot, cet I a presque le son de l'E. Ainsi on dira *Lazemi*, au lieu de *Lazimi*.

La troisième voyelle porte le nom de *Damma*, *Réunion* ; elle a la figure du chiffre 9, & se met toujours sur la lettre. Au commencement d'un mot elle a le son d'un O, qui tire sur l'U ; mais lorsque cette voyelle est suivie du *Waw*, elle prend le son de l'U.

Les Turcs donnent à ces points des dénominations différentes ; & au lieu de dire *Phatah*, *Kiafra*, *Damma*, ils disent *üstün*, *esre*, *ütürü*.

Les Voyelles *Tanouin* ou Nunnations, sont précisément le double des précédentes ; on les appelle ainsi, parce qu'elles ont après elles le son de la Lettre *Nun* ; sçavoir *An*, *In*, *On*.

La Nunnation *An* est appellée des Arabes *Tanuin-Ol-phathhi*; c'est-à-dire la Nunnation du *Phatah*, & des Turcs *iki-üstün*. On employe cette Nunnation à la fin des mots lorsqu'ils finissent ou par un *Alif*, ou par un *He* changé en *Te*, ou par un *Je*.

La Nunnation *In* est appellée des Arabes *Tanuin-Ol-kiasri*, ou *Tanuin-Ol-chaphdi* ; c'est-à-dire, la Nunnation du *Kiasra*, & des Turcs *Iki-esre*. Elle peut être mise sous toutes les lettres. L'*Alif* seul excèpté.

La Nunnation *On* est appellée des Arabes *Tanuin-Otddhammi* ; c'est-à-dire, la Nunnation du *Damma*, & des Turcs *iki-ütürü* ; on supprime cette Nunnation *On* toutes les fois que le nom à l'article *al*, & lorsque le mot suivant commence par un *Alif*. On ne le mèt jamais aussi aux vocatifs, ni aux noms propres qui n'ont pas de pluriel ; enfin on le supprime aux pronoms affixes, aux comparatifs & superlatifs, & dans les verbes.

Les Persans ne connoissent point ces Nunnations.

Les Notes Ortograhiques sont au nombre de cinq : sçavoir, 1°. le *Hamza* que les Turcs nomment *Hamzelif*, a la figure d'un petit *Ain* ; il se mèt dessus & dessous l'*Alif*, & désigne que cette lettre est radicale & mobile ; lorsqu'on le peint seul sur un mot il tient lieu de l'*Alif*. Il se met aussi sur les lettres *Waw* & *Ie*, & indique que ces lettres tiennent la place de l'*Alif*.

2°. Le *Madda* ou l'extension, appellé par les Turcs *Meddelif*, se place sur l'*Alif*, au milieu ou à la fin d'un mot, & le double ou le rend long ; quelquefois il sert aussi de marque d'abbréviation & désigne alors, quand il est peint sur une lettre, que cette lettre tient lieu d'un mot entier.

3°. Le *Wesla* ou *Ouasla*, l'union, est un accent qui se mèt sur l'*Alif* initial, & désigne que cet *Alif* doit perdre sa prononciation, pour prendre le son de la dernière voyelle du mot précédent ; ainsi au lieu de dire, comme il est écrit, *Babo-al-baiti*, la porte de la maison, *Beelcalami* avec la plume ; on prononçera *Babo-lbaiti*, *Belcalami*. Il tient lieu de notre Apostrophe.

4°. Le *Giezma*, *Correptio*, appellé encore *Alwaqfo* & *Assokouno*,

DE L'IMPRIMERIE, CHAP. VI. 357

kouno, *Repos* ; est une espèce de petit *c* ou demi cercle, qui désigne que la consonne sur laquelle on le mèt, est quiescente ou destituée de toute voyelle, & qu'elle ne peut former une syllabe qu'avec le secours de la voyelle dont elle se trouve précédée.

5°. Le *Teschdid*, *Force*, *Fortificatio*, est fait comme notre chiffre trois, dont les jambages seroient tournés en haut (ـّ). Ce signe double la lettre sur laquelle il se mèt. L'*Alif* seul n'est point soumis au *Teschdid*. Ce *Teschdid* précédé d'une lettre dentale ou linguale, lui fait perdre sa valeur dans la prononçiation ; ou pour s'éxprimer avec encore plus de justesse, il change la valeur de la lettre dont il est précédé, en celle de la lettre sur laquelle il se trouve, & qu'il double par ce moyen-là. Ainsi au lieu de dire *Casadto*, *Alrab*, *Alschams*, *Min-rabbihi*, on prononçera *Casatto*, *Arrab*, *Aschschams*, *Mir-rabbihi*. Ces lettres dentales & linguales sont au nombre de 14 ; *Te*, *The*, *Dal*, *Dhal*, *Re*, *Zain*, *Sin*, *Schin*, *Sfad*, *Tdhad*, *Tta*, *Tthda*, *Lam*, & *Nun*.

Outre ces cinq Notes Ortographiques, les Arabes & les Turcs en admettent encore une, qu'ils appellent *Uzun-elif*. C'est quant à la figure un demi *Alif*, & quant à la valeur un *a*. En effèt quand par omission, ou par licence d'écriture, on a négligé de mettre l'*Alif*, on peint le petit *Uzun-elif* au-dessus de la place qu'il devroit occuper, & il en tient lieu. Mais lorsqu'il se peint à côté de l'*Alif* même, alors il désigne que cet *Alif* est long, & dans ce cas il fait l'office du *Madda*.

Voilà à quoi se réduit la Lecture des Langues, Arabe, Turque & Persane : dans les Manuscrits copiés avec soin, & dans quelques belles Impressions, on remarque toute cette ponctuation & toutes ces Notes Ortographiques ; mais généralement parlant la meilleure partie des Manuscrits Arabes, Turcs,

& Perfans, loin d'être tranfcrits avec cette éxactitude, manquent très-fouvent, même des points qui fervent à diftinguer les unes des autres, les lettres qui ont une même figure ; ce qui jette quelquefois dans de grandes difficultés, qu'un Lecteur tel habile qu'on le fuppofe, ne peut furmonter.

 Les plus anciens Caractères Arabes font ceux qu'on appelle *Coufites*, ainfi nommés de la Ville de Coufah, bâtie fur l'Euphrate. Les Caractères modernes font de l'invention du Vifir *Moclah*, qui fleuriffoit l'an 933 de l'Ére Chrétienne, fous le Règne des Califes *Moctader*, *Caher-billah*, & *Radhi-billah*. Les intrigues de ce Vifir lui coûtèrent à trois reprifes différentes, la main droite, la main gauche, & enfin la langue ; ce qui le conduifit à traîner une vie miférable & languiffante, qu'il finit l'an 949. On rapporte que lorfqu'il fut condamné à perdre la main droite, il fe plaignit de ce qu'on le traitoit en voleur, & de ce qu'on lui faifoit perdre une main qui avoit copié trois fois l'Alcoran, dont les éxemplaires devoient être pour la Poftérité, le modèle de l'Écriture la plus parfaite. En effet, ces trois Éxemplaires n'ont jamais ceffé d'être admirés pour l'élégance de leurs Caractères, nonobftant qu'*Ebn-bauvab* les ait encore furpaffés, au jugement des Arabes. D'autres attribuent l'invention de ces beaux Caractères à *Abdallah-al-haffan*, frère d'*Ebn-moclah*.

 Les Arabes, les Turcs & les Perfans ont, ainfi que nous, diverfes fortes d'écritures, fçavoir : le *Nefchi*, dont on fe fert pour tranfcrire l'Alcoran, & la plûpart des Livres d'Hiftoire. Le *Taalik*, qui diffère peu du *Nefchi*, & dont en général les Perfans, les Juges, les Docteurs, & les Poëtes Turcs fe fervent. Le *Kirmah*, qui reffemble auffi au *Taalik*, & dont on fe fert pour tenir les Regiftres & les Livres de Comptes. C'eft une forte d'Écriture fort négligée, & dont la Lecture eft difficile.

Le *Diwani* dont ils se servent pour les affaires de Chancellerie & dans le Barreau; les lignes de cette Écriture vont toujours en montant de la droite à la gauche, mais plus sensiblement vers la fin de chaque ligne. Le *Sulus* ou *Schulsi*, que l'on employe dans les titres des Livres & des Patentes Impériales. Quelquefois cette Écriture est entrelassée d'une manière agréable, & relevée par l'Or & d'autres couleurs qui la rendent précieuse aux yeux des Calligraphes.

Le *Iakouti* & le *Reyhani*, ainsi appellées du nom de leurs Auteurs, mais dont on se sert rarement. Tous les Orientaux en général s'appliquent beaucoup à écrire élégamment, & à se former une excellente main, ainsi que nous faisions en Europe avant la naissance de l'Imprimerie. Il y a près de 40 ans que *Ibrahim-Effendi*, originaire Polonois, devenu depuis son changement de Religion, Muteferraka, c'est-à-dire, Garde du corps du Grand Seigneur, fit élever la première Imprimerie Turque à Constantinople, & elle nous a enrichi * d'une bonne Histoire Ottomane en Turc, d'une Grammaire Turque expliquée en françois, & d'un assez bon nombre d'autres Ouvrages également utiles ou curieux : je dis Imprimerie Turque, car nous avons plusieurs Livres hébreux que les Juifs ont fait imprimer dans cette Ville, bien antérieurement à cette époque. Comme dans cette Ville un nombre considérable de personnes vivent de la Librairie manuscrite, ils ont tant fait que cette Imprimerie naissante a été supprimée, sous prétexte que l'on viendroit à im-

---

* Le premier Livre qui sortit de cette Imprimerie fut un Traité de l'Art Militaire, dont M. le Comte de Bonneval fournit les matériaux à Ibrahim-Effendi. C'étoit en 1729, autant que je puis me rappeller cette époque. En 1730 parut aussi en Turc l'expédition contre les Aguans.

primer l'Alcoran, & qu'il s'y glisseroit des fautes d'où l'on tiroit des conséquences à perte de vûë. Les Moullas, les Effendis, & autres gens de Loi, intéressés à sa suppression, alléguèrent dans le Divan qu'il seroit inoüi de voir imprimer le nom de Dieu avec une encre dans laquelle il entre du fiel de bœuf. Je crois cependant que la beauté des Manuscrits, que les Turcs préfèrent infiniment à nos Livres les mieux imprimés, la mort prématurée d'*Ibrahim-Effendi*, & sur-tout la crainte d'une révolte prochaine dont on étoit menacé de la part d'un nombre prodigieux d'Écrivains, soutenus par les Moullas, les Effendis, & autres gens de loi, contribuèrent pour le moins autant que ces raisons frivoles, à la perte de l'Imprimerie Turque, qui fut enfin supprimée il y a environ quinze ans.

Nous finirons cet article en disant un mot des différentes Langues & Dialectes qui avoient cours dans l'Empire des anciens Persans. On y comptoit le *Parsi* ou *Farsi*, ainsi appellé de la Province de Perse où on le parloit ; elle étoit la Langue des Sçavans, & des *Maubed* ou des Prêtres. Le *Deri* étoit la Langue de la Cour, qui étoit en usage à Madaïn, & dans les Provinces de Khorassan & de Balk. Le *Pahlevi* étoit ainsi appellé de *Pehla*, terme général qui désignoit cinq Villes capitales ; Ispahan, Rei, Hamadan, Nehavend, & Aderbigiane, où on le parloit. Le *Sogdi* étoit ainsi appellé de la Province de Sogdiane, au milieu de laquelle est située Samarcande. Le *Zabuli* étoit ainsi appellé du Zablestan, Province limitrophe de l'Indostan, & où sont situées les Villes de Gaznah, Bamian, Meïmend, Firouzcoueh, Caboul, &c. L'*Heravi* se parloit à Herah, dans le Khorassan. Le *Khouzi*, ainsi nommé de la Province de Khouzistan, située entre la Province de Fars & Bassora, étoit parlé par les Rois & les Grands, auxquels elle étoit particulière. Enfin le *Tartare* & le *Souriani* ou

Pag. 360. bis. DE L'IMPRIMERIE CHAP. VI.
ALPHABETS SYRIENS.

Valeur Numerique	Nom	Ordinaire Figure	Stranghelo	Nestorien	Caracteres des Chrétiens de St Thomas	Valeur	Ponctuation
1	Olaph					A	Ancienne Maniere.
2	Beth					B	Phetocho A
3	Gomal					Gh	Rebotso. E
4	Dolath					D	
5	He					H	Chebotso. I
6	Wau					W	Zekopho. O
7	Zain					Z	Otsotso. Ou
8	Cheth					Ch	
9	Teth					T	Nouvelle Maniere.
							Phetocho. A
10	Jud					J. Y.	Rebotso. E
20	Caph					C	
							Chebotso. I
30	Lomad					L	Zekopho. O
40	Mim					M	
							Otsotso. Ou
50	Noun					N	
60	Semchath					S	
70	Ae					Aa	Nota.
80	Phe					Ph	Le Caractère
90	Tsode					Ts	Stranghelo est
							pris d'après
100	Koph					K	un Calque du
							monument de
200	Risch					R	Sighanfou.
300	Schin					Sch	
400	Tau					T	

Des Hautes rayes delin.   Laurent Sculp.

Tome II.

Syrien, étoient auſſi en uſage en Perſe, ainſi que le *Carchouni* qui étoit un langage compoſé de Syriaque & de Perſan, dont on ſe ſervoit dans les lettres miſſives.

SYRIAQUE, ET STRANGHELO.

III. La Langue Syriaque, appellée en divers tems, *Langue Chaldéene* ou *Babyloniene*, *Araméene*, *Aſſyrienne*, fut encore nommée *Hébraïque*, non qu'on la confondît avec l'ancien Hébreu; mais parce qu'elle étoit devenuë la Langue vulgaire des Juifs, depuis leur retour de la captivité de Babylone, & qu'elle l'étoit encore du tems de Jeſus-Chriſt : il paroît conſtant qu'une partie des Livres du Nouveau Teſtament ont été écrits en Syriaque. Les termes de *Boanerges*, *Raca*, *Mammouna*, *Barjona*, *Cephas*, *Sabactani*, *Maranata*, *Eppheta*, *Hakeldama*, répandus dans le Nouveau Teſtament, ſont *Syriens*; ce qui doit rendre l'étude de cette Langue recommandable aux Chrétiens. C'eſt la Langue que parloit Jeſus-Chriſt ; c'eſt en *Syriaque* que ſes préceptes ont été énoncés ; le Nouveau Teſtament Grèc eſt plein de Syriaciſmes, qui le rendent inintelligible à ceux qui n'ont point fait d'étude de cette Langue.

Le Chaldéen & le *Syriaque*, ſont une ſeule & même Langue ; non-ſeulement par l'identité de leurs mots, mais encore par la conformité de la Grammaire. Ce ſont deux dialectes peu éloignées d'une même Langue. Le *Syriaque* n'eſt pas ſi éloigné du Chaldéen, que l'Ionien l'eſt du Grèc ordinaire. Les Juifs apportèrent de Babylone la Langue Chaldéenne ; alors cette Langue ou Dialecte étoit pure, parce qu'il n'étoit arrivé aucun changement dans ce pays, & que les Juifs y avoient fait la Ghémare du Talmud Babylonien : la tradition de ces mêmes Juifs confirme cela ; car diſtinguant deux ſortes de Targums ou Paraphraſes, comme deux Talmuds ; ils appellent le plus purement écrit, le Targum de Babylone. Mais comme il est difficile qu'une Langue, adoptée par des étrangers, puisse se conserver dans toute sa pureté ; il est arrivé que cette même Langue Chaldéenne se mélangea de beaucoup de mots hébreux : or c'est cette dernière Langue mélangée que Notre Seigneur & ses Apôtres ont parlé, & que l'on nommoit le plus souvent *Syriaque* en ce tems-là.

Le Talmud de Jérusalem, le Zohar & les Midraschim, furent composés en cette Langue. Après l'établissement de l'Église, & lors de la destruction de Jérusalem, les Juifs ont eu plus d'occasions qu'auparavant de changer leur Langue ; mais ils ne l'ont point fait, & il s'y est seulement introduit des mots étrangers, comme il paroît par la Ghémare de R. Jochanan, que l'on nomme ordinairement le Talmud de Jérusalem, & par plusieurs Paraphrases.

A ces deux Dialèctes, la Chaldaïque & la Jérosolymitaine, nous en joindrons une troisième, sœur & contemporaine des deux précedentes ; c'est la Dialècte d'Antioche, ou de Comagène, proprement dite *Syriaque* ; dans laquelle ont été traduits les Livres de l'Ancien & du Nouveau Testament. S. Éphrem, Bardesane, Abulpharage, & plusieurs autres Auteurs ont écrit dans cette dernière Dialècte.

Scaliger, Buxtorfe, & quelques autres Écrivains parlent d'une quatrième Dialècte qu'ils appellent *Galiléene*. Le langage de ces Galiléens étoit fort grossier ; en effet ils ne mettoient point de différence entre l'*Aleph* & l'*Ain* ; ils aspiroient le *He* si fortement, qu'on le prenoit presque pour un *Caph* : ils confondoient des mots différens d'ortographe & de signification. Ainsi par exemple : ils ne mettoient point de distinction entr *Hamar*, Laine ; *Chamar*, Ane ; *Chamar*, Vin ; *Imar*, Agneau : ils joignoient quelquefois ensemble deux ou trois lettres, par éxemple ils difoient *Tokelek*, pour *Teï-okelek*; *Viens, je te ferai manger*. Ils ne prononçoient point le *Cheth*, dans *Chalbo*, du Lait ; & ils confondoient quelquefois le *Beth* avec le *Phe* : & ainfi d'autres imperfections de langage, dont il nous fuffit d'avoir rapporté le peu que nous venons d'en dire. Saint Pierre voulut nier, qu'il fût de la fuite de Jefus-Chrift ; mais fon Langage Galiléen le fit reconnoître ; *verè & tu ex illis es*, lui dit-on; *nam & loquela tua manifeftum te facit* : vous êtes certainement de ces gens-là, car votre Langage vous fait affez connoître. Le Langage Galiléen étoit celui de Notre Seigneur, & de fes Apôtres. Malgré tout ce que l'on vient de voir contre la pureté du Langage Galiléen, il eft cependant vrai que Tibériade, Ville de Galilée, bâtie par Hérode le Tetrarque, avoit une célèbre École, renduë illuftre par le grand nombre d'habiles gens dont elle étoit compofée ; c'eft des illuftres Rabbins de cette École que nous eft venuë la Mafore felon Abenefra ; c'eft-là, que l'on a inventé la ponctuation au fentiment de *Rabi Elias Levita*. S. Jérôme & S. Épiphanes, nous donnent les Juifs de Tibériade comme les plus habiles. Les Talmudiftes, le Juchafim, & le Sederolam leur rendent le même témoignage; enfin l'on fçait que les Écoles, & par conféquent les études, ont été très-fleuriffantes dans cette Ville, & que cette réputation même s'eft foutenuë très-long-tems; ainfi ce que l'on a dit du langage groffier des Galiléens, ne peut regarder une Ville où les Sciences étoient fi cultivées, & en fi grand honneur ; mais feulement les bourgs & les villages où il ne fe trouvoit point d'Académies, capables d'entretenir la politeffe, & une certaine pureté de langage. Au refte la plûpart des changemens que l'on reproche aux Galiléens ne leur font point particuliers, & les Talmudiftes qui les en accufent n'en font point eux-mêmes éxemts. Ces changemens qui confiftent principalement dans l'Ortographe, ne suffisent pas pour en inférer de-là, que le Galiléen soit une Dialècte différente.

Nous préfentons dans cette planche quatre alphabèts Syriens : sçavoir, 1°. l'Alphabèt ordinaire ; c'eft dans ce Caractère que font écrits tous les livres Syriens imprimés en Europe. 2°.; le Caractère *Stranghelo*, qui eft le plus ancien Caractère Syrien que nous connoiffions, & qui ne fe trouve plus que fur d'anciens monuments ; 3°. le Caractère Neftorien qui paroît manifeftement tirer fon origine du *Stranghelo* ; 4°. enfin le quatrième préfente un alphabèt tiré d'après un très-beau manufcrit Syrien, écrit aux Indes par un chrétien de S. Thomas.

Les dénominations des lettres de l'Alphabèt *Syriaque* ne font prefque point différentes de celles de l'Hébreu. Ces lettres fervent également de chiffres ; les lettres *Youd*, *Koph*, *Lomad*, *Mim*, *Noun*, *Semkath*, *Ee*, *Phe*, *Sfode*, avec un point deffus ; valent, 100, 200, 300, 400, 500, 600, 700, 800, 900. L'*Olaf* avec un trait femblable à notre acçent grave, placé fous lui, vaut 1000. Le *Beth* avec un pareil trait, 2000, &c. Le même *Olaf* avec un trait horifontal mis deffous, vaut 10000. Le *Youdh* avec un pareil trait deffous, vaut 100000. Cette même barre mife fous un *Koph*, vaut un million. Une efpèce d'acçent circonflèxe mis fous l'*Olaf*, exprime dix millions, fous le *Beth* vingt millions, & ainfi des autres Lettres de l'Alphabèt.

La Langue *Syriaque* a ceffé d'être vulgaire, & c'eft aujourd'hui l'Arabe que parlent les Syriens & les Maronites ; enforte que la Langue *Syrienne*, comme parmi nous le Latin, eft la Langue de l'Églife & des Livres faints.

Lorfque les Syriens veulent écrire en Arabe fans être entendus des Mahométans, ils employent les caractères Syriens, & comme les Arabes ont fix lettres de plus que les Syriens ; fçavoir,

voir, les lettres *Thſe*, *Cha*, *Dhſal*, *Dad*, *Da*, & *Gain*; ils y suppléent en ajoutant un point aux lettres *Tav*, *Koph*, *Dolath*, *Sſodhe*, *Treth* & *Ee*.

Le *Syriaque* est aussi la Langue sçavante des Chrétiens de S. Thomas, dans les Indes Orientales. Nous avons à Paris quelques-uns de leurs livres écrits dans un caractère qui tient beaucoup du *Stranghelo*, entr'autres l'Évangile de S. Thomas, dont on trouve une version latine dans le Recueil des faux Évangiles publié par Fabricius : version qui a été condamnée à Rome comme un Livre Apocryphe, dont on n'avoit pû recouvrer l'original. Le *Syriaque* en est aussi pur & aussi élégant, que celui du Nouveau Testament ; l'Écriture de ces Chrétiens de S. Thomas est fort belle, & flatte infiniment la vûë par sa régularité. Elle a cela de particulier, que les Lettres *Dolath*, *Reſch*, & *Zain* ressemblent, sçavoir les deux premières au *Dal* des Arabes, & le *Zain* au *Ouaou*.

Outre les noms ordinaires des points-voyelles que nous avons marqués dans la planche, on remarquera que les Syriens pour soulager la mémoire des enfans, donnent à ces mêmes points-voyelles les noms d'*Abrahom*, *Eſchaiq*, *Iſkhoq*, *Odom* & *Ouriah*, qui sont autant de noms propres, dont la première lettre a le son d'une de ces voyelles.

Les Syriens Nestoriens étoient fort répandus dans la Tartarie vers le douzième siècle ; ils y avoient établi des Missions. L'an 1625, des Maçons trouvèrent dans un petit village de la Chine près de Sighanfou, capitale de la Province de Chenſi, une grande pierre de marbre avec une inscription en très-beaux Caractères Chinois, qui prouve que les Syriens entrèrent en Chine dès le VIIe siècle, sous le règne de l'Empereur Taitcong, & que depuis cette époque jusqu'en l'année 782, qui est la date de l'érection de ce monument, la Religion Chrétienne y

Tome II.   A a a

avoit fait de rapides progrès fous la protection des Empereurs.

Ce monument, qui est peut-être le plus beau qu'on puisse voir en ce genre, contient en marge & en Caractère *Stranghelo*, les signatures d'environ 67 Prêtres Syriens, & celle d'un certain Adam, qualifié de Prêtre, Chorevêque, & Papasi de *Tsinestan*, c'est-à-dire, du Royaume de la Chine, appellé *Tsin* par les Orientaux. Il paroît qu'autrefois les Syriens traçoient leurs lignes de haut en bas, à la manière des Chinois & des Tartares Mouantcheoux.

Outre ces points-voyelles, on trouve quelquefois une petite ligne horifontale placée sous une lettre. Cette ligne indique que la consonne, sous laquelle elle se trouve apposée, est destituée de toute voyelle ; ou doit être supprimée dans la prononçiation. On l'appelle communément *ligne occultante*.

Il est une autre ligne semblable à cette première, & dont l'emploi est double, suivant sa position. Lorsqu'elle est sous une lettre, elle désigne que cette lettre doit être lûë avec recueillement & lentement ; alors elle se nomme *Mehaguiono*, qui fait *Méditer*. Lorsque cette même ligne se trouve sur la lettre, elle désigne le contraire ; c'est-à-dire, que cette lettre doit être lûë promptement, & dans ce dernier cas elle porte le nom de *Markothno*, *qui fait Courir*.

On trouve encore dans les Manuscrits, faits avec un certain soin, d'autres points qui semblent placés au hazard, & auxquels on ne fait guères d'attention, faute d'en connoître l'usage. Un point mis sous le *Jod* dans le mot *Idho*, la *Main* ; sert à le distinguer du mot *Aidho*, pronom relatif, dont le *Jod* a ce même point, mais placé dessus, &c. Ce même point placé encore sous l'*Olaph*, ou sous le *Jod*, tient lieu quelquefois du *Chebotso*, ou de la voyelle *i*. Sous le *Waw*, il désigne l'*u* long ; & dessus, il tient lieu de l'*u* bref, & quelquefois de l'*o*.

Pag. 366. bis. DE L'IMPRIMERIE CHAP. VI.

ALPHABET ETHIOPIEN et AMHARIQUE.

Noms	ă bref	ōu long	ī long	ā long	ē long	ĕ bref	ō long	Valeur	Noms	ă bref	ōu long	ī long	ā long	ē long	ĕ bref	ō long	Valeur
Hoï	U	U·	Ꙋ	Ꙋ	U	U	ሀ		Chaf	ከ	ኩ	ኪ	ካ	ኬ	ክ	ኮ	c
Lawi	ለ	ሉ	ሊ	ላ	ሌ	ል	ሎ	l	Wawe	ወ	ዉ	ዊ	ዋ	ዌ	ው	ዎ	w
Haut	ሐ	ሑ	ሒ	ሓ	ሔ	ሕ	ሖ	c	Ain	ዐ	ዑ	ዒ	ዓ	ዔ	ዕ	ዖ	c
Maj	መ	ሙ	ሚ	ማ	ሜ	ም	ሞ	m	Zai	ዘ	ዙ	ዚ	ዛ	ዜ	ዝ	ዞ	z
Saut	ሠ	ሡ	ሢ	ሣ	ሤ	ሥ	ሦ	f	Jay	ዠ	ዡ	ዢ	ዣ	ዤ	ዥ	ዦ	J
Rees	ረ	ሩ	ሪ	ራ	ሬ	ር	ሮ	r	Jaman	የ	ዩ	ዪ	ያ	ዬ	ይ	ዮ	,
Sat	ሰ	ሱ	ሲ	ሳ	ሴ	ስ	ሶ	fs	Dent	ደ	ዱ	ዲ	ዳ	ዴ	ድ	ዶ	d
Schâ	ሸ	ሹ	ሺ	ሻ	ሼ	ሽ	ሾ	š	Djent	ጀ	ጁ	ጂ	ጃ	ጄ	ጅ	ጆ	dj
Kaf	ቀ	ቁ	ቂ	ቃ	ቄ	ቅ	ቆ	q	Gemel	ገ	ጉ	ጊ	ጋ	ጌ	ግ	ጎ	g
Bet	በ	ቡ	ቢ	ባ	ቤ	ብ	ቦ	b	Tait	ጠ	ጡ	ጢ	ጣ	ጤ	ጥ	ጦ	t̯
Tawi	ተ	ቱ	ቲ	ታ	ቴ	ት	ቶ	t	Tchait	ጨ	ጩ	ጪ	ጫ	ጬ	ጭ	ጮ	Tch
Tjawi	ቸ	ቹ	ቺ	ቻ	ቼ	ች	ቾ	tj	Pait	ጰ	ጱ	ጲ	ጳ	ጴ	ጵ	ጶ	p'
Harm	ኀ	ኁ	ኂ	ኃ	ኄ	ኅ	ኆ	c	Tzadai	ጸ	ጹ	ጺ	ጻ	ጼ	ጽ	ጾ	z̧
Nahas	ነ	ኑ	ኒ	ና	ኔ	ን	ኖ	n	Tzappa	ፀ	ፁ	ፂ	ፃ	ፄ	ፅ	ፆ	z̧
Gnahas	ኘ	ኙ	ኚ	ኛ	ኜ	ኝ	ኞ	gn	Af	ፈ	ፉ	ፊ	ፋ	ፌ	ፍ	ፎ	F
Alph	አ	ኡ	ኢ	ኣ	ኤ	እ	ኦ	'	Psa	ፐ	ፑ	ፒ	ፓ	ፔ	ፕ	ፖ	P
Caf	ኸ	ኹ	ኺ	ኻ	ኼ	ኽ	ኾ										

Diphtongues.

1.		ቈ	kua	ቍ	kui	ቋ	kua	ቌ	kue	ቊ	kue
2.		ኈ	hua	ኍ	hui	ኋ	hua	ኌ	hue	ኊ	hue
3.		ኰ	kua	ኵ	kui	ኳ	kua	ኴ	kue	ኲ	kue
4.		ጐ	gua	ጕ	gui	ጓ	gua	ጔ	gue	ጒ	gue

Chiffres.

1	፩	5	፭	9	፱	40	፵	80	፹	1000	፲፻
2	፪	6	፮	10	፲	50	፶	90	፺	10000	፻፻
3	፫	7	፯	20	፳	60	፷	100	፻	20000	፪፻፻
4	፬	8	፰	30	፴	70	፸	200	፪፻	100000	፲፻፻

Des hautes rayes Del.   Laurent Sculp.

Tome II.

Les Syriens ont quatre points distinctifs, qu'ils appellent *Scherfchenoye*, ou Radicaux, & qui servent à séparer les membres d'une phrase ; sçavoir : 1°. le *Schaouyo*, c'est-à-dire, les Égaux ; ce sont deux points (:) qui répondent à notre virgule. 2°. Le *Taehtoio*, ou l'inférieur ; ce sont deux points qui inclinent de gauche à droite (∴), & qui paroissent tenir lieu de notre *punctum cum virgulâ*. 3°. Le *Eloio*, ou le Supérieur ; ce sont deux points qui inclinent de droite à gauche (∴) ; & qui répondent aux deux nôtres. 4°. Enfin le *Phofouko*, ou Secteur ; qui est un point comme le nôtre, qui termine la période ou la phrase.

D'autres points servent à marquer les divers mouvements de l'âme ; on en compte sept, qui sont le *Meschalono*, ou l'Interrogeant ; le *Corouio*, ou l'Invitatif ; le *Metadmorno*, ou l'Admiratif ; le *Maqlfono*, ou l'Approbateur, qui louange. Le *Iohebtoubo*, le Distributeur de l'Exactitude ; le *Mchawiono*, le Démonstratif : & enfin le *Phoqoudo*, ou l'Impératif. Ces différents points seroient plus utiles pour la lecture des Livres Syriens, s'ils avoient chacun une figure qui leur fût particulière, & qui servît à les distinguer. Mais c'est toujours soit un point, soit deux points, qui se mettent dessus, ou dessous le mot ; & c'est au Lecteur à deviner comment il doit qualifier chaque point qu'il rencontre ; ce qu'il ne peut faire, qu'en réfléchissant sur le texte qu'il lit.

ÉTHIOPIEN OU ABYSSIN,

ET

Amharique.

IV. Hérodote décrivant les différentes Nations dont l'Armée de Xerxès étoit composée, parle des Éthiopiens d'au-dessus de l'Égypte, & des Éthiopiens de l'Inde. Les Éthiopiens d'au-dessus de l'Égypte étoient, ainsi que les Arabes, commandés par Arsames fils de Darius; les Éthiopiens de l'Orient étoient joints aux Indiens. Ces Éthiopiens, dit cet Historien, ne différoient point de ceux au-dessus de l'Égypte, par la figure, mais seulement par la Langue & par leur chevelure. *Car*, ajoute-t-il, *les Éthiopiens Orientaux ont les cheveux droits ; au lieu que ceux de la Lybie sont de tous les hommes, ceux qui ont la chevelure la plus crêpée.* Selon la Chronique d'Eusèbe (*a*) à l'an 3580, ces Éthiopiens des Indes habitoient vers les bords du Fleuve Indus, d'où ils passèrent en Afrique. Enfin Philostrate (*b*), dans l'Histoire d'Apollonius de Tyanes, fait dire au Chef des Gymnosophistes Indiens, qu'il nomme Iarchas, qu'autrefois les Éthiopiens habitoient dans une partie des Indes qui dépendoit des États du Roi Ganges; mais le récit qu'il en fait est si rempli de puérilités & de fables, qu'on ne peut guères y ajouter foi; & nonobstant ces témoignages, je suis très-persuadé, qu'excepté la couleur, il n'y a jamais eu rien de commun entre les Indiens & les Éthiopiens, & que c'est cette couleur même qui a fait donner aux Indiens le nom d'Éthiopiens (*c*), que je regarde comme un nom générique, qui a pû s'appliquer indistinctement à tous les Noirs. D'ailleurs les Débordemens des Fleuves de l'Inde pareils à ceux du Nil, les animaux & les productions qui sont les mêmes, ont pû contribuer à confondre ces deux Nations par les Anciens.

(*a*) *Æthiopes ab Indo flumine consurgentes, juxta Ægyptum consederunt.* Euseb. Chronic.

(*b*) Philostrate Liv. 3. Chap. 6. *Fuit itaque quondam tempus, quando hæc loca Æthiopes incoluere, genus Indicum sane : verum Æthiopia nondum erat*, &c.

(*c*) Le mot *Æthiops* est composé de deux termes Grècs, Αἰθὸς, Brûlé, Noir; & ἴψ, Visage.

Il est très-certain que les Éthiopiens de l'Afrique ne tirent point leur Origine des Indes. Ils descendent de *Chus* un des fils de *Cham* ; & c'est pour cela qu'ils sont appellés dans l'Écriture-Sainte les enfans de Chus : or on sçait que Cham ayant établi sa demeure dans la Ville de Thèbes ou Diospolis, (appellée dans l'Écriture Hamon-no, c'est-à-dire, l'habitation de Cham,) il fit un partage entre ses enfans des Pays qu'il possédoit ; ainsi il donna l'Égypte à Mesraïm, la Lybie à Phut, la Syrie à Canaan, & Chus que j'aurois dû nommer le premier, comme l'aîné de tous ses enfans, eut l'Éthiopie. Si les Éthiopiens eussent été une Colonie d'Indiens, pourquoi leurs cheveux seroient-ils changés, & pourquoi leur Langue ne seroit-elle pas la même ? Hérodote rapportant l'opinion où l'on étoit que les habitans de la Colchide étoient une Colonie d'Égyptiens, le prouve assez bien en disant, qu'ils pouvoient être une portion de l'Armée de Sesostris qu'il laissa dans cette contrée, que les uns & les autres étoient de même couleur, & avoient de même les cheveux crêpés, quoique cela dût être compté pour rien, ajoute-t-il ; puisque d'autres Nations font de même ; mais ce qui peut être regardé comme une conviction, c'est que les Colches ainsi que les Égyptiens avoient également la Circoncision, qu'ils avoient la même façon de travailler le lin, que leurs mœurs & usages étoient les mêmes, & enfin qu'ils parloient la même Langue. On ne nous dit rien de semblable des prétendus Éthiopiens des Indes comparés à ceux de l'Afrique.

La Langue *Éthiopienne* peut passer pour une ancienne Dialecte de la Langue Arabe, non-seulement par rapport à l'identité des termes, mais aussi par rapport à la Grammaire. Il y a verbes sourds & concaves, les déclinaisons sont presque les mêmes ; on trouve dans l'une & l'autre des pluriels sains

& rompus. Les affixes des pronoms font abfolument les mêmes. Cette grande fimilitude qui eft entre la Langue *Éthiopienne* & l'Arabe, ne doit pas nous paroître étrange, s'il eft vrai, comme on nous l'affure, que les Éthiopiens tirent leur origine de l'Arabie heureufe, où fous le nom d'Abyffins ils étoient confondus avec les *Sabéens* ou *Homerites*. Outre l'identité de langage, on remarque encore que les Éthiopiens ont la Circoncifion comme les Arabes, & qu'ils leur reffemblent tant pour l'efprit, que pour la phyfionomie & la taille.

L'Alphabèt *Éthiopien*, compofé de 26 éléments reffemble très-peu à celui des Arabes; mais il a la plus étroite liaifon avec celui des Samaritains, qui eft l'ancien Alphabèt des Hébreux, comme on l'a vû ci-deffus; ce qui prouveroit deux points affez importants; l'un que le paffage des Éthiopiens de l'Arabie heureufe en Afrique s'eft fait dès les premiers tems; l'autre, que ces Peuples ont été affez conftants à conferver aux éléments de leur Alphabèt, leur forme primitive; on remarquera cependant à cet égard que les Éthiopiens, contre la coûtume de la plûpart des Orientaux, écrivent comme nous de gauche à droite, pratique qu'ils ont fans doute empruntée des Grècs, ou plutôt des Cophtes leurs voifins: ce changement en a apporté quelques autres dans les Caractères dont plufieurs, conformément à cette méthode, font tournés de gauche à droite.

Les Éthiopiens ont encore cela de particulier, que les voyelles font attachées aux confonnes, ce qui a obligé de donner un Syllabaire entier. Ce Syllabaire eft divifé en Sèpt claffes, fuivant le nombre des voyelles longues & brèves que nous avons eu foin de marquer au haut de chaque colonne. Pour lire ce Syllabaire, il ne faut faire attention qu'à la première lettre de chaque dénomination: ainfi fur *Hoi* qui est la première lettre, il faudra dire hă, hū, hī, hā, hĕ, hō. Sur *Lawi* il faudra dire lă, lū, lī, lā, lĕ, &c. Sur les lettres *Alph* & *Ain*, on dira tout uniment ă, ū, ī, ā, ĕ, ō. Ces deux lettres sont censées voyelles chez les Éthiopiens.

On remarquera que quoique les lettres rangées sous la première classe ayent chacune le son de l'*a* bref, elles présentent cependant les éléments de l'Alphabèt *Éthiopien*, dénués de toutes voyelles ; & c'est à cette première classe qu'il se faut d'abord attacher, pour en bien retenir la forme qui varie ensuite plus ou moins dans les autres classes par l'apposition des voyelles. Toutes ces voyelles sont longues, si l'on excèpte celle de la première & de la sixième classe. J'ai marqué par *e* bref la voyelle de la sixième classe, cette voyelle se prononce comme notre *e* françois dans les mots *de*, *ce*, *que*, *je*, *te*. Dans certains mots cet *e* se prononce si rapidement, qu'il paroît entièrement éclipsé, & répond au *Schewa* des Hébreux.

Cette Langue *Éthiopienne* ou Abyssine a le même sort que la Langue Latine ; c'est-à-dire, qu'elle est à présent une Langue morte, qui ne s'acquièrt plus que par l'étude ; & qui est consacrée pour les Livres de Religion, & pour les Diplômes ou Patentes Royales : aussi ces Peuples l'appéllent-ils *Lesanghaaz*, Langue d'Étude ; *Lesan-matzhaph*, Langue des Livres.

La Langue *Amharique* a pris sa place : elle est ainsi nommée de la Province d'Amhar, la principale de l'Empire d'Abyssinie ; c'est pourquoi on l'appelle *Lesan-neghus*, la Langue Royale. Beaucoup de Provinces de cet Empire ont chacune une Langue ou Dialècte particulière ; mais la seule Langue *Amharique* s'entend par-tout, parce qu'elle est la Langue de la Cour. Elle ne l'est devenuë que depuis l'éxtinction des Rois d'Éthiopie de la famille des Zagée, qui tenoient leur siège à Axuma : comme la nouvelle famille qui les remplaça sur le

Trône parloit la Langue *Amharique*, tout le monde se fit un devoir de parler cette Langue. Quoique plus de la moitié des Termes *Amhariques* se trouvent dans l'Éthiopien, ces deux Langues ne laissent pas cependant de différer entr'elles, tant à cause de la construction que de la Grammaire, qui ne se ressemblent point.

Au jugement de Ludof, l'*Amharique* est très-difficile : & il conseille à ceux qui voudront l'apprendre, de commencer par s'adonner à l'Étude de la Langue Éthiopienne, qui est à l'égard de l'*Amharique*, comme le Latin à l'égard du François & de l'Espagnol.

Les éléments de l'Alphabet Éthiopien ne suffisoient pas pour rendre tous les sons de la Langue *Amharique*; c'est pourquoi les Abyssins en imaginèrent sept de plus, qui sont les lettres *Schat*, *Tjawi*, *Gnahas*, *Chaf*, *Jay*, *Djent*, & *Tschait*; que nous avons placées chacune à leur rang dans le Syllabaire Éthiopien; mais que nous avons eu l'attention de distinguer des autres par une petite étoile.

Nous ne dirons rien de la valeur de ces Lettres, nous l'avons marquée le plus exactement qu'il nous a été possible dans la planche même, soit par des Lettres Arabes ou Hébraïques, soit par nos propres lettres : on observera de prononcer la Lettre *Gnahas*, comme notre *gn*, dans les mots *ignace*, *ignorant*.

Les Caractères dont les Éthiopiens se servent pour leur tenir lieu de Chiffres, sont manifestement Grècs; & sans doute empruntés des Cophtes leurs voisins. Les Éthiopiens avoient, dès les premiers tems de leur Monarchie, des Lettres Sacrées ou *Hiéroglyphes*, dont les Prêtres seuls possédoient la lecture, & des Lettres vulgaires communes à tout le Peuple.

Diodore de Sicile avance même dans un endroit de son Histoire, que les Égyptiens avoient reçu des Éthiopiens leurs

Lettres

Lettres Sacrées; opinion que feu M. l'Abbé Fourmont a voulu appuyer dans une Differtation imprimée dans le cinquième volume des Mémoires de l'Académie des Belles-Lettres; mais je ne vois pas qu'il y détruife les témoignages de Sanchoniathon, de Cicéron, d'Anticlides cité dans Pline le Naturalifte, de Platon, d'Eufèbe de Céfarée, de Lucain; enfin de Diodore même, qui font honneur de cette invention au Fondateur de la Monarchie Égyptienne; Mefraïm communiqua cette découverte aux Chufites ou Éthiopiens; & aux autres Royaumes fondés par fes frères. Les Phéniciens, les Chaldéens, les Indiens, les Scythes, les Chinois, les Méxicains, les Grècs, les Étruriens, &c. ont tous eu l'ufage de ces Hiéroglyphes ou Peintures, méthode très-imparfaite à la vérité pour tranfmettre des faits à la Poftérité; mais au défaut de l'Écriture Alphabétique, la meilleure que les hommes puffent imaginer. L'Invention de l'Écriture Alphabétique qui fuivit de près celle des Hiéroglyphes, les fit tomber; & fi les Égyptiens les conferverent encore, ce fut par refpect pour Mefraïm, qui leur avoit laiffé dans ces caractères, des monumens qu'ils regardoient comme les fondemens de leur Religion.

ARMÉNIEN.

V. Les Arméniens écrivent comme nous de gauche à droite; ils ont 38 Lettres. On préfente ici quatre fortes d'Écritures en ufage parmi eux.

La première eft appellée dans leur Langue *Erghatachir*, Écriture de fèr; Rivola, Auteur d'une Grammaire * & d'un Dictionnaire Arménien, prétend qu'elle a été nommée ainfi;

---

* Ouvrages qui furent imprimés à Paris en 1633 & 1635, par les foins du Cardinal de Richelieu.

parce qu'étant formée avec des traits plus mâles, elle est moins sujette à l'injure des tems ; mais Schroder * dit avec plus de vraisemblance qu'elle n'a été appellée de ce nom, que parce que anciennement les Arméniens se servoient d'un stylèt de fèr pour l'écrire. Autrefois on écrivoit des volumes entiers dans ce caractère ; aujourd'hui on ne l'employe plus que dans les Titres des Livres & des Chapitres. En conservant tous les traits de cette Écriture, les Arméniens en forment une autre appellée *Zakghachir*, ou *Fleurie* ; *Chelhhachir*, *Lettres capitales* ; & *Chaſſanachir*, *Lettres d'Animaux*, qui est en effèt toute composée de figures d'hommes, de poiſſons, d'oiseaux & de fleurs. Ils l'employent également dans les titres. Ces Figures ont fait croire fauſſement à quelques-uns, que les éléments de l'Alphabèt Arménien avoient pris naiſſance des Hiéroglyphes ; ce qui n'est point. Nos Calligraphes François se sont éxèrcés de même à donner à nos lettres majuscules différentes formes, sans pour cela qu'ils ayent eu d'autre vûë, que d'éxèrçer leur génie, & de plaire aux yeux.

La Seconde sorte d'Écriture en usage chez les Arméniens s'appelle *Poloverchir*, *Écriture Ronde*. On l'employe dans les plus beaux manuscrits & dans l'impreſſion ; cette Écriture est extrêmement jolie, & l'emporte par sa simplicité & sa régularité, sur notre Écriture françoise.

La Troisième s'appelle *Noderchir*, Écriture des Notaires ; c'est une Écriture cursive qui sert dans le commerce ordinaire de la vie, dans les lettres, &c. Cette dernière Écriture a auſſi ses majuscules, que nous avons cru ne devoir pas omettre dans

---

* Auteur d'une Grammaire Arméniene intitulée, *Thesaurus Linguæ Armenicæ Antiquæ & hodiernæ*, imprimée magnifiquement à Amsterdam en 1711.

ALPHABÈT ARMÉNIEN.

Numéros	Majuscules Lapidaires	Cursives Rondes	Cursives Majuscules	Cursives Minuscules	Noms	Valeur	Valeur Numérique
1		ա			Aib	A.	1
2		բ			Bien	B. ב heb.	2
3		գ			Gim	G. ג heb.	3
4		դ			Da	D. dw	4
5		ե			Jetsch	ié.	5
6		զ			Sa. Za.	S. doux	6
7		է			E	E. long	7
8		ը			Jeth	E. bref	8
9		թ			Thue	Th. ט heb.	9
10		ժ			Je	J. François	10
11		ի			I	I. Voyelle	20
12		լ			Liun	L.	30
13		խ			Chhe	X. Grec	40
14		ծ			Dza	Dz. Arab.	50
15		կ			Kien	K. Iberiq.	60
16		հ			Hue	H. Arab.	70
17		ձ			Dsa	Ds. zz Ital.	80
18		ղ			Ghat	Gh. Arab.	90
19		ճ			Tce	Tc. Dje. Franç.	100

Suitte de l'ALPHABET ARMÉNIEN.

Nu- méros.	Majuscules Lapidaires.	CURSIVES.			Noms.	Valeur.	Valeur Numérique
		Rondes.	Majuscules.	Minuscules.			
20	Մ	մ		մ	Mien	M.	200
21	Յ	յ		յ	Hi	I.	300
22	Ն	ն		ն	Nue	N.	400
23	Շ	շ		շ	Scha	Sch. ش heb.	500
24	Ո	ո		ո	Ué	Oue. François	600
25	Չ	չ		չ	Ischa	Tsch.	700
26	Պ	պ		պ	Pe	P. doux	800
27	Ջ	ջ		ջ	Dsche	Dsch. ج Arab.	900
28	Ռ	ռ		ռ	Rra	Rr. ر aspiré	1000
29	Ս	ս		ս	Se	S. س Arab.	2000
30	Վ	վ		վ	Wiew	W. و Arab.	3000
31	Տ	տ		տ	Tiun	T. doux	4000
32	Ր	ր		ր	Re	R.	5000
33	Ց	ց		ց	Tsue	Ts.	6000
34	Ւ	ւ		ւ	Hun	Y. υ Grec.	7000
35	Փ	փ		փ	Ppiur	P. rude.	8000
36	Ք	ք		ք	Khe	Kh. خ Arab.	9000
37	Ֆ	ֆ		ֆ	Fe	F. ف Arab.	
38	Օ	օ		օ	O	O. ω Grec.	

Des Hautesrayes del.   Laurent Sculp.
Tome II.

les planches, & qui forme la Quatrième sorte d'Écriture.

Nous avons tâché d'éxprimer la valeur des Lettres Arméniennes par des lettres françoises, hébraïques, arabes & grècques qui leur correspondent ; cependant comme il y en a plusieurs qui pourroient embarrasser dans la prononçiation, nous allons en dire ici un mot.

La lettre *Bien* (2) répond à notre B, mais prononçé plus fortement que nous ne faisons ; ce qui se fait par une double compression des lévres.

Le *Gim* (3) se prononçe toujours comme notre G, dans galant, guespe, guidon, goût, Gustâve ; & jamais comme dans germain, giroüette, &c.

Le *Jeisch* (5) se prononçe comme *ie* dans le mot latin *Scientia* ; mais devant les lettres *Aib* & *o*, il se prononçe comme notre j consonne dans les mots Jean, Jamais, &c.

Le *Ieth* (8) se prononçe comme notre *E* dans les mots *Ce*, *De*, *Le*.

L'*I* voyelle (11) répond à notre I voyelle ; mais lorsqu'elle est suivie de la lettre *Hiun*, elle se prononçe comme notre J consonne.

Le *Kien* (15) vaut le *Cappa* Grèc, sur-tout lorsqu'il est suivi d'une consonne ; mais lorsqu'il précède une voyelle, il a le son du *Gamma*.

Le *Dsa* (17) a le son des deux zz Italiens dans le mot *Mezzo*.

Le *Ghat* (18) est une lettre gutturale qui a le son de l'*Ain* Arabe ; mais elle a cela de particulier, qu'elle prend souvent la place de la lettre *Liun*, sur-tout dans les noms propres, avec un accent doux dessus ; ainsi on dit *Ghasar*, *Ghoucas* & *Poghuës*, pour *Lasar*, *Lucas* & *Paulus* ; quelquefois aussi la lettre L prend à son tour le son du *Ghat*, ainsi on écrit *Aigh*, & on prononçe *Ail*.

Bbb ij

Le *Hi* (21) avoit anciennement le son du J consonne, mais aujourd'hui il a le son de notre H, sur-tout au commencement des mots ; ainsi les Arméniens prononcent *Hared*, *Hacobus*, *Hudas*, *Hob*, *Honas* ; pour *Jared*, *Jacobus*, *Judas*, *Job*, *Jonas*. Au milieu & quelquefois à la fin des mots, cette lettre devient diphtongue, lorsqu'elle est précédée des Lettres *Aib* & *Oue*, Exemple. *Kaitarr*, Élégant ; *Hait*, Manifeste ; *Louis*, Lumière ; *Kouis*, Vierge. Quelquefois aussi, quoique précédée des mêmes lettres, elle devient quiescente, & ne se fait point sentir dans la prononciation ; ainsi on écrit *Khahanai*, Prêtre ; *Oukài*, Témoin ; mais on prononce *Khahan*, *Ouka*.

Le *Oue* (24) est une voyelle brève, dont le son est produit par une contraction des lèvres.

Le *Pe* (26) répond à notre lettre P, lorsqu'il s'agit de rendre des noms étrangers à la langue ; comme *Poghüës*, *Paulus* ; *Piëtrüës*, *Petrus*. Mais aujourd'hui les Arméniens, & principalement ceux de l'Asie Mineure le prononcent comme notre B.

Le *Tiún* (31) répond à notre T ; mais prononcé cependant un peu plus mollement, & comme s'il tenoit de la prononciation du D.

Le *Tsuë* (33) a selon Schroder, le son du T latin, lorsqu'il est suivi de deux voyelles ; comme dans *Ratio*.

Le *Hiun* (34) répond tantôt à notre *Ou* françois, & tantôt à notre V consonne. Voilà ce que nous avions à dire sur la prononciation des Lettres *Arméniennes*, celles dont nous n'avons point parlé ne souffrent aucune difficulté.

Les Arméniens reconnoissent Haik, qui vivoit, dit-on, avant la Destruction de Babel, pour le fondateur du Royaume d'Arménie ; & le premier qui ait parlé la Langue, qui fut ensuite appellée *Haikanienne*. Cet Haik eut un fils nommé *Armenak*. Wahé fut le cinquante-troisième & le dernier successeur d'Haik ;

il fut défait par Alexandre le Grand, & son Royaume resta sous la domination des Macédoniens, jusqu'à ce qu'un certain Arménien nommé Arschak, se révolta contre les Grècs du tems de Ptolemée Philadelphe ; & fonda l'Empire des Arsacides, qui finit en la personne d'Artaschir, le vingt-huitième successeur d'Arschak.

La Langue *Haikaniene* qui s'étoit conservée jusques-là dans son ancienne pureté, fut altérée par le mélange des Genthuniens, Peuples du Canaan qui furent chassés par Josué ; & qui après avoir descendu à Tharse, se rembarquèrent pour se réfugier en Afrique. Des Arzéruniens & Genuniens, descendans des Rois d'Assyrie ; des Bagratides, Hébreux d'origine, mais établis en Arménie du tems de leur captivité de Babylone, où le Chef de leur famille avoit la Charge de *Thagatir*, celui qui imposoit la Couronne sur la tête du Roi. Des Médes, des Arsacides même, qui étoient Parthes, & tiroient leur origine de la Ville de Balkh. Des Amatuniens descendans de l'Hébreu Manua ; des Arravielans, Alains de nation ; des Manconiens descendans de Mancon, Général Chinois. Le commerce que les Arméniens eurent avec ces diverses Nations introduisit dans leur langue beaucoup de termes étrangers, mais il n'en changea point la constitution.

Jusques au troisième Siècle les Arméniens n'eurent point de caractères qui leur fussent particuliers, & ils se servoient indifféremment de ceux des Grècs, des Perses, & des Arabes ; un certain Miesrob, Ministre & Secrétaire de Warazdate & d'Arsace IVe du nom, entreprit de leur donner un Alphabèt, après qu'il se fut retiré du ministère. Il réussit si bien dans son dessein, que Vramschapu, Roi d'Arménie, ordonna à ses sujèts de s'en servir : ce Prince écrivit même à l'Empereur Théodose Second, dit le Jeune, & à Atticus, Patriarche de Constantinople, originaire de Sebaste en Arménie, pour les prier de faire reçevoir les nouveaux caractères par tous les Arméniens de la petite Arménie.

L'Invention de l'Alphabèt des Arméniens fut l'aurore de leur Littérature. Miesrob, soutenu par les largesses du Roi d'Arménie, choisit un nombre de jeunes gens qui promettoient beaucoup ; & après les avoir mis au fait de la Lecture des nouveaux caractères, il envoya les uns à Athènes & à Constantinople, les autres à Édesse & à Alexandrie pour s'y instruire dans les Langues, les Sçiences & les Arts. Ils y firent de grands progrès ; & de retour dans leur patrie, ils traduisirent du Grèc & du Syriaque, non-feulement l'Écriture-Sainte ; mais encore les plus excellens Livres d'Histoire & de Philosophie.

Les travaux de ces Sçavans, qu'on nommoit par éxcellençe les *Interprètes*, *Thargmanitchk*, fixèrent l'ancienne langue Haikaniene, qui cessa d'être vulgaire quelque tems après par l'éxtinction de la famille royale des Arsacides : en effèt cette Époque est celle de la corruption & de la perte de cette langue, qui se mélangea d'une infinité de mots barbares, & forma presqu'autant de Dialectes, qu'il y avoit de Provinces où on la parloit.

Sous les Rois de l'illustre maison des Bagratides, dans le XIe Siècle, l'Arménie sembloit recouvrer son ancien lustre ; mais cette félicité ne fut pas de longue durée, & elle se vit tour à tour en proye aux Hagaréniens, aux Sarasins, aux Chorasmiens, aux Chalifes d'Égypte ; & enfin aux Tartares, qui, sous la conduite de Timourbeg, connu parmi nous sous le nom du Grand Tamerlan, sembloient devoir tout détruire. Toutes ces Révolutions changèrent tellement la Langue Arménienne, qu'elle n'est presque plus reconnoissable comparée à l'ancienne langue Haikaniene : on donne à cette langue Haikaniene le nom de *Langue Littérale*, & les Arméniens ne l'entendent plus qu'à force d'étude.

Les Imprimeries Arméniénes établies à Venife, à Sjulfa près d'Ispahan, à Rome, à Amfterdam, à Conftantinople, à Paris, à Leipfik, &c; ont produit un grand nombre d'Ouvrages qui affurent le fort de cette ancienne Langue Haikaniene : d'ailleurs ceux d'entre les Arméniens qui afpirent à quelque grade dans l'Églife, font obligés de l'apprendre ; ce qu'il y a de fingulier, c'eft que cette Langue, à l'exception des termes étrangers qui s'y font introduits, ne reffemble en rien aux diverfes Langues qui nous font connuës, par fa nature & fa Grammaire. Cette différence a d'autant plus lieu de furprendre, que l'Arménie eft fituée dans le voifinage des plaines de Sennahar, où s'eft faite la difperfion des hommes du tems de Phaleg ; & qu'on devroit par conféquent remarquer entre la Langue Arméniene & les Langues Chaldéene, Hébraïque & Syriaque, &c. la plus étroite analogie.

Il paroît conftant que les Arméniens, ainfi que les Syriens, ont tiré leur origine & leur nom d'Aram fils de Sem ; la Syrie porte encore aujourd'hui ce nom d'Aram : on fçait d'ailleurs que la Syrie, l'Arménie & la Méfopotamie même, où font fituées les plaines de Sennahar, étoient comprifes dans l'ancien Empire d'Affyrie; auffi Strabon dans le premier Livre de fa Géographie, remarque qu'il y avoit entre les Syriens & les Arméniens une étroite reffemblance pour le langage, pour la manière de vivre, & pour la figure & la taille. Il ajoûte enfuite, que les Syriens eux-mêmes donnoient aux Peuples appellés Syriens par les Grècs, les noms d'*Arméniens* & d'*Araméens* : ce font en un mot les mêmes Peuples nommés Ariméens dans Homère & Héfiode.

Tous ces rapports rapprochés, il me femble que la Langue Haikaniene n'eft pas auffi ancienne qu'on veut nous le faire entendre, ou du moins qu'elle n'eft pas fi ancienne dans l'Arménie proprement dite. Ce Royaume a été en butte fi long-tems,

& à tant de reprifes, aux incurfions des Peuples voifins, & furtout des Peuples qui habitent dans le Nord, qu'il fe pourroit faire que cette Langue Haikaniene en tirât fon origine; nous n'avons à la vérité que des conjectures à propofer, mais des conjectures appuyées fur des faits fi vraifemblables, mènent à une forte de certitude; il n'eft pas rare, d'ailleurs, de voir la Langue des vainqueurs, prévaloir fur celle des vaincus.

 Nous ajoûterons à ce que nous avons dit ci-deffus, touchant l'origine de l'Alphabèt Arménien, qu'Angelus Roccha dans fon Difcours fur la Bible du Vatican; Georges, Patriarche d'Aléxandrie; Sixte de Sienne, &c. reconnoiffent S. Chryfoftome pour l'Auteur des Écritures en Langue Arméniene, & pour l'Inventeur des Caractères Arméniens. Il eft certain que S. Chryfoftome fut banni de Conftantinople par un Édit de l'Empereur, & qu'il alla finir fes jours dans l'Arménie; il a pû donner aux Arméniens l'ufage des Lettres Grècques, que ces Peuples n'auront quitté que pour prendre des Lettres qui leur fuffent propres, & qui éxprimaffent tous les fons de leur Langue, telle en un mot que les éléments de l'Alphabèt que leur donna Miefrob.

GRÈC.

Bouftrophédon, Grèc ordinaire, *Cophte.*
  Majufcules & Minufcules. *Maj. Minufc.*

VI. En parlant de l'Alphabèt *Grèc*, nous n'entrerons point dans une trop longue difcuffion fur le nombre des lettres que reçurent les Grècs. On prétend qu'ils n'en eûrent d'abord que feize, qui leur fûrent apportées de Phénicie par Cadmus, c'eft ce que difent Pline, Plutarque, & plufieurs autres Écrivains. Palaméde étant, dit-on, au fiége de Troye, en inventa 4 autres; qui font les Lettres *Xi*, *Thita*, *Phi*, & *Chi.*
                    Quelques-

DE L'IMPRIMERIE CHAP. VI.   Pag. 380. bis.

ALPHABETS.

Valeur Numér.	BOUSTROPHÉDON Figures	GREC. Majusc.	GREC. Minusc.	GREC. Nom	Valeur	COPTE. Figure	COPTE. Nom	Valeur	Valeur Numér.
1	A A	A A A	A	α	Alpha	A	Ⲁ ⲁ	Alpha	A	1
2	𐊡 𐊡	ᛒ ᛕ ᛕ	B	β ϐ	Bita	B V	Ⲃ ⲃ	Bita	B V	2
3	∧	∧	Γ	γ ϛ	Gamma	G	Ⲅ ⲅ	Gamma	G	3
4	◁	▷ △	Δ	δ ∂	Delta	D	Ⲇ ⲇ	Dalda	D	4
5	ℨ	E Ɛ Ϲ	E	ε	Epsilon	E	Ⲉ ⲉ	Ei	E	5
6	≤	ζ ζ	Z	ζ ζ	Zita	Z	Ⲋ ⲋ	So	S	6
8	H	H	H	η ᴎ	Hita	I	Ⲍ ⲍ	Zita	Z	7
9	⊞ ⊕	⊟ ⊟ ⊟	Θ	θ ϑ	Thita	Th	H ⲏ	Hita		8
10	I	I	I	ι	Iota	I	Θ ⲑ	Thita	Th	9
20	⋊ ⋋ ⋊	⋉ ⋉ ⋉	K	κ	Kappa	K	I ⲓ	Iauda	I	10
30	⋌ ⋌	∠∠ ∧	Λ	λ	Lambda	L	Ⲕ ⲕ	Kappa	K	20
40	M	M μ	M	μ	My	M	Ⲗ ⲗ	Lauda	L	30
50	Ⲛ Ⲛ	M	N	ν	Ny	N	Ⲙ ⲙ	Mi	M	40
60		Ξ Ξ Ξ	Ξ	ξ	Xi	X	N ⲛ	Ni	N	50
70	◇ △ ▽	O O Ɑ	O O	ο	O-micron	O. br.	Ξ ⲝ	Xi	X	60
80	⊓	Γ Γ	Π Ρ	ϖ π	Pi	P	O ⲟ	O. bref	O	70
100	A	Ҏ	P	ρ ρ	Ro	R	Π ⲡ	Pi	P	80
200		C Ꙅ Ϲ	Σ	σ ς ς	Sigma	S	Ⲣ ⲣ	Ro	R	100
300	T	T	T	τ ϯ ϲ	Tau	T	Ⲥ ⲥ	Sima	S	200
400	V Y	Υ Υ	Y	υ ʋ	Upsilon	Y	Ⲧ ⲧ	Tau	T	300
500		Ϙ Φ	Φ	φ φ	Phi	Ph. f	Ⲩ ⲩ	Ypsilon	U	400
600	X	X	X	χ	Chi	Ch	Φ ⲫ	Phi	Ph	500
700		Ψ Υ	Ψ	ψ ψ	Psi	Ps	Ⲭ ⲭ	Chi	Ch	600
800		Ω W	Ω	ω ω	O-mega	O. lon	Ⲱ ⲱ	O. long	O	700
							Ϣ ϣ	Schei	Sch	
							Ϥ ϥ	Fei	F	
							Ϧ ϧ	Khei	Kh	
							Ⳁ ⳁ	Hori	H	
							Ϫ ϫ	Janja	J	
							Ϭ ϭ	Schima	Sch	
							Ϯ ϯ	Dhei	Dh	
							Ⲯ ⲯ	Epsi	Ps	

Episémon Bau ou Sigma-Tau . 7

ϝ ou ϟ Episémon Koppa 90   ϟ 90

900 Episémon Sanpi ϡ

ACCENTS GRECS.

Tons { Aigu .... ´   Circonflexe ~   Grave .... ` }

Tems { longue ...... ¯   breve .... ˘ }

Esprit { Esprit rude .. ʽ   Esprit doux .. ʼ }

Passions { Apostrophe .. ʼ   Hyphen ‿ =   Hypodiastole , ( ) }

Des Hautesrayes del.   Laurent Sculp.

Tome II.

Quelques-uns cependant attribuent le *Thita* & le *Chi* à Épicharme. Enfin Simonide à la 61ᵉ Olympiade, environ 650 ans après, inventa les quatre lettres suivantes ; sçavoir, *Hita*, *O-mega*, *Zita* & *Psi*.

Voilà ce que l'on dit communément sur l'invention des Lettres *Grècques*, mais il ne seroit pas difficile de montrer que cela n'est point aussi certain qu'on voudroit nous le faire croire, puisqu'à cet égard les idées des Grammairiens ne sont pas toujours justes, & qu'ils ne sont point d'accord entr'eux, ni sur le nombre des Lettres apportées par Cadmus, car Aristote en compte 17, & Isidore 18 ; ni sur la nature des lettres même, puisque les uns mettent *Epsilon*, *Hita*, *Iota*, les autres *Epsilon* & *Iota* seulement. N'est-il pas plus naturel de penser que Cadmus aura communiqué aux Grècs les 22 Lettres dont l'Alphabèt Phénicien étoit composé ? M. Bourguet qui a inféré dans la Bibliothèque Italique une sçavante Dissertation sur cette matière, pense qu'en effèt on apporta en Grèce les 22 Lettres Phéniciennes, mais que quelques-unes de ces Lettres parurent inutiles à certaines Colonies ; qu'en conséquence, ces Colonies ne s'en servirent point, que cela sit conjecturer dans la suite, que ces Lettres, quoique aussi anciennes, & de même date que les autres, avoient été ajoutées à l'Alphabèt *Grèc*. Pour ne point être trop prolixe dans une matière déja si rebatuë, & où il est si aisé de soutenir le pour & le contre, nous omettrons ici le détail de ce qui a été écrit à ce sujèt, & nous nous contenterons de faire les réfléxions suivantes.

Les *Grècs*, appellés Iones & Iaones, tirent leur origine de Javan fils de Japhet. La Langue que parloit Javan devoit être la même que celle d'Aram, de Mesraïm & de Canaan, ses cousins germains ; Aram fut le père des Araméens, ou Syriens & Arméniens ; Canaan fut le père des Phéniciens ; il doit donc se trouver une étroite analogie entre la Langue des *Grècs* & celle des Phéniciens : or cette analogie eſt ſi vraye, qu'il n'y a pas un ſeul terme de l'ancienne Langue *Grècque* qui ne puiſſe ſe rapporter, ſoit au Phénicien, ſoit au Chaldéen, ſoit à quelqu'une des autres Langues Orientales que l'on doit conſidérer comme ſœurs. Il eſt vrai que pour trouver cette analogie, il faut commençer par dépouiller les mots Grècs de toutes leurs charactèriſtiques, & les réduire à leurs radicales primitives. Plus une Langue s'éloigne de ſon lieu natal, plus elle éprouve de changement, & plus ſa Grammaire devient différente. Quelle conſéquence doit-on tirer de cette identité d'analogie, relativement à l'ancien Alphabèt *Grèc* dont il eſt queſtion? Une toute naturelle que voici : les termes radicaux de la Langue *Grècque* étant les mêmes que ceux de la Langue Phénicienne, les Grècs avoient beſoin des 22 Lettres Phéniciennes pour en rendre tous les ſons ; il n'eſt donc pas croyable qu'ils n'ayent reçu d'abord que 16 Lettres, ou bien les Phéniciens eux-mêmes n'en auroient point eu davantage, ce que l'on ne pourroit ſoutenir. Je dis plus ; il eſt encore très-probable que Javan le père des Grècs reçut lui-même cet Alphabèt de l'Égypte, comme Canaan, Aram, Chus, & ſes autres couſins le reçurent également. Les Grècs n'auront donc ajoûté préciſément que deux lettres à cet ancien Alphabèt, lettres qu'ils n'avoient point dans les commencemens ; car nous ſçavons par Platon, dans le Cratyle, par différens autres Auteurs, & par les Inſcriptions, que les anciens Grècs n'avoient ni *Hita* ni *O-mega*.

En ſuppoſant avec quelques-uns, que certaines Colonies *Grècques* négligèrent pluſieurs Lettres Phéniciennes, comme inutiles pour la prononçiation de leur Dialècte, on ſera néanmoins obligé de reconnoître qu'elles les avoient nonobſtant cela, puiſqu'elles leur tenoient lieu de chiffres, de même qu'aux Phéniciens.

DE L'IMPRIMERIE, CHAP. VI. 383

On remarquera que les Grècs, dans la fuite apparamment, firent quelque changement dans l'ordre de cet Alphabèt. Le *Waw* qui venoit après le *He* fut ôté, & on introduifit à fa plaçe le *Sigma-tav*, appellé autrement *Epifemon-tau* & *Epifemon-bau*. Ce *Sigma-tav* répond au Waw Phénicien : mais ce Waw, quoique rejetté, reprit enfuite fa même plaçe pour défigner le chiffre 6. Comme le Ro avoit pris fa plaçe : en laiffant au Sigma-tav fa nouvelle plaçe après le He pour 6, le Koppa qui eft le Koph des Phéniciens, dont la valeur numérique chez ces Peuples & chez les Hébreux, étoit 100, rétrograda pour lors, & fignifia 90. Ainfi le Waw retiré d'après l'Epfilon, & plaçé après le Tav, fignifia 400.

Plutarque rapporte dans fon Traité du *Demon de Socrates*, que du tems d'Agéfilaüs, on trouva à Thébes en Béotie, dans le tombeau d'Alcmène, une plaque d'airain, portant une Infcription en caractères anciens, que perfonne ne fe trouva en état de lire, & qui paroiffoient femblables à ceux des Égyptiens. Pour en avoir l'interprétation, on envoya cette plaque en Égypte à *Conuphis*, un des plus habiles Antiquaires de ce Pays, lequel après bien des recherches, décida que c'étoit de l'Écriture Égyptienne, telle qu'elle étoit en ufage fous le règne de Protée.

Je rapporte ce trait, non dans l'intention de prouver que les Grècs dans les premiers tems de l'établiffement de leurs Colonies, avoient l'ufage des Caractères Hiéroglyphiques des Égyptiens ; ce que je ne puis m'imaginer, attendu que l'invention des Caractères alphabétiques avoit fait ceffer l'ufage des Hiéroglyphes, mais feulement pour montrer l'étroite liaifon qui éxiftoit alors entre les Grècs, les Égyptiens & autres Orientaux ; il eft aifé de croire que quelqu'Égyptien, pour honorer Alcmène, avoit fait cette Infcription dans les Caractères fça-

Cccij

vans de son pays, quoiqu'ils fussent inconnus aux Grècs.

Les Ioniens, au rapport d'Hérodote, * appelloient les Lettres Grècques, *Lettres Phéniciennes* ; ** cet Historien ajoute que les Phéniciens de la compagnie de Cadmus se servirent des lettres Phéniciennes qu'ils avoient apportées, mais que dans la suite en changeant de langue, ils changèrent aussi la forme de leurs lettres. Ce récit d'Hérodote suppose que ces lettres s'écartèrent avec le tems de leur figure primitive, cependant si on les compare avec les éléments de l'Alphabèt appellé aujourd'hui Samaritain, qui est l'Ancien Alphabèt des Hébreux, des Cananéens, & probablement des Phéniciens, on trouvera une ressemblance très-sensible ; cette ressemblance devient encore plus frappante, si l'on choisit la figure des Lettres Grècques dans les plus anciennes Inscriptions qui sont parvenues jusqu'à nous.

Il n'est pas nécessaire que je cite ici, Lettre à Lettre, celles des Lettres Grècques qui ressemblent aux Lettres Samaritaines : il sera fort aisé au lecteur d'en faire lui-même la comparaison, en jettant les yeux sur la première planche de ce Recueil ; la ressemblance est si marquée, qu'il ne pourra s'y méprendre, aidé d'ailleurs par la valeur & la dénomination de ces Lettres qui sont les mêmes.

Les Grècs écrivirent dans les commençemens de gauche à droite, comme les Phéniciens & la plûpart des Orientaux ; ensuite le caprice les conduisit à vouloir imiter dans leur Écriture, les sillons que trace un bœuf qui laboure ; ensorte qu'après avoir écrit une ligne de droite à gauche, ils écrivoient la ligne suivante de gauche à droite, & ainsi successivement;

---

* Hérodote. Liv. v. chap. 58.
** Dans Hesychius Εκφοινίξαι signifie *Lire*.

& c'est ce que les Grecs appellent écrire en *Bouſtrophédon*. Feu M. l'Abbé Fourmont étant allé en Grèce en 1729 & en 1730, chargé des Ordres du Roi, pour recueillir dans ce Pays, les Manuſcrits, les Médailles, & les Inſcriptions qui pourroient s'y rencontrer, s'acquitta ſi bien de ſa commiſſion, qu'il rapporta de ſon voyage un grand nombre de Médailles Antiques, & plus de trois mille Inſcriptions, trouvées dans des fouilles & démolitions qu'il fit faire dans des endroits où il avoit lieu de ſoupçonner qu'il ne perdroit pas le fruit de ſes recherches. Dans ce grand nombre d'Inſcriptions, dont le dépôt précieux eſt actuellement à la Bibliothèque du Roi, il s'en trouve pluſieurs écrites en *Bouſtrophédon*, & une entr'autres trouvée à Amyclée * dans le Temple d'Apollon, qui n'a guères moins de 3000 ans d'Antiquité, laquelle a été gravée & publiée dans le Nouveau Traité de Diplomatique des RR. PP. Bénédictins; & dans le XXIIIe Vol. des Mémoires de l'Acad. des Belles-Lettres. C'eſt d'après cette Inſcription, & d'après trois autres trouvées à Calamata, à Amyclée & à Pharæ, &c. publiées dans le XVe Vol. des Mém. de la même Académie, par M. l'Abbé Fourmont lui-même, que nous avons formé l'Alphabet de Grèc *Bouſtrophédon* que l'on voit dans notre Planche.

En général, les Caractères Bouſtrophédons ſe reſſemblent, & il n'y a préciſément que la diſpoſition de gauche à droite, & de droite à gauche qui en fait la différence. L'obligation de former, à chaque ligne alternativement, des lettres dans un ſens contraire, avoit ſes incommodités pour l'Écrivain, & d'ailleurs

---

* Amyclée, Ville de Laconie, ſituée à 20 ſtades au Midi de Lacédémone, & à 2 lieuës de Sparte, n'eſt plus qu'un Village appelé préſentement Sclabochori, & non Schabochori, comme il eſt dit dans le Nouveau Traité de Diplomatique des Bénédictins, Tom. I. pag. 626.

cette irrégularité étoit désagréable à la vûë ; voilà sans doute pourquoi l'on abandonna le Bouſtrophédon, pour ſe fixer uniquement à l'Écriture de gauche à droite, pratique qui n'a pas ceſſé depuis parmi les Grècs.

On remarquera dans ces Inſcriptions que l'*Épſilon* redoublé y tient preſque toujours lieu de l'*Hita*, quoique cette lettre leur fût connuë, puiſqu'elle ſe rencontre en pluſieurs endroits de ces marbres. Deux *O-micron* y ſont mis ſouvent pour l'*O-méga*. Cet *O-méga* éxiſtoit néanmoins, puiſqu'il ſe voit dans quantité de titres & de noms propres des Inſcriptions, de Calamata & d'Amyclée. Il paroît qu'il étoit indifférent alors d'éxprimer cet ó long par un *O-méga*, ou par deux *O-micron*, & même par un ſeul *O-micron*. Le Ξ ne s'y rencontre point, & c'eſt le *Kappa* & le *Sigma* qui en tiennent lieu, Κ Σ.

M. l'Abbé Barthelemi croit que l'*Upſilon*, peint dans la liſte des Prêtreſſes du Temple d'Apollon Amycléen comme notre V conſonne, tiroit ſon origine de l'*O-micron*, & voici ce qu'il dit à ce ſujet. « La reſſemblance qui ſe trouve entre
» l'-*O-micron* & l'*Upſilon* peut nous conduire inſenſiblement
» à l'origine de cette dernière lettre. On ſçait que l'ancien
» Alphabèt des Grècs, comme celui des Phéniciens, ſe ter-
» minoit au *Tau*, & que dans la ſuite on y ajouta l'*Upſilon*,
» le *Phi*, le *Pſi*, &c. On a ſuppoſé que de ſimples particu-
» liers avoient eu le crédit d'y introduire ſucceſſivement ces
» lettres ; mais la diverſité des ſentimens ſur ces prétendus
» inventeurs prouve aſſez combien tout ce qu'on diſoit de
» leur découverte étoit incertain, & que c'eſt l'uſage ſeul qui
» a pû enrichir l'Alphabèt *Grèc* des Caractères dont il avoit
» beſoin : il faut même obſerver que quelques-uns de ces nou-
» veaux Caractères ne paroiſſent être que des modifications
» d'autres lettres plus anciennes ; par Éxemple, il eſt à préſu-

» mer que la lettre *Cappa*, comme le *Caph* des Hébreux, fe
» prononçoit quelquefois avec afpiration, & quelquefois fans
» afpiration; & que les copiftes, pour marquer cette diffé-
» rence, fe contentèrent d'écarter les jambages du *Cappa*, &
» en formèrent un X. L'on peut dire la même chofe par rap-
» port à l'*Upfilon* : nous avons vû que dans l'Écriture, &
» peut-être auffi dans la façon de le prononçer, il fut d'abord
» confondu avec l'*Omicron*; mais dans la fuite, en retranchant
» la ligne tranfverfale, qui en le fermant fupérieurement le
» rendoit femblable à un triangle, on en forma l'*Upfilon*, tel
» qu'il eft figuré dans les dernières lignes de la feconde inf-
» cription, où il paroît fans queuë, & parfaitement fembla-
» ble à l'V confonne des Latins ». *

Il fe peut effectivement que le X *Grèc* ne foit qu'une modi-
fication du *Cappa*. Les PP. Bénédictins n'ayant pas vû la figure de ce X dans l'ancienne Infcription qui contient la lifte
des Prêtreffes d'Apollon, en ont conclu que cette lettre n'é-
toit pas encore introduite dans l'Alphabèt *Grèc*, lors de l'érection de ce monument; mais on peut répondre à cela, que
l'ufage de cette lettre paroît conftant, non-feulement dans les
trois fameufes Infcriptions publiées par M. l'Abbé Fourmont,
dans le XV. Vol. des Mémoires de l'Académie, lefquelles ont
fept à huit cents ans avant Jefus-Chrift; mais encore dans une
autre Infcription en Bouftrophédon, puifée auffi dans la Collection de M. l'Abbé Fourmont, & confidérée avec connoiffance de caufe, comme le commencement de l'ancienne Infcription qui concerne les Prêtreffes d'Apollon; ainfi quoique
le *Cappa* ait fouvent pris la place du *Chi*, on ne peut pas en
conclure que la figure de cette dernière lettre ne fût point encore connuë des Grècs.

---

* *Mémoires de l'Académie des Belles-Lettres. Tom. XXIII. pag.* 420.

Si ce que M. l'Abbé Barthelemi dit touchant la dernière Infcription dont on vient de parler, pouvoit être confirmé ; nos réflexions fur la Lettre X deviendroient inutiles, parce que cette Lettre ne fe trouve que dans cette Infcription ; & de ce qu'elle s'y trouve, il conclut que cette Infcription ne peut être du tems auquel elle femble fe rapporter ; mais que le marbre fur lequel on l'avoit tracée ayant été détruit, ou du moins fort endommagé dans une de ces révolutions que la Ville d'Amyclée avoit effuyées, on en fit une copie, où l'on s'écarta en certains endroits de l'original. Cette fuppofition fournit à M. l'Abbé Barthelemi une ample matière à fa vafte érudition.

M. l'Abbé Fourmont dans la Relation de fon voyage, avoit annoncé cette Infcription comme un morceau intéreffant, qui contenoit la Lifte des Prêtreffes ou Pythies du Temple d'Apollon Amycléen, avec les années de leur Sacerdoce, depuis la Fondation de ce Temple par Amyclas Roi de Lacédémone. M. L'Abbé Barthelemi reproche aux Bénédictins Auteurs de la Nouvelle Diplomatique, de n'avoir pas fait attention à ces paffages, & d'avoir préfenté l'Infcription fous un point de vûë bien différent ; mais ne mérite-t-il pas un petit reproche par rapport au même objet ? Car enfin fi M. l'Abbé Fourmont n'eût pas reconnu les deux Infcriptions dont il eft queftion, pour une feule & meme Infcription, auroit-il pû avancer auffi affirmativement ce qu'elles contenoient ? C'eft le même marbre caffé en deux, & copiés chacun féparément : fon intention étoit de les réünir, & fi M. l'Abbé Barthelemi n'a point vû fur la copie du premier Marbre en quel endroit il avoit été trouvé, c'eft que M. l'Abbé Fourmont s'étoit contenté de le marquer au bas de la copie du fecond marbre. Que deviennent après cela les affertions de ce Sçavant Abbé, & principalement fes réfléxions fur les progrès de l'Écriture ?

Quant

DE L'IMPRIMERIE, CHAP. VI.

Quant à l'*O-micron* confondu souvent avec l'*Upsilon*, je suis entièrement de l'avis de M. l'Abbé Barthelemi ; il paroît qu'en effet dans l'origine, ils n'étoient point différents pour la figure. Comme cette lettre répond à l'*Ain* des Orientaux, & que cet *Ain*, comme l'on sçait, prend le son des voyelles qu'on lui donne, de même chez les Grècs, l'*O-micron* avoit le son de l'*o*, & de l'*y*. Si l'on se donne la peine de consulter les différents Alphabèts Orientaux, principalement le Samaritain, l'Hébreu, le Phénicien, le Palmyrénien, & l'Éthiopien ; on verra que cet *Ain* a tantôt la figure de notre O, tantôt celle de notre U, tantôt celle du triangle ▽, & enfin celle de l'Y Grèc.

Acçents & Esprits.

Les Grècs ont dix Acçents qu'ils appellent *Prosodiai*, d'un nom général. Ces Acçents se divisent en Tons, en Temps, en Esprits, & en Passions.

Les *Tons* (Τovoi) sont au nombre de trois, sçavoir l'aigu (ὀξεῖα) ' le Grave (Βαρεῖα) ` & le Circonflèxe (περισπωμενη) ˜.

Les *Temps* (Χρόνοι) sont au nombre de deux, sçavoir : le Long (Μακρα) - & le Bref (Βραχεῖα) ˘.

Les *Esprits* (Πνευματα) sont également au nombre de deux, sçavoir : le Rude (Δασεῖα) ὁ. & le Doux (Ψιλή) ᾽.

Les *Passions* (πάθη) sont au nombre de trois, sçavoir : l'A-version ou l'Apostrophe (Ἀπόστροφος) ᾽. l'*Hyphen* ou l'*Union* (Ὑφὲν) ‿ & enfin l'*Hypodiastole* ou la Distinction Ὑποδιαστολή, qui est notre point, & notre virgule.

Usage & position de ces dix Acçents.

1°. L'Acçent ' se place sur la dernière, la pénultième, & l'antépénultième syllabe d'un mot ; Éxemple : καρπός, λόγος,

Tome II.   D d d

τύπΙομεν. Cet Acçent élève la prononçiation de la syllabe sur laquelle on le mèt.

2°. L'Acçent grave ` se pose sur la dernière syllabe d'un mot, & baisse le ton ou la prononçiation de cette syllabe; Τιμὴ.

3°. L'Acçent circonflèxe ˜ se pose sur la dernière & la pénultième syllabe d'un mot; Éxemple : ποιῶ, βοᾶτε. Cet Acçent participe de l'Acçent aigu & de l'Acçent grave ; c'est-à-dire, qu'il élève & baisse ensuite le ton de la syllabe sur laquelle il se trouve : autrefois il se figuroit comme notre Acçent circonflèxe ʌ ou encore ⁀.

4°. Le Tems long - désigne que la voyelle sur laquelle il se mèt est Longue ; Éxemple μῡρία.

5°. Le Tems bref ᴗ désigne au contraire que cette voyelle est brève ; Éxemple : μυρίᾰ.

6°. & 7°. L'Esprit rude ʽ, & l'Esprit doux ʼ, se plaçent sur la voyelle, ou sur la diphtongue qui commençe un mot. L'Esprit rude a la valeur de notre aspiration forte que nous rendons par notre h sonante, comme dans les mots, *Héros*, *Honte*, *Hardiesse* ; l'Esprit doux a la valeur de notre h muette dans *Homme*, *Histoire*, &c. Ainsi ἅμα, ἅμαξα se prononçent *Hama*, *Hamaxa*. Αἴγυπτος, ἄβιος, &c. se prononçent *Ægyptos*, *Abias*. Les lettres υ & ρ, au commencement des mots, ont toujours une aspiration forte, comme Ὑδάσπης, Ῥόδος, *Hydaspe*, *Rhodes*. Deux ρ ρ plaçés au milieu d'un mot s'aspirent, sçavoir le premier avec l'Esprit doux, & le second avec l'Esprit rude πόῤῥω, *Porrho* ; ἀῤῥαβών, *Arrhabon*.

8°. L'Apostrophe, ou l'*Aversion* a la figure d'une virgule, & répond, quant à la valeur, au *Wasla* des Arabes. 1°. L'Apostrophe supprime la dernière voyelle d'un mot, lorsque ce mot est suivi d'un autre mot qui commençe par une voyelle, ou par une diphtongue, comme πάντ᾽ ἔλεγον ; παρ᾽ αὐτόν : &c. pour πάντα ἔλεγον : παρὰ αὐτοί. C'eſt ainſi qu'en François nous prononçons & nous écrivons l'*Envie*, l'*Homme*, l'*Honneur*; pour le Envie, le Homme, le Honneur. 2°. L'Apoſtrophe change les conſonnes π, κ, τ, qui finiſſent le mot après la ſuppreſſion de leur voyelle ou dipthongue, en φ, χ, θ, ſi le mot ſuivant commence par une voyelle, ou par une diphtongue marquée d'une aſpiration forte : comme ἀπὸ οὗ, ἀπ' οὗ, ἀφ' οὗ. φάρμακα, ἅ, Φάρμακ' ἅ, φάρμαχ' ἅ. κατὰ ὕλην, κατ' ὕλην, καθ' ὕλην. νύκτα ὅλην, νυκτ'-ὅλην, νύχθ' ὅλην.

3°. Elle ſépare, & fait prononcer les ſyllabes de deux mots, comme s'ils n'en formoient qu'un. πάντα ἔλεγον, πάντ' ἔ-λεγον.

4°. L'Apoſtrophe ſe marque auſſi ſur le milieu de certains mots compoſés par contraction, ou abréviation; Exemple τἄλλα, κἀγώ, ἐγῷμαι, pour τὰ ἄλλα, καὶ ἐγώ. ἐγὼ οἶμαι.

9°. L'Hyphen, l'*Union* ou la liaiſon ‿ ſe mèt ſous deux mots que l'on veut lier enſemble; Exemple μεθ'‿ἡμέραν, on lie encore deux mots par le moyen du trait ſimple -- & du double ⸗. Ce qui répond à notre trait d'union dans les mots ſous-Bibliothéquaire, ſous-diviſion, &c.

10°. L'Hypodiaſtole ou la *Diviſion* fait préciſément l'office contraire de l'Hyphen; c'eſt-à-dire, qu'il ſépare deux mots qui, ſans cette marque, pourroient être confondus, & pris pour un ſeul mot, comme dans ὅ,τι, *lequel*; que l'on ſépare avec une virgule pour le diſtinguer d'ὅτι, *parce que*. C'eſt ainſi que dans dans ce vers d'Horace

Me, tuo longas pereunte Noctes, &c.

On mèt une Virgule après *me*, afin d'empêcher qu'on ne liſe *metuo*. Voilà à quoi ſe réduit l'Accentuation Grècque.

Comme l'Uſage de ces accens ne devint général que dans le ſeptième Siècle, quelques-uns ont cru que l'invention n'en remontoit pas au-delà du ſixième ſiècle; mais ils ſe trompent, &

D d d ij

il paroît qu'ils étoient connus dès le tems de Plutarque, qui en fait mention dans un de ses Traités ; il est vrai qu'on les employoit rarement ; je crois même que l'on pourroit avancer que tant que l'Écriture majuscule fut en vogue, on ne les employa pas ; on n'en remarque point de vestige dans aucune Inscription.

Chiffres Grècs.

Nous avons eu soin de marquer dans la planche, la valeur numérique des Lettres Grècques ; nous n'y avons point oublié les trois Épisemons, sçavoir le *Sigma-taw*, appellé encore *Episemon-bav*, parce qu'il répond pour sa figure & sa valeur au *Vav* Samaritain : l'*Épisemon-kofé* ou *Koppa* qui répond au *Kof* Hébreu ; & enfin l'*Épisemon-sanpi* qui répond au *Tsade* Samaritain. Comme ces trois Épisemons n'entrent point dans l'Alphabèt grèc, nous les avons distingués, sans pour cela les priver du rang qu'ils doivent avoir en qualité de notes numériques ; ordinairement on met sur chaque Lettre numérique, soit un accent aigu, soit un accent grave ; soit même un point, que l'on pose dessous, pour avertir que cette lettre est employée là en qualité de Chiffre. Pour faire mille, on employe l'Alpha avec un tiret au-dessous semblable au Iota souscrit. α 1000. β 2000. γ 3000. δ 4000. ε 5000. ϛ 6000. ζ 7000. η 8000. θ 9000. ι 10000. κ 20000, &c. ρ 100000. σ 200000, &c. Pour joindre les unités aux dixaines, les dixaines aux centaines, & les centaines aux mille, il les faut joindre de la façon suivante, ια 11. ιβ 12. ιγ 13, &c. ρ 100. ρα 101. ρβ 102, & ainsi de de tous les autres ; pour faire 1765 on écrira αψξε.

Il y a une autre manière de compter avec les Lettres grècques majuscules, de façon que Ι vaut l'unité, parce qu'il répond à *μία*. Π vaut cinq, parce qu'il répond à *Pénte*. Δ vaut dix, parce qu'il répond à *Deka*. Η vaut cent, parce qu'il ré-

DE L'IMPRIMERIE CHAP. VI. Pag. 392. bis
CHIFFRES GRECS.

Majuſ.	Min.	Noms.	Valeur	Majuſ.	Min.	Noms.	Valeur
Ι	α	εἷς, μία, ἕν	1	ΔΔΠΙΙ	κζ	εἴκοσι ἑπτὰ	27
ΙΙ	β	δύω	2	ΔΔΠΙΙΙ	κη	εἴκοσι ὀκτὼ	28
ΙΙΙ	γ	τρεῖς, τρία	3	ΔΔΠΙΙΙΙ	κθ	εἴκοσι ἐννέα	29
ΙΙΙΙ	δ	τέσσαρες,	4	ΔΔΔ	λ	τριάκοντα	30
Π	ε	πέντε,	5	ΔΔΔΔ	μ	τεσσαράκοντα	40
ΠΙ	ϛ	ἕξ,	6	𐅄	ν	πεντήκοντα	50
ΠΙΙ	ζ	ἑπτὰ	7	𐅄Δ	ξ	ἑξήκοντα	60
ΠΙΙΙ	η	ὀκτὼ	8	𐅄ΔΔ	ο	ἑβδομήκοντα	70
ΠΙΙΙΙ	θ	ἐννέα	9	𐅄ΔΔΔ	π	ὀγδοήκοντα	80
Δ	ι	δέκα	10	𐅄ΔΔΔΔ	ϟ, ϙ	ἐννενήκοντα	90
ΔΙ	ια	ἕνδεκα	11	Η	ρ	ἑκατὸν	100
ΔΙΙ	ιβ	δώδεκα	12	ΗΗ	σ	διακόσια	200
ΔΙΙΙ	ιγ	τριακαίδεκα	13	ΗΗΗ	τ	τριακόσια	300
ΔΙΙΙΙ	ιδ	τεσσαρακαίδεκα	14	ΗΗΗΗ	υ	τεσσαρακόσια	400
ΔΠ	ιε	πεντεκαίδεκα	15	𐅅	φ	πεντακόσια	500
ΔΠΙ	ιϛ	ἑκκαίδεκα	16	𐅅ΗΗΗΗ	ϑ	ἐννακόσια	900
ΔΠΙΙ	ιζ	ἑπτακαίδεκα	17	Χ ou ΟΟ	͵α, ͵α	χίλιοι	1000
ΔΠΙΙΙ	ιη	ὀκτωκαίδεκα	18	ΧΧ	β	δισχίλια	2000
ΔΠΙΙΙΙ	ιθ	ἐννεακαίδεκα	19	ΧΧΧ	γ	τρισχίλια	3000
ΔΔ	κ	εἴκοσι	20	ΧΧΧΧ	δ	τετρακισχίλια	4000
ΔΔΙ	κα	εἴκοσι ἕν	21	𐅆	ε	πεντακισχίλια	5000
ΔΔΙΙ	κβ	εἴκοσι δύο	22	𐅆Χ	ϛ	ἑξακισχίλια	6000
ΔΔΙΙΙ	κγ	εἴκοσι τρία	23	𐅆ΧΧ	ζ	ἑπτακισχίλια	7000
ΔΔΙΙΙΙ	κδ	εἴκοσι τέσσαρα	24	𐅆ΧΧΧ	η	ὀκτακισχίλια	8000
ΔΔΠ	κε	εἴκοσι πέντε	25	𐅆ΧΧΧΧ	θ	ἐννακισχίλια	9000
ΔΔΠΙ	κϛ	εἴκοσι ἕξ	26	Μ	ι	μύριοι	10000

Des Hautes rayes del.
Laurent Sculp.
Tome II.

pond à *Hekaton*. x vaut 1000, parce qu'il répond à *Chilia*. M vaut 10000, parce qu'il répond à *Myria*. Quand une de ces Lettres est mise au milieu du Π, cela veut dire que cette lettre acquièrt cinq fois sa valeur ; ainsi Δ̄Ι signifiera Πεντακις δεκα ; c'est-à-dire, cinq fois dix ou 50. La Table ci-jointe instruira de cette façon de compter.

Copte,

ou

Égyptien Moderne.

Les Anciens Égyptiens avoient un Alphabèt composé de 25 lettres, comme nous l'apprenons du Traité d'Isis & d'Osiris de Plutarque ; & ils écrivoient de la gauche à la droite, comme la plûpart des Orientaux. Les Égyptiens modernes, connus sous le nom de *Coptes*, en ont un, composé de trente-deux lettres, & ils les écrivent comme nous de la gauche à la droite.

Cette différence n'a point empêché le célèbre voyageur Pietro della Valle, d'insinuer que ces Lettres *Coptes* sont les lettres vulgaires des anciens Égyptiens : il voudroit prouver que ces Peuples ne les ont point empruntées des Grècs, & une de ses plus fortes raisons est que les Grècs, lorsqu'ils expriment des nombres par lettres, suivant l'ordre de l'Alphabèt, marquent le nombre six par un ς, qui n'est pas une simple lettre, mais un composé du *Sigma* & du *Tav* ; dont ils ne sçauroient rendre aucune raison ; au lieu que dans l'*Alphabèt Copte*, la lettre dont il s'agit, est la sixième, quoique manquant dans l'Alphabèt Grèc. Mais della Valle se trompe, & nous avons déja vû ci-dessùs, que le caractère numéral des Grècs ς, ainsi que le *So* des Coptes qui y correspond, ne sont que le *Waw* Samaritain retourné, ou le *Digaumea Éolique*, que les Grècs supprimèrent par la suite, de leur Alphabèt ordinaire ; ainsi qu'ils firent à l'égard du *Koppa* & du *Sanpi*, qui répondent au *Koph* & au *Tsade* Samaritains.

On trouve encore ces deux Épisemons dans quelques *Alphabets Coptes* *, ce qui prouveroit, non l'assertion de Pietro della Valle, mais que les Lettres Grècques sont très-anciennes en Égypte.

Kircher, cet homme sçavant, à qui rien ne paroissoit difficile ; mais qui a toujours pris l'ombre pour la réalité, prétend que les Lettres des *Coptes* ont été inventées par Hermès, que la plûpart de ces Lettres sont des imitations de l'Ibis, du Serpent, du Taureau, de la Chèvre, du Faucon, & autres Animaux sacrés chez les Égyptiens. Il cherche dans la Langue *Copte*, la signification de quelques-unes de ces lettres. Il donne par éxemple à *Zita* le nom de *Zeuta*, qui veut dire *Vie* ; & le Serpent, dont cette lettre a la forme, en est le Symbole ; il transforme le *Xi* en *Xanuti*, Chaîne ; parce que cette lettre semble composée de Chaînons.

Ce que disent Plutarque & S. Clément d'Aléxandrie a pû conduire Kircher dans ce labyrinthe de conjèctures. Plutarque nous apprend que la première Lettre Égyptienne étoit l'Ibis : cet oiseau, avec ses pattes écartées & son bèc au milieu, ayant la figure d'un triangle équilatéral, approche un peu pour la ressemblance de l'*Alpha* Copte. Saint Clément d'Aléxandrie fait aussi mention de quatre images de Dieux, dorées ; représentant deux Chiens, un Faucon, & un Ibis, qu'on avoit coûtume de porter en procession pendant une certaine Solemnité :

---

* *Vid.* Ed. Bernardi. Tab. Alphabetor. N. XXVI, & le premier Volume de l'Histoire Universelle traduite de l'Anglois, d'une Société de Gens de Lettres.

& il affirme que ces Images étoient appellées les *Quatre Lettres* : nous n'avons qu'une seule raison à opposer à Kircher ; c'est à tort qu'il se sert de ces témoignages, puisque, comme nous l'avons prouvé ci-dessus *, les Égyptiens donnoient le nom de *Grammata*, c'est-à-dire, *Lettres*, aux portraits de leurs Dieux, pour les raisons que nous y avons détaillées, & le titre de *Grammateus*, à Hermès qui y avoit travaillé le premier.

Il est constant que l'Alphabèt des Coptes, a été formé sur celui des Grècs ; la forme des Caractères, leurs noms, leurs valeurs, tout nous prouve qu'il n'en est qu'une copie très-fidèle ; si l'on en excèpte sept Caractères que les Coptes ont ajouté pour perfectionner leur Langue, & en rendre tous les sons.

A juger de l'âge de ces Caractères Coptes par leur forme, je crois qu'on peut les fixer vers le commencement du Christianisme ; cependant ils étoient en usage en Égypte bien antérieurement à cette Époque, car je ne pense pas qu'on puisse nier qu'ils y fussent reçus sous les Règnes de Ptolemée Soter, & de Ptolemée Philadelphes, près de trois cents ans avant notre Ere vulgaire ; ces Princes qui élevèrent l'édifice de leur puissance, sur leur Clémence, & sur la Justice de leur Gouvernement, avoient attiré à leur cour un grand nombre d'Etrangers, & particulièrement de Grècs : l'amour de Ptolemée Philadelphes pour les Sciences & pour les Livres, & la protection dont il honoroit les Sçavans, lui attira de toutes sortes d'endroits un grand nombre de personnes distinguées par leur mérite & leur sçavoir, sur lesquelles il ne cessoit de répandre mille faveurs ; on parle entr'autres de Sèpt Poëtes fameux qui étoient à sa cour. Théocrite, Callimaque, Lycophron & Aratus étoient de ce nombre. Zoïle, cet homme si connu par la sévérité de

---

* Page 341.

ses censures & de ses critiques, vivoit aussi à la Cour de ce Prince.

Ce fut alors que Ptolemée Philadelphes, pour enrichir de plus en plus la fameuse Bibliothèque qu'il formoit à Aléxandrie, fit faire en *Grèce*, par les Sçavans Juifs qui étoient habitués en cette Ville, une Version des Livres Saints. Le Papyrus sur lequel on écrivoit alors, avoit été trouvé peu de tems auparavant, & précisément dans le tems qu'Alexandre jettoit les fondemens de cette grande Ville ; l'usage de cette plante pour la fabrique du papier propre à écrire, fut d'un très-grand secours pour l'avancement & le progrès des Sçiences & des Arts ; & l'on fit faire en faveur des Macédoniens & des autres Grècs de la Cour d'Égypte, un grand nombre de Traductions Grècques des meilleurs Ouvrages que l'on pût recouvrer : en un mot tout ne respiroit que *Grèc* en Égypte, & l'usage de cette Langue y devint si universel, qu'il fit tomber entièrement la Langue vulgaire des Égyptiens, qui ne se conserva plus que dans les Pays habités par Arab-Egyptiens, dont les Grècs & les Romains dédaignèrent la conquête.

Le *Copte* ne subsiste plus maintenant, que dans les Livres des Chrétiens d'Égypte, & nous avons en cette Langue l'Écriture-Sainte, des Liturgies, des Missels, des Rituels, des Grammaires & des Dictionnaires qui servent à la fixer, & peuvent nous mettre à portée de nous en instruire.

Les Sçavans qui ont eu quelque connoissance dans cette Langue des Coptes, semblent avoir eu beaucoup de peine à développer leur sentiment sur sa nature, & sur la comparaison que l'on en pourroit faire avec les autres Langues qui nous sont connuës.

Plusieurs d'entre ces Sçavans ont voulu prouver par le peu de termes qui nous restent de l'Ancienne Langue Égyptienne

épars

épars çà & là, soit dans l'Ecriture-Sainte, soit dans les Livres payens, sa conformité avec l'Ancienne Langue Egyptienne.

Ce qu'ils en ont dit, n'étoit point assez convainquant sans doute; d'autres * en conséquence prétendirent, qu'il falloit un plus grand nombre d'Exemples pour établir la conformité entre deux Langues si éloignées; ces derniers ajoutent que la Langue *Cophte* conserve encore la plûpart des mots qu'Hérodote, Diodore de Sicile, Plutarque, Orus-Apollo, Eusebe, & d'autres Auteurs Payens ou Chrétiens citent comme de l'Ancienne Langue Egyptienne. Or quoiqu'ils avouent que la plûpart de ces mots sont corrompus, ils ne doutent pas, nonobstant cela, que cette Langue *Cophte* qui les conserve encore, ne soit l'Ancienne Langue Égyptienne; & comme celle qui nous reste dans les Livres des Cophtes est prodigieusement éloignée de l'Hébraïque, on ne peut douter, concluent-ils, que l'Ancienne n'en fût pour le moins autant éloignée; & qu'ainsi il est impossible d'y trouver cette conformité nécessaire, afin d'y trouver la même origine.

« La Langue Égyptienne, dit M. l'Abbé Renaudot, a adopté
» depuis deux mille ans un grand nombre de mots Grecs; mais
» sa Grammaire est tellement différente de la Grecque & de
» toutes les autres, qu'elle doit passer pour originale. Ainsi on
» croit pouvoir dire, qu'on doit regarder comme un très-grand
» Paradoxe, la prétenduë conformité de l'Ancien Hébreu avec
» l'Égyptien; puisqu'on n'en trouve ni dans la figure des lettres, ni dans leur puissance, ni dans l'inflexion des noms &
» des verbes, ni dans les mots; & même qu'aucun Auteur

---

* *Vid.* Le Mémoire sur l'Origine des Lettres Grècques, par M. l'Abbé Renaudot. Mém. de l'Académie des Belles-Lettres, Tom. II. pag. 272, &c.

» de quelque mérite, autant qu'on peut s'en souvenir, n'a ja-
» mais entrepris de prouver cette Opinion ; & qu'elle a été
» également inconnuë aux Anciens, qui hazardant beaucoup
» de semblables conjectures, qui sont plus faciles à faire, quand
» on ignore les Langues, ont toujours parlé de la Langue
» Égyptienne & de la Langue Phénicienne, comme de deux
» Langues entièrement différentes. Si on n'est pas content de
» ces raisons, (*ajoute-t-il d'un ton décidé,*) & qu'on veuille
» toujours supposer qu'il y a eu une autre Langue Égyptienne,
» à laquelle convient cette conformité avec la Phénicienne,
» ce que les preuves alléguées paroissent entièrement détruire,
» il faut auparavant la faire connoître, & on est sûr que per-
» sonne ne le fera jamais ».

M. l'Abbé Renaudot, fâché de ce que l'Auteur du Livre des Préadamites, abusoit des Antiquités Chinoises pour appuyer son opinion, traduisit de l'Arabe * la Relation des Indes & de la Chine par deux Voyageurs Mahométans très-ignorans ; afin d'avoir occasion dans les Remarques qu'il y a jointes, de parler contre les Chinois, & d'infirmer ce que des Voyageurs Européens très-instruits & très-véridiques, nous ont dit d'avantageux en faveur de cet Ancien Peuple. Il procède à-peu-près de même dans la Dissertation, dont nous venons de citer un passage. En effèt, pour prouver que l'Écriture-Sainte surpasse en Antiquité tout ce qu'il y a eu de plus ancien parmi les Payens, & dans l'intention de ravir aux Égyptiens l'honneur de l'Invention des Lettres qu'on leur attribue si légitimement, il commençe par accuser les Égyptiens, de peuple vain & superstí-

---

* Cet Ouvrage intitulé Anciennes Relations des Indes & de la Chine de deux Voyageurs Mahométans, qui y allèrent dans le IXe Siècle, &c ; fut imprimé à Paris en 1718.

tieux, qui fier de l'ancienneté de son Origine, vouloit qu'on crût que tous les Arts & toutes les Sciences fussent nées en Égypte, pour ne devoir rien aux autres Peuples de l'Univers: Ensuite venant à Thot ou *Mercure*, il traite de Fables tout ce que l'on en dit, & prétend qu'on ne peut prouver ni son éxistence, ni le tems où il a vécu; enfin il pousse la chose au point de nier la Circoncision des Égyptiens, sous prétexte qu'étant comme le Sçeau & la marque extérieure établie entre Dieu & Abraham, elle ne pouvoit être commune à la Nation Égyptienne, qui devoit opprimer les Hébreux par une dure servitude.

Pourquoi donc, si cela étoit ainsi, les Chrétiens de l'Afrique, je veux dire les Cophtes & les Éthiopiens, se circoncisent-ils encore aujourd'hui ? N'est-ce pas visiblement une continuation de l'ancien Usage établi parmi leurs ancêtres, que le changement de Religion n'a pû encore éteindre ? D'ailleurs n'étoit-il donc point de la sagesse du Législateur des Hébreux, de ramener au Culte du vrai Dieu, quantité d'usages & de Cérémonies qui n'avoient en elles-mêmes rien de blâmable, & que l'intention seule, les motifs ou l'application, rendoient criminelles ?

Mais revenons au *Cophte*, & sans avoir dessein de suivre M. l'Abbé Renaudot dans tous ses écarts, tâchons de montrer le plus succintement qu'il nous sera possible; 1°. que la conformité de l'Ancienne Langue Égyptienne avec l'*Hébreu* ou le Phénicien, loin d'être un Paradoxe, se peut prouver par la comparaison des mots qu'on sçait être très-certainement de ces Langues. 2°. Que la Langue que parlent aujourd'hui les Cophtes, quoique fort altérée & pleine de mots barbares, se ressent encore beaucoup de son ancienne Origine.

Par rapport au premier objèt en question, comme nous

n'avons ni Grammaire ni Dictionnaire, ni rien de suivi sur l'ancienne Langue Égyptienne, on nous permettra de prendre au hazard, les termes de cette Langue qui nous reviendront en mémoire. Commençons par les différens noms donnés à l'Égypte, & par les noms si connus dans leur Mythologie, dont on ne peut nous contester l'antiquité.

L'Écriture-Sainte désigne l'Égypte sous le nom des Tentes de *Cham*, parce que ce fut dans ce Pays en effet que ce Patriarche se retira. Parmi les Grècs *, Plutarque qui ignoroit que l'Égypte tirât l'origine de son nom de ce Patriarche, dit que de son tems ce Royaume s'appelloit *Chamia*, & il fait entendre que ce terme étoit Égyptien, & éxprimoit la *Couleur noire* ; ce qui est vrai, puisqu'en Syriaque, en Hébreu, & en Chaldéen, ce nom est dérivé d'une racine qui signifie la *Chaleur ardente du Soleil*, & la *Couleur noire*, occasionnée dans ces régions brûlantes par les rayons du Soleil. Le même Plutarque dit que les Égyptiens appelloient *Chemia*, une sorte de vase fait de terre noire & grasse. Les Cophtes appellent encore l'Égypte *Kemi*, & avec l'article, *O-Kemi*. Les noms grècs *Ægyptios*, *Melas*, *Aëtos*, *Astape*, *Aëria*, &c. donnés à l'Égypte & à son fleuve, ne sont que la traduction ** du nom de *Chemia*, *Chamia*.

---

* Plutarque, dans son Traité d'Isis & d'Osiris.

** *Ægyptios*, signifie une espèce de Vautour noir. *Melas* signifie noir. *Aëtos* éxprime aussi un Aigle nommé ainsi de sa couleur, qui est d'un noir foncé. Les termes d'*Aëria* & d'*Astape*, souffrent un peu plus de difficultés pour leur interprétation ; cependant le Scholiaste d'Apollonius de Rhodes, dit que la Thessalie n'avoit été appellée *Aëria*, que parce que la terre en étoit noire, de même que l'Égypte à laquelle on donoit le même nom. παρὰ τὸ μέλαιναν εἶναι την γην. ὅτο γαρ καὶ την Ἀιγυπτίον Ἡρίαν φασιν. *Astape* est un terme que nous ignorons ; mais Dio-

Le Dieu Hammon *, parmi les Égyptiens, étoit le *Dieu des Richesses* : les Grècs ont rendu ce nom par celui de *Ploutos*, qui éxprime également les *Richesses*, & d'où les Latins ont fait leur *Pluto* : or dans les Langues Orientales les termes *Amon* & *Hamon* signifient, *Père nourricier*, *Abondance de richesses* : & dans le Nouveau Testament Syriaque *Mammona*, avec le *Mem* du participe. ** *Non potestis Deo servire & Mammonæ*. Saint *** Augustin remarque aussi, que dans la Langue Punique *Mammona* éxprimoit le *Lucre*. Lucien donne à ce Dieu les Épithètes de *Ploutodotès* & de *Megalodoros*, le *Distributeur des Richesses*.

Osiris & Isis, ou Cérès enseignèrent l'Agriculture aux Égyptiens ; on feint que ces Divinités chargèrent Triptoleme d'aller par-tout enseigner cet Art. Selon Diodore, c'est Osiris lui-même qui porta par toute la terre l'usage du blé & du vin, & il est accompagné de Triptoleme. Dans les Langues Orientales *Triphtolem* signifie mot à mot le *Dieu du Labourage* ; & *Keres* écrit par un *Cheth*, signifie *Laboureur*.

La Fable de Proserpine enlevée par Pluton, nous fournit encore un Exemple de l'ancienne Langue Égyptienne. Ce nom de Proserpine s'écrit en Grèc *Persephoné*. Dans les Langues Orientales Pheri-tsephon signifie *Fruit caché*, *Blé caché*. On

---

dore nous dit que dans la Langue des habitans de Meroë, il signifioit *Fleuve de ténèbres*. Tous ces noms, comme je le dis, ne sont donc que la traduction de l'Ancien mot Égyptien, *Chemia*, *Chamia*.

* Tertullien (de Pallio, cap. 3.) interprète le nom d'Hammon par *Abondant*, *Riche en troupeaux*.

** Dans S. Matthieu, Chap. VI. ℣. 24.

*** *Mammona apud Hebræos divitiæ appellari dicuntur. Congruit & Punicum nomen ; nam Lucrum punicè, Mammon dicitur.* Aug. de Serm. Domini in Monte L. 2. Ch. XIV.

fçait que Proserpine par un accord fait entre Cérès & Pluton, devoit rester périodiquement six Mois dans l'Enfer auprès de Pluton, & six autres Mois sur la terre auprès de Cérès : Allégorie ingénieuse, par laquelle on a voulu marquer le temps que le Blé ensemencé reste dans la terre, avant que d'être dans sa maturité : les inquiétudes de Cérès marquent assez celles des Laboureurs, tant que la moisson n'est pas faite.

Hérodote dit que les Égyptiens se nourrissoient de pain fait d'Épeautre, qu'ils appelloient *Collès.* En Hébreu *Calla* exprime une sorte de pain.

Le nom de Bacchus donné à Osiris signifie le *Pleuré*, en Hébreu & en Arabe *Baccou*. On sçait les hurlements & les cris lugubres que l'on poussoit pendant la Célébration de ses Orgies. Les épithetes de *Bassareus* & de *Sabasios*, ou *Sabadius* qu'on lui donne, répondent aux termes Hébreux *Batsar* ou *Bassar*, Vendanger, d'où *Bosser*, Vendangeur. *Saba*, s'ennyvrer, d'où *Sobe*, yvre, buveur, vin. Il n'est pas jusqu'aux cris employés dans les Bacchanales, & rapportés par les Auteurs Grècs, qui ne soient Égyptiens.

εὐοῖ, & dans Virgile *Heuhœ*, cri des Bacchantes, vient de l'Hébreu *Aboi*, heu! eheu! d'où les Grècs ont formé le verbe ἐυαζω, Pleurer, s'affliger, célébrer les Orgies de Bacchus, mot à mot dire *Evoi*, faire des lamentations.

ἐλελεῦ & αλαλη ou ἀλαλαί, autre cri des Bacchantes, d'où les Grècs ont formé les Verbes ἀλαλάζω & ἐλελίζ, *Crier, se Lamenter*, dérive de l'Hébreu *Yalal*, gémir, pleurer; d'où *Alelai*, væ, hélas !

Le nom d'Anubis, qui étoit encore une des épithetes données à Osiris, est rendu en Grèc par le terme d'Hermès ; c'està-dire, Orateur, Interprète. Ce nom Égyptien se trouve encore dans les Langues Orientales. *Noub* & *Naba* signifie, parler avec éloquençe ; d'où *Nabi* un Prophête, un Orateur, un Prédicateur ; on fçait que Mercure étoit le Dieu de l'Éloquençe & de la Sageffe ; il avoit inventé l'Écriture, il avoit poli la langue ; auffi les Écrivains Égyptiens le regardoient comme leur Patron *, & lui dédioient leurs Ouvrages. On repréfentoit ce Dieu avec une tête de Chien, fymbole qui défignoit fa fagacité. *Le nom que les Égyptiens donnent à Mercure ne fignifie pas un Chien*, (dit Plutarque dans fon Traité d'Ifis & d'Ofiris) ; *mais ils ont donné le Chien pour fymbole de Mercure, parce que cet Animal a une fagacité, une furveillance, & une prudence extraordinaire, & que Mercure étoit le plus fubtil & le plus rufé des Dieux*. Nebou & Nabou étoit un nom de Mercure chez les Syriens. (*Voyez le Dictionnaire de Caftel.*)

Selon Plutarque l'Époufe d'Ofiris étoit furnommée *Athyri*, ou felon l'Auteur du grand Étymologien *Athor*. On fçait que la Vache étoit le Symbole de cette Déeffe : or nous apprenons juftement d'Hefichius, que le terme d'*Athir* **, *étoit chez les Égyptiens le nom d'un Mois & du Bœuf*. Ce terme répond aux mots Orientaux *Thor*, *Sor*, *Thfor*, qui n'ont point une fignification différente. Plutarque dit qu'Ifis portoit encore le nom de Μιθυερ, *Methyer* ; & il eft vifible que ce nouveau furnom

---

* *Ægyptii Scriptores, putantes omnia inventa effe à Mercurio, Libros fuos Mercurio infcribebant ; Mercurius præft Sapientiæ & Eloquio.* Jamblique. Des Myftères de l'Égypte.

Ces Vers d'Horace font connus . . . .
  Mercuri facunde, Nepos Atlantis
  Qui feros cultus hominum recentum
  Voce formafti catus, &c.
     L. I. Ode X.

** Ἀθὺρ μὴν καὶ βῦς παρὰ Αἰγυπτίοις. *Athyr*, ou comme les Arabes l'écrivent *Athfour*, eft le troifième Mois dans le Calendrier des Cophtes,

dérive encore de la même racine, ce qui prouveroit que les Égyptiens formoient leurs participes de la même manière que les Phéniciens, & les autres Orientaux.

Je pourrois multiplier ces Exemples; mais ceux que j'ai rapportés fuffifent, ce me femble, pour faire voir, qu'il n'y avoit pas plus de différence entre l'Ancienne Langue Égyptienne & la Langue Phénicienne; que l'on en remarque entre l'Hébreu, le Chaldéen, l'Arabe, & le Syriaque, &c : Et qu'ainfi les raifonnemens de M. l'Abbé Renaudot tombent à faux, & ne fervent qu'à dévoiler l'efprit de partialité, auquel il paroît qu'il fe livroit fans beaucoup de réferve.

Je viens maintenant au *Cophte*; Je dois prouver que cette Langue, quoique pleine de mots barbares, & particulièrement de termes grècs, tient encore beaucoup de fon Ancienne Origine, je veux dire de l'Égyptien. Mais à cet égard nous nous garderons de fuivre les traces de M. Iablonski *, de la Société Royale de Berlin, qui dans fon Panthéon Égyptien, veut ramener tout au *Cophte*, & donne par conféquent dans l'excès oppofé à celui que nous blâmons dans M. l'Abbé Renaudot.

L'Ancien Alphabèt Égyptien n'étoit compofé que de vingt-cinq Éléments, au lieu que l'Alphabèt moderne des *Cophtes* en contient trente-deux; cette augmentation de Sèpt éléments annonce de nouveaux fons, & par conféquent de nouveaux termes introduits dans cette Langue; éffectivement on peut avancer que la moitié de la Langue *Cophte* eft toute compofée de termes Grècs, l'autre moitié eft compofée d'anciens mots Égyptiens, de mots Chaldéens, Éthiopiens, Latins & Arabes ; car

---

* Auteur d'un fort bon Ouvrage, intitulé : *Pantheon Ægyptiorum, five de Diis eorum Commentarius*, &c. imprimé à Francfort-fur-l'Oder. 3 Vol. in-8°.

on fçait

DE L'IMPRIMERIE, CHAP. VI.

on sçait que l'Égypte a été soumise tour à tour à ces différentes Nations.

Les Pronoms *Cophtes* sont de l'Ancienne Langue Égyptienne, mais un peu altérés ; *Anok*, Moi, *Anon*, Nous : *N'tok*, *N'to*, Toi, *N'toten*, Vous. *N'toph*, Lui, *N'tos*, Elle, *N'tou*, Eux. Ces termes répondent aux pronoms Orientaux *Ana*, *Ena*, *Eno*, *Anoki*, Moi. *Nachnou*, *Anachnou*, *Chenan*, *Nahn*, Nous. *Anta*, *Anti*, *Atta*, *Atte*, Toi. *Attem*, *Antoum*, *Antoun*, Vous, &c. Mais du reste la Grammaire *Cophte* me paroît différer des autres Grammaires Orientales en quantité de points : les substantifs appellatifs *Cophtes* ont toujours la particule *Pi* devant eux ; les noms dérivatifs de lieu ont *Pirem* : Exemple, *pirem-Romi*, Romain.

Le genre des noms se distingue par des espèces d'Articles qui se placent au commencement du mot, il y en a quatre pour les masculins, sçavoir. π, πι, φ, φη. Et cinq pour les féminins, θ, τ, τα, τι, ϑ.

Le nombre pluriel se forme en plaçant *Han* devant les noms. *Han-maou*, les mères, *Han-anghelos*, les Anges. Ils ont des duels, qu'ils forment en laissant subsister cette particule *Han* devant le mot, on se contente d'ajouter à la fin de ce mot la lettre *b* : ainsi on dira *Han-maou-b*, les deux mères, *Han-anghelos-b*, les deux Anges.

On remarquera, que dans la Langue Arabe, les duels se forment aussi avec l'affixe *An* ; mais avec cette différence, que les Arabes la placent toujours à la fin du mot. *Ragioul*, Homme ; *Ragioul-an*, deux Hommes.

Quant aux cas des noms *Cophtes*, ils paroissent formés à l'imitation de ceux des Grècs. *pi-Romi*, l'Homme ; *n'te-Piromi*, de l'Homme ; *m'-Piromi*, à l'Homme ; *n'-Piromi*, l'Homme ; *O'-Piromi*, ô Homme. De même les Grècs disent ὁ. τȣ̃. τῷ. τεν. ὦ.

Tome II. Fff

Les Verbes *Cophtes* ne se conjuguent, qu'en mettant devant les mots des particules d'une ou de plusieurs syllabes, quelquefois même d'une seule lettre, pour marquer le tems, le nombre, le genre, & la personne : la principale difficulté de cette Langue consiste dans la combinaison extrêmement variée des mots & des particules, dans le changement des voyelles, & dans la transposition de la partie du milieu d'un mot, & l'addition de quelques lettres superflues ; ce qui ne sçauroit manquer de rendre une Langue très difficile, comme le remarquent les Auteurs de l'Histoire Universelle.

Je suis très-persuadé que ces grands changemens n'ont été introduits dans la Grammaire *Cophte*, que depuis le Règne des Ptolémées. Cette Langue se trouvant infiniment altérée par le commerce des Étrangers, & le Grèc ayant pris le dessus, il y a lieu de croire que les Cophtes, pour conserver le reste de leur ancienne Langue, & l'empêcher de périr entièrement, l'assujettirent à certaines règles, qu'ils puisèrent sans doute dans les diverses Dialèctes que leur mélange avec les Étrangers avoient fait naître ; je suis convaincu du moins qu'ils ne l'ont pas reçuë telle de leurs Ancêtres. & l'on en conviendra, si l'on fait réfléxion que Canaan, Fondateur du Royaume de Phénicie, étoit frère de Mesraïm, Fondateur de la Monarchie Égyptienne : ils parloient la même Langue, ils adoroient les mêmes Dieux, & avoient les mêmes principes de Religion ; & si la Langue Égyptienne s'écarta sensiblement de la Phénicienne, on ne peut l'attribuer, comme je l'avance, qu'à l'assujettissement presque continuel des Égyptiens à des Nations Étrangères.

Nous remarquerons, avant que de terminer cet Article, que l'on trouvera le *Grèc* Minuscule de notre Planche, un peu différent du *Grèc* Minuscule imprimé : la différence consiste prin-

DE L'IMPRIMERIE CHAP. VI.
ALPHABETS.

Arcadien	Pelasge	Etrusque	Gothique			Allemand			François		
ΛΛ	RA	ΛΛ	𝔄	𝔞	𝔞	𝔄	𝔞	oα	A	A a	a
BB	BB	8ʞ	𝔅	𝔟	b	𝔅	𝔟	ℓℓb	Bé	B b	b
C	ɔc	ɔc	ℭ	𝔠	c	ℭ	𝔠	ſs	Cé	C c	c
DD	ᴅ	ᴅ	𝔇	𝔡	ᴅ	𝔇	𝔡	ss	Dé	D d	d
AE	F	3E	𝔈	𝔢	e	𝔈	𝔢	ſɾ	É	E e	e
ᴧF	FV	FV	𝔉	𝔣	f	𝔉	𝔣	ff	Ef	F f	f
G	1	ꝙG1	𝔊	𝔤	g	𝔊	𝔤	ccg	Ye	G g	g
H			ℌ	𝔥	h	ℌ	𝔥	ℓʃʃ	Ha	H h	h
I	I	I	𝔍	𝔦	i	𝔍	ı	ı	Yod, I.	I J i j	i j
	ƆK	ƆK	𝔎	𝔨	k	𝔎	𝔨fkℓ		Ca	K k	k
ᴠL	ᴠᴧ	ᴠᴧ	𝔏	𝔩	l	𝔏	l	ℓℓ	El	L l	l
MM	MM	M	𝔐	𝔪	m	𝔐	𝔪	w	Em	M m	m
ᴧN	иN	ᴧN	𝔑	𝔫	n	𝔑	𝔫	u	En	N n	n
ᴠO	ᴠ◊	ᴠ◊	𝔒	𝔬	o	𝔒	𝔬	o v	o	O o	o
ᴦᴦ		ꝯ	𝔓	𝔭	p	𝔓	𝔭	p	Pé	P p	p
Q2	14	ꝙ	𝔔	𝔮	q	𝔔	𝔮	qq	Coû	Q q	q
RR	ᴅʀ	qᴅ	ℜ	𝔯	ɾ	ℜ	𝔯	ſɾ	Err	R r	r
SS	У	✻ψѵ	𝔖	ſsβ	ſs	𝔖	ſsſ		Ess	S fs	s
TT	†⊙	✕ʜ⊙	𝔗	𝔱	t	𝔗	t	++	Té	T t	t
V	V	Vᴧ	𝔘	𝔲	u	𝔘	𝔲	xv	ou	U u	u
V			𝔙	𝔴	v	𝔙	𝔴	wɾ	Fau, Vé	V v	v
X			𝔛	𝔵	x	ℌ	𝔵	wɾ	Ics	X x	x
y	y		𝔜	𝔶	y	𝔜	𝔶	yɡ	Ipsilon	Y y	y
ζ2	2		𝔝	𝔷	z	3	ʒʒ		Tsed	Z z	z

Des Hautes rayes delin.
Tom. II.
Laurent Sculp.

cipalement dans les pleins & les déliés, que nous avons cru devoir aſſujettir au trait de plume ; au lieu que dans tous les imprimés que nous avons conſultés, la formation de pluſieurs de ces lettres péche contre les règles que l'Art nous enſeigne ; il n'eſt pas hors de propos, dans un Traité de l'Imprimerie, de faire voir qu'on peut s'écarter d'un uſage reçu, lorſqu'il n'eſt point fondé ſur la réfléxion. Pour écrire le *Grèc* de la manière dont il eſt formé dans nos impreſſions, il ſeroit néceſſaire de tenir ſa plume obliquement ; encore, trouveroit-on des erreurs relativement à cette poſition ; mais, de la manière dont nous le préſentons, il ne faut, pour en rendre bien tous les traits, que tenir la plume de face, & elle formera naturellement les pleins & les déliés.

La forme des Lettres *Cophtes* donne lieu de croire qu'elles ſont d'uſage en Égypte du tems que les Grècs écrivoient encore en *Bouſtrophédon* ; en effet, preſque toutes ces Lettres ont une infléxion de droite à gauche, qui déſigne cette ancienne manière d'écrire le Grèc : pluſieurs des Lettres Minuſcules principalement ne peuvent s'écrire, que de droite à gauche, comme on peut s'en convaincre en conſidérant leurs traits.

ROMAIN.

Arcadien,   *Gothique*,   *Allemand*,   *François*.
Pélaſge, Etruſque.   Majuſc. Minuſc.   Maj. Minuſc.   Maj. Minuſc.

VII. Juſqu'ici, je n'ai point abandonné, par rapport à l'émanation des Alphabèts, l'ordre même des Peuplades, tel qu'il ſubſiſte dans l'Écriture-Sainte : j'eſpère ne m'en point écarter encore, en traitant de l'Origine des Lettres Latines.

J'ai inſinué ci-deſſus, qu'il paroiſſoit probable, que Javan le Père des Grècs, avoit apporté lui-même, dans les pays qui lui étoient échus en partage, l'Alphabèt Phénicien ou Égyptien,

& qu'en effèt cet Alphabèt éxiſtoit dans la Grèce, avant que Cadmus y conduiſît ſa Colonie : j'oſe hazarder le même ſentiment par rapport aux anciens habitans de l'Italie, & voici ce qui m'y porte.

On ſçait que l'Italie fut d'abord appellée *Oenotria* : Varron dérivoit ce terme d'*Oenotrus*, Roi des Sabins : d'autres, comme Pauſanias, prétendoient qu'elle avoit reçu cette denomination ἀ πό τ' οἴνο, c'eſt-à-dire, du *Vin* ; parce que le Vin s'appelle en Grèc *Oinos*. La Vérité eſt que l'Italie fut appellée *Oenotria*, du nom de *Iavan* ; en Hébreu *Iain* ſignifie du Vin, & *Ionah* une *Colombe* : de même en Grèc, *Oinos* ſignifie du Vin, & *Oinas* une Colombe ; ce qui prouve clairement que les Grècs avoient tranſpoſé l'*i*, & l'avoient placé après l'*o*. *Oinas*, pour *Ionas* ; *Oinos*, pour *Ionos* ou *Ianos*. De même les Latins prononçèrent *Ianus*, pour *Iaonus*, dont par raiſon d'Euphonie ils retranchèrent l'*o*.

Ainſi les Grècs & les Latins reconnoiſſoient *Iavan* pour leur ancêtre commun, & prononçoient ſon nom tantôt *Ion*, ou *Iaon* ; tantôt *Oinos*, & *Ianus*. Dans Homère les Athéniens ſont appellés des *Iaoniens* ; on appelloit auſſi des *Iaoniens* ou *Iaonites*, les Peuples d'Iſtrie en Italie ; on nommoit encore l'Iſtrie, *Japydia*, du nom de Japeth, père de Javan. Les Habitans de l'Illyrie étoient des *Iapodiens*, ou des *Iapydes*. Le Géographe Étienne appelle *Ionicé*, une partie de l'Illyrie dont les habitans portent dans Homère le nom de *Iaoniens*. La Calabre fut d'abord appellée *Japygia*, & il y avoit auſſi deux Villes connuës ſous ce nom ; l'une en Italie, & l'autre en Illyrie. Ce nom d'*Ioniens* étoit commun, aux Achéens, aux Béotiens, aux Macédoniens, aux Athéniens, & à leurs Colonies. Dans l'Hymne d'Apollon attribuée à Homère, ceux de Délos ſont auſſi nommés *Iaones* ; enfin le Scholiaſte d'Ariſtophanes remar-

DE L'IMPRIMERIE, CHAP. VI.   409

que que les Barbares nomment *Ioniens*, tous les Grècs ; il auroit pû y joindre tous les anciens habitans de l'Italie, & d'une partie de l'Europe *.

Javan, reconnu pour le Père commun des Grècs & des Latins, dut communiquer aux uns & aux autres, les Lettres Phéniciennes ou Égyptiennes, qui avoient été inventées avant son départ des Plaines de Sennaar. Quelques-uns disent que Saturne porta en Italie la connoissance des Lettres, d'autres attribuent cet honneur à Hercule, à Évandre, à Nicostrate, surnommée Carmenta, mère d'Évandre ; enfin d'autres en donnent la gloire à Mercure, à *Janus*.

Tacite ** dit qu'Évandre & Démarate enseignèrent les Lettres aux Aborigènes & aux Étrusques, qui, aidés par les Pélasges & d'autres Grècs, chassèrent du Latium, suivant Denis d'Halicarnasse ***, les Sicules ; qui passoient pour en avoir été les premiers habitans. La diversité de ces Opinions, fait voir, à la vérité, l'incertitude dans laquelle on étoit sur l'Origine des Lettres *Latines* ; mais elle prouve du moins leur Antiquité, & d'autant plus, que le laps de tems en avoit fait perdre le souvenir.

Un fait sur lequel je ne vois pas que les sentimens soient partagés, c'est que ces Lettres *Latines* ressembloient aux Grècques. Et *formæ Litteris Latinis ; quæ veterrimis Græcorum*, dit Tacite dans le même endroit, ce qui est confirmé par des piè-

___

* *Europe* ; il est bien singulier qu'on se soit contenté jusqu'ici de dériver ce nom, d'Europe fille d'Agenor Roi de Phénicie, comme si avant ce tems-là il n'y eût pas de nom général, pour désigner les différens Pays compris dans l'Europe. Ce Nom dans les Langues Orientales signifie l'*Occident*, *Eurob*.

** Tacite. Annal. Liv. XI. n. 4.

*** Denis d'Halicarnasse. L. I.

ces d'Écritures Grècques des premiers âges, comparées avec des *Latines* de même âge.

Nous avons dit ci-deſſus que dans l'origine, l'Alphabèt Grèc manquoit de quelques-uns des éléments, dont il ne fut enrichi que pluſieurs ſiècles après, lorſque la Langue Grècque eut pris une autre forme, & eut acquis un plus grand nombre de mots; il en fut de même de l'Alphabèt *Latin*.

Les Auteurs de la Nouvelle Diplomatique penſent néanmoins au contraire, qu'on n'en a point introduit de nouvelles; & que des Princes qui entreprendroient quelques innovations à cet égard, ne feroient pas plus certains de réuſſir, que Claude Ve Empereur des Romains, & Chilperic I. Roi des François, qui ne pûrent empêcher que leurs Nouvelles Lettres tombaſſent en oubli, preſqu'auſſi-tôt qu'elles eurent vû le jour. Ceux qui ſe bornèrent à réformer la figure, ou à fixer la valeur des Lettres, anciennement reçûës dans l'Alphabèt, eurent communément plus de ſuccès. Souvent même, ajoutent les Sçavans Bénédictins *, on leur fit l'honneur de les regarder comme Auteurs des Lettres, dont ils avoient ſeulement déterminé la valeur, & règlé l'uſage. Suivons nos nouveaux *Diplomatiſtes* dans le détail des éxemples qu'ils alléguent, pour ſoutenir leur opinion.

1°. Ils prétendent que les *Latins* reçurent des Grècs le Γ & le K, ainſi que les autres éléments de leur Alphabèt; mais que l'arrondiſſement du Γ, auſſi fréquent en Italie que rare en Grèce, le fit confondre avec le K. « On commença, diſent-ils, par dé-
» tacher la perpendiculaire de celui-ci : l'on continua par cour-
» ber ſon angle obtus : on finit par ſupprimer ſa haſte. On ne
» retint donc du K, que l'angle réduit en forme de C. La proxi-

---

* Tome II. pag. 36.

» mité du son des deux lettres K & Γ, & l'usage réciproque
» de l'une pour l'autre, devinrent une nouvelle source de con-
» fusion, & firent insensiblement perdre de vûë tous les moyens
» de les distinguer. Les Grammairiens qui fleurirent sept ou
» huit siècles, après les révolutions Alphabétiques, ne trouvant
» point, ou presque point de K, dans les anciens livres, sup-
» posèrent que les premiers *Latins* l'avoient banni de leur Al-
» phabèt. Les Inscriptions des Étrusques, si voisins des *Latins*,
» leur auroient inspiré d'autres idées ; si ces monumens leur
» eussent été connus comme à nous. Le déplacement du G de-
» voit au moins leur dessiller les yeux : mais ils ne les ouvri-
» rent, que pour confondre encore cette lettre avec le C, &
» conséquemment avec le K ».

« Quand on se fut avisé de fixer les limites du C & du G,
» & d'ôter les causes de leur confusion ; on voulut aussi mettre
» quelque distinction entre le C & le K. Si leur prononciation
» n'en fournissoit pas de raison suffisante, leur figure en servoit
» de prétexte ; la dernière lettre devoit encore alors se mon-
» trer sur quelques anciens monumens : & le commerce avec
» les Étrusques & les Grècs d'Italie ne permettoit pas, qu'on
» perdît jusqu'au souvenir de son éxistence primitive. Peut-être
» même qu'alors la prononciation du C la plus éxacte, répon-
» doit au I Grèc, & celle du G au nôtre, quand il précède
» l'E & l'J. Ainsi le K ne devoit pas être aussi inutile, qu'il le
» devint, quelques siècles plus tard. La différence du C & du
» K, quant au son, put s'éffacer pendant l'intervalle du tems,
» qui s'écoula entre les Grammairiens, dont nous avons les
» Ouvrages, & ceux à qui l'on doit le rétablissement de l'an-
» cien ordre entre les élémens de l'Alphabèt *Latin*. Ce qui
» n'étoit aux yeux de ceux-ci, que rendre en partie au K sa
» première valeur, parut à ceux-là un nouveau présent de la
» Grèce, ou même une véritable invention ».

Il paroît certain que le C & le G étoient communs *, & qu'on les employoit indifféremment l'un pour l'autre, comme on en a la preuve par d'anciennes Inscriptions ; d'ailleurs il est certain encore que le C *Latin* occupe le rang du Γ, ce qui est une preuve pour nous que dans l'origine, ces deux lettres n'en formoient qu'une seule ; mais je ne vois pas qu'on doive avoir recours à l'ancienne configuration du K, pour nous rendre raison de celle de ces deux lettres. Elles répondent au *Ghimel*, qui dans les Caractères Samaritains & Éthiopiens, présentent encore aujourd'hui la figure d'un Γ retourné.

On attribuë à un certain *Carbilius Spurius*, qui florissoit vers l'an 540 de Rome, l'invention de cette Lettre G ; mais assurément les Écrivains qui en parlent se sont trompés, ou du moins ils ne se sont point suffisamment expliqués ; Carvilius a pû ajouter un petit trait au bas du C, pour le distinguer de ce caractère avec lequel on le confondoit avant ; l'invention de cette nouvelle forme est tout ce qu'on peut attribuer légitimement à Carbilius.

Salvius fut le premier qui ajouta le K aux Lettres Romaines, suivant Paul Diacre du mont Cassin, dans son traité des Notes ou des Sigles Romaines. Isidore de Séville en rend le même témoignage suivant une de ses leçons, & suivant une autre qui a acquis plus de poids, on attribue l'invention du K à Saluste le Grammairien, qui enseignoit à Rome entre les deux dernières Guerres Puniques. J'ai beaucoup de peine à croire cette lettre nouvelle dans l'Alphabet des *Latins* ; suivant Isidore lui-

---

* *Interdum autem aliæ litteræ in locum aliarum litterarum ritè ponuntur... C & G quandam cognationem habent. Nam cùm dicimus centum & trecentos, postea dicimus quadringintos, G ponentes pro C.* Isidore de Séville, Liv. I. Chap. 26.

même,

même, l'usage de cette lettre étoit très-fréquent chez les Anciens. « *K litteram antiqui præponebant quoties A sequebatur,* » *ut Kaput, Kanna, Kalamus. Nunc autem Kartago & Ka-* » *lendæ per eandem tantum scribuntur. Omnia autem Græca no-* » *mina qualicunque sequente vocali per K sunt scribenda* «.

Cette Lettre répond au *Cappa* Grèc, & l'une & l'autre ont emprunté leur figure, leur dénomination, & leur valeur du *Caph* Hébreu ou Samaritain.

2°. Le même * Isidore de Séville se trompe grossièrement, lorsqu'il prétend que la Lettre Q étoit particulière aux *Latins* seulement, & que les Hébreux ni les Grècs, ni tout autre Peuple ne la connoissoit point. Il ajoute que cette Lettre n'éxistoit pas même dans l'ancien Alphabèt *Latin*. Il est très-certain cependant, que la Lettre Q tire sa valeur & sa figure du *Coph* Phénicien, que les Latins ont seulement retourné pour écrire de gauche à droite. Cette Lettre se trouve également parmi les Grècs & les Cophtes, dans l'épisemon Koppa, qui est numéral & éxprime 90. On peut voir la figure de ce *Koppa* dans la Planche page 380.

3°. Pomponius prétend que la Lettre R est de l'invention d'Appius Claudius; auparavant, dit-il, on écrivoit *Valesii* & *Fusii* pour *Valerii* & *Furii*. Mais cette opinion est fausse ; on trouve cette lettre dans les plus anciens monumens d'Écriture Romaine ; ainsi nous dirons avec les Bénédictins, qu'Appius Claudius ne fut pas l'inventeur de cette Lettre, mais que tout au plus, il en étendit l'usage à quelques mots ou syllabes, exprimées avant, par un S.

---

* *Q litteram nec Græci resonant, nec Hebræi: exceptis enim Latinis nulla alia lingua hanc habet. Hæc prius non erat. Unde & ipsa supervacua est vocata, quia per C cuncta veteres scripserunt.* Isid. Liv. I. Chap. 4.

4°. On a prétendu aussi faussement que l'X n'étoit point anciennement dans l'Alphabèt *Latin*, & qu'elle n'étoit pas encore reçûë du tems d'Auguste ; on en attribue l'invention à l'Empereur Claude ; mais Plaute, Térence, & les autres Écrivains du premier âge l'ont employée ; & ce que dit Ciceron *, ne laisse aucun doute que cette Lettre ne fût ancienne chez les *Latins.* Isidore ** de Séville dit que le C & l'S en tenoient lieu. « *X Littera usque ad Augusti tempora nondum apud Latinos erat : sed pro ea C & S scribebant. Unde & duplex vocatur, quia pro C & S ponitur. Unde & ex eisdem litteris compositum nomen habet* ». Chez les Grècs les Lettres ΚΣ tenoient lieu également du Ξ, chez les Latins l'usage prévalut également d'écrire *CS* & *XS*, ainsi on écrivoit *proxsumus, maxsumus.* Dans la suite on retrancha l'S, & on ne conserva que la figure du *Chi* Grèc, dont la valeur fut déterminée à éxprimer cette double lettre *xi* ; Les Grècs au contraire chez qui la Lettre χ Chi étoit en usage dans quantité de termes, ne voulurent point employer sa figure pour éxprimer la double lettre ΧΣ ; mais ils prirent celle du Σ, qu'ils changèrent un peu, & dont ils firent enfin le Ξ ; la figure de cette Lettre, & celle de sa minuscule ξ rappellent aisément cette origine.

5°. Isidore de Séville dit que jusqu'au tems d'Auguste, les *Latins* n'eurent point l'usage des Lettres Y & Z ; mais qu'alors ils empruntèrent ces deux Lettres des Grècs, pour éxprimer avec des caractères qui leur fussent propres, des mots Grècs.

---

* *Verba sæpè contrahuntur, non usus causa, sed aurium. Quomodo enim vester Axilla, Ala factus est, nisi fuga litteræ vastioris ? Quam litteram etiam è* Maxillis *&* Taxillis *, &* Vexillo *&* paxillo *, consuetudo elegans Latini sermonis evellit.* Orator Ciceronis.

** Isidore de Séville, Liv. I, Chap. 4.

De l'Imprimerie, Chap. VI. 415

introduits dans leur langue. Avant, on se servoit, selon lui, de la double SS en plaçe du Z, & de l'I en plaçe de l'Y. « *A Græcis duas litteras mutuavit latinitas, Y & Z, propter nomina Græca. Et hæ apud Romanos usque ad Augusti tempus non scribebantur, sed pro Z, SS ponebant, ut Hilarissat. Pro Y vero I scribebant* ». Dans le Nouveau Traité de Diplomatique * on prétend que ces Lettres ont été empruntées deux fois des Grècs. « Les *Latins* avoient d'abord reçu d'eux l'une & l'autre dans l'V & le G, disent nos Sçavans Bénédictins. Le son & la figure de ces deux Lettres s'étant altérés, partie chèz les Grècs, partie chez les Latins ; ces derniers les adoptèrent de nouveau, sous la forme d'Y & de Z, & avec la même valeur, qu'elles avoient alors en Grèce ».

Ce sentiment est vrai pour ce qui concerne l'U & l'Y, qui ne sont originairement qu'une seule & même lettre ; mais dont la valeur & la figure changèrent chez les *Latins*. Nous aurions desiré qu'on nous eût donné des preuves comme le G & le Z avoient une même origine, & ne formoient d'abord qu'une même Lettre ; mais nous croyons que les exemples en doivent être fort rares, ou même qu'il n'en éxiste pas. Nous avons dit ci-dessus, que le G étoit émané du C, avec lequel on le confondit dans les premiers âges. Quant au Z, il répond au *Zita* Grèc, & au *Zain* Phénicien ; même valeur, & presque même figure. Cette Lettre nous paroît avoir toujours été dans les Alphabèts Grèc & *Latin*.

6°. Chèz les Orientaux, la seconde Lettre de l'Alphabèt qui est le *Beth*, se prononça constamment comme un B, & jamais comme un V. Chez les Grècs cette même Lettre participa de ces deux sons. Chez ces mêmes Orientaux, la sixième Lettre

* Tome II. pag. 43.

de l'Alphabèt qui est le *Waw*, se prononça toujours comme notre V consonne, ou comme le W des Allemands : les Grècs qui avoient déja le son de l'V consonne dans la lettre *Beth*, changèrent la valeur de celle-ci, qu'ils prononçèrent comme un F, ainsi que les *Latins*.

Chez les Grècs cette Lettre porte la dénomination d'*Épisemon-bav*, terme qui répond au mot *Vau* ; ils lui donnèrent encore dans la suite le nom de *Digamma* ; parce que les Grammairiens, dit-on, à force de réfléchir sur la figure de cette Lettre, crurent y découvrir deux *Gamma*. Cependant, disent les Sçavans Bénédictins, plusieurs habiles Grammairiens tant Grècs que Latins, tels que Didyme, Diomède, Varron, Priscien, Censorin, ont reconnu en termes formels, ou équivalens, que les Éoliens appelloient autrefois *Vau* leur digamma. Les Latins eux-mêmes le qualifièrent ainsi.

Cette Lettre F a été aussi confonduë avec l'H, c'est ainsi que les Espagnols disent *Harina*, *Horma*, *Herir*, pour Farina, Forma, Ferir, &c. De même les Latins disoient *Hœdum* & *Fœdum*, *Hircum* & *Fircum*, *Hariolum* & *Fariolum*, &c. Isidore dans l'endroit que nous avons déja cité, avance que cette H n'a été mise que pour désigner l'aspiration, & que plusieurs même ne l'ont point regardée comme une Lettre, mais simplement comme une aspiration. « *H autem littera pro sola aspiratione ad-* » *jecta est posteà. Unde & à plerisque aspiratio putatur esse, non* » *littera : quæ proinde aspirationis nota dicitur, quia vocem elevat.*

Les Habitans de l'Attique se servoient de l'H pour tenir lieu du Digamma ; mais les autres Grècs, ainsi que les Latins, n'employoient que la moitié de cette H, ce qui donne la figure de l'esprit rude ⊦. Ainsi on disoit ⊦*aba*, ⊦*ostis*, pour *Faba*, *Hostis*. Vossius s'autorise du passage d'Isidore que nous venons de rapporter, pour avancer que les deux esprits Grècs, le rude

& le doux, ont donné naiſſance à la lettre grècque H. Mais il ſe trompe fort, & c'eſt préciſément le contraire ; car il me paroît démontré, que c'eſt plutôt de la Lettre H que ſont nés, l'eſprit rude Ⱶ & l'eſprit doux ⱵI. La lettre éxiſtoit bien antérieurement aux Accents, ainſi que le prouvent les plus anciennes Inſcriptions Grècques.

« Le Digamma eut principalement la valeur de l'V con-
» ſonne. Ainſi l'Εσπέρα des Grècs fut le Fεσπέρα des Éoliens, &
» le *Veſpera* des Latins. Ceux-ci éxprimoient quelquefois leur
» Digamma par deux VV ſous Auguſte : mais l'O fut ſubſtitué
» au ſecond V avant l'Empereur Claude * ».

7°. On prétend que cet Empereur inventa trois nouvelles Lettres. La première étoit deſtinée à diſtinguer l'V conſonne de l'V voyelle, qui retint ſon ancienne figure. Cette nouvelle Lettre avoit la forme d'une F, mais retournée ou renverſée, Ⅎ ꟻ Ⅎ : car différens Écrivains lui donnent ces diverſes poſitions. Ainſi on écrivoit SERⅎVS, ⅎVLGVS, pour *Servus, Vulgus*. L'idée de l'Empereur Claude étoit de déſigner le double W, que les Romains faiſoient ſentir dans la prononçiation de certains mots. Les Grècs le rendoient par ϝ. Les Romains écrivoient *Varron*, & les Grècs ϝάῤῥων. La ſeconde Lettre introduite par cet Empereur fut l'anti-*Sigma*, répréſentant deux C adoſſés ƆC, mais on n'eſt point d'accord ſur ſa valeur ; les uns diſent qu'il avoit celle du PS, ou du BS, d'autres lui donnent la valeur de deux SS, & enfin celle du *Chi* Grèc. La troiſième de ces Lettres nous eſt entièrement inconnuë ; d'ailleurs cette troiſième Lettre, ainſi que les deux premières, ne méritent pas les recherches que l'on pourroit faire à cet égard, puiſque les unes & les autres ſont tombées entièrement dans l'oubli, nonobſtant

---

* Nouveau Traité de Diplomatique. Tom. II. pag. 47.

la persuasion & l'autorité que ce Prince avoit employées pour les faire reçevoir.

8°. Chilperic I. Roi des François, ajouta quatre Lettres à notre Alphabèt, suivant le témoignage de * Grégoire de Tours; & il écrivit dans toutes les Villes de sa domination, qu'on en instruisît les enfans, & qu'on passât la pierre ponce sur les vieux Manuscrits, afin de les récrire suivant les regles de la nouvelle Ortographe. On n'est pas bien sûr de la figure & de la valeur de ces Lettres, parce que les Copistes de l'Ouvrage de Grégoire de Tours ont varié à cet égard. On n'est pas plus certain sur leur origine, puisque les uns les tirent du Grèc, les autres du Runique, quelques-uns de l'Hébreu, d'autres du Gothique, du Lombard, de l'Anglo-Saxon. Des Sçavans ont cru que l'usage de ces Lettres étoit borné au seul Teutonique, d'autres étendent cet usage à la Langue Latine. Comme cette question n'est purement que curieuse, puisque ces Caractères ne furent point adoptés par la Nation, nous n'entrerons point ici dans la trop longue discussion qu'elle nous occasionneroit; & nous exhortons ceux qui voudront l'approfondir d'avoir recours au second Volume de la Nouvelle Diplomatique, où, les Auteurs de ce sçavant Ouvrage paroissent n'avoir rien laissé à desirer sur cette matière. Ils réduisent la valeur de ces quatre Lettres aux sons *Ae*, *Th*, *W*, & à l'*O-méga* des Grècs.

Je finirai cet article par une réfléxion, née du sujèt qui y est traité. Si nous avions quelqu'innovation à faire dans notre Alphabèt, relativement aux Étrangers de qui nous voulons être

---

* *Addidit autem & Litteras Litteris nostris, id est ω, sicut Græci habent,* Ae, The, Uui, *quarum Characteres subscripsimus. Hi sunt* Ω Ψ Z Δ, *& misit epistolas in universas Civitates Regni sui, ut sic pueri docerentur, ac libri antiquitùs scripti, planati pumice rescriberentur.*

lûs, & aux jeunes gens dont nous voulons accélérer les progrès, ce seroit : 1°. de diftinguer, comme font les Espagnols, le C, par deux caractères deftinés à rendre les deux fons différens qu'il préfente. 2°. De diftinguer également les deux fons de notre G, qui répond tout à la fois au *Gim* Arabe & au *Ghimel* Hébreu. 3°. Enfin d'introduire un nouveau Caractère pour éxprimer le *Schin* des Orientaux, & n'être point obligés pour cela d'employer trois Lettres comme nous faifons.

Arcadien.

Les Lettres Arcadiennes que nous préfentons dans la première colonne de la Planche, ne diffèrent point des anciennes Lettres Latines, tirées des monumens d'Eugubio, gravés, à ce que l'on prétend, antérieurement à la prife de Troye. On les appelle Arcadiennes, pour s'accommoder à l'opinion générale, qui veut qu'Évandre les ait apportées d'Arcadie dans le pays des Latins. La Peuplade qui les apporta étoit Pélafgienne, felon M. Bourguet ; mais différente cependant de celle qui fe fixa en Ombrie.

Pelafge & *Étrufque.*

Les Pelafges, Nation vagabonde, fe répandirent dans toute la Grèce dès les tems les plus reculés. Ceux qui habitoient la Ville de Dodone, s'étant apperçus que la terre n'étoit pas fuffifante pour produire la quantité d'alimens néceffaires pour leur nourriture, abandonnèrent l'Épire. Obéiffans à la voix de l'Oracle, ils conftruifirent beaucoup de vaiffeaux, & firent voile fur la mer Ionienne, dans le deffein d'aborder aux côtes de l'Italie, les plus proches ; mais le vent du midi, & plus encore l'ignorance des lieux, furent caufe qu'ils s'égarèrent. Ils allèrent aborder à une embouchûre du Pô, que l'on appelloit

Spinés. Plusieurs de ces Pélasges, restés pour la garde des vaisseaux, & ménager un réfuge, en cas de besoin, se bâtirent une Ville, qu'ils appellèrent du nom du Fleuve. Maîtres pendant un long-tems de la mèr, leur État devint très-florissant, & éxcita la jalousie de leurs voisins, au point qu'ayant réuni leurs forces, ils les attaquèrent, & les contraignirent à abandonner leur Ville. C'est ainsi que périt cette portion de Pélasges.

Le gros du débarquement qui s'étoit avancé dans le Pays, passa les montagnes de l'Italie, & descendit dans le Pays des Ombriens, Peuples voisins des Aborigènes : il s'empara d'abord de quelques Villes ; mais chassé ensuite par les Ombriens, il se retira chez les Aborigènes, qui en faveur d'un Oracle, le reçurent au nombre de ses alliés ; les Aborigènes devenus amis des Pélasges, marchèrent de concert avec eux, contre les Barbares avec qui ils étoient en guerre.

Cependant comme le pays n'étoit pas assez vaste pour suffire à ces deux Peuples réunis ; les Pélasges engagèrent les Aborigènes à prendre les armes avec eux. Ils firent une irruption dans l'Ombrie, & s'emparèrent de la riche Ville de Crotone, qu'ils eurent l'attention de fortifier. Ils se rendirent maîtres de beaucoup d'autres Villes ou Places qu'ils enlevèrent aux Sicéles ; & de concert avec les Aborigènes, ils expulsèrent ces Peuples d'Italie, & les obligèrent à se retirer dans la Sicile, où ils prirent des établissemens.

Les Pélasges jouirent alors des grands avantages, que leur valurent leurs conquêtes ; ils devinrent riches & puissans. A cette félicité succédèrent toutes sortes de malheurs, dont ils furent accablés coup sur coup : ils imputèrent ces maux à la Colère des Dieux ; & se punissant eux-mêmes, ils résolurent de chercher un sol étranger, plutôt que de rester dans un Pays qui leur avoit été si fatal. Les Pélasges, pour la plûpart, s'embarquèrent

barquèrent pour retourner dans la Grèce, & depuis ils portèrent le nom de *Tyrrhéniens*, ou de *Pélasges Tyrrhéniens*; parce que les Grécs, qui connoissoient peu les différens noms des Peuples de la partie Occidentale de l'Italie, d'où ces Pélasges sortoient, les désignoient en général sous le nom de *Tyrrhéniens*.

Voilà, en peu de mots, l'Histoire des Pélasges, comme la raconte Denis d'Halicarnasse : ce fut environ deux Générations avant la Guerre de Troye, que les Pélasges, habitués en Italie, commencèrent à sentir les effets de la colère des Dieux. Leurs calamités durèrent jusques vers la fin de cette Guerre ; c'est à cette Époque, selon le sentiment le plus ordinaire, qu'ils gravèrent ces Fameuses Tables * d'Eugubio ; où ils décrivent leurs malheurs, & où ils rappellent les prières qu'ils adressoient à leurs Dieux pour se les rendre propices, & arrêter les effets d'une sécheresse cruelle, qui avoit perdu leurs blés, leurs fruits & leurs pâturages ; ce qui joint à une peste qui enleva leurs troupeaux, avoit mis le comble à leur infortune.

Ces Tables sont de bronze, & au nombre de sept; elles furent trouvées en 1444, dans une petite chambre des voûtes intérieures de l'ancien Théâtre, & mises en dépôt quelques années après, dans les Archives de cette Ville. La découverte de ces Tables ouvrit une nouvelle carrière aux Sçavans ; on voulut en avoir la lecture & l'explication. Les Sçavans d'Italie, prévenus que la Langue Étrusque venoit immédiatement de la Langue Araméene ou Syriaque, retardèrent par-là les progrès qu'on auroit pû faire dans la connoissance de l'Étrusque. On ne put parvenir dans l'espace de deux siècles à en former un Al-

---

* Ville de l'Ombrie, appellée anciennement *Iguvium*, située à environ une journée de Rome. Il y avoit dans cette Ville un Théâtre, dont il reste encore quelque partie. *Bibliothèque Italiq. T. XIV. p. 2.*

phabèt. Scaliger, Saumaife, M. de Peyrefc & d'autres, renoncèrent de bonne grace à cette recherche.

« Pour votre Langue Étrufque & leurs Caractères, c'eſt un
» point où je confeſſe n'entendre rien du tout, écrit le Docte
» Saumaife au célébre de Peyrefc. J'y ai fouvent voulu bail-
» ler des atteintes, mais je n'y ai jamais pû mordre. Je ne fçai
» comment il faut s'y prendre : s'il convient d'aller de dextre à
» féneſtre, ou de féneſtre à dextre. Les Caractères femblent
» être tous Grècs. Mais de fçavoir s'ils les ont apportés tels
» de la Lydie, ce que je croirois volontiers ; ou s'ils les ont
» pris fur les lieux par le voifinage des Éoliens, ou Arcadiens
» venus avec Évandre, c'eſt la grande queſtion. Ceux qui ont
» voulu interpréter ces Tables Eugubines, ne me peuvent
» pas fatisfaire. Mettons donc ceci entre les chofes que nous
» ignorons parfaitement ».

M. Bourguet, Profeſſeur à Neufchatel en Suiſſe, & M. Buonarruoti, Sénateur de Florence, rentrèrent de nouveau dans cette carrière qui fembloit fermée pour toujours ; ils firent revivre le goût des Antiquités Étrufques & Pélafgiennes. Le premier hazarda un Alphabèt qu'il accompagna de Diſſertations fçavantes ; le fecond foupçonna que le langage des Tables en Caractères Étrufques, n'étoit pas le même que celui de l'Étrurie intérieure. On prétend en effèt que l'Étrufque diffère du Pélafge, quoique l'un & l'autre abondent de mots Grècs défigurés.

M. le Marquis Maffei diſtingua deux langages différens fur les Tables Eugubines ; il fit voir qu'un de ces Idiomes devoit être certainement le Latin, ou la Langue des Pélafges dont les Romains tiroient leur origine. Ce fçavant Antiquaire dit, dans fa belle Diſſertation, fur l'origine des premiers Habitans de l'Italie, que la Langue Pélafge n'étoit ni Grècque, ni Étrufque : or les deux grandes Tables Eugubines en Lettres Latines ; le

Traité de *Clavernius*, & le Vœu de *Lerpirius*, sont écrites dans cette Langue Pélasge. La barbarie de ce langage l'avoit fait méconnoître à tous les Sçavans. L'Auteur * de la Lettre adressée au Marquis Maffei prétend qu'il tient du Grèc, de l'Étrusque, du Latin & du Celtique; mais principalement du Grèc & de l'Étrusque qui y prédominent: ensorte que l'on peut assurer, suivant le témoignage de cet Écrivain, que le Pélasge est réellement un des Dialèctes de la Langue Grècque très-déguisée.

Quant à la Langue des autres Tables Eugubines en Caractère Étrusque, elle ne diffère de celle des Tables précédentes, que comme des Dialèctes d'une même Langue.

Ces fameuses Tables, dont on a jugé si différemment depuis plus de deux siècles, concernent un événement qui intéressoit les *Tarsinates*, les *Tusques*, les *Naharques*, & les *Jabusques*, quatre des Peuples principaux de l'ancienen Italie. Ces Peuples perdirent leurs blés, leurs pâturages, leurs fruits, par une sécheresse extrême, & leurs troupeaux par une peste terrible; pour surcroît de malheur, les Africains leur enlevèrent quantité de jeunesse, & leur firent d'autres insultes. Le récit de Denys d'Halicarnasse que nous avons rapporté ci-dessus, touchant les Pélasges d'Italie, semble être un Commentaire de ces Tables, ou ces Tables sont un Commentaire de la Narration de cet Historien; du moins si l'on s'en rapporte à l'explication que M. Bourguet nous donne des Litanies Pélasges dans le XIVᵉ. Vol. de la Biblio-

---

* L'Auteur de cette Lettre, imprimée dans le IIIᵉ. Tome de la Bibliothèque Italique, est M. Bourguet; il est aussi l'Auteur de l'explication des Litanies Pélasges, imprimées dans le XIVᵉ Vol. de cette Bibliothèque. Ce sçavant homme s'y cache sous les noms de Philalèthe & de Palaeophilus.

thèque Italique. Cette explication est fort ingénieuse, & prouve le profond sçavoir de M. Bourguet; mais dans une matière où presque tout est à deviner, il est rare d'obtenir tous les suffrages, chacun étant en droit de faire valoir ses prétentions.

M. Gori, après avoir rendu à M. Bourguet toute la justice qu'il mérite, & l'avoir célébré comme le Restaurateur de l'ancienne Langue des Toscans *, finit par proposer un Alphabèt tout différent du sien, tant sur le nombre des Lettres, que sur leur arrangement & leur valeur. « Son zèle pour le progrès de
» la Littérature Étrusque, a sans doute donné l'être à ce nouvel
» Alphabèt, disent nos Sçavans Bénédictins: & ses difficultés
» contre deux ou trois Lettres du Professeur de Neufchatel ne
» sont point du tout méprisables. Mais, ajoutent-ils, ne falloit-il
» rien de plus, pour leur substituer un Alphabèt, dépourvû
» d'un tiers de ses Éléments; quoique plusieurs d'entr'eux puis-
» sent aisément se soutenir contre ses attaques? »

« M. Gori, peu satisfait lui-même de son premier travail, nous
» mèt entre les mains dans sa Préface un second Alphabèt,
» qu'il pourra peut-être dans la suite remplaçer par un troisiè-
» me. Personne n'en est plus capable ».

« Au surplus, tant d'incertitudes & de variations en si peu
» de tems, sur le nombre & la valeur des Lettres Étrusques,
» pourroient faire douter; si cette espèce de Littérature est en-
» core sortie de l'enfance. Pour relever l'éclat de sa réputation
» naissante, on pourroit à la vérité mettre en problème; si l'Al-
» phabèt de M. Gori a pris faveur dans l'Académie de Corto-
» ne, particulièrement appliquée à l'Étude des Antiquités Étrus-
» ques, & dont il est lui-même un des Membres les plus cé-

---

* *Museum Etruscum.* Voyez aussi la Nouvelle Diplomatique, Tom. I. pag. 663.

» lèbres. Mais sans alléguer ici les raisons qui pourroient faire
» douter, que ses deux Alphabèts ayent enlevé tous les suf-
» frages de cette illustre Compagnie; il vaut mieux abandonner
» l'un & l'autre au jugement du Public, après avoir exposé les
» motifs qui nous empêchent de souscrire en tout aux nouvelles
» décisions de ce Sçavant Homme ».

S'il nous est permis de dire librement ce que nous pensons sur la Littérature Étrusque, qui a fait le désespoir de tant de Sçavans Hommes, depuis plus de 300 ans, nous avançerons que jusqu'à présent, on n'y a pas fait plus de progrès, que Kircher & d'autres Gens de Lettres, n'en ont fait dans l'Interprétation des Caractères Sacrés des Égyptiens. Chacun a donné carrière à son génie & à son sçavoir, & a trouvé presque toujours, à l'aide des étymologies, & d'une lecture arbitraire, tout ce qu'il a voulu y chercher: M. Bourguet étoit un très-sçavant Homme assurément, & capable, autant que qui que ce fût, pour réussir dans une pareille entreprise, à cause de ses grandes connoissances dans les Langues sçavantes; mais nonobstant ce mérite reconnu, que peut-on penser de son Interprétation des Litanies Pélasges, où, dans les deux premières phrases, il a recours à un Latin méconnoissable, à un Grec corrompu, & à de l'Arabe & de l'Éthiopien qui ne le sont pas moins?

La difficulté ne vient point de la Lecture de ces Inscriptions, puisque les Lettres Pélasges ne sont point sensiblement différentes de celles du Bouftrophédon de la Grèce. Mais cette lecture, toute juste qu'elle est, ne nous offre que des mots barbares, la plûpart si défigurés, qu'on a de la peine à y reconnoître, çà & là, quelques mots Grècs & Latins, qu'on ne juge peut-être tels, que parce qu'on ne les entend pas. Nous avons des Inscriptions Étrusques, en caractères purement Latins, & elles n'en sont pas plus intelligibles : ceux qui veulent les interpréter, forgent pour cela, un langage ridicule, qui n'a certainement jamais éxifté, au moins dans le fens qu'ils lui donnent.

Tout ce que nous fçavons de plus vrai, c'eft que les Éléments de l'Écriture Étrufque, reffemblent parfaitement à ceux du Grèc des premiers âges. Les Étrufques, de même que les Grècs, avoient la coûtume d'écrire de droite à gauche ; coûtume que les uns & les autres abandonnèrent infenfiblement, pour s'en tenir uniquement à l'Écriture de gauche à droite.

Gothique.

Les anciens Caractères Latins, ainfi que ceux des Grècs, furent d'abord très-fimples, & dénués de tous ces ornements étrangers, dont ils furent dans la fuite comme furchargés ; tant que le bon goût règna, on ne s'écarta point de cette noble fimplicité. La décadence des Arts & des Sciences introduifit un mélange bizarre de Lettres Capitales & Onciales, de Minufcules & de Curfives, les unes renverfées, d'autres tournées à contrefens : il paroît même qu'à cet égard, on fe fit une loi de n'avoir aucune règle fixe. Chacun en traçant les Caractères Latins en varia la forme fuivant fon goût particulier, & fe permit toute liçence.

L'Écriture Latine ainfi dégénérée, chargée de traits & d'ornemens auffi abfurdes que fuperflus, donna naiffance à l'Écriture *Gothique*, ainfi appellée, parce qu'on en attribua l'introduction aux Goths, qui venoient de renverfer l'Empire Romain. Il faudroit des Volumes entiers, pour repréfenter fucceffivement les altérations des Lettres Latines, qui furent toujours en augmentant jufqu'aux douze, treize & quatorzième fiècles. Ce travail regarde la Diplomatique, & nous devons à cette occafion toute forte d'Éloges au zèle, au profond fçavoir, & à la patience des PP. Bénédictins, qui l'ont entrepris avec un courage qui fait honneur à notre siècle, & qui perpétuë dans le Public, les obligations infinies que l'on a aux Grands Hommes de cet Ordre Religieux.

Les Alphabèts Généraux, contenus dans les cinq grandes Planches du second Volume de la Nouvelle Diplomatique, effrayent par la peine qu'il en a dû coûter à ceux qui les ont rassemblés, à l'Artiste qui les a gravés, & par celle qu'on éprouve à vouloir les fixer. Trente mille Caractères rassemblés dans un si petit espace, sont bien capables de produire cet effèt. Mais s'il nous est permis, sans indiscrétion, de profiter ici de l'invitation que MM. les Bénédictins font aux Gens de Lettres, de leur communiquer leurs Réfléxions, nous leur avouerons avec la même franchise, & nous ne sommes en cela que l'écho du Public ; qu'un plus grand nombre de Planches, contenant chacune, une quantité limitée d'Alphabèts, rangés sur des parallèles, auroient été tout autrement intéressantes & utiles ; le travail n'en auroit pas été si fastidieux, ni aux Collecteurs, ni aux Amateurs ; & nous sommes même persuadés que la dépense n'en auroit pas été plus forte.

Les Caractères *Gothiques* après avoir emprunté toutes les formes ridicules & irrégulières que le caprice put suggérer, furent enfin assujettis par l'Art, à des traits fixes & réguliers ; & ce fut alors à qui donneroit plus de graces, & feroit plus de chef-d'œuvres dans ces Caractères, qui ne sont certainement pas dénués de beauté, quoiqu'ils soient beaucoup plus compliqués que les anciens Caractères Latins d'où ils dérivent. Comme l'Art admirable de l'Imprimerie n'avoit point encore été inventé ; des milliers de Moines & de Particuliers s'occupoient à composer ou à transcrire des Ouvrages, & ils s'attachoient à les écrire, & à les décorer avec d'autant plus de soin, qu'ils étoient sûrs d'en tirer de plus grosses sommes, à proportion de leur beauté : auſſi avons nous en ce genre, des morçeaux qu'on ne peut s'empêcher d'admirer encore aujourd'hui, quoique cette Écriture ne ſoit plus d'uſage. Nous avons choiſi les plus beaux Manuſcrits *Gothiques* pour nous ſervir de modèle dans les trois Alphabèts que l'on voit dans notre Planche ; & je puis dire que le Graveur n'eſt point reſté au deſſous de ſes Originaux, & qu'il ſemble s'être ſurpaſſé lui-même dans la manière de les rendre.

L'Écriture *Gothique* fit de très-grands progrès depuis le commencement du treizième ſiècle, & devint d'un uſage univerſel dans toute l'Europe, où l'Écriture Latine avoit cours. Ses progrès s'augmentèrent encore durant le ſiècle ſuivant ; mais il marchoit vers ſon déclin dans le quinzième & le ſeizième ſiècle, pendant que les anciens Caractères Romains reprenoient faveur, & rentroient dans leurs premiers droits. En Italie on apperçut ce changement ſur les ſçeaux des Papes avant l'an 1430 ; en France on ne peut dater que du règne de Charles VIII. Mais le *Gothique* n'y fut entièrement aboli que ſous Henri II. On ne le vit plus paroître ni ſur les Sçeaux, ni ſur les Marbres, ni dans les Imprimeries.

Le Caractère rond & romain fut apporté en France avec l'Imprimerie par Ulric Géring & ſes aſſociés, Martin Grantz & Michel Friburger, l'an 1470. Deux nouveaux Allemands, Pierre Cœſaris, & Jean Stol employèrent, trois ans après, des Caractères un peu moins beaux. Ils ne furent pas les ſeuls qui s'attachèrent d'abord aux Lettres Romaines. Mais bientôt on ſe rapprocha des Impreſſions de Mayençe à demi-Gothiques. Géring continuoit cependant de perfectionner ſon Art. Il mit au jour des Éditions, qui ne le cédoient point aux plus belles de Veniſe.

D'un autre côté le *Gothique* avoit depuis long-tems ſes Imprimeurs

primeurs, dans les Pays Étrangers; & ne manquoit pas en France de partisans. Ce fut sans doute pour se conformer à leur goût, que les Presses roulèrent sur le pur *Gothique* à Paris même, douze ans après que l'Imprimerie y fut établie. Le succès qu'il eut, multiplia ces Presses. Géring se laissa, comme les autres, entraîner au torrent. On étoit si enchanté de ce vilain *Gothique*, disent les PP. Bénédictins, « qu'on voyoit
» des Imprimeurs tirer vanité d'avoir employé ces Lettres ad-
» mirables, *sublimi Litterarum effigie*, ces Caractères char-
» mans, *charactere jucundissimo*, ces formes très-élégantes, *ele-*
» *gantissimis typis*, ces Caractères d'une politesse & d'une
» beauté parfaite, &c. » On parloit encore sur ce ton en 1520 & 1525. Malgré la prévention où l'on étoit pour le *Gothique*, les Caractères Romains avoient leurs défenseurs, & étoient dès-lors en usage dans nos Imprimeries; Josse Bade avoit des Presses pour le *Gothique* & le Romain. Simon de Coline, Robert Étienne, & Michel Vascosan, par la beauté du Caractère Romain qu'ils employèrent, portèrent un coup mortel au *Gothique* de France, qui rendit enfin le dernier soupir en 1574, dans le Manuel des Prêtres, Ouvrage latin, imprimé à Paris par Kerver.

Nous ajoûterons, par forme d'éclaircissement, à ce qui a été dit ci-dessus dans le Discours Préliminaire sur l'Imprimerie, que *Jean Gutenberg*, l'Auteur de cette admirable Invention, n'est point différent de *Gensfleisch* * ; il portoit encore le

---

* Les Gensfleisch avoient aussi le surnom de Sorgeloch, dont la Noblesse est constatée par les Nobiliaires d'Allemagne. L'ancienne Chronique de Cologne écrite dans le quinzième siècle, Sabellicus, Bergellan, dans la Dédicace de son Poëme sur l'Imprimerie, & la Sentence arbitrale entre Gutenberg & Faust, lui donnent la qualité de

nom de *Zumjungen-aben*. Le nom de *Gutenberg*, qui prévalut ensuite, n'est qu'un surnom emprunté de celui de la maison que sa famille possédoit à Mayence. On trouve dans des contrats passés à Strasbourg en 1441 & 1442, qu'il est appellé, *Johannes dictus Gensfleisch, aliàs nuncupatus Gutenberg de Moguntiá*. Ce double nom jetta dans l'erreur la plûpart de ceux qui en ont parlé ; ils firent deux personnages différens d'un même homme.

Gutenberg étoit issu d'une famille noble Patricienne de Mayence. Il fut plus de dix années de suite établi à Strasbourg; & c'est pendant le séjour qu'il fit dans cette Ville, qu'il tenta ses premiers essais d'Imprimerie, & mit sous presse les premiers Livres, qui parurent dès 1440, comme il y a lieu de le penser. Les Archives de la Ville, & celles de l'Église Collégiale de S. Thomas de Strasbourg, conservent plusieurs actes passés par Gutenberg, pendant les années 1439, 1441, 1442; le premier acte, est celui par lequel il s'associa trois Bourgeois de cette Ville, *pour mettre en œuvre plusieurs Arts & Secrèts merveilleux qui tiennent du prodige* : ce sont les termes du traité écrit en Allemand, par lesquels on paroît insinuer l'Art d'imprimer avec des Lettres mobiles, sur lequel Gutenberg ne vouloit pas s'expliquer plus clairement.

Gentilhomme, *Equestris Dignitatis*. Les Nobles de Gutenberg en Franconie, prétendent descendre de cette famille, de même que ceux de Zumjungen. Wimpheling, *de Episcop. Arg. p.* 110, dit, *in domo boni montis*. Cette maison étoit aussi appellée Zumjungen, (du nom de la Famille qui la possédoit,) suivant Trithème, qui ajoûte que depuis on l'appella communément l'*Imprimerie* : elle fut convertie ensuite en École de Jurisconsultes. Wood, dans ses *Antiquités de l'Uuniversité d'Oxford, pag.* 226, donne à Gutenberg le surnom de *Tossanus*; on ignore pourquoi.

Les essais qui parurent à Strasbourg, étoient sans le nom de l'ouvrier, & sans date. On n'y marque pas même le lieu de l'impression. On vouloit faire passer ces Imprimés pour autant de Manuscrits. L'imperfection de ces premiers essais les a fait négliger ; ils sont devenus fort rares. Voici les titres de quelques uns.

1. *Soliloquium Hugonis*, en dix feuilles.
2. *Gesta Christi*, imprimé sur deux colonnes en onze feuilles.
3. *Heinrici de Hassia expositio super Dominicam orationem*, sur deux colonnes en quinze feuilles.

Ces trois Imprimés sont sans date. Un quatrième composé de trente-six feuilles, est heureusement marqué de l'an 1448. Il a pour titre : *Liber de miseria humane condiconis Lotarii Dyaconi, Sanctorum Sergi & Bachi Cardinalis, qui postea Innocentius tertius appellatus est. Anno Domini M CCCCXLVIII.* Tous ces Ouvrages sont sur un forma petit *in-Folio*. Un autre Ouvrage plus considérable que ceux-là, est le *Consuetudines Feudorum*, qui se trouve à Altorff, dans le cabinet de M. le Professeur Schwartz. C'est dans l'intervalle de dix années que ces divers imprimés parurent ; depuis l'an 1440, jusqu'en 1450 que Gutenberg se transporta à Mayence. Ainsi on peut, sans s'écarter de la vérité, dater l'invention de l'Art de l'Imprimerie de l'an 1440. Wimpheling, Auteur Alsacien, qui écrivoit l'an 1502, alors âgé de 53 ans, donne cette date. Mallinkrot, l'ancienne Chronique de Cologne, Naucler, Munster & Pancirole, sont également pour l'année 1440.

L'espèce de Jubilé, que la Ville de Strasbourg célèbre tous les cent ans, pour renouveller la mémoire de l'invention de l'Imprimerie, est entièrement favorable à cette époque. Elle le célébra en 1640, par des Harangues qui furent prononcées à ce sujèt. En 1740, la même célébration eut lieu. Plusieurs Villes d'Allemagne & de Suiſſe, comme Nuremberg, Ausbourg, Francfort, Leipſick, Tubingue, Berne, Bâle, & d'autres, firent paroître leur zèle à cette occaſion, quoiqu'elles ſoient ſans prétention ſur l'honneur de cette découverte. Une Tradition conſtante a fixé cette célébration à l'année 40 de chaque ſiècle; ce qui forme une ſorte de conviction, que l'origine de l'Imprimerie doit être rapportée à l'an 1440, dix ans avant celle que les habitans de Mayençe, prétendent lui aſſigner dans leur Ville.

Ces eſſais de l'Art furent bien groſſiers; cependant Gutenberg ne s'en tint pas à Strasbourg, à l'idée de l'Art ſeulement, comme on l'a inſinué, je veux dire aux Planches de bois gravées. Les Ouvrages dont nous venons de donner les titres, ſont imprimés avec des Lettres mobiles, ſculptées ſur bois. Quelquefois pluſieurs étoient accolées enſemble, & formoient un mot entier, ſur-tout lorſque ce mot revenoit ſouvent dans le diſcours. « Tout cela s'enfiloit avec de la ficelle (écrit M.
» Schepflin) & tenoit comme il pouvoit; d'où il arrivoit ſou-
» vent que la peſanteur de la preſſe ſéparoit & renverſoit les
» Lettres. Specklin, Architècte de la Ville de Strasboug, qui
» a vécu au milieu du ſeizième ſiècle, marque dans ſa Chro-
» nique manuſcrite, conſervée dans nos Archives, qu'il a vû
» de ſes yeux, de ces premiers Caractères faits comme nous
» venons de les décrire: on les avoit gardés alors ſoigneuſe-
» ment, en mémoire de l'Invention de l'Imprimerie. Il nous
» reſte encore, ajoute le ſçavant Académicien, des morçeaux
» de ces premières Impreſſions. L'inégalité des Lettres mal tail-
» lées, dont aucune ne reſſemble à l'autre, les mots de tra-
» vers, & ſouvent dérangés, les lignes tantôt hautes, & tan-
» tôt baſſes, l'encre peu noire, les feuilles ſans chiffres, ſans
» renvois, ſans ſignature, ſans rubrique, ſans lettres initiales;

» tous ces défauts qui s'y trouvent rassemblés, font voir les » éléments d'un Art naissant ». Malgré toute l'imperfection de ces premiers Imprimés, il est clair que Gutenberg ne s'étoit point renfermé dans la simple idée de l'Art, comme on l'a cru jusqu'ici.

En 1450, Gutenberg de retour à Mayence sa patrie, s'associa Jean Fauft, qui lui avança 1600 florins, en deux prêts différents. Les frais considérables qu'il fit, le mirent hors d'état de lui payer les intérêts de cette somme, & Fauft l'actionna pour l'y forcer vers l'an 1455. Ce procédé fit dissoudre leur société, & depuis il n'est plus fait mention de Gutenberg comme Imprimeur. Fauft avoit mis à profit l'industrie d'un jeune homme, nommé Pierre Schoiffer, Clerc, son domestique. Schoiffer trouva le secret de jetter en fonte les Caractères vers 1452. Jusqu'alors Gutenberg & Fauft n'avoient imprimé qu'avec des Lettres mobiles, sculptées en relief, sur le bois & sur le métal. Ils débutèrent par une Bible. Le fameux Pseautier ne parut qu'en 1457, après la rupture entre Gutenberg & Fauft; mais cet Imprimé dut être un des premiers Ouvrages qu'ils ayent entrepris, puisque les Experts conviennent qu'il fallut six ans au moins, pour le rendre aussi parfait qu'il l'est, imprimé avec des Caractères finement sculptés en bois ou en bronze. On en donna une nouvelle Édition en 1459. Ces deux Éditions surpassent toutes les impressions du quinzième siècle.

La dépense nécessaire, pour élever une Imprimerie à ce point de perfection, avoit été considérable; Fauft étoit intéressé; témoin le Procès qu'il eut à Paris. Il actionna Gutenberg dans un tems où celui-ci ne possédoit aucun fonds, pour avoir occasion de rompre le traité d'association qu'il avoit fait avec lui, afin de jouir seul de la fortune qu'il se promettoit. En effèt, Gutenberg sans argent & sans crédit, se vit contraint de rester dans l'inaction. Woort * avance qu'il éxerçoit l'Imprimerie à Harlem en 1459, & que c'eſt de-là que cet Art a paſſé en Angleterre. Sans garantir autrement ce fait, nous trouvons qu'en 1465, Adolphe Second, Électeur de Mayençe, reçut Gutenberg au nombre des Gentilshommes de Sa Maiſon **, & le gratifia d'une penſion honnête. Il n'en jouit pas long-tems, il mourut environ trois ans après à Mayençe, & fut enterré dans l'Egliſe des Cordeliers. L'Épitaphe qu'Adam Gelthus lui fit dreſſer quelque tems après eſt conçuë en ces termes.

In Felicem Artis Impreſſoriæ Inventorem.

D. O. M. S.

Johanni Genfleiſch Artis Impreſſoriæ repertori, de omni Natione & Lingua optimè merito, in nominis ſui memoriam immortalem Adam Gelthus poſuit. Oſſa ejus in Ecclefiâ D. Franciſci Moguntiæ feliciter cubant.

Fauſt reſté ſeul à la tête de la nouvelle Imprimerie, affecta dans tous les Avertiſſemens des Ouvrages qui en ſortirent, un langage équivoque, pour faire prendre le change à la poſtérité ſur le véritable Inventeur de l'Imprimerie. Voulant faire honneur à ſa patrie de l'origine de l'Imprimerie, il ſe contenta de parler de la Ville de Mayençe, & ne dit rien des premiers Imprimeurs, pour n'être pas obligé de faire mention de *Gutenberg* : il aima mieux ſupprimer ſon propre nom, plutôt que de rendre juſtice à l'Inventeur, ſon ancien Aſſocié, avec lequel il s'étoit brouillé en 1455. *Fauſt* étendit cet eſprit de jalouſie, juſqu'à *Schoiffer*, qui devint enſuite ſon gendre. Ce jeune homme

---

* Antiquit. Univ. Oxon. pag. 226.
** On voit encore le Brevet de cette Penſion. Voy. *Scriptor. Mogunt.* Tom. nov. p. 424.

avoit fait les Caractères de fonte. Fauſt, loin de lui en faire honneur en termes auſſi clairs qu'il le méritoit, en parle d'une manière ſi ambiguë, que toute la gloire de l'Invention ſemble rejaillir plutôt ſur lui-même que ſur Schoiffer. L'Avertiſſement mis à la fin des Offices de Cicéron de 1465 en eſt la preuve. *Preſcens Marci Tulii clariſſimum opus Johannes Fuſt, Moguntinus civis, non atramento, plumali canna, neque ærea, ſed Arte quadam perpulchri, Petri manu pueri mei feliciter effeci finitum. An. 1465.* Ces paroles ſemblent faire entendre, que Pierre Schoiffer ne fit qu'exécuter ces Caractères ſous ſa direction, & qu'il lui en fournit l'idée, ce qui eſt contre la vérité. L'affectation que l'on remarque dans ces mots, *Petri manu pueri mei feliciter effeci finitum*, eſt ſingulière. Pierre Schoiffer étoit Clerc, comme nous l'avons dit ci-deſſus, & ce nom étoit alors commun aux Gens d'Égliſe, comme aux Écrivains, ou ſimples Copiſtes; or nous avons la preuve que Pierre Schoiffer copioit des livres à Paris en 1449. A la fin d'un Manuſcrit de la Bibliothèque de Strasbourg on lit ces mots. *Hic eſt finis omnium Librorum, tam veteris quam nove Loïce* (*Logicæ*), *completi per me Petrum de Gernſheym aliàs de Maguncia, anno* M CCCCXLIX, *in gloriſiſſimâ Univerſitate Pariſienſi.*

Dans un Manuſcrit, conſervé par la famille de Fauſt, établie à Francfort, cet Imprimeur s'attribuë l'Invention de cet Art; ainſi il n'eſt que trop viſible, que Fauſt a affecté de ſupprimer par-tout le nom de Gutenberg, pour ſe ménager l'honneur d'une découverte, à laquelle il n'avoit cependant d'autre part que d'avoir fourni les fonds; Gutenberg ayant été le vrai & l'unique Auteur des Lettres mobiles ſculptées, comme Pierre Schoiffer l'a été des Caractères fondus. * « Ce dernier avoit

---

* Voyez l'excellente Diſſertation de M. Schepflin, ſur l'origine de

» plus d'ingénuité que son beau-père, dit M. Schepflin : c'est
» lui qui fit connoître à l'Abbé Trithème en 1484, ce qu'on
» devoit à Gutenberg : c'est lui, qui, dans son Édition des Ins-
» tituts de Justinien de 1468, & ensuite dans celle des Dé-
» crétales de 1473, mèt Gutenberg en parallèle avec Fauft,
» le désignant par son prénom. Jean Schoiffer, fils de Pierre,
» a donné à Mayence en 1505, un Tite-Live traduit en Al-
» lemand : il y dit, dans la Dédicace à l'Empereur Maximilien,
» en termes formels, que Gutenberg est l'Inventeur de l'Im-
» primerie, & que son père & son grand-père n'ont fait que
» la perfectionner ».

Allemand.

On prétend qu'anciennement les Allemands n'avoient aucuns Caractères, pour s'éxprimer par écrit en leur Langue. L'Empereur Charlemagne, Prince amateur de toutes les Sciences, qui entendoit & parloit facilement les différentes Langues de son Empire, & qui attiroit à sa Cour par ses bienfaits, les Sçavans de toutes les Nations, leur apprit les éléments de l'Écriture. Cet auguste Empereur, élévé au-dessùs de son siècle, & plus grand que le vaste Empire qu'il gouvernoit, chercha à y faire dominer la Langue Allemande ; & pour en faciliter l'étude, il la réduisit en principes, & en composa le premier une Grammaire, dont on trouve encore à présent quelques fragments en Allemagne.

Trithème, Abbé de Spanheim, assure en avoir vû une partie ; mais il ne put parvenir à l'entendre, pas même à la lire parfaitement. Le dessein de Charles étoit, que cette Langue

---

l'Imprimerie, imprimée dans les Mémoires de l'Académie Royale des Belles-Lettres, Tom. XVII. Tout ce que nous disons ici en est extrait.

Tudesque

Tudesque fût parlée dans tous les Royaumes de sa domination; il se flattoit du moins, qu'après l'avoir perfectionnée, elle seroit employée dans les Traités, & qu'elle deviendroit la dépositaire des Loix. * L'intérêt des Gens d'Église mit un obstacle aux vûës de l'Empereur. Les actes publics se faisoient en Latin. Comme les Prêtres & les Moines seuls faisoient leur étude de cette Langue, ils appréhendèrent que leur ministère ne devînt inutile, dès que l'on se serviroit de la Langue vulgaire pour les rédiger. Ainsi ils ne pensèrent qu'à le traverser, & la volonté de l'Empereur, par-tout ailleurs absoluë, céda à l'intérêt des Moines & des Prêtres.

On continua par toute l'Europe de se servir du Latin dans les Actes publics & privés, dans les Loix & les Traités ; mais particulièrement en Allemagne, où l'on ne trouve aucun acte public écrit en Allemand, avant le règne de Rodolphe I. qui fut élevé à l'Empire en 1273.

La difficulté de la prononciation Allemande retarda, selon quelques-uns, les progrès de l'Écriture. L'usage où l'on étoit de prononcer plusieurs consonnes de suite, sans l'intervention des voyelles, rendoit ce langage très-mal-aisé à rendre dans les Caractères Latins, & ce fut précisément la raison pour laquelle on fut si long-tems sans écrire en *Allemand* : on assure même, que si cette Langue n'étoit pas changée de ce qu'elle étoit il y a environ 2000 ans, on ne la pourroit nullement écrire.

---

* *Accessit avaritia sive ambitio Monachorum ac Sacerdotum, qui cùm curam disciplinarum atque Artium, pessimo eorum sæculorum fato, intra claustra sua compegissent, studio & industriâ difficultatem horroremque Linguæ alebant, ut absterritis à studio Nobilibus, ipsi soli in aulis Principum eruditionis præmia & honores venditarent.* V. Joannem Wahlium. Voyez aussi le Mémoire de M. Duclos, sur l'Origine & les Révolutions de la Langue Françoise. Mém. de l'Acad. des Belles-Lettres. Vol. XVII.

Aventin, dans le premier Livre de ses Histoires, & (a) Carion dans le second de sa Chronologie, avancent qu'on ne commença à se servir des Caractères Latins pour écrire l'*Allemand*, que peu de tems après le règne de l'Empereur Frédéric II, entre l'an 1251 & 1257. Mais leur prétention tombe d'elle-même, après ce que nous venons de dire de l'Empereur Charlemagne (b).

Les Allemands prétendent encore qu'un certain (c) *Otfrid*, qui florissoit l'an 874, écrivit en *Allemand*, & fut le premier qui donna des règles de cette Langue. Cet *Otfrid* étoit un Moine de Wessenburg, ancien Disciple du célèbre Raban-maur. *Otfrid* fit une version des quatre Évangélistes en Langue Teutonique, & forma effectivement quelques règles de Grammaire.

(a) Carion, Allemand, né en 1499, Sçavant dans les Langues, les Belles-Lettres, & les Mathématiques, qu'il enseignoit avec applaudissement à Wirtemberg, publia plusieurs Ouvrages qui lui acquirent de la réputation, & entr'autres une Chronique, continuée depuis par Peucer & d'autres. Il mourut à Berlin l'an 1538.

(b) Charlemagne doit être considéré comme le premier restaurateur des Lettres en Occident. Ce grand Prince ordonna que l'on tînt des Écoles dans chaque Monastère & dans chaque Maison Épiscopale, où l'on enseigneroit aux enfans des Libres également comme à ceux des Serfs, la Grammaire, la Musique, & l'Arithmétique. Il est fait mention de cet établissement dans les Actes du Concile de Châlons-sur-Saône, tenu l'an 813 de Jesus-Christ. Voici ce qu'on y dit : *Oportet ut Episcopi, ficut Dominus Imperator Carolus, vir singularis mansuetudinis, fortitudinis, prudentiæ, justitiæ, & temperantiæ, præcepit, Scholas constituant: in quibus & Litteraria solertia disciplinæ, & Sacræ Scripturæ documenta discantur.*

(c) Trésor de l'Histoire des Langues, par Duret. Édition de 1613, pag. 826.

Il adressa cet Ouvrage à Linthert, nommé à l'Archevêché de Mayence l'an 863.

Il paroît au reste que les Germains se servoient des Lettres Grècques pour écrire, avant qu'ils eussent les Lettres Latines. Jules (a) César dit qu'après la défaite des Helvétiens auprès de Langres, on trouva parmi le butin, un rôle de leurs troupes écrit en Caractères Grècs; & (b) Tacite parlant de quelques Inscriptions trouvées sur les frontières de la Germanie & de la Rhétie, remarque qu'elles étoient en Caractères Grècs.

Comment accorder l'usage des Lettres Grècques, constaté par ces témoignages, avec ce que disent d'autres Écrivains, sçavoir : (c) *que parmi les anciens Thraces il n'y en avoit aucun qui connût les Lettres ; & qu'en général tous les Barbares établis en Europe, regardoient comme la chose du monde la plus basse & la plus honteuse de s'en servir ; au lieu que l'usage en étoit commun parmi les Barbares de l'Asie ?* Ce préjugé honteux, qui a entretenu les Celtes & les Germains dans la plus crasse ignorance pendant un si grand nombre de siècles; j'en crois devoir attribuer l'origine à la politique des Ministres de la Religion de ces Peuples. Les Druides pour se conserver l'autorité & le grand ascendant qu'ils s'étoient ménagé sur l'esprit des Peuples, appellèrent la Religion à leur secours, & persuadèrent aisément à ces Peuples, qu'elle devoit être tenuë fort secrette; que ce seroit un véritable sacrilége de coucher leur Doctrine par écrit, puis-

---

(a) *In Castris Helvetiorum Tabulæ repertæ sunt Græcis Litteris confectæ.* 1. 29.

(b) *Tumulos quosdam Græcis Litteris inscriptos, in confinio Germaniæ, Rhætiæque adhuc extare.* Tacit. Germ. cap. 3.

(c) Ælian. v. H. VIII. 6. Procope dit aussi des Huns, *ils n'ont pas le secrèt des Lettres, & n'en font aucun cas.* Liv. IV. ch. 18.

qu'elle feroit exposée à tomber entre les mains des Profanes & des Étrangers qui en mésuseroient.

D'ailleurs ils insinuoient que la mémoire ne tarderoit pas à se perdre, si l'on confioit au papier ce qui devoit être appris par cœur; personne alors ne voulant plus se donner la peine d'apprendre, ce qu'il pourroit toujours trouver dans un livre. Telle étoit leur façon de penser, & tels furent les motifs qu'ils employèrent, pour ne pas tirer le Peuple de l'ignorance dans laquelle il étoit plongé. César nous en instruit dans ses Commentaires. *Neque fas esse existimant ea Litteris mandare*, dit-il.... *id mihi duabus de causis instituisse videntur; quod neque in vulgus disciplinam efferri velint; neque eos qui discunt, Litteris confisos, minùs memoriæ studere; quod ferè plerisque accidit, ut præsidio Litterarum diligentiam in perdiscendo ac memoriam remittant.*

Devenus Chrétiens, ces Peuples furent entretenus dans ces anciens préjugés; les Prêtres usèrent du même artifice que les Druïdes. Ils persuadèrent sans peine à la Noblesse des Gaules & de la Germanie, qu'il ne convenoit point à un homme d'épée d'apprendre à lire & à écrire. L'érudition, la connoissance des Lettres & l'art d'écrire, étoient concentrés dans les Cloîtres; jusques-là, que l'on étoit obligé d'appeler un Moine, lorsqu'il falloit dresser un Testament, une Donation, un Privilège, ou tout autre Acte public; & les Parties contractantes se contentoient de faire, par forme de signature, une croix ou une marque qui leur étoit particulière.

Tout le sçavoir de la Noblesse, outre le métier des armes, se bornoit à apprendre par cœur un grand nombre de vers faits en l'honneur des Héros de la Nation. Les Loix, l'Histoire, les Principes de la Religion, tout en un mot étoit mis en vers; comme pouvant se retenir plus aisément. Lorsque dans le neuvième siècle, Louis le Débonnaire voulut faire connoître l'Écriture-Sainte aux Saxons, il chargea un Poëte de mettre l'Ancien & le Nouveau Testament en vers Tudesques. Le Moine Otfrid, dont nous avons parlé ci-dessus, ayant entrepris dans le même siècle de traduire en Allemand les quatre Évangiles, prit aussi le parti de les mettre en vers. Une version en prose n'eût été d'aucune utilité. On vouloit apprendre par cœur & chanter, mais on ne vouloit pas se donner la peine d'apprendre à lire.

Il y a une distinction à faire par rapport à l'usage des Lettres chez les Germains. Les Bataves, les Noriciens, les Pannoniens, subjugués par les Armes Romaines, reçurent des Colonies de leurs vainqueurs; & ces Colonies, établies le long du Rhin & du Danube, leur portèrent les Sçiences que l'on cultivoit à Rome avec la connoissance des Lettres. La Pannonie fut soumise par Auguste. Et du tems de Tibère l'Écriture y étoit déja commune, comme nous l'apprenons de Velleïus Paterculus : *In omnibus Pannoniis, non Disciplinæ tantùm, sed Linguæ quoque notitia Romanæ, plerisque etiam Litterarum usus.*

On peut dire la même chose des Peuples qui étoient voisins & alliés des Romains. Les Goths, reçus au nombre des alliés du Peuple Romain du tems de Constantin, furent instruits dans le Christianisme par l'Évêque Ulphilas, qui leur apprit l'usage des Lettres, & traduisit l'Écriture-Sainte en leur Langue : cependant les Loix des Wisigoths ne furent écrites qu'environ cent ans apres, tant il étoit difficile de déraciner du cœur de ces Peuples l'ignorante prévention où ils étoient, que ce seroit un sacrilège de confier au papier, les Loix par lesquelles ils étoient gouvernés. Il en fut de même des Francs, des Lombards, des Vandales, & des autres Peuples Germains qui s'établirent dans les Provinces de l'Empire. Quoique les Lettres fussent en usage dans les différens Pays où ils prirent des établissemens, ils laissèrent cependant écouler un tems considérable avant que de s'en servir, du moins dans les affaires publiques.

L'Empereur Justinien, assigna aux Lombards, des terres en Pannonie, vers le milieu du sixième siècle ; & il se passa un siècle entier, avant qu'ils consentissent que leurs Loix fussent écrites *.

Les Nations qui demeuroient dans le cœur de la Germanie, & qui n'entretenoient aucun commerce avec des Peuples policés, ignoroient entièrement l'usage des Lettres ; selon M. Pelloutier, qui cite en preuve un passage du Traité des Mœurs des Germains, de Tacite, qui porte : *Litterarum secreta viri pariter ac fœminæ ignorant*, qu'il traduit ainsi : *Les hommes & les femmes ignorent également le secret de l'Écriture.*

M. Pelloutier n'a pas entendu ce passage. Tacite y parle de la Vertu des Germains & de leurs femmes, qui n'entendoient point l'art de l'Écriture pour conduire une intrigue, comme on faisoit à Rome. Il ne faut que lire ce qui précède & ce qui suit, pour juger qu'on doit l'interpréter comme nous faisons. Mais indépendamment de cette preuve, il est très-certain qu'il y avoit sous la domination de Charlemagne, au rapport d'Eginhard, des Peuples ; dont les Loix n'avoient pas encore été rédigées par écrit. Cet Empereur fit aussi écrire certains Cantiques barbares

---

* *Rotharis Rex Longobardorum, Leges quas sola memoria & usus retinebant, Scriptorum serie composuit, codicemque ipsum edictum appellari præcepit.* Paul Diacre. Hist. Long. Lib. IV. cap. 15. Les Lombards sortirent de la Pannonie en 568, après y avoir demeuré 42 ans. Ibid. Lib. II. cap. 6. Voyez aussi l'*Histoire des Celtes, & particulièrement des Gaulois & des Germains* ; par Simon Pelloutier, 2 Vol. in-12. Paris, chez Coustellier, 1741.

& fort antiques, qui contenoient les exploits & les guerres des anciens Rois; Éginhard avoit en vûë, selon toutes les apparences, les Westphaliens, subjugués par Charlemagne.

Sous le règne de Louis le Débonnaire, fils & successeur de Charlemagne, les Saxons ne faisoient aucun cas des Lettres, & ne vouloient apprendre que des Cantiques. Ce ne fut que dans le douzième ou le treizième siècle que leurs Loix furent rédigées par écrit.

On prétend que la Langue Allemande est un reste de l'ancienne Langue des Celtes; effectivement la plûpart des mots reconnus pour Celtes, & conservés dans les Auteurs anciens, sont encore en usage dans le Tudesque.

La Langue Celtique avoit la même rudesse que la Langue Allemande. Il suffisoit d'entendre parler des Celtes pour juger de leur férocité, de leur barbarie *. Leur prononciation écorchoit les oreilles des Étrangers, & ressembloit moins à une voix articulée, qu'au croassement du Corbeau & au sifflement aigu des oiseaux. On reproche aux Allemands cette même rudesse. Elle provient de ce qu'ils prononcent assez durement certaines Lettres, le *t*, le *z*, l'*u* consonne, le *ch*, l'*sch*; & de ce qu'ils lient quelquefois jusques à cinq ou six consonnes à une seule voyelle.

Les Ouvrages sont les dépositaires d'une Langue, & l'empêchent de périr, pour peu qu'ils soient frappés au bon coin; la Langue Celtique ne put jouir de cet avantage, & elle seroit périe entièrement, si ce n'est que les Germains & d'autres Peuples Celtes qui habitoient au Nord, n'eurent aucun com-

---

* *Vidi Barbaros qui Transf-Rhenum sunt, canentes agrestia carmina, verbis facta, quæ avium asperè clamantium stridorem, vel crocitationem referebant.* Julianus Misopog. pag 337.

merce avec les Nations Étrangères, ce qui préserva leur Langue de l'oubli où elle seroit immanquablement tombée sans cela.

Le voisinage & le commerce d'une Nation Étrangère fertile en bons écrits, sont bien capables d'opérer de grands changements dans une Langue ; c'est la raison pour laquelle il s'est introduit dans la Langue Allemande, depuis environ deux siècles, une grande quantité de mots François. Il s'y rencontre également un nombre limité de mots Persans, ce qui a fait croire à quelques-uns, que les Germains tiroient leur origine du Kerman, Province de Perse.

Nicéphore Grégoras fait sortir de la Scythie Septentrionale les Peuples, dit-il, qui ont pris le nom de Germains dans la Germanie, & de Gaulois dans les Gaules. Hérodote, dans le dénombrement des douze Tribus dont l'Empire de Perse étoit composé, nomme les Germains (*Germanioi*), ce qui pourroit faire croire que cette Tribu auroit passé dans la Scythie Septentrionale, d'où Nicéphore Grégoras la fait sortir.

Les Langues éprouvent des altérations considérables, à mesure qu'elles s'éloignent du berceau qui les a vû naître. C'est ainsi que les Hollandois, les Suédois, les Danois, & les Allemands ne s'entendent pas ; quoique les Langues qu'ils parlent soient autant de Dialectes de l'ancien Tudesque. Il y a plus ; on voit des Allemands qui n'entendent pas les Suisses, quoique leurs Langues ne diffèrent que par l'accent seulement, & par la manière de prononcer des mots, qui dans le fond, sont les mêmes.

Les Allemands sembleroient avoir reçu leur Alphabèt des Grècs plutôt que des Latins, à cause de leurs Lettres *Ca*, *K*. *Ypsilon*, *Y*, *Ve*, ou double *W*, qu'ils prononcent comme les Grècs, dans *Ouespasianos*, *Oualentinianos* ; mais il est certain néanmoins que l'ordre de cet Alphabèt n'est point différent de celui

celui des Latins : de plus on y voit la lettre C que les Grècs ne connoiſſent point. Enfin, la forme des Caractères, plus capable encore de trancher cette queſtion, eſt purement Gothique. Ainſi il eſt certain, que c'eſt à l'Empereur Charlemagne qu'ils en ont l'obligation. Les prononçiations Grècques que l'on vient de remarquer, peuvent avoir été introduites dans leur Alphabèt, du tems que leurs Égliſes ſuivoient le Rit Grèc, & étoient ſoumiſes aux Patriarches d'Orient.

La Langue *Allemande*, au reſte, eſt une des plus anciennes & des plus abondantes de l'Europe. Quant à ſa rudeſſe, ſur laquelle nous avons un peu appuyé, elle ne ſe remarque aujourd'hui que dans la bouche des Allemands, les plus voiſins de la France & de l'Italie, dont la prononçiation eſt fort gutturale : car dans la haute Saxe & dans les autres bonnes Provinces d'Allemagne, on ne remarque rien de ſemblable. L'Allemand y a acquis ce degré de perfection, où notre Langue Françoiſe eſt montée ſous le règne de Louis le Grand.

L'Anglois, le Hollandois, le Danois & le Suedois fourniſſent ſouvent des lumières pour l'intelligence de la Langue Allemande. Les Hollandois & les Anglois ſe ſervoient d'abord des Lettres Allemandes, qu'ils quittèrent ſur la fin du dix-ſeptième ſiècle, pour adopter le Caractère Latin. Les Suédois, les Danois, &c. conſervent encore aujourd'hui les Caractères Allemands ou Gothiques. Dans la Planche (pag. 434) on remarque trois Alphabèts Allemands. Sçavoir, les Lettres majuſcules, les Lettres rondes avec leſquelles on imprime ; & enfin un Caractère curſif, que l'on employe dans les Lettres & les Billèts, &c.

François.

La célébrité des Écrivains d'une Nation eſt une forte digue, qui s'oppoſe à la proſcription de la Langue que parle cette

Nation, telle chose qui lui puisse arriver. La Chine entourée de Barbares fut soumise plusieurs fois par eux, cependant ni la Langue ni les Loix de la Chine n'ont éprouvé aucun changement ; parce que ces Barbares n'avoient rien à proposer qui pût égaler ce qui éxistoit d'un tems immémorial chez les Chinois ; de sorte que ce furent toujours les Vainqueurs, qui se soumirent aux vaincus.

La Langue Celtique fut anciennement si étendue, que les Auteurs qui en ont parlé ne lui donnent point d'autres limites, que celles de l'Europe entière ; mais comme les différens Peuples qui parloient cette Langue avoient pour principe de ne rien écrire, il est arrivé de-là, que lorsque les Romains se furent emparés des Gaules, la Langue Latine prévalut sur la Celtique ; ou plutôt il se forma un jargon rustique composé de l'une & l'autre Langue, auquel on donna le nom de *Langue Romane* ; parce que c'étoit en effet la Langue des Romains, mais très-corrompuë.

Les Romains devinrent à leur tour la proye des Barbares qui fondirent dans leur Empire, & leur en enlevèrent la meilleure partie. Lorsque les Francs, Peuples Germains, eurent forcé le Rhin, qui tenoit lieu de barrière aux Romains, contre les invasions des Barbares du Nord ; & qu'ils se furent emparés des Gaules, ils ne firent aucun changement à cet égard ; ils y trouvèrent trois Langues vivantes : la Lanque *Celtique*, qu'ils parloient eux-mêmes, la Langue *Latine*, & la Langue *Romane*.

Quelque tems après l'établissement des Francs, il n'y eut plus d'autre langue en usage dans les Gaules que la *Romane*, & le *Tudesque*. Cette dernière étoit la Langue de la Cour de nos Rois, elle se nommoit aussi *Franctheuch*, *Théotiste* ou *Théotique*, & *Thiois*. Elle fut en règne sous les deux premières Races. M. Duclos nous a donné l'origine & les révolutions des Lan-

gues Celtique & Françoise, dans deux Mémoires imprimés dans le XV.e & XVIIe Vol. de l'Académie Royale des Belles-Lettres. Il prétend que le *Tudesque* ou *Franctheuch*, que l'on parloit à la Cour de nos Rois, prit de jour en jour quelque chose du Latin & du Romane ; tandis que de son côté, il leur communiquoit aussi quelques tours ou expressions. « Ces chan-
» gemens même, ajoute-t-il, firent sentir aux Francs la rudesse
» & la disette de leur Langue ; leurs Rois entreprirent de la
» polir, ils l'enrichirent de termes nouveaux. Ils s'apperçurent
» aussi qu'ils manquoient de Caractères pour écrire leur Lan-
» gue naturelle, & pour rendre les sons nouveaux qui s'y in-
» troduisoient. Grégoire de Tours & Aimoin parlent de plu-
» sieurs Ordonnances de Chilperic touchant la Langue. Ce
» Prince fit ajouter à l'Alphabèt quatre Lettres Grècques ».
Nous avons parlé ci-dessus de ces additions de Chilperic.

Les guerres continuelles que nos Rois eurent à soutenir, suspendirent pour un tems les soins qu'ils auroient pû donner aux Lettres, & à polir la Langue. « D'ailleurs, continuë M. Du-
» clos, les Francs ayant trouvé les Loix & tous les Actes publics
» écrits en Latin, & que les Mystères de la Religion se célé-
» broient dans cette Langue, ils la conservèrent pour les mê-
» mes usages, sans l'étendre à celui de la vie commune ; elle per-
» doit au contraire tous les jours, & les Ecclésiastiques furent
» bientôt les seuls qui l'entendirent : les Langues *Romane* &
» *Tudesque*, toutes imparfaites qu'elles l'étoient, l'emportè-
» rent, & furent les seules en usage jusqu'au Règne de Char-
» lemagne ».

Nous avons rapporté ci-dessus les soins que prit Charlemagne pour polir, étendre & faciliter l'étude du *Tudesque*, sa Langue naturelle. Il ne put jamais parvenir à la rendre universelle dans la Monarchie, ni même à la faire employer dans les

Loix, les Traités, & autres Actes publics. Le Latin resta en possession d'être la Langue dans laquelle on instrumentoit, & cette possession subsista jusqu'au Règne de François I; qui, par une Ordonnance de l'an 1529, renouvellée en 1535, voulut que la Langue *Françoise* fût *uniquement & exclusivement* à toute autre, employée dans tous les Actes publics & privés. Louis XII avoit déja rendu une pareille Ordonnance dès l'an 1512, mais elle étoit restée sans éxécution. On voit par un Canon du troisième Concile de Tours, tenu en 813, qu'il étoit ordonné aux Évêques de choisir certaines Homélies des Pères pour les réciter dans l'Église, & de les faire traduire en Langue *Romane Rustique*, & en Langue *Théotisque* ou *Tudesque*; afin que le Peuple pût les entendre. *Ut easdem Homelias quisque apertè transferre studeat in Rusticam Romanam Linguam & Theotiscam, quò faciliùs cuncti possint intelligere quæ dicuntur.*

La Langue *Romane* se polit insensiblement, & fit journellement de nouveaux progrès; au point, qu'elle l'emporta entièrement sur le *Tudesque*, qui se trouva bientôt comme relégué en Allemagne.

L'avantage que la Langue *Romane* remporta en cette occasion sur la Langue *Tudesque*, est d'autant plus singulier, que cette dernière étoit la Langue que l'on parloit à la Cour de nos Rois. On l'y parloit encore en 948, puisqu'on fut obligé de traduire en *Tudesque* les Lettres d'Artaldus, Archevêque de Rheims, pour qu'elles fussent entendues par Othon, Roi de Germanie, & par Louis d'Outremer, Roi de France, qui se trouvoient lors au Concile d'Ingelheim.

Les productions d'esprit, les Ouvrages de pur agrément, ont l'avantage d'étendre une Langue; la Langue *Romane*, toute grossière & ridicule qu'elle fût dans les commençemens, l'emporta sur le *Tudesque*; parce qu'en Provence où on parloit la *Romane*, il s'éleva une infinité de *Troubadours* ou *Trouveres*, qui se répandirent dans toutes les autres Provinces de France, & y firent naître du goût pour leurs compositions en Vers.

Constance femme du Roi Robert, & fille du Comte d'Arles, attira à la Cour un grand nombre de ces Poëtes Provençaux. La fureur de composer en vers s'empara de l'esprit des Courtisans, & c'est ce qui fit prendre cette Langue *Romane* à la Cour, & lui fit faire en peu de tems de très-rapides progrès. Guillaume le Conquérant s'attacha beaucoup à étendre & à perfectionner la Langue *Romane*, qu'on appelloit dès-lors Langue *Françoise*, & il n'eut rien tant à cœur, que de l'établir [*] en Angleterre sur les ruines du Saxon.

Ceux qui seront curieux de voir les progrès de la Langue *Françoise* depuis son origine, jusqu'au Règne de François I, peuvent avoir recours aux Mémoires de M. Duclos, que nous avons indiqués ci-dessus. Il y rapporte des pièces de comparaison, sur lesquelles il est aisé de fixer ce que l'on en doit penser. Il n'a pas jugé à propos de passer au-delà du Règne de François I. « Heureuse Époque, dit-il, à laquelle il faut rapporter non-seulement la gloire d'avoir réveillé les esprits assoupis dans l'ignorance ; mais encore les progrès que l'esprit a faits depuis, dans les différens genres de connoissances ! C'est ainsi que l'on doit au Règne de Louis XIII, ou plutôt au Ministère du Cardinal de Richelieu, les Personnages rares dans tous les Ordres, qui ont illustré le Règne de Louis XIV. Les Grands Hommes appartiennent moins au siècle qui les a vû naître, & qui jouit de leurs talens ; qu'au siècle qui

---

[*] *Willielmus ordinavit, ut Linguam Saxonicam destrueret, quod nullus in Curiâ Regis placitaret, nisi in Gallico idiomate ; & iterum quod puer quilibet ponendus ad Litteras, addisceret Gallicum.* Robert Holkoth.

» les a formés, soit en leur laissant des modèles, soit en leur
» préparant des secours ».

C'est en effet François I, le Restaurateur des Lettres en France, qui a tiré notre Langue de la barbarie où elle étoit encore. Ce Monarque par une de ses Ordonnances, proscrivit le Latin des jugemens & actes publics, & il voulut qu'ils fussent rédigés en François; ce qui contribua infiniment au progrès de notre Langue, à cause de l'attention sérieuse qu'il fallut donner à la propriété & au choix des termes, qui devoient, dans des actes, régler les intérêts respectifs des contractants; mais le goût vif & délicat de ce grand Roi pour les bonnes Études, son amour pour les Muses qu'il rassembla dans sa Capitale & dans son propre Palais; le Collége Royal qu'il fonda pour les y fixer à jamais; enfin la protection qu'il accordoit à toutes les personnes qui se distinguoient par leur mérite & leurs connoissances, firent encore plus de bien à la Langue *Françoise*, que l'Ordonnance que l'on vient de citer.

« L'amour que François I avoit pour les Lettres, dit un
» des * sçavans Hommes de la Cour de ce Prince, étoit si vif,
» si ardent, qu'il le faisoit éclater dans tous les instans de sa
» vie. L'embarras & la multitude des affaires, inséparables du

---

* *Tam vehementi Litterarum amore flagraret ut nulla illi vitæ portio, nullus locus, nullum tempus expers Litterarum fuerit. Nullo illi unquam tanta difficultas in tam vasti Regni administratione, nullum tantum negotium objectum est, ut quamvis ad ea insigniter animum adjiceret, à variarum tamen rerum disquisitione revocaret, efficeretque quominus Solonis exemplo addiscens senesceret. Nulla illi unquam cæna, nullum prandium, nulla statio aut ambulatio sine colloquiis & disputationibus Litterariis, peracta est, ut quicunque mensam ejus frequentarent, non se Principis opiparo & dubio ferculorum apparatu luxuriantem mensam, sed doctissimi & diligentissimi Philosophi Scholam frequentare arbitrarentur.*

» Gouvernement d'un Grand Royaume, ne pouvoient l'en
» diſtraire. A l'éxemple de Solon, il mettoit ſa gloire à ap-
» prendre toujours, à orner ſon eſprit par de nouvelles con-
» noiſſances. Dans ſes repas, en ſe promenant, ou lorſqu'il
» prenoit quelqu'autre récréation, il ne ceſſoit d'avoir des Sça-
» vans avec lui ; & ſes converſations rouloient toujours ſur
» quelque point d'Hiſtoire ou de Littérature. On eût dit que
» c'étoit l'École d'un Sage, celle d'un Philoſophe, que l'on
» fréquentoit, plutôt que le Palais d'un Souverain.

Un autre témoin *, Hubert - Thomas de Liège, parle dans les mêmes termes de François I. « Sans flatter ce Grand Prince,
» je puis dire que je me ſuis trouvé aux repas de pluſieurs
» Rois ; que j'ai même vû manger le Pape, des Cardinaux,
» des Évêques ; mais je ne ſçais pas avoir aſſiſté à une table
» auſſi ſçavante que l'étoit celle de François I. Les lectures
» qui s'y faiſoient, les matières qu'on y tenoit, étoient ſi
» inſtructives ; que l'homme le plus ſçavant pouvoit encore
» y apprendre quelque choſe : il y avoit à profiter pour le
» Militaire le plus intelligent, comme pour l'homme de
» Lettres : j'oſe dire plus, s'il m'eſt permis de deſcendre
» aux détails, l'Artiſte, le Jardinier, le Laboureur y au-
» roient acquis de nouvelles connoiſſances, à entendre parler
» le Roi ».

Quel puiſſant aiguillon pour la Nobleſſe Françoiſe ! Quels progrès ne dut point faire notre Langue dans une Cour puiſ-ſante & polie ; où, à l'éxemple du Roi, l'on ſe piquoit d'acqué-rir de plus en plus de nouvelles connoiſſances ! L'Étude que l'on

---

* C'eſt ainſi qu'il parle de François I, dans la vie qu'il a donnée de Frédéric II, Électeur Palatin, à l'occaſion du voyage que cet Électeur fit en France en 1535.

fit des Langues Sçavantes, accéléra infiniment la perfection de la nôtre; aussi peut-on asseurer que la Langue *Françoise* fit autant de progrès sous le seul Règne de ce Prince, qu'elle en a pû faire depuis. La Versification prit à-peu-près la forme qu'elle a encore aujourd'hui: on s'attacha beaucoup au choix & à la propriété des termes, à la pureté de l'expression; on réussit particulièrement, tant en prose qu'en vers, à donner à la phrase françoise un tour heureux; & d'autant plus agréable, qu'il suit pas à pas la marche de la nature, & ne fatigue aucunement le lecteur. Le style en usage pendant le cours du Règne de François I, plaît encore tellement de nos jours, que nous cherchons à l'imiter dans ce que nous appellons *Style Marotique*.

Quelques-uns y ont réussi passablement; mais beaucoup ont crû qu'il ne s'agissoit, pour attraper cette naïveté admirable, que d'enchasser une certaine quantité de termes surannés. Ils se sont abusés, comme le remarque judicieusement M. Duclos: « La naïveté dépend particulièrement de l'idée & de l'image; » on peut être naïf avec les termes les plus élégans: les Fables » de la Fontaine ne sont pas moins naïves que ses Contes, » quoique le style en soit différent. Ce n'est point la vétusté » des mots qui rend les images naïves: Marot qui paroît au-» jourd'hui si naïf à la plûpart des lecteurs, ne l'auroit pas été » de son tems; ce qui ne se peut pas avancer. D'ailleurs, si » l'on vouloit se donner la peine de faire la comparaison de » notre style moderne marotique, avec celui de Marot, & » que cet éxamen se fît avec quelque discussion grammaticale; » on verroit que ce sont des styles bien différens. Mais la plus » grande partie de ceux qui affèctent cette manière d'écrire, » n'ont en vûë que la facilité qu'elle leur offre, en leur per-» mettant d'employer ou de retrancher les articles, d'adopter

» les

DE L'IMPRIMERIE, CHAP. VI. 453
» les mots suivant le besoin, & de se servir du terme antique,
» lorsque le moderne ne se prête pas à la mesure. A la suite
» d'un vers purement marotique, on en trouve souvent, dont
» l'expression moderne va jusqu'au précieux ; les exemples ne
» me manqueroient pas : ainsi on peut toujours douter du ta-
» lent de ceux qui se servent de ce style, à moins qu'ils n'ayent
» fait voir par d'autres Ouvrages également purs, faciles &
» élégans, qu'ils sont capables d'en employer un autre ».

Nous ajouterons à ces réfléxions de M. Duclos, que si notre Langue *Françoise*, depuis le Règne de François I, s'est enrichie de plusieurs termes nouveaux, relativement aux nouvelles connoissances que l'on a acquises depuis ; on peut dire avec la même vérité que le caprice & l'inconstance en ont fait négliger, & même proscrire un grand nombre d'autres qui étoient très-expressifs, & dont la suppression a augmenté les entraves de notre Poësie.

La beauté des Langues n'est point une chose positive, elle dépend de l'imagination, & l'imagination tournée à aimer dans la Poësie différens jargons, ou différentes Dialèctes d'une même Langue les y verroit avec plaisir. Le *Coutel* du Gascon & notre *Couteau*, sont par eux-mêmes des mots très-indifférens ; & sans doute, il seroit absurde de dire que l'un est plus beau que l'autre : *Abeille* me paroît plus joli qu'*Avette* ; mais ceux qui disent *Avette*, l'estiment sans doute plus que le mot *Abeille*, qui leur est moins connu. Supposés que j'entende également ces deux termes, & qu'ils me paroissent aussi expressifs l'un que l'autre, que j'estime autant le premier que le dernier, je m'en servirai également ; & il n'y aura plus que le son & l'harmonie du discours, ou des vers, qui me déterminera à prendre l'un préférablement à l'autre. Je dirai donc *Coutel*, pour *Couteau* ; *Avette*, pour *Abeille*. La rime en deviendra plus facile ; une infinité de belles phrases

Tome II. Mmm

qu'elle a fait bannir reparoîtront ; la Poëſie prendra plus d'eſ-ſor, & un Auteur moins gêné pour la verſification, s'abandonnera davantage au feu qui l'anime.

Du Bartas, Ronſard, du Bellay, & d'autres anciens Poëtes François ont inventé pluſieurs mots qui n'ont point été adoptés ; ils ont formé des épithètes que l'on n'a point approuvées dans la ſuite, comme *Porte-flambeau*, *Doux-amer*, & la plûpart des diminutifs, *Doucelette*, *Mignonette*, &c. C'eſt cependant la hardieſſe de ces Poëtes, à inventer de nouveaux mots, qui a perfectionné notre Langue, comme cela eſt viſible en conférant Saint - Gélais, avec du Bartas & Ronſard. Il y a même quelques - uns de ces mots qui ſe ſont conſervés dans l'uſage, comme *Boute-feu*, &c. Et ſi les autres ; comme *Briſetours*, épithète qu'il attribue au Foudre, *Gardeforts*, *Gardhoſtel*, épithètes qu'il donne au Chien, &c. ont été proſcrits ; on doit en attribuer la cauſe, non à leur mauvaiſe tournure ou formation, mais à l'extraordinaire de l'idée qu'ils renferment, & qui venant peu dans la converſation & dans la Poëſie, à fait négliger tous ces adjectifs ; cela n'empêche pas néanmoins qu'on ne liſe avec plaiſir dans la Fontaine la *Gent-trote-menuë* ; & qu'une infinité d'autres termes mis en oubli, ne puſſent reprendre faveur ſous la plume de quelque Poëte habile, qui auroit la fantaiſie de les mettre en uſage.

Dans la Grèce, un Écrivain pouvoit plaire, en employant dans ſa compoſition des termes empruntés des différentes Dialèctes qui y avoient cours, parceque chacune de ces Dialèctes étoit eſtimée. Les Poëtes Italiens ont quelquefois fait de même, ils ont parlé un langage qui a été approuvé de toute l'Italie, ſans être parlé de perſonne. Que l'on confère l'Arioſte, le Taſſe, avec les livres de leur ſiècle & de leur pays, écrits en proſe ; on y trouvera ſans contredit une différence infinie, & pour les mots & pour l'orthographe.

Si l'imagination seule constituë la beauté d'une Langue, pourquoi cette imagination ne se familiariseroit-elle pas avec des termes empruntés de nos différentes Dialectes Françoises, du Picard, du Normand, du Gascon, &c. dont on pourroit enrichir la Dialecte de la Cour ?

Les Poëtes Italiens se donnent beaucoup plus de licence que nous dans leur Poësie ; & ces licences sont la source de la facilité qu'ils éprouvent lorsqu'ils composent en vers. Leur Langue s'est formée cependant comme la nôtre, & presqu'en même tems que la nôtre, de la décadence de la Langue Latine, & lors de l'invasion des Goths & autres Peuples du Nord ; mais sur-tout des Lombards, qui devenus maîtres d'une grande partie de l'Italie, contribuèrent principalement à la corruption du Latin qui y étoit encore en usage.

Les Provençaux ont été les premiers, depuis la décadence de l'Empire, qui se sont le plus appliqués à écrire dans la Langue *Romane*, & à composer en vers ; les Italiens ne furent que leurs imitateurs. Cette Langue *Romane* formée par nos Provençaux, est la vraie source de notre Langue *Françoise*. Si nous n'avons point tari cette source, pourquoi n'y aurions-nous point encore recours aujourd'hui ? Si notre vieux *François* a une grace merveilleuse dans les Contes & dans les récits, pourquoi ne recherchons-nous pas ce qui en constituë l'agrément & la naïveté ? Ce style est tellement de notre goût, que nous lisons avec un plaisir singulier le *François* de la Fontaine, quoiqu'il ne soit assurément ni celui de son tems, ni celui du tems de Marot. Ces recherches ne mériteroient-elles pas plus notre attention, que les différentes manières d'ortographier, que l'on veut introduire dans la Langue *Françoise*, & qui ne tendent qu'à la corrompre, & à en faire perdre l'origine ?

ISLANDOIS.

Anglo-Saxon, Runique, Moëfogothique, Irlandois.

VIII. L'Iflande eft une Ifle de l'Océan Septentrional où de la Mèr glaciale, la plus confidérable de l'Europe, après la Grande Bretagne. Elle eft fituée fous le Pôle arctique, au Nord de l'Écoffe, entre la Norvege dont elle dépend & le Groenland. Sa longueur de l'Eft à l'Oueft eft d'environ 112 milles de Dannemarc (de 12 au degré.) Sa largeur moyenne peut être de cinq des mêmes milles. Son nom d'Iflande qui fignifie pays de Glaces, lui fut donné à caufe que l'air y eft extrêmement froid. La nature elle-même a fait le partage de ce Pays. Deux longues chaînes de montagnes vont du milieu de la côte Orientale & de la côte Occidentale, en s'élevant continuellement jufqu'au centre du pays, d'où deux nouvelles chaînes moins confidérables, s'abaiffant fur la côte du Nord & du Midi, partagent ainfi avec les premières toute l'Ifle en quatre quartiers, (*Fierdinger*), qui ont pris leur nom des quatre plages du monde vers lefquelles ils font tournés.

L'Iflande entière ne doit être regardée que comme une vafte montagne, parfemée de cavités profondes, cachant dans fon fein des amas de minéraux, de matières vitrifiées & bitumineufes, & s'élevant de tous côtés du milieu de la mèr qui la baigne, en forme d'un cône court & cerclé. Sa furface ne préfente plus à l'œil que des fommèts de montagnes blanchiffans d'une neige & d'une glace éternelle, & plus bas l'image de la confufion & du bouleverfement ; c'eft un énorme monçeau de pierres & de rochers brifés & tranchans, quelquefois poreux & à demi calcinés, fouvent effrayans par la noirceur & les traces du feu qui y font encore empreintes : les fentes & les creux de ces rochers ne font remplis que d'un fable rouge, noir

DE L'IMPRIMERIE CHAP. VI. Pag. 456. bis
ALPHABETS.

Islandois	Anglo-Saxon Majusc. Minusc.	Runique	Mœso-Gothique	Nom	Valeur	Irlandois		
A	A . a	I . I	λ	Aar	A	ᴀ	a	A cw Angl.
B	B . b	B . B	Ƀ	Biarkan	B			
l	E . c	Y . Ψ	Γ	Knesol	C	b	b	B beh
Þꟼ	D . ᚦ	ᛏᛈ . ᛈᛈ	ᚨ	Duss	D	C	c	C k
ᛂ	e . e	I . ꟊI	Є	Stungen Jis	E			
Ᏸ	F . F	Ᏸ . Ᏸ	F	Fie	F	Ɖ	ɔ	D Deh
Ᏸ	G . ᛑ	Ᏸ . Ᏸ⚹	Ϲ	Stungen Kaun	G	e	e	E e
Ⴕ	ƀ . h	✱ . ✳	h	Hagl	H			
I	I . i	I . It	iI	Jis	I	ꝼ	ꝼ	F f
Ᏸ	K . k	Y . Y	K	Kaun	K	ᵹ	ᴣ	G y. Grec
Ⱡ	L . l	ⱡ . ⱡ	λ	Lagur	L			
Ψ	ᛗ . m	Ψ . Ψ	M	Madur	M	J	j	I i. latin
ᚴ	N . n	ᚴ . ᚴ	N	Naud	N	l	l	L l
ʃ	O . o	ʃ . ʃ	Ω	Oys	O	ᴍ	m	M m
B	P . p	B	BK . Π	Stungen Birk	P			
PetPh		ᛈᛈ . ꟼ	☉	Kaun	Q	N	n	N n
R ouꝶ	R . ꞃ	Rꝶ . ꝶ	R	Ridtir	R			
4	S . ꞅ	4 . ᚠᛗ	S	Sol	S	O	o	O o
ꝉ ouᛏ	T . ᚛	ᛏᛏ . ᛏᛏ	T	Tyr	T	p	p	P Peh
Ꝥ	Dᴘ . ᛑᴘ		Ψ	Stungen dus	Th	R	ᴘ	R r
ꞅ	U . u	h . ᚾ	U	Ur	U			
Ᏸ	ᚠᴘ . ᴘ	Ᏸ . Φꝉ	ꝉ	Stungen Fie	V.W	S	ɼ	S Sh Angl.
✳ꞅ	X . x	✳ꞅ . ΛЖ	X . Chi	Ks	X	τ	ᴛ	T Tch.
h	Y . y	h . Ⴕ	ᛩ w.q.y	Stungen ur	Y	u	u	U u.oo Angl.
	Z . z		Z		Z			

Des Hautes rayes delin.   Laurent Sculp.
                                          Tom. II. partie 2.ᵈᵉ

& blanc ; mais dans les vallées que les montagnes forment entr'elles, & qui difperfées çà & là dans tout le Pays, font fouvent bien éloignées les unes des autres : on trouve diverfes plaines vaftes & agréables, où la nature qui mêle toujours quelqu'adouciffement à fes fléaux, offre un afyle fupportable à des hommes qui ne connoiffent rien de mieux, & une nourriture abondante & très-délicate pour les beftiaux.

Ingolphe, Seigneur Norvégien, ne pouvant fe réfoudre à vivre fous la tyrannie du Roi *Harald* aux beaux Cheveux, prit le parti de s'éxiler volontairement ; quelques-uns ajoutent que la crainte d'être puni d'un meurtre qu'il avoit commis, l'y détermina autant que la tyrannie de *Harald*. Il fut fuivi d'une multitude de Familles nobles de Norvége. S'étant embarqué dans un port de Norvége, il aborda en Iflande l'an 874, dans un Golphe fitué au midi de l'Ifle, & qui porte encore aujourd'hui le nom d'*Ingolphe*. Cette Ifle pouvoit être déja connuë des Norvégiens, mais elle étoit inculte & fans habitans, lorfqu'Ingolphe y aborda. On y voyoit d'épaiffes forêts de bouleaux, dans lefquelles on ne fe pouvoit faire jour que la hache à la main. Ingolphe y trouva des croix de bois, & d'autres petits ouvrages travaillés à la manière des Irlandois & des Bretons, qui prouvent, finon qu'elle étoit habitée autrefois, du moins qu'on y étoit defcendu. Ces illuftres éxilés, réunis par l'amour de la liberté, fe choifirent des Magiftrats ; & pour s'affurer leur repos & leur indépendance, ils créerent des Loix, dont on admire encore aujourd'hui la fageffe. Ils créerent auffi, pour le maintien de ces Loix, un Juge fouverain, auquel ils donnèrent le titre de *Lagman*, *Homme de Loi*. Le *Lagman* préfidoit dans les États Généraux qu'il avoit foin de convoquer chaque année, & confirmoit ou caffoit, conjointement avec les Membres de cet Aréopage, les Sentences diétées dans les différens

Tribunaux des douze Préfectures établies dans les quatre Provinces de l'Islande.

Le succès de la nouvelle Colonie fit du bruit en Norvége, où de nouvelles familles s'embarquèrent pour se réfugier en Islande, comme dans un asyle seur contre les entreprises ambitieuses d'Harald. Elles emportèrent avec elles une haine violente contre le tyran, qui fit ensuite d'inutiles efforts pour les soumettre. Ces nouveaux Républicains eurent le courage de lui résister, & de maintenir leur indépendance. Plusieurs des successeurs d'Harald tentèrent avec aussi peu de succès, de réduire l'Islande sous leur domination ; mais enfin elle succomba environ quatre cents ans après, (l'an 1260) & passa sous la domination de la Norvége, avec laquelle elle fut ensuite unie à la Couronne de Dannemarc.

Cette Isle a éprouvé de singuliers bouleversements, qui en ont changé toute la face ; elle est aujourd'hui toute différente de ce qu'elle étoit autrefois : c'est une remarque de *Torfæus* *, Islandois, dans son Histoire de Norvége. « Si quelqu'un objecte, » dit-il, que l'Islande moderne ne ressemble pas à celle que les » Anciens ont décrit, on peut lui répondre avec raison, que

---

* Thormodus Torfæus né en Islande dans le siècle passé, & mort au commencement de celui-ci, avoit fait ses études à Copenhague. Il passa la plus grande partie de sa vie en Norvége. C'étoit un homme fort intégre, laborieux, & extrêmement versé dans les Antiquités du Nord. M. Mallet Professeur Royal de Belles-Lettres Françoises à Copenhague, l'accuse d'un peu trop de crédulité; sur-tout, dit-il, quand il a pris pour guides les anciens Historiens Islandois, d'après lesquels il a rempli les premiers Volumes de son Histoire de Norvége, de bien des événements fort peu croyables. Son meilleur Ouvrage, & qui renferme beaucoup de recherches, est, selon M. Mallet, son *Traité de la suite des Princes & Rois de Dannemarc*.

» ce pays a beaucoup dégénéré. C'eſt ce que je puis affirmer,
» (ajoûte notre Iſlandois) comme témoin oculaire ; j'ai vû
» dans ma jeuneſſe de grands changements dans la face de
» cette Iſle, des rivages abaiſſés, d'autres emportés par l'im-
» pétuoſité des flots, des monçeaux de ſable enſevelir des prai-
» ries autrefois fertiles, des torrents de neige fonduë couvrir
» de cailloux & de ſable des plaines, & combler des vallées, &c.

Qui croiroit que dans ce pays de glaçes, ſous le Pôle Arctique, on trouvât des Poëtes, des Hiſtoriens ? Les Iſlandois
ont eu de tout tems une inclination particulière pour l'Hiſtoire,
& ils ont eu l'attention de conſerver la mémoire de tout ce qui
ſe paſſoit d'important, non-ſeulement dans leur propre Iſle,
mais encore chez les Norvégiens, les Danois, les Suédois, les
Écoſſois, les Anglois, les Groenlandois, &c. Comme ils étoient
une Colonie de Norvégiens ; lorſqu'ils furent chercher des éta-
bliſſements en Iſlande, ils y portèrent avec eux les Monuments
Hiſtoriques qui éxiſtoient en Norvége ; & ces monuments
étoient des Odes faites à la louange des Héros de la Nation,
& dans leſquelles on rapportoit les Généalogies & les Actions
des Rois, des Princes, & des Grands Hommes qui s'étoient
diſtingués par leur valeur : enſorte que l'Hiſtoire de Dannemarc eſt fondée en partie ſur ces anciens Monumens qu'elle
réclame, comme les ayant fournis primitivement. Ces Pièces
de vers s'apprenoient par cœur, & étoient continuellement
dans la bouche de tout le monde ; enſorte qu'elles ſe ſont per-
pétuées dans la Nation, & qu'il en ſubſiſte encore beaucoup
aujourd'hui.

Les Iſlandois prétendent qu'Odin enſeigna le premier la Poëſie
aux Scandinaves, dans laquelle il étoit dit-on ſi habile, que
dans les Harangues qu'il leur faiſoit, il mêloit quelquefois des
vers qu'il faiſoit ſur le champ. Cet Odin vivoit environ 70 ans

avant Jesus-Christ; il commandoit aux *Ases* ou *Asiatiques*, Scythes qui habitoient à ce qu'on croit entre le Pont-Euxin & la Mèr Caspienne, & que l'on soupçonne mal-à-propos d'être Turcs d'origine; puisque le nom de Turc n'est connu que depuis le commencement du sixième siècle. Odin se mit en marche vers le nord-ouest de la Mèr Noire, & soumit quelques Peuples de Russie, auxquels il donna son fils *Suarlami* pour les gouverner. De-là il passa en Saxe, dont il fit la conquête, & qu'il partagea entre ses trois autres fils, *Baldeg*, *Segdeg*, & *Segge*; le premier eut la Saxe Occidentale ou la Westphalie; le second, la Saxe Orientale; & enfin le troisième, la Franconie. Après avoir soumis encore d'autres Pays, Odin, si l'on en croit les Chroniques Septentrionales, s'empara du Dannemarc, où il fit reconnoître son fils *Sciold* en qualité de Roi. De-là il fut en Suéde, dont les Peuples s'empressèrent à lui rendre hommage, & couronnèrent un de ses fils nommé *Yngue*. Enfin il s'empara de la Norvége, & y fit règner *Sœmungue* encore un de ses fils.

Voilà en abrégé ce que l'on dit de ce célèbre Odin, auquel on attribuë l'origine de la Poësie parmi les Scandinaves. On le fait aussi l'Inventeur des Lettres *Runiques*; & on asseure qu'il sçavoit ressusciter les morts par leur moyen; ce qu'il y a de certain, c'est que ces Peuples ont eu l'imbécillité de croire, comme bien d'autres, qu'en combinant ces Lettres d'une certaine manière, & en les rangeant soit de la droite à la gauche, ou de la gauche à la droite, ou perpendiculairement, à la façon des Chinois, ou en cercle, ou enfin contre le cours du Soleil; on pouvoit en attendre des effèts merveilleux, obtenir la victoire, se préserver du poison, soulager les femmes en travail, guérir les malades, dissiper le chagrin, fléchir les rigueurs d'une maîtresse, &c. Il y avoit aussi de ces amulettes qui étoient nuisibles, & que l'on nommoit *Runes amères*. Les

DE L'IMPRIMERIE, CHAP. VI.   461

Les Danois écrivirent affés long-tems avec les Lettres Runiques ; mais enfin ils s'habituèrent infenfiblement aux Lettres Latines, dont on leur donna la connoiffance en même tems que celle de la Religion Chrétienne. Suivant Sperling, les Lettres Latines ne furent portées en Iflande par les Danois, que dans le quatorzième fiècle, fous le Règne de Valdemar IV.

L'amour de la gloire qui s'acquiert par les armes, mit les *Scaldes* ou les Poëtes dans la plus haute faveur : les Héros avoient befoin de leur talent, pour perpétuer la mémoire de leurs belles actions ; auffi avoient-ils, pour les Scaldes, la plus grande confidération ; on les honoroit, on les chériffoit, ils étoient toujours à la fuite des Rois, qui ne dédaignoient pas dans les feftins de leur donner les premières places parmi leurs Officiers. Ils les fuivoient même à la guerre, pour être témoins eux-mêmes des actions qu'ils devoient confacrer par la Poëfie. *Vous ne raconterez point ce que vous aurez entendu, mais ce que vous aurez vû ;* dit un jour de bataille le célèbre Roi de Norvége, Olaus Trygguefon, parlant aux Scaldes qui étoient autour de lui.

La Poëfie étoit fi honorée, que les Rois eux-mêmes s'y adonnoient ; & il n'étoit pas rare de voir un Prince auffi bon Poëte, que grand Guerrier. La plûpart des Scaldes étoient des hommes de la plus illuftre naiffance. Un ancien Manufcrit Iflandois nous a confervé une lifte de ceux qui fe font diftingués dans les trois Royaumes du Nord, depuis *Regner Lodbrog* jufqu'à *Valdemar II.* On en compte deux cents trente, parmi lefquels fe trouve plus d'une Tête couronnée ; & la plûpart de ces Scaldes font Iflandois de naiffance, ce qui mérite d'être remarqué. * « C'eft du même Pays, dit M. Mallet, que nous

---

* Introduction à l'Hift. de Dannemarc. Pag. 243.

» sont venuës presque toutes les lumières qui nous guident dans
» les Antiquités du Nord. Il n'est pas trop aisé, ajoûte-t-il,
» d'expliquer comment une Nation isolée, peu nombreuse,
» très-peu riche, & fixée dans un climat si ingrat, a pû dans
» des siècles de ténèbres faire briller ce rayon de goût pour
» les Lettres, & s'élever jusqu'à sentir le prix des plaisirs &
» de la culture de l'esprit . . . . Si nous étions mieux ins-
» truits de certaines particularités de l'État du Nord dans ces
» tems reculés, peut-être trouverions-nous la cause de ce phé-
» nomène ; ou dans la pauvreté même des Islandois, qui en-
» gageoit plusieurs d'entr'eux à chercher fortune dans les Cours
» des Princes voisins ; ou dans les succès de leurs premiers
» Poëtes, qui auront à la fois excité leur émulation, & pré-
» venu les Étrangers en leur faveur ; ou enfin dans la nature
» du Gouvernement qu'ils avoient choisi, dans lequel le Don
» de parler avec facilité & avec force, & la réputation de
» l'esprit & des lumières est un mérite utile, que tout Citoyen
» s'efforce d'acquérir ».

Si une Nation se peint dans ses écrits, il faut avouër, que
les anciens Danois & Islandois étoient bien féroces ; dans une
Ode que Regner Lodbroge * composa avant que de périr de
la morsure des serpens dont on avoit rempli sa prison, il n'est

---

* Regner Lodbrog, fameux Guerrier, Poëte & Pirate, règnoit en
Dannemarc dans le commencement du neuvième siècle. Il fut pris en
Angleterre, combattant contre *Ella* Roi d'une partie de cette Isle.
Lodbrog périt de la morsure des serpens dont on remplit sa prison. Il
laissa plusieurs fils, qui vangèrent cette horrible mort. Wormius a pu-
blié le texte de cette Ode en Lettres Runiques, avec une Version
Latine, accompagnée de notes *dans la Littérature Runique* ; elle a 29
Strophes. M. Mallet en a choisi dix qu'il a traduites en françois.

parlé que de se battre à coups d'épée, de préparer de la pâture aux loups, de voir nager des corbeaux dans le sang humain. « Nous nous sommes battus à coups d'épée, dit ce Guerrier » féroce, dans le tems où jeune encore j'allai vers l'Orient pré- » parer une proye sanglante aux loups dévorans ». Toute la mer ne sembloit qu'une seule proye, & les corbeaux nageoient dans le sang des blessés.

Nous nous sommes battus à coups d'épée, ce jour où j'ai vû dix mille de mes ennemis couchés sur la poussière près d'un cap d'Angleterre. Une rosée de sang dégouttoit de nos épées, les flêches mugissoient dans les airs en allant chercher les casques : c'étoit pour moi un plaisir aussi grand, que de tenir une belle fille dans mes bras.

Nous nous sommes battus à coups d'épée, le jour où mon bras fit toucher à son dernier crépuscule ce jeune homme si fier de sa belle chevelure, qui recherchoit les jeunes filles dès le matin, & se plaisoit tant à entretenir les veuves. Quelle est la destinée d'un homme vaillant, si ce n'est de tomber des premiers au milieu d'une grêle de traits? Celui qui n'est jamais blessé, passe une vie ennuyeuse, & le lâche ne fait jamais usage de son cœur.

Nous nous sommes battus à coups d'épée. Il faut qu'un jeune homme se montre de bonne heure dans les combats, qu'un homme en attaque un autre, ou lui résiste. Ç'a été là toujours la noblesse des Héros, & celui qui aspire à se faire aimer de sa maîtresse, doit être prompt & hardi dans le fracas des épées.

Nous nous sommes battus à coups d'épée ; mais je prouve aujourd'hui que les hommes sont entraînés par le destin ; il en est peu qui puissent résister aux decrèts des Fées. Eusse-je crû que la fin de ma vie seroit réservée à *Ella*, lorsque demi-mort je répandois encore des torrents de sang ; lorsque je précipitois les vaisseaux dans les Golphes de l'Écosse, & que je fournissois une proye si abondante aux bêtes sauvages ?

Nous nous sommes battus à coups d'épée ; mais je suis plein de joie, en pensant qu'un festin se prépare pour moi dans le Palais d'Odin *. Bientôt, bientôt assis dans la brillante demeure d'Odin, nous boirons de la bierre dans les crânes de nos ennemis. Un homme brave ne redoute point la mort. Je ne prononçerai point des paroles d'effroi en entrant dans la salle d'Odin.

Nous nous sommes battus à coups d'épée. Ah ! si mes fils sçavoient les tourmens que j'endure, s'ils sçavoient que des vipères empoisonnées me déchirent le sein, qu'ils souhaiteroient avec ardeur de livrer de cruels combats ! La mère que je leur ai donnée, leur a laissé un cœur vaillant.

Nous nous sommes battus à coups d'épée, dans cinquante-un

---

* Nous avons parlé ci-dessus d'Odin Chef de la Colonie, qui peupla la meilleure partie du Nord. Ce Chef fût apothéosé après sa mort, & regardé comme une Divinité par ses sujèts.

combats où les Drapeaux flottoient. J'ai dès ma jeuneſſe appris à rougir de ſang, le fèr d'une lance; & je n'euſſe jamais crû trouver un Roi plus vaillant que moi : mais il eſt tems de finir. *Odin* m'envoye ſes Déeſſes pour me conduire dans ſon Palais : je vais aſſis aux premières places, boire de la bierre avec les Dieux. Les heures de ma vie ſe ſont écoulées, je mourrai en riant.

J'ai été curieux de tranſcrire ici une partie de cette Ode, qui peint ſi bien la valeur féroce des Septentrionaux. C'eſt auſſi la peinture fidelle de nos anciens Gaulois, de nos Francs; & de ces Barbares venus de la Norvége & du Dannemarc, ſous la conduite de Roll, ſi connus ſous le nom de Normands; & auxquels Charles le Simple, Roi de France, fit ceſſion de la Neuſtrie pour en obtenir la paix.

La Mythologie Iſlandoiſe, connuë ſous le titre de l'*Edda* *,

---

* L'*Edda* eſt un Recueil de Mythologie, écrit en Iſlande peu après que le Paganiſme y fut aboli, pour mettre à portée d'entendre les Vers des anciens Scaldes ou Poëtes, & pour initier les jeunes Iſlandois qui ſe deſtinoient à cette profeſſion. Sæmund Sigfuſſon, ſurnommé *le Sçavant*, né en Iſlande environ l'an 1057, avoit d'abord fait une *Edda*; mais ce premier Recueil étant trop diffus, environ 120 ans après le célèbre Snorron Sturheſon fit une nouvelle *Edda*. Snorron né en Iſlande l'an 1179, d'une des plus illuſtres familles de cette Iſle, y avoit rempli en 1215 & en 1222, le poſte important de *Juge Suprème*. Il fut aſſaſſiné en 1241, par une faction dont il s'étoit déclaré l'ennemi. Il a fait une Chronique des Rois du Nord, dans laquelle il règne beaucoup d'ordre & de clarté, un ſtyle ſimple. C'eſt le meilleur morceau hiſtorique de ces ſiècles d'ignorance & de mauvais goût. Il étoit auſſi Poëte, & c'eſt ce qui l'engagea à donner l'*Edda*; dans laquelle il expoſe les principaux Dogmes de la Théologie Celtique, d'après les écrits des Scaldes ou Poëtes. Il rapporte auſſi dans la ſeconde Partie les Fa-

est bien capable de confirmer la peinture que l'on fait ici de ces hommes féroces & sanguinaires, puisqu'il paroît que le plaisir qu'ils goûtoient à se battre à coups d'épée étoit si grand, qu'ils n'en imaginoient point d'autres dans l'autre monde.

« Les Héros, dit l'*Edda*, qui sont reçus dans le Palais d'O-
» din ont tous les jours le plaisir de s'armer, de passer en revûë,
» de se ranger en ordre de bataille, & de se tailler en pièces
» les uns les autres ; mais dès que l'heure du Repas approche,
» ils retournent à cheval, tous sains & sauves, dans la salle
» d'Odin, & se mèttent à boire & à manger. Quoiqu'il y en
» ait un nombre innombrable, la chair du Sanglier *Serimner*,
» leur suffit à tous, chaque jour on le sert, & chaque jour il
» redevient entier ; leur boisson est la bierre & l'hydromel ;
» une Chèvre seule dont le lait est de l'excellent hydromel,
» en fournit assez pour ennyvrer tous les Héros ; leurs verres
» sont les crânes des ennemis qu'ils ont tués. Odin seul, assis
» à une table particulière, boit du vin pour toute nourriture ;

---

bles qu'il a puisées dans les mêmes sources, &c. Resenius Professeur & Magistrat de Copenhague, publia en 1665 le texte de l'*Edda*, avec une Version Latine faite par un sçavant Ecclésiastique Islandois nommé *Stephanus Olai*, &c. M. Mallet, Professeur Royal de Belles-Lettres Françoises à Copenhague, & qui paroît remplir si dignement le poste qu'on lui a confié, publia en 1756 une nouvelle Édition de l'*Edda* en François, avec des corrections puisées dans un ancien Manuscrit authentique, que l'on conserve dans la Bibliothèque de l'Université d'Upsal. Il a accompagné le tout de notes intéressantes & de réfléxions judicieuses qui dénotent à la fois, l'homme d'esprit, & l'homme sçavant. Puissent ses leçons accroître de plus en plus dans le Nord. La clarté, la saine critique, & le bon goût qui règnent dans nos Académies Françoises, fera plus de bien aux Nations qu'il éclaire, qu'elles n'ont fait de mal autrefois en Europe, par leurs invasions & leurs brigandages.

» une foule de Vierges fervent les Héros à table, & rempliffent
» leurs coupes à mefure qu'ils les vuident ».

Ces Barbares ne portoient pas plus loin leurs defirs ; bien manger, s'ennyvrer, enfuite fe tailler en pièces par forme de récréation ; tel étoit le comble de la félicité à laquelle ils afpiroient dans le Valhalla *. L'efpérance de cet heureux Sort après cette vie, les rendoit intrépides dans les combats ; ils bravoient la mort, qu'ils fembloient même rechercher avec une forte de fanatifme, qu'on a remarqué au furplus dans d'autres Nations moins fanguinaires.

Les Iflandois ont un langage, qui eft proprement l'ancien Allemand ou Cimbrique, felon le témoignage d'Ortelius. M. Mallet dans l'Avant-propos de l'*Edda*, dit que la Langue dans laquelle *Snorron* a écrit, eft au Danois ou au Suédois moderne, ce qu'eft le langage de Villehardouin, ou du Sire de Joinville à l'égard du François moderne.

On convient en général que tous les Peuples de l'Europe, à l'exception des Sarmates, des Grècs & des Romains, ont parlé la même Langue ; la Langue Celtique qui ne s'eft confervée pure, que dans les Contrées qui n'ont pas fubi le joug des Romains ; qu'au refte cette Langue a formé autant de Dialectes, qu'il s'eft fait d'émigrations ; & qu'il eft encore aifé de reconnoître, en les fuivant de branches en branches, des traits de leur origine commune.

---

* Valhalla, c'eft le nom que la Mythologie Iflandoife donne à la demeure d'Odin, c'eft fa demeure ordinaire ; & là il y récompenfe ceux qui meurent les armes à la main. C'eft le Paradis des Héros. Ils y font fervis par des Vierges nommées *Valkyrias*. Cette même Mythologie affigne deux lieux pour les fupplices ; le premier nommé *Niflheim*, terme qui dans la Langue Celtique fignifie le féjour des fcélérats ; & le fecond nommé *Naftrond*, c'eft-à-dire, le rivage des morts.

La Langue Tudesque ou Gothique des quatrième & cinquième siècles, a de grands rapports, selon M. Mallet, avec le Bas-Breton, ou le Gaulois, & quelques-uns avec l'Islandois. On la parle encore aujourd'hui, sans beaucoup de changemens, en Islande ; & dans les Provinces les plus reculées de la Suéde. Le Danois, le Norvégien, le Suédois, ne sont évidemment que la même Langue, & ont les plus grands rapports avec l'Allemand, sur-tout avec celui qui se parle dans la basse-Allemagne ; mais il semble que les Asiatiques qui s'établirent dans la Scandinavie, & dans le Nord de l'Allemagne sous la conduite d'*Odin*, y ayent introduit une Dialècte plus douce, quelques mots nouveaux en très-petit nombre, & des terminaisons un peu différentes. Je joindrai encore ici une réfléxion de M. Mallet, qui m'a paru intéressante, & qui mérite trouver place dans ce Recueil.

On ne se forme point une grande idée d'une Langue parlée par des Barbares, tels qu'étoient alors les Scandinaves ; on se la dépeint pauvre, grossière, & incapable de traiter des idées un peu abstraites. En effèt, une Langue ne peut être riche qu'en proportion des connoissances acquises par la Nation qui la parle, aussi n'est-ce point de ce côté que M. Mallet prétend relever la Langue des Scandinaves ; mais il prétend que ces Peuples, libres, indépendans, fiers & emportés dans leurs passions, n'ont pû manquer de donner à leur Langue un caractère analogue au leur. « Il y a toujours des côtés admirables
„ dans les Langues des Nations libres, & qui se sentent vive-
„ ment, quelques grossières & ignorantes qu'elles soient, dit
„ notre sçavant Professeur. Elles ont une brièveté énergique,
„ des tours vifs & sententieux, des expressions pittoresques,
„ auxquelles la contrainte de notre éducation, la crainte du
„ ridicule, & l'empire de la mode ne nous permettent pas
„ d'atteindre.

„ d'atteindre. Mais ce qui devoit contribuer encore à donner
„ à la Langue des anciens Scandinaves de la force & de l'élé-
„ vation ; c'étoit ce goût si marqué & si général qu'ils avoient
„ pour la Poësie ».

La Religion Catholique, introduite dans l'Islande au commençement du dixième siècle, en fut bannie depuis par Christierne III, Roi de Dannemarc, qui y substitua le Luthéranisme.

La plûpart des Géographes croyent que l'Islande est l'Isle de *Thule* des Anciens, dont Virgile fait mention dans le premier Livre de ses Géorgiques, lorsqu'il dit à Auguste :

Tibi serviat ultima Thule.

Je pense que l'on pourroit sans craindre de se tromper, mettre l'Islande au nombre des Isles Cassitérides, où les Phéniciens alloient chercher l'Étain dont ils faisoient un si grand commerce. Solin, & quelques autres après lui, placent les Cassitérides vis-à-vis de la Celtibérie, mais cette position est absolument fausse; il paroît par Strabon, que ces Isles devoient être situées vers le climat de la Grande Bretagne. M. Melot dans son Mémoire *sur les Révolutions du Commerce des Isles Britanniques*, imprimé dans le seixième Vol. du Recueil de l'Académie Royale des Belles-Lettres, dit que ce commerce a commencé par celui des Isles Cassitérides. " On convient même aujourd'hui,
„ dit cet Académicien, que les Isles Cassitérides sont les mê-
„ mes que les *Sorlingues*, depuis que Camden, en comparant
„ ce que les Anciens nous ont appris de la position & de l'his-
„ toire naturelle des Isles Cassitérides, avec la connoissance
„ éxacte qu'il avoit des *Sorlingues*, a découvert l'identité ca-
„ chée sous des noms différens „. Enfin ce que Camden & d'autres Écrivains Anglois ont rassemblé, pour prouver l'identité des Isles *Cassitérides* & des *Sorlingues*, a paru si précis aux

yeux de M. Melot, qu'il ne croit pas que la chose puisse être mise en doute.

Les Anciens cependant, qui ont parlé des Cassitérides, en ont dit si peu de chose, que je ne vois point d'après quoi Camden & les autres Anglois ont pû établir cette comparaison : tout ce que l'on peut penser de plus raisonnable à ce sujèt ; c'est que les Phéniciens ou les Carthaginois tiroient l'étain de la Grande Bretagne, & que faisant un grand profit dans ce commerce, par l'exportation qu'ils en faisoient dans les différentes Contrées de l'Europe, de l'Asie, & de l'Afrique, ils le cachèrent le plus soigneusement qu'ils purent, & sur-tout aux Romains, qui tentèrent vainement de sçavoir d'où ils tiroient cette marchandise. Pour cet effèt, les Phéniciens se gardèrent bien d'appeller les Isles Britanniques, par le nom sous lequel on les connoissoit alors, ce qui n'auroit pas manqué de découvrir bientôt ce qu'ils avoient tant d'intérêt de tenir secrèt ; mais ils les indiquèrent seulement en général sous le nom de *Cassitera*, terme composé de deux mots * Phéniciens, qui expriment les *Bornes*, les *Extrémités de la terre*, & ce que nous entendons en François par le terme de *Finisterre*. Je considère donc cette dénomination générale, comme pouvant indiquer non-seulement l'Angleterre & l'Irlande, mais encore les Orcades, l'Islande, & enfin toutes les Isles situées au Nord de l'Écosse, où les vaisseaux Tyriens purent pénétrer.

---

* Les Hébreux disent *Cassot-aarets*, *extremitates terræ*. Les Phéniciens prononçoient apparemment *Cassi*, comme le prouve la dénomination de *Cassius*, montagne qui sépare l'Égypte d'avec la Phénicie ; *Mons terminalis* ; Le mot *Aarets*, terre, se prononçe *Ard* chez les Arabes, *Aroo* chez les Syriens, *Ara* & *Area* chez les Chaldéens ; on peut donc écrire correctement *Cassi-tera*, ce qui rend le mot Phénicien, tel précisément, que les Grècs nous l'ont transmis.

Anglo-Saxon.

L'Isle à laquelle nous donnons aujourd'hui le nom d'Angleterre & de Grande Bretagne, pour la distinguer de la petite Bretagne, Province de France, a été soumise à cinq Nations différentes ; ce qui fait que la Langue Angloise est un mélange de cinq Langues différentes, ainsi qu'on va le voir.

Les plus anciens Habitans de la Grande Bretagne, du moins ceux qui sont venus à notre connoissance, sont les Bretons, Peuples Gaulois ou Celtes, qui entretenoient une étroite liaison avec ceux des Gaules : il paroît même, au rapport de César, que les Druïdes des Gaules avoient emprunté des Druïdes Bretons, leur Système de Religion ; & que les premiers se transportoient dans cette Isle, lorsqu'ils vouloient approfondir l'étude de leur Théologie *.

La Grande Bretagne fut long-temps inaccessible aux Étrangers, & Jules César a été le premier des Romains qui y soit entré ; il soumit les Peuples de la partie méridionale, qui furent maintenus dans la dépendance, malgré toutes les révoltes qu'ils excitèrent pour secouer un joug qui paroissoit si dur à des hommes qui n'y étoient point accoutumés. Les Bretons furent contraints de payer tribut aux Romains jusques vers l'an 446 de l'Ère Chrétienne, qu'ils appellèrent à leur secours les Pictes, Peuples d'Écosse, qui habitoient dans la partie Septentrionale de cette grande Isle. Les Pictes, de concert avec les Bretons, chassèrent les Romains de leurs conquêtes ; mais les Pictes à leur tour, profitant de la foiblesse des Bretons, vou-

---

* *Disciplina in Britannia reperta, atque inde in Galliam translata esse existimatur.* Il ajoûte : *Et nunc qui diligentius eam rem cognoscere volunt, plerumque illo discendi causâ proficiscantur.* Cæsar. de Bello Gall. L. VI.

lurent les faire rentrer dans l'esclavage dont ils venoient les aider à se délivrer : en éffèt, ils affermirent si bien leur puissance dans la partie de l'Isle dont ils venoient d'expulser les Romains, que la plûpart des Bretons furent obligés de plier sous ce nouveau joug. Ceux qui ne voulurent pas souffrir cette servitude, mirent à leur tête un Seigneur nommé Vortiger, qui pour se soutenir dans une circonstance aussi critique, appella les Anglo-Saxons à son secours l'an 449.

Ces Anglo-Saxons sont ainsi appellés de la petite Province d'Angel ou d'Anglen, située dans le Duché de Slesvik, entre l'ancienne Saxe & le Pays de Jutie ou Gothie, nommé aujourd'hui Juitland par les Danois, de qui il dépend. Parmi ces Anglo-Saxons qui descendirent en Angleterre, on compte aussi les Juths ou Goths, & les Saxons, tous Peuples qui habitoient les bords maritimes de la Germanie Septentrionale, & que l'on confondoit en général sous le nom de Saxons ou d'Angles.

Aidé par ces Peuples, Vortiger battit les Pictes & les Écossois, ses ennemis : il fut si content d'eux, qu'il leur assigna pour demeure le Pays de Kent, espérant les retenir à son service ; & il épousa même Ronix, fille d'Hengist, Général des Anglo-Saxons. Ces Barbares se voyant ainsi fortifiés dans la Grande Bretagne, persuadèrent encore à Vortiger de faire venir de la Saxe un autre essain de leurs Compatriotes.

C'étoit le sort de la Grande Bretagne d'être opprimée par ses protecteurs. Dès que les Anglo-Saxons se virent en état de ne rien craindre, ils commencèrent par mépriser ceux qui les avoient appellés à leur secours, & cherchèrent les moyens de s'emparer de toute l'Isle. Pour cet éffèt, ils recherchèrent l'alliance & l'amitié des Pictes & des Écossois ; après quoi, sous le Règne de Vortimer, fils & Successeur de Vortiger, ils traitèrent si vivement les Bretons, que ceux de ces malheureux

Infulaires qui purent échapper à leur barbarie pafsèrent la mèr, & demandèrent un afyle dans la Gaule Armorique, qui prit d'eux le nom de Baffe Bretagne ; les autres obtinrent des cantons dans les montagnes les plus Occidentales de la Grande Bretagne, fituées dans le Pays de Galles, où ils fe font maintenus jufqu'ici.

Les Anglo-Saxons devenus les maîtres de cette Ifle, y fondèrent fept petits Royaumes, qui fubfiftèrent jufques vers l'an 801, qu'Egbert Succeffeur des Rois d'Weftfex les foumit tous, & n'en forma qu'un feul, auquel il donna le nom d'*Engeland*.

Canut Roi de Dannemarc, fit une defcente en Angleterre l'an 1017, & s'empara du Royaume fur Edmond II, dit *Côte de Fèr*, quatorzième Succeffeur d'Egbert.

Alfred, frère d'Edmond II, ayant été rappellé à la Couronne après la mort de Canut II, eut pour Succeffeur fon frère Edouard III, dit *le Confeffeur*, qui mourut fans enfans l'an 1066; & laiffa fon État à Guillaume le Conquérant, Duc de Normandie, dont celui-ci fe mit en poffeffion par le gain de la Bataille de Haftingue, qu'il remporta le quatorze Octobre de la même année, fur Harold II qui le lui difputoit, & qui y perdit la vie.

Les différentes révolutions que l'Angleterre a éprouvées, occafionnèrent de très-grands changemens dans le langage de ce Royaume. L'ancienne Langue Bretone ou Celtique que l'on y parloit d'abord, n'eft plus ufitée que dans le Pays de Galles & dans la Baffe Bretagne. L'*Anglo-Saxon* qui fuccéda à la Langue Bretonne, étoit proprement de pur Allemand; mais il s'y eft introduit beaucoup de mots Bretons, & une très-grande quantité de termes François, lorfque Guillaume, Duc de Normandie fit la conquête de cette Ifle. On a pû remarquer ci-deffus, page 449, que ce Prince n'eut rien tant à cœur que d'établir la Langue Françoise en Angleterre, sur les ruines du Saxon, & il (a) ordonna qu'on l'enseignât à la Jeunesse Angloise; il voulut même qu'elle fût seule en usage dans le Barreau, dans la Chaire, & dans tous les Actes publics; en effet, pendant près de trois cents ans, on ne se servit en Angleterre que de la Langue Françoise.

Edouard III, l'an 1361, se trouvant dans la cinquantième année de son âge, voulut la célébrer par un Jubilé, dans lequel il rappella les pratiques en usage en pareil cas chez les anciens Juifs (b). Il ordonna en cette occasion, que les Juges, les Avocats, les Procureurs, & autres Gens de Justice se serviroient dorénavant de la Langue Angloise; ce qui fut d'un grand avantage pour le Peuple, qui n'eut plus besoin d'avoir recours à des Interprètes pour se faire rendre justice. Depuis cette époque, les Rôles de la Cour & les Chartes, les Registres, les Actes, les Procès, les Commissions, &c. s'écrivent en Latin; néanmoins il s'est conservé des formules

---

(a) *I Normani entrati alla possessione dell' Inghilterra, vollero che i Sassoni si servissero della Lingua Francese ch' era quella de' Normanni, di modo che per un longo corso d'anni, non s'insegnava nelle Schole, nè si predicava sù i Pulpiti. Nè si litigava ne' Tribunali in altra Lingua che nella Francese. Non lasciano in tanto al presente di servirsi della Lingua Latina ne' Rolli della Corte, ne Registri, Processi, Commissioni, Patenti, Atti, Obligationi e cose simili.* Voyés l'Histoire de la Grande Bretagne par Gregorio Leti. Liv. VII.

(b) *Postremo die ejusdem Sententiâ decretum est, ut Judices item atque Litigatores, Patroni, Procuratores, causarum cognitores, non amplius Gallice, vel potius Normanice, quemadmodum hactenus fecissent, sed Anglice loquerentur, ac Causarum actiones, Sententiæ, & cœtera Acta Linguâ Latinâ Anglicâ-ve conscriberentur, id quod Populo fuit commodo, quippe quem deinceps in causis agendis non oportuit interprete uti.* Polydore Virgile, Histoire d'Angleterre, Liv. XIX.

Normandes. Le Droit commun, c'est-à-dire, la Coûtume ordinaire d'Angleterre, à qui le temps a donné force de loi, est écrite en partie en Langue Normande ou Françoise. Les plaidoyers & les termes de chicane sont François. Enfin le Roi d'Angleterre répond en Langue Françoise aux Bills ou Adresses du Parlement.

La Langue Angloise, comme on voit, est un mêlange de vieux Saxon ou Allemand, & de Normand ou vieux François; elle a retenu aussi quelque chose de l'ancien Breton, du Latin & du Danois. Le vieux Saxon a un très-grand rapport non-seulement avec le Danois & les autres idiomes de la Scandinavie, mais encore avec le Teuton & le Belgique.

Cette Langue est devenuë très-belle & très-éxpressive, depuis qu'elle s'est enrichie de ce que les autres Langues vivantes avoient de plus poli. Le grand nombre d'excellens Ouvrages en tout genre écrits par les Anglois, a rendu l'étude de leur Langue intéressante, & même nécessaire pour la plûpart des Sçavans; ensorte que l'on voit parmi nous presqu'autant de François qui entendent l'Anglois, qu'il y a d'Anglois qui entendent le François.

Le caractère taciturne & rêveur des Anglois les porte naturellement à l'étude des Sciences abstraites, dans lesquelles ils réussissent; il a paru de grands Génies parmi eux, & en général les François ne trouvent point ailleurs de rivaux plus dignes d'eux; il seroit à desirer que les Anglois réussissent également dans les Ouvrages d'esprit; sans doute que le voisinage des François leur fera corriger avec le temps cet air de férocité qu'on remarque dans leurs Pièces de Théâtre, & qu'ils ont apporté des extrêmités Septentrionales de la Saxe & de la Scandinavie.

Quoique nous présentions dans la Planche de la page 456

l'ancien Alphabèt *Anglo-Saxon*, il est bon d'avertir qu'aujourd'hui les Anglois ont adopté nos Caractères modernes, & qu'il sort de dessous leurs presses des Éditions qui ne le cèdent point aux nôtres, tant pour la beauté du papier, que pour l'élégance des caractères.

L'Orthographe Angloise n'est point aisée, parce que dans cette Langue on prononce autrement qu'on écrit : nous allons en donner une idée.

A, se prononce *ai*, ou comme notre *è* ouvert ; mais lorsque cette Lettre forme elle-même un mot, ou quand elle commence un mot, ou quand elle est suivie de deux consonnes, ou enfin lorsqu'elle est employée dans un monosyllabe ; alors elle se prononce comme notre *a*. Exemples. *What*, *that*, *a*, *an*, *fast*, *farre*. Mais lorsque cette Lettre est suivie d'un *b*, ou d'une *l*, ou d'une *r* accompagnée d'une autre consonne, alors elle se prononce comme notre *e*. Exemples. *Fable*, *stable*, *parte*, *harpe*, que l'on prononce *faible*, *staible*, *pairte*, *hairpe*.

E, à la fin d'un mot ou d'une syllabe, après une des Lettres b, d, g, h, k, l, m, p, s & w, se prononce comme notre *i*. Exemples. *Betwene*, *deede*, *geven*, *keper*, *a bleester*, *mee*, *Peter*, *see*, *wee*. Cette même Lettre précédée de *th*, se prononce comme notre *e* masculin, *the*, *theter*. L'*e* double à la fin d'un mot ou d'une syllabe, se prononce *i*, *thee*, *see*. L'*e* à la fin d'un mot se marque ordinairement par un apostrophe, lorsque le mot suivant commence par une voyelle. Exemples : *th'other*, pour *the other*.

G, a le son de notre *g*, suivi d'un *a*, comme dans notre mot *gallerie*, &c. ainsi les Anglois écrivent *against*, à l'encontre : *guest*, hoste : *guiltie*, coupable : *ghostly*, spirituel. Ce *g* suivi d'un *e* se prononce comme s'il étoit lui-même précédé d'un *d*. Ainsi on prononcera *dgermane*, *ledgers*, pour *germane*,

legers,

De l'Imprimerie, Chap. VI.

legers. Deux *g* de suite, comme dans les mots *legge*, *begger*: se prononçent *legue*, *beguer*.

H, écrite après *w*, se prononçe comme si elle étoit posée devant ; ainsi on prononçera *houen*, *houitch*, *houat*, pour *when*, quand, *which*, qui, quel, que, *what*, quoi.

L, a cela de remarquable, qu'elle ne se prononçe point dans un mot, lorsqu'elle est entre les deux Lettres *a* & *k* : ainsi au lieu de *walke*, *talke* : prononçez *wâke*, *tâke*.

Ch, se doivent aspirer, comme s'il y avoit un *t* qui précédât le *c*. Ainsi dans les mots *which*, qui, *Church*, église : prononçés *houitch*, *tcheurtch*.

Gh, prend le son d'une *f* douce, ainsi dans *although*, *gaughe*, vous prononçerés *altouf*, *gafe*.

Ght se prononçe comme *cht*, ainsi dans *night*, *baught*, on prononçera comme s'il y avoit *nicht*, *baucht*.

Sh se prononçe comme notre *ch* dans les mots *chanter*, *chemin*, &c. Exemples : *fish*, poisson, *shaven*, rasé.

Th, se prononçe comme le *theta* des Grècs, en sifflant de la langue contre les dents de devant. Ce *th* prend le son d'un *d* devant & après les lettres *a*, *e*, *o*, dans les mots *father*, père, *that*, qui, *mother*, mère, *thou*, toi. Cette règle n'a point lieu cependant pour les noms propres ni pour les mots, *thoughe*, pensée, *thefte*, larcin, *a thousand*, un mille, *a thorne*, une épine, *through*, par, &c. dans lesquels le *th* se prononçe comme le *Theta* Grèc. *Thicke*, épais, *thirst*, soif, *thrall*, misère, *three*, trois. *Th* se prononçe comme un *d* dans les mots *within*, dedans : *thine*, ton, ta, tien : *thy*, ta, ton : *this*, ce, cette : *thus*, ainsi. A la fin des mots, *th* se prononçe en appuyant le bout de la langue contre les dents antérieures : *wirth*, avec : *both*, ensemble : *teeth*, dents.

I, est comme en François, voyelle & consonne. L'*i* voyelle

se prononçe comme *ey*, lorsqu'il est écrit devant une seule consonne, éxcèpté dans le mot *Christ*, qu'il faut prononçer *Chreist*, quoiqu'il soit devant deux consonnes. Quand l'*i* est suivi des consonnes *nd* & *nt*, & des consonnes *rd*, *rst*, alors il se prononçe comme notre *e*. Éxemples: *minde*, *finde*, *pinte*, *bird*, *first*, vous prononçerés meinde, feinde, peinte, berd, therd, ferst.

L'*j* consonne se prononçe comme s'il y avoit un *t* devant; ainsi au lieu de *james*, *jeremy*, vous prononçerés tjames, tjeremy.

O, se prononçe tantôt comme notre *o*, & tantôt comme notre *a*; cet *o* à la fin d'un mot ou d'une syllabe après *d* ou *t*, sonne *ou*. Deux *oo* se prononçent aussi *ou*, comme dans *good*, bon, *booke*, livre, *foot*, pied, que l'on doit prononçer goud, bouke, &c. *o* suivi des consonnes *ld*, *lt*, se prononçe *aou*: ainsi dans les mots *olde*, *golde*, *bolte*, *molte*, on prononçera aoulde, gaoulde, baoulte, maoulte.

V, se prononçe presque comme notre *o*; *op*, pour *up*; debout, haut; *opon* pour *upon*, sur, dessus; mais principalement lorsqu'il est suivi de deux consonnes, comme *butter*, *curse*, *cunter*, *sunder*, que l'on prononçe botter, corse, conter, sonder. Quelquefois cet *u* prend le son d'*iou*, comme dans *use*, *abuse*, *sute*, que l'on prononçe iouse, abiouse, sjoute.

W, se prononçe *ou*, comme le double *w* des Allemands; mais lorsque ce double *w* est suivi de la lettre *r*, comme dans les mots *wrastle*, *written*, cette *r* se prononçe avant le double *w*; ainsi rouastle, rouitten.

Y, se prononçe *ey* dans les mots *my*, mon, mien; *by*, par; près. Cet *y* à la fin d'un mot, & sur-tout après les consonnes *n* & *r*, conserve le son de notre *i*. Exemple: *many*, plusieurs, *forye*, *marry*; mais il prend le son de notre *e*, lorsqu'il est précédé de la lettre *l*; Exemple : *verily*, vrayement, *partly*, en partie.

Les Diphthongues Ai, Ay, Ea, Ei, Ey, se prononcent comme le premier *e* dans notre mot françois *être*. Ainsi on dit en Anglois *pleased*, satisfait ; *affaires*, affairer ; *beard*, barbe ; *ether*, où ; *they*, ils.

Au se prononce comme *u* dans *assuraunce*, ou comme notre *a* long dans *author*, *paune*, que l'on prononce athor, pane. Aw répond à notre *a* long ; ainsi *saw*, *daw*, *raw* doivent se prononcer sâ, dâ, râ.

Ee répond à notre *i* long : *hee*, hî : *thee*, thî, &c. Eo sonne comme notre *i*; mais il ne se trouve que rarement comme dans le mot *people*, peuple, qu'il faut prononcer *pipel*, parce que l'*e* terminant un mot & précédée d'une *l*, se prononce avant cette *l*. Ew se prononce *you* : ainsi on écrit *few*, *dew*, *ew*; & l'on prononce *fyou*, *dyou*, *you*.

Oa se prononce comme notre ô long. Oe se prononce *ou*, comme *thou doest*, tu fais : *he doeth*, il fait. Cependant dans les mots *a doe*, une biche, *loe*, voici, *foes*, ennemis, cet *oe* garde le son de notre ô long. Ou se prononce *au* & *aou*; comme dans *thou*, toi, *à thousand*, un mille, qui sonnent thau, a thausand, ou thaousand : *foule*, faoule : *goute*, gaoute. Ow répond à notre dipthongue *aou* : ainsi *flower*, *bower*, *lower*, se prononcent flaoüer, baoüer, laoüer.

Ue se prononce comme notre û long dans le mot *ruë* : Exemple : *my due*, mon deu. Ui & Uy équivalent à *ey*, dans les mots *to guyde*, guider : *to build*, bâtir, que l'on prononce gueide, beild.

Enfin les triphthongues Uai & Uay sonnent comme *oué*, dans les mots *a quaile*, une caille, *to quaile*, trembler, frémir.

Les consonnes B. C. D. F. K. M. N. P. R. S. T. X. & Z,

dont nous n'avons point parlé, ne fouffrent aucune difficulté; elles fe prononçent comme en François & en Latin.

Ces remarques fur la prononçiation de l'Anglois, font néceffaires non-feulement pour apprendre à parler cette Langue correctement ; mais encore pour y découvrir facilement un très-grand nombre de mots François, qui, au premier coup-d'œil, femblent méconnoiffables, parce qu'ils font orthographiés différemment. Nous joignons ici une Table de ces prononçiations, afin qu'on puiffe fe rappeller en abrégé ce que nous venons de détailler.

Prononçiation Angloife

VOYELLES.

A.	a. é.	O.	a. o. ou. aou.	Wr.	rou.
E.	e. i.	V.	o. iou.	Y.	ey. ni. ri. le.
I.	ey. i. é.	W.	ou.		

Diphtongues & Triphtongues.

Ai.	é. ou	ay.	Eo.	i.	Ou.	au. aou.
Au.	u. á.	long.	Ew.	you.	Ow.	aou.
Aw.	â. long.		Ey.	é.	Oy.	ôy.
Ay.	é. ou	ay.	Oa.	o long.	Ue.	û long.
Ea.	é.		Oe.	o. ou.	Ui & Uy.	ei.
Ee.	î. long.		Oi.	oi.	Uai.	oüé.
Ei.	é.		Oo.	ou.	Uay.	oüé.

CONSONNES.

Gge.	gué.	Gh.	f.	Ght.	cht.
Ch.	tch.	Th.	dha. dhe. dho. th.		
Sh.	ch.	J.	tj.		

H après *w* se prononçe devant.

L devant *e* à la fin d'un mot, se prononçe après.

L entre *a* & *k*, ne se prononçe point.

Les Anglois donnent les dénominations suivantes aux lettres de l'Alphabet ; ê. bi. ci. di. e. eff. gi. haitche. i. kay. ell. em. en. o. pi. quiou. err. eff. ti. you. double you. ix. oüey *ou* ouay. zed.

Runique.

A l'article Islandois, nous avons déja parlé des Lettres Runes que ces Insulaires avoient adoptées, avec quelques légères différences. Il paroît que les Caractères Runes ont été autrefois en usage chez la plûpart des Peuples Septentrionaux. Venantius Fortunatus, Évêque de Poitiers, vers la fin du cinquième siècle, contemporain & ami de Grégoire de Tours, est peût-être le premier qui ait parlé de ces Runes. Il les attribuë aux Francs, & dit que ces Peuples gravoient ces Caractères grossiers sur des Tablettes de frêne (*a*).

Barbara fraxineis pingatur Runa Tabellis.

Monsieur Celsius, Professeur d'Astronomie à Upsal, tâche de faire voir dans une Lettre adressée à M. Des Vignoles, que les Lettres Runes tirent leur Origine des Lettres Romaines. La seule différence qu'il y trouve, vient selon lui, de l'habitude où étoient les Peuples du Nord, de tracer leurs Lettres sur le bois & sur la pierre. Ils donnèrent à toutes ces Lettres une forme droite, comme étant plus facile & plus commode pour la Gravure ; c'est la seule différence qu'il trouve entre les Runes & nos Lettres. M (*b*) Pelloutier remarque que dans la

---

(*a*) Venantius Fortunatus. L. VIII. Carm. 18.
(*b*) Histoire des Celtes, T. II. pag. 401.

Langue Allemande, le mot de *Bufchſtab*, qui déſigne une *Lettre*, inſinuë en même temps, que les anciens Germains gravoient leurs Lettres ſur le *Fau*, ou ſur l'écorce de cet arbre; ce mot eſt compoſé de *Buch*, un fau, un charme; & de *Stab*, un bâton, une barre, parce que ces Caractères ſe gravoient tous en lignes droites. Enfin M. Pelloutier croit que les Modernes donnent aux Runes, ſans aucun fondement, une Antiquité qu'elles n'ont certainement point: il adopte l'opinion de M. Celſius, & penſe que ce que l'on appelle *Runique*, n'eſt autre choſe que le Caractère ordinaire des autres Peuples de l'Europe, quoiqu'un peu défiguré.

Le nom de *Runes* dérive, ſelon Spelman, du mot *Ryne* ou *Geryne* en Anglois, qui peut ſe rendre par *myſtère* ou *choſe cachée*; Spelman fonde cette étymologie ſur l'uſage où étoient les anciens Habitans de l'Europe, d'employer les Runes dans leurs opérations magiques *. Olaüs Wormſ dérive ce mot de *ren*, canal, ou de *ryn*, ſillon; ce qui revient à l'opinion de Celſius cité ci-deſſus, qui trouve l'origine de ce terme dans le mot *Runa*, couper.

Jean le Grand, (*Joannes Magnus*) dans le Livre VI, Ch. 23 de ſon Hiſtoire des Goths & des Suédois, parlant de femmes magiciennes, nommées en Langue Gothique *Adelrunas*, dit à cette occaſion; que le terme de *Runa* ſignifie en cette Langue *art, magie*: & que c'eſt pour cela qu'on appelle *Runaſten*, les pierres chargées d'Inſcriptions Gothiques, qui ſe rencontrent dans la Gothie. On a vû ci-deſſus, à l'article des Iſlandois, que les Runes furent effectivement employés aux Amuletes & aux Enchantements; & qu'Odin qui paſſe pour en être l'In-

---

* Olaüs Worms a publié les Antiquités Danoiſes, & un Traité de Littérature Runique, intitulé; *Danica Litteratura Hafniæ*. 1651.

DE L'IMPRIMERIE, CHAP. VI. 483

venteur, étoit regardé comme un grand Magicien.

L'Alphabèt *Runique*, tel que nous le préfentons dans la troifième colonne de la Planche page 456, eft rangé fuivant l'ordre de notre Alphabèt; c'eft dans ces Caractères que font écrits les Faftes des anciens Danois publiés par Olaüs Wormf; mais on convient que l'ancien Alphabèt *Runique* n'étoit compofé que de feize Éléments, que l'on rangeoit dans l'ordre fuivant, qui eft l'ordre naturel par rapport à la valeur numérique.

Nom.	Valeur Numérique.		Nom.	Valeur Numérique.	
Fie.	I.	*Att.*	Jis.	IX.	*Niu.*
Ur.	II.	*Tu.*	Aar.	X.	*Ti* ou *Tiu.*
Duff.	III.	*Thry.*	Sol.	XI.	*Allivu.*
Oyf.	IV.	*Fiuhur.*	Tyr.	XII.	*Tolf.*
Ridhr.	V.	*Fem.*	Biarkan.	XIII.	*Threttan.*
Kaun.	VI.	*Siax.*	Lagur.	XIV.	*Fiurtan.*
Hagl.	VII.	*Siau.*	Madur.	XV.	*Femtan.*
Naud.	VIII.	*Atta.*	Yr.	XVI.	*Siaxtan.*

Dans la Langue Hébraïque & quelques autres Langues Orientales, les dénominations des Lettres ont leurs fignifications; il en eft de même des Lettres Runiques. Voici celles qu'on leur attache.

Fie, fignifie troupeau, & métaphoriquement, richeffes. On prétend que ce Caractère repréfente un animal qui badine avec fes cornes.

Ur, un torrent, étincelles qui fortent du fer rouge que l'on bat. La Lettre repréfente le torrent.

Duff, exprime les Spectres qui habitent les montagnes, les lieux écartés, & qui fe montroient autrefois aux femmes & aux petits enfans, fous la forme de Nains & de Géants.

La ligne droite de la Lettre repréſente le Spèctre ; la ligne courbe, la montagne ou coline.

Oyſ, port, golfe.

Ridhr, cavalcade ; ce Caractère paroît repréſenter un cavalier qui monte à cheval.

Kaun, ulcère, démangeaiſon. Cette Lettre repréſente un homme qui porte ſa main à ſa tête.

Hagl, grêle. Cette Lettre repréſente, à ce que l'on s'imagine, de la grêle hériſſée de pointes & d'angles.

Naud, la néceſſité. Elle ſe trouve figurée ici par la figure d'un homme caduc, qui ſe ſoutient avec le ſecours d'un bâton.

Jis, ſignifie une plaine de glaçes ; goute d'eau qui ſe glaçe en tombant. Le Caractère repréſente, dit-on, de la glaçe ſuſpenduë, formée par des goutes d'eau, qui ſe ſont gélées en diſtillant.

Aar, fertilité des campagnes. La Lettre repréſente le ſoc de la charruë, le principal inſtrument de l'Agriculture.

Sol, la lumière du Soleil. On croit que cette Lettre figure les rayons du Soleil.

Tyr, taureau. La Lettre préſente la figure d'un taureau qui fouille la terre avec ſes cornes.

Biarkan, bouleau. Quoique la Lettre indiquée par cette dénomination reſſemble à notre B majuſcule, on ne laiſſe pas d'avancer qu'elle porte la figure d'un arbre de bouleau, dont les branches garnies de grandes & larges feuilles occupent un certain eſpaçe.

Lagur, liqueur, eau. Cette Lettre repréſente de l'eau qui tombe du ſommèt d'une montagne.

Madur, l'homme. La Lettre repréſente un homme qui contemple le cours des Aſtres, & lève les mains d'admiration.

Yr, arc tendû avec ſa flèche. La Lettre le repréſente aſſez bien.

Nous

DE L'IMPRIMERIE, CHAP. VI. 485

Nous avons infinué, en parlant des Alphabèts Hébreu & Samaritain, que les dénominations de leurs élémens étoient fignificatives, & répondoient aux figures repréfentées par ces éléments, qui dans leur première origine, avoient été empruntés des Hiéroglyphes, ou Caractères Sacrés des Égyptiens. On fe tromperoit fi on portoit le même jugement des Caractères *Runiques*; il eft très-conftant qu'ils dérivent des Caractères Grècs & Latins : & je penfe qu'on ne doit envifager les dénominations que les Septentrionaux ont donnés aux Runes, que comme des noms d'inftitution, imaginés pour foulager la mémoire de ceux qui voudroient les apprendre.

On prétend que Woldemar II, Roi de Dannemark, qui commença à règner l'an 1202, enrichit l'Alphabèt *Runique* des Lettres ponctuées. Ces Lettres ponctuées font au nombre de fept; fi on les retranche de l'Alphabèt *Runique*, cet Alphabèt fe trouvera réduit à feize Lettres, & nous donnera par conféquent les feize Lettres Numériques dont nous venons de faire mention; & en quoi confiftoit effectivement l'ancien Alphabèt *Runique*. Les fept Lettres, ponctuées par Woldemar, ne diffèrent que par leurs points de fept autres Lettres de cet Alphabèt. Ainfi par exemple, le B ne diffère du P, quant à la figure, que par un point placé dans fon ventre; il en eft de même des autres. Woldemar, comme on le voit, voulut diftinguer les différens fons de la Langue Danoife, qui, s'ils n'étoient point confondus dans le parler, l'étoient du moins dans l'écriture.

Les Peuples Septentrionaux ont fans doute quelques traditions antiques, qui leur ont été tranfmifes par le moyen des Poëmes & des Odes que leurs *Scaldes* ou leurs *Druïdes* compofoient, pour perpétuer la mémoire des belles Actions de leurs Rois & des Héros de leur Nation; mais comme on n'écrivoit point ces Odes & ces Poëmes, & qu'ils ne pouvoient

Tome II.   Q q q

être transmis que par la voye orale ; il est aisé de s'imaginer que depuis un si grand nombre de siècles, la majeure partie de ces Poësies est tombée dans un oubli éternel. Ces mêmes Peuples Septentrionaux s'appuyent beaucoup de l'autorité des Cippes Runiques, dont ils font remonter l'Antiquité dans les temps les plus éloignés.

Le Goth, *Jean le Grand* (Joannes Magnus) Archevêque d'Upsal, avance dans son (*a*) Histoire des Goths & des Suédois, qu'il n'est pas croyable que les Septentrionaux n'ayent pas eu parmi eux des Historiens ; tandis qu'ils avoient chez eux l'usage des Lettres, avant que les Latins eussent reçu les leurs de la Grèce par le canal de Carmenta, mère d'Évandre. Il cite, pour prouver cet usage, les Inscriptions gravées sur ces énormes pierres que l'on rencontre dans le Nord, & qui ne peuvent avoir été accumulées les unes sur les autres, que par les Géants qui existoient sur la terre avant le Déluge de Noë. *Cujus rei indicium præstant eximiæ magnitudinis saxa, veterum bustis ac specubus apud Gothos affixa : quæ Litterarum formis insculpta persuadere possint, quòd ante universale Diluvium, vel paulò pòst, Gigantea virtute ibi erecta fuissent.* Il transcrit à la suite de cette preuve un Alphabet tiré d'après ces Inscriptions Gothiques ; & c'est précisément l'Alphabet *Runique* que nous donnons dans notre Planche.

Olaüs Magnus, (*b*) frère de Jean le Grand, & son Successeur à l'Archevêché d'Upsal, rapporte la même chose, & presqu'en mêmes termes, dans son abrégé de l'Histoire Septentrio-

---

(*a*) *Gothorum Sueonumque Historia, ex probatis Antiquorum monumentis collecta, & in* XXIV *Libros redacta.* Lib. I. Cap. VII.

(*b*)*Olai Magni Gentium Septentrionalium Historiæ breviarium.* Lib. XXII. Édition de Leyde, 1645. Lib. I. Cap. XX.

nale; & pour peu que quelqu'un doute de l'antiquité & de l'énormité de ces rochers, qui n'ont pû être entaſſés les uns ſur les autres que par des Géants, il l'invite à les voir de ſes propres yeux pour s'en convaincre. *Quod ſi quis vi giganteâ, & vetuſtiſſimo ſeculo patratum ambigat, eò accedat, miraque majora ad ſtuporem uſque videat, quàm ſcriptura aliqua polliceatur, vel præſtet. His itaque (ut in Hiſtoria chariſſimi fratris mei, Joannis Magni, anteceſſoris Archiepiſcopi Upſalienſis, Libro primo, capite ſeptimo habetur) res geſtas lapidibus imprimentes, ſempiternæ memoriæ tradiderunt.*

Ces deux Archevêques écrivoient vers le milieu du quinzième ſiècle, dans un temps où le Nord n'étoit point encore revenu de l'idée extravagante des Fées & des Géants. L'unique preuve que ces deux frères allèguent conſiſte à dire, que ces quartiers de rochers que l'on trouve dans le Nord n'ont pû être entaſſés les uns ſur les autres que par des Géants : or les Géants éxiſtoient avant le Déluge; donc les pierres du Nord, & les Inſcriptions qui ſont gravées deſsùs, ſont antérieures au Déluge. Tel eſt leur raiſonnement, qu'il eſt très-aiſé de réfuter.

On trouve dans preſque tout le Nord une aſſez grande quantité de ces monumens de pierre; en Angleterre, à ſix milles anglois de Salisbury, on en voit un aſſez bon nombre qui ſont connus ſous le nom de *Stone-henge.* Dans quelques endroits de la Weſtphalie, & ſur les confins de la Friſe Orientale, on en trouve qui ont juſqu'à ſeize, dix-huit, vingt & vingt-cinq pas de longueur, ſur quatre, cinq & ſix de largeur. A Hummeling, dans l'Évêché de Munſter, on voit une de ces pierres élevée ſur d'autres, & dont la maſſe eſt ſi prodigieuſe, qu'un troupeau de cent moutons peut s'y mettre à l'abri deſſous en temps de pluye; & qu'une compagnie de 150 Soldats qui paſſoit par-là, ne put ébranler.

On en voit à Meeringen, à Anlo, à Balloo, à Benthem, à Borger, à Drowen, à Embsbuir, Onnen, Rolden, Saltsberg, Suidlaaren, Tecklenbourg, Tinaarle, Ulfen, fur le rivage de l'Ifle de Urck. On en trouve auffi un grand nombre de pareils dans les Duchés de Lunebourg & de Brême, & dans celui de Meckelbourg, où on les nomme vulgairement *der Wenden Kirchhoffe*; c'eft-à-dire, les cimétières des Venedes : à Bulcke, dans le Duché de Holftein, dans la Marche de Brandebourg, dans le Duché de Magdebourg, dans la Principauté d'Anhalt. Les Pays fitués vers le Pôle Arctique, le Dannemark, l'Iflande ne manquent point de ces monuments.

En Angleterre, outre le monument de Salisbury dont on a parlé, il en eft encore un dans le Comté d'Oxford, connu fous le nom de *Rollerich-ftones*; un autre près d'Excefter, dans la Province de Dévonshire, connu auffi fous le nom de *Mighty-Stones*, & qui paroiffoit compofé de trente-deux pierres ; mais dont il n'en fubfifte plus que trois, les autres ayant été renverfées. A près de 60 *yards* anglois de cet endroit, on trouve deux autres grandes pierres, que quelques Écrivains modernes nomment *King and Queen-Stolen*; c'eft-à-dire, Siège du Roi & de la Reine, par allufion à une Fable ridicule, que débitent à cette occafion les habitants des environs.

Enfin on trouve de ces monuments en Irlande, en Écoffe, & jufques dans les Ifles Orcades.

Voilà comme l'on voit un nombreux Catalogue de ces fortes de Monuments, dont les deux frères, Archevêques d'Upfal, & plufieurs autres ont prétendu relever l'antiquité des Lettres Runiques. Qui croiroit que fur un fi grand nombre de Monumens, qui ont certainement été érigés avec intention, il ne fe trouve pas le moindre veftige de Caractères quelconques ?

DE L'IMPRIMERIE, CHAP. VI. 489

C'eſt ce que nous * aſſure cependant un très-ſçavant homme, Géorge Keyſler, de la Société Royale de Londres, qui étoit très au fait des Antiquités du Nord, & qui nous a laiſſé ſur cette matière, un Ouvrage rempli d'excellentes recherches; il y décrit la plûpart de ces Monuments : il donne même les deſſeins de quelques-uns. Dans la ſuite de ſon Ouvrage il détaille le ſyſtême Mythologique des Celtes, & parle des différentes Divinités que ces Peuples adoroient.

Pour revenir à nos Monuments de pierres; il prouve, qu'ils n'étoient ni des objets du culte des Celtes, quoiqu'il n'ignore point d'ailleurs, que ces Peuples adoroient les pierres & les rochers; ni des autels, quoique pluſieurs l'ayent avancé; ni enfin des endroits deſtinés aux Aſſemblées Nationales & aux Élections des Rois; mais des Tombeaux des Grands & des Héros de la Nation qui s'étoient diſtingués par leurs exploits. On donnoit à ces Monuments les noms de *Bautaſteena* & de *Seierſtena*, pierres de victoire. Snorro dit que le Roi Harald aux beaux Cheveux, ayant été inhumé, on dreſſa deux pierres; l'une au-deſſus de ſa tête, l'autre au-deſſus de ſes pieds, avec une pierre de traverſe, qui portoit par ſes extrémités ſur les deux premières. Les urnes, les oſſemens, les pièces monnoyées, les armes, &c. que l'on trouve en fouillant ſous ces pierres, ne laiſſent aucun doute ſur le ſentiment de Keyſler. On ne doit

---

* *Neque enim ipſi lapides ulla Litterarum veſtigia aut habuere unquam, aut conſervarunt ; neque Veterum quiſquam hac de re memoriæ quidquam prodidit, cui fidem noſtram addicere poſſemus. Qui verò recentioris Ævi Scriptores aut mentionem horum Monumentorum injecerunt, aut judicium ſuum promere tentarunt, rem tricis magis involverunt quam explicarunt.* Antiquitates Selectæ Septentrionales & Celticæ, Autore Joh. Georgio Keyſler, Hanovre, 1720, in-12. Cap. 2, §. 1.

donc point attribuer ces Monuments aux Géants dont il est parlé dans le Pentateuque ; ils ont été érigés par les différentes Nations Celtes qui habitoient les contrées où ces Monuments se trouvent. On ne fera pas sans doute plus de cas, de l'opinion bizarre de Rudbeck rapportée par (*a*) Laurent Arnell.

Pour prouver que les Caractères Runiques étoient en usage dans le Nord, bien antérieurement à l'arrivée d'*Odin*, à qui on en attribuë communément l'invention ; il pose pour principe, qu'en mille ans, le sol de la terre dans les plaines, augmente de deux doigts, par les herbages, par les feuilles, les troncs & les racines des arbres qui se pourrissent ; enfin par la neige, les pluyes, & par la poussière que le vent y jette. Or, concluent nos Calculateurs, on a trouvé en plusieurs endroits, enfoüi à sept & huit doigts sous terre, des Urnes sépulchrales & des Cippes Runiques ; donc ces Monuments ne peuvent être d'un temps inférieur aux quatrième & cinquième Siècles, qui se sont écoulés depuis le Déluge.

Arnell attaque avec un zèle patriotique le Danois Olaüs Worms : ce dernier donne aux Lettres Runiques le nom de Lettres Danoises. Arnell prétend que les Danois doivent aux Goths ou Suédois, leur propre Origine, leur Langue & leurs Caractères ; & il cite à cette occasion une Épigramme (*b*), que quelque sçavant Suédois avoit faite contre les Antiquités Danoises de Worms.

(*a*) Laurent Arnell, de Stockolm, Auteur d'un petit Ouvrage intitulé : *Exercitium Academicum de Prærogativis Linguæ Suecanæ*, imprimé à Upsal en 1711.

(*b*) *Grandibus it prægnans Antiqui iconibus Ævi*
Wormius ; an peperit ? nil nisi vermiculos.
Verborum phaleras, fucos, mendacia tolle,
Quid superest ? lapis & barbara simplicitas.

Olaüs Wormf donne aux Langues Iflandoife & Norvégienne, le nom de Langues Runiques ; ce qui eft encore défapprouvé par Arnell, d'autant que, de l'aveu même de Wormf, le terme de *Runes* ne fe dit de ces Caractères, qu'autant qu'ils font ou gravés ou écrits * : *Non quatenus loquela proferuntur, fed quatenus fculpuntur vel exarantur.*

Tout ce que les partifans de la haute Antiquité des Lettres Runiques ont pû raffembler, pour nous prouver leur fentiment, ne fuffit pas même, pour balançer un inftant ce que nous devons en penfer. Les Caractères Runiques ne font que les Caractères Grècs ou Latins un peu défigurés ; & ils étoient communs à la plûpart des Peuples du Nord. Arnell qui voudroit perfuader que l'origine des Runes & de la Langue Gothique remonte jufqu'à un certain Odin, premier du nom, qu'il identifie avec Gog & Magog, & qu'il qualifie, Fils de Japhèt ; Arnell, dis-je, eft forcé de convenir, qu'on ne peut s'appuyer d'aucun monument, & qu'on n'a rien de certain à propofer fur cette ancienne Langue. *Hujus Linguæ Monumenta pleraque ipfa vetuftas perdidit ; in Lapidibus tamen quibufdam Runicis nonnulla fupereffe, Antiquarii noftri oftendunt, fed pauciffima, ut de fermonis illius indole nihil certi poffit concludi.*

L'introduction du Chriftianifme dans la Suéde, la Gothie, la Norvége & autres Royaumes du Nord, par les foins de l'Empereur Charlemagne & de Louis fon fils, abolit l'ufage des Lettres Runes. Elles furent même totalement profcrites fous le règne d'Olaüs Skotkonung, à la follicitation de l'Archevêque Sigfrid. On prétend cependant que les Peuples de la Dalécarlie s'en fervent encore. Les Lettres Anglo-Saxones remplaçèrent les Runes.

---

* *Litt. Run. Wormii.* Cap. 2.

Si l'on peut avoir confiance à l'Alphabèt général des Caractères Runiques, & à l'Alphabèt général des Lettres Étrusques, gravés dans la Nouvelle Diplomatique des PP. Bénédictins; les Sçavans auront un étrange Problème à résoudre : en effet, presque toutes ces Lettres se ressemblent, & paroissent empruntées les unes des autres. Les Goths & autres Peuples du Nord auroient-ils donc tiré leurs Lettres de la Grèce, avant que les Étrusques en sortissent ? ou quelqu'essain de ces Étrusques vagabonds en auroit-il porté la connoissance dans le Nord? C'est ce que je laisse à discuter à nos Académiciens. Cet objet est digne de leurs recherches.

Moëso - Gothique.

La Scandinavie nommée par Jornandes le Berçeau des Nations, *Vagina Nationum*, *Officina Gentium*, fut celui des Gètes ou des Goths, selon ce même Historien. Il paroit qu'on donne indistinctement à ces Peuples les noms de * Gèthes, de Goths, de Guths. Eunapius leur attribuoit le nom de *Scythes* ; Herennius Dexippus, Philosophe d'Athènes, qui fleurissoit dans le troisième siècle, du temps des Empereurs Gallien & Probus, avoit fait plusieurs Ouvrages Historiques, & entr'autres une Histoire des Goths qu'il avoit intitulée Τὰ Σκυθικά, comme nous

---

* *Qui in Gothia, & Lingua patria Getha, Guthi, Gothini, Getones passim appellantur*, dit Jean le Grand, Chap. VII. de son Histoire des Goths. Jornandes qui a écrit l'Histoire de ces Peuples, les nomme indifféremment Gètes ou Goths. Jean le Grand que l'on vient de citer, dit L. I. Chap. XXIII. *Ego etiam si quam fidem mea experientia mereor, testari possum, quòd à meis Gothis, Ostrogeta vocor, qui à Latinis appellor Ostrogothus. Quippe ab antiquissimis temporibus in patria Gethani nominamur, quem Latialis sermo Gothum vocare consuevit.*

l'apprenons

DE L'IMPRIMERIE, CHAP. VI.

l'apprenons de Photius. Il ne faut pas cependant confondre les Scythes avec les Goths, c'étoient deux Nations différentes : mais comme les Goths soumirent une partie de la Scythie, l'usage prévalut de leur donner le nom du Pays dont ils s'étoient rendus maîtres ; c'est ce que nous assure Albert Crantz dans son Histoire des Goths. Ainsi on doit distinguer les Scythes d'avec les Goths, quoique Jornandes & d'autres les confondent, & leur donnent la même origine ; c'est ainsi qu'on leur a donné en divers temps, à raison de leurs conquêtes, les noms de Cimériens * & de Thraces.

Au reste, je ne pense pas qu'on doive faire un grand fonds sur ce que les Historiens de cette Nation rapportent de leurs Antiquités. Ils veulent que la Ville d'Upsal ait été bâtie avant le temps d'Abraham, & sur des narrations fabuleuses & sans preuves, ils se donnent des Rois qui ne sont pas moins anciens.

Le premier essain de Goths qui sortit de la Scandinavie pénétra jusques sur les bords du Pont-Euxin & des Paluds Méotides : ils ne s'y tinrent pas tranquillement, & les différentes guerres qu'ils eurent les fit changer souvent de demeures ; cependant il ne paroît pas qu'ils ayent passé le Danube avant le règne de l'Empereur Valens, quoiqu'ils se fussent approchés de l'embouchure de ce Fleuve ; barrière qui suffisoit à peine pour arrêter leurs courses, comme il paroît par ce vers d'Ovide :

Getæque
Danubii mediis vix prohibentur aquis.

---

* *Proinde nisi prudens lector animadverterit, Gothos & Getas eundem esse Populum, ipsosque à devictis gentibus quandoque Scythas, quandoque Cimerios, vel Thraces nuncupatos, nunquam Gothicas vel Scythicas Historias rectè intelliget. Quippe vivente adhuc Magno Philimero Rege, postquam Cimerios ejecerant, non solùm Cimerii, sed etiam Scythæ vocabantur, nomen ab occupata terra assecuti.* Ibid.

Ces Goths ayant été battus par quelques Hordes de Huns, qui fuyoient les Armées Chinoises, envoyèrent une ambassade à l'Empereur Valens, pour le prier de leur accorder un asyle au-delà du Danube, avec promesse de servir les Romains contre ces Huns qui menaçoient l'Empire. Pour persuader davantage cet Empereur de la sincérité de leur intention, ils promirent encore d'embrasser la Religion Chrétienne, s'il leur envoyoit des Docteurs dont ils pussent entendre le langage. Les promesses des Goths, & peut-être plus encore les besoins de l'Empire, la crainte sur-tout que ces Peuples ne s'emparassent à main armée de ce qu'ils demandoient par accommodement & par faveur, fit que Valens leur permit de passer le Danube *, & de prendre des établissemens dans la Dace, appellée Ripense, pour la distinguer de la Dace Méditerranée, dans la Moesie & dans la Thrace.

Valens fut puni de sa trop grande facilité ou plutôt de sa fausse politique. Les Goths ayant été suivis de divers autres Barbares, & se trouvant trop à l'étroit dans ces Provinces, éprouvèrent une famine qui les porta à faire des courses dans les Pays voisins, où ils commirent de grands ravages ; ils battirent Lupicin, Général de l'Armée Romaine : Valens lui-même obligé de se renfermer dans Constantinople, eut le chagrin de voir ces Barbares venir en insulter les fauxbourgs. Il se remit bientôt en campagne, pour ne pas essuyer les reproches de ses sujets, qui l'accusoient de lâcheté & de négligence, & il refusa même la paix que les Goths lui offrirent ; mais ayant perdu contre eux une bataille près d'Andrinople, & ayant été blessé d'un coup de flêche comme il se sauvoit, il fut porté par les

---

* *Sic Danubium transmeantes, Daciam Ripensem, Moesiam, Thraciasque permissu Principis insedere.* Jornandes, *de rebus Get.* c. 25.

tiens dans une chaumière, où les Goths, ne sçachant pas qu'il y fût, mirent le feu, & l'y brûlèrent tout vif; le 9 Août de l'an 378.

Valens avoit été baptisé par les mains d'un Arrien nommé Eudoxe, Patriarche de Constantinople, homme voluptueux & turbulent, qui avoit fait promettre à cet Empereur de soutenir ceux de sa secte; en effet, cet Empereur persécuta beaucoup les Orthodoxes, & s'attacha à faire fleurir l'Arianisme. C'est pour cela qu'il envoya aux Goths un Évêque Arrien nommé Ulphilas, & par d'autres Ourphilas, ou Oulphilas.

Ulphilas fit connoître aux Goths les Caractères Grècs, & traduisit en leur Langue tous les Livres de l'Écriture Sainte: la plus grande partie de cet Ouvrage est périe, on ne sçait comment. Si l'on s'en rapporte à ce qu'en écrit Scaliger *, il éxistoit encore de son temps; & les descendans de ces Goths, qui vivoient sous la domination du Prince des Tartares Précopites, s'en servoient. Il ajoûte même, je ne sçais sur quelles preuves, que le langage Gothique de cette version, n'étoit point différent de celui qui étoit en usage du temps d'Ovide.

Quel que fût le Langage de la Moeso-Gothie, du temps que cet illustre Romain y étoit en éxil, il n'en est pas moins vrai que le Nouveau Testament qui nous reste d'Ulphilas, est un Gothique mêlé de plusieurs mots Allemands ou Teutons; il ne nous reste rien du Langage qui étoit en usage dans ce Pays

---

* *Gothi qui relicta Scandinavia, postea loca circa Moeotidem Paludem & ostia Istri occuparunt, & adhuc Ovidio exsule Thomos & loca sinistra ripæ vicina obtinebant; hi etiamnum in iisdem regionibus degunt, sub Præcopensi Tartarorum dynasta, & utrumque Testamentum, iisdem Litteris, quas excogitavit Wulfila conscriptum, & eadem Lingua, quâ tempore Ovidii utebantur, interpretatum legunt.* Joseph. Scaliger. Canon. Isagog. Lib. III.

du temps d'Ovide : ce Poëte lui-même avoit composé en Gothique, comme il nous l'apprend par ces vers *.

Ah pudet & Getico scripsi sermone libellum,
Structaque sunt nostris barbara verba modis :
Materiam quæris ? Laudes de Cæsare dixi.

Mais le temps nous a envié cet écrit, ainsi que ceux qui ont pû avoir été composés alors & depuis ; ensorte que l'on ne peut juger ce qu'étoit cette ancienne Langue, que sur la version des Évangiles par Ulphilas, qui nous a été conservée à quelques lacunes près. Le Manuscrit d'Ulphilas, connu sous le nom de *Codex Argenteus*, parce qu'il est en Lettres d'or & d'argent, sur du parchemin, appartenoit au Monastère de Werden, Duché de Berg, à près de quatre mille d'Allemagne de Cologne. Il en éxistoit un autre, également en Caractères d'or & d'argent, mais sur papier, dans la Bibliothèque d'Herman, Comte de Newenar, qui contenoit tout le Nouveau Testament, & que ceux qui l'ont éxaminé, disent être une copie de celui d'Ulphilas.

L'Illustre Konigsmarck retournant victorieux de l'Allemagne, emporta en Suéde le Manuscrit de l'Abbaye de Werden, & le présenta à la Reine Christine, qui le donna à Isaac Vossius son Bibliothècaire, qui l'emporta avec lui dans les Pays-Bas. Le Chancelier de la Gardie l'acheta, & en fit présent à la Bibliothèque d'Upsal, où il se trouve maintenant. Franciscus Junius fit imprimer ce Manuscrit à Amsterdam, avec une ancienne Version Anglo-Saxone, revûë par Thomas Mareschall, Anglois ; & il y joignit, outre ses remarques, un Glossaire de cette ancienne Langue *Moeso-Gothique*: cet Ouvrage qui forme

---

* Ovid. de Ponto. L. IV. El. 13.

un gros *in-*4°. parut en 1684. On convient que cette version a été faite sur le texte Grèc.

Hickes, sçavant Anglois, a publié une Grammaire Anglo-Saxone & une *Moëso-Gothique*, qu'il a depuis augmentées & insérées dans son Trésor des Langues Septentrionales publié à Oxford en 1705. Hickes prétend dans la Préface de cet Ouvrage, qu'il y a une ressemblance si parfaite entre l'*Anglo-Saxon*, le *Moëso-Gothique* & notre ancienne Langue *Francteuch* ou *Tudesque*, que l'on doit convenir qu'elles ont toutes trois la même origine. Cette ressemblance le frappe si fortement, qu'il croit que les Grècs auront probablement donné à des Teutons le nom de Goths, & que l'Évêque Ulphilas, ou en général celui qui a fait la version des Évangiles, étoit un Teuton, & non un Goth. Voici les paroles d'Hickes : *Harum Linguarum Anglo-Saxonicæ & veteris Franco-Theotiscæ, cum dicta Mœso-Gothica eam senties esse cognationem, ut alterarum alteram communem matrem esse habendam, mecum non poteris quin propterea judices, quod veteris Angliæ Germano-Saxonicus sermo, Francicusque, quem Franci in Germania, Galliaque usurparunt, Gothicam istam, quam Magnis Viris auctoribus, Mœso-Gothicam & Ulphila-Gothicam vocari, tum formâ & facie, totiusque quodammodo corporis specie, tum moribus, si dicam, & ingenio quemadmodum filia parentem, refert. Quod cum apud me diligentius & attentius perpenderem, existimare cæpi, aut Ulphilam Mœsiæ antistitem ejusque populum à Græcis fortasse Gothos dictos, reipsa Teutones fuisse ; aut, quod magis credo, Teutonem aliquem Ulphilæ, sive æqualem, sive eo forsan superiorem Argentei Codicis esse auctorem.*

Il seroit singulier sans doute, que les Grècs qui ont dû si bien connoître les Goths qui demeuroient parmi eux, se fussent trompés au point de leur donner le nom d'une Nation différente : la chose n'est point croyable ; il éxiste encore aujourd'hui de ces Goths dans la Chersonese Taurique, comme l'atteste Scaliger. Grotius dans les Prolegomenes de son Histoire des Goths, des Vandales & des Lombards, dit que sur les bords des Paluds Méotides, il y a encore de ces Goths qui ont encore les mêmes mœurs, la même Langue, & qui portent le même nom depuis tant de siècles : *Et quod mireris, sunt nunc quoque ad eandem Mæotidem idem Gothi, & ut mores Linguamque, sic & nomen per tot secula retinent.*

Busbequius, Ambassadeur de Charles-Quint à la Porte Ottomane, y vit deux Envoyés des Tartares Prékopes, habitans de la Chersonese Taurique, dont la Langue avoit un rapport singulier avec celle des Goths : Busbequius qui n'avoit point été dans leur pays, doutoit s'ils étoient Goths ou Saxons ; mais un noble Vénitien, Josaphat Barbarus, qui avoit vêcu dans cette contrée, assuroit que ces Peuples se donnoient à eux-mêmes le nom de Goths, & appelloient leur Pays du nom de Gothie. Un Envoyé de Valachie vers Charles XI, Roi de Suéde, assura à Rudbeck, que la Langue & les Lettres Gothiques étoient en usage en plusieurs endroits de cette Principauté ; & lui-même lisoit & entendoit le texte des Évangiles d'Ulphilas.

On voit clairement par tous ces témoignages, combien Hickes se trompe, lorsqu'il traite de Teutons, les Goths établis vers l'embouchure du Danube ; & qu'il fait entendre que quelqu'Allemand ou Teuton aura fait la version des Évangiles attribuée à Ulphilas.

La Langue Saxone, portée dans la Grande Bretagne par les Anglois ; & le Francktheuch, que nos Francs parloient dans la Germanie & dans les Gaules, sont deux anciennes Langues de l'Europe, que l'on a raison de regarder comme sœurs ; elles dérivent l'une & l'autre, à ce que l'on croit, de la Langue Gothique; plusieurs aussi sont dans l'opinion, que la Langue Allemande moderne provient de notre ancien Franc; & effectivement on reconnoît une grande ressemblance entre l'Allemand & le Gothique, qui annonce cette filiation.

Il paroît constant que le Gothique est une Langue mère, dans laquelle on doit chercher la source d'une bonne partie des Langues du Nord: car outre l'Anglo-Saxon, le Franctheusch & l'Allemand qui en sont émanés, on doit compter encore la Langue Suédoise, qui doit y avoir un rapport d'autant plus particulier, que les Peuples qui la parlent habitent l'ancienne patrie des Goths. Voilà pourquoi * Bertius disoit en parlant de la Langue Suédoise: *Lingua Sviones arguit esse Germanos. At si de origine certandum, videri possunt potius ab his Germani, quàm ipsi ducti à Germanis.*

La Langue Danoise descend également de la Langue Gothique; il semble même que les Danois voudroient persuader à tout le reste du Nord, qu'ils sont plus anciens que les Goths, & que le nom de Danois étoit connu avant celui des Goths: ces prétentions nationales ne sont pas rares; mais on n'en fait aucun cas, lorsqu'elles ne sont appuyées que sur l'amour propre, si naturel à la plûpart des Peuples qui se flattent d'une haute Antiquité.

Il y a une grande rivalité entre les Suédois & les Danois, relativement à leurs prétentions respectives qu'ils voudroient faire prévaloir: leurs Rois prennent également dans leurs titres, celui de *Rois de Gothie*; & effectivement une bonne partie de la Suéde est divisée en Gothie Orientale & Occidentale, comme une bonne partie du Dannemarck est divisé en Gothie

---

* *Petr. Bertius, Rer. Germ.* L. II, C. 16.

Méridionale & Septentrionale. Un Anonyme *, Auteur d'un petit vocabulaire intitulé, *Dictionarium Danao Danicum*, paroît n'avoir entrepris cette Brochure, que pour jetter un vernis de ridicule sur les Antiquités Danoises. Il propose une certaine quantité de mots Grècs, dont il semble vouloir rechercher la source dans la Langue Danoise, sous prétexte, comme il l'annonce, qu'une Colonie de Grècs aura pénétré dans le Dannemarck ; ou plutôt qu'un essain de Danois aura été s'établir dans la Grèce.

Il plaisante sur le nom de Danois, qu'il dérive du nom que les Grècs avoient emprunté de Danaus, Fondateur du Royaume d'Argos ; ce qui ne paroît pas moins ridicule que d'en vouloir rapporter l'origine à Dan, fils de Jacob, comme plusieurs Sçavans ont fait.

La Langue Islandoise est aussi une Dialècte de la Gothique, ou plutôt la Langue Gothique même ; si l'on s'en rapporte à quelques Écrivains Septentrionaux, qui veulent que les Goths ayent peuplé l'Islande dès la plus haute Antiquité.

Ovide disgracié par Auguste, fut éxilé dans la Moeso-Gothie. Il mourut à Thomos, Ville située sur les bords du Pont-Euxin, près de l'embouchure de l'Ister ou Danube, & bâtie ou du moins peuplée par une Colonie de Milesiens. Dans les Élégies qu'il adressa à ses protecteurs & à ses amis qu'il avoit laissés à Rome, il peint avec des couleurs assez vives, la rigueur de ce climat & la barbarie de ses habitans. Un froid presque continuel, empêche que le Soleil & les pluyes ne fassent fondre en beaucoup d'endroits les neiges qui y tombent.

Nix jacet, & jactam non Sol, pluviæque resolvunt :
Indurat Boreas, perpetuamque facit.

---

* *De Danicæ cum Græca miſtione Diatribe. Per. C. Aq.* Portvæ, 1640.

Ergo

DE L'IMPRIMERIE, CHAP. VI.

Ergo ubi deliquit nondum prior, altera venit:
Et solet in multis bima jacere locis.
Trist. L. III. Eleg. X.

Les vents du Nord y soufflent avec une telle violence, qu'ils renversent les maisons & les tours élevées. Les hommes pour se garantir de la rigueur de ce froid, s'enveloppent de pelisses, & ne laissent que leur visage à découvert; la glace suspenduë à leur barbe & à leurs cheveux, rend un son lorsqu'ils marchent; enfin le vin s'y gêle, & se mange au lieu de se boire.

Tantaque commoti vis est Aquilonis, ut altas
Aequet humo turres, tectaque rapta ferat.
Pellibus hirsutis arcent mala frigora bracchis,
Oraque de toto corpore sola patent.
Saepe sonant moti glacie pendente capilli,
Et nitet inducto candida barba gelu.
Nudaque consistunt formam servantia testae
Vina: nec hausta meri, sed data frusta bibunt.
Trist. L. III. Eleg. X.

Au lieu de Livres capables d'amuser & d'instruire, on ne voit dans ce rude climat que des arcs & des armes de toute espèce.

Non hic Librorum, per quos inviter, alarque
Copia: pro libris arcus & arma sonant.
Trist. L. III. Eleg. XIV.

Les Sarmates, les Gethes, les Besses & autres Peuples Barbares habitoient ces Contrées; Ovide nous apprend qu'on y trouvoit aussi des Villes Grècques.

*Hic quoque sunt igitur Graiæ (quis crederet) Urbes,
Inter inhumanæ nomina Barbariæ ?
Huc quoque Mileto missi venere Coloni,
Inque Getis, Graias constituere domos.*
Trist. L. III. Eleg. IX.

Il nous peint les Gethes & les Sarmates sans cesse à cheval, & armés d'arcs & de flèches empoisonnées, des cheveux & une barbe négligés, un son de voix qui tient plus des bêtes féroces que de l'homme ; un visage farouche & barbare, vraye image de la mort ; ils ont tous un coutelas suspendu à leur côté, dont ils sont toujours prêts à vous frapper.

*Vox fera : trux vultus : verissima mortis imago ;
Non coma, non ulla barba resecta manu :
Dextera non segnis stricto dare vulnera cultro :
Quem vinctum lateri Barbarus omnis habet.*
Trist. L. V. Eleg. VIII.

Ces hommes, qu'Ovide jugeoit à peine dignes de ce nom, avoient plus de férocité que les loups ; ils étoient toujours prêts à se battre, sans aucune crainte des Loix. Leur épée leur tenoit lieu d'Avocats & de Juges ; celui qui sçavoit le mieux s'en servir avoit le bon droit de son côté.

Ce fut dans ce climat & parmi ces Barbares, qu'Ovide, un des plus beaux génies de Rome, finit sa carrière. Il nous apprend que quoiqu'il y eût des Villes Grècques, néanmoins la Langue Grècque y étoit très-négligée, & la prononçiation très-défigurée par la rudesse de l'accent gothique.

*In paucis extant Græcæ vestigia Linguæ :
Hæc quoque jam Getico barbara facta sono.*
Trist. L. V. Eleg. VII.

Ovide apprit la Langue des Sarmates & des Gètes, & il se plaint que ces sons durs & barbares lui avoient presque fait oublier sa propre Langue.

Omnia barbariæ loca sunt, vocisque ferinæ :
Omnia sunt Getici plena timore soni,
Ipse mihi videor jam dedicisse latinè :
Nam didici Geticè Sarmaticèque loqui.
Trist. L. V. Eleg. XII.

Il avoit même composé en Langue Gothique des vers à la louange d'Auguste, & s'étoit acquis la réputation de Poëte parmi ces Peuples.

Ah pudet & Getico scripsi sermone libellum,
Structaque sunt nostris barbara verba modis.
Et placui, gratare mihi, cœpique Poetæ
Inter inhumanos nomen habere Getas.
Materiam quæris ? Laudes de Cæsare dixi.
De Ponto. L. IV. Eleg. XIII.

J'ai cru faire plaisir au Lecteur, en rappellant ici sous un seul point de vûë, ce qui se trouve épars çà & là dans les différentes Élégies d'Ovide, concernant la Moëso-Gothie, & les mœurs des Peuples qui l'habitoient du temps d'Auguste. Je finirai par une remarque qu'on n'aura pas manqué de faire en lisant ces Extraits. Comment peut-on attribuer à l'Évêque Ulphilas, l'honneur d'avoir fait connoître aux Goths, l'Alphabèt Grèc ; tandis que plusieurs siècles avant, les Milesiens qui prirent des établissemens à Tomos dûrent l'y porter avec eux, & en donner la connoissance aux Barbares avec qui ils étoient obligés de vivre ? On sera donc obligé de se retrancher à dire, qu'Ulphilas n'aura fait que perpétuer parmi ceux de sa Nation, les Lettres Grècques qui y étoient déja en usage, par sa version de l'Écriture Sainte.

Irlandois.

Ce que les Danois & les Suédois publient de leur haute Antiquité; ce que les Chaldéens & les Égyptiens, à l'égard de qui les Grècs ne passoient que pour des enfans, nous ont laissé de leurs anciennes Histoires; tout cela n'est que de la nouveauté, en comparaison de ce que nous offrent les Irlandois.

> * *Quodcunque vetustum*
> *Gentibus in reliquis, vel narrat fama, vel audet*
> *Fabula, longævis vel credunt secula fastis*
> *Huc compone, novum est.*

M. Flaherty dans un Ouvrage intitulé, *Ogygia, seu rerum Hibernicarum Chronologia*, imprimé à Londres en 1685, fait voir que l'idée avantageuse que nous donnons dans ce début des Antiquités Irlandoises, n'est point éxagérée.

Trois pêcheurs Espagnols, *Cappa, Lagne & Luasat*, poussés par les vents contraires, abordèrent en Irlande avant le Déluge, on ne dit point l'année: ils en furent les premiers habitans. Quarante jours précisément avant le Déluge, un jour de Sabbat quinzième du mois, il se fit un nouveau débarquement en Irlande, composé de trois hommes & de cinquante-trois femmes; Flaherty nomme sans hésiter plusieurs endroits de l'Irlande, auxquels ces hommes & ces femmes avoient donné leurs noms. Malheureusement tout périt avec le Déluge, &

---

* Ces vers sont tirés de l'Épithalame de Marie Stuart, Reine d'Écosse, par Buchanan. Camden dit aussi: *Ut præ illis Hibernicis historicis omnis omnium gentium Antiquitas fit novitas, & quodammodo infantia.*

on ne nous apprend pas comment on a conservé la mémoire de ces noms.

L'an 312 après le Déluge, un mardi 14 de Mai, Partholan accompagné de sa femme, nommée Elga, & de ses trois fils, *Rudric, Slange* & *Lagne* avec leurs femmes, conduisit en Irlande une Colonie de mille hommes : après trois cents ans, ou plutôt après trente ans, (car comme Flaherty en fait la remarque ; dans la Langue Irlandoise, avec le changement de deux Lettres, de trente on peut faire trois cents), une peste détruisit en une semaine de temps toute cette Colonie, qui se montoit alors à neuf mille personnes.

Une nouvelle Colonie qui repeupla l'Irlande, environ trente ans après ce fléau, n'eût pas un meilleur succès. Néméthus qui en étoit le Conducteur, périt avec trois mille hommes, de la même contagion : ses descendans battus par un certain Morcus, se virent contraints de déserter l'Isle. Britannus & Ibathes, neveux ou petits-fils de Néméthus se réfugièrent, le premier dans la Grande Bretagne, appellée alors simplement la *Grande Isle ;* mais à laquelle il donna son nom : le second dirigea sa course vers les parties Septentrionales de la Germanie.

L'Irlande fut repeuplée 412 ans après, par les Belges, Peuples de la Grande Bretagne ; & Slange qui les commandoit est regardé par Flaherty comme le premier Roi de l'Irlande ; il fonda une Dynastie composée de neuf Rois, qui n'ont régné en total, selon quelques-uns, que trente-sept ans, & selon d'autres quatre-vingt ans. Les Dananniens, Peuples du Nord de l'Angleterre, firent une descente en Irlande sous la conduite de Nuadus *à la Main d'Argent*, & battirent les *Belges*, dont les restes furent dispersés. Ces Dananniens jettèrent, l'an du monde 2737, les fondemens d'une Dynastie qui dura 197 ans, sous sept Rois. C'est la quatrième Colonie qui peupla l'Irlande.

La cinquième Colonie étoit compofée de Peuples Scythes, nommés *Scoti*, qui furent tranfportés en Irlande par les huit *Miléfiens*, fils d'un Capitaine Efpagnol nommé *Golam*. On prétend qu'un oncle de ce Capitaine, qui étoit allé en Irlande, y avoit été affaffiné ; & que les Miléfiens n'avoient entrepris cette expédition que pour vanger fa mort ; d'autres difent fimplement qu'ils fuyoient l'Efpagne, où règnoit une affreufe fécherefle depuis vingt-fix ans. Quoi qu'il en foit, ces Miléfiens, felon Flaherty, s'y tranfportèrent l'an du monde 2934, & fe rendirent Souverains dans le pays, où ils fondèrent une Monarchie qui a duré fans interruption pendant 2037 ans. A cette époque les Princes du Sang s'étant divifés, il fut facile à Henri II, Roi d'Angleterre, de conquérir l'Ifle fur le Roi Roderic, l'an 1162 de l'Ère Chrétienne.

Après la mort de la Reine Élizabeth, l'Irlande retomba fous la domination de la Famille Miléfienne, puifque les Rois d'Écoffe prétendent defcendre de cette Famille. Au moyen de cette fuppofition, les Rois d'Angleterre peuvent fe flatter qu'il n'eft point de Famille au monde auffi anciennement fur le thrône comme la leur. Mais quels font les monumens hiftoriques dont Flaherty s'eft fervi, pour lier enfemble les différentes parties de cette longue chaîne ? Quels garants offre-t-il à fes lecteurs ? Des Poëmes compofés par Conang o Malcomar, par G. Modudius de Ardbrecain, par G. Cœmanus, &c. dont le plus ancien ne remonte pas plus haut que le commencement du onzième fiècle. Il faut être bien dépourvû de critique, pour propofer dans un fiècle auffi éclairé que le nôtre, les fables imaginées par ces impofteurs. On peut dire de l'Ouvrage de Flaherty, auffi-bien que de l'Atlantica de M. Rudbecks, qu'il fait plus admirer la patience & l'érudition de l'Auteur, qu'il ne perfuade de la vérité des chofes que l'on y trouve : c'eft le jugement que Bayle en porte dans son Journal (Août 1686).

« En effet, continue-t-il, on ne s'imagine pas aisément, que
» la Nation Grècque avec toute son habileté, sa vanité & sa
» hardiesse à forger des fables, n'ait pû nous laisser une suite
» chronologique de son Histoire, & que les gens du monde
» les plus sauvages ayent conservé des Monuments Histori-
» ques, par le moyen desquels on fait une chaîne de succes-
» sions & d'évènements depuis l'origine des choses jusques à ce
» siècle. C'est une pitié que la confusion ténébreuse qui règne
» dans ce que les Historiens Grècs nous ont dit des temps un
» peu reculés. Les mensonges mêmes leur manquent, *ipsæ*
» *periere ruinæ*, ils n'ont point de fables qui fassent remonter
» avec quelqu'ordre jusqu'aux premiers siècles, les Nations les
» plus polies & les plus fameuses. Comment donc se persuader
» que les Barbares ayent eu plus d'industrie pour conserver
» l'Histoire de leur pays ? Les personnes dures à croire ne le
» trouveront pas vraisemblable ».

Les dates précises de l'année, du mois, & même du jour
que ces Écrivains ont eu l'imprudence de marquer pour des temps
si reculés, dévoilent assez que tout cela ne doit être regardé
que comme un tissu d'impostures. Venons maintenant à l'éxamen de l'Alphabèt des Irlandois; s'il étoit possible de prouver
son âge, on pourroit fixer par-là ce qu'on peut raisonnablement
accorder à ces Peuples touchant leurs prétentions historiques.

Les Irlandois se glorifient d'avoir un Alphabèt particulier ;
ils l'appellent *Beth-luis-nion* ; parce que les Lettres *B. L.* &
N, en étoient les trois premières Lettres, & que ces dénominations en leur Langue désignent trois sortes d'arbres, dont ils
tiroient les tables & l'écorce qui leur tenoient lieu de papier
pour écrire. Ils attribuent l'invention de cet Alphabèt à un certain *Fenisius*, qu'ils appellent encore *Phenius* & *Fenius Far-*

faidh ; qu'ils difent être arrière petit-fils de Japhèt par Magog. Ils ajoûtent que les Écoffois & les Hibernois en tirent leur origine ; & de-là les noms Patronymiques de *Feniens* ou *Fénifiens*, que ces Peuples s'arrogent. Ce Fénifius, avec le fecours d'un certain Gaidel, fils d'Éthor, fils de Gomer, fils de Japhèt, créa (c'est le terme dont on se sert) la Langue Hibernoife, ou la dériva des soixante-douze Langues, distinctes dès-lors dans les plaines de Sennaar ; & de-là encore le nom de Langue Gaidelique, que l'on donne à la Langue Hibernoife.

Flaherty est d'opinion, que ce Fénifius n'est point différent de Phœnix qui donna son nom à la Phénicie, & à qui les Écrivains Grècs attribuent l'invention de l'Écriture. La reffemblance de ces deux noms, & la même invention que l'on attribuë à l'un & à l'autre, détermineroient d'autres que Flaherty à identifier ces deux Princes, si les Hibernois avoient d'anciens Monumens qui puffent constater l'éxistence de Fénifius, l'Auteur prétendu de leur origine ; mais ils n'ont que des Écrivains modernes à nous offrir ; peuvent-ils sur leur simple témoignage, établir des faits qui se sont passés plusieurs milliers d'années avant eux ?

Flaherty ajoûte, que les Lettres Hibernoifes reffemblent aux Lettres Latines, & que ces Lettres Latines n'étoient point différentes des Lettres en usage parmi les Grècs, avant l'arrivée de Cadmus. Il paroît que son but est de prouver, que ni les unes ni les autres ne sont point dérivées des Hébraïques ou Chaldéennes. Si les Grècs, dit-il, euffent emprunté leurs Lettres de Moyfe ou d'Abraham, ils écriroient comme les Chaldéens & les Hébreux de la droite à la gauche ; au lieu qu'ils écrivent de la gauche à la droite, comme tous les Européens; argument dont on sentira toute la foibleffe, si l'on se donne la peine de lire ce que nous avons écrit ci-devant à l'article Bouftrophédon.

Les

DE L'IMPRIMERIE, CHAP. VI.

Les Hibernois écrivirent d'abord avec un ftyle de fèr fur des tablettes de bouleau, qu'ils appelloient *Oraiun* & *Taibhle Fileadh*; c'eft-à-dire, Tables Philofophiques. L'ordre de leur Alphabèt n'étoit pas le même qu'il eft aujourd'hui ; & d'ailleurs chaque Lettre avoit une dénomination particulière, qui étoit fignificative, & éxprimoit en leur Langue le nom de quelque arbre, qui commençoit par la Lettre que cette dénomination défignoit. Voici le nombre, l'ordre & le nom de ces Lettres, avec l'Interprétation que les Hibernois attachoient à chacune d'elles.

1. B. *Beithe*, Bouleau.
2. L. *Luis*, vulgairement *Caertheann*, Frêne fauvage.
3. F. *Fearn*, Aune, dont on fait des boucliers.
4. S. *Sail*, Saule.
5. N. *Nion*, vulgairement, *Unfionn*, Frêne.
6. H. *Huath*, vulgairement, *Sce*, Épine de haye. Oxyacanthus.
7. D. *Duir*, vulgairement, *Cuileann*, yeufe, Chêne verd, Myrthe fauvage.
8. T. *Tine*, on ne dit pas ce que veut dire ce mot.
9. C. *Coll*, Coudrier, Noyer.
10. Q. *Queirt*, vulgairement, *Abholl*, Pommier.
11. M. *Muin*, vulgairement, *Fineamhuin*, Vigne.
12. G. *Gort*, vulgairement, *Fidheann*, Lierre.
13. Ng. *Ngedal*, vulgairement, *Gilcach* & *Raid*. Canne, Rofeau.
14. P. *Pethpoc*. On n'en donne point l'interprétation.
15. Z. *Ztraif*, vulgairement, *Draighean*, Prunier fauvage.
16. R. *Ruis*, vulgairement, *Trom*, Sureau.
17. A. *Ailm*, vulgairement *Gius*, Sapin.

Tome II. Ttt

18. O. *Onn,* vulgairement, *Aiteann,* Geneft fauvage.
19. U. *Ur,* vulgairement, *Fræch,* Bruyère.
20. E. *Eadhadh,* vulgairement, *Cranncriothach,* Tremble.
21. I. *Idho,* ou *Idhad,* vulgairement, *Ibhar,* If.

Les cinq Diphthongues qui fuivent avoient également leurs dénominations; on remarquera que les Lettres *V* & *X* ont les fons des Diphthongues *Ui* & *Ae.*

22. Ea. *Ebhadh,* vulgairement *Criothach,* Tremble.
23. Oi. *Oir,* vulgairement, *Feoras,* Fufain.
24. Y. *Uilleann,* vulgairement, *Eadhleann,* Chevre-feuille.
25. Io. *Iphin,* vulgairement, *Spinan* ou *Ifpin,* Grofelier, Épine-vinette.
26. X. *Amhancholl.* On ignore ce qu'il fignifie.

Flaherty, à l'occafion de ces dénominations des Lettres Hibernoifes fait ce raifonnement. Les dénominations des Lettres Grècques, prouvent que les Grècs tenoient ces Lettres d'ailleurs, puifqu'à leur égard ces mots étoient barbares ou inintelligibles; par la même raifon, ajoûte-t-il, les dénominations des Lettres Hibernoifes, étant puifées dans la Langue même des Irlandois, il eft clair qu'ils ne tiennent que d'eux-mêmes ces Lettres & ces dénominations. *Hoc ratiocinio perfpicuum eft noftras Litteras non aliunde traductas, nec alii Nationi, aut Idiomati cuivis debitas, fi quidem vocabula iis impofita peculiariùs fignificativa funt in Idiomate, cui famulantur.*

Mais cette conclufion manque de juftefle, puifque les Irlandois pourroient avoir emprunté leurs Caractères des Romains; & avoir donné à ces Caractères des dénominations puifées dans leur propre Langue. Les Irlandois ont fait à l'égard de leur Alphabèt, ce que les anciens Suédois, Danois,

Islandois & Norvégiens ont fait à l'égard des Lettres Runes ; c'est-à-dire, qu'ils ont donné aux Lettres qu'ils ont reçûës des Romains, des dénominations puifées dans leur Langue, afin de faciliter davantage l'intelligence de ces Lettres, & les faire retenir plus aifément : la preuve en eft bien fenfible, puifque la Lettre initiale de chacune de ces dénominations donne précifément la valeur de la Lettre.

Les Irlandois ne marquent point la Lettre *H* dans leur Alphabet, parce qu'ils ne la confidèrent que comme une afpiration, qu'ils défignent même le plus fouvent par un point. L'intelligence de la prononçiation de leur Langue paroît dépendre principalement de la connoiffance parfaite des différentes valeurs que cette afpirée donne aux Lettres.

Les Lettres *B* & *M* afpirées, prennent le fon de l'*V* confonne des Latins.

F afpirée, perd fa puiffance ; ainfi dans *a Fhir*, *o vir*, on lira comme s'il y avoit *a ir*.

Les Lettres *S* & *T* afpirées, perdent leur valeur ; mais la Lettre qui les fuit, garde l'afpiration : ainfi dans les mots *a Shile* & *a Thomais*, vous lirés comme s'il y avoit *a Hile*, *a Homais*. Jamais l'*S* ne s'afpire à la fin d'un mot.

Les confonnes, éxcèpté les liquides *L. M. N. R.* perdent fouvent leur fon, lorfqu'elles font précédées d'une autre confonne : ainfi par éxemple, la Lettre *B* précédée d'une *M* perd fa valeur, & on prononçe comme s'il n'y avoit qu'une *M*. Il en eft de même des Lettres fuivantes, fçavoir :

Le *G* devant le *C* ; l'*N* devant le *D* ; *Bh* devant l'*F* ; l'*N* devant le *G* ; le *B* devant le *P* ; le *T* devant l'*S* ; le *D* devant le *T* ; le double *Tt* fe prononçe comme s'il y avoit *Dt*, &c. *Ln* fonne comme *Ll* ; ainfi au lieu de *Colna* & d'*Ailne*, on prononçera *colla* & *aille*.

Souvent le *D* placé après l'*N* se change en cette dernière Lettre. Exemple : *Ændia, Eunda, Andeus*, se prononçent *Ænnia, Eunna, Ennius*. A la fin d'un mot, on peut écrire indifféremment *Nd* ou *Nn* ; ainsi pour dire *tête*, on écrira *ceand* ou *ceann*.

La Lettre *R* à la fin d'un mot, suivie d'un autre mot qui commençe par *Dh*, lui fait perdre sa valeur, & lui communique la sienne. Ainsi dans ces deux mots *Muintir Dhalaigh*, la famille des Daléens; prononçés comme s'il y avoit : *Muintir Ralaig*.

Camden, Flaherty (a), Aubertus Miræus, Doyen d'Anvers, & d'autres prétendent, mais cependant sans en donner de preuves, que les Anglo-Saxons ont emprunté leur Alphabèt des Hibernois. Ce qu'il y a de certain, c'est que l'un & l'autre de ces Alphabèts se ressemblent beaucoup, & qu'il est visible que l'un des deux ne peut être qu'une copie de l'autre. Camden ajoûte que les Anglo-Saxons alloient en Irlande pour s'instruire dans les Belles-Lettres ; & qu'il n'est pas rare de lire dans les Écrivains Anglois, lorsqu'ils parlent de quelque grand Homme qui s'y est retiré, ces paroles, *Amandatus est ad Disciplinam in Hiberniam* : c'est ainsi que dans la vie de Sulgene qui fleurissoit vers l'an 600, on lit :

> *Exemplo Patrum, commotus amore legendi,*
> *Ivit ad Hibernos Sophia, mirabile, claros.*

Les Hibernois prétendent encore que leur Langue n'a point éprouvé les vicissitudes, qui ont apporté tant de changemens dans les Langues Françoise, Allemande, Angloise, &c. Ils entendent encore aujourd'hui sans peine, des Écrits composés il y a nombre de siècles.

(*a*) *In Fastis Belgicis ad* 3 *Decemb.*

De l'Imprimerie, Chap. VI.

Les Hibernois Lettrés ont un Langage qui n'est point entendu du Vulgaire : ce Langage est fondé sur des règles certaines, qui l'empêchent de varier : (a) *Illud certis regulis, & præceptionibus innixum, quasi in Olympi vertice positum nullis aeriis agitationibus subjacet.* Par ces Sçavans je pense qu'on doit entendre les Poëtes seulement, dont le Langage est différent chez la plûpart des Nations. Muret dit à ce sujet, que les Poëtes, pour ne pas communiquer au Peuple les mystères de la Philosophie, affectoient de n'en parler que d'une manière obscure, soit en vers, soit par des allégories, soit en employant tout autre genre de style hors de sa portée (b). *Poetæ vulgus sibi invisum esse profitentur : unde ad mysteria Philosophiæ turbam admittendam non putabant : ideoque obscurabant ea de industriâ, alii numeris, alii allegoriis, alii tenebroso quodam dicendi genere, ut ostenderent se sapientiæ tantùm studiosis scribere.*

Je ne pense pas qu'on puisse remonter l'antiquité de l'Alphabèt Hibernois, plus haut que le commençement du cinquième siècle ; il aura été introduit en Irlande par S. Patrice, qui fut envoyé dans ce Royaume l'an 432, par le Pape Célestin, ou par son Successeur Sixte III, pour y appeller ces Insulaires à la Religion Chrétienne. Pendant l'espace de 60 ans que cet Apôtre annonça Jesus-Christ à ces Barbares, il eut tout le temps de leur faire connoître l'usage de l'Écriture : cette connoissance devenoit même nécessaire pour accélérer son entreprise ; & l'on ne peut raisonnablement douter qu'il n'ait composé quelques Ouvrages, & traduit des morceaux de l'Écriture Sainte en Langue Hibernoise, quoique le temps nous les ait enviés.

(a) *Ogygia. Pars III. Cap. XXX.*
(b) *Muretus. Oratione 15. Voluminis 2. Pag.* 656.

Kennedi (*a*), dans sa Dissertation sur la Famille Royale des Stuarts, nous apprend que les Irlandois avoient de plus une autre écriture réservée à leurs Doctes, qui représentoit des branches, des chiffres & des points sur de petites lames, dont l'arrangement étoit une Science, & dont les caractères renfermoient bien des choses en peu de figures : Kennedi ajoûte, que Dudley-mac-firbisch avoit entre les mains 150 de ces lames, & que le Chevalier Ware en conservoit un Livre tout rempli. Kennedi s'appuye de ces Monuments & d'autres gardés en différentes Églises, pour faire remonter les Antiquités Irlandoises à des milliers d'années avant J. C. Mais, comme nous l'avons déja observé, ni lui ni d'autres ne citent pas un seul de ces monuments, qui ne soit postérieur au onzième siècle ; & d'ailleurs, ce qui est bien capable de jetter de violens soupçons, ces monuments Hibernois n'ont qu'eux-mêmes pour garants.

« Si depuis un millier d'années, les Écrivains Hibernois ont
» donné dans la Fable, disent les Auteurs de la Nouvelle Di-
» plomatique ; ce n'est pas un titre pour les réaliser, dans un
» siècle aussi éclairé que le nôtre. Ici la possession sans titre ne
» suffit pas..... Qui pourroit nous garantir, que ce ne sont
» pas des monuments faits, soit à plaisir, soit sans aucun mau-
» vais dessein, soit même pour en imposer ? Admettons-les
» pour véritables : qui nous répondra que ce ne sont pas des
» Écritures inintelligibles fort différentes des Irlandoises....
» Il est de la gloire de la Nation Irlandoise, de nous faire re-
» venir de nos préventions, si elles sont mal fondées. Ils n'y

---

(*a*) A Chronological, Genealogical, and Historical Dissertation of the Royal Family of the Stuarts. By Mathew Kennedi. Printed in Paris, 1705, in-8°. citée dans le second Volume de la Nouvelle Diplomatique des PP. Bénédictins, pag. 74.

» réussiront pas par des raisonnemens. Il nous faut des monu-
» ments certains, & mis à la p..ée du commun des Gens de
» Lettres ».

Le Jésuite Bollandus n'accorde point d'Alphabèt aux Hibernois, avant l'introduction de la Religion Chrétienne ; & il cite Colgan & le Chevalier Ware, qui prétendent qu'ils en ont l'obligation à S. Patrice : on assure que S. Patrice donna à Saint Fiec, l'un de ses Disciples, un Alphabèt écrit de sa propre main (a), *Alphabethum sua manu scriptum tradidit.* Et on est certain que ce Disciple composa en Hibernois une Hymne à la louange de S. Patrice, écrite dans ces Caractères. Flaherty qui milite pour l'antiquité de l'Alphabèt Hibernois se retranche à dire, que l'Alphabèt donné par S. Patrice étoit l'Alphabèt Latin : mais il me semble que c'est là rendre les armes, puisqu'il est constant que les Hibernois n'ont jamais eu d'autre Alphabèt que celui des Latins, qu'il n'est pas possible de méconnoître, quoiqu'il soit un peu corrompu. Car quant à l'Alphabèt que les Hibernois prétendent tenir immédiatement des plaines de Sennaar, je ne crois pas que personne éxige que nous développions les raisons qui nous portent à le ranger au nombre des êtres imaginaires, on les devine assez.

Je reviens maintenant à cette Écriture, qui représentoit des branches, des chiffres & des points ; & que Kennedi dit avoir été réservée aux Doctes d'entre les Hibernois. On nous annonce que les Caractères de cette écriture renfermoient beaucoup de choses en peu de figures : il le faut croire sur la foi de ceux qui l'annoncent ; cependant on a beau citer des personnes qui ont de ces sortes de Monuments, nous a-t-on donné l'ex-

---

(a) *Vita S. Patricii Tripartita in R. P. Colgani triade Thaumaturga.* Par. III. Cap. 21.

plication de quelques-unes de ces lames ? On ne l'a point fait; que veut-on donc que nous en difions ? Peut-on prouver une grande Antiquité par des monumens ignorés & indéchiffrables, dont on ne connoît point l'âge ? Ces Lettres portoient, dit-on, le nom de *Feadha*, forêts. Voici ce que le Chevalier Ware, qui en avoit un Livre, en difoit. (*a*) *Præter Characteres vulgares utebantur etiam Doctores Hiberni variis occultis fcribendi formulis, feu artificiis Ogum dictis, quibus fecreta fua fcribebant. His refertum habeo libellum membraneum antiquum.*

Flaherty à la page 237 de fon Ogygia, donne un exemple de ces fortes de Caractères fur les cinq Voyelles & fur deux Diphthongues : je rapporte ici ce modèle, pour mettre le Lecteur en état de juger ce qu'il en doit penfer : le voici. Je ne peux mieux les comparer qu'aux hôches, que les Bouchers & les Boulangers font fur des tailles pour marquer la quantité des marchandifes qu'ils livrent; peut-on raifonnablement nous offrir cela pour une écriture en forme ? On ne peut donc faire aucun fonds fur les Antiquités Hibernoifes, tant qu'elles ne feront appuyées que fur des preuves femblables à celles-là ; puifque ceux de nos payfans qui ne fçavent ni lire ni écrire, fe forment des marques femblables pour foulager leur mémoire, & qu'il n'y a que ceux qui les tracent qui en ayent l'intelligence.

Olaüs Magnus rapporte la même chofe des Goths ; voici fes paroles (*b*). *Reperiuntur etiam homines Septentrionales plagæ*

(*a*) *Jacob. Waræi, de Hibernia & Antiquitatibus ejus Difquifitiones.* 1658, in-8°.

(*b*) *Olai Magni Gentium Septent. Hiftoriæ breviarium.* L. 1. Ch. xx.

adeò

DE L'IMPRIMERIE, CHAP. VI. 517

adeò fagacis ingenii, ut cùm neque Gothicas, neque Latinas Litteras unquam didicerint; sibi ipsis ex rerum figuris & instrumentis Alphabetha componant: eisque pro sublevanda memoria in pelle, chartâ, vel cortice singulariter scribendo utuntur. Hocque secretum nullis nisi domesticis communicant, atramentum fieri jubentes ex carbone trito, & lacte, vel communi aquâ. Le nom d'*Ogum* donné à cette sorte d'écriture, pourroit tirer son origine du nom de Mercure, appellé Ogmius chez les Celtes; nous avons prouvé que Mercure étoit l'Inventeur de l'Écriture.

On excusera le parergue suivant, par lequel je terminerai l'article des Irlandois.

Joannes Magnus & Olaüs Magnus disent, que les Peuples Septentrionaux avoient l'usage de Caractères (*a*) Hiéroglyphiques, semblables à ceux des Égyptiens, que l'on remarque sur les Obélisques qui sont à Rome. Je m'imagine bien que ces prétendus Hiéroglyphes, ne différent pas des Caractères dont est composé parmi nous l'Almanach du bon Laboureur, je n'en conçois point d'autre idée : je ne serois pas surpris cependant, que les Peuples du Nord eussent employé des Caractères représentatifs des objèts signifiés à l'instar de ceux des Égyptiens ; je serois moins surpris encore, que l'on trouvât, même dans les Pays les plus avancés vers le Nord, des Inscriptions ou autres Monuments des Égyptiens. George Keisler, dans ses Antiquités Septentrionales & Celtiques, nous

---

(*a*) *Nonnulli etiam pro privatis computis instar Ægyptiorum, variis animalium figuris pro Litteris utebantur, & adhuc domestica sagacitate utuntur, ut inferiùs mox dicetur : quàrum similes adhuc Romæ in veteribus Obeliscis conspicari licet, in quibus singulæ Litteræ singula nomina exprimebant, ut puta, lupus avarum, vulpes insidiosum : Apis Regem : quia moderatorem Populorum oportet cùm justitiæ aculeo, clementiæ mel habere commixtum.* Olaüs Magnus, L. I. Cap. XX.

Tome II. V v v

donne la figure d'un vase ou d'une urne sépulchrale, trouvée en 1719 dans le territoire de *Neilingen*, dépendant du Monastère d'*Arendseen*, dont les anses nous offrent la figure de la croix, faite précisément comme toutes celles que l'on voit dans les mains des Prêtres & des Divinités de l'Égypte.

Les Celtes adoroient le Dieu Thor ou Mercure, qui est le Thot des Égyptiens ; ils le représentoient avec un marteau en main, qu'ils regardoient comme son symbole, ou son distinctif particulier ; & ce marteau avoit exactement la figure de la *Crux ansata* dont je viens de parler, & que Thot ou Osiris porte toujours à sa main dans tous les Monuments Égyptiens. (*a*) Mercure étoit le Dieu le plus honoré des Germains & de tous les Peuples qui suivoient la Religion des Celtes. (*b*).

Tacite nous apprend aussi, qu'Isis étoit adorée par une partie des Suèves, sous la figure d'un Vaisseau ; ce qui fait soupçonner à cet Historien, que le culte de cette Déesse leur avoit été porté par mer. Je n'ignore pas que quelques sçavans Hommes, peu au fait d'ailleurs de la Mythologie Égyptienne & de ses diverses branches, ont cru que la conformité d'emplois & de caractère que les Grècs, les Romains & les Nations Septentrionales donnoient à leurs Divinités, avoient entraîné une ressemblance d'attributs ; & que c'étoit sur cette seule ressemblance, que les Grècs & les Romains avoient donné les noms de leurs Dieux aux Divinités Barbares.

(*a*) (*b*) *Deorum maximè Mercurium colunt, cui certis diebus, humanis quoque hostiis litare fas habent. Herculem ac Martem concessis animalibus placant. Pars Suevorum & Isidi sacrificat. Undè caussa & origo peregrino sacro, parum comperi, nisi quod signum ipsum, in modum Liburnæ figuratum, docet advectam Religionem.*

Corn. Tacit. De Moribus Germanorum.

Lorsque les Grècs & les Romains disent qu'un Peuple barbare adoroit tel ou tel de leurs Dieux, il faut entendre, dans le sens de ces Mythologistes modernes, que ce Peuple adoroit un Dieu, dont les fonctions ou la fable avoient une conformité quelconque avec celle du Dieu Grèc ou Romain ; c'est ainsi que feu M. Fréret croyoit que les Divinités de toutes les Nations étoient Authocthones, je veux dire, nées dans le Pays où on les adoroit. Il peut être effectivement plusieurs de ces Divinités adorées parmi les Barbares, dont le culte n'ait point été emprunté d'ailleurs ; mais il n'en est point ainsi de celui d'Osiris, d'Isis & des autres Dieux de l'Égypte, qui s'est répandu dans les trois parties du monde, connuës alors.

(a) Tacite ne parle point au hazard, lorsqu'il dit que *Thor* ou *Mercure* étoit le Dieu le plus honoré des Germains, & qu'*Isis* étoit adorée chez les *Suèves* sous la forme d'un Vaisseau ; cet Historien ajoûte, que le Vaisseau pouvoit désigner l'arrivée de ce culte par mer, conjecture de sa part qui pourroit tomber à faux, puisqu'*Isis* étoit également adorée des Grècs & des Romains sous la forme d'un Vaisseau ; du moins les Grècs & les Romains célébroient tous les ans, dans la saison propre aux embarquemens (le 5 de Mars), une Fête connuë dans leurs Fastes, sous le nom de *Vaisseau d'Isis*, *Isidis Navigium*, comme nous l'apprenons (b) de Lactance ; Fête qui fut probablement

---

(a) M. l'Abbé de la Bleterie, dans ses remarques sur la Description de la Germanie par Tacite, fait celle-ci. « Les *Suèves* regardoient apparemment comme une Déesse, la Divinité qu'ils honoroient sous le symbole d'un Vaisseau. *Isis* passoit pour être l'Inventrice de la Navigation ; c'étoit la Patrone des Navigateurs. En falloit-il davantage pour faire dire aux Romains que les *Suèves* adoroient *Isis* ? »

(b) Lactance, Liv. I. Chap. II.

inſtituée, ſoit parce que cette Déeſſe avoit inventé la (a) navigation; ſoit en commémoration de ſon arrivée du Royaume de Phenicie (b) Ἄφιξιν Ἴσιδος εκ Φοινίκης.

J'oſe avancer plus encore: la Religion des Celtes ou Gaulois étoit modelée ſur celle des Égyptiens; même Doctrine, mêmes Loix, mêmes Coûtumes & uſages; c'eſt ce que je vais tâcher de prouver en peu de mots par le parallèle ſuivant.

1°. Les *Druïdes* ou *Senans* des Gaules étoient auſſi conſidérés & reſpectés des Peuples, & même des Étrangers, que les Prêtres d'Égypte. On ſçait qu'en Égypte les Prêtres alloient de pair avec les Rois, qui n'agiſſoient jamais que par leurs conſeils: ils poſſédoient le tiers des revenus du Royaume, &

───

(a) *Vela, Iſis rati prima ſuſpendit*, dit Caſſiodore, Epiſt. 17. Hygin dit auſſi: *Velificia primum invenit Iſis, nam dum quærit Harpocratem filium ſuum, rate velificavit.* Apulée Liv. XI, nous apprend non-ſeulement qu'Iſis commandoit à la mèr, & préſidoit à la Navigation; mais encore qu'on lui conſacroit les Vaiſſeaux. Il fait parler cette Déeſſe ainſi: *Diem, qui dies ex iſta nocte naſcetur, æterna mihi nuncupavit Religio: quo ſedatis hybernis tempeſtatibus, & lenitis maris procelloſis fluctibus navigabili jam pelago, rudem dedicantes carinam, primitias commeatus libant mei Sacerdotes.* « Mes Prêtres, dit cette Déeſſe, doivent m'offrir
» demain, jour qui m'eſt conſacré par la Religion, les prémices de la
» Navigation, en me dédiant un Navire tout neuf, préſentement que
» les tempêtes qui règnent pendant l'hyver ne ſont plus à craindre,
» & que les flots qui ſe ſont appaiſés, permettent qu'on ſe mette en
» mèr ».

Cette conſécration ſe faiſoit vers le commencement du Printems. Fulgence nous apprend auſſi, Liv. I, Chap. II de ſa Mythologie, que les Égyptiens adoroient *le Navire d'Iſis. Iſidis Navigium Ægyptus colit.* Ces paſſages prouvent que la conjecture de M. l'Abbé de la Bleterie n'eſt pas juſte, & que Tacite a raiſon.

(b) Plutarque, Traité d'Iſis & d'Oſiris.

rempliſſoient les premières Charges de l'État. Ils rendoient la juſtice, préſidoient à la levée des impôts, & avoient l'inſpection ſur la monnoye, les meſures & les poids. Ils étoient les dépoſitaires des Archives & des Annales publiques. Le Souverain même, preſque toujours choiſi dans leur Ordre, leur étoit en quelque ſorte ſubordonné, par le droit qu'ils avoient de le cenſurer journellement, & de lui donner des avis. Ils étoient Théologiens, Aſtronomes, Médecins, Géographes, Hiſtoriens, Muſiciens, &c.

Les Druïdes jouiſſoient des mêmes prérogatives chez les Gaulois ; même genre de vie, mêmes principes, mêmes études, même autorité, même réputation, ils étoient en poſſeſſion de juger les différends qui ſurvenoient entre les particuliers ; ils règloient deſpotiquement les intérêts de la Nation, & décidoient de la paix ou de la guerre qu'il falloit faire. Ils diſpoſoient à leur gré de la Royauté & de la Souveraine Magiſtrature, qu'ils ne manquoient pas de procurer à quelqu'un de leur Corps. Ces Rois ne pouvoient rien faire ſans eux, en ſorte que les Druïdes règnoient réellement, & que ces Rois n'étoient proprement que les Miniſtres & les eſclaves de leurs ordres.

Ils occupoient les premiers poſtes de l'État. Leurs priviléges & leurs richeſſes étoient extraordinaires ; on prétendoit même que l'abondance règnoit dans les Gaules, à proportion du revenu des Druïdes. Enfin outre l'adminiſtration de la Religion, ils s'adonnoient encore à l'Aſtronomie, & ſur-tout à la connoiſſance de l'influence des Aſtres, à la Juriſprudence, à la Politique, à la Botanique, à la Médecine ; enfin ils étoient Poëtes & Muſiciens, puiſque les *Bardes*, qui relevoient immédiatement d'eux, étoient chargés de compoſer des Hymnes & des Odes, ſoit en l'honneur des Dieux, ſoit pour perpétuer la mémoire des Héros de la Nation.

2°. La Hiérarchie Égyptienne étoit composée d'un *Prophête*, qui faisoit la fonction de Souverain Pontife: des *Stolistes*; des *Hiérogrammes* ou Scribes Sacrés: des *Horoscopes* ou Astrologues; des *Chantres* ou Musiciens: des *Pastophores*, &c. Ces Dignités étoient héréditaires, & passoient du père au fils; le Druïdisme formoit aussi une sorte d'Hiérarchie chez les Gaulois. Les Druïdes avoient à leur tête une personne de leur corps, qui avoit toute l'autorité, & dont l'élection se faisoit par la voye des suffrages. Les *Bardes* ou Poëtes, les *Eubages*, les *Vates*, les *Semnothées*, les *Samothées* & les *Saronides*, dont les grades & les emplois étoient différens, dépendoient tous des *Druïdes*. Enfin il paroît que la plûpart de ces Dignités étoient héréditaires dans les familles.

3°. Chez les Égyptiens les femmes pouvoient succéder à la Royauté, & elles étoient plus respectées & honorées que les Rois; parmi les particuliers, l'homme s'engageoit dans le contrat de mariage, de laisser toute l'autorité à la femme qu'il épousoit, & de lui obéir en tout; usages qui s'étoient introduits chez eux, par l'éxemple d'Isis. Il en étoit de même à-peu-près chez les Gaulois & les Germains; les femmes avoient part au Gouvernement, & quelquefois on leur abandonnoit entièrement le soin de la République: on révèroit en elles, je ne sçais quoi de Divin, & on les consultoit comme des Oracles, lorsqu'on vouloit pénétrer dans l'avenir.

4°. Les Prêtres Égyptiens également comme les Druïdes étoient vêtus de lin, & souilloient leurs sacrifices de sang humain. Amosis, Roi d'Égypte, fut le premier, au rapport de Manethon, qui défendit d'immoler des hommes dans la Ville d'Héliopolis.

5°. La *Vache* & le *Bœuf* étoient adorés en Égypte, & personne n'ignore toutes les superstitions des Égyptiens à cet égard;

le Bœuf étoit confacré à *Ofiris*, & la Vache à *Ifis*. Chez les Gaulois le Bœuf étoit auffi confacré a *Mercure*, que l'on fçait être le même qu'*Ofiris*; ils fe faifoient un Dieu d'un Taureau d'airain, fur lequel ils juroient; aux Calendes de Janvier ils avoient coûtume de fe déguifer, & de prendre la forme d'un Veau, d'une Géniffe.

6°. Ces (*a*) réjouiffances qu'ils faifoient aux Calendes de Janvier, répondent à celles que l'on faifoit à Rome le 25 de Décembre, & à Memphis le 11 de *Tybi* ou 6 de Janvier, pour célébrer le Solftice d'hyver, ou la renaiffance d'*Ofiris*, fous le nom d'*Harpocrates*. Les Gaulois célébroient auffi comme les Égyptiens le Solftice d'Été, & les Équinoxes; & la plûpart de ces fuperftitions étoient encore pratiquées dans le treizième & le quatorzième fiècles. « Il n'eft jamais permis d'obferver
» fuperftitieufement *les jours Égyptiens*, les Conftellations, les
» Lunaifons, les Calendes de Janvier & des autres mois, les
» jours, les mois, l'année, le cours de la Lune, du Soleil &
» des Étoiles, &c. eft-il dit dans un Manufcrit de l'Eglife de
» Conferans. « Qu'aux Calendes de Janvier, dit S. Eloy, per-
» fonne ne fe mafque, & ne prenne la forme d'une Géniffe,
» ou d'une façon de Biche.... Qu'à la S. Jean ou aux Fêtes
» des Saints, on ne célébre point les Solftices ».

(*a*) Il y a beaucoup d'apparence que nos mafcarades durant le Carnaval, & l'ufage où l'on eft encore à Paris de promener *le Bœuf gras* dans ces jours de réjouiffances, n'ont point une autre fource. Ce font des reftes de Paganifme, que la pureté du Chriftianifme n'a pû entièrement étouffer. Les feux que l'on allume encore à la S. Jean, en Europe & dans une partie de l'Orient, me femblent auffi un refte des réjouiffances que l'on faifoit lors du Solftice d'été. On a confervé des ufages qu'on ne pouvoit entièrement abolir; mais on les a fanctifiés, en leur appliquant d'autres motifs.

7°. Les Gaulois & les Égyptiens pofoient pour fondement de leur Religion, que l'ame étoit immortelle, & ils croyoient la tranfmigration des âmes dans le corps des animaux.

8°. L'eau faifoit partie des Myftères Égyptiens, & on fçait d'ailleurs jufqu'où ils pouffoient leurs fuperftitions pour leur Fleuve, qu'ils confidéroient comme une émanation d'Ofiris. Il paroît que les Gaulois avoient la même vénération pour cet élément. Ils facrifioient aux fleuves, aux rivières, aux fontaines, aux lacs & aux étangs; & ils avoient pour le Rhin, le même refpect à-peu-près que les Égyptiens avoient pour le Nil.

9°. Enfin pour terminer le parallèle des Prêtres Égyptiens & des Druides; les uns & les autres avoient pour maxime de ne rien laiffer tranfpirer dans le public concernant les myftères de leur Religion. Cela étoit aifé aux Prêtres Égyptiens, qui avoient une Écriture Sacrée qu'eux feuls connoiffoient, & dans laquelle ils écrivoient, fans crainte d'être entendus par d'autres que par leurs confrères. Les Druides n'avoient point à la vérité cet avantage; auffi prirent-ils le parti de renfermer toute leur Doctrine dans des Poëmes & des Odes, qu'ils enfeignoient de vive voix à leurs Élèves. Vingt ans leur fuffifoient à peine pour apprendre ces Poëfies par cœur, & être inftruits de leur Doctrine. Une fingularité qui mérite encore d'être remarquée, c'eft que dans les Gaules comme en Égypte, on ne connoiffoit que trois faifons de l'année, le Printems, l'Été & l'Hyver.

On pourroit fans doute ajoûter infiniment à ce parallèle; car il s'en faut de beaucoup que j'aye épuifé les traits de reffemblance, qui fe trouvent entre les Prêtres Égyptiens & nos anciens Druides; mais fur le peu que j'en dis, il eft aifé de voir qu'il y a eu certainement une communication très-marquée entre les uns & les autres, & c'eft ce que je me fuis propofé de

prouver

prouver. Comment & en quel temps cette communication s'est-elle faite ? c'est ce qui n'est point aisé de sçavoir ; je n'ai qu'une conjecture à proposer que voici.

La Religion des Gaulois, cette Religion de Philosophes, comme Clément d'Alexandrie l'appelle, convenoit presqu'en tout avec celle des Perses ; ce qui fait dire à Pline (a), que nonobstant l'éloignement des Pays des uns & des autres, & l'impossibilité où ils étoient de se connoître, les Druïdes & les Mages pratiquoient si bien les mêmes superstitions, qu'on eût dit qu'ils s'étoient communiqués leur Religion.

Pline parle ainsi, à l'égard des Druïdes de la Grande Bretagne, que l'on regardoit comme séparés du reste des hommes qui en étoient inconnus ; mais nous n'ignorons pas cependant, que les Druïdes des Gaules avoient une correspondance établie avec ceux de la Grande Bretagne ; puisqu'ils y avoient un célèbre Collége où ils se rendoient pour se perfectionner dans les Sciences qu'ils devoient apprendre, & où probablement le Souverain Pontife de leur Religion faisoit son séjour. Si l'on considère d'ailleurs l'immense étenduë des pays qui étoient sous la domination des Celtes ou Gaulois, leur communication avec les Perses que nous cherchons, sera renduë assez sensible. En effet, ils étendoient leurs limites depuis le Rhin jusqu'au Danube, & de-là jusqu'au Pont-Euxin, au Boristhène & au Palus Méotide ; si l'on en croit même M. Pelloutier, qui a examiné l'Histoire des Celtes avec beaucoup de critique, les Perses, les Ibères d'Orient, les Albaniens, les Bactrians, étoient autant de Peuples Celtes ; il ajoûte que les Celtes demeuroient

---

(a) *Britannia hodieque eam attonitè celebrat tantis ceremoniis, ut dedisse Persis videri possit. Adeo ista toto mundo consensere quamquam discordi & sibi ignoto.* Pline, Liv. XXX, Ch. I,

peut-être anciennement dans les contrées où ces Peuples étoient établis, & qu'ils paffèrent en Europe par les Provinces qui font entre la Mèr Cafpienne & le Pont-Euxin.

Suivant ce Plan, les Celtes en paffant d'Afie en Europe, auront emporté avec eux la Religion qui étoit établie dans le pays qu'ils quittoient ; & on fçait que cette Religion avoit pris fon origine de celle des Égyptiens. Je ferois plus porté à croire cependant, que les Celtes avoient emprunté leur Religion immédiatement des Égyptiens mêmes, foit de ceux qui prirent des établiffements dans la Colchide, lors de l'expédition de Séfoftris, foit par quelqu'autre Colonie dont le fouvenir s'eft perdu ; peut-être auffi que les Druides étoient des Prêtres Égyptiens, qui étoient venus s'habituer parmi les Celtes, & qui avoient trouvé le moyen de fe procurer parmi eux les mêmes avantages dont ils jouiffoient en Égypte.

Ce fentiment, s'il pouvoit être prouvé, ferviroit à éclaircir un paffage de Jules Céfar, qui porte *que (a) les Gaulois fe difoient iffus du Dieu Dis, & qu'ils prétendoient l'avoir appris de leurs Druides*. Ce Dieu Dis ou Pluton, n'étoit point différent de Jupiter Hammon, père de Mercure. Si les Druides étoient des Prêtres Égyptiens, ils defcendoient éffectivement de ce Dieu ; & ils purent faire accroire aux Celtes ou Gaulois qu'ils en defcendoient également, pour ne pas paroître Étrangers parmi eux ; & pour continuer à joüir fans obftacle des grands avantages qu'ils avoient fçû fe procurer. Il feroit à defirer, que quelqu'habile homme voulût fe donner la peine d'éxaminer l'origine des Druides & des Celtes ou Gaulois, fous ces différens points de vûë que je hazarde ici ; peut-être trouveroit-il

---

(a) *Galli fe omnes à Dite patre prognatos prædicant, idque à Druidibus proditum dicunt.* Cæfar. Liv. VI. 18.

un résultat plus satisfaisant que tout ce qu'on nous a donné jusqu'ici.

Jonas dans la vie de S. Colomban, & Paul Diacre (Livre premier de l'Histoire des Longbards, Ch. IX.) assurent que *Wodan* adoré de toutes les Nations Germaniques, étoit Mercure; & en éffèt le nom du jour, que nous appellons Mercredi, se forme du nom de *Wodan* ou *Godan* dans les Langues Germaniques, & il y est plus ou moins défiguré. Ce Dieu est le même que *Wodin, Othin* & *Odin*, dont nous avons parlé à l'article des Islandois; & qu'on dit avoir été le Conducteur d'une Colonie d'*Ases* ou *Asiatiques*, qui peupla la meilleure partie du Nord. On prétend avec assez de vraisemblance, que ces Ases que l'on fait venir des contrées situées entre le Pont-Euxin & la Mèr Caspienne, n'ont été appellés ainsi que du souverain Dieu qu'ils adoroient, & qu'ils nommoient *As, Æs, Æsus* ou *Hesus*. Nous avons déja insinué que les Lettres Étrusques paroissoient avoir une grande ressemblance avec les *Runes*; ne pourroit-on pas soupçonner encore, qu'*Æsar*, qui éxprimoit le nom de Dieu chez les Étrusques, avoit du rapport avec celui des *Ases*?

Il y a beaucoup d'apparence aussi, que le *Boudha* des Indiens, dont le culte s'est répandu dans toute la haute Asie, n'étoit point différent de Mercure. L'homophonie du nom de Boudha & de celui de *Woda* est assez sensible; mais ce qui mérite encore d'être observé, c'est que ce nom de Boudha désigne dans la plûpart des Langues Indiennes, le jour consacré à Mercure; de même que le nom de Wodan l'éxprimoit chez les Celtes & les Germains. Mon dessein n'est point d'accumuler ici les preuves de ce que j'avance; cela demanderoit un ouvrage particulier, dans lequel on feroit voir cet enchaînement singulier, qui a fait adopter la Religion Égyptienne dans les t ois plus célèbres Parties de notre Globe. Un pareil Ouvrage éxige à la vérité beaucoup de recherches & quelques connoiſſances des Langues, ſur-tout de celles de l'Orient; mais il n'eſt point impoſſible, & je ne déſeſpérerois pas que quelqu'un qui l'entreprendroit, prouvât qu'en fait de Mythologie, on n'a encore fait que bégayer juſqu'ici; parce qu'on n'a pas enviſagé cette partie de la Littérature ſous le point de vûë qui lui eſt propre.

Russe.
Servien, *Illyrien*.

IX. Les Ruſſes ne paroiſſent pas ſe piquer d'aller chercher leur origine dans des temps reculés & inconnus, comme la plûpart des Peuples dont nous avons parlé. Quoique barbares encore pour la plûpart, ils ont compris qu'en voulant ſe donner une Antiquité extravagante, ils ne feroient qu'étouffer la vérité de leur Hiſtoire.

Trois frères, *Rurik*, *Sinas*, & *Truvère* ou *Trubor*, iſſus des (a) *Varéges*, Princes Eſclavons, près du Golfe de Finlande, furent appellés vers le milieu du neuvième ſiècle, par les habitans de Novogorod, pour leur donner du ſecours contre ceux de Kiow, qui cherchoient à les opprimer. Les trois frères partagèrent avec un de leurs couſins nommé *Oleg* ou *Olek*, le pays de Ruſſie, qu'on leur offrit; & ils commencèrent à y règner l'an du monde 6370, ſelon la ſupputation des Grécs,

---

(a) Petrejus dans ſa Chronique de Moſcovie, penſe que les *Varéges* étoient Suédois, Finnois, Livoniens & Pruſſiens; parce que les Ruſſes donnent en général le nom de *Waréges*, aux différents Peuples qui habitent les bords de la Mèr Baltique. Ils appellent auſſi cette mèr *Waretskimore*.

DE L'IMPRIMERIE CHAP. VI. Pag. 528. bis.
ALPHABETS.

Russe Ancien	Russe Moderne	Nom.	Servien.	Nom.	Valeu.	Illirien.	Nom.	Valeur
А	A a	Az	Я d	Az	A.a	ⱶ	Az	A
Б	б б	Buki	Б Б	Buki	B.b	Е	Buki	B
В	в в	Vadi	В в	Vide	V.u	ⱶ	Vide	V
Г	Т г	Glagol	Г г	Glagole	G.h	ⱶ	Glagole	G
Д	д д	Dobro	д д	Dobro	D.d	ⱶ	Dobro	D
Е	Е е	Iest	Е е	Jest	E.e	3	Est	E
Ж	Ж ж	Schwiet	Ж ж	Xuijate	X.ch	Ш	Xivite	X
S	S s	Zelo	З з	Jalo	—	ⱶ	Zelo	S
З	З з	Zemla	И н	Zemlia	Z.z	ⱶ	Zemlia	Z
И	И и	Ische	Ѳ ѳ	Yi	I.i	ⱶ	Ixe	I
Ї	Ї ї	I	I i	Thita	Th	ⱶ		
К	К к	Kako	К к	Yota	Y.y	8	Ii	I
Л	Л л	Liudi	Л л	Kako	K.k	ⱶ	Ye	Y
М	М м	Missal	М м	Lyudi	L.l	HP	Kako	K
Н	Н н	Nasch	N	Mirljate	M.m	ⱶ	Lyudi	L
О	О о	On	Ξ	Nasc	N.n	Ω	Missile	M
П	П п	Pocoi	О о	Xi	X.x	П	Nasc	N
Р	Р р	Rtzi	П п	On	O.o	Я	On	O
С	С с	Slovo	Ʌ	Pokoi	P.p	ⱶ	Pokoy	P
Т	Т т	Tverda	С с	Iscopita	—	Б	Recxi	R
У	У у	Ik	Т т	Recxi	R.r	ⱶ	Slovo	S
Ф	Ф ф	Phert	Ꙋ оу	Slovo	S.s	Ш	Tuerdo	T
Х	Х х	Cheer	Ф ф	Tuerdo	T.t	Ж	Vk	V
Ц	Ц ц	Tsi	Х х	Ypsilon	Y.i	Ф	Fert	F
Ч	Ч ч	Tscherf	Ѱ ѱ	Vk	V.u	Ь	Hir	H
Ш	Ш ш	Scha	Ѡ ѡ	Fert	F.f	ⱶ	Ot	
Щ	Щ щ	Schtscha	Ц ц	Hir	H.h	Ѱ	Cha	Ch
Ъ	Ъ ъ	Ier	Ч ч	Psi	Ps.	Ѵ	Ci	Cz
Ы	Ы ы	Ieri	Ш ш	Ot	O.o	ⱶ	Cieru	C
Ь	ь ь	Ieer	Ь ь	Seta	Set Ch	Ш ш	Scia	Sc
Ѣ	Ѣ ѣ	Iat		Yer		I i	Yer	Ye
Э	Э э	Xe		Ye	Ja	Ѣ	Yad	Ya
Ю	Ю ю	Ksi		Ya	Ya	Ю	Yus	Yu
Я	Я я	Psi		Ye	Ye			
Ѳ	Ѳ ѳ	Thita		Yo	Yo			
Ѵ	Ѵ ѵ	Ischitze		Yu	Y			

Tom. II. part. 2. Des Hautes rayes delin. Laurent Sculp.

ce qui répond à l'an 861 de notre Ère vulgaire : suivant la Chronique Russe manuscrite, connuë sous le nom de *Stepenna Kniga*.

Sinas & Truvère moururent sans enfans, & Rurik réunit leurs États à son domaine. Il eut un fils nommé *Igor*, qui étant encore en bas âge, régna après lui sous la tutelle d'Oleg, qui lui remit cet Empire après en avoir étendu les limites. *Swiatoflaw* (Suatoflas) fils d'Igor, lui succéda l'an 945, & régna 28 ans. L'an 1212 (*a*), les Polouczi attaqués par un détachement de l'armée d'Octaikan, demandèrent du secours aux Russes, qui, quoiqu'ennemis ordinaires des Polouczi, ne voulurent pas néanmoins les refuser en cette occasion; ils firent même mourir les Ambassadeurs Tartares qui leur furent envoyés pour les engager à se tenir tranquilles.

Les Russes & les Polouczi furent battus. Les Russes éprouvèrent qu'on ne doit point se lier imprudemment avec son ennemi. En éffèt, les Russes cherchant leur salut dans la fuite, étoient pris, dépouillés & tués par les Polouczi mêmes qu'ils venoient secourir. L'an 1236, suivant la Stepenna Kniga, le Général Tartare Batou-Khan fit une irruption dans la Russie, la soumit presqu'entièrement, & la rendit tributaire.

Ce Batou-khan étoit fils de Giougi, l'aîné des fils de Giagathai, second fils de Genghiz-khan; Giougi mourut dans le *Kintcha*, dénomination générale sous laquelle les Chinois comprennent les pays situés au nord, nord-est & nord-ouest de la mer Caspienne; le Descht Capschak, les pays de Bulgar, d'Alan, & de Rouss (Russie). Batou-khan eut le Gouvernement de tous ces Pays après la mort de son père. L'an 1235, Octaikhan ayant rassemblé plus d'un million cinq cens mille hommes de bonnes troupes, en donna 300,000 à Soupoutay

---

(*a*) Cromer, *de origine & rebus gestis Polonorum*.

pour aller ravager les divers Pays du Kintcha ; Batou-khan, jeune Prince de grande espérance, Mangou-khan, Gayuk-khan, & plusieurs autres Princes & Seigneurs étoient de cette expédition ; on sçait que cette armée ravagea beaucoup de Pays du Kintcha qui nous sont inconnus, ainsi que la Russie, la Pologne, la Moravie, la Bohême, l'Autriche & la Hongrie. La nouvelle de la mort d'Octai-khan fit retourner ces Princes à Holin ou Caracorom, sur les frontières de la Chine, où ils arrivèrent sur la fin de l'an 1246.

Depuis cette expédition le thrône de Russie demeura à la disposition des Tartares, qui y nommoient qui bon leur sembloit ; ce qui obligeoit les Prétendans à ce Duché à se rendre souvent en Tartarie, soit pour obtenir l'agrément du Grand Khan, soit pour le conserver lorsqu'on le leur avoit accordé. Ce joug honteux subsista près de 300 ans, jusqu'au règne de Iwan Basilides, surnommé le Grand, qui le secoua par le conseil de sa femme, Sophie Paléologue, niéce de Constantin XIII, dernier Empereur de Constantinople. Il fit mourir un grand nombre de Ducs ses cousins, sous différents prétextes, se rendit maître absolu de toute la Russie, & prit le titre de Monarque de toute la Russie. Son fils prit l'an 1547 le titre de Tzar ou Czar ; c'est-à-dire, Roi, que tous ses Successeurs ont porté depuis.

Le Thrône de Russie a éprouvé beaucoup de révolutions, & la succession des Grands Ducs qui l'occupoient a souvent été interrompuë. Cependant si la Famille qui en est aujourd'hui en possession descend de Rurik, elle peut passer pour une des plus anciennes de l'Europe ; mais Augustin, Baron de Mayerberg, Ambassadeur de l'Empereur Léopold vers le Czar Alexis Mihalowics, dans sa Relation imprimée à la Haye en 1688, fait entendre que Michel, fils de Théodore Mikitouicz Romanou,

que les Russes tirèrent de l'éxil où il avoit été envoyé par Boris Godunow, pour le placer sur le thrône, n'étoit point de la Famille des Grands Ducs, descendans de Rurick; « n'ayant
» ni lui ni ses prédécesseurs jamais porté la qualité de *Knes* ou
» de Duc, comme tous ceux qui descendent de la Famille des
» Grands Ducs de Moscovie la portent encore aujourd'hui, &
» la laissent à leurs enfans. Si ceux de la Maison de Romanou
» avoient eu cet avantage, ajoûte le Baron de Mayerberg, les
» Moscovites, qui par une vanité qui leur est naturelle, relè-
» vent jusqu'au Ciel les choses qui les regardent, non-seule-
» ment ne le cacheroient pas ; mais plutôt ils en romproient la
» tête à ceux qui ne s'en informeroient point ».

Les Romanou de Swiricz, Ville sur la rivière de Kamincza, dans le Duché de Kiow, & de Swiertz dans la Russie Rouge, ont été de tout temps très-considérables ; l'un d'eux a été Palatin de Kiow, les autres se sont signalés dans les armes : on pourroit croire, suivant le Baron de Mayerberg, qu'ils sont parents de la Famille Impériale.

(*a*) Quelques Histoires composées par des Russes remarquent, que le Christianisme fut introduit en Russie dès le temps des Apôtres : que S. André, partant de Grèce, s'embarqua sur le Boristhène, & fut par mer de Ladoga à Novogorod, où il annonça l'Évangile à ces Idolâtres ; mais que la domination des Tartares en avoit détruit jusqu'aux moindres vestiges. Il ne me paroît pas difficile de prouver la fausseté de ces prétentions. En effet, si S. André eût annoncé l'Évangile aux Russes, il auroit traduit en leur Langue l'Écriture Sainte, soit en total,

---

(*a*) Voyage d'Adam Olearius en Moscovie, Tartarie & Perse. Olearius fut envoyé par le Duc de Holstein en qualité d'Ambassadeur, à la Cour de Moscou & à celle de Perse en 1633.

soit en partie; & leur auroit donné la connoissance des Lettres, pour les mettre en état de la pouvoir lire. Or quel monument d'Écriture nous offrent-ils, je ne dis pas du temps des Apôtres, mais qui remonte au-delà du neuvième siècle?

L'invasion des Tartares, que l'on allègue comme une cause de l'abolition du Christianisme en Russie, manque de solidité; elle répugne même à la vérité. Les Tartares après avoir soumis la Russie, se contentèrent d'en tirer un tribut, & du reste ne gênèrent personne, quant à la Religion: on voyoit même à la Cour du Grand Khan un grand nombre de Chrétiens Nestoriens, Arméniens, Grècs, & même des Catholiques Romains. On les y souffroit pratiquer les éxercices de leur Religion, & soit par politique (a) ou autrement, quelques Princes Tartares assistoient à leur cérémonies; & paroissoient du moins à l'extérieur, avoir embrassé le Christianisme. Enfin les Russes étoient Chrétiens avant l'invasion des Tartares, & on a des preuves certaines qu'ils n'ont pas cessé de l'être depuis; ainsi Olearius se trompe, ou s'éxplique mal.

Le premier Duc de Russie qui se fit Chrétien, fut Volodimir, bâtard de Suatoslas, qui fonda la Ville de Volodimer sur le fleuve Clesma. Volodimir s'étant rendu maître de toute la Russie, on prétend que Basile & Constantin Porphyrogenetes, Empereurs de Constantinople, l'envoyèrent féliciter par une Ambassade solemnelle; ce qui donna à ce Prince la

_____

(a) Je dis par politique, car il est constant que les Tartares dans l'intention où ils étoient du temps de S. Louis, d'envahir les États soumis aux Mahométans, favorisoient le Christianisme, & se disoient Chrétiens, pour tromper ce Prince, & l'engager à joindre ses armes aux leurs. Rubruquis envoyé par S. Louis en Tartarie, prouve ce que j'avance.

connoissance

connoissance du Christianisme, qu'il embrassa l'an 980 : après quoi Basile & Constantin lui donnèrent en mariage la Princesse Anne, leur sœur. Il établit un Métropolitain de Kiow, un Archevêque de Novogorod ; & mit dans les autres Villes, des Évêques, qui avoient été sacrés par le Patriarche de Constantinople.

Olga, ayeule de Volodimir, avoit été baptisée à Constantinople, sous le nom d'Hélène, près de trente ans avant cette époque, suivant Zonar, Historien Grec, & suivant les annales des Russes. Zonar ajoûte que Basile le Macédonien, Empereur de Constantinople, envoya aux Russes un Évêque, qui leur persuada d'embrasser la Religion Chrétienne. Lambert de Saffnaburg, Auteur d'une Chronique Allemande, écrit que l'an 960, les Russes députèrent vers Othon, pour le prier de leur envoyer quelqu'Évêque, qui pût les instruire dans la Religion Chrétienne, & qu'Othon leur envoya effectivement Adalbert ; mais cet Historien se trompe. Adalbert fut le premier Archevêque de Magdebourg ; & il fut envoyé par Othon, ainsi que cinq autres Évêques, non aux Russes, mais aux Slaves, qui habitoient alors la Saxe & la Rugie, comme Helmold, Auteur d'une ancienne Chronique des Slaves nous l'apprend. La ressemblance des noms de Rugie & Russie a pû jetter Lambert dans cette erreur. Mais il auroit pû faire réfléxion, que si les Russes eussent été faits Chrétiens par Adalbert, ils auroient suivi le Rit Latin, & non celui des Grècs.

Le Christianisme des Russes sent tellement la superstition, qu'il s'est trouvé des Prêtres Luthériens en Suéde & en Livonie qui ont rendu problématique la question ; sçavoir si les Moscovites sont Chrétiens ou non. Effectivement tous les Écrivains qui ont parlé de ces Peuples, nous les peignent avec tous les vices qui sont presque toujours inséparables de l'ignorance la plus groffière : mais il faut obferver que ces Écrivains parlent des Ruffes antérieurs au règne du Czar Pierre le Grand.

Ce Prince que l'on doit envifager comme le Légiflateur de fa nation, a fait tout au monde pour donner entrée dans fon Empire aux Sçiences & aux Arts qu'il cultivoit lui-même, afin d'encourager fes Sujèts, & leur fervir d'éxemple ; & il les y a enfin fixés, en établiffant des Colléges, & fur-tout l'Académie Impériale de Petersbourg, dont les travaux enrichiffent la République des Lettres. La Ruffie par fa pofition & fon immenfe étenduë, peut entretenir un commerçe réglé avec prefque toute l'Afie, & faire paffer en Europe les richeffes Littéraires de quantité de Nations, dont à peine nous fçavons les noms ; c'eft alors qu'elle rendra avec ufure au refte de l'Europe ce qu'elle en reçoit à préfent.

Les Ruffes en recevant des Grècs, la Religion Chrétienne, reçurent en même temps l'ufage de leurs Caractères ; ils ont éffectivement toute la forme des Lettres Grècques, & on ne peut s'y méprendre ; mais au lieu que les Grècs ne comptent que vingt-quatre Lettres, les Ruffes les ont augmentées près de moitié à caufe des Lettres doubles qu'ils ont jugé à propos d'inférer dans leur Alphabèt.

On remarquera encore, qu'à l'éxemple de beaucoup de Peuples Septentrionaux, ils ont changé les dénominations de ces Lettres pour en prendre d'autres, puifées dans leur propre Langue, qui fuffent fignificatives, & dont la première Lettre donnât le fon de chaque Caractère que chaque dénomination défigne ; méthode qui me paroît excellente pour faciliter la mémoire des enfans, & qui devroit être adoptée de ceux qui parmi nous font prépofés à leur éducation.

La Langue Ruffe diffère très-peu de celle des Slaves ou Efclavons, de qui les Ruffes prétendent, avec droit, tirer leur origine.

Ces Slaves, ainsi que les Venedes, viennent de ces anciens Sarmates, à qui on a donné différents noms, relativement aux Pays dont ils se sont emparés. La Langue Esclavone est commune à plus de soixante Peuples différents, qui habitent tant en Europe qu'en Asie. Quiconque sçait la Langue Esclavone ou la Langue Polonoise, apprendra aisément celle des Russes : cependant comme les Russes suivent le Rit Grèc, la plûpart des termes de leur Liturgie sont Grècs, ainsi que leurs termes de Grammaire.

Servien.

Les Pays de Servie & de Bosnie sont situés en Europe, entre la Dalmatie, l'Illyrie, l'Albanie, la Macédoine, la Bulgarie, la Croatie, l'Esclavonie & le Danube. Les Serves sont venus originairement des Palus Méotides, & Ptolémée les place dans la Sarmatie Asiatique : ils sont un Peuple Esclavon, ainsi que les Rasciens, les Bulgares, les Bosniens, les Carniens, les Croates, les Russes, les Podoliens, les Polyniens, les Cercasses, les Poméraniens, les Silésiens, les Lusaciens, les Cassubiens, les Moraves, les Bohêmes, les Polonois. *Gesner*, dans son petit Traité de la diversité des Langues, intitulé (a) *Mithridates*, donne une liste de plus de soixante Peuples différents, qui parlent tous la Langue Esclavone.

Les Serves ont pénétré autrefois dans la Lusace & dans la Misnie, Province des Saxons en Allemagne ; & ils ont eu des Princes particuliers qui portoient le titre de *Despotes*, terme

---

(a) *Mithridates Gesneri, exprimens differentias Linguarum tum veterum, tum quæ hodie, per totam terrarum orbem ; in usu sunt.* Zurich, 1610. Gaspard Waser a donné cette Édition avec un Commentaire de sa façon. Le tout forme un petit in-douze.

Grèc qui fignifie *Seigneurs*. Le premier Defpote de Servie fut Étienne Nemagne, qui fut créé en cette qualité, par Ifaac Comnene, Empereur de Conftantinople. Cette Famille des Nemagnes fe fortifia de telle forte fur le thrône, qu'environ l'an 1340, Étienne Vukfan ou Duffan fit la conquête de la Bulgarie & de la Bofnie, dont il aggrandit le Royaume de Servie, & fe donna le titre d'Empereur de Servie, de Grèce & de Bulgarie; les projets de Vukfan n'alloient pas moins qu'à tranfmettre parmi les Slaves le Scèptre de l'Empire Grèc.

Les Serves firent des entreprifes jufques dans la Thrace, où ils tentèrent de reprendre Andrinople, fur *Morad Gazi*; c'eft-à-dire, Morad le Conquérant, qui eft Amurat I, Sultan des Turcs, l'an 1365 de l'Ère Chrétienne; mais ils furent défaits; & le lieu de leur défaite conferve encore aujourd'hui le nom de *Sirf Singouni*, ce qui fignifie en Langue Turque, *la défaite des Serviens*. Lazare, dernier Defpote de Servie, commandoit la bataille; elle fe donna dans la plaine de *Cafovah*, que l'on appelle encore, *le Champ des Merles* (a) : on remarque qu'un transfuge Chrétien, qui paffa dans le camp d'Amurat, tua ce Sultan d'un coup de couteau, en faifant la cérémonie de lui baifer la main. C'eft ainfi que le Royaume de Servie paffa fous la domination des Turcs, qui le partagèrent en différents *Sangiaks* ou Bannières. Les Turcs donnent à la Servie les noms de *Sirf* & de *Sirf Vilaïeti*.

L'Alphabèt Servien n'eft point effentiellement différent de celui des Ruffes ; même configuration, même dénomination & même ordre : on verra dans l'article qui fuit, le temps où ils ont reçu cet Alphabèt. C'eft la lumière de l'Évangile qui a

---

(a) Voyés la Bibliothèque Orientale de M. d'Herbelot.

éclairé ces Peuples, & les a tirés de l'ignorance où ils étoient plongés.

Illyrien ou Esclavon.

Georges Horn partage les Esclavons en *Vénedes*, en *Sarmates* & en Illyriens.

Les Vénedes appellés Wenden par les Allemands, & plus connus sous le nom de Vandales, ont donné naissance à trois Peuples ; aux Bohêmes, aux Moraves, & aux Sorabes.

Les Sarmates qui habitoient les contrées de l'Asie & de l'Europe, voisines du Tanaïs & du Boristhène, ont formé trois puissantes Nations, sçavoir : les Russes ou les Mosques (les Moscovites), les Polonois & les Lithuaniens.

Enfin les Illyriens, dont il est question principalement dans cet article, se divisent en Dalmates & en Bulgares. Les Dalmates ont donné naissance aux Royaumes de Croatie, de Servie & d'Albanie. Les Bulgares ont produit les Rasciens, les Serves, & les Moldaves ou Valaques.

Ostrivoy, Roi des Slaves ou Esclavons, s'empara de l'Illyrie vers l'an IƆXLVIII, & bâtit sur le Danube une Ville à laquelle il donna son nom. Il bâtit aussi dans le Carniole la Ville de *Slavingrod*, que les Allemands nomment *Windischen Gratz*. Ostrivoy eut pour Successeur *Suelad*, son fils : *Selimir* qui succéda à Suelad, s'empara de la Dalmatie dont il se fit Roi ; il avoit trois frères, *Loch*, *Zech* & *Russ* ; ces trois frères partirent de l'Illyrie vers l'an IƆL , & conduisirent des Colonies de Slaves, dans la *Servie*, la *Bohême*, la *Moravie*, la *Pologne* & la *Russie*. Selimir eut pour Successeur *Budimir*, lequel, suivant le témoignage de Bonfinius, fut baptisé l'an IƆCCCLXXX par Cyrille ; & il quitta son nom pour prendre celui de *Suetopluk*, que les Grècs écrivent *Sueropil*. Le dernier Roi de Dalmatie fut *Gradihna*, vers l'an CIƆCL.

La Croatie, quoique portion du Royaume de Dalmatie, a eu pendant un temps ses Rois particuliers, tels que *Bogoslau*, qui règnoit du temps de Basile, Empereur de Constantinople, & *Suonimir* qui règnoit vers l'an cıɔ. On parle aussi des Rois *Zuemir*, *Trevellio*, *Étienne*, *Démétrius* & *Marcomir*; mais ils n'étoient proprement que des Vice-Rois, ou Princes tributaires des Rois de Dalmatie. Georges Castriot, si connu sous le nom de Scanderbeg, fonda aussi l'an 1440 le Royaume d'Albanie & d'Épire, dont la Ville capitale fut *Croye*; mais ce Royaume prit fin à sa mort, arrivée l'an 1464. L'Épire eut aussi des Despotes de la Famille des Tocchares, qui pendant deux cents ans ne quittèrent pas les noms de *Léonard* & de *Charles*.

Nous avons dit que les Bulgares avoient fondé les Royaumes de Rascie, de Servie & de Moldavie, ou Valachie.

Les Bulgares ainsi nommés du Volga ou Bulga, comme l'appelle Cedrene, où ils faisoient leurs demeures; le quittèrent pour venir habiter les bords du Danube. Vers l'an 1039 on parle de leurs Rois Drogo & Vulger. Sigebert, Moine de l'Abbaye de Gemblours, Diocèse de Namur en Brabant, marque dans sa Chronique le commencement du Royaume de Bulgarie à l'an 1080, & nomme leur premier Roi *Bathaia*. Alors ces Peuples s'étant emparés de la Moesie inférieure, lui donnèrent le nom de Bulgarie; une autre troupe de Bulgares fut en Lithuanie & en Volhynie où ils établirent leur demeure: enfin le reste des Bulgares ne quitta pas le Volga, le Tanaïs & la Chersonese Taurique, où ils se sont fait connoître sous les noms de Comans & de Poloucz. Les Empereurs de Constantinople & les Rois de Servie disposoient souvent à leur gré de la Couronne de Bulgarie, qui leur payoit tribut. Les Bulgares furent défaits & subjugués l'an 1017, par l'Empereur Basile, & depuis ils ont passé sous la domination des Turcs,

Les Rasciens tributaires des Rois d'Hongrie, eurent pendant peu de temps des Rois particuliers ; en général ces Rasciens sont très-méprisés, ils sont regardés comme la lie du Peuple ; & ils servent dans les armées en qualité de goujats.

Nous avons parlé de la Servie dans l'article précédent ; ainsi il ne nous reste plus qu'à dire un mot des Moldaves ou Valaques, que les Grècs nommoient Blaques, comme ils sont aussi appellés dans notre Historien François, Géoffroy de Villeharduin. Le premier Roi des Valaques, dont l'Histoire fait mention est *Valaico*, qui règnoit vers l'an 1320. Le premier Vaivode ou Roi de Moldavie, fût *Draghissa*, nommé par les uns *Dracob*, & par d'autres *Dragoie*, vers l'an 1340. *Sas*, Successeur de Dragoie, ne fit qu'un Royaume de ces deux, qu'il confondit sous le nom de Valachie ; ce qui fit que dans la suite on employa indistinctement les noms de Valachie & de Moldavie pour désigner ce Royaume. Les anciens Princes qui le gouvernoient portoient le nom de *Bogdan*, qui signifie en Esclavon Dieudonné ; & ce nom fut donné au Royaume même, qui depuis ce temps-là fut appellé *Bogdan* par les Esclavons & par les Turcs, sous lequel on comprend la Moldavie & la Valachie. Les Turcs cependant les distinguent, donnant en particulier le nom de *Cara-Bogdan* à la Moldavie, & celui d'*Iflak* à la Valachie. Ce mot *Iflak* est une corruption de celui de *Valaque*. *Cara-Bogdan* signifie la *Bogdanie noire*, qu'ils distinguent ainsi à cause des forêts qui la couvrent.

Les différens Peuples Esclavons dont on vient de parler, ont une seule & même Langue ; mais qui se trouve plus ou moins mélangée de termes Grècs, Italiens & Allemands, à raison de leur voisinage ou de leur éloignement de la Grèce, de l'Italie, & des Pays où on parle Allemand.

Les Esclavons ont deux sortes de Caractères. Les moins

anciens font les Caractères Grècs, auxquels ils ont ajoûté quelques Lettres d'augmentation. Ils ont cours également dans la Servie, la Valachie, la Moldavie, la Bofnie, les Ruffies & la Mofcovie. Cet Alphabèt porte le nom de *Chiurilizza* ; & on prétend qu'il leur fut donné par Cyrille & Méthodius, les premiers Apôtres de la Nation Efclavone.

(*a*) La barbarie & la férocité des Slaves, ne permirent pas, pendant long-temps, que le Chriftianifme pût avoir entrée dans les Pays qu'ils habitoient. Ces Peuples étoient Idolâtres, & adoroient *Ieffa*, *Lado*, *Nia*, *Marzana*, *Zizililia*, *Zievana* ou *Zievonia*, *Lel*, *Polel*, *Piorun*, *Strio*, *Chors*, *Mocoff*, *Radogoft*, &c. Les Bulgares furent les premiers, qui environ le milieu du neuvième fiècle, (l'an 865), fous le Pontificat du Pape (*b*) Nicolas I, embrafsèrent le Chriftianifme ; & voici comme la chofe fe paffa.

Méthodius, Religieux Grèc, qui s'étoit perfectionné à Rome dans l'Art de la Peinture, fut employé par Bogoris, Roi des Bulgares, pour embellir de peintures, un nouveau Palais qu'il s'étoit fait bâtir ; entr'autres morceaux que Méthodius lui fit, on parle d'un Tableau repréfentant le Jugement dernier, qui émut tellement le cœur de ce Barbare, que Méthodius lui en ayant donné l'explication, Bogoris demanda à être fait Chrétien ; il fe fit inftruire, & envoya demander à l'Empereur de Conftantinople un Évêque qui le baptifa, & lui donna le nom de Michel que portoit cet Empereur. La plûpart des Bulgares fuivirent l'éxemple de leur Roi, & fe firent baptifer.

(*a*) Cromer, *de Origine & rebus geftis Polonorum.* Liv. III. Chap. I. Quoique je le cite fouvent, j'avertis que je ne fuis pas toujours fes dates.

(*b*) Nicolas I, élu le 25 Mars 858, gouverna 9 ans 7 mois 19 jours.

L'an

L'an 866, Bogoris envoya demander au Roi, Louis de Germanie, fils de Louis le Débonnaire, un Évêque & des Prêtres. Louis, zèlé pour la conversion des Bulgares, envoya demander pour eux des Vases Sacrés, des Habits Sacerdotaux & des Livres, au Roi Charles son frère, qui fit contribuer une forte somme par les Évêques de son Royaume, pour cette œuvre aussi pieuse qu'utile. L'Évêque *Ermenric*, accompagné de Prêtres & de Diacres, arriva l'an 867, auprès de Bogoris de la part de Louis. Ils avoient été déja dévancés par *Paul*, Évêque de Populonie en Toscane, & par *Formose*, Évêque de Porto, qui avoient été envoyés par le Pape, à la sollicitation de Bogoris, qui avoit député son propre fils avec plusieurs autres Seigneurs pour en faire la demande au Saint Siège.

En moins de trente ans, depuis cette époque, les Rasciens, les Serves, les Bosniens, les Croates, les Dalmates, les Illyriens, &c. suivirent l'exemple des Bulgares, & embrasèrent le Christianisme sous le règne & à l'imitation de *Suetopluk*, que les Grècs nomment *Suéropile*.

Les deux frères Constantin & Méthodius, Apôtres des Bulgares & des Slaves, furent alors mandés à Rome par le Pape Nicolas I, pour les féliciter sur le zèle qu'ils faisoient paroître pour la propagation de l'Évangile. Nous avons déja parlé de Méthodius; Constantin son frère, né comme lui à Théssalonique, fut surnommé le Philosophe, à cause de son sçavoir: mené à Constantinople par ses parens, il y fut ordonné Prêtre. Quelque temps après, les Khozars ayant demandé à Michel, fils de Théodore, Empereur de Constantinople, quelqu'un pour les instruire dans la Foi Catholique, ce Prince leur envoya Constantin, qui étant arrivé à Chersone, Ville voisine du Pays des Khozars, y séjourna quelque temps pour apprendre la Langue de ces Peuples, qui étoit la Langue Esclavonne.

Tome II.   Z z z

Conſtantin réuſſit ſi bien dans l'étude de cette Langue, qu'a-près s'être formé un Alphabèt, propre à en éxprimer tous les ſons ; il traduiſit les Livres de l'Écriture Sainte, pour les mettre entre les mains de Khozars, dont il convertit un très-grand nombre par ce moyen.

Après avoir ſi bien rempli ſa Miſſion, Conſtantin s'en retourna à Conſtantinople. Bartilas, Prince de Moravie, ſçachant ce qui venoit de ſe faire chez les Khoſars, pria l'Empereur Michel par une Ambaſſade, de lui envoyer des Miſſionnaires pour inſtruire les Moraves qui avoient renoncé à l'Idolâtrie : les deux frères, Conſtantin & Méthodius, furent encore nommés. Ils demeurerent quatre ans & demi en Moravie, pendant lequel temps ils furent occupés à enſeigner les Lettres qu'ils avoient inventées, & à faire part aux Moraves des Livres Saints qu'ils avoient traduit en Eſclavon.

Lorſque les frères Conſtantin & Méthodius arrivèrent à Rome, le Pape Nicolas venoit de mourir ; mais cela n'empêcha pas qu'ils ne fuſſent reçus avec honneur par Adrien ſon Succeſſeur, qui les ſacra tous deux Évêques, & admit à l'Ordination les Diſciples dont ils s'étoient fait accompagner. On prétend que Conſtantin renonça enſuite à l'Épiſcopat pour embraſſer l'État Monaſtique, dans lequel il mourut à Rome, connu ſous le nom de Cyrille. Méthodius retourna en Moravie, pour y continuer ſes travaux Apoſtoliques. Il convertit à la Foi Borivoï, Duc de Bohême, qu'il baptiſa, ainſi que trente de ſes Comtes ; ce qui donna naiſſance à l'Égliſe de Bohême.

Les Bulgares gagnés par les exhortations & les libéralités de l'Empereur Baſile, ne reſtèrent pas long-temps ſoumis au Saint Siége ; ils reçurent un Archevêque Grèc, auquel ils permirent d'ordonner un grand nombre d'Évêques, en ſorte que depuis ce temps-là ils ont toujours reconnu le Siège de Conſtantinople, & ſuivi le Rite Grèc.

DE L'IMPRIMERIE, CHAP. VI.

Le Pape Jean, VIIIe du nom, approuva l'ufage où étoient les Efclavons, les Illyriens & les Dalmates de faire l'Office en Langue vulgaire, qui leur avoit été permis par le Pape Nicolas I par manière de difpenfe ; & cet ufage fut confirmé long-temps après par un de fes Succeffeurs, Paul II ; il exhortoit cependant les Magiftrats d'entr'eux à fe faire dire la Meffe en Latin s'ils le fouhaitoient. (*a*) « Nous approuvons les Lettres Efclavonnes
» inventées par le Philofophe Conftantin, & nous ordonnons
» de publier en Langue Efclavone les Actions & les Louanges
» de Jefus-Chrift..... Car il n'eft point contraire à la Foi
» d'employer la même Langue Efclavone, pour célébrer la
» Meffe, lire l'Évangile, & les autres Écritures de l'Ancien
» & du Nouveau Teftament bien traduites : ou chanter les au-
» tres Offices des Heures. Celui qui a fait les trois Langues
» principales, l'Hébreu, le Grec & le Latin, a fait également
» toutes les autres pour fa gloire. Nous voulons toutefois, ajoûte
» le Pape Jean, que pour marquer plus de refpect à l'Évan-
» gile, on le life premièrement en Latin, puis en Efclavon,
» en faveur du Peuple qui n'entend pas le Latin ; comme il fe
» pratique en quelques Églifes. Et fi vous, & vos Officiers
» aimez mieux entendre la Meffe en Latin, nous voulons qu'on
» vous la dife en Latin «.

(*a*) *Litteras denique Sclavonicas à Conftantino quodam Philofopho repertas, quibus Deo laudes debitæ refonant, jure laudamus, & in eadem Linguâ Chrifti Domini noftri præconia & opera enarrentur, jubemus..... Nec fanè fidei vel Doctrinæ aliquid obftat five Miffas in eadem Sclavonicâ Linguâ canere, five Sacratum Evangelium vel Lectiones Divinas Novi & Veteris Teftamenti benè tranflatas & interpretatas legere, aut alia Horarum omnium Officia omnia pfallere : Quoniam qui fecit tres Linguas principales, Hebræam fcilicet, Græcam & Latinam, ipfe creavit & alias omnes ad laudem & gloriam fuam. Data menfe Junio.* Indict, xiij. Biblioth. Apoft. Vatic. pag. 316, 317.

On prétend que cet usage est encore suivi dans plusieurs endroits de la Moravie & de la Damaltie, & on ajoûte que ces Peuples répandroient tous jusqu'à la dernière goutte de leur sang plutôt que d'y renonçer ; tant il est vrai qu'un usage fondé sur le bon sens a d'empire sur des hommes que la raison guide.

Ce que nous avons dit jusqu'à présent ne concerne que l'Alphabèt Servien, nommé *Chiurilizza*, du nom de Cyrille, à qui on en attribua l'invention. Les Caractères de cet Alphabèt ne diffèrent point de ceux des Grècs, si l'on en excèpte quelques Lettres d'augmentation, & quelques Monogrammes ou Lettres doubles. Venons maintenant au Caractère Illyrien ou Dalmatique, qui est à proprement parler le Caractère Esclavon.

Les Caractères de cet Alphabèt paroissent, au premier coup d'œil, entièrement dissemblables à tous les Caractères que nous avons donné jusqu'ici ; cependant lorsqu'on les considère avec un peu plus d'attention, & que l'on fait abstraction de ces doubles traits qu'on a affecté de leur donner à tous, on s'apperçoit aisément, que celui qui les a inventés avoit un Alphabèt Grèc sous les yeux ; & qu'il a pris à tâche de le défigurer au moyen de ces doubles traits, pour procurer aux Esclavons l'honneur d'un Alphabèt qui leur fût particulier. On en attribuë l'invention à un Docteur Esclavon, nommé Jérôme. Guillaume Postel, dans son Alphabèt des douze Langues, avance que ces Caractères sont tirés en partie de ceux des Grècs, & en partie de ceux des Hébreux. « Un certain Hyerosme, Docteur
» Theologien, Dalmate de Nation, inventa les Caracteres de
» Lettres par lui tirés en partie, des Caracteres Hebreux, en
» partie des Grecs ...... & ce afin que iceux Peuples, estants
» comme différents & dissemblables des autres Peuples par
» leur Langue, ils le fussent de mesme par les Caracteres de
» leurs Lettres ; desquels ils ont usé tant & si longuement,

» que l'Eglife Romaine a pû tolerer l'Eglife Grecque avec elle :
» mais depuis qu'icelle Eglife a été féparée & interdite de la
» Communion d'icelle Eglife Romaine, pour aucunes certaines
» raifons & confiderations : ceux qui étoient plus voifins d'i-
» ceux Grecs, inventerent d'autres Caracteres ; mais pour la
» plûpart Grecs, fans muer & changer les noms & appellations
» des premiers & plus anciens : car iceux étoient déja odieux
» aux Grecs, à caufe de leur feparation de ladite Eglife Ro-
» maine, & à eux pour l'interdiction de leurdite Eglife ».

Le même Guillaume Poftel, continuë en ces termes dans le chapitre fuivant.

« Pour les raifons par moi ci-deffus remarquées, un Docteur
» Théologien, Dalmate, c'eft-à-dire, Efclavon de nation,
» nommé Hyérofme, duquel nous avons déja parlé au chapi-
» tre précédent, & principalement pour confacrer fon nom à
» l'immortalité, inventa le premier entre ceux de fa Nation
» ces Caracteres, avec lefquels ayant traduit de l'Hebreu &
» du Grec, tant le Vieil Teftament, que le Nouveau, enfemble
» le Canon de la Meffe & les Prieres, tant publiques que par-
» ticulières en la Langue de fa dite Nation ; il en fit & com-
» pofa fa traduction, qui eft encore entre les mains des Efcla-
» vons : ce perfonnage ayant été de contraire opinion à plu-
» fieurs, qui ont penfé que les Efcritures Sainctes eftoient con-
» taminées, fi elles venoient à la cognoiffance du vulgaire,
» encore qu'autrefois au temps qu'ils n'avoient encore decliné
» de la pureté de la Langue Grecque & Latine, & auffi de la
» primitive Eglife ; entendoient tous en icelles Langues Grec-
» que & Latine lefdites Efcritures Sainctes, mefme s'en fer-
» voient en leurs leçons communes ; & qui plus eft, il fut or-
» donné fur peine d'Anathefme en ce tant célèbre Concile de
» Nicene, qu'un chacun des Chreftiens euft riere foy les

» Sainɛts Efcrits en la Langue qu'il pouvoit entendre. De pré-
» fent on voit communément, tant à Venife, Conftantinople,
» que par toute la Dalmatie, ou Efclavonie, plufieurs Preftres
» de cette Nation qui confirment ce que deffus, & eft vray-
» femblable que ce Hyerofme inventa ces Caraɛteres fur le
» patron ou modelle des Caraɛteres de la Langue Hebraïque &
» de la Langue Grecque ; à caufe que plufieurs de ces Carac-
» teres reffemblent aufdits Caraɛteres Hebrieux & Grecs, mefme
» que les noms d'iceux font fignificatifs, ainfi que fçavent très-
» bien ceux de cette Nation, comme ceux des Hébrieux, ce
» qui ne fe trouve pas en aucuns autres Caraɛteres de Langues».

Ces dernières réfléxions de Poftel ne font pas juftes, car non-feulement, les Caraɛtères Efclavons, dont on parle, ne reffemblent point à ceux des Hébreux ; mais encore, ces Caraɛtères ne font pas les feuls dont les dénominations foient fignificatives ; on a vû ci-devant que celles des Runes & des Irlandois l'étoient également, & nous en avons fait affez fentir les raifons pour n'être point obligés de les répéter encore ici.

(a) Jean-Baptifte Palatin, Citoyen Romain, dans fon Traité d'Écriture (b), diftingue également deux fortes d'Alphabèts

---

(a) *Libro di M. Giovan Battifta Palatino Cittadino Romano, nel qual s'infegna à fcrivere ogni forte Lettera, Antica & Moderna, di qualunque Natione.* Rome, 1547.

(b) *E'-da fapere che gli Illirici Popoli, ò vero Schiavoni, hanno due forti d'Alfabeti, & quelle Provincie, lequali fono piu verfo l'oriente, fi fervono di quello che è fimile al Greco, del quale fu Autore Cirillo, & di qui lo chiamano Chiurilizza, l'altre Provincie, lequali fono piu verfo il mezo giorno, ò verfo l'Occidente, fi fervono di quello, del quale fu Autore Santo Hieronymo, & lo chiamano Buchuizza, il quale Alfabeto è diffimile à tutti gli altri del mundo. Et havete à fapere, che il parlar del Volgo, è quello proprio col qual continuamente dicano il loro Offitii, & tutti Popoli l'in-*

Efclavons; celui qui eſt ſemblable au Grèc, appellé *Chiurilizza*, parce que Cyrille en fut l'Auteur, eſt en uſage dans les Provinces les plus orientales de l'Illyrie. Le ſecond Alphabèt, appellé *Buchuiza*, dont S. Jérôme fut l'Inventeur, & qui ne reſſemble, dit-il, à aucun autre Alphabèt du monde, eſt en uſage dans les Provinces qui tirent plus vers le Soleil de Midi, ou vers l'Occident. Il ajoûte que la Langue vulgaire de ces Peuples, eſt la même dans laquelle ils diſent journellement leur Office; que cette Langue eſt abondante, mais très-difficile à prononçer pour les Étrangers.

L'étenduë des Pays où on parle Eſclavon, rend l'étude de cette Langue néceſſaire à ceux qui veulent voyager dans le Levant & dans les Pays Septentrionaux; on la parle même à la Porte Ottomane, où elle eſt familière à la plûpart des Janiſſaires: auſſi les Seigneurs Vénitiens, à raiſon de leur commerçe, la font apprendre à leurs enfans. Sleidan, Livre premier, marque auſſi que l'Empereur Charles IV ordonna par la Bulle d'Or, que les enfans des Électeurs de l'Empire, apprendroient les Langues Latine, Italienne & Eſclavone, afin qu'ils puſſent communiquer avec diverſes Nations, ſans avoir beſoin d'Interprètes.

Les Cerkiſſes ou Kirkeſ, plus connus parmi nous ſous le nom de Circaſſiens, ſont également un Peuple Eſclavon; & on n'ignore point qu'après avoir ſervi quelque temps en Égypte en qualité d'Eſclaves, l'un d'eux nommé Barkok, du nombre des Mameluks qui poſſédoient alors l'Égypte, eut le bonheur de parvenir au Thrône, que lui & ſes Succeſſeurs poſſédèrent

---

tendono, come intendian noi il Volgar noſtro, è ampliſſimo di Vocaboli, ma difficiliſſimo à proferire, à chi non è nudrito da putto fra loro, & ne hanno Meſſali, Breviarii, & Offitii della noſtra Donna, & anco la Bibbia.

l'espaçe de cent trente-six ans, ayant été déclaré Sultan l'an 1382 de Ère Chrétienne; & cette Dynastie des Mameluks ayant été détruite l'an 1517, par l'Empereur Selim, qui battit Toman-bei, & fit la conquête du Royaume d'Égypte, lequel devint ainsi une des Provinces de l'Empire Ottoman. Le séjour des Cerkisses en Égypte y répandit l'usage de la Langue Esclavone.

Gesner & Josias Simler écrivent dans leurs Bibliothèques Historiques, que Primerus Truberus Carniolanus fut le premier qui fit imprimer un Nouveau Testament Esclavon, mais en Caractères Latins. Sigismond Gelenius, Bohême, a publié aussi un Lexicon, Grèc, Latin, Allemand & Esclavon.

TARTARE MANCHEOU.
Thibetan.

X. On appelle *Mancheous* ou *Mouantcheous*, les Tartares Orientaux qui possèdent aujourd'hui le Thrône de la Chine, & auxquels les Russes donnent le nom de *Bogdoys*, appellant l'Empereur de la Chine *Bogdoi-khan*, & *Amolon Bogdoi-khan*.

Les *Mancheous* habitoient la Tartarie Orientale, avant qu'ils se fussent emparés de la Chine; & elle n'a pas cessé de leur appartenir depuis qu'ils occupent ce premier Thrône de l'Asie. Cette Tartarie Orientale est actuellement divisée en trois grands Gouvernemens, qui sont: *Chin-yang* ou *Mugden*; *Kirin-ula* & *Tsitsikar*. Elle a pour bornes à l'Est, l'Océan Oriental; au Nord, le *Saghalien-ula*, grande Rivière que les Chinois nomment *He-long-kiang*, & les Russes *Yamur* ou *Amur*; au Sud, elle est bornée par le Leaotong & la Corée; enfin du côté de l'Ouest, elle touche au Pays des Tartares Mongols, qui habitent ce qu'on appelle la Tartarie Occidentale, à laquelle on ne donne

d'autres

DE L'IMPRIMERIE Chap. VI. Pag. 546. bis.
ALPHABET des TARTARES MOUANTCHEOUX.

	Figure			Ordre		Figure			Ordre
	à la Fin.	au Milieu.	au Com.t			à la Fin.	au Milieu.	au Com.t	
Tcha. tsʼ.				16	A.				1
Tcha. tsʼ.				17	E.				2
Ya.				18	I.				3
Khe. he.				19	O.				4
Ra.				20	Ou.				5
Oüa.				21	Ou.				6
Fa.				22	Na.				7
Tsa.				23	Kha.				8
Tsa.				24	Pa.				9
Ja.				25	Paʼ.				10
Tchi.				26	Sa.				11
Tche.				27	Scha.				12
Se.				28	Tha.				13
Schi.				29	La.				14
					Ma.				15

Les Noms de Nombre tiennent ici lieu de Lecture.

1. Emou.
2. Tchoüe.
3. Ilan.
4. Toüïn.
5. Sountja.
6. Ningoun.
7. Natan.
8. Tjakhoun.
9. Ouyoun.
10. Tjouan.
11. Tjouan Emou.
13. Thofohon. prononcez Thoſghon.
20. Orin.
21. Orin Emou.
30. Cousin prononcez Cougin.
40. Teghi.
50. Souzai.
60. Nintjou.
100. Thanggou.
1000. Minga.
10000. Thoumen.

Points.

✓ Tric ou Virgule.
✗ Deux Tric valent notre point.

On appelle Thongkhi, les points à côté des mots. Foukha, tous les Cercles. Tritchoun, les Traits.

Tom. II. part. 2.de Des Hautes rayes delin. Laurent Sculp.

DE L'IMPRIMERIE, CHAP. VI. 547
d'autres bornes du côté de l'Oueſt que la mèr Caſpienne.

A une petite diſtance des portes de *Chin-yang*, Capitale particulière de la Nation des *Mancheous*, on voit encore deux magnifiques Tombeaux des premiers Princes de la race règnante, qui prirent le titre d'Empereurs, auſſi-tôt qu'ils eurent commencé à règner dans le *Leaotong*. Le triſayeul du feu Empereur Khanghi a auſſi ſon tombeau à *Inden*, Ville très-médiocre, quoique d'abord les *Mancheous* y établirent le premier Siège de leur Empire ſur la Monarchie Chinoiſe.

Les *Mancheous* tirent leur origine des Tartares (a) *Niutché*, qui ſont connus très-anciennement des Chinois : ces *Niutché* furent ſoumis pendant un temps aux Tartares Khitans. Las de porter ce joug, un de leurs Chefs nommé *Okota*, entreprit l'an 1114 de s'en délivrer. Il eut le bonheur de battre les Khitans en pluſieurs rencontres, & d'établir ſa puiſſance ſur la ruine de la leur. L'an 1118 il ſe fit proclamer Empereur, & jetta les fondemens d'une Dynaſtie à laquelle il donna le nom d'*Altoun*, qui éxprime l'or dans la Langue des *Niutché* ; ce que les Chinois ont rendu dans la leur par le mot *Kin*, qui a la même ſignification. Les Chinois faiſoient la guerre aux Khitans ; ils engagèrent les *Niutché* à ſe joindre à eux contre cet ennemi commun ; en effet les Khitans furent vaincus, & obligés d'abandonner les Pays de la Chine & de la Tartarie dont ils s'étoient emparés. Les *Niutché* ſe trouvant par-là introduits dans la Chine, ne jugèrent pas à propos d'en ſortir, & ils trouvèrent le moyen d'affermir leur puiſſance dans la partie Septentrionale de cet Empire ; ainſi ils poſſédoient, outre la Tartarie, les Provinces de Chantong, de Honan, de Peking,

---

(a) On les appelle encore *Niutchin* : en différens temps ils ont porté les noms de *Y-leous* : *Su-chin* : *Ouo-kie* : *Moko*.

Tome II. A a a a

de Chanſi; de même que le Leaotong, & pluſieurs Villes du Kiang-nan & du Chenſi.

La Dynaſtie de ces Niutché ne ſubſiſta que 116 ans, & fut détruite l'an 1234, par les Mogols ou Genghizkhanides. On ſçait que ces Mogols s'emparèrent ſucceſſivement de toute la Chine, où ils fondèrent une puiſſante Dynaſtie connuë ſous le nom de *Yuen*, qui ſubſiſta juſqu'en 1368. Aux *Yuens* ou Mogols, ſuccédèrent les *Mings*, qui ne prirent fin que l'an 1644. Alors les Tartares *Niutché*, connus ſous le nom de Mancheous, qui épioient depuis long-temps une occaſion favorable pour rentrer dans les Provinces de la Chine qu'ils avoient poſſédées autrefois, furent appellés par les Chinois mêmes pour les aider à repouſſer un fameux Rebelle qui s'étoit emparé de leur Ville capitale. Effectivement le Rebelle fut chaſſé; mais les Mancheous étant entrés dans Peking, y proclamèrent Empereur un Prince de leur Nation, & jetterent les fondements de la Dynaſtie *Tçing*, qui occupe encore aujourd'hui le Thrône de cet Empire.

Les Mancheous obligés de vivre parmi les Chinois, ne peuvent guères s'exempter, outre la Langue Mancheou, d'apprendre encore la Langue Chinoiſe. Tous les Actes publics du Conſeil Impérial & des Cours Suprêmes, s'écrivent dans les deux Langues; on remarque cependant que le Mancheou commence à décliner, & qu'il ſe perdroit inſenſiblement, ſi les Tartares n'apportoient leurs précautions pour le garantir de l'oubli dont il paroît menacé.

L'Alphabèt Tartare Mancheou que nous préſentons ici, tire ſon origine des Tartares Mogols, de qui les Mancheous l'ont emprunté. Il ne remonte point au-delà du règne de Genghizkhan. La Horde dont ce Prince étoit le Chef n'avoit point de Caractères d'Écriture; & on aſſure qu'avant ſon avénement au Thrône, ni lui, ni ses enfans ne sçavoient ni lire ni écrire.

Tayang, Roi des Naimans, avoit à sa Cour un Seigneur *Igour*, appellé *Tatatongko*, qui gardoit le Sçeau de ce Prince, & passoit pour un habile homme. Après la mort de *Tayang*, *Tatatongko* fut pris & mené à Genghizkhan, qui apprit de lui l'usage du Cachèt Royal. *Tatatongko* se rendit encore plus utile aux Mogols, en introduisant chez eux les Caractères *Igours*.

L'an 1204, Genghizkhan qui n'étoit encore connu pour lors que sous le nom de *Temougin*, donna ordre d'instruire ses frères & ses fils dans les Lettres *Ouecour* ou *Igours*. Ces Caractères ne furent point changés jusqu'au règne de Coublai-khan, qui ordonna, par un Édit public, que l'on eût à faire usage dans tous les Tribunaux, des Caractères inventés nouvellement par *Pasepa*; lesquels furent appellés les nouveaux Caractères Mogols.

Pasepa étoit un Seigneur Thibètan, rempli de mérite, & dont les Ancêtres, depuis dix siècles, avoient été les principaux Ministres des Rois de Thibet, & des autres Royaumes qui sont entre la Chine & la mèr Caspienne. *Pasepa* se fit Lama, & s'acquit dans cet état une si grande réputation, que Coublai-khan l'attacha à sa Cour l'an 1260, & quoiqu'il n'eût encore que quinze ans, cet Empereur conçut pour lui tant d'estime qu'il le déclara Chef de tous les Lamas, & lui donna le titre flateur de Docteur & Maître de l'Empire.

Coublai-khan crut que la grandeur & la gloire de sa Nation, demandoient qu'elle eût une écriture qui lui fût propre; & comme *Pasepa* connoissoit, non-seulement les Caractères Chinois, mais encore ceux du Thibet, appellés Caractères du *Tangout*, ceux d'*Igour*, des Indes, & de plusieurs autres Pays situés à l'Occident de la Chine, cet Empereur le chargea l'an 1269 de règler la nouvelle Écriture qu'il vouloit donner aux Mogols. Effectivement *Pasepa* après avoir éxaminé avec soin

A a a a ij

l'artifice de tous ces Caractères ; ce qu'ils avoient de commode & d'incommode, en traça mille ; & établit des règles pour leur prononçiation, & la manière de les former. Coublaikhan le récompensa de son travail par une Patente de Régule ou Viceroi, remplie de loüanges, & voulut qu'il fût appellé dorénavant *Taipaosavang*. Malgré cela, les Tartares Mogols, accoûtumés aux Caractères *Igours*, eurent de la peine à apprendre les nouveaux de *Pasepa*; & l'Empereur fut obligé de renouveller ses ordres pour être obéi.

Il y a apparence qu'après la mort de Coublai-khan, les Tartares reprirent leurs premiers Caractères, comme étant plus faciles : ce qu'il y a de certain, c'est que nous ignorons aujourd'hui, quel pouvoit être cet Alphabèt composé de mille Élémens. Il y a lieu de présumer que *Pasepa* avoit, comme dans la plûpart des Alphabèts Indiens, lié les voyelles avec les consonnes, dont la multiplication auroit pû peut-être à la rigueur, produire ce nombre de mille Caractères ; car enfin il n'est point de Peuples, dont les organes puissent produire mille sons différents. Si l'Alphabèt de *Pasepa* n'étoit point arrangé, comme je le soupçonne ; nous conçevrions une mauvaise idée de son travail, quoiqu'on nous le vante fort. L'Étude des Langues ne manque pas de difficultés, sans chercher encore à les multiplier ; & présenter mille Caractères à apprendre, pour en venir seulement à la lecture ; c'est vouloir rebuter ceux mêmes qui marqueroient le plus d'ardeur pour cette sorte d'Étude.

Ce qui me fait croire que je ne me trompe point dans ma conjoncture, c'est que les Annales Chinoises marquent que *Pasepa* forma cette nouvelle Écriture par l'assemblage de 41 Caractères matrices, combinés deux, trois, quatre ou cinq ensemble, ce qui composa un Alphabèt de plus de 1000 mots ; d'où il est aisé de conclure que ces Caractères étoient comme les

Thibétans, les Bengales, les Talenga & les Hanſcrets ou Samſcretans, des Caractères compoſés de pluſieurs élémens grouppés enſemble pour former des ſyllabes ou des mots entiers.

Admed Ben Arabſchah, Auteur de l'Hiſtoire de Timour ou Tamerlan, diſtingue dans le portrait qu'il fait de ce Prince, ces deux ſortes d'Écritures Tartares. Il donne le nom de *Delbergin* à celle dont Paſepa fut l'Inventeur, & déſigne l'autre ſous le nom d'*Oüigour*. Voici ce qu'il en dit.

« Il eſt au Cathai une ſorte d'Écriture appellée Delbergin. » J'en ai vû les Lettres. Elles ſont au nombre de 41. La cauſe » de ce grand nombre vient de ce que ces peuples diſtinguent » par des Caractères différens les Lettres douces d'avec les aſpi- » rées, ce qui en a multiplié la quantité. Quant aux Zaghatéens, » continue Ben-Arabſchah, ils ont une Écriture appellée Oüigour, » connue ſous le nom d'Écriture Mogole, dont les Caractères » ne ſont qu'au nombre de 14, attendu que les Lettres guttu- » rales ou aſpirées n'y ont point de figures particulieres. Ils » ne diſtinguent point non plus par des Caractères particuliers » des Lettres de même organe ; comme le B d'avec le P, le Z » d'avec le Sin ou l'S ſimple, & d'avec le Sſad ou l'S forte ; » le T d'avec le D. Cependant avec ces Caractères ils écrivent » leurs Ordonnances, leurs Diplomes ou Lettres Patentes, » leurs Regiſtres, leurs Rôles, leurs Annales, leurs Poëſies, » leurs Loix, &c. Un habile Écrivain parmi eux ne peut périr, » parce que chez eux l'art de peindre élégamment les Carac- » tères eſt la clef des richeſſes ».

Les Caractères Mancheous ſont abſolument les mêmes que les Caractères Igours, introduits à la Cour des Mogols du temps de Genghiz-khan : les Mancheous n'y ont ajoûté que les traits & les petits cercles qui marquent l'aſpiration. Ce qui mérite d'être obſervé, c'eſt que ces Caractères *Igours*, *Mogols* ou

Mancheous, car on peut à préfent leur donner ces différents noms ; ont le même coup-d'œil que les Caractères Syriaques ; & que la valeur & la configuration de plufieurs de leurs Éléments refpectifs font décidément les mêmes ; auffi y a-t-il beaucoup d'apparence que les *Igours*, Horde des Turcs Orientaux qui habitoient dans le voifinage de la Chine, où eft fituée aujourd'hui Turphan, les avoient empruntés des Syriens Neftoriens, qui étoient répandus dans les Pays les plus éloignés de la haute Afie. Les Igours devinrent tous Chrétiens. Ils avoient du temps de Genghiz-khan des Évêques particuliers, de même qu'il y en avoit à la Chine, comme on en a la preuve par le Monument de Sighanfou.

M. Muller, Membre de l'Académie Impériale de Pétersbourg & de la Société Royale de Londres, dont nous aurons occafion de parler dans l'article qui fuivra celui-ci, prétend que le terme d'*Uigour* fignifie *Étranger* dans la Langue des Tartares, & que ces Peuples en reçevant leurs Lettres des Syriens Neftoriens, qui étoient Étrangers à leur égard, leur avoient donné ce nom d'*Oigour*, *Vigour*. Il penfe qu'il n'a jamais éxifté de Peuple qui ait porté ce nom ; voici fes raifons : *Nulla autem, noftra opinione, gens, quæ Iugurenfium vel Oiguraeorum nomine ipfam fe adpellaverit, unquam extitit. Nam quantumvis fcriptores aliquot Uigurenfium mentionem fecerint, ipfi tamen nonnulli indicarunt, & de reliquis fubodorare facile eft, hoc non proprium ipfis nomen fuiffe ; fed vel propter res geftas, vel ob diverfum vitæ genus, cultum & regimen illis inditum. Undè etiam non iidem Uigurenfes in Hiftoriis allegantur, ut alio loco demonftrabo luculentius.* Cet Écrivain nous auroit fait plaifir de nous éxpliquer plus clairement les preuves de fon opinion, comme il paroît le promettre à la fin de cette citation ; mais je doute qu'il eût réuffi, puifqu'il n'y a jamais eu qu'un Peuple qui ait porté ce nom

DE L'IMPRIMERIE, CHAP. VI. 553

d'*Oigour*, *Igour*, lequel se partagea en deux grandes Hordes, qui formèrent deux Royaumes considérables, connus sous les noms d'*Un-Ouigour* & de *Tokos-Ouigour*. Les premiers eurent des Rois particuliers qui portoient le titre d'*Ilittar*. Les Rois des Tokos-Ouigours portoient celui d'*Ilirgin*. Ces Rois commencèrent à être connus des Chinois environ un siècle avant l'Ere Chrétienne. Les *Ouigours* ayant été chassés de leur pais par les Geougen & autres Tartares; ils se virent obligés d'aller chercher d'autres habitations plus éloignées; plusieurs de leurs bandes s'approchèrent même des frontières de l'Europe : c'est probablement cette dispersion des Ouigours qui a fait croire à M. Muller que ce nom n'est point particulier à une Nation. *Idi-Kut*, Roi d'Igour, se soumit à Genghizkhan, comme nous l'apprenons d'Aboulpharage dans son Histoire des Dynasties. C'est le même Prince que l'Histoire Chinoise nomme par corruption *Itouhou* : elle ajoûte qu'il fut très-bien reçu de Genghizkhan, qui lui fit épouser une de ses filles. Le P. Gaubil prétend, d'après l'Eloge Historique de ce Prince Igour, que ce nom d'*Itouhou* étoit le titre des Rois d'Igour, & que le véritable nom de celui qui vint se rendre à Genghizkhan étoit *Partchoukorte-Tikin*. La Ville où ce Prince Igour tenoit sa Cour, s'appelloit *Hotcheou*; & on voit encore des restes de cette ancienne Ville à sept ou huit lieues à l'Orient de Turphan, Latit. 43°. 30. Longit. 26°. 40. Ouest.

Les Caractères Mancheous s'écrivent perpendiculairement, en commençant à la droite, & finissant à la gauche, comme la plûpart des Orientaux. Cette façon extraordinaire de tracer leurs lignes perpendiculairement, leur est venuë probablement encore des Syriens; qui, bien qu'ils soient actuellement dans l'habitude de lire de droite à gauche, n'ont pas laissé de tracer leurs Caractères perpendiculairement du haut en bas; ainsi que le dénote ce Vers Latin.

E Cœlo ad ſtomachum relegit Chaldæa lituras.

Abraham Ecchellenſis, dans le Catalogue des Écrivains de Syrie par Ébed-Jeſu, qu'il a publié, confirme la vérité de ce fait : *Omnes aliæ Linguæ ſuos Characteres & Literas à dexterâ ſiniſtram versùs, vel vice versà ſcribunt. Syriaca vero ſola ſuas ducit lineas pectus versùs.* Les Syriens écrivent encore aujourd'hui de cette manière.

Les Tartares Mancheous ont conſervé cette manière de tracer leurs lignes, à cauſe de l'obligation où ils ſe ſont vûs de traduire le Chinois interlinéairement, ou d'en mettre la lecture dans leurs Caractères ; car on verra que de tout temps les Chinois ont écrit ſuivant cette méthode. Au reſte les Caractères Mancheous peuvent également s'écrire, & ſe lire de la droite à la gauche, à la manière des Syriens & des Arabes.

Les Mancheous donnent à leur Alphabèt le nom de *Tchoüantchoüe outchou*, c'eſt-à-dire en leur Langue, *les douze têtes* ; ce que les Chinois expriment par *che-eulh-tſe-teou*. Cèt Alphabèt en effèt eſt partagé en douze claſſes, dont chacune contient cent douze Lettres. C'eſt leur Syllabaire, tel qu'ils le font apprendre aux enfans. Pour éviter la dépenſe de peut-être plus de vingt planches de gravures qu'un pareil Syllabaire auroit demandé, & auſſi afin d'épargner à nos Lecteurs un travail trop pénible, nous nous ſommes bornés à tracer ſimplement les Éléments de cet Alphabèt, ſelon les différentes configurations qu'ils prennent, ſoit au commencement, ſoit au milieu, ſoit à la fin des mots, par rapport à leurs liaiſons ; en un mot nous avons préſenté l'Alphabèt Mancheou, comme nous avons fait les Alphabèts Arabe & Syrien. Quoique les Tartares Mancheous ne ſe ſoient pas aviſés de donner leur Alphabèt ſuivant cette méthode ; nous oſons aſſurer cependant que c'eſt la plus ſimple,

&

& en même temps la plus facile & la plus courte. Nous avertiſſons auſſi, que nous avons choiſi nos modèles dans des Livres de l'Imprimerie Impériale de Peking qui ſont de toute beauté.

Le Grand Dictionnaire Alphabétique Tartare-Chinois, fait par ordre du feu Empereur Khang-hi, eſt rangé ſuivant l'ordre des douze claſſes dont on vient de parler; c'eſt ce qui nous engage à donner ici une idée de ces claſſes, pour faciliter les progrès de ceux qui voudront s'adonner à l'Étude du Tartare Mancheou, & les mettre en état de pouvoir chercher dans ce Dictionnaire tous les mots dont ils auront beſoin.

Les douze Claſſes de l'Alphabet Mancheou.

Ces douze Claſſes ou douze Têtes commençent, ſçavoir:

La 1. par *A.*   La 7. par *Aſ.*
La 2. par *Ai.* La 8. par *At.*
La 3. par *Ar.* La 9. par *Ap.*
La 4. par *An.* La 10. par *Ao.*
La 5. par *Ang.* La 11. par *Al.*
La 6. par *Ac.* La 12. par *Am.*

Il eſt bon d'obſerver, que le monoſyllabe *Ai*, ſe doit prononçer comme la diphthongue *ay* des Eſpagnols. *Ang* ſe prononçe comme *an*, dans le mot François *anſe*. *Ao* ſe prononçe notre *au* dans le mot *auge*. Le reſte ne ſouffre point comme de difficulté, & ſe prononçe comme en François.

Première Claſſe en A.

1. A. e. i. o. ou *ſans queuë*, ou *avec queuë*.
2. Na. ne. ni. no. nou. nou.
3. Kha, ka, ha. kho, ko, ho. khou. kou. hou.

4. Pa. pe. pi. po. pou. pou.
5. Pá. pé. pí. pó. poú. poú.
6. Sa. fe. si. fo. fou. fou.
7. Cha. che. cho. chou. chou.
8. Tha. ta. the. the. thi. ti. tho. to. thou. tou.
9. La. le li. lo. lou. lou.
10. Ma. me. mi. mo. mou. mou.
11. Tchá. tché. tsí. tchó. tchoú. tchoú.
12. Tcha. tche. tsi. tcho. tchou. tchou.
13. Ya. ye. yo. you. you.
14. Khe, ke, he. Khi, ki, hi. Khou, kou, hou.

  Khá, ká, há. Khó, kó, hó. Les neuf dernières Lettres de ce rang, ne different des autres marquées ci-dessus n°. 3, que par l'écriture. Celles que nous avons distinguées par une aftérique, ne font prefque d'aucun usage.

15. Ra. re. ri. ro. rou. rou.
16. Fa. fe. fi. fo. fou. fou.
17. Oüa. oüe.

  Cette première claffe compofée de 17 rangs, contient cent douze Lettres ; toutes les autres claffes offrent le même nombre de rangs & de Lettres ; il eft par conféquent très-inutile de les rapporter toutes ici, puifqu'on peut juger des autres par celle-ci ; & qu'il eft aifé à chacun de les former, en ajoûtant les finales qui leur font propres, & que nous avons rapportées ci-deffus. Ainfi on dira pour la feconde claffe 1. *Ai. ei. ii. oi. oüi. oüi.* 2. *Nai, nei. nii, noi, noüi, noüi,* &c. On dira pour la troifième claffe *ar, er, ir, or, our, our, nar, ner, nir, nor, nour, nour*; & ainfi de toutes les autres claffes, & de leurs rangs.

La manière dont les Tartares font apprendre cet Alphabèt à leurs enfans, consiste à leur faire prononcer trois à trois, les Lettres de chaque rang, lorsque ces rangs sont composés de six, neuf ou quinze monosyllabes ; & deux, puis trois, dans les rangs composés de cinq ; enfin deux à deux dans le huitième rang, qui est, comme on vient de le voir, composé de dix Lettres, ou Syllabes.

On observera que les sept dernières Lettres qui terminent l'Alphabèt Mancheou, n'ont été ajoûtées par les Tartares, que pour exprimer certains Caractères Chinois dont ils n'avoient pas le son ; & c'est pour cela qu'on ne les trouve point à leur rang, dans les douze classes dont leur Syllabaire est composé.

Dans la composition, toutes les Lettres qui ont des queuës, soit à la droite, soit à la gauche, les perdent ; & il n'y a que la dernière du mot qui la retient, ainsi que cela est d'usage dans l'Écriture Arabe. Il faut cependant excepter de cette règle toute la seconde classe *ai*, *ei*, *ii*, *oi*, *oii*, *oii*, dont les Lettres retiennent leurs queuës, même au milieu d'un mot : mais comme cette queuë étant arrondie de la droite à la gauche occuperoit trop d'espace, on supprime ce demi cercle ; & on se contente de tirer un trait tout court vers la gauche, en ligne parallèle au trait qui la précède, & cela tient lieu du demi-cercle : cette exception regarde aussi la Lettre *ou*, comme on peut le remarquer dans l'Alphabèt. L'intention des Mancheous en cela est de ne point trop allonger les mots ; mais ils ont réussi en même temps à donner à leur écriture une variété qui la rend agréable.

Nous ne nous étendrons point davantage sur la manière d'écrire les Lettres Mancheous ; l'inspection seule de l'Alphabèt & de quelques mots Tartares que nous avons fait graver au bas de la Planche, en font entendre plus d'un coup-d'œil, que nous n'en pourrions faire concevoir en plusieurs pages, étant dans l'impossibilité d'ailleurs, faute de Caractères, de démontrer par des éxemples, les précèptes que nous pourrions en donner: mais nous dirons au moins un mot de la prononçiation Tartare.

1°. En général la Langue Mancheou se prononce avec une telle rapidité, que ceux qui la parlent ne distinguent ni longues ni brèves.

2°. Deux lettres dans un mot, se prononçent souvent comme si elles ne formoient qu'une syllabe. Ainsi on dira *thoüa*, le feu; *tchoüe*, deux; *tchoüan*, dix; *thoüakhi*, regardés; *thoüakhiara*, garder, conserver, défendre; *oüaliame*, laisser, abandonner; *soüaliame*, ensemble, avec, mêler; *soüe*, vous (au pluriel); *sergoüeme*, admirer; *ekhieghe*, il y manque, il y a du défaut; *niaman*, parens; *tchoüari*, l'été; *thoüeri*, l'hyver; *thoukhiere*, lever, porter sur les deux mains, compeller, &c. mais on écrira *thouoüa, tchouoüe, tchouoüan, thouoüakhi, thouoüakhiyara, oüaliyame, souoüaliyame, souoüe, ferkouoüeme, ekhiyehe, niyaman, tchouoüari, thouoüeri, thoukhiyere*.

3°. La lettre *si*, se prononçe très-souvent comme *chi*, sur-tout au commencement des mots; à Pekin on dit *chi*, toi; *chinagan*, deüil; *chindame*, mettre, poser; *chimneme*, éprouver, examiner les Étudians; *chimghoun*, les doigts. Il est néanmoins assez indifférent de prononçer *si* ou *chi* au commencement des mots; mais au milieu, ou à la fin, on prononçe toujours comme s'il y avoit *gi*. Éxemple: *khegi*, bienfait; *kogin*, amour, affection, bienveillance; *oüegire*, monter; *soupgi*, parleur, importun; *yacgire*, fermer la porte; *kougin*, trente; *aigi*, profit, lucre; *aigin*, or; *omogi*, les petits-fils, &c. pour *khesi, kosin, oüesire, soupsi*, &c.

4°. *Sa, se, so, sou*, dans le corps de mots, se prononçent ordinairement *za, ze, zo, zou*; exemple: *azarara*, conserver, réserver; *azourou*, éxtrêmement; *azoukhi*, bruit; ce dernier se prononce aussi *ajoukhi*, & signifie nausée, envie de vomir; *kizoun*, parole; *keze* pour *heze*, Ordre Impérial; *Tazen*, Gouvernement, Réglement; *tchouze*, les enfans; *saza*, communément, ensemble; *yaza*, les yeux.

5°. Les lettres de la première Classe, qui ont le son d'*a*, *e*, *i*, *o*, *ou*, dans le corps des mots, le perdent ordinairement dans la prononciation. *Lisghan*, boüe; *ischnara*, arriver; *ouchsha*, étoile; *oüatshiame*, que d'autres prononcent *oüagiame*, achever; pour *lifahan*, *isinara*, *ousiha*, *oüatsihiyame*; *sarkhou* pour *sarakhou*, signifie ne sçavoir pas; *serakhou*, qui signifie ne dire pas, ne s'abrége ni en parlant ni en écrivant.. *Asghan*, jeune, *se-asghan*, jeune-âge; *miosghon*, qui n'est pas droit; *miosghon thatsghian*, méchante doctrine; *oüechshoun*, honorable, illustre, en haut; *souchshoun*, vil, méprisable, en bas; *antkha*, comment? qu'en dites-vous, qu'en pensez-vous? *Antgha*, hôte invité, convié, reçu; pour *asthan*, *miosihon*, *thatsihiyan*; *oüesthoun*, *fousihoun*, *anthakha*; *anthaha*; *chosghon* pour *chochohon*, abrégé, chapitre, liste; *thosghon* pour *thofoghon*, quinze; *ovro* pour *oforo*, le nez; *etghoun* pour *ethouhoun*, fort, robuste; *entgheme* pour *entheheme*, éternellement, sans fin; *erthele* pour *erethele*, jusqu'ici; *khaltharsghoun* pour *khaltharashoun*, glissant; *khetkheleme* pour *khethoukheleme*, clairement, d'une maniere nette, sans ambiguité; il en est même qui prononcent ce mot *khethouleme*, & suppriment le second *khe*; *asboure* pour *asaboure*, donner commission, recommander, enjoindre; *afgha*, pour *afaha*, feuille de papier; le passé d'*avame* ou *avara*, combatre, est *avagha*; *atchsgha* pour *atchaha*, se voir, se visiter, se trouver ensemble; *atchsha* pour *atsigha*, bagage de voyageur; *ezikhe* pour *echskhe*, il suffit, c'est assez; *ezighe* pour *esghe*, écaille de poisson.

Il est bon d'observer cependant, que quelqu'un qui prononçeroit toutes ces Lettres telles qu'elles font écrites, feroit également entendu, & il en eft de même dans la plûpart des Langues; mais s'il paffe légèrement deffus, il fera cenfé être au fait de la prononçiation.

6°. *Ni*, dans le corps des mots & à la fin fe prononçe *gni*, (comme dans le mot François *Compagnie*;) ainfi on dira *migni*, de moi; *figni*, de toi; *igni*, de lui, fon; *hegni*, fort peu; *yaugni*, entièrement; *thegni*, alors; *aivigni* pour *aifini*, ci-devant; *khemougni*, toujours, après-tout, préfentement; *kougnin*, penfée; *kougnime*, penfer; *feibegni*, autrefois, pour *feipeni*.

7°. *Ka*, *ko*, *kou*, au milieu & à la fin des mots fe prononçent *ga*, *go*, *gou*; éxemple: *aga*, la pluye; *anga*, la bouche; *manga*, difficile, fort, dur, habile; *minga*, mille; *fargan*, la femme; *forgon*, les faifons; *tchazigan* pour *tchafikan*, lettre, billet; *tchourgan*, civilité, devoir, honnêteté, les grands Tribunaux de Pekin; *tchourganga*, équitable, jufte; *mengouri*, argent; *oyongo*, néceffaire; *thangou*, cent; *amgami*, dormir; *miamigan*, parures des femmes, modes.

8°. *Ke* & *ki*, au milieu & à la fin des mots prennent ordinairement le fon de *gue*, *gui*; *torgui*, dedans; *thoulergui*, dehors; *tergui*, à l'eft; *oüargui*, à l'oueft; *amargui*, au nord; *tchoulergui*, au fud; *emgueri*, une fois; *outoungueri*, plufieurs fois; *thangoungueri*, cent fois; *mingangueri*, mille fois; *thoumengueri*, dix mille fois; *thoulgue*, anciennement; *ague*, Monfieur, appellation honorifique qui fe donne à d'honnêtes gens à peu près de notre rang; *irguen*, le peuple; *orguen*, la vie, la refpiration; *erguengue*, les chofes vivantes, tout ce qui a vie; *erguere*, fe repofer; *gue* & *gui* fe prononçent dans tous ces mots & autres femblables, comme les premières fyllabes de ces deux mots François, *guerre*, *guide*.

9°. *Ki*, après une des Lettres de la cinquième Classe, *ang*, *ing*, *ong*, *oung*, se prononçent ordinairement comme *ngi*; éxemples: *magni* pour *mangki*, après que; *inegni*, le jour; *enegni*, aujourd'hui, pour *inengki*, *enengki*; *inegnitari*, chaque jour; *ounegni*, véritable; *nimagni*, neige; *nimegni*, huyle, graisse; *ougnire*, envoyer; *kegnielere* ou *kegnilere*, vérifier, approfondir, éxaminer; *nognire*, ajoûter; pour *inengkitari*, *ounengki*, *nimangki*, *nimengki*, *oungkire*, *kengkiyelere*, *nongkire*.

10°. Il y a des mots dont la terminaison en *yen* se prononce *in*; comme dans *chein*, blanc de neige, beau blanc; *kegnin* pour *kengkiyen*, clair, net, serein, pur; *nekhelin* pour *nekheliyen*, mince, simple; *sekhin* pour *sekhiyen*, source, origine; *eyn* pour *eyen*, le courant de l'eau; *elguin* pour *elkiyen*, abondance; *soubelin* ou *soubelien* pour *soupeliyen*, soye crüe; *evin* pour *efiyen*, joye, divertissement; *foulmin* pour *foulmiyen*, balot, gerbe; *thalkhien* pour *thalkhiyan*, éclair.

11°. Il est des mots qui finissent en *yan*, & qui se prononçent *yen*, & quelquefois *in*. *Saghalien*, ou même *saghalin* est pour *sahaliyan*, noir; *yen*, once; *emouyen-mengoun*, une once d'argent, pour *yan*; *yarguien* pour *yarkiyan*, vrai; *souayen* pour *souoüayan*, couleur jaune; *foulguien* pour *foulkiyan*, rouge; *chagnien* ou *chagnin* pour *changkiyan*, blanc, fumée; *noughalien* pour *nouhaliyan*, terrein ou champ plus bas que les autres; *oulguien* pour *oulkiyan* pourceau; *oulghien-oulghien*, peu-à-peu, &c.

12°. Quelquefois même au commencement des mots *yen* se prononce comme *in*; & *yang* ou *yan* se prononçent comme *yeng* & *yen*; mais comme cela ne fait aucune équivoque dans le langage, cela doit encore faire moins de peine dans la lecture des Livres. Ainsi quand on trouvera *yengkouhe*, perroquet; *yenuehe*, avoir cru, s'être élevé ou aggrandi; *yangsangka*, beau à voir, fleuri ; on prononçera *inkoughe*, *indeghe*, *yenſanga* ; *yengke*, que l'on prononçe *ingue* ou *ingke*, eſt le nom d'une ſorte de fruit qui vient en grappe, comme le raiſin ; ſon grain eſt noir, d'un goût au commencement un peu âpre, mais qui peu à peu devient agréable ; il ne ſe trouve qu'à Pekin dans les vergers de l'Empereur : on l'appelle en Chinois *tcheou-li-tſe*.

13°. *Yali*, viande, chair, ſe prononçe *yeli* ; les mots *yalingka* & *yalikangke*, qui en dérivent, & qui ſignifient charnu, ſe prononçent *yelinga* & *yeligangue* ; *yelikiragni*, la chair & les os, s'écrit *yalikirangki*.

14°. Les Lettres *Pa*, *pe*, *pi*, *po*, *pou*, & celles qui leur répondent dans les autres claſſes, ont plus le ſon du *B* que du *P* dans le corps des mots & à la fin. Ainſi on prononçera *amba*, grand ; *oubai*, d'ici, de ce païs-ci ; *arboun*, figure ; *kebou*, nom, réputation, &c. pour *ampa*, *oupai*, *arpoun*, *kepou*.

Pa, *pe* & *pi*, qui viennent ſouvent après un autre mot, parce que *pa* & *pi* ont leur propre ſignification, & que *pe* marque l'accuſatif ; ſuivent ordinairement cette règle ; exemples : *Minga-ba*, mille Lis ou 100 lieües ; *houda-ba*, le marché ; *keboube*, le nom, la réputation, (à l'accuſ.) *thourgoun-bi*, il y a quelque raiſon.

Indépendamment de toutes ces règles, la plus ſûre eſt de prononçer les Lettres ſuivant leur valeur ; on ſe fera entendre, & on ne riſquera point de ſe méprendre. Au reſte, nous avons cru faire plaiſir à nos Lecteurs, en multipliant par occaſion, le nombre des exemples ; il ſeroit à déſirer qu'on en fît autant pour toutes les autres Langues, & cela engageroit ſouvent à des comparaiſons des unes avec les autres, dont le réſultat ne pourroit être qu'intéreſſant pour la filiation & l'Hiſtoire des Peuples.

L'Hiſtoire

DE L'IMPRIMERIE, CHAP. VI.   563

L'Hiſtoire des Turcs & des Mongols, d'Abulghazi (a), Khan de Carizme, publiée avec de ſçavantes notes par Bentink, avance que le Langage des Mancheous, n'eſt qu'un mêlange de Chinois & d'ancien Mongol, qui n'a preſqu'aucun rapport avec celui des Mogols Occidentaux ; le P. Parennin, Sçavant Miſſionnaire de la Chine, confirme auſſi dans une de ſes Lettres, imprimée dans le dix-ſeptième Recueil des Lettres Édifiantes, en date de Pekin, premier Mai 1723, & adreſſée à MM. de l'Académie des Sçiences de Paris, que la Langue des Mancheous, ne reſſemble en rien à celle des (b) Mongols qui

---

(a) Abulghazi, Khan ou Roi de Carizme mourut en 1663 ; il eſt l'Auteur d'un Ouvrage intitulé : *Skajareh Turki*, ou Hiſtoire Généalogique des Turcs, depuis l'origine de la Nation, juſqu'à la mort de l'Auteur. Cet Ouvrage, écrit en Turc, a été traduit en Ruſſien, en Allemand, en François & en Anglois. L'Édition Françoiſe a pour titre : *Hiſtoire Généalogique des Tartares* ; & l'Angloiſe : *General Hiſtory of the Turcs, Mogols, and Tartars*, &c.

Les Notes que *Bentink* a fait ſur cet Ouvrage, ſont très-intéreſſantes ; il les a recueillies du récit de diverſes perſonnes, ſur-tout de pluſieurs Suèdois qui avoient fait le voyage de Tartarie, ou qui avoient reçu de curieuſes informations des Habitans.

C'eſt ce même Bentink qui a publié auſſi en François une courte Relation de la petite Bukharie.

(b) On convient que les Mongols ou Genghizkhanides, connus à la Chine ſous le nom de Yuen, après en avoir été chaſſés l'an 1368 par *Houngvou*, Fondateur de la Dynaſtie des *Mings*, repaſsèrent en Tartarie, & fondèrent une nouvelle Dynaſtie des *Yuen du Nord*, dont *Biſourdar-Khan*, fils de Chunti, fut le premier Prince ; ils habitoient ſur les bords des rivières de *Selinga*, d'*Orkhon*, de *Toula* & de *Kerlon* ; & c'eſt ce que l'on appelle les *Kalcas Mogols*, ainſi nommés de la rivière de *Kalka*. Les Khans des Kalmouks ou *Éluths*, paſſent auſſi pour des Deſcendans des Mogols ou Genghizkhanides ; ſi l'opinion

Tome II.   Cccc

habitent la Tartarie Occidentale ; à peine se trouve-t-il huit mots semblables dans les deux Langues, & encore ignore-t-on si ces sept à huit mots sont naturels Mancheous ou Mongols ; mais ce Sçavant Missionnaire, loin de convenir avec Bentink que le Mancheou soit un mélange de Chinois, assûre au-contraire que ces deux Langues n'ont rien de commun entr'elles. Voici ses paroles : « Ils ont à l'Occident les Tartares Mongols, & dans
» les deux Langues il n'y a guères que sept à huit mots sem-
» blables. On ne peut dire même à qui ils appartiennent ori-
» ginarement. A l'Orient se trouvent quelques petites Nations
» jusqu'à la mer, qui vivent en Sauvages, & dont ils n'enten-
» dent point la Langue, non plus que de ceux qui sont au
» Nord. Au Midi ils ont les Coréens, dont la Langue & les
» Lettres, qui sont Chinoises, ne ressemblent en rien à la
» Langue & aux Caractères des Tartares ».

Effectivement les Mancheous n'ont presque point emprunté de termes Chinois, & dans plusieurs milliers que j'ai parcourus, à peine en ai-je rencontré une douzaine, ce qui n'est rien certainement, vû le mélange actuel des deux Nations. Parennin étoit un Juge compétent en cette matière, il sçavoit parfaitement bien la Langue Mancheou ; & le feu Empereur Khanghi en étoit si persuadé, qu'il l'avoit occupé à faire quantité de traductions,

---

que l'on a de leur origine est vraie, comment se peut-il faire que ces *Kalkas*, ces *Éluths* & les *Mancheous*, ne parlent point une même Langue, la Langue Mongol que parloit Genghizkhan, & dont ces Peuples prétendent être descendus ? Bentink dit que la Nation des Éluths est la seule de la grande Tartarie qui ait conservé l'ancien Langage Mongol ou Turc, dans toute sa pureté. Il y a là quelque chose que nous ignorons certainement ; on n'abandonne point sans de puissantes raisons le langage de ses pères.

soit de Tartare en Langues Européennes ; soit des Langues Françoise, Latine, Portugaise & Italienne, en Langue Tartare ; il paroît peut-être étrange que la Langue Mancheou ne s'étant point enrichie aux dépens de celles de leurs voisins, & sur-tout des Chinois, se soit trouvée assez abondante, pour rendre clairement nos Livres de Physique, d'Anatomie & de Médecine. C'est surquoi le Sçavant Missionnaire semble accorder un avantage à la Langue Mancheou sur toutes les autres Langues. Son abondance est telle, qu'on peut éxprimer d'une manière précise, & en un seul mot, ce qu'on ne pourroit faire entendre autrement sans beaucoup d'étendüe & à force de périphrases, ou de circonlocutions qui suspendent le discours & le font languir. L'éxemple suivant qu'il rapporte donnera une idée de la précision laconique de cette Langue. Quoiqu'entre tous les animaux domestiques, le chien soit celui qui fournisse le moins de termes dans la Langue de ces Tartares ; cependant elle en a beaucoup plus que nous, car outre ceux de grands & petits chiens, de mâtins, de lévriers, de barbèts, &c. ils en ont qui marquent leur âge, leur poil, leurs qualités bonnes ou mauvaises. Veut-on dire qu'un chien à le poil des oreilles & de la queüe fort long & bien fourni ? Le mot *Tayha* suffit. A-t-il le museau long & gros, la queüe de même, les oreilles grandes & les lévres pendantes ? Le seul mot *Yolo* exprime toutes ces qualités. Que si ce chien s'accouple avec une chienne ordinaire qui n'ait aucune de ces qualités, le petit qui en naîtra s'appelle *Peseri*. Un chien ou une chienne de quelqu'espèce que ce soit, qui a deux floccons ou boucles jaunes au-dessus des sourcils, s'appelle *Tourbé*. S'il est marqueté comme le léopard, c'est *Couri* : s'il n'a que le museau marqueté, & que le reste soit d'une même couleur, c'est *Palta* : s'il a le col tout blanc, c'est *Tchacou* : s'il a quelques poils au-dessus de la tête tombant en en arrière, c'est *Kalia*: s'il a une prunelle de l'œil moitié blanche & moité bleüe, c'est un *Tchikiri*: s'il a la taille basse, les jambes courtes, le corps épais, la tête levée, c'est un *Capari*, &c. *Indagon* est le nom générique du chien, & *Nieguen* celui de la femelle. Leurs petits s'appellent *Niaha* jusqu'à l'âge de sept mois, & de-là jusqu'à onze mois *Nouqueré*. A seize mois ils prennent le nom générique d'*Indagon*. Il en est de même pour leurs qualités bonnes & mauvaises, un seul mot en exprime deux ou trois ensemble.

Le détail seroit infini si l'on vouloit parler des autres animaux.

Pour le cheval, par éxemple, qui est leur animal favori, à cause de l'utilité qu'ils en tirent, ils ont multiplié les mots en sa faveur, vingt fois plus que pour le chien. Non-seulement ils ont des mots propres pour ses différentes couleurs, son âge, ses qualités. Ils en ont encore pour les différens mouvemens qu'il se donne: si étant attaché il ne peut demeurer en repos; s'il se détache & court en toute liberté; s'il cherche compagnie; s'il est épouvanté de la chûte du Cavalier, ou de la rencontre subite d'une bête sauvage; s'il est monté, de combien de sortes de pas il marche, combien de secousses différentes il fait éprouver au Cavalier. Pour tout cela & pour beaucoup d'autres choses, les Tartares ont des mots uniquement destinés à les éxprimer. C'est ainsi que les Arabes, Peuples vagabonds, comme les Tartares, & qui n'ont pas moins d'inclination qu'eux pour le cheval, ont dans leur Langue jusqu'à mille mots pour éxprimer cet animal, ainsi que le chameau, & jusqu'à cinq cens pour éxprimer une épée, du lait, &c.

Nous avons dit ci-dessus que les Mancheous avoient pris des précautions pour empêcher leur Langue de se perdre, par l'usage de la Langue Chinoise qu'ils apprennent tous, & dans laquelle il se trouve un nombre infini d'éxcellens écrits en tout genre, avantage que ne peut avoir préfentement la Langue des Mancheous, ces Peuples n'étant dans la Chine que depuis environ 120 ans, & n'ayant connu que depuis cette époque, les Sçiences & les Arts. Ils ne craignoient pas le mélange du Chinois, car cette Langue par fa conftruction eft inalliable; mais ils voyoient infenfiblement les anciens d'entr'eux mourir à la Chine, & leurs enfans apprendre plus aifément la Langue du Pays conquis que celle de leurs pères, parce que les mères & les domeftiques étoient prefque tous Chinois. Ils commencèrent fous le règne de *Chuntchi*, qui fut fur le thrône dix-huit ans & quelques mois, à traduire les Livres Claffiques des Chinois; & à dreffer des Dictionnaires felon l'ordre alphabèthique; mais comme les explications & les caractères étoient en Chinois, & que la Langue Chinoife ne pouvoit rendre ni les fons ni les mots de la Langue Tartare, ce travail fut affez inutile.

L'Empereur Khanghi, au commencement de fon règne, érigea un Tribunal qu'il compofa de tout ce que l'on put trouver de plus habiles gens dans l'une & l'autre Langue, le Mancheou & le Chinois; il fit travailler les uns à la Verfion de l'Hiftoire & à celle des Livres Claffiques qui n'étoit pas achevée; d'autres traduifirent des pièces d'éloquence; mais le plus grand nombre fut occupé à compofer un Thréfor de la Langue Tartare. Cet ouvrage s'éxécuta avec beaucoup de diligence: S'il furvenoit quelque doute, on interrogeoit les Vieillards des (*a*) huit Bannières

---

(*a*) Les Troupes qui font à Pékin font rangées fous huit Bannières, diftinguées chacune par une couleur qui lui eft particulière. Chaque Bannière eft compofée de Tartares Mancheous, de Tartares Mongols, & de Chinois Tartarifés, au nombre de 10000 hommes; le Général de chaque Bannière, nommé *Kufanta* en Langue Mancheou, a fous lui des Lieutenans-Colonels, appellés *Mey-reyon-chain*, & d'au-

Tartares; & s'il étoit nécéssaire d'une plus grande recherche, on consultoit ceux qui arrivoient nouvellement du fond de leur Païs. On proposoit des récompenses à ceux qui déterreroient quelques vieux mots, quelques anciennes éxpressions, propres à être placées dans le Thrésor. On affectoit ensuite de s'en servir, pour les apprendre à ceux qui les avoient oubliées, ou plûtôt qui n'en avoient jamais eu de connoissance.

Quand tous ces mots furent rassemblés, & qu'on crut qu'il n'y en manquoit que très-peu, qui pourroient se mettre dans un supplément, on les distribua par Classes.

La première Classe parle du Ciel; la seconde du Temps; la troisième de la Terre; la quatrième de l'Empereur; le Gouvernement, les Mandarins; les autres Classes appartiennént aux Cérémonies, aux Coutumes, à la Musique, aux Livres, à la guerre, à la chasse, à l'homme, aux terres, aux soyeries, aux toiles, aux habits, aux instrumens, au travail, aux ouvriers, aux barques, au boire & au manger, aux grains, aux herbes, aux oiseaux, aux animaux domestiques & sauvages, aux poissons, aux vers & insectes, &c. Chaque Classe est sous-divisée en Chapitres & en Articles. Chaque mot écrit en gros Caractères ou Lettres majuscules, a sous lui, en plus petits Caractères, sa définition, son éxplication & ses usages; les éxplications sont nettes, élégantes & d'un stile aisé, & c'est en l'imitant qu'on apprend à bien écrire.

Comme ce Livre est écrit en Langue & en Caractères Mancheous, il n'est d'aucune utilité pour les Commençans; il ne peur servir qu'à ceux qui sçachant dèja la Langue, veulent s'y

---

tres Officiers subalternes. Ces dix mille hommes sont divisés en cent *Nierus*, ou cent Compagnies, chacune de cent Soldats, &c.

perfectionner, ou compofer quelqu'ouvrage. Le deffein principal a été d'avoir une efpèce d'affortiment de toute la Langue, de forte qu'elle ne puiffe périr, tandis que le Dictionnaire fubfiftera. On laiffe aux defcendans le foin d'y faire des additions, s'ils viennent à découvrir quelque chofe nouvelle qui n'ait point encore de nom. Ce grand Dictionnaire eft partagé en vingt-un volumes; il fe trouve dans la Bibliothèque du Roi, ainfi que le Dictionnaire Alphabètique dont nous avons donné la marche.

Ce que la Langue Mancheou a de plus fingulier, comparée avec la Langue Françoife, c'eft que le verbe change prefque auffi fouvent que le fubftantif qu'il gouverne. Nous difons *faire une maifon, faire un ouvrage, des vers, faire un tableau, une ftatue, faire un perfonnage*, &c. c'eft une éxpreffion commode que les Tartares ne peuvent fouffrir : ils ont des verbes différens, autant de fois que les fubftantifs règis par le verbe *faire*, font différens entr'eux. Ils pardonnent la répétition d'un même verbe dans le difcours familier ; mais cette répétition eft inéxcufable dans la compofition, & même dans les écrits ordinaires.

Le retour du même mot dans deux lignes voifines, ne leur eft pas plus fupportable ; il forme par rapport à eux une monotonie qui leur choque l'oreille ; & le P. Parennin dit, qu'ils fe mettent à rire, lorfqu'entendant lire nos Livres, ils voyent fouvent fe répéter les éxpreffions *que, qu'ils, qu'eux, quand, qu'on, quoi, quelquefois*. On a beau leur dire que c'eft le génie de la Langue Françoife, ils ne nous peuvent faire grace fur cet article. Les Mancheous s'en paffent & n'en ont nul befoin : le feul arrangement des termes y fupplée, fans qu'il y ait jamais ni obfcurité, ni équivoque : auffi n'ont-ils point de jeux de mots, ni de fades allufions.

Quoique les Mancheous n'ayent que les Caractères que nous

avons donnés dans la Planche, ils ont néanmoins (*a*) quatre manières de les varier en écrivant.

La première, que l'on employe d'ordinaire pour graver sur le marbre ou sur le bois, demande beaucoup de temps, une grande attention & une main sûre ; aussi un habile Écrivain ne trace pas plus de vingt ou vingt-cinq lignes par jour, sur-tout lorsqu'elles doivent être vûes de l'Empereur. Rien ne doit y manquer. Si un coup de pinçeau d'une main trop pesante forme le trait plus large ou plus grossier qu'il ne doit être ; si par le défaut du papier il n'est pas nèt ; si les mots sont pressés ou inégaux, l'ouvrage est à recommencer ; un seul de ces défauts suffit pour rebuter la feuille où on le remarque ; il n'est pas permis d'user de renvoi, & de rejetter en marge ce qu'on a pû oublier ; il n'est pas même permis de recommencer une ligne par la moitié d'un mot qui n'a pû entrer dans la ligne précédente ; c'est à l'Écrivain à prendre si bien ses précautions, en mesurant ses espaces, que cet inconvénient n'arrive pas. Les beaux Livres Tartares qui sont à la Bibliothèque du Roi, & qui pour la plûpart sont des traductions des Kings & autres Livres Chinois, ont été gravés d'après des modèles écrits avec les soins qu'on vient de détailler.

La seconde façon d'écrire est fort belle aussi, & nonobstant qu'elle donne beaucoup moins de peine que la première, elle n'est guères différente ; elle n'oblige pas de former à traits doubles les finales de châque mot, ni de retoucher ce qu'on a une

---

(*a*) Marco Paulo L. 1. Chap. VIII. dit qu'il se rendit très-agréable à Cublaikhan, parce qu'il avoit appris les quatre différentes Langues que parloient les Tartares. Est-il question de quatre Langues différentes, & en ce cas qui étoient-elles ? Ou ne s'agit-il simplement que des quatre sortes d'Écritures Tartares dont on parle ici ?

fois écrit, quand même le trait feroit un peu plus maigre dans un endroit que dans un autre, ou que les espaces n'auroient pas été ménagés avec le même soin.

 La troisième manière d'écrire est plus différente de la seconde que celle-ci ne l'est de la première, c'est l'Écriture courante; elle va vîte, & l'on a bientôt rempli la page & le revers : comme le pinçeau retient mieux l'encre que nos plumes, on perd moins de temps à le tremper; & quand on dicte à l'Écrivain, on voit son pinçeau courir sur le papier d'un mouvement très-rapide, & sans qu'il s'arrête le moindre instant. Ce Caractère est le plus d'usage pour écrire les Regîtres des Tribunaux, les procédures & les autres choses ordinaires. Ces trois sortes de Caractères sont également lisibles, mais moins beaux les uns que les autres.

 La quatrième manière d'écrire est la plus grossière de toutes, mais aussi la plus abrégée, & par conséquent la plus commode pour ceux qui composent ou qui font des extraits, & qui pensent moins à la belle Écriture qu'au sens même des choses qu'ils écrivent. On sçait que dans l'Écriture Tartare, il y a toujours un maître trait qui tombe perpendiculairement de la tête du mot jusqu'à la fin ; à gauche de ce trait, on ajoûte d'autres petits traits, qui représentent, unis avec le maître trait, les dents d'une scie, & forment les voyelles distinguées les unes des autres par des points qui se mettent à droite de cette perpendiculaire. Si l'on mèt un point à l'opposite d'une dent, c'est la voyelle E ; si on l'omèt, c'est la voyelle A ; si l'on mèt un point à gauche du mot, près de la dent, ce point pour lors tient lieu de la Lettre N, & il faut lire *Né* ; s'il y avoit un point opposé à droite, il faudroit lire *Na*. De plus, si à la droite du mot, au lieu d'un point, on voit un O, c'est signe que la voyelle est aspirée, & il faut lire *Ha*, *He*, en l'aspirant.

Tome II.   D d d d

Or pour appliquer ce que l'on vient de dire, à la quatrième forte d'Écriture, qui est l'Écriture courante; il est bon de sçavoir qu'un Tartare qui veut s'éxprimer poliment en sa Langue, ne trouve pas d'abord tous les mots qu'il cherche; mais lorsqu'après s'être échauffé l'imagination, ces mêmes mots lui viennent en abondance; il voudroit répandre sa pensée sur le papier sans presque l'écrire; il forme donc la tête du Caractère, & tire la perpendiculaire jusqu'en bas; c'est beaucoup dans ce premier feu, s'il met un ou deux points; il continuë de même jusqu'à ce qu'il ait éxprimé sa pensée: si une autre la suit de près, il ne se donne pas le temps de la rélire; il continuë ses lignes jusqu'à ce qu'il arrive à une transition difficile; alors il s'arrête tout court, rélit ses perpendiculaires, & y ajoûte quelques traits dans les endroits où un autre que lui ne pourroit deviner ce qu'il a écrit. Si en rélisant il voit qu'il ait ômis un mot, il l'ajoûte à côté, en faisant un signe à l'endroit où il devoit être placé; s'il y en a un de trop, où s'il est mal placé, il ne l'efface pas, il l'envéloppe d'un trait oval. Enfin, si on lui fait remarquer, ou s'il juge lui-même que le mot est bon, il ajoûte à côté deux OO, & ce signe marque qu'il est revenu à son premier jugement.

Les Arabes en usent à peu près de même que les Mancheous dans leurs Manuscrits; non-seulement ils omettent les points voyelles qui s'apposent dessus & dessous les Lettres, & c'est même l'ordinaire, à moins qu'ils n'écrivent l'Alcoran: mais encore ils négligent jusqu'aux points distinctifs des Lettres; ensorte que pour entendre un Ouvrage écrit avec cette négligence, il faut, outre une connoissance parfaite de la Langue, être encore au fait de la matière dont il traite, pour ne point faire des contresens, & éviter les équivoques continuelles qu'il présente à chaque instant.

De l'Imprimerie, Chap. VI.

Les Mancheous se servent communément du Pinçeau Chinois pour écrire, parce qu'ils se trouvent parmi les Chinois qui n'employent pas autre chose pour traçer leurs Caractères, lesquels ne peuvent même s'écrire avec grace qu'au moyen de cette sorte de pinçeau; cependant les Caractères Mancheous doivent être écrits pour le mieux avec un roseau, comme font les Arabes & les Syriens, &c. Aussi les Mancheous se servent-ils, outre le pinçeau, d'un Roseau de Bambou, mais ils sont obligés de tremper le papier Chinois dans de l'eau d'alun, parce qu'il est fort mince & qu'il boiroit l'encre.

Les Caractères Mancheous sont de telle nature, qu'étant renversés sur le sens contraire, on les lit également; nous avons déjà remarqué, ce me semble, qu'ils se peuvent lire aussi étant présentés de droite à gauche comme l'Écriture Syriaque.

Le P. Parennin eut une conversation avec le Prince Héréditaire de la Chine, au sujet de la Langue Mancheou, qu'il mettoit au-dessus des Langues Européennes; comme cette conversation touche de près le sujet que je traite, j'ai cru faire plaisir au Lecteur de la rapporter ici. Ce Prince, quoiqu'homme de Lettres, étoit prévenu que sa Langue étoit si abondante, si belle & si expressive, qu'il ne pouvoit se persuader qu'on pût en rendre le sens, encore moins la Majesté de son style, dans aucune des Langues Barbares, car c'est ainsi qu'il appelloit nos Langues d'Europe. Pour s'en convaincre, dans un des voyages de l'Empereur en Tartarie, dont Parennin étoit; il fit appeler ce Missionnaire dans sa tente, & lui dit : qu'ayant à recommander une affaire importante au P. Suarès, Jésuite Portugais, il le prioit de traduire en Latin ce qu'il alloit lui dicter en Tartare. Le Prince Héréditaire débuta d'abord par une longue période, qu'il n'acheva pas cependant, disant au

P. Parennin de traduire ; le Missionnaire pria le Prince de dire tout de suite ce qu'il vouloit mander, après quoi il le mettroit en Latin ; ce que le Prince fit en souriant, & comme s'il eût crû que le Missionnaire cherchoit à éviter la difficulté. La traduction faite, le Prince fit mettre cette suscription : « Paroles
» du fils aîné de l'Empereur à *Soulin* » ; (c'est le nom Chinois du P. Suarès) après quoi Parennin la lui présenta, affectant de ne la pas rélire. « Que sçai-je, lui dit le Prince ; ce que vous
» avez écrit ? Est-ce ma pensée ? Est-ce la vôtre ? N'avez-vous
» rien oublié, changé ou ajoûté ? N'est-ce pas quelque pièce
» que votre mémoire vous a fournie ? Car j'ai remarqué qu'en
» écrivant vous n'avez fait aucune rature, & que vous ne trans-
» crivez pas, comme nous faisons nous autres. Une si petite
» Lettre, ne demande pas qu'on se donne tant de peine, lui
» repartit Parennin ; la première main suffit quand on sçait la
» Langue. Bon, dit le Prince, vous voulez me prouver que
» vous sçavez le Latin, & moi je veux m'assurer que votre tra-
» duction est fidèle. Dites-moi donc en Chinois ce que je vous
» ai dicté en Tartare, & que vous dites avoir mis en Latin ».
Le Prince fut surpris du compte exact que le Pere lui en rendit.
« Cela n'est pas mal, ajoûta-t-il, & si la réponse qui viendra
» est conforme à ce que vous venez de dire, je ferai un peu
» détrompé : mais il faut que le Pere me réponde en Chinois ;
» car s'il répondoit en Langue Européenne, vous pourriez me
» donner une réponse de votre façon ».

Le Prince ne put tenir à toutes ces épreuves ; il avoua enfin au Missionnaire qu'il l'avoit fait appeller, plûtôt dans le dessein d'éprouver ce qu'il sçavoit faire ; que par le besoin qu'il eût d'écrire à Pekin. « Quand je considère vos Livres d'Europe,
» lui dit-il, je trouve que la couverture en est bien travaillée,
» & que les Figures en sont bien gravées ; mais les Caractères

» me déplaisent fort : ils sont petits & en petit nombre, mal
» distingués les uns des autres, & font une espèce de chaîne,
» dont les anneaux seroient un peu tortillés : ou plûtôt ils sont
» semblables aux vestiges que les mouches laissent sur les tables
» de vernis couvertes de poussière. Comment peut-on avec
» cela éxprimer tant de pensées & d'actions différentes, tant
» de choses mortes & vivantes ? Au-contraire nos Caractères,
» & même ceux des Chinois, sont beaux, nets, bien distin-
» gués. Ils sont en grand nombre, & l'on peut choisir ; ils se
» présentent bien au Lecteur, & réjouissent la vûë. Enfin, no-
» tre Langue est ferme & majestueuse ; les mots frappent agréa-
» blement l'oreille ; au lieu que quand vous parlez les uns
» avec les autres, je n'entends qu'un gazouillement perpétuel,
» assez semblable au jargon de la Province de *Fokien* ».

Le P. Parennin après avoir accordé au Prince, que la Langue Mancheou étoit assez Majestueuse ; qu'elle étoit propre à
décrire les hauts faits de guerre, à loüer les Grands, à faire des
pièces sérieuses, à composer l'Histoire ; enfin, qu'elle ne manquoit pas de termes & d'éxpressions pour toutes les choses dont
leurs ancêtres avoient eû connoissance, lui insinua de ne pas se
laisser trop prévenir en sa faveur. « Vous préferez votre Lan-
» gue, lui dit-il, à celle des Chinois, & je crois que vous avez
» raison : mais les Chinois de leur côté, qui sçavent les deux
» Langues, n'en conviennent pas, & éffectivement on ne peut
» nier qu'il n'y ait des défauts dans la Langue Tartare ». Ces
derniers mots avancés par un Étranger, surprirent le Prince ;
mais sans lui donner le temps de l'interrompre, Parennin lui
fit un détail de ce qu'il y trouvoit de défectueux.

« Vous convenez, continua-t-il, que les Chinois, avec tant
» de milliers de Caractères, ne peuvent éxprimer les sons, les
» paroles, les termes de votre Langue sans les défigurer, de

» manière qu'un mot Tartare n'est plus reconnoissable ni intel-
» ligible, dès qu'il est écrit en Chinois; & de-là vous concluez
» avec raison que vos Lettres font meilleures que les Lettres
» Chinoises, quoiqu'en plus petit nombre, parce qu'elles expri-
» ment fort bien les mots Chinois. Mais la même raison devroit
» vous faire convenir que les Caractères d'Europe valent mieux
» que les Caractères Tartares (a), quoiqu'en plus petit nombre,
» puisque par leur moyen nous pouvons exprimer aisément les
» mots Tartares & Chinois, & beaucoup d'autres encore que
» vous ne sçauriez bien écrire.

» Le raisonnement que vous faites, continua-t-il, sur la
» beauté des Caractères, prouve peu ou rien du tout. Ceux qui
» ont inventé les Caractères Européens, n'ont pas prétendu
» faire des peintures propres à réjouir la vûë; ils ont voulu
» seulement faire des signes pour représenter leurs pensées, &
» exprimer tous les sons que la bouche peut former; & c'est le
» dessein qu'ont eu toutes les Nations, lorsqu'elles ont inventé

(*a*) Le P. Parennin en disant que les Caractères d'Europe sont en plus petit nombre que ceux des Tartares, raisonne en vrai Mancheou, qui n'a en vûë que son Syllabaire, & qui ne pense pas à distinguer les consonnes d'avec les voyelles qui leur sont attachées, comme nous avons fait dans l'Alphabèt que nous avons donné. Supprimez de cet Alphabèt les sept dernières Lettres, qui n'ont été inventées par les Mancheous que pour rendre les sons de quelques Caractères Chinois, il se trouvera réduit à ving-deux Lettres seulement; encore ne doit-on pas tenir compte sur ces vingt-deux Lettres du second *Ou*, du *Pa* aspiré, du *Tcha* aspiré, & de l'un des deux *Kh*, qui ne doivent être envisagés que comme des modifications d'un même son. Sur ce pié-là, les Mancheous n'ont donc réellement que dix-huit sons distincts, & leur Alphabèt, moins nombreux que le nôtre, est beaucoup plus imparfait.

» l'Écriture. Or plus ces signes sont simples & leur nombre
» petit, pourvû qu'ils suffisent, plus sont-ils admirables & aisez
» à apprendre; l'abondance en ce point est un défaut, & c'est
» par-là que la Langue Chinoise est plus pauvre que la vôtre,
» & que la vôtre l'est plus que les Langues d'Europe. Je ne
» conviens pas, dit le Prince, que nous ne puissions avec les
» Caractères Tartares écrire les mots des Langues Étrangères.
» N'écrivons-nous pas la Langue Mongole, la Coréene, la
» Chinoise, celle du Thibet, &c. Ce n'est pas assez, lui ré-
» pondit Parennin, il faudroit encore écrire la nôtre. Essayez,
» par exemple, si vous pourrez écrire ces mots, *Prendre*,
» *Platine*, *Griffon*, *Friand*; ce que le Prince ne put, parce
» que dans la Langue Tartare (*a*) on ne peut joindre deux
» consonnes de suite; il faut placer une voyelle entre deux
» consonnes, & écrire *perendre*, *pelatine*, *feriand*, &c. ».
Le Missionnaire continua, & lui fit remarquer que l'Alphabet
Tartare, quoiqu'en beaucoup de choses semblable au nôtre, ne
laissoit pas d'être fort défectueux; qu'il y manquoit deux Lettres
initiales, le *B* & le *D*; & que les Mancheous leur substituoient
le *P* & le *T*, ainsi au lieu de *Bestia*, *Deus*, ils écrivoient
Pestia, *Teus*. Enfin, que les Mancheous ne pouvoient écrire
une infinité de sons Européens, quoiqu'ils pussent les prononçer;
qu'ils prononçoient & écrivoient la voyelle *e* toujours ouverte;

(*a*) Je ne vois pas pourquoi on ne pourroit joindre deux consonnes
de suite dans la Langue Mancheou, aussi bien que dans l'Arabe ou dans
le François, &c. Il n'y a point d'impossibilité quant aux Caractères;
mais je pense qu'en cela les Mancheous suivent plus que nous la nature, puisqu'il est impossible, à la rigueur, de prononcer une consonne
destituée de voyelle : dans l'exemple *Prendre*, que le P. Parennin rapporte, peut-on prononcer le *P*, sans faire sentir un peu, & malgré soi,
le son d'un *e*, avant que de passer au son de l'*r* ?

& ne prononçoient l'*e* muèt qu'à la fin de quelques mots terminés par *n*, n'ayant aucun figne qui le fît connoître. De l'Alphabèt *Mancheou*, Parennin paffa à la Langue même, & avança qu'il ne la trouvoit pas commode pour le ftyle conçis & coupé, que plufieurs mots étoient trop longs, & que ce pouvoit être une des raifons qui la rendoient inutile pour la Poëfie ; qu'on ne voyoit point de Sçavans Mancheous faire des Vers, qu'ils ne traduifoient même jamais qu'en Profe les Vers Chinois. « C'eft fans doute, ajoûta Parennin, parce que la rime & la » céfure, fi faciles en Chinois, ne font pas praticables dans » votre Langue. Vous faites fouvent, & bien, des Vers Chinois, » que vous écrivez fur les éventails, ou que vous donnez à vos » amis. Oferois-je vous demander fi vous en avez fait en Tar- » tare ? Je ne l'ai pas tenté, lui dit le Prince, & je ne fçache » pas qu'on ait fait fur cela des règles : mais qui vous a dit qu'il » y avoit au monde des Poëtes & des Vers ? Avoüez que ce » n'eft qu'à la Chine que vous l'avez appris. Cela eft fi peu » vrai, répliqua Parennin, que j'étois prévenu qu'on ne pou- » voit faire des Vers dans une Langue qui n'a que des mono- » fyllabes. Je me trompois de même que vous vous trompez ». Enfuite il lui récita des Vers en deux Langues Européennes, pour lui en faire remarquer la céfure & la rime : puis revenant au Mancheou, il avoüa que les tranfitions de cette Langue étoient très-fines, mais en petite quantité, & par-là même difficiles à attraper ; que c'étoit l'écüeil où échoüoient les plus habiles gens ; qu'on en voyoit quelquefois demeurer affez longtems le pinçeau en l'air, pour paffer d'une phrafe à l'autre, & qu'après avoir rêvé, ils étoient obligés d'éfaçer ce qu'ils avoient écrit ; que quand on leur en demandoit la raifon, ils n'en apportoient point d'autres que celles-ci ; *cela fonne mal, cela eft dur, cela ne fe peut dire, il faut une autre liaifon*, &c. Cette difficulté

ne

ne se rencontre point en parlant, lorsque quelqu'un possède parfaitement bien sa Langue ; les autres traînent d'ordinaire les finales, & ajoûtent le mot *Yala*, qui ne signifie rien ; & si dans un entretien ils ne répétent que deux ou trois fois ce mot inutile, ils croyent qu'on doit leur en tenir compte ; les Auteurs qui se piquent d'élégance n'osent plus employer ce terme dans leurs compositions, sur-tout depuis que l'Empereur l'a décrié, en évitant de s'en servir, & cela les a mis fort à l'étroit quand il s'agit de passer d'une matière à l'autre.

Le Prince repliqua au Missionnaire en souriant, que la partie n'étoit pas égale entr'eux deux, parce qu'il n'avoit jamais été en Europe ; mais que s'il eût fait ce voyage, il seroit revenu chargé de tous les défauts de la Langue Françoise, & qu'il auroit eu de quoi le confondre. « Vous n'auriez pas été
» aussi chargé que vous le pensez, repartit Parennin ; on y a
» soin du Langage, il n'est pas abandonné au caprice du Pu-
» blic ; il y a, de même que pour les Sciences & les Beaux
» Arts, un Tribunal établi pour réformer & perfectionner la
» Langue. Arrêtez-là, lui dit le Prince, je vous tiens ; car s'il
» y a des réformateurs pour votre Langue, elle doit avoir des
» défauts, & beaucoup : on n'établit pas un Tribunal pour une
» bagatelle ». Parennin forcé de convenir, sur une autre question, que les François avoient (*a*) emprunté quantité de termes

---

(*a*) Que l'on emprunte des termes d'une Langue étrangère pour enrichir sa propre Langue ; ou que l'on en forge soi-même de nouveaux, il me semble que la chose est assez indifférente, & ne prouve rien ni pour ni contre l'excellence de cette même Langue ; puisqu'il a fallu que les Peuples de qui on les emprunte, les ayent inventés, comme on peut le faire soi-même, si on ne veut pas recourir à des termes en usage chez ces Peuples. Au reste le Prince héritier de la Chine étoit sans doute peu au fait des Antiquités de sa Nation ; car enfin on ne persuadera à

des autres Nations, fur-tout en matière d'Arts & de Sçiences ; le Prince héritier s'écria que la victoire étoit à lui. « Nous n'avons
» pris, lui-dit-il, que fort peu de mots des Mongols, & encore
» moins des Chinois ; & nous les avons dépaïfés en leur don-
» nant une terminaifon Tartare. Mais vous autres, vous vous
» êtes enrichis des dépouilles de vos voifins. Vous avez bonne
» grace après cela de venir chicaner la Langue Tartare fur des
» bagatelles ».

Cette converfation dura jufqu'à ce que le Prince eût reçu une réponfe du P. Suarès : il en fut content, & commença à avoir meilleure opinion des Langues d'Europe, c'eft-à-dire, qu'il les plaça immédiatement au-deffous de la fienne, encore vouloit-il mettre la Langue Chinoife entre deux ; mais Parennin protefta fortement contre cette injuftice, alléguant la multitude des équivoques qui fe trouvent dans la Langue Chinoife. « Hé bien, je vous l'abandonne, dit le Prince en riant, les
» Chinois qui n'aiment pas à être contredits fur cet article,
» fçauront bien fe défendre ».

Guillaume de Rubruquis envoyé en Tartarie par S. Louis l'an 1253, & dans le temps que ce grand Roi attendoit à Nicofie, dans l'Ifle de Chypre, un temps favorable pour paffer en Syrie, attefte dans la Relation de fon Voyage, que les Mongols, qu'il appelle *Moals*, avoient emprunté leurs Caractères des *Jugures* ; que les lignes de leur écriture fe traçoient du haut de la page en bas. Il ajoûte que les Lettres dont Man-

---

perfonne que les Mancheous, n'ayant connu les Arts & les Sçiences que depuis leur entrée dans la Chine, avoient néanmoins une Langue affés abondante pour traiter de ces Arts & de ces Sçiences. S'avife-t-on de fabriquer des mots pour exprimer des chofes dont on n'a aucune connoiffance ? Les Mancheous defcendoient donc certainement de quelque ancien Peuple chés qui les Sçiences & les Arts étoient cultivés.

DE L'IMPRIMERIE, CHAP. VI.

gou-khan le chargea pour S. Louis étoient écrites en Langue Moal, mais en Caractères Jugures. Enfin il assure de plus, que la Langue des Jugures est la source & l'origine des Langues *Turque* & *Comane*.

Nous avons une Grammaire Tartare, imprimée à Paris en 1687, qui a pour titre *Elementa Linguæ Tartaricæ*, & qui fait partie de la Collection des Voyages de Melchisedec Thevenot. L'Auteur, Jean-François Gerbillon, marque dans l'Avertissement qu'il a mis à la tête de cet Ouvrage, qu'il apprit cette Langue d'un Maître que lui donna l'Empereur de la Chine, & qu'en peu de temps il s'étoit trouvé en état de servir d'Interprête à un Ambassadeur du Grand Duc de Moscovie. Il fut nommé, ainsi que Thomas Pereyra, pour accompagner les Ambassadeurs Chinois, qui se rendirent en 1688 à *Selingha*, & en 1689 à *Nipcheou*, ou *Nerchinskoy*; & ils contribuèrent par leurs services, à la paix qui y fut conclue entre les Chinois & les Russiens. La Grammaire Tartare du P. Gerbillon, quoiqu'un peu abrégée, est très-bien faite, & on voit qu'il entendoit fort bien le Mancheou; tout ce que l'on a lieu de regretter, c'est qu'il n'y ait pas joint les Caractères Mancheous; il paroît, suivant ce qu'il dit, qu'il ne les a pas voulu employer, parce qu'ils s'écrivent dans un sens contraire aux nôtres, & qu'ils auroient tenu par conséquent beaucoup de place. Mais il me semble que cette difficulté n'auroit pas dû l'arrêter; puisqu'il auroit pû rejetter sur une colonne, uniquement destinée à cela, les exemples qu'il auroit donnés en Caractères Tartares. Je possède dans mon cabinet des matériaux sur le Mancheou, envoyés par le P. Domenges; il y a de quoi faire une Grammaire de cette Langue, trois fois plus étendue que celle dont on vient de parler; & si nous avions à Paris une fonte de Caractères Tartares, il y auroit moyen de faire voir comme ces Caractères pourroient s'allier avec les nôtres.

M. Bayer avoit avancé dans le Supplément des Actes des Sçavans de Leipsick (Tom. IX.), que l'Alphabet Tartare Mancheou avoit été emprunté de celui des Parthes ou anciens Perses, qui est encore en usage maintenant parmi les Gaures, ou les Mages qui habitent les bords du Gange. C'est dans ces anciens Caractères Persans, que sont écrits les Livres attribués à Zoroastre. M. Bayer imaginoit beaucoup de ressemblance entre ces anciens Caractères Persans, & ceux des Syriens & des Arabes, connus sous les noms de *Stranghelo* & de *Coufites*, & d'où il prétend que ceux des Perses ont tiré leur origine; mais dans un écrit postérieur, inséré dans les mêmes Actes des Sçavans du mois de Juillet 1731, ce sçavant homme fait une espèce de rétractation; & sans s'inquiéter autrement de la prétenduë ressemblance des Écritures Coufites & Strangelo avec celle des anciens Perses; il s'attache avec plus de vérité à faire voir celle qui éxiste réellement entre cette première Écriture, je veux dire le Syriaque Stranghelo, & celle des Mongous.

Il nous apprend que les anciens Syriens, & sur-tout les Mendaites, connus sous les noms de Sabiens, Nabathéens & de Chrétiens de S. Jean, qui habitent aux environs de Bassora sur le Golfe Persique, ont une écriture dont les voyelles se mettent, ainsi que les consonnes, dans le corps des mots, comme cela est d'usage dans l'écriture des Tartares Mancheous. Il nous apprend encore que les Syriens, de même que les Tartares Mancheous, apposent un point sous les voyelles *e* & *ou*; remarque qui lui donne lieu de croire que les Lettres Mogoles ne sont point aussi anciennes qu'il l'avoit pensé d'abord, & qu'elles n'ont point été empruntées sous l'Empire des anciens Perses ou Assyriens. La raison qu'il en apporte est très-sensible : les Syriens ont deux sortes de ponctuations, l'ancienne & la moderne. La moderne est de l'invention du Syrien, Théophile

DE L'IMPRIMERIE, CHAP. VI. 583

d'Édesse, qui mourut l'an 785 de Jesus-Christ ; l'ancienne est attribuée à S. Éphraem, qui mourut environ l'an 373 de la même Ère : or on doit attribuer l'Écriture Mogole aux Nestoriens, qui dès avant l'an 1150, étoient en honneur dans tout l'Orient, & avoient dans les Royaumes de la haute Asie des Églises florissantes ; voici les paroles de Bayer. *Neque hoc puto prætermittendum, quòd in secunda & quinta vocali Mungalenses puncta ponunt sic, ut Syri. e. g.*

	Mogol.	Syr.		Mogol.	Syr.		Mogol.	Syriacè.
Pe.			Kem.			Zetoun.		
Pou.			Koum.					

Ex istius rei observatione suspicor fore, Litteras Mungalicas non sic antiquas esse, ut sub Imperio Persarum è Persicis aut Assyriis sint factæ. Syri duo vocalium genera adhibent, alterum recentius è Græcis vocalibus α e η ο υ factum, alterum vetustius, puncta ad alterutrum latus Litterarum. Isthoc inventum Syri Theophilo Edesseno tribuunt, qui Anno Christi 785 decessit, hoc S. Ephræmo, qui fato functus est circiter Annum Christi 373. Et illis quidem non nisi Maronitæ utuntur, his etiam Jacobitæ & Nestoriani. Quare Nestoriani, cum in extremo Oriente ante A. C. 1150, & postea florentes haberent Ecclesias, & in Aulis magno in honore essent, Litteras has Mungalicas è Syriacis aut fecisse aut reformasse mihi videntur.

On remarquera que M. Bayer auroit pû faire remonter beaucoup plus haut que l'an 1150, les Missions des Syriens Nestoriens dans la haute Afie, puifque l'Évêque *Olopuen*, fi célèbre dans le Monument Chinois & Syrien, découvert l'an 1625, dans un petit Village près de Sighanfou, Capitale de la Province de Chenfi, entra dans la Chine vers le commencement du feptième fiècle (l'an 636), fous le règne de l'Empereur Taitçong. Depuis cette époque jufqu'à l'année 782, qui eft la date de l'érection de ce Monument, la Religion Chrétienne fit de rapides progrès dans cet Empire fous les aufpices des Empereurs, qui la protégèrent plus fingulièrement que n'a fait depuis le feu Empereur Canghi, nonobftant les grandes obligations qu'il avoit contractées avec nos Miffionnaires. Avant que de pénétrer dans cet Empire, il eft très-probable que les Prêtres Syriens s'étoient déja répandus dans les divers Pays qui l'environnent, & fur-tout parmi les divers Peuples qui habitent la Tartarie ; enforte qu'il feroit poffible que les Tartares Oigours euffent emprunté d'eux leur Alphabet dès le quatrième & cinquième fiècles.

Thibetan ou *Boutan*.

Le Thibet, que les Habitans de Cafchemire & d'autres Peuples en deçà du Gange appellent *Boutan*, & les Chinois *Toufan* & *Sifan* ; eft borné au Nord, par le Pays de *Coconor* & par le *Chamo*, ou défert de Sable, qui le fépare de la petite Bukharie ; à l'Eft, par la Chine ; à l'Oueft, par l'Indoftan ou l'Empire du Mogol, & par la grande Bukharie ; au Sud, il eft encore borné par le même Empire du Mogol, par le Royaume d'Ava, & par plufieurs autres Pays qui appartiennent à la péninfule de l'Inde au-delà du Gange.

Ce vafte Pays eft fitué entre le quatre-vingt-feptième & le cent-vingt-unième degré de longitude ; & entre le vingt-fixième & le trente-neuvième degré de latitude. Il peut avoir de lon-

DE L'IMPRIMERIE CHAP. VI. Pag. 584. bis.
ALPHABET du THIBET ou BOUTAN.

N.°	Figure, Val.r	N.°	Figure, Val.r	N.°	Figure, Val.r	Nombres Cardinaux. Fig. Nom. Valeur	Voyelles.
1	Ka.	11	Taa.	21	Ja.	9 Tchik. 1	Kicou i
2	Kà.	12	Na.	22	Za.	2 Gni. 2	Grembou .. e
3	Ka.	13	Pa.	23	A.	3 Soum. 3	Norou .... o
4	Nga.	14	Pà.	24	Ya.	4 Sgi. 4	Schapdou .. ou
5	Tcha.	15	Paa.	25	Ra.	cc Nga. 5	Exemples.
6	Tchà.	16	Ma.	26	La.	6 Truk. 6	Ki.
7	Tchaa.	17	Tsa.	27	Scha.	7 Doun. 7	Ke.
8	Gnia.	18	Tsà.	28	Sa.	8 Ghie. 8	Ko.
9	Ta.	19	Tsaa.	29	Ah.	9 Gou. 9	Kou.
10	Tà.	20	Otia.	30	Ha.	90 Tchiou tampa 10	Pa.
						99 Tchiou tchi. 11	Pe.
						900 Gnia tampa. 100	Po.
						9000 Tong pra. 1000	Pou.
						90000 Tong trik. 10000	

Outre ces Lettres, il y en a encore deux autres de permutation qui sont Yatac et Ratac. Yatac étant ajoutée aux lettres Ka Ra on lit Kra ou Tra, tra, pra, mra &c. et avec l'addition d'une voyelle mrou, pro &c. Ratac ajoutée aux trois Ka on lit Kia; sous les trois Pa on lit Tchia; sous l'm on lit gna ou m'gna.

ga mis sous quelqu'autre lettre se prononce ga. Ex. ga. au mot prononcez Kank K'danh. Kak. ghi Ki. taa suivi de plusieurs lettres s'aspire ou se retranche : men ou t'men ce taa se change en da lorsqu'il fait la 2.e lettre d'un mot, et à la fin il ne se prononce point et ne s'y conserve que pour l'Analogie des mots. Paa au milieu d'un mot ou sous quelque lettre se prononce ba, à la fin des mots elle se prononce rarement. A. au commenc.t d'un mot ou s'éclipse ou sonne comme une n. da : n'da. Souvent les Thibetans au lieu de écrivent, Ex. Ka. La lettre ma au com.t d'un mot suivie de plusieurs lettres d'une même Syllabe s'aspire Ex. Kien ou m'ken. Ra se met souvent sur cert.nes lettres pour donner plus d'énergie au mot, ou pour le distinguer. Ex. ma ma ou r'ma r'ta, r'tchia.

Des Hautes rayes del. de   Laurent Sculp.
Tome II partie 2.e

gueur dix-sept cent trente-cinq milles de l'Ouest à l'Est ; & environ sept cens quatre dans sa plus grande largeur Nord & Sud ; & comme sa forme est un peu triangulaire, & qu'il se resserre par degrés à mesure qu'il s'étend de l'Est à l'Ouest, il n'a dans quelques endroits que la moitié de cette largeur, dans d'autres un quart, & quelquefois encore moins.

Au reste ce que l'on comprend en général sous le nom de Thibet, n'est point soumis à un seul Souverain ; on distingue trois Royaumes différents, sçavoir : le *grand Thibet* ou *Boutan* ; le *petit Thibet*, qui est tributaire du Grand Mogol, & dont les Habitans professent le Mahométisme ; & enfin le Royaume de *Lassa* ou *Barantola*, comme il est nommé par les Tartares. Ces trois Royaumes ont chacun leur Souverain particulier, ainsi que le pays de *Coconor*, & celui de *Toufan* ou *Sifan*, qui sont également renfermés dans les bornes du Thibet.

On observera cependant que cette division actuelle n'a pas toujours eu lieu ; plusieurs Chefs des différentes Nations Thibetanes ayant visé à l'indépendance, sont quelquefois parvenus à former des Royaumes considérables, qui ont eu plus ou moins d'étenduë, à proportion de leur puissance ; mais dont il seroit très-difficile d'assigner les bornes. Les Chinois qui sont peut-être les seuls qui peuvent nous éclairer sur l'ancienne Histoire de ces Peuples, parce qu'ils ont écrit de tout temps ; en parlent fort peu, & seulement à l'occasion des courses que plusieurs de ces Nations ont faites dans leur Empire.

L'Alphabèt Thibetan que nous présentons ici, est celui dont se servent les Sçavans & les Lamas de ce Pays ; il a été gravé d'après une excellente copie d'un Manuscrit envoyé ici à Paris, par le Czar, Pierre Premier. Voici l'histoire de ce Manuscrit, telle qu'elle est rapportée dans les Actes des Sçavans, vol. XLVI.

pag. 375. Juillet 1722, dans les Nouvelles Littéraires de Leipsick, 29 Juin de la même année; & dans le cinquième Volume des Mémoires de l'Académie des Belles-Lettres.

En 1721 le Gouverneur de Sibérie envoya quelques soldats de Tobolskoy dans le pays des Calmouks, pour aller à la découverte des ruines & des anciens Tombeaux. Comme c'étoit dans un pays qui appartenoit aux ennemis de la Russie, il s'y prenoit fort secrettement dans ces sortes d'expéditions; & faisoit marcher ses gens pendant la nuit, pour ne point allarmer les Habitans. Ses Emissaires découvrirent dans toutes les tombes, certaines Images d'or, d'argent & de cuivre. Ensuite s'étant avancés l'espace d'environ cent vingt milles d'Allemagne vers la mèr Caspienne, ils trouvèrent les ruines de plusieurs Édifices magnifiques, entre lesquels étoient des chambres souterraines, qui étoient pavées & murées de pierres fort luisantes. Ils y apperçurent de côté & d'autre, des armoires d'Ébène, qui contenoient au lieu de Trésors, des Livres & des Écrits.

L'Officier, ni le soldat n'en tinrent aucun compte, & choqués de la forme de ces Livres qui leur paroissoient autant de grimoires, ils s'attachèrent à les détruire plutôt qu'à les enlever; les plus curieux se contentèrent d'en rapporter seulement cinq feuilles, dont on publia celle qui s'étoit le mieux conservée. Elle avoit vingt-sept pouces & un quart de long, sur sept & trois quarts de largeur. Le papier étoit vernissé, aussi épais que du parchemin, & couleur de cendre. En le déchirant, il paroissoit de laine ou de soie : les grandes marges tiroient sur le brun. Le centre ou la partie écrite tiroit sur le noir. Les Lettres étoient d'un blanc luisant, & très-bien formées. D'autres feuilles étoient de couleur de bleu céleste, mais noirâtres dans les parties écrites, pour donner plus de lustre à la blancheur des Caractères.

Le

Le Czar consulta sur cette écriture les Gens de Lettres qui se trouvoient dans ses États, ainsi que les différentes Universités du Nord : personne ne put lui en rendre raison. Il en écrivit au mois d'Août 1722, à M. l'Abbé Bignon, Bibliothécaire du Roi, & Président de l'Académie des Belles-Lettres : il joignit à sa Lettre un des feuillèts en question ; & ce feuillèt porté à l'Académie, y fut aussi-tôt reconnu par MM. Freret & Fourmont, pour être de la Langue & de l'Écriture du Thibèt. Un Missionnaire Capucin revenu depuis quelques années du Thibèt, avoit fait présent à M. Freret d'une espèce de Dictionnaire Latin-Thibetan, qu'il s'étoit formé pour son usage ; & M. Freret l'avoit communiqué à M. Fourmont, qui se chargea de déchiffrer le Manuscrit, conjointement avec son frère.

Pour y parvenir, ils furent d'abord dans l'obligation de renverser ce Dictionnaire, & de le ranger suivant l'ordre de l'Alphabèt Thibetan ; ensuite après s'être mis au fait de la lecture de cette Langue, par une courte instruction qui se trouvoit à la tête de ce même Dictionnaire, ils parvinrent à traduire, du mieux qu'il leur fut possible, le Manuscrit en question ; ils crurent reconnoître après un travail pénible, que c'étoit un morçeau détaché de quelque Sermon ou Oraison funèbre, dans le goût des Tartares, caractérisé par des figures hardies & par des répétitions approchantes de nos refreins, qui sont très-ordinaires dans les Prédications Musulmanes. Une Morale assez sensée sur la vie future étoit le point principal traité dans ce feuillèt, & l'Auteur persuadé de l'immortalité de l'âme, en donnoit quelques preuves Métaphysiques.

MM. Fourmont, présentés par M. l'Abbé Bignon, eurent l'honneur de rendre compte de leur travail à Sa Majesté, qui avoit paru souhaiter qu'on l'en instruisît ; ensuite M. l'Abbé Bignon après avoir fait traduire le tout en Moscovite, l'en-

Tome II. Ffff

voya au Czar, avec une Lettre, par laquelle il marquoit à ce Monarque, que malgré que le Dictionnaire qui avoit servi à faire cette Traduction fût imparfait, & manquât d'un grand nombre de mots & de phrases, sans lesquelles il n'est pas possible de suivre parfaitement un discours étendu ; néanmoins les Interprêtes y avoient trouvé une espèce de sens, & qu'il n'étoit pas à douter qu'ils n'allassent beaucoup plus loin, s'ils avoient un plus grand nombre d'Ouvrages. Cette Lettre est datée du premier Février 1723. M. Bayer, associé de l'Académie de Petersbourg, & Professeur des Antiquités Grècques & Romaines, &c. a inféré la lecture du feuillet Thibetan, avec la Version interlinéaire & la Paraphrase, dans la Préface de son (a) *Museum Sinicum*. On peut consulter encore à ce sujèt les (b) *Acta Eruditorum* de Leipsick, & (c) les Nouvelles Littéraires, ainsi que deux Lettres écrites, l'une par M. de la Croze, & inférée dans les *Acta Eruditorum* de Leipsick, mois d'Août 1722 ; l'autre par M. Bayer (d), dans lesquelles ces deux Sçavans donnent les Éléments de l'Écriture Tangut ou Thibetane.

Muller (e), Académicien de Peterbourg, nous apprend dans un Écrit intitulé, *Commentatio de Scriptis Tanguticis in Sibiria repertis*, que les feuilles présentées au Czar, furent trouvées,

---

(a *Theophili Sigefredi Bayeri Regiomontani, Academici Petropolitani, &c. Museum Sinicum in quo Sinicæ Linguæ & Litteraturæ ratio explicatur.* Petersbourg, 1730, in-8°. 2 Vol. (b) 1722, mois de Juillet, pag. 374. (c) 1722, num. LI, pag. 498. (d) *In Ephemeride Germanica : Historia eruditionis nostri temporis. P. v.* pag. 385, & dans le neuvième Volume du Supplément des Actes des Sçavans.

(e) *Gerardi Friderici Mulleri, Commentatio de Scriptis Tanguticis in Sibiria repertis, qua & loca ubi illa Scripta reperta sunt adcuratius describuntur, & ipsorum Scriptorum ratio redditur, & unius folii Tangutici interpretatio ad Petrum Magnum immortalis gloriæ Imperatorem Parisiis missa, fide carere probatur.* Petersbourg, 1747.

non dans les environs de la mèr Caspienne, comme on le rapporta au Czar, mais dans le Temple d'*Ablai*, que les Calmouks appellent *Ablainkit*, situé entre les rivières de *Karbuga* & de *Beska*, qui se jettent dans le Fleuve Irtisch. Ablai étoit le Chef d'une Horde ou Tribu de Calmouks, appellée Choschot, qui florissoit vers le milieu du siècle dernier, & avoit fixé sa demeure dans ces cantons. Ablai y fit élever quelques Édifices par des Architèctes Chinois. L'an 1671, pendant la confusion d'une guerre intestine que les Calmouks avoient entr'eux ; ce Chef de Tribu se vit contraint d'abandonner le pays qu'il habitoit, & de se retirer près du Jaïc & du Volga, où il fut fait prisonnier par les Torgoutes, & livré aux Russes, qui le conduisirent à Astrachan où il mourut de vieillesse.

Muller se trouvant dans la Citadelle d'Ustkamenogor, ne jugea pas à propos de se transporter sur les ruines d'Ablai, dans la crainte des voleurs Cosaques, qui infestoient alors ces contrées ; il se contenta d'y envoyer un Écrivain que le Gouverneur de la Citadelle fit escorter de trente soldats ; ce voyage enrichit la Bibliothèque Impériale de Petersbourg de plus de quinze cens feuilles écrites en Tangut & en Mongol, de quatre Images de Divinités peintes sur bois, & de six planches aussi de bois, gravées en Caractères Mongols, qui avoient servi à l'impression.

Muller dans ses différents Voyages en Sibérie, portoit toujours avec lui le Texte Thibetan, & la Version que MM. Fourmont en avoient faite, afin que s'il rencontroit vers les confins du pays des Calmouks & des Mongols, quelqu'un au fait de la Langue Tangut ou Thibetane, il éprouvât si cette Version étoit juste. Enfin en 1735 se trouvant à Selenga, il entreprit d'aller visiter le camp de *Lobsan*, Prince Mongol de la Tribu de *Zongol*, qui étoit à près de 80 lieües de Selenga, sur les bords du *Tschicoi*, dans la dépendance de la Russie. Il y trouva, à la suite de ce Prince, un Lama originaire du Thibet, nommé *Zordschi* ; Muller n'eut rien tant à cœur, que de faire voir à ce Lama le Texte Thibetan avec la Version ; mais soit que le Lama entendît fort peu le Thibetan, soit qu'il ne comprît pas le sens de la Version ; Muller fut persuadé que cette Version ne rendoit pas le sens du Texte Thibetan. Il falloit, pour s'en convaincre entièrement, éxiger du Lama une nouvelle Traduction, Muller la lui demanda en effet ; mais il ne put tirer de lui que la lecture de la Version en Langue & en Caractères Mongols, d'environ une ligne & demie du monument Thibetan, & c'est cette ligne & demie que Muller annonçe avec tant de bruit dans cette Brochure. Cela ne valoit pas certainement la peine de courir toute la Siberie pour en rapporter si peu de fruit. Nous sommes certains au surplus que la lecture du Monument, donnée par MM. Fourmont étant fautive en quelques endroits, leur Version conséquemment ne peut être bien éxacte, d'autant plus que le Dictionnaire dont ils se sont servis étoit insuffisant, & manquoit de quantité de termes & de phrases, sans lesquelles on ne peut s'assurer de la vérité d'une Traduction.

Au reste, quoique les Lettres Thibetanes ne soient qu'au nombre de trente, & que toutes soient d'une belle forme & bien distinctes entr'elles ; néanmoins la lecture n'en est point aisée, à cause des Lettres de permutation, appellées *Yatac* & *Ratac*, dont on a dit un mot dans la Planche, & sur tout à cause des Lettres que les Thibetans entrelassent, & dont ils forment des groupes qu'il n'est point aisé de lire, à moins que l'on ne soit fort au fait de leur Langue.

Les Thibetans ont quatre voyelles, *i, e, o, ou*, dont nous avons donné la figure dans la dernière Colonne de la Planche.

DE L'IMPRIMERIE, CHAP. VI.   591

Ces voyelles ne s'employent pas féparément, mais elles se mettent deſſus ou deſſous les conſonnes, comme cela eſt d'uſage dans les Écritures Arabe, Syrienne, &c. De ces quatre voyelles, les trois premières ſe mettent toujours ſur les Lettres qui les rendent mobiles, la quatrième ſe met toujours deſſous. Suivant une Feuille manuſcrite venuë de la Chine, qui contient l'Alphabèt Thibetan, & que je penſe être de la main du P. Parrenin, ſçavant Miſſionnaire Jéſuite, la dénomination de ces voyelles eſt *Kicou*, *Grembou*, *Norou*, *Chapdou* ; ſuivant Bayer, Tome IX du Supplément des Actes des Sçavans publiés à Leipſick, c'eſt *Sengou*, *Gigou*, *Narro*, *Schauſou* ; enfin ſuivant l'Inſtruction Grammaticale miſe à la tête du (*a*) Dictionnaire Latin Thibetan, dont on a parlé ci-devant, c'eſt : *Kikou*, *Gremkou*, *Norou*, *Schioupiçiou*.

La Lettre de permutation appellée *Yatac*, placée ſous l'un des trois ☧ lui ajoûte le ſon de l'*r*, enforte qu'on lit *Kra* ; d'autres prétendent cependant qu'en cette occaſion on doit lire *Tra*, mais l'un & l'autre ſont bien dits. On trouve encore le

---

(*a*) Ce Dictionnaire Latin-Thibetan eſt d'un Père Capucin nommé Domenico da Fano, Préfet des Miſſions du Grand Thibet, qui l'apporta avec lui en 1714, lorſqu'il fut à Rome rendre compte à la Congrégation *De Propaganda Fide*, de l'état de ſa nouvelle Miſſion. A la tête de ce Vocabulaire, eſt en Italien, une Inſtruction ſur la lecture dont je donne ici un ample extrait. Il annonce lui-même à la fin de cette Inſtruction, qu'il a extrait ce Vocabulaire d'un Dictionnaire dont ſe ſervoient les Miſſionnaires du Thibet. *Quello che ſta notato nel Vocabolario, l' ho eſtratto dal Dizzionario che co gli altri Miſſionarii ſeti prima di partire per Roma, di cui hò ſcelte quelle coſe, delle quali hò ſtimato eſſerne più certo del loro ſignificato*, &c. Ce Vocabulaire eſt demeuré Manuſcrit, j'en poſſéde une Copie. La prononçiation des mots Thibetans y eſt marquée en Lettres Latines.

Yatac sous les trois *Ta*, sous les trois *Pa*, sous le *Ma* & le *Sa*, ce qui leur donne la prononçiation de *Tra*, *Pra*, *Mra*, *Sra*, & avec l'addition de l'une des quatre voyelles, *Tri*, *tre*, *tro*, *trou*. *Pri*, *pre*, &c.

La Lettre de permutation appellée *Ratac*, se trouve aussi sous les trois *K*, auxquels elle donne la prononçiation de *Kia*. Plaçée sous l'un des trois *Pa*, elle leur donne le son de *Tchia*; cependant plusieurs n'éclipsent point entièrement le son du *p*, & prononçent *P'tchia*. Enfin *Ratac* ajoutée sous l'*m*, lui donne le son de *nga* ou *m'gna*.

Les quatres Lettres *Taa*, *Na*, *La*, *Sa*, plaçées à la fin d'un mot, ajoûtent à la Lettre qui les précède immédiatement, le son de l'*e*, lorsque cette Lettre est destituée de voyelle: ainsi au lieu de *Kan*, *Kal*, *Kas*; on prononçera *Ken*, *Kel*, *Kes*, &c. ce qui doit toujours s'entendre, lorsque l'une de ces quatre Lettres se trouve jointe à une autre Lettre quelconque de l'Alphabet qui doit se prononcer; car quelquefois le *Taa* & le *Sa* se trouvent à la fin d'un mot, & ne se prononçent pas: ainsi dans ཆགས on prononçera *Tchak*, rarement *Tchaks*, & jamais *Tchek*; parce que la Lettre *Tcha* n'est pas jointe immédiatement à la Lettre *Sa*. S'il y avoit ཆས, alors il faudroit dire *Tchè*; si on demande aux Thibetans pourquoi ils suppriment en cette occasion le son de l'*s*, ils n'ont point d'autre raison à donner, sinon que c'est l'usage. Lorsque les quatre Lettres dont on a parlé se trouvent jointes comme དེན་ནེས་སད་ལེན་ dans ce cas on prononçera *ten*, *ne*, *se*, *len*; parce que la dernière Lettre de chacune de ces syllabes se trouve destituée de voyelle. Mais s'il y avoit དྲི་སླུ་ alors vous prononçerés *ni*, *lou*, & vous ne ferés point sentir le son du *t* & de l'*s*, qui

De l'Imprimerie, Chap. VI. 593

ne font mifes ici que pour l'orthographe ; & pour diftinguer ces mots, d'autres mots qui ont le même fon, mais dont la fignification eft différente.

Les Thibetans ont encore quatre Lettres qu'ils employent dans l'orthographe de certains mots, dont la fignification eft différente ; & dont la prononçiation eft la même ; ces quatre Lettres font le 3ᵉ *Kaa*, le 3ᵉ *Taa*, le 3ᵉ *Paa* & l'*A*.

1°. Le 3ᵉ *ka* fe prononçe *ka* ou *kaa*, mais groupé avec quelqu'autre Lettre, comme ཀྱི་ཀི་ alors il fe prononçe *ga*.

Lorfque cette Lettre *ka* fe trouve au commencement d'un mot, & qu'elle n'eft pas fuivie de plufieurs Lettres, elle conferve fa prononçiation ordinaire de *ka* ; mais fi elle eft fuivie de plufieurs Lettres, alors elle perd fa prononçiation, ou fi elle fe prononçe, elle ne fert que comme d'afpiration à la Lettre fuivante. Exemple ཀདང་ *K'dagn*. Lorfque deux *ka* fe fuivent, fi le fecond a une voyelle, le premier ne fe prononçe point, & le fecond fe prononçe comme *gh*. Ex: ཀཀི་ *ghi*, &c.

Si la voyelle fe trouve fur le premier *ka*, comme dans ཀིཀ་ on prononçe *ki* ; cependant fi ces deux Lettres font précédées des Lettres *A*, *Taa*, *Paa*, comme dans འཀི་ དཀེ་ བཀུ་ on prononçera *ghi*, *ghe*, *ghou*, &c.

2°. Le troifième *Taa* fe prononçe feul *Ta* ou *Taa*, & même lorfqu'il eft fuivi d'une autre Lettre ; mais s'il eft fuivi de plufieurs, alors il ne fert qu'à diftinguer le mot où il fe trouve, de quelqu'autre qui a le même fon, ou feulement qu'à donner plus de force au mot. Ainfi dans དམན་ *t'men* དངས་ *t'gne*, l'ufage eft de prononçer feulement *men*, *gne*. Si ce *Taa* fe trouve la feconde Lettre du mot, ou placé fous une autre Lettre, alors il se prononçe *da* ; mais s'il est placé à la fin du mot, il se supprime d'ordinaire dans la prononçiation, & ne sert qu'à distinguer ce mot, d'un autre. Ainsi མེད་མེ་ se prononçent également *me*, mais le premier signifie *feu*, & le second *non* ; de même པ་ *pe* signifie *père*, & པད་ *pe*, *viens*.

3°. Le troisième *Paa* suivi de l'une des quatre Lettres qui changent le son d'*A* en *E*, ne se prononçe point, & ne sert précisément qu'à faire distinguer un mot d'avec un autre, ou à lui donner plus de force ; ainsi on écrit བམ་བམན་ & on prononçe *me*, *men*. Cependant si ce *Paa* a sur lui une voyelle, il garde sa prononçiation. *Paa* au milieu d'un mot, ou placé sous quelqu'autre Lettre se change en *ba* : ainsi vous écrirés བ་བྱ་བས་བེ་ & vous prononçerés Ba. ba. ba. be. A la fin d'un mot cette Lettre se prononçe rarement, ou si elle se prononçe, c'est comme un *b* muet. Ex: མབ་ *ma-b*, པེབ་ *pe-b*, ou པེབས་ *be-bs*. Mais lorsqu'il suit une autre syllabe, comme པེབས་ཏོང་ on prononçe *pé-tonh*.

4°. La Lettre A placée au commencement d'un mot ou d'une syllabe, ne sert que de signe distinctif, & ne se prononçe point, ou se change en *n*. Exemple. འདའད་ *da n'da*. Si elle se trouve sous quelque Lettre, elle conserve sa prononçiation ; ainsi dans མའ་རའ་ on prononçe *ma*, *ra*, au lieu qu'il faudroit lire *me*, *re*, si l'A ne se trouvoit point. Cette Lettre à ce qu'il paroît, est considérée par les Thibetans comme consonne & voyelle en même-temps, du moins elle fait les fonctions de l'une & de l'autre. Quelquefois cette Lettre placée sous une autre Lettre se peint comme un petit triangle, Exemp: ཀ

Après

DE L'IMPRIMERIE, CHAP. VI. 595

Après avoir parlé des quatre voyelles; des quatre Lettres qui ont la faculté de changer le fon; & des quatre autres qui ont celle de changer la fignification; il nous refte à dire un mot des Lettres *ma, ra, fa* & *ah*, qui ont aufli leurs fonctions particulières.

La première étant feule au milieu, fous quelqu'autre Lettre, ou à la fin d'un mot ou d'une fyllabe conferve fa prononçiation; mais lorfqu'au commencement d'un mot elle fe trouve fuivie de plufieurs Lettres comprifes dans la même fyllabe, alors elle ne tient lieu que d'afpiration : ཨ་ཁེན་ *ken* ou *m'ken*. Elle fe met encore uniquement pour diftinguer un mot, qui fans elle fe pourroit confondre avec un autre.

La feconde Lettre, qui eft l'*r*, fe mèt quelquefois fur certaines Lettres auxquelles elle ajoûte de la force; elle fert encore de diftinctif pour certains mots.

La troifième qui eft le *fa*, outre la propriété de changer le fon de la Lettre qui la précède, a encore, lorfqu'elle eft fur quelqu'autre Lettre, ou à la fin d'un mot, celle de fervir de diftinction; & dans ce cas elle ne fe prononce point, ou ne fe fait fentir que très-légèrement. Cependant lorfqu'elle eft placée fous quelque Lettre, ce qui eft rare, elle fe prononce.

Enfin la quatrième Lettre, qui eft le *ah*, placée fous une autre Lettre, ne fert qu'à lui donner plus de force, & tient lieu d'afpiration.

L'Alphabèt Thibetan eft à peu de différence, rangé dans le même ordre que les Alphabèts Grandan & Samfcretan, que l'on peut voir dans le Recueil des Planches de l'Encyclopédie. Les Élémens de l'Alphabèt Thibetan ont même quelque reffemblance avec ceux du Samfcretan, appellé encore *Hanfcret* & *Nagrou*; plufieurs de leurs voyelles font les mêmes, tant pour

Tome II, Gggg

la figure que pour la valeur, & en général, contre l'ordinaire de la plûpart des Orientaux, les Thibetans & les Brahmes écrivent de gauche à droite, comme les Européens. Les Thibetans, les Calmoucks, les Mogols ou Mongols, & plufieurs autres Peuples employent les Caractères que nous donnons ici pour écrire leurs Livres de Religion. A Barantola & dans différens endroits du Thibet, on a l'ufage de l'Imprimerie que ces Peuples ont pris des Chinois.

Les PP. *Grueber, Defideri, Gerbillon* & *Andrada*, Jéfuites; le Père *Horace de la Penna*, Capucin, & plufieurs autres Miffionnaires, fe font attachés à faire voir la conformité qu'ils ont remarquée entre les pratiques de notre Religion & celles du Thibet; & effectivement le parallèle qu'ils en font eft frappant. 1°. L'habillement des Lamas reffemble beaucoup à celui des Apôtres, tel que les anciennes Peintures le dépeignent. Ils portent la Mître comme nos Évêques. 2°. La forme de leur Hiérarchie n'eft pas différente de celle de Rome; ils ont des Lamas inférieurs, choifis par le Grand Lama, qui ont l'autorité des Évêques dans leurs Diocèfes refpectifs, & d'autres Lamas fubalternes qui repréfentent les Prêtres & les Moines. Le Grand Lama lui-même tient à-peu-près parmi eux le même rang que le Souverain Pontife dans l'Églife Romaine. 3°. La reffemblance entre leurs Cérémonies & celles de l'Églife Romaine, n'eft pas moins fenfible; ils ont le chant dans le Service Eccléfiaftique: ils béniffent les Mariages: ils font des Prières pour les Malades: ils font des Proceffions. Ils honorent les Reliques de leurs Saints. Ils ont des Monaftéres & des Couvens de Filles. Ils chantent dans leurs Temples comme les Moines Chrétiens. Ils obfervent divers jeûnes dans le cours de l'année. Ils fe mortifient le corps, fur-tout par l'ufage de la Difcipline. Ils confacrent leurs Évêques; ils envoyent des Miffionnaires qui vivent dans une extrême pauvreté, & qui voyagent pieds nuds jusqu'à la Chine. On y fait des Aumônes, des Prières & des Sacrifices pour les morts. On y voit un grand nombre de Couvens, dans lesquels on ne compte pas moins de trente mille Moines, qui font des Vœux de pauvreté, de chasteté, d'obéissance, &c. Ils observent la Vie Monastique, & ont la Tonsure suivant *Desideri*. Andrada ajoûte qu'ils ont l'usage de la Confession. Les Confesseurs sont choisis par les Supérieurs, & reçoivent leurs pouvoirs du Lama, sans quoi ils ne pourroient entendre les Confessions, ni imposer des Pénitences. Enfin ils ont l'usage de l'Eau Bénite, de la Croix, des Chapelets & d'autres Pratiques Chrétiennes. 4°. Mais ce qui doit frapper encore davantage, c'est que leur Religion s'accorde, sur tous les points essentiels, avec l'Église Romaine. Ils célèbrent un Sacrifice avec du pain & du vin : ils donnent l'Extrême-Onction : ils croyent un seul Dieu ; une Trinité, mais remplie d'erreurs ; un Paradis, un Enfer & un Purgatoire, dont ils racontent bien des fables.

Ces ressemblances si singulières de la Religion du Thibet avec la nôtre, ont fait croire à plusieurs des Missionnaires dont nous venons de citer les noms, que le Christianisme avoit été prêché dans ces Régions du temps des Apôtres, & qu'il en étoit resté des traces dans les anciens Livres des Lamas & dans les Pratiques Religieuses de ces Peuples. Cependant le Père Gaubil ne conçoit pas comment on peut se persuader qu'il y ait eu des Nations Chrétiennes dans la haute Asie, & il croit expliquer la difficulté, en disant que les Chinois donnent aux Lamas du Thibet, ainsi qu'aux Mahométans & aux Missionnaires Chrétiens, le nom de *Bonzes de l'Ouest* ; ce qui joint à quelque conformité de plusieurs Pratiques entre les Lamas & les Missionnaires Grecs ou Romains, aura fait imaginer que leur Religion étoit la même. Je conviens avec le P. Gaubil, que les Bonzes & les Prêtres Chrétiens ont été confondus par les Chinois, qui les défignent en général dans leurs Livres fous le nom de *Seng*. C'eft fous cette dénomination, que font connus les Prêtres Syriens Neftoriens, dont les noms font gravés fur le fameux Monument de Sighanfou.

Thevenot, dans fa Collection des Voyages, rapporte une Lettre en Latin du P. Grueber adreffée au P. Gamans, qui porte, que quoiqu'il n'y ait jamais eu d'Européens ni de Chrétiens dans le Thibet, néanmoins ces Peuples imitent tout ce qui fe pratique dans l'Églife Romaine, célébrent la Meffe avec le pain & le vin, donnent l'Extrême-Onction, &c. Sur quoi Thevenot fait l'obfervation fuivante. « Je remarquerai en paf- » fant qu'il fe trompe, lorfqu'il croit être le premier des Chré- » tiens qui ait pénétré jufqu'en ces quartiers-là ; car je trouve » que le Chriftianifme a eu plus d'étenduë du côté de l'Orient, » que ceux qui ont écrit l'Hiftoire Eccléfiaftique ne lui en don- « nent, & qu'il y a eu des Princes, & des Peuples entiers » Chrétiens, fur les frontières de la Chine ; je puis même, » ajoute Thevenot, faire voir en quel temps le Chriftianifme » y a été porté par des Miffionnaires Neftoriens, & comment » il s'eft perdu ; mais il faut attendre qu'on en puiffe imprimer » les preuves dans les Langues mêmes dans lefquelles elles ont » été écrites, & qu'on puiffe donner d'autres pièces qui éclair- » ciront beaucoup la Géographie & l'Hiftoire de ces Pays-là.

Il eft fâcheux que Thevenot n'ait pas eu le temps de publier à la fuite de fa Collection, les Monumens dont il parle en cet endroit ; je penfe au refte qu'il avoit en vûë le fameux Monument trouvé à Sighanfou l'an 1625, qui devoit lui être connu dès-lors, & pour la publication duquel il attendoit fans doute, quelques éclairciffemens qui lui manquoient. Quoi qu'il en foit, il paroît qu'il étoit bien inftruit, & je m'imagine que l'on adoptera fans peine fon opinion, fi l'on fe rappelle ce que nous avons dit des Oighours à l'occafion de l'Alphabèt Mancheou, ainfi que du contenu du célébre Monument de Sighanfou. Le hafard feul n'a pû produire des reffemblances auffi marquées entre deux Religions, & on eft forcé de convenir, qu'en effèt les Syriens Neftoriens s'étoient établis dans prefque tout l'Orient, & y avoient porté la connoiffance du Chriftianifme ; connoiffance fort imparfaite à la vérité ; mais dont il eft cependant aifé de reconnoître les veftiges.

Le principal objèt du Culte des Thibétans, des Bonzes Chinois, des Lamas de Tartarie, des Talapoints de Siam, &c. eft le Dieu *Fo* ou *Boudha*, qui nâquit dans les Indes environ l'an 1026 avant l'Ère Chétienne, & fonda une Religion qui ne fut introduite dans la Chine que l'an 65 de la même Ère. La bafe de ce fyftême religieux eft la Métempfychofe. Au moyen de cette circulation des âmes dont Fo eft cru l'Inventeur, fes Sectaires ont publié que ce Dieu s'étoit incarné plufieurs fois ; & ils n'ont pas fait difficulté d'admettre au nombre de leurs *Fo*, une partie des Légiflateurs des autres Nations dont on leur a donné la connoiffance, & d'envifager leur apparition fur la terre, comme autant de renaiffances de leur Dieu. On fent qu'avec un pareil fyftême, ils ont pû, fans difficulté, faire de leur Religion un compofé de prefque toutes les Religions du Monde ; & on ne doit point être étonné qu'ils ayent copié une partie de nos Myftères & de nos Cérémonies (*a*). Dans la huitième Incarnation de leur *Fo* en *Chriftna*, qui peut mécon-

---

(*a*) Voyés le Théâtre de l'Idolâtrie, ou la Porte Ouverte, pour parvenir à la connoiffance du Paganifme caché. Par Abraham Roger, Miniftre du S. Évangile à Paliacatta, fur la côte de Coromandel.

noître que les Indiens ont voulu parler de Notre Seigneur Jesus-Chrift ? Dans les autres apparitions, Fo, difent ces Peuples, n'étoit venu qu'avec une partie de fa Divinité, comme une éteincelle de feu qui tombe de toute la maffe ; mais fa huitième Incarnation eft la plus admirable & la plus extraordinaire. Il vint fous le nom de Chriftna, avec toute fa Divinité, & le Ciel refta vuide ; il nâquit à *Matura* dans une étable, au milieu des Pafteurs.

GEORGIEN.

XI. Nous avons dit que les Arméniens écrivoient de gauche à droite, & qu'ils avoient 38 Lettres ; les Géorgiens écrivent de la même manière, & leur Alphabèt eft compofé de 37 Lettres. Nous avons dit encore que les Arméniens avoient quatre fortes d'écritures ; & les Géorgiens qui femblent les avoir pris pour modèles en préfentent auffi trois différentes, que nous offrons dans la Planche.

La première colonne repréfente les Majufcules Sacrées, nommées ainfi, parce qu'elles font employées à tranfcrire les Livres Saints.

La feconde colonne contient les Minufcules Sacrées, dont les Géorgiens fe fervoient autrefois en place des Majufcules de la première colonne ; mais aujourd'hui elles ne font employées que comme des Minufcules Sacrées, qui s'allient dans un texte avec les Majufcules Sacrées.

Enfin la troifième colonne repréfente les Lettres vulgaires ou curfives, & les Géorgiens les employent communément dans tous les ufages ordinaires de la vie.

Les Lettres de ces trois Alphabèts, quoiqu'affés différentes pour la figure, ont la même valeur que nous avons affés bien exprimée dans la cinquième colonne ; ainfi nous nous conten-

DE L'IMPRIMERIE CHAP. VI. Page 600 bis.
ALPHABET GÉORGIEN.

Ordre	Majusc. Sacrées	Minusc. Sacrées	Minusc.	Nom.	Valeur.	Valeur Numérique	Ordre	Majusc. Sacrées	Minusc. Sacrées	Minusc.	Nom.	Valeur.	Valeur Numérique
1	Ⴀ	ⴀ	ა	An	A.	1	20	Ⴑ	ⴑ	ს	San	S.	200
2	Ⴁ	ⴁ	ბ	Ban	B.	2	21	Ⴒ	ⴒ	ტ	Tar	T.	300
3	Ⴂ	ⴂ	გ	Ghan	Gh.	3	22	Ⴓ	ⴓ	უ	Vn	V.	400
4	Ⴃ	ⴃ	დ	Don	D.	4	23	Ⴔ	ⴔ	ფ	P'har	P'.	500
5	Ⴄ	ⴄ	ე	En	E.	5	24	Ⴕ	ⴕ	ქ	Xan	X.	600
6	Ⴅ	ⴅ	ვ	Vav	V.	6	25	Ⴖ	ⴖ	ღ	Ghhan	Ghh.	700
7	Ⴆ	ⴆ	ზ	Szen	Sz.	7	26	Ⴗ	ⴗ	ყ	Cqar	Cq.	800
8	Ⴇ	ⴇ	თ	He	H.	8	27	Ⴘ	ⴘ	შ	Scin	Sc.	900
9	Ⴈ	ⴈ	ი	Than	Th.	9	28	Ⴙ	ⴙ	ჩ	Cin	C.	1000
10	Ⴉ	ⴉ	ო	In	I.	10	29	Ⴚ	ⴚ	ც	Zzan	Zz.	2000
11	Ⴋ	ⴋ	ვ	Chan	Ch.	20	30	Ⴛ	ⴛ	ძ	Zil	Z.	3000
12	Ⴌ	ⴌ	ლ	Las	L.	30	31	Ⴜ	ⴜ	წ	Tzil	Tz.	4000
13	Ⴍ	ⴍ	მ	Man	M.	40	32	Ⴝ	ⴝ	ჭ	Cciar	Cc.	5000
14	Ⴎ	ⴎ	ნ	Nar	N.	50	33	Ⴞ	ⴞ	ხ	Chhan	Chh.	6000
15	Ⴏ	ⴏ	ო	In	I.	60	34	Ⴟ	ⴟ	ჰ	Hhar	Hh.	7000
16	Ⴐ	ⴐ	ო	On	O.	70	35	Ⴠ	ⴠ	ჯ	Gian	G.	8000
17	Ⴑ	ⴑ	პ	Par	P.	80	36	Ⴡ	ⴡ	ჰ	Hhae	Hh.	9000
18	Ⴒ	ⴒ	ჟ	Sgian	Sg.	90	37	Ⴢ	ⴢ	ჵ	Hhoe	Hh.	10000
19	Ⴓ	ⴓ	რ	Rae	R.	100							

Des Hautesrayes del.   Laurent Sculp.

Tome II. Partie 2.de

terons de faire remarquer feulement celles d'entr'elles qui pourroient faire quelque difficulté.

La Lettre *Than* [9] a le fon du *t*, mais plus clair cependant.

La Lettre *Chan* [11] eſt préciſément le *c* des Latins dans les mots *Cantare*, *Codex*, &c.

La Lettre *In* [15] eſt proprement l'*i* conſonne.

La Lettre *Phar* [23] eſt un *p* avec l'*h* aſpirée ; quelquefois elle prend le fon de notre *f*.

La Lettre *Cin* [28] répond au fon de notre *c* dans *Cicéron*, *Ciboire*, *Céder*.

La Lettre *Gian* [35] répond à notre *g* fuivi d'un *e* ou d'un *i*, comme dans les mots *Girouette*, *Germain*, &c.

On compte dans l'Alphabèt Géorgien neuf Lettres, qui font regardées comme des Lettres doubles, ou du moins qui parti-
cipent de deux fons différens.

La première eſt la Lettre *Szen*, dont le fon participe de celui des Lettres *San* & *Zil*.

La feconde eſt la Lettre *Sgian*, dont le fon participe de la Lettre *San* & de la Lettre *Gian*.

La troiſième, *Ghhan*, dont le fon tient des Lettres *Ghan* & *Hhar*.

La quatrième, *Cqar*, dont le fon tient des Lettres *Chan* & *Kan*, & répond à celui du *Cqaf* Arabe.

La cinquième, *Scin*, dont le fon participe de celui des Lettres *San* & *Cin*.

La ſixième *Zzan*, dont le fon eſt compoſé de celui de la Lettre *Zil*, mais doublée. Cette Lettre placée au commencement d'un mot, répond au *z* Italien dans les mots *zappa*, *zampa*, &c.

La feptième *Cciar*, eſt conſidérée comme la Lettre *Cin* doublée.

La huitième *Chhan*, dont le fon tient des Lettres *Chan* & *Hhar*.

Enfin la neuvième eſt la Lettre *Hhar*, qui répond au *kha* des Arabes, & eſt conſidérée par les Géorgiens comme une duplication de la Lettre He.

Tous les ſons de l'Alphabèt Géorgien ſont compris dans le Diſtique ſuivant.

Abagha, Deveſzeh, Thichlim, Niop, Sgiorozo, Tuphu, Kughhucq, Sciscizzo, Zetzi, Cciachh, Hhagiahha, Hhoe.

La dernière colonne de la Planche eſt employée à marquer la valeur numérique des Lettres Géorgiennes. Le peu d'eſpace qu'elle nous laiſſoit ne nous a pas permis de mettre l'appellation de ces nombres, c'eſt pourquoi nous l'allons ajoûter ici.

1.	Erthi.	200.	Or-aſi.
2.	Ori.	300.	Sam-aſi.
3.	Sami.	400.	Othchh-aſi.
4.	Othchhi.	500.	Chhuth-aſi.
5.	Chhuthi.	600.	Eku-aſi.
6.	Ekuſi.	700.	Scuid-aſi.
7.	Scuidi.	800.	Rua-aſi.
8.	Ruà.	900.	Zachhra-aſi.
9.	Zchhrà.	1000.	Athi-aſi.
10.	Athi.	2000.	Ori-athi-aſi.
20.	Ozzi.	3000.	Sami-athaſi.
30.	Ozzdh-athi.	4000.	Othchhi athaſi.
40.	Ormozzi.	5000.	Chhuthi athiaſi.
50.	Ormozzda-athi.	6000.	Ekuſi athiaſi.
60.	Samozzi.	7000.	Scuidi athiaſi.
70.	Samozzda-athi.	8000.	Rua athaſi.
80.	Othchhmozzi.	9000.	Zchhra athaſi.
90.	Othchmozzda-athi.	10000.	Athi athaſi.
100.	Aſi.		

DE L'IMPRIMERIE, CHAP. VI.

Les Géorgiens n'ont pour Chiffres que leurs Lettres ; du moins nous ne voyons point qu'ils faffent ufage des chiffres arabes qu'ils doivent connoître cependant, à caufe des différens Peuples qui s'en fervent, & parmi lefquels ils vivent.

Les Géorgiens n'employent aucunes notes Orthographiques. Ils ne connoiffent ni accents, ni efprits, ni apoftrophes, ni aucune autre ponctuation quelconque ; feulement lorfqu'ils écrivent, ils font dans l'ufage de féparer chaque mot par trois petits points tracés triangulairement. En général, le Géorgien eft fort aifé à lire, & il le feroit encore davantage, fi ces Peuples n'étoient point dans l'habitude d'abréger les mots, & de joindre enfemble deux, trois, & jufqu'à quatre Lettres, dont ils forment des monogrammes à la façon des Grècs ; comme cette manière de grouper les Lettres, varie fuivant le caprice & le goût particulier de l'Écrivain ; on ne peut donner là-deffus aucune règle ; une grande connoiffance de leur Langue & une lecture variée de leurs Livres, apprendront à les déchiffrer.

Les Géographes comprennent fous le nom de Géorgie ou de Gurgiftan, tout le Pays qui eft borné à l'Orient par la mèr Cafpienne, à l'Occident par la mèr Noire, au Nord par le Don, & au Midi par le Royaume d'Arménie ; c'eft-à-dire, qu'ils renferment fous cette dénomination générale, non-feulement la Géorgie proprement dite, mais encore la Mingrelie, les Royaumes d'Imirette, de Karduel, de Kaket, l'Avogafie, ou le Pays des Abcaffes, la Circaffie & la Comanie, &c. qui pour la plûpart font des démembremens de l'ancien Royaume de Géorgie.

Les Géorgiens font remonter leur origine dans l'Antiquité la plus reculée ; mais leur Hiftoire nous étant entièrement inconnuë, il ne nous eft pas poffible de décider de la vérité ou de la fauffeté de leurs prétentions à cet égard. Selon Conftantin

Porphyrogénete, leurs Rois se croyent issus de la femme d'Urie qui fut enlevée par David. Les Géorgiens embrasèrent la Religion Chrétienne sous le règne de *Mepe Mirian* ou *Miran*, du temps de l'Empereur Dioclétien, c'est-à-dire, vers la fin du troisième siècle (*a*). Socrate, Sozomene & Théodoret rapportent la conversion de ces Peuples au règne du Grand Constantin, au commencement du quatrième siècle; ils citent pour garant de ce fait Rufin, qui l'avoit appris à Jérusalem de Bakout, Prince Géorgien, qui étant passé au service de l'Empereur Théodose, fut fait Général d'armée, & préposé à la garde des limites de Palestine. Les Géorgiens envoyèrent une célèbre Ambassade à Constantin le Grand, pour demander son alliance, & le prier de leur envoyer un Évêque & des Prêtres pour les instruire. Depuis cette époque, ils sont restés fort attachés au Christianisme, qu'ils ont soutenu avec zèle contre les attaques des Mahométans, leurs ennemis; ils suivent le Rit Grec. Plusieurs ont écrit que les Géorgiens ont emprunté leur nom de S. George le Martyr, dont ils portoient l'image sur leurs Étendarts; d'autres au contraire prétendent qu'ils ont été appellés *Curgiens* ou *Curges*, du nom de la rivière de *Kour*, qui arrose une bonne partie de la Géorgie, & passe au travers de Teflis, Capitale de ce Royaume; ce qu'il y a de certain, c'est que les Historiens & les Géographes Arabes leur donnent le nom de *Curges*, ce qui n'a pas beaucoup de rapport au nom de George. Strabon, Pline, Ptolemée, & d'autres anciens Écrivains nous font connoître ce Pays sous le nom d'Ibérie, qui est également l'ancien nom de l'Espagne; ce qui a fait dire à Mariana (*b*),

---

(*a*) Sozomene, L. 2. chap. 7. Socrate, L. 1. chap. 20. Théodoret, L. 3. chap. 23. Consultés aussi les Notes de Henri de Valois, & enfin les Ouvrages de Rufin, L. 11. chap. 33.

(*b*) Mariana, *de rebus Hispaniæ*, L. 1. chap. 7.

qu'il pourroit se faire que les Géorgiens ou Ibères du Pont-Euxin eussent envoyé une Colonie en Espagne. Mais Strabon, Denys le *Periégéte*, & *Eusthate* son Scholiaste, avancent au contraire, que les Ibères Occidentaux de l'Espagne après avoir traversé le Pont-Euxin, allèrent chercher des habitations du côté de la Colchide : question qu'il seroit intéressant d'éclaircir.

La Langue Géorgienne, à l'exception d'un certain nombre de termes Arabes, Turcs & Persans dont elle est mélangée, ne ressemble à aucune des Langues que nous connoissons. J'ai cru faire plaisir au Lecteur de rapporter ici quelques-uns de ces mots barbares, pour satisfaire sa curiosité, & le mettre à portée d'en faire la comparaison avec les autres Langues qui nous sont connues.

Mama.	père.	*Pathoni.*	maître.	*Tzivi.*	froid.
Deda.	mère.	*Smachi.*	démon.	*Bediani.*	heureux.
Ghogho.	j^{ne} fille.	*Lamasi.*	beau.	*Puri.*	pain.
Tzizza.	nourrice.	*Mtha.*	montagne.	*Thebzi.*	poisson.
Vrzchho.	étranger.	*Saghdari.*	temple.	*Madri.*	piété.
Bici.	enfant.	*Chheli.*	main.	*Ghemo.*	goût.
Soli.	épouse.	*Sachheli.*	nom.	*Ghmerti.*	Dieu.
Scuili.	fils.	*Mepe.*	Roi.	*Chazzi.*	homme.
Ochro.	or.	*Marili.*	sel.	*Chathami.*	poulle.
Spilenzi.	airain.	*Balani.*	poil.	*Bathi.*	oye.
Verschli.	argent.	*Beri.*	moine.	*Tzighni.*	livre.
Tziminda.	saint.	*Morcimuli.*	riche.	*Tetri.*	blanc.
Sciaui.	noir.	*Marthali.*	juste.	*Ghrizeli.*	long.
Mochle.	court.	*Didi.*	grand.	*Avi.*	mauvais.
Pelsi.	laid.	*Chai.*	bon.		

François-Marie Maggius, qui se rendit en Géorgie par ordre du Pape Urbain VIII, pour s'instruire dans la Langue de ce

Pays, nous a donné une Grammaire Géorgienne, qui fut imprimée à Rome en 1643. Il l'a intitulée, *Syntagmata Linguarum Orientalium quæ in Georgiæ Regionibus audiuntur* ; parce qu'il donne, outre les Principes de la Langue Géorgienne ou Ibérique, ce qui regarde encore la lecture de l'Arabe, du Turc, de l'Hébreu & du Syriaque ; il termine son Ouvrage par une Grammaire Turque. Toutes ces Langues y sont avec leurs Caractères particuliers, & leur beauté fait honneur à l'Imprimerie de la Propagande, d'où cet Ouvrage est sorti.

Malabar ou Tamoul.
Chinois.

XII. On appelle cette Langue Indienne *Tamoul* ou *Damoul*, parce que les Indiens qui la parlent, portent le nom de (a) *Damouler*. On l'appelle encore communément Langue *Malabare* ou *Malabre*, parce que les Européens désignent en général sous le nom de Malabares, les Indiens des différens Royaumes situés sur les côtes de Malabar & de Coromandel. On la nomme encore *Sentamil* & *Codundamil*. Quant au nom de Malabar, l'étenduë de terre, qui est entre Surate & le Cap de Comorin, doit seule le porter ; cette côte même ne commence éxactement qu'au mont *Dely*, situé sous le douzième degré au Nord de la ligne, & c'est seulement dans cet espace que ceux qui l'habitent prennent eux-mêmes le nom de Malabares ; espace qui peut avoir environ deux cens lieuës de longueur, & est divisé en plusieurs Royaumes indépendans.

(b) Cette partie des Indes Orientales, est une des plus belles

---

(a) Dans le nom *Damouler*, la finale *er* désigne le pluriel.
(b) Voyages de Gautier Schouten.

DE L'IMPRIMERIE CHAP. VI. Pag. 606. bis.
ALPHABET TAMOUL ou MALABAR.

VOYELLES INITIALES.

Longues. அ̄ . ā . ஈ . ī . ஊஎள . ē . ஏ . ō . ஐ . ei .
Breves. அ . ă . இ . ĭ . உ . ŏuஎள . ĕ . எ . ŏ . ஔ . aou .

Chacune de ces Voyelles a la dénomination particuliere que voici:
Aana, Awena, Jina, Iwena, Ououna, Ouwena, Eena, Ewena, Oona, Owena, Eiena, Aouwena.

CONSONNES

1.	க	Kaana.	K. Ga	7. த	Daana.	D et T	13. ல	Laana.	L
2.	ங	Naana.	N. Nasal	8. ந	Naana.	N.	14. வ	Vaana.	V. Cons.
3.	ச	Schaana.	Sch.	9. ப	Paana.	P et B.	15. ழ	Raana.	R. gras.
4.	ஞ	Gnaana.	Gn.	10. ம	Maana.	M.	16. ள	Laana.	L. grasse
5.	ட	Daana.	D. Angl.	11. ய	Jaana.	J. Cons.	17. ற	Raana.	R. aspiré
6.	ண	Naana.	N. grasse	12. ர	Raana.	R.	18. ன	Naana.	N.

Liaison des Voyelles avec les Consonnes.

Outre les Voyelles initiales les Malabares ont encore d'autres Voyelles qui se lient
avec les Consonnes au milieu des mots; il suffira des deux Exemples suivants
pour en connoître la Figure et la disposition.

Kă. Kā. Kĭ. Kī. Koŭ. Koū. Kĕ. Kē. Kĭ. Kaou. Nă. Nā.
க. கா. கி. கீ. கு. கூ. கெ. கே. கை. கொ. கோ. ந. நா &c.

Leur dénomination dans les Ecoles Malabares est

Kaana.	Kiina.	Kououna.	Keena.	Keiena.	Kowena.
Kawena.	Kiwena.	Kouwena.	Kewena.	Koona.	Kouwena. &c.

CHIFFRES.

1. 2. 3. 4. 5. 6. 7. 8. 9. 10.
க. ௨. ௩. ௪. ௫. ௬. எ. ௮. ௯. ய.

11. 20. 30. 100. 200. 300. 500. 600. 1000.
யக. &c. ௨ய. ௩ய. ௱. ௨௱. ௩௱. ௫௱. ௬௱. ௲.

Des Hautes rayes del.
Laurent Sculp.
Tome II. partie 2.ᵈᵉ

& des plus délicieuses de l'Asie ; l'aspect de ses côtes est charmant. On y voit, de la mer, plusieurs Villes considérables, telles que Cananor, Calecut, Cranganor, Cochin, Porca, Calicoulang, Coylang, &c. On y découvre des Allées, ou plutôt des Bois de Cocotiers, de Palmiers & d'autres Arbres. Les Cocotiers qui sont toujours verds & chargés de fruits, s'avancent jusqu'au bord du rivage, où, pendant la marée, les Brisans vont arroser leurs racines, sans que les Cocos reçoivent aucune altération de l'eau salée. Les Bois ne sont pas le seul ornement de cette côte ; on y voit aussi de belles campagnes de Riz, des Prairies, des Pâturages, de grandes Rivières, de gros Ruisseaux, & des torrents d'eau pure. De Calecut, & de la côte Septentrionale qui lui touche, on peut aller vers le Sud, jusqu'à Coylang, par des eaux internes, qui n'ont pas à la vérité assés de profondeur pour recevoir de gros bâtimens; mais qui forment de grands Étangs & des Viviers fort poissonneux, des Bassins pour toutes sortes d'usages. Les Arbres de cette heureuse contrée sont couverts d'une perpétuelle verdure : la terre n'y est jamais dénuée de ses ornements, parce que la gelée, la neige & la grêle n'y flétrissent jamais l'herbe & les fleurs.

Sur les côtes de Malabar & de Coromandel, on parle autant de Langues différentes qu'il y a de Royaumes différens; mais la plûpart de ces Langues nous sont inconnuës, & il y a lieu de croire que plusieurs d'elles ne sont que des Dialectes des autres. Il est au moins certain, suivant le rapport de *Ziegenbalg*, que les diverses Langues en usage sur l'une & l'autre côte, ainsi que dans la grande Isle de Ceylan, &c. ont beaucoup d'affinité avec le Tamoul. Telle est la Langue particulière aux Brahmes, appellée *Kirendoum* ; telles sont encore les Langues *Wartuga* ou *Wardagu*, & *Zingilesa*, &c.

Ziegenbalg a été un des premiers Européens qui se soit adonné à l'Étude de la Langue Tamoule ; les Européens que le commerce conduisoit aux Indes Orientales se contentoient d'apprendre le Portugais, qui leur suffisoit pour se faire entendre partout, à cause du grand nombre de Colonies & de Comptoirs établis dans toutes les Indes par les Portugais. Des vûës de commerce n'engagèrent point Ziegenbalg à s'appliquer à l'étude de la Langue Tamoule, la conversion des infidèles étoit le fruit qu'il se proposoit de cueillir. En 1705 il fut envoyé à *Tranquebar*, ainsi que deux autres Ecclésiastiques, par Fréderic IV, Roi de Dannemarc, en qualité de Missionnaires. Ziegenbalg comprit que la Langue Portugaise ne lui serviroit de rien pour se faire entendre des Indiens qui étoient un peu avancés dans les terres : après une étude opiniâtre, continuée l'espace de huit mois, il sçut assés de Tamoule non-seulement pour converser avec les Indiens en cette Langue, mais encore pour lire leurs Manuscrits, & sur-tout leurs Poësies, qui le mirent au fait de l'Histoire de leurs fausses Divinités, & de tout leur système de Religion. L'assiduité & la variété de ses lectures, jointes aux éclaircissements qu'il tiroit des Interprêtes qu'il s'étoit attachés, lui donnèrent les moyens de composer un Dictionnaire assés étendu, & une fort bonne Grammaire expliquée en Allemand.

Il envoya ce dernier Ouvrage en Dannemarc, dans l'espérance que l'on devoit y établir une Imprimerie Tamoule, & qu'on pourroit l'y imprimer ; mais la chose ne réussit point alors. En 1712 & 1713, ils reçurent de Halle en Saxe, une fonte de Caractères Portugais & Malabares, avec des Artistes qui connoissoient la manutention de l'Imprimerie, du nombre desquels étoit un certain *Adler*, originaire de Leipsick, qui entendoit la fonte des Caractères, & qui s'étant habitué à Tranquebar, y fondit deux corps de Caractères Malabares, moyens & petits. Les premiers Ouvrages qui sortirent de cette nouvelle

Imprimerie furent, 1°. *Epiſtola ad Malabares, de damnabili illorum Idololatria & Ethniciſmo.* 2°. *Catechiſmus.* 3°. *Cantionale pro Eccleſiâ recens plantata.* 4°. *Summarium Doctrinæ Chriſtianæ, in uſum Catechumenorum.* 5°. *Theologia Chriſtiana in uſum profectiorum.* Tous ces Ouvrages parurent à Tranquebar dans les années 1713, 1714, 1715 & 1716. C'eſt dans le courant des mêmes années qu'ils publièrent une Verſion Malabare du Nouveau Teſtament en deux volumes in-4°. Le premier volume eſt imprimé avec les Caractères tranſportés de Halle à Tranquebar, & que l'on qualifie de Majuſcules ; le ſecond eſt imprimé avec le corps de Minuſcules fondu par Adler.

Pour revenir à la Grammaire Tamoule, pendant le cours d'une navigation que Ziegenbalg fit en 1714, de Tranquebar en Norwege, il compoſa une nouvelle Grammaire Tamoule, mais en Latin, pour qu'elle pût être d'un uſage plus univerſel (*a*). Elle parut à Halle en Saxe en 1716, ſous un format in-4°. mince, avec une Préface, dans laquelle ce ſçavant Miſſionnaire nous inſtruit d'une partie des choſes que nous venons de dire ; il nous y apprend encore que pendant ce même voyage, il traduiſit d'Hébreu en Malabare le Livre de Joſué.

Ziegenbalg recommande l'étude de la Langue Malabare, non-ſeulement parce qu'il ne doute point qu'elle doive tenir un rang diſtingué entre les plus belles & les plus abondantes que nous connoiſſons, mais encore par l'étenduë des Pays où on la parle ; & à cauſe du grand nombre d'écrits en tout genre compoſés par les Malabares, qu'il nous repréſente comme des hommes remplis d'eſprit & de ſagacité, & dont le génie eſt principalement porté à la Poëſie. *Eſt enim Natio Malabarica, ſi eruditorum ordinem reſpiciamus, Litteris & omni ferè diſciplinarum*

(*a*) Elle eſt dédiée au Collége Danois *de Propagando Evangelii curſu.*

genere suo modo cultissima, etiam ratione climatis ac temperamenti calidi solers, ingeniosa & excitatissima, Libris quos è certis arborum foliis conficit, graviisque ferreis & chalybeis mira celeritate & elegantia, citra ullum mensæ subsidium, aut aliud brachiorum fulcrum, suspensis manibus conscribit abundans, & præcipue Arti Poeticæ scriptisque metricis deditissima.

La manière d'écrire des Malabares dont Ziegenbalg fait mention ici, mérite que nous en disions un mot. Ils écrivent en effet, ou plutôt ils gravent sur des feuilles des *Palmeras Bravas*, sorte de Palmier, avec un stylèt qui est long au moins d'un pied. Ces feuilles sont fort lisses naturellement, & flexibles au point de pouvoir être roulées comme un ruban. Les Indiens les coupent suivant la grandeur qu'ils veulent donner au volume ; mais d'ordinaire ils leur laissent environ trois, quatre & cinq pouces de largeur sur un pied, deux pieds, & quelquefois un peu plus de longueur. On peut écrire fort aisément sur ces feuilles ; mais comme l'encre ne les pénétre pas beaucoup, & qu'elle pourroit être sujette à s'effacer, ils gravent dessus plus volontiers avec un stylèt, dont la pointe est semblable à la pointe à tracer de nos Graveurs ; ce qu'ils font aussi promptement que s'ils écrivoient ; lorsque la feuille est entièrement écrite, ils passent dessus une poudre bleuâtre qui remplit & fait ressortir les traits formés par le stylèt. Lorsque tout un volume est transcrit ainsi sur des feuilles de grandeur égale, ils le percent au milieu, pour y passer un cordon de soie qu'ils serrent à volonté, & qui maintient toutes ces feuilles dans l'ordre qu'elles doivent avoir. Deux autres petits trous pratiqués aux deux extrémités du volume, & dans lesquels ils fourrent une fiche, achevent de donner à cette sorte de reliure, toute la solidité dont elle est susceptible, mais pour garantir les feuilles d'être endommagées, ils les enferment entre deux

petits

petits ais de bois de même grandeur, & joliment ouvragés ou peints. La Bibliothèque du Roi est enrichie d'un très-grand nombre de volumes de cette espèce, écrits dans les différentes Langues en usage dans les Indes. Il y en a aussi qui sont écrits sur une sorte de papier fort grossier, dont les Malabares ont appris la fabrique des Chinois, il y a environ soixante ans. D'autres, & sur-tout les Livres Siamois, sont écrits avec une encre blanche, ou couleur d'or, sur un papier noir fort épais, mais beaucoup mieux fabriqué. Un volume entier n'est composé que d'une seule feuille fort longue, repliée sur elle-même à la façon des paravents & des éventails.

La Langue Malabar a cela de commun avec la Langue Angloise, que ses adjectifs sont indéclinables ; le substantif qui se met toujours après l'adjectif, détermine seul ses genre, nombre & cas. Elle a aussi des pronoms honorifiques, pour distinguer la qualité des personnes à qui on parle, ou de qui on parle ; ce qui prouve la politesse qui règne parmi ces Peuples, en même-temps que le despotisme des grands & l'esclavage des petits.

Les Danois ont écrit qu'*Aruguen*, Dieu des *Samanes* ou *Samanéens* (*a*), étoit l'Inventeur de la Langue & de la Poësie Tamoule ; mais sans s'arrêter à cette opinion, qui est destituée de toute vraisemblance, il est plus probable, comme l'assurent les Malabares, que l'Auteur de leur Langue & de leur Poësie

---

(*a*) *Aruguen* étoit le Dieu des *Samaner* ou *Samanes*, dont parlent *Bardesanes* de Babylone cité dans Porphyre, Clément d'Aléxandrie & S. Jérôme, &c. Les Indiens donnent à ce Dieu beaucoup d'attributs. Ils l'appellent Dieu de Vertu, pur, infini, éternel, immuable, très-sage, très-doux, très-fort, &c. Attributs qu'ils ne donnent point à leurs autres Dieux. Ils ajoûtent que ce Dieu *Aruguen* règne heureusement dans le Ciel à l'ombre d'un arbre nommé *Asôgu* ou *Pindi*.

fut un homme religieux, nommé *Agaſtien*, qui habitoit ſur le mont *Podia-malei*, ſitué dans la partie auſtrale de leur pays. C'eſt pour cette raiſon que la Langue Tamoule eſt appellée par Antonomale, *Langue Auſtrale*, *Tenmoli*. *Comten* faiſant alluſion à cette origine, dit figurément dans ſon *Ràmàyenam*, que Ràmen étant arrivé à la mèr, il envoya quelqu'un pour parcourir toutes les mèrs, & que celui-ci après avoir viſité toutes les mèrs admiſes par les Indiens, parcourut encore la mèr de la Langue Tamoule dans la poitrine d'*Agaſtien*. Au reſte les écrits de cet *Agaſtien* ne ſe trouvent plus, quoiqu'ils ſoient cités communément par les Écrivains Malabares.

Les Indiens reconnoiſſent avoir reçu les Sciences & les Arts des *Samanes*; ces *Samanes* étoient une ſecte de Philoſophes, ou plutôt des Religieux, comme le déſigne ce nom dont on les appelloit, qui ſignifie encore dans la Langue Balie, ou la Langue ſçavante des Brahmes, un *Religieux qui habite les forêts*, un *Hermite*, il a auſſi la même ſignification dans la Langue Perſane. Il paroît que les *Samanes* étoient des Étrangers venus de Perſe ou d'Égypte, qui s'établirent dans l'Inde en deçà du Gange, & y enſeignèrent le ſyſtème de la Tranſmigration des âmes dans le corps des animaux; ils parloient la même Langue, qui eſt encore aujourd'hui en uſage parmi les Malabares, & il reſte d'eux quantité d'Ouvrages, qui ſont auſſi eſtimés parmi les Indiens, que les Livres Grècs & Latins le ſont parmi nous; tels ſont le *Tolgàpien*, qui traite des principes & de la pratique de la Poëſie, le *Divagaram* qui traite de l'abondance & du choix des mots de la Langue, dont l'Auteur vivoit, à ce qu'ils prétendent, il y a environ 600 ans; le *Tchivapaikkiam* ou *la félicité de la vie*, dont l'Auteur ſoutenoit que le bonheur de l'homme conſiſte uniquement dans la pratique de la vertu. Il a laiſſé des ſectateurs, dont la vie eſt fort règlée, quoiqu'ils conservent une grande indifférence pour toutes les Religions.

Les Samanéens entièrement adonnés à l'étude des Belles-Lettres, avoient établi une Académie, dont les Membres étoient appellés *Sangatàr*, du mot *Sangem*, qui entr'autres significations a celle d'*Assemblée*. Ils ont laissé beaucoup de Monumens de leur génie, comme le *Tolgàpien*, c'est-à-dire, l'*Auteur Ancien* dont on vient de parler. Le *Nanniel*, qui traite des Principes de la Grammaire, composé par *Pavanandi*. Le Livre *Cariguei* qui traite de la Poësie Tamoule, composé par *Amurda Sàgaren*. Enfin presque tous les Auteurs qui ont écrit de la Langue nommée *Sendamil*, de la Poësie, de la Rhétorique, & ceux qui ont donné plusieurs Synonimes & Lexiques, *Ivigandu*, *Divàgaram*, *Pincalandei*, *Urichol*, &c. étoient tous Samanéens. *Tiruvelluven*; les Auteurs du Poëme *Sindâmani* & des Épigrammes *Nálàdar*, & plusieurs autres Écrivains de ce genre, sont reconnus par les Indiens pour avoir été de la sècte des Samanéens.

Les Samanéens faisoient éclater leur mépris pour les autres Religions qui avoient cours aux Indes, & forçoient les Malabares à faire profession de la leur. Loin d'admettre, comme les Indiens une distinction parmi les hommes, ils les regardoient tous comme égaux, & ne faisoient aucune différence entre les diverses Castes. Ils détestoient sur-tout les Livres Théologiques des Brahmes; les Brahmes de leur côté traitoient la Sècte des *Samanéens* de Sècte infâme, & ils en parlent d'une manière si peu mesurée, qu'il n'est pas difficile d'appercevoir les semences de dissension qui étoient entre les uns & les autres. Dans la suite des temps, disent les Brahmes, les Samanéens, sous une apparence de vertu, s'adonnèrent en secret à tous les vices, ensorte qu'ils encourûrent la haine des Rois. Sous prétexte d'une religieuse crainte de tuer par hasard en marchant quelque infecte, ce qui dans leur syſtême de la Métempſychoſe auroit été un grand péché; & pour frapper d'admiration les eſprits des hommes, ils ſe formèrent avec des cordes une eſpèce de cage, nommée *Urri*, dans laquelle ils ſe tenoient ſuſpendus en l'air : pluſieurs perſonnes touchées d'une ſuperſtition ſi frappante, leur portoient tous les jours avec beaucoup de zèle & de vénération, de quoi manger ; cependant eux-mêmes, courant çà & là furtivement pendant la nuit, alloient dérober des brebis qu'ils mangeoient en ſecrèt. Ils continuèrent ce brigandage pendant quelque temps, mais enfin ils furent ſurpris, & condamnés à mort ; les Malabares prétendent même que leur Sècte fut entièrement abolie, à l'aide ſur-tout & par la haine d'une autre Sècte, qui eſt aujourd'hui en grande vigueur, & qui ſe nomme *Parajàcchatam*. Depuis cette extinction, le nom des *Samanéens* eſt devenu ſi odieux aux Indes, qu'on le donne par mépris aux hypocrites.

Je ne crois point au reſte, à l'extinction totale des Samanéens, annoncée par les Malabares ; je crois au contraire, que ces Samanéens haïs & perſécutés par leurs ennemis, prirent le parti de quitter l'Indouſtan, & de ſe retirer dans les Royaumes au-delà du Gange, où ils ſemèrent leur Doctrine, qui y eſt encore en vigueur ; ce qui prouve cette migration, c'eſt l'opinion où ſont les Siamois, que la Langue Balie a de la reſſemblance avec quelques-unes des Dialectes en uſage ſur la côte de Coromandel, & qu'ils aſſurent que leur Religion leur eſt venuë de ces Quartiers-là. En effèt, la Religion des Siamois n'eſt point différente de celle des Samanes, le Dieu *Aruguen* eſt le même que *Boudha* & *Sommonacodom* : le mot *Aruguen* ne peut être qu'une épithète ou ſurnom donné à ce Dieu. Cette explication ſert infiniment à éclaircir un paſſage du premier Livre des Stromates de Clément d'Aléxandrie ; qui porte *que les Samanéens étoient* ceux d'entre les Indiens qui obéiſſoient aux Commandemens de Boutta, qu'ils honoroient comme un Dieu à cauſe de la Sainteté de ſa vie.

Saint Jerôme dans ſon premier Livre contre Jovinien, ne permèt pas de douter que le *Boutta* adoré par les Samanéens, ne ſoit le même que *Boudha*. « C'eſt une opinion conſtante » parmi les Gymnoſophiſtes Indiens, dit ce Père, que BUDDA, » Chef de leur Religion, eſt né du côté d'une Vierge. » *Apud Gymnoſophiſtas Indiæ, quaſi per manus hujus opinionis autoritas traditur, quod Buddam Principem Dogmatis eorum è latere ſuo Virgo generarit.* Les Indiens & les Chinois diſent poſitivement la même choſe de *Boudha* ou *Fo*, qui ſe gliſſa ſous la forme d'un Éléphant blanc dans le ſein d'une Reine chaſte & vertueuſe, nommée *Maye*, & en ſortit dix mois après par le côté droit.

Clément d'Aléxandrie que j'ai déja cité, après avoir confirmé le mépris que les Philoſophes Indiens faiſoient paroître pour la mort, & le peu d'état qu'ils faiſoient de cette vie dans l'eſpérance d'une régénération, continuë en ces termes dans le troiſième Livre de ſes Stromates. « Parmi les Indiens, ceux qu'on » appelle du nom de *Semnéens* (*a*), vont toujours nuds ; ils » s'éxercent continuellement à la recherche de la vérité, & » prédiſent les évènemens futurs. Ils adorent une *Pyramide*, » dans laquelle repoſent les os d'un certain Dieu qu'ils ont en

---

(*a*) Il ſemble que ce Père de l'Égliſe ait cru que le nom de *Semnéen* dérivoit du mot Grèc *Semnos*, qui ſignifie un homme Saint & reſpectable ; & c'eſt ce qui a porté les Interprêtes de ce Père à le traduire. Il eſt conſtant cependant, que c'eſt le nom propre que l'on donnoit à ces Philoſophes Indiens, que S. Clément d'Aléxandrie ou ſes Copiſtes ont rapproché du mot Grèc par le changement de quelques Lettres.

» grande vénération ..... Il y a aussi des femmes appellées
» Semnéenes, qui font vœu de chasteté, &c.

Cette Pyramide dans laquelle reposoient les os du Dieu que les Samanéens adoroient, prouve bien encore qu'il s'agit là de *Boudha* ou *Fo* (a) : la raison est qu'il n'y a jamais eu que les Disciples de ce Dieu, qui ayent élevé des Pyramides en son honneur. Lorsque *Boudha* s'éteignit, pour m'éxprimer comme les Indiens, on brûla son corps suivant la coûtume, ensuite on recueillit ses os, dont on fit huit parts, & qu'on renferma en autant d'Urnes, pour être déposées dans des Tours à plusieurs étages, & y être adorés selon le desir & la volonté même de ce fameux Imposteur. Les adorateurs de ce Dieu, à mesure que son culte s'est étendu, ont fait élever par-tout de ces sortes de Tours Pyramidales, & l'on en voit sans nombre aux Indes, à la Chine & au Japon. Parmi les Siamois, les Couvents destinés à des *Sancrats*, sont distingués des autres Couvents où il n'y a que de simples Supérieurs, par des pierres plantées autour du Temple, & taillées en forme d'Aiguilles ou de Pyramides ; on nomme ces Pyramides *Semā*. M. de la Loubere dit que les Siamois ignorent eux-mêmes ce que ces pierres signifient ; il ajoûte que plus il y a de ces pierres autour d'un Temple, plus le *Sancrat* est censé élevé en dignité ; mais qu'il n'y en a jamais moins de deux, ni plus de huit. Ces sortes de Pyramides se voyent aussi dans l'enceinte des Temples de *Boudha* au Japon, comme on l'apprend de l'Ouvrage de Kempfer. N'est-il pas visible que ces petites Pyramides sont des copies de celles où l'on renferma les os de *Boudha* ? La circonstance rapportée par la Loubere, qu'il ne peut jamais y en avoir plus

---

(a) *Fo* est l'abrégé de *Foto*, & c'est ainsi que les Chinois qui n'ont point la Lettre *b*, corrompent le nom de *Boudha* ou *Boutta*.

de huit, me détermine à le penser, par la raison que l'on forma huit parts des os de *Boudha*, qu'on renferma en autant de Pyramides.

Brucker, dans son Histoire Critique de la Philosophie, a tâché de prouver que ce Dieu *Boudha* étoit Prêtre & Philosophe Égyptien, qui aura passé aux Indes, en profitant de l'occasion de quelques Colonies que les Égyptiens y auront envoyé. Brucker paroît avoir embrassé ce sentiment, parce qu'il a trouvé un grand accord entre la Doctrine de *Boudha*, & celle de l'ancienne Égypte, & qu'il a appris dans les Écrits des Missionnaires Danois, que la Langue *Kirendum*, qui est la Langue sçavante des Brahmes, étoit pleine de termes Grècs. [*T. IV. p. 830.*] Tels sont principalement les termes dont les Brahmes se servent pour désigner les accroissements & le déclin de la Lune, ainsi que les noms qu'ils donnent aux Signes du Zodiaque, qui sont les mêmes que l'on trouve dans les Poëtes & les Astronomes Égyptiens, Grècs & Latins, [*T. IV. p. 834.*] ce qui lui donne lieu de conjecturer, que les Indiens auront reçus ces connoissances des Astronomes Étrangers en même temps que leur Religion.

Je suis convaincu avec Brucker, que le système de la Métempsychose, & plusieurs autres points essentiels qui caractérisent la Religion des Indiens, ont pris naissance en Égypte; mais je soupçonne en même temps, que les Indiens n'ont point tiré cette Doctrine immédiatement de l'Égypte, ou par le canal des Colonies Égyptiennes, qui auroient pû s'établir dans l'Indoustan. Les Chaldéens enseignoient la même Doctrine que l'on pratiquoit en Égypte, & il est plus naturel de penser que ces Philosophes, qui demeuroient dans le voisinage du Golphe Persique, où sont situées aujourd'hui les Villes de Bassora, Coufa, Bagdad, &c. la communiquèrent aux Indiens avec lesquels ils étoient en commerce ; à moins que l'on ne veuille supposer que cette communication se soit faite par la Bactriane, qui touchoit de près au *Thibet*, & au *Caschemire*. Ce qui persuade qu'ils la communiquèrent réellement, c'est que les termes de *Sammanes*, de *Pagode*, & le nom même de *Boudha* ou *Boutt*, sont Persans d'origine. M. Reland (*a*) a prouvé que la Langue des anciens Habitans de l'Inde avoit beaucoup de rapport avec le Persan ancien & moderne ; je suis même persuadé que la Langue sçavante des Siamois, appellée *Bali* (*b*) ou *Bahli*, n'est autre chose, à quelque changement près, que l'ancienne Langue des Perses, appellée également *Pahlevi* ; cette Langue a été portée au-delà du Gange par les Samanéens ; les Siamois cités par la Loubere le reconnoissent.

A la page 527 de ce présent Traité, j'ai avancé que le *Boudha* des Indiens ne me paroissoit point différent de *Mercure* ou *Osiris*, & du *Wodha* des Gaulois. Chez les Persans ce terme de Boudha(*c*),

---

(*a*) *Dissertatio de veteri Lingua Indica*.

(*b*) La Langue Bali est la même que le Grandan ou Samscroudan des Brahmes. Aucun Talapoin Siamois ne sçait parler cette Langue, la plûpart ne sçavent pas même la lire : ils ne l'entendent que parce qu'ils en ont l'explication en Siamois : ils se servent des Caractères de Camboje pour écrire cette Langue Bali. Feu M. l'Évêque de Metellopolis a composé en Siamois beaucoup d'Ouvrages propres à la conversion de ces Peuples ; il fut obligé d'employer beaucoup de termes de cette Langue Bali pour exprimer les choses spirituelles. M. de Metellopolis étoit fort habile dans l'une & l'autre Langue. Il apprit le Bali avec beaucoup de travail, quoique l'ancien Roi de Siam lui eût procuré tous les secours possibles pour cela, soit en Livres, soit en lui donnant les plus habiles Talapoins du Royaume pour l'enseigner. *Lettre manuscrite de M. de Lolliere, Missionnaire dans le Royaume de Siam*.

(*c*) La Religion Chrétienne fut portée dans la Perse dès le premier

signifie

ou plutôt *Boutt* signifie simplement Idole, comme le terme de *Pagode*, ou plutôt *Pouttgheda* signifie Temple d'Idole. Ce n'est donc point-là le véritable nom du Dieu des Indiens ; aussi lui donne-t-on beaucoup d'autres noms, & entr'autres celui de *Mani*, dans lequel il est aisé de reconnoître celui de *Menès*, qu'Osiris portoit parmi les Égyptiens.

Les Indiens, les Chinois, les Japonnois, & en général tous les Peuples qui ont embrassé la Religion de ce *Boudha* ou *Boutta*, lui donnent encore le nom de *Chakia* ou *Chekia* ; je ne sçais si ce nom ne répond point tout uniment au mot de *Cheik* commun chez les Arabes, qui a la signification de *Vieillard*, mais qui est un titre honorifique, équivalent à celui de *Seigneur* parmi nous, qu'ils donnent à leurs Chefs de Tribu, ainsi qu'aux Supérieurs de leurs Dervisches. Au reste, ces espèces d'Hermites vagabonds, connus dans la Perse, le Mogolistan & les Indes sous le nom de *Gioghi* ou *Gioghs*, n'ont emprunté cette dénomination que du titre de *Chakia*. Ils sont censés des Pénitents de *Boudha* ; & je m'imagine qu'on pour-

---

Siècle. Térébinthe, Disciple de Scythianus, qui prit le nom de *Budda*; Curbicus, qui enseigna la même Doctrine après lui, & qui prit le nom de *Manès*, doivent être envisagés comme des Samanéens, qui vouloient allier la Religion de Jesus-Christ à celle de *Boudha* ; on doit regretter que le Sçavant M. de Beausobre, dans son excellente Histoire Critique de Manichée & du Manicheisme, n'ait point examiné l'Histoire de ces deux imposteurs sous ce point de vûe. Térébinthe & Curbicus ne prirent les noms de *Budda* & de *Manès* ou *Mani*, que parce qu'au moyen de la transmigration des âmes dont ils enseignoient le système, ils vouloient se faire regarder comme une nouvelle incarnation du *Boudda* des Indiens. Curbicus ou Manès soutenoit que Jesus-Christ n'avoit été homme qu'en apparence, & lui-même se disoit le Saint-Esprit.

roit les envisager comme des descendants, ou des restes de ces Anciens Samanéens, qui furent obligés d'abandonner l'Indoustan, pour se disperser dans les Royaumes circonvoisins, & se soustraire à la fureur de leurs ennemis.

Les Danois établis à Tranquebar ne sont pas les seuls qui se soient mis au fait des Langues Indiennes, & qui ayent eu la curiosité de fouiller dans les Livres des Malabares. Nos Missionnaires François méritent à cet égard autant d'éloges que les Danois. Nous possédons à la Bibliothèque du Roi beaucoup de leurs Ouvrages, & entr'autres des Grammaires & des Dictionnaires des Langues *Tamoul*, *Telongou* ou *Badega* & *Samouscrutan*, &c. Ces Ouvrages & une infinité d'autres que ces Missionnaires ont composés, n'ont pû voir le jour faute de Caractères propres à imprimer dans ces Langues; je dois leur rendre ici la justice, que ce n'est pas manque de soins & de vives sollicitations de leur part, pour se procurer une Imprimerie dans ces Caractères. Étienne le Gac, Supérieur des Missions de la Compagnie de Jésus dans les Indes Orientales, fit tout au monde dans les années 1729, 1730, 1731 & 1732, pour l'exécution de ce projet, comme j'en ai la preuve dans sept Lettres qu'il écrivit de Pondichery. « Vous sçavez, Monsieur,
» dit-il dans une de ses Lettres en date du 29 Janvier 1729,
» de quelle importance il est, que l'on trouvât les moyens d'é-
» tablir ici une Imprimerie *Tamoul* & *Telongou*; ou du moins
» une de ces deux, comme ont fait les Danois à *Tranquebar*,
» qui se servent des Livres qu'ils impriment, & qu'ils distri-
» buent libéralement pour étendre leur hérésie, & pour per-
» vertir les Chrétiens qui sont dans les Missions des terres; ce
» seroit un très-grand service que l'on rendroit à la Religion,
» si on pouvoit établir dans ces Pays une Imprimerie, pour
» imprimer les Livres que les Missionnaires composent dans les

DE L'IMPRIMERIE, CHAP. VI. 621

» Langues *Tamoul* & *Telongou* ou *Badaga*, qui sont celles qui
» ont le plus de cours dans cette partie de l'Inde, où les Mis-
» sions de la Compagnie sont déja établies ».

Dans une autre du même Missionnaire en date, du 4 Octobre 1730, il écrit. « C'est à moi à vous remercier de me fournir
» l'occasion de témoigner mon zèle pour l'augmentation de la
» Bibliothèque de Sa Majesté. Je souhaiterois passionnément,
» Monsieur, contribuer par mes soins à un si grand ouvrage,
» qui peut passer pour une des Merveilles du monde. Les Lan-
» gues Orientales vous auront une éternelle obligation de les
» avoir placées dans cet auguste Monument, que la magnifi-
» cence de nos Rois a consacré aux Sciences ».

« J'envoye cette année à M. l'Abbé Raguet (*a*) quelques
» Livres Indiens qu'il présentera à M. l'Abbé Bignon. Les uns
» sont purement Gentils, les autres ont été composés par les Mis-
» sionnaires sur les matières de la Religion. Il y a quatre Dic-
» tionnaires, un *Samouscrutam* & *Telongou*, un autre *Telongou*
» & *François*, & les deux autres Portugais & Tamoul, & Ta-
» moul & Portugais. Le Dictionnaire *Samouscrutam-Telongou*
» étant le premier qui ait été composé depuis peu dans ce gen-
» re, vous comprenés bien, Monsieur, qu'il ne peut être dans
» sa perfection ; ce qu'on ne se peut promettre qu'après un
» travail de plusieurs années. Les autres sont plus corrects,
» comme aussi la nouvelle Grammaire Tamoule ».

« Vous trouverés aussi, Monsieur, parmi ces Livres le *Rougou*
» *Vedam* en vers *Samouscrutam* : vous ne sçauriés croire la peine
» qu'il y a de trouver ces sortes de Livres, & de les arracher
» des mains des Gentils, même à prix d'argent. Il y a très-peu,
» même parmi les plus habiles Brahmes, de personnes qui sça-

(*a*) Alors Directeur de la Compagnie des Indes.

» chent expliquer ce que les Vedam contiennent. Ils font con-
» fifter cette fçience à bien prononcer les mots avec une cer-
» taine cadence ou ton de voix. C'eft la feule chofe que les
» plus habiles Maîtres enfeignent à leurs Écoliers pendant plu-
» fieurs années : car je ne fçache perfonne qui fe pique de l'ex-
» pliquer mot à mot. Au refte, vous ne devés point M. vous
» attendre à trouver dans les Livres Indiens des Hiftoires Au-
» thentiques, des points de Chronologie, ni des faits dont tout
» le monde convienne : ce n'eft qu'un ramas d'Hiftoires fabu-
» leufes, où il y a fouvent bien des obfcénités, & remplies
» de chofes contre la vraifemblance, &c. »

Dans une autre en date du 26 Septembre 1732, il dit : « On
» a enfin trouvé les quatre *Vedam*, & par conféquent celui que
» les Brahmes difent avoir été perdu. On décrit actuellement
» le *Lama-Vedam*. J'ai déja envoyé le *Rougou-Vedam* &
» l'*Jefour-Vedam*. Dans quelque temps on aura en France les
» plus fameux Livres qui foient dans cette partie de l'Inde. L'an
» paffé j'envoyai un grand coffre de Livres, dont la plus grande
» partie étoit *Bengali* ».

Monfieur Signard, alors Confeiller au Confeil Supérieur de
Pondichery, dans une Lettre en date du 20 Janvier 1730,
écrit auffi : « Je vous avois parlé d'un Livre Gentil nommé
» *Bagautam*, je n'ai encore pû trouver qui pût le mettre en
» bonne profe. Il s'eft préfenté affés de Brahmes qui ont même
» effayé fans réuffir ; ils ne peuvent comprendre comment on
» peut écrire en profe ; la profe n'eft, difent-ils, que pour le
» Langage, & tous leurs Livres font en vers de différentes
» claffes ; s'ils en ont quelques-uns en Profe, ils les ont des
» Européens, &c.

Nous terminerons cet article par quelques extraits de la
Lettre de M. de Lollière adreffée à M. Signard, concernant
la Langue & la Littérature Siamoife.

« Pour vous répondre touchant la liste des Livres qu'on
e vous demande, j'aurai l'honneur de vous dire touchant les
» Livres de Siam, suivant la connoissance que j'en ai, qu'au
» Séminaire de Siam on a un Dictionnaire Siamois & Latin,
» & un autre Latin & Siamois. Il n'y a de Grammaire que
» pour avertir qu'il n'y en a point, & qu'on ne sçauroit en
» faire du moins qui approche de celles qu'on fait pour nos
» Langues d'Europe, quasi tous les mots dans cette Langue
» sont monosyllabes; il n'y a ni conjugaisons, ni déclinaisons,
» ni tems, ni modes, ni nombres, ni personnes, ni cas. Cette
» espèce de Grammaire qu'on a faite apprend la manière de
» suppléer à tout cela par des Prépositions, comme aussi à for-
» mer les Caractères, à les prononcer, à former les syllabes
» & le tour de la phrase. Mais ce seroit un travail fort long &
» fort ingrat à un Étranger, qui voudroit apprendre cette Lan-
» gue sur les Livres seuls, sans avoir une personne habile qui
» la sçût parfaitement; car outre que le même mot a souvent
» plusieurs significations, plusieurs mots différens paroissent le
» même, si on ne les distingue par des accens en grand nom-
» bre quasi imperceptibles à l'oreille, & fort difficiles à at-
» trapper ».

« On a aussi un Séminaire de Siam, l'Histoire de *Somona-*
» *codom*, de *Thevatat*, & des autres Divinités, en Siamois,
» aussi-bien que les Loix des Talapoins, & quantité d'autres
» Livres de leur Religion, Historiques, Moraux, Philosophi-
» ques ou Théologiques; mais tous ces Livres ne leur sont
» en grande vénération, qu'en tant qu'ils sont écrits en *Baly*,
» qui est la même Langue que le *Grandan* ou *Samscroudan*
» des Brahmes, qu'aucun Talapoin ne sçait parler, &c.....
» Lorsque j'étois à Siam, je me suis informé plusieurs fois si
» on avoit une Histoire de Siam, & des différents Princes qui

» l'ont gouverné, la plûpart m'ont dit qu'il n'y en avoit pas;
» d'autres m'ont dit qu'il y en avoit une, mais qu'on ne la
» laiſſoit pas paroître pour des raiſons de politique ».

« Les Siamois n'éxerçent quaſi aucuns Arts, ceux qui ne
» ſont pas Talapoins ſont obligés d'être attachés au ſervice du
» Roi ou des Mandarins, dont ils ſont comme les Eſclaves.
» Les Pegouans & les Laos réſidents dans le Royaume de
» Siam ſont également Sujèts du Roi; & ſi quelqu'un ſçavoit
» quelqu'Art, il craindroit, s'il l'éxerçoit, d'être mis dans le
» Palais du Roi, pour y travailler le reſte de ſes jours ſans au-
» cun gain. Les Chinois & les Mahométans qui ſont auſſi Étran-
» gers, y éxerçent communément les Arts; & par-là, auſſi-
» bien que par le Commerce, tirent beaucoup d'argent de ce
» Royaume..... Ce n'eſt point par la voye de Siam qu'on
» peut eſpérer de faire venir des Livres du Thibet; car le
» Royaume de Pegu, qui dépend aujourd'hui du Roi d'Ava,
» & qui a continuellement la guerre avec Siam, eſt entre
» deux, &c. ».

CLEFS CHINOISES.

玄 Huen 96	巛 hò 86	木 moŭ 75	戶 hoú 63	廾 kŏng 55	元 vang 43	士 ssé 33	匕 san 22	儿 giń 10	Clefs d'un trait
瓜 coūa 97	爪 tchào 87	欠 kien 76	手 cheoŭ 64	弋 yĕ 56	尸 chi 44	夂 tchi 34	亡 hi 23	入 gĕ 11	一 yĕ 1
瓦 và 98	爫 tchào 87	止 tchi 77	支 tchi 65	弓 kōng 57	屮 tçao 45	夊 soŭi 35	十 chĕ 24	八 pă 12	丨 kouen 2
甘 can 99	父 fou 88	歹 yă 78	攴 poŭ 66	彐 ki 58	山 chan 46	夕 vie 36	卜 poŭ 25	冂 khiōng 13	丶 tchoŭ 3
生 seng 100	爻 yao 89	殳 tchou 79	文 ven 67	彑 tchouen 47	巜 ki 58	大 ta 37	卩 tçie 26	冖 mie 14	丿 pié 4
用 yong 101	爿 pan 90	毋 mou 80	斗 tzou 68	工 kāng 48	女 nioŭ 38	厂 han 27	冫 ping 15	乙 yĕ 5
田 thien 102	片 pien 91	比 pi 81	斤 kin 69	己 ki 49	子 tçĕ 39	厶 tçou 28	几 ki 16	亅 kioue 6
疋 pie 103	牙 ya 92	毛 mao 82	方 fang 70	彡 chan 59	宀 mien 40	又 yeou 29	凵 khan 17	Clefs de deux traits.
疒 tçie 104	牛 nieou 93	气 khi 83	旡 von 71	彳 tchi 60	干 kan 51	寸 tçun 41	刀 tao 18	二 eulh 7
癶 pŏ 105	犬 khuen 94	氏 chi 84	日 jĕ 72	心 sin 61	幺 yao 52	小 siao 42	刂 lie 19	亠 theou 8
白 pĕ 106	Clefs de 5 traits.	水 choŭi 85	曰 yŭe 73	小 sin 61	广 yen 53	尢 vang 43	力 yoŭ 20	人 gin 9
皮 pi 107	玉 yoŭ 95	火 hŏ 86	月 yoŭe 74	戈 kŏ 62	廴 in 54	尣 vang 43	土 thou 32	匕 pi 21	亻 gin 9

Des Hautes rayes del.   Laurent Sculp.

Tome II. partie 2.de

Pag. 624. bis.

Suite des CLEFS CHINOISES.

齒 tchi 211	麥 mě 199	馬 mà 187	面 mien 176	釆 pien 165	豸 tchi 153	虫 tchōng 142	肉 jou 130	竹 tchŏu 118	皿 min 108
龍 long 212	麻 má 200	骨 kŏ 188	革 kě 177	里 li 166	貝 pŏei 154	血 hiŏ 143	臣 tchin 131	米 mi 119	目 mŏ 109
龜 kuei 213	黃 hoáng 201	高 caō 189	韋 goēï 178	Clefs de 8 et 9 traits.	赤 tchě 155	行 hing 144	自 tçě 132	糸 miě 120	皿 mŏ 109
侖 yŏ 214	黍 choù 202	髟 pieōu 190	韭 kieōu 179	金 kin 167	走 tçeou 156	衣 y 145	至 tchi 133	缶 feōu 121	矛 meóu 110
	黑 hě 203	鬥 teòu 191	音 in 180	長 tchāng 168	足 tçŏ 157	西 ssě 146	臼 kieòu 134	网 vang 122	矢 chi 111
	黹 tchù 204	鬯 tchāng 192	頁 yě 181	門 mouen 169	身 chīn 158	Clefs de 7 traits	舌 chě 135	羊 yang 123	石 chě 112
	黽 min 205	鬲 liě 193	風 fōng 182	阜 feōu 170	車 tchē 159	見 kien 147	舛 tchouèn 136	羽 yoù 124	示 chi 113
	鼎 ting 206	鬼 kuei 194	飛 fi 183	隶 taï 171	辛 sīn 160	角 kiŏ 148	舟 tcheōu 137	老 laŏ 125	肉 geou 114
	鼓 kou 207	魚 yu 195	食 chě 184	隹 tcheūi 172	辰 chin 161	言 yen 149	艮 kěn 138	而 eúlh 126	禾 hŏ 115
	鼠 tchù 208	鳥 niao 196	首 cheōu 185	雨 yù 173	辶 tchŏ 162	谷 kŏu 150	邑 sě 139	耒 loùi 127	穴 hiuě 116
	鼻 pie 209	鹵 lou 197	香 kiāng 186	青 tsing 174	邑 yě 163	豆 teōu 151	艸 tçaŏ 140	耳 eùlh 128	立 liě 117
	齊 tçi 210	鹿 lŏ 198	Clefs depuis 10 tr. jusqu'à 17.	非 fi 175	酉 yěou 164	豕 chi 152	虍 hou 141	聿 yoù 129	Clefs de 6. traits.

Des Hautes rayes del.
Tome II. partie 2.de
Laurent Sculp.

CHINOIS.

On a vû finir les plus anciens Empires. Ceux des Égyptiens, des Assyriens, des Mèdes, des Perses, des Grècs & des Romains, après être montés tour à tour au plus haut degré de leur puissance, sont tombés assés promptement, accablés sous leur propre poids ; le seul Empire de la Chine, comparable à ces grands fleuves, dont on a de la peine à découvrir la source, & qui roulent constamment leurs eaux avec une majesté toujours égale, n'a rien perdu pendant une si longue suite de siècles, ni de son éclat, ni de sa splendeur. Si cette Monarchie a été quelquefois troublée par des guerres intestines ; si la succession au Thrône a été interrompuë, soit par la foiblesse & la mauvaise conduite des Empereurs, soit par une domination étrangère ; ces intervalles de troubles & de divisions ont été courts, & elle s'en est presqu'aussi-tôt relevée, trouvant dans la sagesse & l'excellence de ses Loix fondamentales, & dans les heureuses dispositions des Peuples, une ressource aux malheurs dont elle sortoit. Cet Empire presque toujours le même subsiste depuis plus de quatre mille ans, peut-on faire un plus digne éloge des Loix qui en sont le principal mobile (a) ?

Si l'on s'en rapportoit aux Histoires apocryphes & fabuleuses, publiées par les Bonzes de la Secte de *Taosse* ; l'antiquité que se donnoient les Égyptiens, les Chaldéens, &c. ne seroit rien comparée à celle qui résulte du calcul, hazardé par ces imposteurs ; l'origine de cet Empire précéderoit infiniment la création du monde. Mais on doit rendre cette justice aux Chinois, de dire qu'ils n'y ajoûtent aucune foi, & qu'ils n'ont que du mépris pour ces systêmes extravagans & pour leurs auteurs.

(a) Voyés l'Histoire de la Chine du P. du Halde.

A la fin du troifième Volume de l'origine & du progrès des Sciences & des Arts par feu M. Goguet, on peut confulter une Differtation, dans laquelle on apprécie le cas que l'on doit faire de ces temps Mythologiques; ainfi nous ne croyons pas devoir répéter ici ce que l'on y a dit. Je penfe que les temps Hiftoriques & Certains ne commencent qu'avec le règne de *Yao*. Ce Prince eft regardé par plufieurs Écrivains Chinois comme le Fondateur de cette Monarchie; & en effet tout ce que les Annales de l'Empire en difent, concourt à nous faire embraffer cette opinion.

Ces annales nous repréfentent la Chine fous le règne de *Yao*, comme un Pays inculte & prefqu'inhabité, à caufe des eaux, qui faute d'écoulement, inondoient toutes les plaines, & en formoient autant de marais impraticables. *Yao*, après avoir raffemblé les hommes qui vivoient épars dans les forêts, leur fit défricher les montagnes, alors couvertes d'épaiffes forêts, & leur fit creufer un grand nombre de canaux pour deffécher les plaines marécageufes, & faire couler les eaux dans la mèr. Lorfque ces grands travaux furent finis, le principal foin de *Yao* fut de faire enfeigner l'Agriculture, & plufieurs autres Arts utiles, aux Barbares qu'il avoit raffemblés; & infenfiblement il en forma des Sociétés policées, qui fe prêtant un fecours mutuel, menèrent dès-lors une vie plus douce & plus tranquille. Tel eft le Tableau de la Chine du temps de ce Prince, dont le règne commença l'an 2357, fuivant le Calcul de *Chaoyong*, adopté dans le Tribunal de l'Hiftoire. M. Freret croit que l'on doit préférer le calcul de la Chronique *Tfou-chou-ki-nien*, qui fixe à l'an 2145 feulement la première année du règne de ce Prince, & ôte par conféquent 212 ans à cette antiquité. Mais fans entrer dans l'éxamen critique de ces différentes Époques, je crois que l'on peut tirer des Caractères

Chinois

Chinois une preuve de la haute Antiquité de ces Peuples, &
voici comment. Dès-que les Lettres Alphabètiques eurent été
trouvées, l'Écriture Hiéroglyphique inventée auparavant en
Égypte, & adoptée par les Phéniciens, par les Assyriens &
autres Peuples, fut entièrement abandonnée; les seuls Égyptiens continuèrent de s'en servir par des raisons qui leur étoient
particulières, & que j'ai déduites dans les *Doutes* (a). Comme
les Chinois n'ont jamais eu connoissance des Lettres Alphabétiques, il faut conclure de-là qu'ils avoient quitté les Plaines
de Sennaar, ou même qu'ils avoient déja pénétré dans la Chine,
avant l'invention de l'Écriture Alphabétique; or cette Écriture

---

(a) Doutes sur la Dissertation de M. de Guignes, qui a pour titre: *Mémoire dans lequel on prouve que les Chinois sont une Colonie Égyptienne*. A Paris, chez Duchesne 1759. A la page 13 je marque de l'étonnement de ce que les Hiéroglyphes n'ont point été abandonnés par les Égyptiens, immédiatement après l'invention de l'Écriture Alphabétique, & j'en donne une raison qui me paroît assés plausible, & que je répéterai ici. « Les Hiéroglyphes étoient une invention de *Mercure* ou *Osiris*, &
» les Égyptiens avoient une telle vénération pour ce Dieu, qu'ils se
» feroient fait un scrupule Religieux, non-seulement de rejetter ces
» Hiéroglyphes, mais encore de les altérer en quelque chose. D'ail-
» leurs le sort de ces Hiéroglyphes étoit assuré par les quarante-deux
» traités que Mercure remit entre les mains des *Prophétes*, des *Stolis-*
» *tes*, des *Hiérogrammes*, des *Horoscopes* ou *Cynocéphales*, des *Musi-*
» *ciens* & des *Pastophores*, concernant les fonctions de chacun de ces
» différens ordres de la Hiérarchie Égyptienne; ils devoient apprendre
» ces Traités par cœur; ils étoient obligés par conséquent d'étudier
» les Hiéroglyphes dont ils étoient composés, & c'en étoit assés pour
» assurer leur maintenuë tant que l'Ordre Sacerdotal subsisteroit. Mer-
» cure fit graver sa Doctrine sur les *Syringes* ou rochers qui sont dans
» les environs de Thèbes, & c'est le premier Monument de l'Écri-
» ture, &c.

Alphabétique, comme nous l'avons déja infinué, eft de l'invention de *Mercure* ou *Menès*, premier Roi d'Égypte, connu dans l'Écriture-Sainte fous le nom de *Mefraïm*; ou du moins d'*Athotès*, fon fils & fon Succeffeur : la Colonie qui peupla la Chine eft donc antérieure aux Règnes de ces Princes, & l'Antiquité des Chinois doit remonter inconteftablement vers les temps qui touchent de près au Déluge; ce qui eft conforme en effet à la Chronologie de ces Peuples. Il paroît conftant que la Colonie qui peupla la Chine y pénétra par la Tartarie; il eft certain du moins que ce Pays fut d'abord habité dans fa partie Septentrionale, & au Nord du Fleuve *Hoang-ho*. L'Empire de *Yao* ne s'étendoit point au-delà du *Kiang*, qui coule de l'Oueft à l'Eft, fépare la Chine en deux parties, & va fe jetter dans la mèr au-deffous de Nanking. Les Pays fitués au midi de ce Fleuve étoient habités par des Barbares, qui ne reçurent que peu-à-peu, & affés long-temps après, les Loix & les mœurs Chinoifes; il eft même encore aujourd'hui prefque dans le centre de cet Empire, & fur-tout dans la grande Province de *Sfe-tchuen*, des Montagnards dont il eft parlé fous les règnes de *Yao*, *Chun* & *Yu*, qui ont fçu maintenir leur indépendance jufqu'ici, malgré toutes les tentatives que l'on a pû faire pour les amener au joug.

On peut douter que la Peuplade qui pénétra dans la Chine, ait porté avec elle la connoiffance des Hiéroglyphes dont elle auroit pû prendre une idée dans les plaines de Sennaar ; 1°. parce qu'il y a lieu de croire qu'elle étoit en marche antérieurement à l'époque de leur invention : 2°. parce que les Caractères Chinois ont toujours été très-différens des Hiéroglyphes ou Caractères Sacrés des Égyptiens : 3°. parce que tous les Monumens Chinois dépofent que les Caractères dont on a toujours fait ufage dans cet Empire, y ont été inventés, & n'ont point été empruntés d'ailleurs. 4°. Enfin parce qu'il est certain que cette Peuplade n'avoit point d'abord l'usage des Caractères; puisque les Écrivains Chinois les plus anciens assurent qu'on se servit dans les premiers temps de cordelettes (*a*), dont les nœuds différents servoient par leur distance & leurs divers assemblages, comme les *Quipos* des Péruviens, à marquer les évènemens dont on vouloit conserver le souvenir. L'invention de ces cordelettes est attribuée par les Écrivains Chinois à *Souigin-chi*, Prince antérieur à *Fou-hi*.

A l'usage des cordelettes nouées succéda celui des *Coüa*, que l'on considère comme une imitation de cette ancienne manière de transmettre ses pensées. On prétend qu'on n'avoit fait que tracer sur des Tablettes de *Bambou* la représentation de ces cordelettes. Ces *Coüa* qui composent l'*Y-king*, ancien Ouvrage attribué à Confucius, ne sont qu'au nombre de 64, & ne sont formés que de deux traits différents, d'une ligne entière — & d'une ligne brisée en deux — —. Ces deux traits multipliés & variés trois à trois, produisent huit Caractères différents, qui liés deux à deux, & multipliés de toutes les manières possibles, ne donnent que ce nombre de 64, comme on peut s'en assurer en jettant les yeux sur la Table des *Coüa* donnée par le Père Couplet, dans les prolégomenes de sa Traduction de Confucius, & dans plusieurs autres Ouvrages où elle se trouve.

Je ne sçais si on peut qualifier d'Écriture ces *Coüa*; ils n'ont paru aux yeux de beaucoup de gens d'esprit qu'une simple Arithmétique; cependant les Chinois en parlent sur un tout

---

(*a*) Dans le Traité *Hi-tsee*, ou Supplément au Commentaire sur l'*y-king*, Confucius dit en termes précis, *Chap. XIII*, art. 13, de la Traduction manuscrite du P. de Mailla : *Antiquiores chordarum nodis... utebantur ad danda mandata. Qui successere...... his Litteras substituerunt.*

autre ton. Voici comme s'éxprime *Liéou-jou*, dont l'Ouvrage intitulé *Ouay-ki* eſt cité dans les annales. « La vertu de *Fou-hi*
» unit le haut & le bas ; le Ciel y correſpondit en faiſant voir
» à ce Prince les veſtiges des animaux : la terre ne lui fut pas
» moins favorable, en lui envoyant la Table de *Long-ma*,
» Génie des eaux. *Fou-hi* leva les yeux en haut, & il vit des
» Images dans le Ciel ; il les baiſſa, & en conſidérant les divers
» objèts qui s'offroient à lui, il vit des modèles ſur la terre : il
» combina intérieurement le rapport que toutes ces choſes
» avoient entr'elles, & commença à traçer les huit *Coüa*. Un
» *Coüa* eſt compoſé de trois lignes ; il les doubla, & en fit les
» ſoixante-quatre *Coüa*. Ces *Coüa* ſervent à pénétrer la vertu
» de l'eſprit intelligent (*a*). Il inventa l'Écriture à la place des

---

(*a*) Il n'y a rien dans la nature qui ne ſe trouve dans les *Coüa* de Fou-hi, ſi l'on en croit les Commentateurs de l'ancien Livre *Y-king*, Ouvrage attribué à Fou-hi, & qui eſt le premier, le plus reſpecté & le moins intelligible des *Kings*, ou Livres Claſſiques des Chinois. Le Caractère *Coüa* exprime une *choſe ſuſpenduë, & expoſée à la vüe du Public*, parce qu'en effèt on en expoſoit des Tableaux pour l'inſtruction du Peuple. L'*Y-king* a été de tout temps un objèt de la vénération des Chinois, & je penſe que le principal motif de ce reſpect eſt fondé ſur ſon impénétrabilité. On y a cherché les règles des Mouvemens Céleſtes, & les Aſtrologues en abuſent pour leurs Prédictions ; ils l'appellent *le Livre des Sorts*. M. de Leibnitz voulut appliquer l'Arithmétique binaire aux lignes de Fou-hi. Le feu P. de Prémare, Miſſionnaire de la Chine, homme très-ſçavant dans la Littérature Chinoiſe, mais qui étoit fort entêté pour l'analyſe des Caractères Chinois, enviſageoit l'*Y-king* comme un Livre Symbolique & Prophétique qui parloit de la chûte d'Adam, annonçoit la venuë de notre Rédempteur, ſes ſouffrances, ſa mort, ſa réſurection, &c. Il vouloit prouver aux Chinois, qu'ils parloient de Notre Seigneur Jeſus-Chriſt ſans le ſçavoir, & il croyoit que c'étoit un excellent moyen de hâter la converſion de ces Peuples. Le P. de

» nœuds de cordes qui étoient alors en usage ; il établit six rè-
» gles [*Lo-chu*] pour cette Écriture : la première de ces règles
» est appellée *Siang-hing*, ou peinture de la chose même. La
» seconde *Kia-Tsié;* la troisième *Tchi-sse* ; la quatrième *Hoey-y*;
» la cinquième *Tchuen-tchu*, & enfin la sixième *Hiai-ching*.
» Fou-hi fit ensorte que le Gouvernement de l'Empire se rap-
» portât à ces Caractères, & que les Caractères de l'Empire
» retournassent aux *Lo-chu* ».

Prémare poussoit son analyse plus loin encore, & pour se donner un champ plus vaste, il rejettoit les principales époques de l'Histoire Chinoise, & ne fixoit la certitude des Annales de cet Empire qu'au règne de *Ping-vang*; c'est-à-dire, 770 ans avant l'Ére Chrétienne, ou tout au plus il la remontoit jusqu'aux années nommées *Kong-ho*, c'est-à-dire, à l'an 841. Il envisageoit les Kings comme des Prophéties laissées par les Patriarches antérieurs au Déluge, & conservées par ceux des Descendans de Noë qui furent habiter la Chine ; ces Kings ne contiennent, suivant cette opinion singulière, que l'Histoire altérée des anciens Patriarches Juifs & des Descendans d'Abraham. Le P. Bouvet, & quelques autres Missionnaires Jésuites, pensoient de même; mais ils trouvèrent dans les autres Jésuites de la Chine, leurs Confrères, de zélés partisans des Antiquités Chinoises, qui se firent un devoir de combattre leur Système. Quoique ce Système paroisse fort extravagant au premier coup-d'œil, il contient cependant dans le détail quelque chose d'assés séduisant ; tout ce que l'on peut blâmer dans les Pères de Prémare & Bouvet, c'est de n'avoir point sçû apprécier les sources où ils ont puisé ; d'avoir fait un trop grand fonds sur les Fables rapportées dans le *Chan-hai-king*, & dans d'autres Ouvrages, & de les avoir regardées comme des Traditions de la première Antiquité. Ils sont encore plus répréhensibles d'avoir fait un abus de l'analyse des Caractères, pour leur faire dire tout ce qu'ils vouloient ; quelques Traditions portées à la Chine, soit par les Juifs, soit par d'autres Orientaux, & que ces Missionnaires n'ont pas sçû démêler d'avec l'Histoire Chinoise, ont donné naissance au Système de ces Figuristes.

Ces expressions de *Lieou-jou* paroîtront sans doute extraordinaires ; car enfin il n'étoit point nécessaire d'avoir recours aux vestiges des animaux, ni aux Images & aux Modèles que Fou-hi remarqua dans le Ciel & sur la terre, pourtraçer des lignes entières ou brisées, qui sont toutes horisontales; d'ailleurs les six règles dont il parle dans ce même passage, regardent les Caractères Chinois, & non les *Coüa*, comme nous le ferons voir : ainsi il paroît constant que *Lieou-jou* traite ici de l'origine de l'Écriture Chinoise, qu'il attribuë à Fou-hi, & qu'il croit avoir été imaginée d'après les *Coüa*. On lit les mêmes expressions dans le Traité *Hi-tsee ;* & il ajoûte « que son corps
» lui fournit plusieurs rapports intimes, qu'il en trouva dans
» toutes les Créatures ; qu'alors il traça pour la première fois
» les huit Symboles, pour pénétrer les vertus de l'esprit in-
» telligent, & pour ranger par ordre tous les êtres suivant le
» caractère d'un chacun ». Le même Traité dit ailleurs « qu'au
» commencement on gouvernoit les Peuples par le moyen de
» certains nœuds qu'on faisoit à de petites cordes ; qu'ensuite
» le Saint mit à la place l'Écriture, pour servir aux Mandarins
» à remplir tous leurs devoirs, & aux Peuples à éxaminer leur
» conduite ».

On prétend qu'un Monstre appellé *Long-ma*, espèce de Dragon-cheval, suivant l'Interprétation de ce nom, sortit du Fleuve portant sur son dos une Mappe, appellée *Ho-tou*, qui servit à faire l'*Y-king*. *Tchu-hi*, autrement *Tchu-ven-kong*, célèbre Écrivain qui florissoit sous la Dynastie des *Songs*, dit qu'en traçant les huit Symboles (*Pa-coüa*) Fou-hi devint le premier Père des Lettres.

Quoique la majeure partie des témoignages se réunissent en faveur de Fou-hi, pour faire honneur à ce Prince de l'invention des Caractères Chinois, cependant plusieurs Écrivains

DE L'IMPRIMERIE, CHAP. VI. 633

veulent qu'ils ayent éxisté long-temps avant lui. Suivant une autre Tradition, *Sse-hoang*, autrement *Tsang-hie*, fut le premier Inventeur des Lettres ; ensuite le Roi *Vou-hoai* les fit graver sur sa Monnoye, & enfin Fou-hi les mit en usage dans les Actes publics pour le gouvernement de l'Empire. On veut que *Sse-hoang* sçut former les Lettres au moment qu'il nâquit ; & qu'après qu'il eut reçu le *Ho-tou*, il visita le Midi, fut sur la montagne *Yang-yû*, & s'arrêta sur les bords de la Rivière de *Lo*. Une spirituelle Tortuë portant sur son dos des Lettres bleuës les lui donna, & pour lors il pénétra tous les changemens du Ciel & de la terre. En haut il observa les diverses configurations des Étoiles ; en bas il éxamina toutes les traces qu'il avoit vûës sur la Tortuë. Il considéra le plumage des Oiseaux, il prit garde aux montagnes, & aux Fleuves qui en sortent, & de tout cela il composa les Lettres.

Plusieurs Historiens font de *Sse-hoang*, autrement *Tsang-hié*, un des Mandarins ou Officiers de l'Empereur *Hoang-ti*, & ils suivent en cela *Song-chong*, Commentateur du Livre *Che-pen*, qui a avancé cela de son chef ; d'autres le font Prince Souverain, & le placent bien antérieurement à Hoang-ti, & même à Fou-hi. Lopi qui vivoit sous la Dynastie des Songs, écrit dans son Ouvrage qui a pour titre *Lou-sse*, qu'un Prince nommé *Yeou-tsao-chi*, surnommé par honneur *Cou-hoang*, ou l'ancien Monarque, reçut le *Ho-tou* que le Dragon lui apporta, & le *Lo-chu* qui lui fut donné par la Tortuë, & que les Lettres acquirent alors leur perfection.

Non-seulement on attribuë a Fou-hi l'Invention des Caractères, mais encore celle du *Kia-tse* ou Cycle ; on ajoûte même qu'il créa en mémoire du *Long-ma*, des Mandarins dont les noms de Charge étoient empruntés du nom de *Long* ou Dragon ; ainsi par éxemple *Tchu-siang*, qui fit l'Écriture, fut créé

Fi-long-chi, c'est-à-dire, Dragon Volant. *Hao-ing* eut la Charge de *Tsien-long-chi*, Dragon qui se cache ; c'étoit à lui à faire le Calendrier. On répéte à-peu-près les mêmes choses sous le régne de *Hoang-ti* ; *Tsang-kiai* ou *Tsang-hié*, un de ses Officiers, inventa l'Écriture, & eut la Charge d'Historiographe ; *Ta-nao* fit le Cycle ; *Yong-tcheng* fut chargé de faire une Sphère, & de composer le Calendrier ; *Li-cheou* eut soin de régler les nombres & les mesures ; enfin *Hoang-ti* ayant reçu la Mappe *Ho-tou*, & possédant tout ce qu'il falloit pour son intelligence, fit élever une Observatoire, & créa des Charges d'Astronomes : parmi ceux qui en furent pourvûs, le *Ouai-ki* cite les Mathématiciens *Hi* & *Ho*.

Je ne rapporte toutes ces Traditions, que pour montrer le peu de cas que l'on en doit faire ; la plûpart se détruisent mutuellement, comme on le voit, & d'ailleurs presque toutes les Inventions attribuées aux Princes que l'on suppose avoir règné dans ces temps Mythologiques & incertains, sont dûës au règne de *Yao* & de ses Successeurs ; ensorte que l'on pourroit soupçonner que tous ces prétendus Princes que l'on croit avoir précédé *Yao*, ne sont réellement que des noms d'Apothéose, & des surnoms honorifiques accordés à ce Fondateur de la Monarchie Chinoise, ainsi qu'à ses Successeurs. Je pense donc que l'origine des Caractères Chinois ne remonte point au-delà du règne de l'Empereur *Yao* ; mais je ne crois pas non plus qu'on puisse la descendre plus bas : ce qu'il y a de certain du moins, c'est que nous avons dans le *Chou-king* un état de la Chine, telle qu'elle étoit du temps de cet ancien Monarque, & que cette Description, ainsi que plusieurs morceaux qui regardent particulièrement *Yao* & ses Successeurs *Chun* & *Yu*, passent constamment chez les meilleurs Critiques Chinois, pour avoir été écrits du temps même de ces Princes dont ils portent les noms.

Je ne crois point que les *Coüa* attribués à Fou-hi ayent donné l'idée de la composition des Caractères Chinois ; il n'y a entre les uns & les autres aucun trait de convenance, aucun rapport qui indique cette filiation. Dans leur origine, ces Caractères étoient autant d'Images qui représentoient les objèts mêmes qu'on vouloit exprimer : en effèt, à l'exception d'un certain nombre de ces Lettres qui n'ont qu'un rapport d'institution avec les choses signifiées, toutes les autres sont de vrayes images des objèts mêmes. Les choses incorporelles, telles que les rapports & les actions des êtres ; nos idées, nos passions, nos sentimens, sont exprimés dans cette Écriture d'une manière symbolique, mais également figurée, à cause des rapports sensibles que l'on remarque entre ces représentations & les qualités, les sentimens & les passions des êtres. Les Chinois donnoient & donnent encore aujourd'hui à cette ancienne Écriture le nom de *Niao-tsi-ouen*, c'est-à-dire, *Caractères imitant les traces des Oiseaux* ; ce qui confirme l'idée que nous en donnons ici.

L'embarras qui résultoit de cette Écriture, & la difficulté de tracer avec éxactitude des Caractères composés d'un grand nombre de traits irréguliers, engagea avec le temps les Chinois à assujettir tous leurs Caractères à une forme fixe & quarrée. En effèt, tous les Caractères Chinois sont composés aujourd'hui des six traits primordiaux, qu'on remarque à la tête des Clés Chinoises, & qui sont : la ligne horisontale, la perpendiculaire, la houppe ou le point, les deux lignes courbées l'une à droite & l'autre à gauche ; enfin une ligne perpendiculaire terminée dans sa partie inférieure en forme de crochèt. Ces six traits différemment combinés entr'eux, & répétés plus ou moins de fois, forment les 214 Clés ou Caractères radicaux auxquels se rapportent tous les Caractères Chinois, sans exception ; car ces

214 Caractères radicaux font les véritables Éléments de cette Écriture, & il réfulte de leur combinaifon entr'eux, environ 80000 Caractères dont la Langue Chinoife eft compofée.

On remarquera que ces Clés font rangées felon le nombre de leurs traits. Elles commençent par les Caractères fimples, ou d'un feul trait, & finiffent par les Caractères les plus compofés, ou qui font formés d'un plus grand nombre de traits. Les Chinois obfervent ce même ordre dans leurs Dictionnaires rangés par Clés; les Caractères qui appartiennent à chacune de ces Clés, fe placent à leur fuite, & fuivant l'ordre que la quantité de leurs traits leur affigne. Mais il eft bon d'avertir, qu'on ne trouveroit point aifément le nombre des traits, fi l'on ne faifoit attention au coup de pinçeau qui les trace; car par exemple tous les quarrés comme le 30, 31 & 44, &c. que l'on voit dans la première Planche, ne font cenfés que de trois traits, quoiqu'ils en compofent réellement quatre; parce que la ligne fupérieure, & celle qui lui eft attachée, & defcend fur la droite, fe font d'un feul coup de pinçeau. Au refte, comme nous avons obfervé de marquer le nombre des traits en chiffres arabes, il fera plus aifé de chercher le nombre donné, & on s'accoutumera ainfi en peu d'heures à les compter à la manière des Chinois.

Voici maintenant l'explication des 214 Clés Chinoifes.

DE L'IMPRIMERIE, CHAP. VI.

1. *Ye* ou *Y*, unité, perfection, droiture. Ce caractère a 29 dérivés.
2. *Kuèn*, germe qui se développe & qui pousse. Il a 13 dér.
3. *Tien-tchù*, point, rondeur, houppe. Il a 5 dérivés.
4. *Pie*, courbure en-dedans, ou, à droite. Il a 21 dérivés.
5. *Ye*, courbure en-dehors ou à gauche, trouble. Il a 19 dér.
6. *Kiue*, croc, arrêt. Il a 7 dérivés.
7. *Eùlh*, deux, les choses doublées, la répétition. Il a 19 dérivés.
8. *Theòu*, tête élevée, opposition. Il a 18 dérivés.
9. *Gin*, l'homme & tout ce qui en dépend. Il a 722 dérivés.
10. *Gin*, le soutien, l'élévation en l'air. Il a 31 dérivés.
11. *Ge*, l'entrée, l'intérieur, l'union avec. Il a 11 dérivés.
12. *Pa*, huit, l'égalité, la simultanéité. Il a 17 dérivés.
13. *Khìong*, la couverture entière, comme d'un voile, d'un casque, d'un bonnet. Il a 28 dérivés.
14. *Mie*, la couverture partiale, le sommèt, le comble. Il a 19 dérivés.
15. *Ping*, l'eau qui gêle, la glace, l'hyver. Il a 83 dérivés.
16. *Ki*, table, banc, appui, fermeté, totalité. Il a 15 dérivés.
17. *Khàn* & *Kien*, enfoncement, abysme, chûte, branches élevées. Il a 13 dérivés.
18. *Tao*, couteau, couper, fendre. Il a 312 dérivés.
19. *Lie*, force, la jonction de deux choses. Il a 131 dérivés.
20. *Pao*, l'action d'embrasser, d'envelopper; *de-là*, canon, &c. 46 dérivés.
21. *Pi*, culier, spatule, fonte d'eau, de métal. Il a 12 deriv.
22. *Fang*, tout quarré qui renferme, coffre, armoire. Il a 52 dérivés.
23. *Hi*, toute boîte dont le couvercle s'élève, appentis, aqueduc, petit coffre à charnière. Il a 12 dérivés.

24. *Che*, dix, la perfection ; l'extrémité. Il a 29 dérivés.
25. *Pou*, jetter les forts, percer un rocher, une mine. Il a 15 dérivés.
26. *Tçie*, l'action de tailler, graver, fceller. Il a 32 dérivés.
27. *Hàn*, les lieux efcarpés, les rochers, les centres. Il a 94 dérivés.
28. *Tçu*, les chofes angulaires, traverfées à trois, &c. Il a 16 dérivés.
29. *Yéou*, l'action d'avoir, de reçevoir, de joindre & croifer l'un fur l'autre. Il à 55 dérivés.
30. *Kheòu*, la bouche & tout ce qui en dépend, comme parler, mordre, avaller, &c. Les dérivés de cette clé montent au nombre de 980.
31. *Yù*, les enclos, jardin, Royaume, entourer. Il a 87 dérivés.
32. *Thoù*, la terre & fes qualités, ce que l'on en fait, poterie, &c. Il a 460 dérivés.
33. *Sfé*, la maîtrife d'un art. Les refpècts dûs aux Maîtres, &c. Ses qualités, Docteur, Gouverneur, Mandarin. Il a 16 dérivés.
34. *Tchi*, marche lente, l'action de fuivre. Il a 6 dérivés.
35. *Soui*, la fucceffion, venir après. Il a 17 dérivés.
36. *Sie*, le foir, la nuit, l'obfcurité, fonge, inconnu, étranger. Il a 28 dérivés.
37. *Tá*, grand, grandeur, hauteur. Il a 103 dérivés.
38. *Niù*, femme, fémelle, beauté, laideur, baifer, aimer. Il a 635 dérivés.
39. *Tçè*, fils, filiation, piété envers les parens, &c. 65 dérivés.
40. *Miên*, comble, toît, couverture de maifon. 73 dérivés.
41. *Tçùn*, la dixième partie de la coudée ou du pié Chinois. Il a 31 dérivés.
42. *Siào*, petit, méprifable. Il a 30 dérivés.

DE L'IMPRIMERIE, CHAP. VI. 639

43. *Vang*, ce qui est tortu, bossu, défectueux. 53. dérivés.
44. *Chi*, celui qui tenoit la place de l'esprit, lorsqu'on lui sacrifioit, & *de-là*, cadavre, indolent. Il a 114 dérivés.
45. *Tçào*, les herbages. Il n'a que 16 dérivés.
46. *Chan*, montagnes, collines. Il a 560 dérivés.
47. *Tchouen*, fleuves, ruisseaux, coulans. Il a 21 dérivés.
48. *Kong*, artisan, métiers, ouvrages. Il a 10 dérivés.
49. *Ki*, soi-même, autrefois, passé, &c. Il a 18 dérivés.
50. *Kin*, bonnets, mouchoirs, étendarts ; & *de-là*, Empereur, Général d'armée, &c. Il a 245 dérivés.
51. *Kan*, bouclier, les rivages ; & *de-là*, année, déterminer tout, &c. Il a 14 dérivés.
52. *Yao*, mince, délié, fin, subtiliser, tromper, vain, cacher. Il a 14 dérivés.
53. *Yèn*, boutiques, magazins, greniers, sales, &c. Il a 223 dérivés.
54. *In*, aller de long & de large, conduire une affaire avec prudence. Il a 9 dérivés.
55. *Kong*, joindre les mains, jeux d'échecs, retrecir par le haut, vaincre. Il a 30 dérivés.
56. *Ye*, tendre un arc, lancer une flèche, prendre, reçevoir. Il a 12 dérivés.
57. *Kong*, arc. Il contient 139 dérivés.
58. *Ki*, porcs, sangliers. Il contient 16 dérivés.
59. *Chan*, plumes. Il contient 38 dérivés.
60. *Tchi*, aller de compagnie. Il a 183 dérivés.
61. *Sin*, le cœur. Les caractères rangés sous cette clé sont en très-grand nombre, ils expriment les différentes affections de l'âme. On lui compte 962 dérivés.
62. *Co*, lance. Cette clé a sous elle 88 caractères ou dérivés.
63. *Hòu*, porte à deux battans. 37 dérivés.

64. *Cheòu*, la main. Les caractères rangés fous cette clé font en grand nombre. J'en compte 1029.
65. *Tchí*, branche, rameau. 20 dérivés.
66. *Pou*, affaires, gouvernement. 240 dérivés.
67. *Vén*, composition, éloquence, les Lettres. 18 dérivés.
68. *Teòu*, boisseau. Il a 26 dérivés.
69. *Kin*, livre, poids de seize onces. 43 dérivés.
70. *Fang*, quarré, les parties d'un tout. 67 dérivés.
71. *Voù*, ce qui ne se voit ni ne s'entend, néant, non, privation. 9 dérivés.
72. *Ge*, Soleil. Ce caractère a sous lui 382 dérivés.
73. *Yue*, dire, parler. Ce caractère a sous lui 22 dérivés.
74. *Yue*, Lune, mois. Ce caractère a sous lui 57 dérivés.
75. *Mou*, bois, arbres. Cette clé a 1233 dérivés.
76. *Kién*, manquer, devoir, débiteur. 195 dérivés.
77. *Tchi*, s'arrêter. Cette clé a 47 dérivés.
78. *Ya*, le mal, *& de-là les dérivés*, mourir, ensevelir, &c. 188 dérivés.
79. *Tchû*, bâton. 59 dérivés.
80. *Moù*, mère, la femelle parmi les animaux. *Lorsqu'on le prononce Vou*, il signifie, non, sans. 9 dérivés.
81. *Pi*, ensemble, joindre, comparé, règle, mesure, parvenir, obéir. 15 dérivés.
82. *Maoû*, poil, laine, plumes, vieux. 152 dérivés.
83. *Chi*, surnom que prend celui qui illustre sa famille. 6 deriv.
84. *Khí*, l'air, le principe matériel de toutes choses dans la Religion des *Jù* ou Lettrés Chinois. Il s'unit avec la *Ly*, qui est le principe immatériel. 8 dérivés.
85. *Choùi*, l'eau. 1331 dérivés.
86. *Hò*, le feu. 546 dérivés.
87. *Tchào*, les ongles des animaux & des volatils. Il se prend quelquefois aussi pour les ongles de la main. 22 der.

DE L'IMPRIMERIE, CHAP. VI. 641
88. *Foú*, père, vieillard. 9 dérivés.
89. *Yâo* & *Hiâo*, imiter. 11 dérivés.
90. *Pán*, foutien, appui au-dehors. 37 dérivés.
91. *Pién*, foutien, appui au-dedans, divifer. C'eft auffi le caractère numéral des pages d'un livre, des morceaux de bois, des feuilles & des fleurs. 74 dérivés.
92. *Yâ-nhiâ*, les dents. 8 dérivés.
93. *Nieóu*, bœuf. 212. dérivés.
94. *Khiuèn*, chien. 421 dérivés.
95. *You*, pierres précieufes, précieux. 419 dérivés.
96. *Hûen*, noir, profond. 5 dérivés.
97. *Koua*, citrouilles, melons, concombres, &c. 49 dériv.
98. *Và*, tuiles, vafes de terre cuite. 159 dérivés.
99. *Can*, faveur, goût, doux, agréable. 18 dérivés.
100. *Seng*, naître, vivre, produire, engendrer, croître. Il a 16 dérivés.
101. *Yóng*, fe fervir, ufage, dépenfes. 9 dérivés.
102. *Thién*, les champs, terre labourée, labourer. 148 der.
103. *Pie*, Caractère numéral des toiles, étoffes. 11 dérivés.
104. *Tçie*, maladies. 470 dérivés.
105. *Po*, monter. 11 dérivés.
106. *Pe*, blanc. 87 dérivés.
107. *Pí*, peau, cuir. 75 dérivés.
108. *Ming*, vafes, uftenfiles pour le boire & le manger. Il a 105 dérivés.
109. *Mo*, les yeux. 548 dérivés.
110. *Meóu*, lance. 47 dérivés.
111. *Chì*, flèche, droit, vrai, manifefter. 51 dérivés.
112. *Che*, pierres. 446 dérivés.
113. *Chí*, les génies, les efprits, avertir, fignifier, ordonner. 179 dérivés.

114. *Geòu*, légéreté, diligence. 9 dérivés.
115. *Hô*, légumes, grains, (& métaphoriquement) la vie. 343 dérivés.
116. *Hive*, antre, grotte, trous des fourmis & des souris. 143 dérivés,
117. *Lie*, ériger, élever, instituer, perfectionner, établir. 73 dérivés.
118. *Tchou*, les roseaux. 671 dérivés.
119. *Mì*, riz vanné. 203 dérivés.
120. *Hi*, lier, succéder, continuer, postérité; *de-là*, soye, &c. 623 dérivés.
121. *Feoù*, vases de terre propres à mettre du vin ou de l'eau. 60 dérivés.
122. *Vàng*, frein, filèts. 119 dérivés.
123. *Yàng*, brebis. 109 dérivés.
124. *Yù*, plumes, aîle des oiseaux. 157 dérivés.
125. *Laò*, vieillard, titre d'honneur, *Laò-yé*, Monsieur. Il a 13 dérivés.
126. *Eûlh*, particule conjonctive &. 16 dérivés.
127. *Loùi*, bêche, hoyau, manche de charruë. 75. dérivés.
128. *Eùlh*, les oreilles, entendre, anse des vases. 137 dérivés.
129. *Yu*, caractère auxiliaire; ses dérivés signifient tracer des lignes, peindre, &c. ils sont au nombre de 15.
130. *Jou*, chair, les animaux tués ou morts. 578 dérivés.
131. *Tchín*, Ministre, courtisan, serviteur. 8 dérivés.
132. *Tçé*, soi, soi-même, &c. 20 dérivés.
133. *Tchí*, parvenir atteindre à. 16 dérivés.
134. *Kiéou*, mortier pour piler. 39 dérivés.
135. *Che*, la langue, 33 dérivés.
136. *Tchoùen*, errer, contredire, troubler. 7 dérivés.
137. *Tcheou*, vaisseau. 166 dérivés.

138.

138. *Kén*, terme, s'arrêter. 4 dérivés.
139. *Se*, couleur, l'amour, *Venereæ voluptates*, figure, mode. 19 dérivés.
140. *Tçaò*, les herbages. 1426 dérivés.
141. *Hoù*, tigre. 68 dérivés.
142. *Tchông* & *Hoèi*, insectes, poissons, huîtres. 801 dérivés.
143. *Hive*, le sang. 38 dérivés.
144. *Hing*, aller, faire, opérer, les éléments, les actions des hommes. (Il se prononce encore *Hang*, & signifie) chemin, ligne, hospice des marchands. 36 dérivés.
145. *Y*, habit, surtout, s'habiller. 465 dérivés.
146. *Si*, Occident. 19 dérivés.
147. *Kién*, voir, percevoir. 132 dérivés.
148. *Kio*, corne. 136 dérivés.
149. *Yén*, parole, discours. 734 dérivés.
150. *Kou*, vallée, ruisseau entre deux montagnes. 46 dérivés.
151. *Téou*, légumes, pois. 48 dérivés.
152. *Chi*, porcs. 120 dérivés.
153. *Tchi*, les animaux velus & les reptiles. 113 dérivés.
154. *Poéi*, précieux, coquillages de mèr. 216 dérivés.
155. *Tche*, couleur de chair. 29 dérivés.
156. *Tçèou*, aller. 239 dérivés.
157. *Tço*, les piés, riche, suffire. *Prononcé* Tçui, *il signifie*, penser à ce qui manque, y suppléer. 573 dérivés.
158. *Chin*, moi, moi-même, le corps, la personne. 66 dériv.
159. *Tche* & *Kiu*, char, charriot. 337 dérivés.
160. *Sin*, goût fort & mordant. 30 dérivés.
161. *Chin*, les Étoiles les plus voisines du Pôle Arctique, qui paroissent immobiles, à raison qu'elles parcourent un fort petit cercle. Ce caractère est aussi une Lettre

horaire, qui désigne l'espace depuis 7 heures jusqu'à 9 heures du matin. 12 dérivés.
162. *Tcho.* Cette clé qui n'est en usage que dans ses dérivés, exprime la marche & tout ce qui en dépend. Il a 323 dérivés.
163. *Ye*, lieu entouré de murailles, ville, camp. 347 dérivés.
164. *Yeòu*, Lettre horaire. C'est depuis cinq heures jusqu'à sept heures de nuit. Ses dérivés expriment les liqueurs, le vin, &c. 249 dérivés.
165. *Pién* & *Tçài*, cueillir, affaire, couleurs. 8 dérivés.
166. *Lì*, Village, Bourgade, Stade Chinois de 360 pas. Anciennement six piés faisoient un pas, & 300 pas un *Li*. 7 dérivés.
167. *Kin*, métal, & *de-là*, or, argent, cuivre, &c. 725 der.
168. *Tchâng*, grand, long, éloigné, toujours, âgé. 45 deriv.
169. *Moüen*, portes, portique, Académie. 213 dérivés.
170. *Feòu*, montagne de terre, fosses. 278 dérivés.
171. *Y* & *Tái*, parvenir, ce qui reste. 10 dérivés.
172. *Tchoui*, aîles. 202 dérivés.
173. *Yù*, pluye, pleuvoir. 234 dérivés.
174. *Tçing*, couleur bleue, naître. 16 dérivés.
175. *Fi*, négation, non, pas, accuser de faux. 16 dérivés.
176. *Mién*, visage, face, superficie, rebeller. 72 dérivés.
177. *Ke*, peaux, cuir qui n'est point corroyé, armes défensives, casque, cuirasse, changer. 292 dérivés.
178. *Gôei*, peaux, cuirs apprêtés & corroyés; assiéger. Il a 92 dérivés.
179. *Kièou*, oignon, ail, raves. 14 dérivés.
180. *In*, son, voix, accent, ton, son d'instrumens. 33 deriv.
181. *Ye*, la tête. Ce caractère n'est usité que dans ses composés, qui sont au nombre de 323.

182. *Fong*, les vents, mœurs, Royaume, Doctrine. Il a 152 dérivés.
183. *Fi*, voler, parlant des oiseaux. Il n'a que 10 dérivés.
184. *Che*, boire, manger, prononcé *Sù*, il signifie nourrir, fournir des alimens. Ce caractère a 344 dérivés.
185. *Cheoù*, la tête, l'origine, principe, accuser ses fautes. Il n'a que 17 dérivés.
186. *Hiang*, odeurs, odoriférant, réputation, odeur de vertu. Il a 31 dérivés.
187. *Mà*, cheval. Cette clé a 404 dérivés.
188. *Ko*, les os, les ossemens, toute chose dure enfermée dans une chose molle. L'attache entre les frères. Il a 162 dér.
189. *Kao*, haut, éminent, sublime, hauteur. Il n'a que 26 der.
190. *Pieou* ou *Piao*, les cheveux. Ce caractère a 221 dériv.
191. *Téou*, bruit de guerre, combat. Il a 17 dérivés.
192. *Tchâng*, étui dans lequel on renferme l'arc. Sorte de vin en usage dans les Sacrifices. Herbes odoriférantes. Il n'a que 6 dérivés.
193. *Lie*, espèce de trépié, vase pour les senteurs. Lorsqu'on le prononce *Ke*, il signifie boucher, interrompre. Il a 54 dérivés.
194. *Koùei*, les âmes des défunts, cadavre. Il a 113 dérivés.
195. *Yû*, les poissons, pêcher. Il a 492 dérivés.
196. *Niao*, les oiseaux. Il a 623 dérivés.
197. *Loû*, terre stérile, & qui ne produit rien. 36 dérivés.
198. *Lou*, cerf. Il a 82 dérivés.
199. *Me*, froment; orge, &c. Il a 116 dérivés.
200. *Mà*, chanvre, sésame. Il a 29 dérivés.
201. *Hoâng*, jaune, roux. Il a 34 dérivés.
202. *Choù*, sorte de millèt. Il a 43 dérivés.
203. *He*, noir. Il a 146 dérivés.

204. *Tchì*, broder à l'éguille. Il n'a que 8 dérivés.
205. *Min*, petites grenouilles noires. Il a 34 dérivés.
206. *Ting*, marmitte, renouveller. Il a 13 dérivés.
207. *Coù*, tambour, en battre, jouer des instruments. Il a 40 dér.
208. *Choù*, souris. Il a 77 dérivés.
209. *Pì* & *Pie*, le nez, les narines, un chef de famille. Il a 45 dér.
210. *Thsî*, orner, disposer, régler, gouverner, &c. 15 dériv.
211. *Tchì*, les dents. Il a 143 dérivés.
212. *Lông*, dragons, serpens. Il a 18 dérivés.
213. *Kuei*, tortuës. Il a 20 dérivés.
214. *Yo*, Instruments de Musique à vent. Il a 16 dérivés.

 Telles sont les 214 Clés Chinoises, sous lesquelles on range toutes les autres Lettres ou Caractères, & tel est exactement l'ordre observé dans les Dictionnaires Chinois rangés par clé : ceux qui sont disposés suivant l'ordre des tons, ont ordinairement à leur tête un Index de tous les Caractères rangés suivant l'ordre de ces Clés, & le nombre des traits dont elles sont composées, avec un renvoi au Dictionnaire par ton ; ce qui procure une double facilité de les pouvoir trouver. C'est d'après un semblable Index, mis à la tête du Dictionnaire *Pin-tsee-tçien*, imprimé sous le règne de *Canghi*, que j'ai fait l'énumération des dérivés de chaque Clé, qui ne se monte qu'à 32895, non compris les 214 Clés.

 Les Chinois divisent ces Lettres en Lettres simples, qu'ils appellent *Ouén*, traits, *Mou*, mères, ou *Tou-ti*, Lettres d'un seul corps ; & en Lettres composées qu'ils appellent *Tçè*, fils, & *To-ti* ou *Ho-ti*, c'est-à-dire, Lettres composées de plusieurs corps, ou corps réunis. Les Lettres composées se sou-divisent en *Tong-ti* & *Pou-tong-ti* consubstantielles, & non consubstantielles : on entend par Lettres consubstantielles des Caractères composés d'un même membre, répété plusieurs fois. Ainsi, par exemple, la Clé *mou*, bois, répétée deux fois, forme un nouveau Caractère qui se prononçe *lin*, & signifie forêt. La même Clé répétée trois fois, forme encore un autre Caractère qui se prononçe *Sen*, & se dit d'une multitude d'arbres, & métaphoriquement de la rigueur des Loix. De même la Clé *Keou*, la bouche, répétée trois fois, forme un nouveau Caractère qui se prononçe *pin*, & signifie ordre, degré, loi, règle, &c. On entend par Lettres non consubstantielles ou hétérogenes, les Caractères composés de plusieurs membres différents. Tels sont les Caractères *ming*, clarté, composé des clés *ge*, Soleil, &*yue*, Lune. *Lân*, ignorant, composé de *lin*, forêt, & de *gin*, homme.

Feu M. Fourmont l'aîné, dans les réfléxion sur la Langue Chinoise, qu'il publia en 1737, sous le titre de *Meditationes Sinicæ*, cherche un sens suivi dans les 214 Clés Chinoises. Il les envisage comme une image de la Nature dans les êtres sensibles, ou la matière ; mais j'ose croire qu'à cet égard il a cédé un peu trop à son imagination. Toutes les divisions & sou-divisions que l'on vient de rapporter, regardent moins les anciennes Lettres Chinoises que les modernes ; ce sont en effet les nouveaux Dictionnaristes qui ont borné le nombre des Clés ou Lettres radicales à 214, & qui les ont rangées dans cet ordre. Les Anciens en admettoient davantage. *Hiu-tching*, célèbre Écrivain, qui florissoit sous la Dynastie Impériale des Han, est l'Auteur d'un Dictionnaire fort estimé, intitulé *Choue-ven*, dans lequel il fait monter le nombre de ces Lettres radicales à 540 ; & beaucoup de Chinois sont même d'opinion, que ces 540 radicales sont de l'invention de *Tsang-hie*, Officier de l'Empereur *Hoang-ti*, dont nous avons parlé ci-dessus ; ce qui en feroit remonter l'origine dans la plus haute Antiquité. Ces Observations détruisent, ce me semble, celles de M. Fourmont, puisque l'on ne peut admettre une progression d'idées dans 214 Caractères détachés, qui n'ont été assujettis à l'ordre qu'ils ont maintenant, qu'eu égard au nombre des traits dont ils sont composés, & qui étoient anciennement en plus grand nombre, & dans un ordre tout différent. On jugera d'ailleurs qu'il étoit impossible d'observer en même-temps, & la progression des traits, & celle des idées ou des êtres ; si l'on se rappelle que la plûpart des Caractères Chinois, dans leur origine, n'étoient que la peinture grossière des objets même qu'ils étoient destinés à signifier.

Les 540 Caractères radicaux inventés par *Tsang-hie*, comprenoient sans doute alors toute la Langue Chinoise, qui, dans ces temps reculés, étoit simple & fort bornée, relativement au peu de connoissance que l'on avoit acquise jusques-là. Avec le temps, ces connoissances s'étendirent, & la Langue s'enrichit beaucoup.

Tout l'artifice qui règne dans la formation des Caractères Chinois peut être rappellé à six règles générales, qui font six Ordres ou Classes différentes, appellées *Lo-chu*, que nous avons déja fait connoître ci-dessus, & que l'on attribue à *Tsanghie*. Ces six règles prouvent que les Anciens Philosophes Chinois, qui donnèrent leurs soins à l'Invention des Caractères, avoient beaucoup médité sur la nature & les propriétés des choses dont ils vouloient donner le nom propre. La connoissance de ces règles facilite infiniment l'étude de la Langue Chinoise, qui seroit peut-être une des moins difficiles de celles que nous connoissons, si ces règles ne souffroient point tant d'exceptions : mais comme chacun se donna la liberté d'imaginer les Caractères dont il avoit besoin, & de les former sans avoir toujours égard à l'analogie qui auroit dû y être observée, il est arrivé de-là, que l'intelligence d'un Caractère ne conduit pas toujours à celle d'un autre.

La première de ces règles s'appelle *Siang-hing*, c'est-à-dire, conforme à la figure, & comprend les Caractères repréſentatifs des êtres ou choſes que l'on veut exprimer ; preſque toutes les Lettres ſimples entrent dans cette claſſe, & elle eſt fort étenduë. Autrefois on remarquoit aiſément la peinture groſſière des objets ſignifiés ; mais comme on s'aviſa dans la ſuite de donner indiſtinctement à tous les Caractères une forme quarrée, on n'apperçoit aujourd'hui de reſſemblance entre la peinture & l'objet qu'elle repréſente, qu'autant que l'on veut avoir recours au *Choue-ven*, ou aux Monumens antiques, qui ont conſervé des modèles de cette ancienne Écriture.

La ſeconde appellée *Tchi-ſſe*, indication de la choſe, comprend ce qui paſſe les ſens, & ne peut ſe peindre aux yeux. Les Caractères de cette claſſe ſont empruntés de la nature, même de la choſe ; ainſi par exemple le Caractère *Kien*, voir, eſt un compoſé de deux Caractères ; ſçavoir, du Caractère *gin*, homme, & du Caractère *mou*, œil, parce que la nature de l'œil de l'homme eſt de voir.

La troiſième règle appellée *Hoei-y*, mot à mot, réunir l'intention, comprend des Caractères compoſés de pluſieurs parties qu'il eſt néceſſaire de décompoſer pour en ſaiſir le ſens. Ainſi, par exemple, pour exprimer l'idée d'empoigner, les Chinois ſe ſervent du Caractère *ho*, joindre, & du Caractère *cheou*, la main, parce qu'un des offices de la main eſt d'empoigner ; ce qu'elle ne fait que lorſqu'elle ſe joint à quelque choſe. De même le Caractère *choang*, veuve, eſt compoſé du Caractère *niu*, femme, & d'un autre qui ſe prononçe également *choang*, & ſignifie la gelée blanche, parce que la viduité eſt un état triſte, fâcheux & froid.

Le Caractère *fou*, riche, eſt compoſé de deux Caractères, dont l'un prononçé *tong*, ſignifie qui réunit, qui joint enſemble,

& l'autre prononcé *tien*, signifie des terres, des champs; parce que la vraye richesse consiste dans les biens fonds que l'on possède en terres.

Fuén, colère légère, composé des Caractères *fuén*, diviser, *sin*, le cœur; ce qui divise & partage le cœur. *Nóu*, colère violente, composé de deux Caractères, dont l'un signifie le cœur, & l'autre esclave; ce qui rend le cœur esclave. *Pái*, saluer à la façon des Chinois, composé d'un Caractère qui exprime les deux mains, & d'un autre qui signifie baisser jusqu'à terre.

La quatrième s'appelle *Hing-ching*, c'est-à-dire, figure & accent. Cette classe est fort étenduë, & contient près de la moitié de tous les Caractères Chinois, si l'on en croit les Grammairiens. Tous les Caractères de cette classe doivent être au moins composés de deux parties, dont l'une donne la peinture, & par conséquent le sens, & l'autre l'accent ou la prononciation. Si la composition des Caractères ne s'écartoit pas de cette règle, il est constant que l'étude de la Langue Chinoise en deviendroit beaucoup plus facile; mais il s'en faut de beaucoup que les Caractères de cette classe soient assujettis à cette Loi; par exemple le Caractère *ngô*, qui signifie une *oye*, est composé de deux Caractères, dont l'un qui se prononce également *ngo*, en donne par conséquent la prononçiation; mais l'autre qui se prononce *niào*, & qui devroit donner le sens, n'exprime que le nom générique des oiseaux; il est donc impossible à l'inspection du Caractère, de sçavoir quel oiseau il désigne. De même le Caractère *Pô*, qui signifie une femme âgée, est également composé de deux parties, dont l'une se prononce *po*; mais l'autre qui ne signifie que femme en général, ne peut m'apprendre s'il s'agit d'une femme âgée plutôt que d'une jeune.

La cinquième Classe s'appelle *Tchòuen-tchú*, c'est-à-dire, explication

explication réciproque ; elle comprend les Caractères fusceptibles de différens tons, & qui expriment conféquemment différentes chofes : par éxemple le Caractère *hing*, au fecond ton fignifie *marcher, faire* ; & au quatrième ton le même Caractère *hing* fignifie *actions, mœurs*. Il arrive affés fouvent que les Chinois défignent le ton de ces Caractères ambigus, quant à la manière de les prononcer, par un petit *o* ou demi-cercle, qu'ils plaçent à l'un des angles du caractère.

Cette règle confifte encore à expliquer un caractère, par un autre qui foit de même fon ou approchant, & dont quelquefois la figure fe trouve prefque la même ; c'eft ainfi par éxemple que les Caractères *Caò* & *Laò*, dont la figure eft prefque la même, fignifient l'un & l'autre un *vieillard*.

La fixième & dernière claffe ou règle fe nomme *Kia-tfié*, emprunter, donner & reçevoir mutuellement. On renferme dans cette claffe les Caractères qui ont un fens qui ne leur eft pas propre, mais feulement métaphorique. Ainfi les Caractères *tchi*, fçavoir, connoître, & *tchi*, fage, prudent, s'employent fouvent l'un pour l'autre, quoiqu'ils s'écrivent différemment.

Quelquefois le même Caractère fe prend dans deux fens tout oppofés ; ainfi par éxemple le Caractère *Lùon*, qui fignifie au fens propre, exciter du trouble dans le Royaume, fe prend aufli pour *tchi*, gouverner ; c'eft ainfi qu'en Hébreu le verbe *barak* fignifie à la fois *bénir* & *maudire*, par Euphémifme.

Beaucoup de Caractères fe prennent, comme dans prefque toutes les Langues, dans un fens métaphorique ; ainfi *haô*, qui fignifie au fens propre un fanglier, exprime figurément un homme audacieux, fort & vaillant.

Enfin les Chinois employent très-fouvent dans les Livres, comme dans le difcours familier, le contenant pour le contenu, le tout pour la partie, & les choses visibles pour celles qui ne le sont pas; ainsi ils disent *Tien*, le Ciel, pour le Maître du Ciel; *sin*, le cœur, pour l'âme qu'ils supposent y résider; les mots *chan*, montagnes, *tchouen*, fleuves, &c. se disent aussi du Génie, qui selon eux, préside aux fleuves & aux montagnes. Les termes *tching-thâng*, droite-cour; *pi-fâng*, vile maison; *foú*, Ville; *siào-khiven*, petit chien; signifient au sens figuré, le premier Mandarin d'un endroit, ma femme, ma maison, le Gouverneur d'une Ville du premier ordre, mon fils, &c.

L'Écriture a beaucoup varié chés presque toutes les Nations, mais particulièrement chés les Chinois, dont les États immenses ont été long-temps démembrés entre un grand nombre de Souverains. *Vou-vang* ayant détrôné *Cheou-sin*, & obligé ce Prince voluptueux à se précipiter dans les flammes, fonda l'an 1122 avant l'Ère Chrétienne, la Dynastie Impériale des *Tcheou*. En montant sur le thrône il distribua à ses Frères & aux Seigneurs qui l'avoient aidé à s'y placer, toutes les Provinces de l'Empire. Ce qui affermit *Vou-vang* sur le thrône fut la perte de ses Successeurs; car ces Princes Tributaires, ayant trouvé le moyen d'étendre leur puissance sur la destruction de celle de leurs voisins, se rendirent indépendans, & même redoutables aux Empereurs; & enfin l'un d'eux fut assés fort pour s'emparer de l'Empire, après avoir réüni sous son pouvoir la plûpart de ces petites Principautés. Ces Vassaux, connus dans les Annales sous le nom général de *Tchu-heou*, tendoient tous à l'indépendance, &, pour se distinguer, affectoient non-seulement de ne point adopter les Caractères imaginés dans les autres Royaumes, mais encore de donner aux Caractères communs aux uns & aux autres, une forme qui les leur rendît propres (a). On voit

---

(a) Voyés *l'Hist. Critiq. de l'Écriture Chinoise*, &c. par M. Freret. Mem. de l'Académie des Belles-Lettres, Tom. XV. pag. 514, &c.

encore aujourd'hui dans la Province de *Chan-tong*, fur la fameufe montagne de *Taï-chan*, les reftes de foixante-douze Infcriptions, gravées fur autant de tables de marbre, par l'ordre de foixante-douze Souverains, d'autant de petits États Tributaires dans lefquels la Chine étoit alors divifée. Le P. de Mailla a envoyé à Paris un *Specimen* de ces variétés, fur quarante Caractères de l'ufage le plus fréquent, & il fe trouve à Verfailles dans le dépôt de la Marine. M. Freret, qui en a eu la communication, prétend que plufieurs de ces Caractères font fi différens entr'eux, que qui connoîtroit feulement ceux d'une des foixante-douze Infcriptions, auroit peine à les reconnoître dans les foixante-onze autres, s'il ne fçavoit que c'étoit une feule & même Infcription répétée fur toutes les Tables ; il ajoûte qu'il s'en trouve même quelques-uns qui font aujourd'hui inintelligibles ; mais il me femble qu'il y a un peu d'exagération dans ce qu'il dit à ce fujèt. J'ai vû comme M. Freret ce *Specimen* ; & la variété qui règne entre ces différents modèles, m'a paru à peine auffi fenfible que celle que nous remarquons entre notre Bâtarde, notre Coulée & notre Ronde. Aujourd'hui, & même dans leurs Impreffions, les Chinois employent des Caractères qui font tout autrement difparates avec les communs, fur-tout dans les Préfaces & les Avertiffemens qu'ils mettent à la tête de leurs Livres. Ils en ont de différentes fortes ; mais je ne trouve rien de plus difficile à déchiffrer qu'une efpèce d'écriture curfive, qu'ils tracent avec une rapidité fingulière, & fans diftinguer les différents traits qui forment un caractère : prefque tout eft lié dans cette écriture ; & tel caractère dans lequel on devroit remarquer jufqu'à douze ou quinze coups de pinçeau, n'en préfente que deux ou trois. Thomas Hyde, qui a rapporté un modèle de cette Écriture dans fon Traité de la Religion des anciens Perfes, ne l'a pas crue Chinoife ; il la donne pour

Mogole ; & cependant c'eſt cette même Écriture libre, à laquelle les Chinois donnent le nom de *Tçao-içe* ou *kan-tçe*, c'eſt-à-dire, Lettres de roſeaux.

Suen-vang, onzième Empereur de la Dynaſtie des *Tcheou*, entreprit de rétablir la ſubordination dans l'Empire, & de réformer les innovations qui s'introduiſoient dans l'Écriture, en donnant des modèles de Caractères qui furent nommés *Ta-tchuen* : mais ce Prince ordonna inutilement que cette Écriture ſeroit ſeule employée dans tout l'Empire ; les Rois Tributaires crurent qu'il étoit de leur dignité de conſerver celles qui leur étoient particulières, enſorte que les ordres de l'Empereur ne furent point ſuivis. *Suen-vang* voulut du moins laiſſer à la poſtérité un modèle de l'Écriture *Ta-tchuen*, & il fit graver dans ces Caractères ſur dix gros cylindres ou tympans de marbre, des Vers de ſa compoſition. « Ces dix tympans, dit M. Freret, » ont été conſidérés de tout temps comme un des ſymboles de » la Dignité Impériale, & les Fondateurs des différentes Dy- » naſties les ont fait ſucceſſivement tranſporter dans le lieu où » ils établirent leur Cour ; un ſeul s'eſt perdu ou briſé dans ces » tranſports, & les neuf autres ſont encore aujourd'hui à *Pe-* » *king* dans le *Coue-tſé-kien*, ou Collége Impérial. Pluſieurs de » ces Caractères ſont effacés ; mais il en reſte encore un grand » nombre d'entiers. Le P. de Mailla en a envoyé à Paris, non- » ſeulement une copie figurée avec la Traduction en Carac- » tères communs, mais encore des Ectypes ou Empreintes » tirées ſur les originaux même ; & le tout m'a auſſi été com- » muniqué ».

J'ai eu occaſion de voir ces Ectypes ou Empreintes ; elles ſont actuellement à Verſailles dans le dépôt de la Marine. Les Caractères qu'elles contiennent m'ont paru entièrement ſemblables à ceux des *Choue-ven*, dont nous aurons bientôt occaſion de parler.

Les changemens faits aux Caractères Chinois n'ont pas dû être confidérables jufques vers la fin de la Dynaftie des *Tcheou*; puifque *Tfè-ffee*, petit-fils de Confucius, dit dans le *Tchong-yông*, qu'il n'appartient qu'au fils du Ciel, (à l'Empereur) de faire des changemens dans les Caractères, & que (a), l'Écriture en ufage de fon temps étoit la même que fous les anciens Empereurs : une innovation dans les Caractères faite par un des Princes Tributaires, étoit regardée comme un attentat à l'Autorité Impériale ; mais, comme la plûpart de ces Princes s'étoient mis en état de n'avoir rien à redouter de la part des Empereurs, il n'eft point furprenant qu'ils ayent même affecté d'ufer à cet égard d'un droit qui étoit réfervé aux feuls Empereurs ; ainfi il y a lieu de croire que *Tfè-ffee*, dans le paffage que nous venons de citer, n'entend parler que de l'Écriture en ufage à la Cour des *Tcheou*, & non de celles qu'employoient les *Tchu-heou*, ou Princes Tributaires.

Chi-hoang-ti après avoir réduit tous ces Princes fous fon obéiffance, & jetté les fondemens de la Dynaftie Impériale des *Thsine* fur les débris de celle des *Tcheou*, voulut rétablir l'ufage d'un caractère commun à toutes les Provinces ; le Miniftre *Ly-ffé* fut chargé de ce travail, & il s'affocia deux habiles Lettrés, *Tchao-cao* & *Hou-mou-king*. L'Empereur leur avoit ordonné de fe régler fur l'Écriture *Ta-tchuene*, de l'Emreur *Suen-vang*. Le Dictionnaire qu'ils dreffèrent contenoit 9353 Caractères rangés fous 540 Clés ou Tribunaux, que l'on fuppofe toujours avoir été imaginés par *Tfang-hie*, l'Inventeur de l'Écriture Chinoife. *Ly-ffé* obtint une défenfe d'employer aucune autre efpèce d'Écriture ; & fit profcrire tous les anciens

---

(a) *Fi Tien tfe pou y ly, pou tchi to, pou cào ouên; Kin Tien hia tche tông kuèi, chou tông ouên, hing tông lûn.*

Livres d'Histoire & de Morale : on s'attacha principalement à détruire les Recueils concernant les anciennes Loix & les anciens Rits dressés par les différents Princes des Royaumes Tributaires : ces Livres entretenoient les Peuples dans les idées d'indépendance & de rebellion. On les supprima.

On écrivoit alors sur des Tablettes de Bambou avec un bâton trempé dans le vernis : l'épaisseur que ce vernis formoit sur ces Tablettes, donnoit aux Caractères tracés de cette façon une sorte de ressemblance avec des insectes aquatiques, nommées *Co-teou-tchong*; & c'est ce qui fit donner à cette Écriture le nom de *Co-teou-ouene*; dénomination sous laquelle on désigne les différentes sortes d'écritures employées sous les trois premières Dynasties.

Mong-tien, un des Généraux de *Chi-hoang-ti*, trouva le secrèt de faire du papier ; & il substitua aux bâtons & aux vernis, des pinceaux & une encre particulière, composée d'un mêlange de noir de fumée & de gomme. L'excellence de cette encre n'étoit point inconnuë aux Romains, qui en ignoroient le secrèt, comme Pline l'atteste. *Apportatur & Indicum atramentum ex India inexploratæ adhuc inventionis mihi.*

Ces découvertes de *Mong-tien* occasionnèrent une réforme dans les Bureaux de l'Empire, où l'on transcrivit sur le papier ; & dans le nouveau Caractère, que l'on appelloit *Siao-tchuen*, petite Écriture ; & *Thsine-tchuen*, Écriture de *Thsin*, pour la distinguer de l'ancien *Ta-tchuen* : mais, comme ces Caractères composés de lignes courbes & circulaires, ne se traçoient pas aussi facilement avec le pinceau qu'avec les anciens bâtons; *Tsin-miao*, un des Lettrés, employés par le Ministre *Ly-ssé*, donna à ces Caractères une forme quarrée, ce qu'il fit sans changer rien ni au nombre de leurs traits, ni à leur disposition générale : ensorte qu'il est fort aisé de les reconnoître, lorsque l'on veut se donner la peine de les rapprocher les uns des autres, & d'en faire la comparaison. Ce nouveau caractère fut nommé *Ly-chu*, c'est-à-dire, Écriture de *Ly-ssé*. On ne permit de l'employer que dans les Bureaux, mais avec défense d'y faire ni changement, ni addition ; défense dont on ne tint aucun compte, dès que les *Han* se furent emparés de l'Empire. En effet, on donna à l'Écriture *Ly-chu* une autre forme plus facile à tracer avec le pinçeau, & telle est l'origine de l'Écriture *Kiaï-chu*, qui est encore en usage dans les Bureaux & dans l'Impression.

Un Lettré, nommé *Hiu-chin*, qui florissoit au commencement de la Dynastie des *Han*, tenta, mais inutilement, de faire revivre l'Écriture *Thsin-tchuen* ; pour empêcher du moins qu'elle ne pérît entièrement, il publia, sous le titre de *Choue-ven*, une Édition du Dictionnaire de *Ly-ssé*, en joignant aux Caractères *Thsin-tchuen* les Caractères *Ly-chu* & *Kiaï-chu*, qui leur correspondent. Les cachets que les personnes de Lettres apposent à la fin des Préfaces & des Avertissements, sont encore dans ce Caractère *Thsin-tchuen*, & c'est le seul usage que les Chinois en font aujourd'hui.

Nous avons déja dit un mot du Caractère *Tsao-chu* : cette Écriture tire son origine de la liberté que quelques Lettrés prirent vers l'an 80 de Jesus-Christ, de faire des changemens à l'Écriture *Kiaï-chu*. Pour que cette Écriture fût plus facile & plus coulante, ils en confondirent tous les traits au point d'en rendre l'analogie méconnoissable ; heureusement qu'elle ne s'employe plus que dans les signatures des Lettres particulières, dans les minutes que l'on veut écrire rapidement ; mais elle est d'un usage beaucoup plus commun au Japon.

(a) « L'Empereur *Ling-hoang-ti*, vingt-quatrième des *Han*,

(a) Voyés la Dissertation de M. Freret, sur l'Histoire Critique de

» voulant laiſſer à la poſtérité un Monument de toutes les va-
» riétés de l'Écriture Chinoiſe, fit graver, la huitième année de
» ſon règne, 175 de Jeſus-Chriſt, les *Kings* ou Livres authen-
» tiques, ſur 46 Tables de marbre, dans toutes les ſortes d'É-
» critures connuës & employées à la Chine ; c'eſt-à-dire, en
» Caractères. *Ta-tchuen*, *Siao-tchuen*, *Li-chu*, *Kiaï-chu*, &
» même *Co-teou-ven*, &c. Pour ce dernier caractère, on choiſit
» parmi les 72 eſpèces du *Co-teou-ven*, celle dont il reſtoit le
» plus de Caractères. Ces 46 Tables furent placées au-devant
» du Collége Impérial à *Lo-yang*, Ville du *Ho-nan*, où étoit
» la réſidence de *Ling-hoang-ti* ; mais on ne ſçait plus aujour-
» d'hui ce qu'elles ſont devenuës ».

On a pû remarquer, par le petit détail que nous avons donné
ſur les différentes Écritures Chinoiſes, que le nombre des Caractères a été pendant très-long-temps borné à 9353, ou tout
au plus à 10516, ſi l'on comprend les additions anciennes faites
aux Caractères du Dictionnaire *Choue-ven* ; ce nombre ſuffiſoit
pour l'uſage, & ſuffit encore pour l'intelligence des anciens
Livres. Les plus habiles Lettrés Chinois n'en connoiſſent guères
davantage, & cette quantité leur ſuffit pour écrire ſur toutes
ſortes de matières.

Le caprice, le défaut de ne point s'entendre, & de ne point
travailler d'après les mêmes Principes, enfin l'envie de ſe ſin-
gulariſer, ont augmenté prodigieuſement ce nombre de Caractères ; & ont, par conſéquent, multiplié à l'infini les difficultés
de l'Écriture Chinoiſe, en y introduiſant une grande quantité
de ſynonymes, qui dans le fond ne l'enrichiſſent pas.

Un ſeul Lettré du temps des premiers *Han*, gliſſa dans ſes

---

l'Écriture Chinoiſe que j'ai déja citée. Mémoires de l'Académie des
Belles-Lettres, Tome XV.

Ouvrages

Ouvrages plus de 500 Caractères nouveaux, uniquement dit-on, pour avoir le plaisir d'être consulté sur leur signification. D'autres Lettrés ont suivi depuis son exemple, & n'ont point fait difficulté d'en inventer de nouveaux ; ensorte qu'ils ont fait à l'égard de l'Écriture Chinoise, ce que nous faisons tous les jours pour notre Langue Françoise.

Les Sectes Religieuses qui sont en Chine, & leur manière de penser, entièrement différente de celle des Lettrés de la Secte de Confucius, ont été une source abondante d'une prodigieuse quantité de nouveaux Caractères. Le *Fou-kou-pien* & le *Yu-pien-kiaï-y*, anciens Livres des Bonzes *Tao-ssé*, Disciples de *Lao-kiun*, sont écrits dans ces Caractères particuliers à leur Secte. Les Bonzes *Ho-chang*, Adorateurs de *Fo*, furent ceux qui en introduisirent le plus. On assure dans le *Cong-can-cheou-kin*, Ouvrage publié en 910 de l'Ère Chrétienne, avec l'approbation de *Tchi-couang*, Supérieur Général des Bonzes *Ho-chang*, que l'Écriture Chinoise est redevable à leur Secte de 26430 Caractères ; & depuis, ce nombre a dû s'accroître encore de beaucoup.

Le commerce des Chinois avec les Étrangers du *Si-yu*, ou de la Tartarie Occidentale & du Thibet, leur procurèrent encore de nouvelles connoissances & de nouvelles idées, qui les mirent dans l'obligation d'imaginer de nouveaux Caractères pour les exprimer ; le Général *Pan-chao* ayant porté, du temps de *Ho-ti*, quatrième Empereur de la Dynastie des *Han* Orientaux, les Armes Chinoises jusques sur les bords de la mèr Caspienne, le nombre de ces nouveaux Caractères se trouva tel, que l'on en forma un Volume intitulé *Lun-ki-chu*.

Les acquisitions que l'Écriture Chinoise faisoit tous les jours, étoient rarement de cette espèce, dit M. Freret ; aussi, loin de l'enrichir, elles ne servoient qu'à l'embarrasser par une multi-

plication infructueuse du nombre des Caractères synonymes, & qu'à en rendre l'étude presqu'impraticable. Pour remédier à ce désordre, l'Empereur *Gin-tsong* ordonna de faire un examen de ces nouveaux Caractères, & de les assujettir à l'analogie du *Choue-ven*; cet examen fut long, & l'ouvrage ne fut achevé que quarante ans après. *Sse-ma-couang* qui y mit la dernière main, présenta à l'Empereur, un Dictionnaire composé de 53165 mots ou caractères, tous formés régulièrement sur le modèle du *Choue-ven*; mais dans ce nombre on en comptoit 21846, qui n'étoient que des Synonymes de quelques-uns des 31319 autres Caractères. « Aussi, ajoûte (*a*) le Père de Mailla, le
» *Tse-oue-pou*, Dictionnaire composé sous la Dynastie précé-
» dente, ne contient-il que 33395 Caractères; & après avoir
» vû ce détail, il sera facile de concilier les différents témoi-
» gnages sur le nombre des Caractères Chinois : ceux qui n'en
» comptent que trente à quarante mille, parlent des Caractè-
» res formés régulièrement, & reçus de tout le monde; &
» ceux qui en comptent jusqu'à quatre-vingt mille, compren-
» nent dans ce nombre tous les différents Caractères qui se
» trouvent dans les Livres des Écrivains de toutes les Sectes,
» & même les Caractères hazardés, qui n'ont point été adoptés
» dans l'usage général. ».

Tout ce que nous avons dit jusqu'ici ne concerne que l'Écriture Chinoise, & nullement la Langue, telle que les Chinois la parlent : cette Langue n'a pas plus de rapport aux Caractères, que la Langue Françoise ou toute autre Langue. Les Caractères Chinois sont en cela comparables à nos chiffres, dont

---

(*a*) Lettre manuscrite du P. de Mailla, de laquelle M. Fréret a extrait tout ce qu'il dit sur l'Écriture Chinoise, dans la Dissertation que nous avons citée.

DE L'IMPRIMERIE, CHAP. VI.

la figure est la même chés tous les Peuples de l'Europe ; ces chiffres parlent aux yeux, & il est assés indifférent d'en donner la dénomination en François, en Espagnol, ou en Anglois, &c. les yeux peuvent juger de leur valeur, indépendamment de ce secours.

Autant la Langue écrite des Chinois est riche & abondante, autant leur Langue parlée est pauvre, imparfaite & barbare. Elle n'est composée que d'un nombre de sons très-borné, qu'il seroit difficile de ne point confondre, rendus dans nos Caractères, ou dans tels autres que l'on pourroit choisir, ou même imaginer. Les Chinois n'ont que 328 vocables, & tous monosyllabiques, applicables aux 80000 Caractères dont nous avons parlé ; ce qui donne pour chaque monosyllabe, en les supposant partagés également 243 à 244 Caractéres. Or si dans notre Langue Françoise nous sommes arrêtés pour quelques mots *homophones*, dont la quantité d'ailleurs est fort bornée, qu'on juge de l'embarras & de la gêne continuelle où doivent être les Chinois, de parler une Langue, dont chaque mot est susceptible d'environ 244 significations différentes. Cette barbarie de Langage, car c'en est une, fournit des réfléxions sur son Antiquité : il est propable en effet que dans les commencements, le nombre des Caractères Chinois n'excédoit pas celui des monosyllabes ; c'est-à-dire, qu'il n'alloit qu'à environ 328 : mais ce qu'il est difficile de concevoir, c'est que ces Caractères se soient multipliés à l'infini, & qu'on n'ait point imaginé de nouveaux sons pour les faire entendre à l'oreille. Il y a dans cette conduite des Chinois quelque chose d'extraordinaire, & de difficile à concevoir ; car si la comparaison des Caractères Chinois avec nos Caractères numériques, est juste, on conviendra qu'il seroit impossible de faire entendre la valeur de ces chiffres, si l'on n'avoit point imaginé autant de mots qui les préfentaffent à l'oreille, comme l'Écriture les diftingue aux yeux.

Trois cens vingt-huit vocables n'étant point fuffifants pour exprimer tous les êtres, & leurs différentes modifications, les Chinois ont multiplié ces fons par cinq tons différents, qu'ils ont foin de marquer dans leurs Dictionnaires pour l'inftruction de ceux qui les ignorent. Nos Européens, pour leur propre facilité, ont imaginé de marquer ces cinq tons par cinq acçents différents, qui s'appofent fur les mots Chinois écrits dans nos Caractères. *Jacques Pantoïa*, Miffionnaire, qui entra en Chine l'an 1566, & mourut à Macao l'an 1618, fut le premier Auteur de ces acçents; deux autres Miffionnaires, Lazare Catanei & François Diaz, mirent en ufage ces acçents dans le Dictionnaire Latin, qu'ils rangèrent fuivant notre ordre alphabétique.

Le premier de ces tons qui fe marque ainfi --, eft appellé des Chinois *ping-ching*; c'eft-à-dire, *fon égal, plein & clair*. Il fe prononçe également fans hauffer ni baiffer la voix.

Le fecond ton dont la figure eft la même que celle de notre acçent circonflèxe ^, fe nomme *tcho-ping-ching*; c'eft à-dire, *fon plain, trouble & confus*: il fe prononçe en baiffant un peu la voix fur la feconde fyllabe, lorfque le mot eft compofé de deux fyllabes; ou s'il n'en a qu'une, en prolongeant un peu la voix.

Le troifième ton qui fe marque comme notre acçent grave `, s'appelle *chang-ching*; c'eft-à-dire, *fon élevé*. Il eft très-aigu.

Le quatrième ton fe peint comme notre acçent aigu ´, & s'appelle *kiu-ching*; c'eft-à-dire, *fon qui court*. Il fe prononçe d'abord d'un ton aigu, & defcend tout d'un coup au ton grave.

Enfin le cinquième ton qui fe peint comme le temps bref des Grècs ᵕ, s'appelle *je-ching*; c'eft-à-dire, *voix de celui qui entre*: il se prononçe d'une manière encore plus grave que le précédent.

Au moyen de ces cinq tons, les 328 vocables se trouvent déja monter à 1640 mots, dont la prononçiation est variée. Il y a encore les aspirations de chacun de ces tons qui se marquent par un petit *c*, & doublent par conséquent ce nombre de 1640; & qui donnent 3280 vocables assés bien distingués, pour des oreilles chinoises accoutumées à cette délicatesse de prononçiation, l'on conviendra que cette somme de mots est presque suffisante pour fournir à une conversation, même assés variée; mais ce qui lève presque toutes les difficultés qui pourroient résulter de ces *homophonies*, c'est que les Chinois joignent ensemble deux ou trois monosyllabes pour former des substantifs, des adjectifs & des verbes. Nonobstant cela, on doit sentir quelle présence de mémoire, & quelle délicatesse d'oreille il faut avoir pour combiner sur le champ ces cinq tons; & les rappeller en parlant couramment, ou les distinguer dans un autre qui parle avec précipitation, & qui marque à peine l'accent & le ton particulier de chaque mot.

Au reste, la prononçiation de la Langue Chinoise est différente dans les divers pays où on la parle, & où l'Écriture Chinoise est en usage; ainsi quoique les Japonois, les Coréens, les Siamois, les Cochinchinois, les Tonquinois, entendent les Livres Chinois, & écrivent en Chinois; néanmoins aucun de ces Peuples n'entendroit pas un Chinois qui parleroit; chacun lit le Chinois en sa Langue, comme les différents Peuples de l'Europe lisent leurs chiffres dans les leurs.

La prononçiation du Chinois varie, même dans les différentes Provinces dont la Chine est composée. Les Peuples du *Fo-kien*, *Tche-kiang*, *Hou-couang*, *Sse-tchouen*, *Ho-nan*, *Kiang-si*, prononcent lentement, & à la manière des Espagnols ; ceux des Provinces de *Couang-tong*, *Couang-fi*, *Yun-nan*, parlent bref comme les Anglois ; dans la Province de *Nan-king*, fi l'on excepte les Villes de *Song-kiang*, *Tching-kiang* & *Fong-yang*, la prononçiation eft douce & agréable, comme celle des Italiens ; enfin les Habitans des Provinces de *Pe-king*, *Chan-tong*, *Chan-fi* & *Chen-fi*, afpirent beaucoup comme les Allemands ; mais fur-tout ceux de *Pekin*, qui infèrent fréquemment dans leurs difcours la particule conjonctive *eûlh*.

Outre cette variété de prononçiation qui ne regarde que la Langue *Kuon-hoa*, c'eft-à-dire, la Langue commune à toute la Chine ; il exifte dans cet Empire, & fur-tout dans les Provinces du Midi, un grand nombre de Dialectes. Chaque Province, & même chaque Ville du premier ordre, ont la leur, qui n'eft prefque pas entenduë dans les autres Villes du même Ordre ; & quoique dans les Villes du fecond & du troifième Ordre, on parle affés fouvent la Dialecte qui eft en ufage dans la Ville ou premier Ordre dont elles relevent ; il y a toujours cependant un acçent différent, qui l'eft tellement dans certaines Provinces, que cette Dialecte pourroit paffer pour une Langue particulière.

Les différentes manières de prononcer les Caractères Chinois n'en voilent pas l'intelligence ; ces Caractères parlent aux yeux, & on peut en comprendre le fens indépendamment de toute prononçiation ; ainfi les divers Peuples qui ont l'ufage des Caractères Chinois s'entendent parfaitement bien par écrit, quoique leur Langage foit entièrement différent : d'ailleurs il paroît conftant que les fons, que les Chinois donnent maintenant à ces Caractères, font différents de ceux qu'ils avoient anciennement ; ce qui fe démontre par les textes de l'*Y-king* & du *Chi-king*, qui font fûrement en vers rimés ; mais dont il eft

DE L'IMPRIMERIE, CHAP. VI.

impossible aujourd'hui de sentir les rimes en suivant la prononciation moderne.

La Langue Chinoise écrite, nonobstant plusieurs défectuosités qu'on y remarque contre l'analogie, est très-belle & très-expressive ; sa beauté consiste principalement dans une précision laconique, qui n'est pas peu embarrassante à la vérité pour un Étranger, mais qui plaît infiniment dès qu'on est parvenu à la bien saisir. Les Écrits de Confucius, de Mengtse & d'autres bons Écrivains sont du goût des Chinois, moins par les excellentes maximes & les bons exemples qu'ils renferment, que par leur style nerveux, serré & sentencieux. L'étude de cette Langue seroit amusante pour un Philosophe, quand même il n'auroit d'autre but que d'approfondir la manière dont les choses ont été perçues par des hommes séparés de nous, de tout l'hémisphère ; car la composition des Caractères est dûe à la sagacité des Philosophes de cette Nation ; & l'étude de cette composition devient intéressante, & conduit à la connoissance même des choses ; mais elle le mérite encore davantage par le nombre d'excellents Ouvrages en tout genre, qu'elle peut nous mettre à portée d'entendre.

La Langue Chinoise, de la manière dont elle est construite, pourroit être adoptée pour une Langue universelle ; & sans doute que M. Leibnitz n'en eût point cherché d'autre, s'il l'eût mieux connuë : elle est commune depuis long-temps à tous les Peuples de la haute Asie, qui l'apprennent, comme nous apprenons en Europe le Latin.

L'Imprimerie a commencé en Chine l'an 927 de Jesus-Christ, sous le règne de *Ming-tçong*, second Empereur de la Dynastie des *Heou-thang* ou seconds *Thang* ; & il y a beaucoup d'apparence, que l'Europe a obligation aux Chinois de cette invention utile. Il est vrai que l'Impression Chinoise ne consiste qu'en

Gravures, le nombre prodigieux des Caractères ne permettant pas d'avoir des Caractères mobiles ; mais cela n'empêche pas que les premiers Européens qui ont pénétré en Chine, n'ayent pû obferver que cet Art pouvoit fe perfectionner, eu égard à notre Écriture alphabétique. Ce qui fembleroit appuyer ce fentiment, c'eft que nos premiers effais d'Imprimerie ne doivent être réellement confidérés que comme des Gravures fur bois, précifément à la manière des Chinois ; on doit même obferver que dans les commencements, on n'imprimoit que d'un côté, comme font encore aujourd'hui ces Peuples.

ERRATA.

Page 344. *ligne* 6. traduction, *lifés* tradition.
Page 354. *ligne* 26. Zeagmi, *lifés* Ze-agemi.
Page 371. *ligne* 4. voyelles, *lifés* confonnes.
Page 463. *ligne* 6. proye, *lifés* playe.
Page 465. *ligne* 22. Sturhefon, *lifés* Sturlefon.
Page 466. *ligne* 28. après le mot *Nord*, fupprimés le point.
Ibid. *ligne* 30. fera plus, *lifés* il fera plus.

Je croyois M. Mallet encore vivant ; j'ai appris depuis que j'ai écrit ceci, qu'il étoit mort il y avoit quelques années. Il mérite à tous égards l'éloge que j'en fais dans cette note ; cependant je croirois manquer à la verité, de ne pas dire ici que les fondements de fon Ouvrage font puifés dans les *Antiquitates Selectæ Septentrionales & Celticæ* de George Keyfler.

FIN DE L'IMPRIMERIE.

SOMMAIRE

SOMMAIRE DES SCIENCES,

Contenuës dans le second Volume:

AVEC une Table raisonnée des Auteurs, laquelle a parû nécessaire, & fort Intéressante pour l'Usage & le Choix des Livres.

> Et vos, ô Lauri, carpam, & te proxima Mirthe,
> Sic positæ quoniam suaves miscetis Odores.
> *Virg. Eglog.*

SAGESSE.

Il n'y a point de véritable Sagesse sans la Religion, parce que la Sagesse vient de Dieu.

COMME l'Orgueil humain n'a rien connu de plus flatteur que le nom de *Sage*, il a toujours abusé de ce nom glorieux. Tous les siècles ont vû des téméraires qui ont osé se l'arroger. Ils ignoroient, ces hommes présomptueux, qu'il suffit de se croire *Sage* pour ne l'être point; & que la *Sagesse* n'est véritable, qu'autant qu'elle se cache aux yeux de ceux qui la possèdent.

Chaque secte de Philosophes s'est pourtant glorifiée de la posséder, l'a regardée comme son partage, a déploré l'égarement de ceux qui s'écartoient de ses sentimens; tandis que ceux-ci enyvrés du même Orgueil, & séduits par des erreurs différentes, payoient d'un mépris réciproque le mépris de leurs adverſaires ; & s'en dédommageoient en ſe regardant à leur tour comme les ſeuls poſſeſſeurs de la *Sageſſe*, dont ils les croyoient dépourvus.

C'eſt ainſi qu'ils oppoſoient erreurs à erreurs, préjugés à préjugés, égaremens à égaremens ; c'eſt ainſi que toute leur *Sageſſe* ſe bornoit à ſe convaincre réciproquement d'aveuglement & de préſomption ; c'eſt ainſi que ces prétendus Sages ne différoient entr'eux que par le genre de folie, d'autant plus dangereuſement malades, que leur maladie reſſembloit à la ſanté, & qu'ils ne pouvoient en guérir ſans la connoître.

Tel étoit l'homme dans l'état de corruption, où il s'étoit précipité. Incapable par lui-même de recouvrer ſa première *Sageſſe*, dont il lui reſtoit encore une idée confuſe, il ſe forma un Fantôme auquel il en donna le nom. Une chimère le conſola de la perte d'un bien réel.

Son aveuglement auroit duré autant que le monde, ſi l'Éternel n'eût daigné lui déſſiller les yeux ; & lui apprendre que la vraye *Sageſſe* vient de lui, & que tout ce qui part d'un autre principe, n'eſt qu'Erreur & Illuſion.

A cette vive Lumière les nuages s'évanouirent, les ténèbres ſe diſſipèrent, le menſonge fit place à la vérité, le phantôme diſparut, l'homme éclairé connut la vraye *Sageſſe*, & ſon origine : heureux ſi du fond de ſes paſſions il ne s'élevoit pas chaque jour de nouveaux nuages, qui lui dérobant le flambeau ſalutaire qui éclaire, le replongent dans ſes premières erreurs.

Qu'il ceſſe pourtant de s'aveugler lui-même, qu'il connoiſſe la vanité de tout ce qui vient de lui ; qu'il apprenne, que la *Sageſſe* eſt une vapeur de la vertu de Dieu, & une émanation de ſa lumière ; & que la Religion eſt le ſeul canal par lequel il communique aux hommes cette divine vapeur, & cette céleſte émanation.

Être *Sage*, c'est connoître la fçience de la vertu; c'est avoir l'esprit éclairé, & le cœur réglé. La *Sagesse* peut seule éclairer véritablement notre esprit, par les lumières qu'elle nous communique; elle peut seule règler véritablement notre cœur, par les motifs qu'elle nous propose.

Ce n'étoit qu'en conservant l'innocence de son Origine, que l'Homme pouvoit conserver les lumières qu'il avoit reçûës avec l'être. Son esprit étoit fait pour connoître la vérité; elle se livroit, pour ainsi dire, à ses premiers regards; mais cette heureuse connoissance, qui n'étoit pas le fruit d'une étude laborieuse, dépendoit de sa soumission à la loi du Créateur; à peine l'eut-il violée, que l'aveuglement fut le premier châtiment de sa révolte.

Dès-lors il fut environné de ténébres, l'illusion s'empara de son esprit, toutes ses idées se confondirent, un voile épais lui déroba la vérité; & s'il lui resta encore quelque foible lueur, elle sembla ne lui avoir été laissée, que pour lui faire apperçevoir toute la profondeur de l'abysme où il s'étoit précipité.

Mais son Aveuglement n'est pas le plus grand de tous ses maux; la présomption qui le lui fait méconnoître, mèt le comble à sa misere. Au sein même des ténébres, il ose se croire éclairé; cette étincelle d'un feu presque éteint qui lui reste, l'énorgueillit d'autant plus, qu'il croit ne la devoir qu'à lui-même; & qu'il la regarde comme son ouvrage, il fait gloire de mépriser toute autre clarté.

Sage à ses propres yeux, il croit se suffire à lui-même; il méconnoît l'unique source, où il pourroit recouvrer les lumières qu'il a perduës: il se flatte de connoître la Vérité sans le secours de l'Éternel, & l'Éternel par un châtiment aussi équitable que terrible, l'abandonne à la vanité de ses pensées, le livre à l'Illusion qui lui est chère, le laisse en proye au mensonge qu'il aime. Ainſi s'accompliſſent les divins Oracles qui nous aſſurent qu'il confondra la Sageſſe des *Sages*, qu'il reprouvera la prudence des prudens, qu'il les livrera à l'eſprit de vertige, & qu'il permettra que leurs vaines ſubtilités deviennent des piéges où ils feront enveloppés.

Ne fut-il pas manifeſté dans tous les tems, ce juſte Châtiment du Très-Haut ? Quelles ont été les lumières de ces Hommes enflés d'orgueil, que l'Antiquité aveugle a honorés du nom de *Sages*; & pour qui elle a fait paroître une Vénération qui approchoit de l'Idolâtrie.

Quelles font les idées qu'ils ont euës de la Divinité, de la Nature de l'Homme, de ſon ſouverain Bien, de la règle de ſes devoirs, de la Vertu ?

Les uns ont méconnu la Divinité, malgré le témoignage conſtant qu'elle ſe rend à elle-même dans tous les cœurs; malgré la voix des Cieux, malgré les cris de la Nature, qui annonçent ſa gloire : les autres l'ont multipliée, & l'ont cruë matérielle : ceux-ci l'ont regardée comme un être toujours oiſif, qui jugeoit l'homme indigne de ſes ſoins, comme un être auſſi indifférent pour la Vertu que pour le Vice : auſſi peu attentif à récompenſer l'une qu'à punir l'autre ; ceux-là adoptant toutes les impiétés du vulgaire, ont cru s'agrandir en dégradant le Très-Haut juſqu'à leur baſſeſſe ; ils lui ont prêté leurs paſſions, leurs vûës, leurs miſères, leurs crimes ; d'autres enfin ne ſe ſont formé de cet être ſuprême une idée moins imparfaite, quoique mêlée de mille erreurs ; que pour s'élever au même rang que lui, par le plus impie de tous les parallèles.

Ils n'ont été, ni moins aveugles, ni moins oppoſés entr'eux dans leurs idées, ſur la nature de l'homme. Les uns l'ont fait tout grand, malgré le ſentiment de ſes foibleſſes ; les autres l'ont fait tout mépriſable, malgré le caractère de grandeur & de noblesse qu'il a reçu du Créateur ; ceux-ci ont cru son Ame mortelle, malgré l'instinct de l'amour propre intéressé à l'éternifer. Ceux-là ont cru qu'elle passoit dans le corps des animaux. Homme lâche & aveugle ! il te restoit encore à faire à ton âme la nouvelle injure, de la confondre avec celle de ces êtres qui te paroissent si méprisables !

Cette diversité de sentimens sur la Nature de l'Homme, a produit la diversité de leurs idées, sur ce qui peut faire son bonheur. Ceux qui n'ont vû en lui que bassesse, ont cru qu'il ne sçauroit être heureux, qu'en partageant l'humiliante félicité dont les animaux jouissent, & qu'en se mettant pour ainsi dire à leur niveau. Ceux qui ont éxagéré sa grandeur, ont mis son souverain bien dans des avantages qu'il se flatte envain de posséder, & auxquels il ne sçauroit atteindre de lui-même.

Mais connoissent-ils mieux les devoirs de l'Homme & la Vertu ? Quelle étoit, selon eux, la Règle de ces devoirs & de cette Vertu ; si ce n'est la Raison ? Et que pouvoit-on attendre d'une Règle si sujette à l'erreur ; d'une Règle, qui, après la corruption de l'homme, a besoin d'être redressée elle-même par une autre Règle ? Chacun étoit donc l'arbitre de ses devoirs, & les mesuroit aussi-bien que la Vertu, sur les règles que lui en prescrivoit sa Raison ; ou plutôt ses Préjugés & ses Passions mêmes, qu'il prenoit pour elle ? Et quels étoient ces Devoirs, quelle étoit cette Vertu ? sinon un dérèglement d'autant plus dangereux, qu'il étoit plus déguisé.

Aussi à combien de Vices n'ont-ils pas donné le nom de Vertus ? Combien de crimes n'ont-ils pas mis au rang des actions les plus héroïques ? Plonger une main parricide dans le sang de ses enfans, & les punir du crime d'autrui dont ils ne sont point complices. Conserver les apparences de son honneur aux dépens de son innocence, & se punir ensuite de ce crime par un nouveau. S'arracher la vie, ou pour éviter la honte de la devoir à son ennemi, ou pour suivre dans le tombeau ceux qu'on aimoit, ou pour échapper à des maux qu'on n'avoit pas la force de souffrir ; c'étoient des actions qui immortalisoient de l'aveu même des Philosophes : c'étoient des exemples qu'ils proposoient à l'admiration & à l'imitation publique ; c'étoient des titres d'Apothéose.

Peut-on dire qu'ils ont connu la véritable Vertu ; étoit-ce la connoître, que de prodiguer ce nom aux effets du plus vicieux de tous les principes ? On voyoit en eux, il est vrai, du zèle pour la justice, du mépris pour les richesses & pour les plaisirs, de la modération dans les succès, de la patience dans les malheurs ; de la générosité, du courage, du désintéressement : mais quelles étoient ces Vertus ? si ce n'est des Vertus d'appareil, des Phantômes de Vertu qui éblouissent les yeux du vulgaire ? Quel étoit le principe de ces Vertus, si ce n'est l'Orgueil ; Vertus superbes, Vertus intéressées, Vertus qui ne pouvoient qu'être infectées du venin de leur funeste origine ; de même que des eaux qui partiroient d'une source empoisonnée, n'en conserveroient pas moins tout le venin ; quoiqu'elles eussent reçu de l'Art mille formes différentes, qui offriroient aux yeux le spectacle le plus charmant.

Telles étoient les Illusions des prétendus *Sages* des siècles passés, & telles sont celles des prétendus *Sages* de notre siècle. Que dis-je ; ces derniers n'ajoutent-ils pas chaque jour de nouvelles erreurs, aux anciennes qu'ils adoptent ? Qui pourroit exprimer tous les genres d'Égarement, dont ils se font des principes monstrueux ?

Est-il d'Opinion assez bizarre & assez insensée, qui ne trouve aujourd'hui des défenseurs. Que d'Erreurs, que d'Illusions, quelles Ténèbres, quelle Nuit ! Grand Dieu, il n'appartient qu'à vous de la diffiper cette nuit profonde ; commandez que la lumière se faffe, & les ténèbres s'évanouiront. Il n'appartient qu'à la Lumière du Monde, d'éclairer véritablement l'efprit de l'Homme. Votre Religion feule peut lui apprendre ce que vous êtes, ce qu'il eft, en quoi confifte fa félicité ; & quelle eft la Voye qui peut l'y conduire.

Elle feule lui apprend, que vous êtes un Efprit Immenfe & Éternel, que le Ciel & la Terre font votre Ouvrage, que tous les biens dérivent de vous comme de leur fourçe, que rien ne réfifte à votre puiffance, que tous les êtres font devant vous comme s'ils n'étoient point ; que vous aimez fouverainement la Juftice, & que vous haïffez infiniment l'Iniquité ; & fi toute grande qu'eft cette idée, elle eft encore au-deffous de vous, elle fuffit pour porter l'homme à fe confondre devant l'abyfme de votre immenfité, & à vous rendre les juftes hommages qu'il vous doit.

Elle montre à l'Homme cette Religion, quelle eft fa Nature. Elle lui apprend qu'il eft un mélange d'efprit & de terre, un compofé d'une âme immortelle, & d'un corps mortel ; elle lui découvre fa grandeur fans l'énorgueillir, fa baffeffe fans le décourager ; il ceffe d'être à fes propres yeux une énigme impénétrable ; il connoît la caufe de cette oppofition fatale de lui-même à lui-même, de cette contradiction déplorable entre fes defirs & fes defirs, de cette guerre inteftine entre fa raifon & fes paffions, qu'il ne ceffe de fentir qu'en ceffant de vivre ; il connoît que tout le bien qui eft en lui vient du Très-Haut, & que tout le mal qui eft mêlé avec ce bien, eft une fuite fatale de fa corruption ; il connoît fa foibleffe, & les moyens de la réparer ; il fçait, que s'il ne peut rien par lui-même, il peut tout avec le fecours de celui qui le fortifie ; & fi la vûë de fes misères l'humilie, la vûë des miféricordes du Tout-Puissant le remplit de la plus vive confiance.

Mais malgré le poids funeste qui l'entraîne vers la Terre, il sent que tout ce qui est créé, ne sçauroit remplir le vuide de son cœur; & le laisse en proye, à une faim toujours renaissante. La Religion lui découvre la source des dégoûts, qui suivent la possession des objèts qu'il a souhaités le plus ardemment. Elle lui fait connoître que son cœur est fait pour Dieu, que Dieu seul peut faire sa félicité; que tout ce qui est moins que Dieu, est indigne de l'occuper; que tout ce qui n'est pas Dieu, peut bien éxciter ses desirs; mais ne sçauroit les satisfaire.

A ces connoissances salutaires, la Religion joint celle des Devoirs de l'Homme, & de la véritable Vertu; elle lui apprend ce qu'il doit à Dieu, ce qu'il doit à ses semblables, ce qu'il se doit à lui-même; elle lui apprend que la Vertu est une parfaite soumission aux Loix du Créateur, & une résolution constante de les observer inviolablement; que la Règle de ces Devoirs & de cette Vertu, n'est point la Raison humaine, toujours sujette à l'illusion; mais la Raison Éternelle, qui ne sçauroit se tromper: que c'est à cette Règle sûre, que les Vertus doivent s'ajoûter pour être véritables; que sans cette heureuse conformité tout est imperfection, tout est vanité, tout est dérèglement; que la Vertu pour mériter ce nom, doit venir de Dieu, & se rapporter à Dieu sans retour sur l'homme; qu'elle ne doit connoître l'orgueil, que pour en triompher; que les prétenduës Vertus qui partent de ce Principe vicieux, ne servent qu'à rendre l'Homme plus vain, sans le rendre plus parfait; qu'à lui cacher, qu'il manque de véritables Vertus; qu'à l'empêcher de s'enrichir des vrais biens, par la fausse idée qu'elles lui donnent de sa richesse imaginaire.

Telles sont les Lumières, telles sont les saines idées que la Religion communique à ses sectateurs; & qu'on cherche en vain chez les Philosophes.   Paroissez

Paroissez maintenant faux *Sages* du siècle, paroissez Philosophes présomptueux, qui vous flattez de posséder la *Sagesse*; & qui dans les saillies de votre orgueil dites comme l'Ange rébelle, je serai semblable au Très-Haut : comparez, si vous l'osez, les idées que vous avez de Dieu, de vous-même, de vos Devoirs, de la Vertu, avec les idées qu'en ont les sectateurs de la Religion : comparez les motifs qui vous animent à la pratique des Règles de Morale que vous vous faites; comparez les secours que vous reçevez de votre prétenduë *Sagesse*, avec les motifs par lesquels la Religion anime ses enfans à la pratique de ses maximes, avec les secours qu'ils puisent dans son sein; ou plutôt confondez-vous, & forcez par l'évidence de la Vérité, rendez enfin gloire à Dieu, en reconnoissant vos erreurs & vos déréglemens : avouez que c'est envain que vous avez tout tenté pour devenir *Sages*, & que plus vous vous êtes flattés de trouver la *Sagesse* en vous-même, plus elle s'est éloignée de vous : avoüez que vos Lumières ne sont que ténèbres & qu'illusions, vos maximes & votre conduite qu'égarement & que désordre : avoüez enfin qu'il n'appartient qu'à la Religion d'éclairer l'esprit de l'Homme & de régler son cœur; & que ce n'est que dans son sein, qu'on trouve la véritable *Sagesse*.

AUTEURS SUR LA SAGESSE.

Œuvres Morales, & mêlées de Plutarque, traduit par Amyot. *Paris, Vascosan, 1572, in-Folio.*

De la Sagesse, par Pierre Charron. *Paris, Douceur, 1607, 2 Vol. in-8°.*

Le plus excellent & divin conseil, le meilleur & plus utile avertissement de tous; mais le plus mal pratiqué, est de s'étudier & apprendre à se connoître : c'est le fondement de la Sagesse, & la voye pour parvenir au bien : & c'est pure folie, que d'être attentif & diligent à connoître toutes autres choses plutôt que soi-même ! La vraye Science & la vraye Étude de l'homme, c'est l'Homme.

Dieu, Nature, les Sages, & tout le Monde, prêche l'Homme ; & l'exhorte de fait & de parole, à s'étudier & connoître. Dieu éternellement & sans cesse se regarde, se considère, & se connoît. Le Monde a toutes ses vûës renfermées au-dedans, & ses yeux ouverts pour se voir & regarder. L'Homme est autant obligé de s'étudier & connoître, comme il lui est naturel de penser, & il est proche à soi-même. La Nature nous oblige tous à ce travail. Méditer & entretenir ses pensées est une chose fort facile, ordinaire, & naturelle ; la nourriture, l'entretien, & la vie de l'esprit, *cujus vivere est cogitare :* or par où commencera, & puis continuera-t-il à méditer, à s'entretenir plus justement & naturellement que par soi-même ? Y a-t-il chose qui lui touche de plus près ? Certes aller ailleurs & s'oublier, est chose dénaturée & très-injuste. C'est à chacun sa vraye & principale vocation, que de penser à soi. Aussi voyons-nous que chaque chose pense à soi, s'étudie la première, a ses limites, ses occupations & ses desirs. Et toi Homme, qui veux embrasser l'Univers, tout connoître, controller & juger, tu ne te connois pas toi-même : & ainsi en voulant faire l'habile, tu demeure le seul Sot au monde. Tu es la plus vuide & nécessiteuse des Créatures, la plus vaine & misérable de toutes, & néanmoins la plus fière & orgueilleuse. C'est pourquoi regarde dedans toi, reconnois-toi, tiens-toi à toi ? Ton esprit & ta volonté, qui se consomme ailleurs, ramene-le à soi-même. Tu t'oublie, tu te répands, & te perds au-dehors, tu te dérobes à toi-même, tu regardes toujours devant toi : ramasse-toi, & t'enferme dedans toi : éxamine-toi, & ne pense à autre chose qu'à te connoître bien.

Nosce te-ipsum, nec te quæsiris extra,
Respice quod non es, tecum habita, &
Noris quam sit tibi curta suppellex.
    Tu te consule.
Te-ipsum concute, numquid vitiorum.
Insevrit olim natura, aut etiam consuetudo mala.

Les Conseils d'Ariste à Célimène. *Paris, Nicolas Pepingué, 1666.*

Ce Livre a cela de singulier, que sans perdre le tems à traiter les Maximes qui sont de la connoissance de tout le monde, & qui se trouvent tant de fois rebattuës dans les Auteurs qui ont écrit de la Morale, il s'attache aux particularités qui concernent la conduite d'une jeune Dame, & règle ses conseils sur toutes les circonstances de la vie commune, & sur les actions ordinaires du Beau monde. Les règles en sont fondées sur l'Honnêteté, & sont écrites d'un style agréable. Si les esprits libres se plaignent qu'elles ne tendent qu'à ruiner la galanterie, les Sages reconnoîtront qu'elles retranchent seulement de la societé les choses que la modestie n'y peut souffrir. On ne sçait pas le nom de l'Auteur: mais il est facile de juger, que cet Ouvrage sort de la main d'un homme qui s'est acquis l'intelligence des bons livres, & qui connoît parfaitement la vie de la Cour.

La Morale de la Nature. Par M. Vignier. *Paris, de Sercy, 1676, in-12.*

Ce sont des sentimens fort chrétiens, que cet Auteur a exprimés en vers; & qu'il a tirés à la vûë des choses naturelles qui tombent tous les jours sous nos yeux.

La Morale d'Épicure, avec des réfléxions par Descoutures. *Paris, Guillain, 1685, in-12.*

Escalier des Sages, ou la Philosophie des Anciens. *Groningue, Piémant, 1686, in-Fol. Fig.*

La Morale de Tacite, Ier. Essai de la Flatterie, par le S. Amelot de la Houssaye. *Paris, Veuve Martin, Boudot, 1686, in-12.*

Quelque mépris qu'Alciat, Émile Ferret, & quelques autres ayent fait de la latinité & du style de Tacite; il est certain, selon plusieurs Écrivains illustres, qu'il n'est guères d'Auteurs qui l'emportent au-dessus de lui, ni qui lui soient même comparables; tant pour la subtilité

& pour la délicateſſe de ſes expreſſions, que pour l'étenduë de la Prudence & de la Politique dont ſes Ouvrages ſont aſſaiſonnés.

C'eſt entr'autres, le jugement qu'en ont porté Jean Bodin, Juſte Lipſe, Poſſevin, Mariana, Famien Strada, Balthazard Gracian, Gabriel Naudé, & M. la Motte Levayer. Les uns diſent que ſa diction eſt élégante, pure & limée: les autres, qu'elle eſt nerveuſe & pleine de ſens: ceux-là, que chaque page, chaque ligne contient des conſeils, des préceptes, & des dogmes; ceux-ci, qu'il ne s'attache pas tant à faire des conjectures ſur le paſſé, qu'à donner des avertiſſemens pour l'avenir; & tous concluent de-là, qu'il n'eſt point d'Hiſtorien dont la lecture ſoit plus utile, que celle de ſes Ouvrages.

Il eſt vrai, comme le remarque Lipſe, que tous n'attrappent pas le ſens myſtérieux de cet Auteur: qu'il faut pour cela des hommes faits; & avec une certaine ſubtilité d'eſprit, un jugement qui aille droit au but; & pour le dire en un mot, une naiſſance heureuſe & une bonté de naturel particulière.

On peut ajouter avec Curciana, qu'il faut de plus avoir de l'expérience & de la pratique dans les affaires d'État; car comme la lecture de Tacite ne convient particulièrement qu'à ceux qui ſont deſtinés au maniement de ces ſortes d'affaires; la Cour, les Ambaſſades & le Commerce des Grands ſont auſſi proprement les ſeules Écoles où l'on apprend l'uſage de ſa Morale, & les ſources où l'on puiſe l'intelligence de ſes Écrits.

L'on peut avoir déja conçu, par les Ouvrages que M. Amelot de la Houſſaye a donnés au Public ſur cet Hiſtorien, ou illuſtrés par ces belles maximes, le talent qu'il a pour le deſſein qu'il ſe propoſe de recueillir en divers Traités toute la Doctrine, Morale & Politique que ſes Œuvres renferment.

ESSAIS NOUVEAUX de Morale, de l'Ame de l'Homme. *Paris, Boudot, 1686, in-12.*

Que ce ſoit un Diſciple du P. Mallebranche, ou un ſimple Carteſien, à qui nous devons cet Ouvrage; il eſt certain qu'il nous donne dans cet Eſſai de grandes ouvertures Métaphyſiques pour la Morale: au lieu que les autres Traités ordinaires ſuppoſent ſans les prouver, des principes de la Religion, & les devoirs tout établis ; dans celui-ci, on cherche le fondement de toute la conviction de la Religion & de la Morale ; & l'Auteur croit l'avoir trouvée dans la connoiſſance de notre Ame. Il tâche donc d'en donner une idée la plus diſtincte qu'il lui eſt poſſible. Il en explique, & il en établit la Spiritualité, l'Immortalité ; la manière dont elle eſt unie à notre corps, &c. Et de-là, il montre quels ſont nos devoirs de Morale & de Religion ; & quel eſt l'ordre de ces devoirs par rapport à nos âmes & à nos corps. M. B. dit, que quoique l'Auteur ne ſe donne pas toute la peine que demande la netteté de l'Élocution, il eſt néanmoins éloquent ; & il s'exprime en certains endroits d'une manière très-vive & très-heureuſe.

LES ÉGAREMENS DES PASSIONS, & les Chagrins qui les ſuivent ; repréſentés par pluſieurs Aventures du temps. *Paris, Guignard, 1697, in-12.*

Un des meilleurs Remèdes contre le dérèglement des Paſſions, c'eſt de connoître leurs mauvais effets, & d'y faire une fréquente & ſérieuſe attention. Les récits qui les rendent ſenſibles par le détail des circonſtances, contribuent plus avantageuſement à l'accompliſſement de ce deſſein, que les raiſonnemens ni les préceptes, & font des impreſſions plus profondes & plus durables. C'eſt auſſi la Voye qui a été choiſie par l'Auteur, qui dans les Hiſtoires de ce Volume, peint comme dans autant de Tableaux ; les Chagrins, les Déplaiſirs, & les Diſgraces de ceux qui ſuivent ſans réſiſtance le penchant de leur naturel.

LA FAUSSETÉ DES VERTUS HUMAINES. Par M. Eſprit. *Paris, Deſprez, 1678, 2 Vol. in-12.*

On trouve dans cet Ouvrage une juſte idée de l'eſprit & du cœur humain, dans l'éxercice des *Vertus Morales, Civiles, Politiques & Militaires.* L'Auteur explique toutes ces Vertus en particulier, & par les démarches que les plus grands hommes ont faites ; & qu'il donne toujours pour exemple de ce qu'il avance : il fait voir combien il y a peu de véritables Vertus, & quelles ſont les ſources des défauts qui s'y trouvent après l'Amour-propre, l'Intérêt, & la Vanité.

SAGESSE du Docteur Angélique Saint Thomas d'Aquin, ſur

les Vertus, & les Vices; expliquée par demandes & par réponses : par un Docteur en Théologie, dè l'Ordre des Frères Prêcheurs. *Lyon, 1690, in-12.*

Système de Morale. Par Pierre Silvain Regis. *Paris, Thierry, 1690, 3 Vol. in-4°.*

M. Regis prétend qu'il y a peu de gens qui ayent cultivé la Morale comme il faut. Il dit que la plûpart des Philosophes Payens n'ont considéré dans cette Science, que ce qui regarde la vie civile; & que presque tous les Chrétiens n'ont éxaminé, que ce qui concerne le Christianisme. Ce qui a fait, que ni les uns ni les autres n'ont pû former qu'une idée imparfaite de la Morale; parce que la Morale Chrétienne suppose la Morale Civile, dont la plûpart des Philosophes Chrétiens n'ont pas connu les obligations; & la Morale Civile suppose la Morale Naturelle, dont presque tous les Payens ont ignoré les devoirs.

Pour remédier à ces inconvéniens autant qu'il l'a pû, il a joint la Morale naturelle à la Morale civile, & la Morale naturelle & civile à la Morale chrétienne : il a tâché de faire de ces trois parties un seul Système, qu'il croit être fondé sur des principes incontestables.

Ce Système est compris dans trois livres. Dans le premier, il éxamine tous les devoirs de l'Homme considéré dans l'état de la nature; c'est-à-dire, dans l'état où l'homme se trouve, lorsqu'il ne connoît d'autres loix que sa propre Raison naturelle. Le Second livre contient tous les devoirs de l'Homme considéré dans l'état de la Société civile, où il est obligé de reconnoître les loix de ses supérieurs : & le troisième embrasse tous les devoirs de l'Homme considéré dans l'état du Christianisme, où il fait profession d'obéir aux loix de Jesus-Christ.

Suivant cette division, il fait voir en premier lieu; que l'Homme dans l'état de la nature, est obligé d'aimer sa conservation, & de l'aimer d'un amour non-seulement apparent, mais d'un amour véritable; dont il définit la nature & les propriétés. Et parce que la conservation de chaque Homme en particulier est tellement liée avec celle des autres hommes, qu'il n'arrive jamais que par accident qu'on puisse travailler à sa conservation propre, sans travailler à celle des autres, ni travailler à celle des autres sans procurer la sienne. Il enseigne en second lieu, que l'homme pour s'aimer d'un amour véritable, doit aimer son prochain comme soi-même.

Et d'autant que l'homme ne peut s'aimer soi-même, ni aimer son prochain, sans aimer de véritables biens ; ni aimer de véritables biens, sans aimer Dieu qui les a produits, & qui les conserve. Il fait voir en troisième lieu, que l'Homme ne peut s'aimer soi-même, ni aimer son prochain d'un amour véritable, sans avoir de l'amour pour Dieu ; d'où il conclut, que l'amour de Dieu est une partie essentielle du devoir de l'Homme considéré dans l'état de la nature.

De plus, parce que les hommes sont tellement corrompus depuis le péché d'Adam, qu'ils ne manqueroient pas de se quereller sur l'usage des choses que la nature leur a données en commun ; il fait voir que pour établir la paix qui règne maintenant parmi eux, ils ont été obligés de céder les uns aux autres une partie du droit qu'ils avoient sur toutes choses ; ce qu'ils n'ont pû faire que par des pactes & par des conventions, dont il explique la nature & les propriétés.

Les Leçons de la Sagesse, sur l'Engagement au Service de Dieu. Par le P. Dom François Lamy, Bénédictin de la Congrégation de Saint Maur. *Paris, Mariette, 1703, in-12.*

Les Hommes se forment de très-différentes idées de l'état d'une personne qui quitte le Monde, pour s'engager au service de Dieu. Les uns ne regardent cet engagement que comme un État de dureté & de rigueurs, de tortures & de souffrances. Les autres ne s'y figurent que des lumières, des douceurs, des goûts, & des consolations sensibles. Les premiers ne regardent que la croix, & n'en découvrent pas l'onction. Les seconds n'en jugent au contraire que sur la foi de quelques sentimens passagers de dévotion, ou sur les portraits flattés & trompeurs qu'on leur en a faits. La Vérité tient le milieu entre ces deux extrêmités. Jesus-Christ ne promet que des croix en cette vie à ceux qui le suivent. Mais il les y soutient d'ordinaire par une force invincible, quelquefois même par une onction sensible ; & toujours par l'espérance du bonheur éternel. Ainsi le parti le plus sûr pour ceux qui s'engagent au service de Dieu, est de ne s'attendre qu'aux croix & aux travaux, & de se remettre à la Divine Providence des adoucissemens qu'elle jugera convenables à cet état. Le P. Lamy prouve cette maxime dans le difcours général, & fait envifager en particulier dans le corps de l'Ouvrage, les voyes pénibles par lefquelles Dieu conduit ceux qui s'engagent à fon fervice. En faifant des réfléxions fur le fecond Chapitre de l'Écléfiaftique; il dit « qu'on ne doit point s'attendre à » trouver dans cet Ouvrage, du merveilleux, du brillant, ou de l'em- » phatique; qu'on ne doit point craindre d'y trouver du myftérieux, » de l'obfcur, & de l'énigmatique; que tout y eft fimple & naturel, » uni & plein de piété, intelligible & à la portée de tout le monde ». Il eft cependant écrit d'un tour fin, dans des termes très-propres; les expreffions en font vives, les penfées juftes, & les fentimens religieux.

MORALE divifée en deux Livres, dont le premier contient une explication des Principes, des Devoirs, & des Moyens d'acquérir la Vertu; & le fecond, les Récompenfes qui y font attachées. Troifième Édition. *Amfterdam, Daniel Tfchiffety, 1708, in-8°.*

Après les Prolégomènes, qui roulent à l'ordinaire fur la définition, l'objèt, la fin & le fujèt de la Morale; l'Auteur divife fon Ouvrage en deux Livres, dont le premier eft fous-divifé en deux parties.

L'Auteur traite d'abord des Principes des actions morales. Ces Principes font de deux fortes, felon lui: les uns font Intérieurs, & les autres Extérieurs.

Les Intérieurs font, l'entendement & la volonté, qu'il éxplique en Cartéfien: c'eft-à-dire, qu'il fait confifter l'effence de l'âme dans la penfée actuelle; & fon union avec le corps, dans la correfpondance mutuelle de fes penfées avec les mouvemens du corps, & des mouvemens du corps avec les penfées de l'âme. Il ne donne à l'entendement que le pouvoir d'appercevoir, & à la volonté que celui de juger; & lorfque l'âme agit fuivant les lumières de l'entendement, il prétend qu'elle agit librement. Il n'admèt point d'Indifférence, & il croit que la Liberté ne confifte que dans l'éxemption de contrainte.

Les Principes extérieurs des actions morales, font partagés en deux claffes: ou ils nous difpofent à faire le Bien, comme la grace & l'éducation,

cation, felon l'Auteur ; ou ils nous y éxcitent, comme les éxhortations, les menaces, les promeſſes, & la fin.

L'Auteur paſſe enſuite aux actions morales en particulier : il les diſtingue par rapport à leurs Principes, & par rapport à la règle à laquelle elles doivent être conformes. Par rapport à leurs Principes, l'Auteur en trouve de trois ſortes ; les uns ſont libres, les autres forcés, & les autres mixtes. Les actions libres, ſont celles qui ſont faites avec connoiſſance ; ainſi les actions qui ſe font par le mouvement de la grace éfficace, ſont libres, ſelon lui ; parce que cette grace n'empêche pas l'âme d'agir volontairement : il appelle actions forcées, celles qui ſe font par violence, ou par ignorance ; & actions mixtes, celles qui ſont en partie forcées, & en partie volontaires : telle eſt l'action d'un Marchand, à qui la crainte du naufrage fait jetter ſes marchandiſes dans la Mèr : toutes les actions ſont bonnes ou mauvaiſes, ſelon l'Auteur, il n'en reçoit pas d'indifférentes, non pas même d'omiſſion.

L'Auteur reconnoît de deux ſortes de Paſſions : des paſſions primitives, & des paſſions qu'il appelle dérivées ; parce qu'elles ſont produites par les autres : par éxemple, il mèt l'admiration dans la première claſſe, & il en fait deſcendre l'eſtime & le mépris, la vénération & le dédain, qu'il place dans la ſeconde claſſe.

La ſeconde partie du premier Livre regarde les principes, les propriétés, les devoirs, & les moyens d'acquérir la Vertu. La principale cauſe de la Vertu, ſelon l'Auteur, c'eſt Dieu. Notre Philoſophe en reconnoît bien d'autres cauſes, comme le bon éxemple, les inſtructions, &c ; mais ce ne ſont, dit-il, que des cauſes externes ; Dieu ſeul, dit-il, en eſt la véritable cauſe, il eſt Auteur de tout bien, & il opère en nous le vouloir & le faire.

Il fait conſiſter toutes les Vertus, dans un amour de la Vérité. Il appelle cet amour, Piété & Religion, lorſqu'il a Dieu pour objet : il l'appelle Tempérance, lorſque cet amour ſe termine à nous-mêmes ; Juſtice & Équité, lorſqu'il regarde le prochain. Comme il trouve la Douceur, la Chaſteté, la Modeſtie ; dans la Tempérance : il prétend que la Libéralité, la Magnificence, la Véracité, la Diſcrétion, la Fidélité, la Pudeur, l'Humanité, ſont des eſpèces de la Juſtice.

Tome II. c

Le Souverain Bien étant la principale récompense de la Vertu, l'Auteur rapporte ici les différens sentimens des Philosophes sur ce sujèt; il en fait voir le faux, & il fait consister le souverain bonheur dans la connoissance, dans l'amour du Créateur, & dans la joye de le posséder. Il reconnoît de deux sortes de Récompenses de la Vertu; des Récompenses essentielles, comme la Tranquillité & la Liberté de l'esprit; des Récompenses accidentelles, telles sont les Honneurs & les Louanges des Hommes.

COMMENTAIRE LITTÉRAL, sur les Proverbes & la Sagesse de Salomon. Par le P. Augustin Calmet, Religieux Bénédictin de la Congrégation de Saint Vanne & de Saint Hydulphe. *Paris, Emery, 1713, in-4°.*

Le Livre des *Proverbes* contient des sentences, des maximes, des leçons courtes & instructives, écrites d'un style concis & sententieux. Salomon avoit composé trois mille Proverbes; & le Père Calmèt ne doute pas, que ce qui est compris dans le Livre des Proverbes, ne soit une partie de ce grand Ouvrage. On y remarque des interruptions, qui semblent prouver que c'est un assemblage de fragmens. Depuis le commencement, jusqu'au chapitre dixième, la matière est assez suivie; c'est un exhortation à l'Étude de la *Sagesse*. Au chapitre dixième le style change, & on y voit un nouveau titre, ou plutôt une répétition du premier : *Paraboles de Salomon*. Ce sont des Sentences assez peu liées les unes avec les autres, qui contiennent pour l'ordinaire des antithèses, ou des allusions; ou même des Similitudes. Chaque Sentence fait un sens figuré & fini. Cela continuë depuis le commencement du Chapitre dix, jusqu'au verset dix-sept du Chapitre vingt-deux. En cet endroit se présente un nouveau discours, & un nouveau style plus semblable à celui des neuf premiers chapitres. Le Style se soutient jusqu'au verset vingt-trois du Chapitre vingt-quatre, où il y a un nouveau titre en ces termes : *Hæc quoque Sapientibus*; *Ceci est aussi adressé aux Sages,* ou plutôt : *Voici encore d'autres Maximes des Sages*. Le Style en est court & sententieux, comme celui du chapitre dix & des suivans. Au chapitre vingt-cinq on lit ces mots : *Voici les paroles qui furent recueillies & compilées par les gens d'Ezéchias Roi de Juda*. Ce recueil va jusqu'au chapitre trente-un, où l'on trouve ces paroles : *Difcours d'Agur fils de Jaké.* Enfin le chapitre-un & dernier a pour titre : *Difcours du Roi Samuel.*

Le Père Calmèt conclut de tout cela, que les Proverbes tels que nous les avons, font une Compilation des Sentences de Salomon faite en divers temps, & par différentes perfonnes; raffemblés en un corps par Efdras, ou par ceux qui revirent les Livres Sacrés après la Captivité de Babylone, & qui les mirent en l'état où nous les voyons.

La Préface fur le Livre des Proverbes eft accompagnée d'une differtation, dans laquelle l'Auteur éxamine, *Si les anciens Légiflateurs & les Philofophes, ont puifé dans l'Écriture leurs Loix & leur Morale.* Il remarque d'abord qu'on a cru pendant un temps, que les Anciens Philofophes avoient pris dans les Livres Sacrés des Juifs, ce qu'il y avoit de plus jufte dans leurs Loix, & de plus judicieux dans leurs opinions; que dans d'autres circonftances, on a prouvé qu'ils n'avoient eu aucune connoiffance de nos Écritures; & qu'enfin dans le dernier fiècle on a vû des Écrivains qui ont foutenu que Moyfe lui-même avoit puifé fes Loix & fes Cérémonies parmi les Égyptiens. Comme le Père Calmèt a réfuté ce troifième fentiment dans fa Préface de l'Éxode, il s'attache uniquement ici à balancer les preuves des deux autres.

Ces preuves font des Témoignages & des Autorités foutenuës de raifons. Les Autorités par elles-mêmes lui paroiffent affez égales; mais il trouve les raifons de ceux qui affurent que les Philofophes n'ont pas copié les Saints Livres, plus folides que les raifons de ceux qui affurent le contraire. Ce que difent les Pères qui traitent de plagiaires les Anciens Philofophes, fé réduit à deux points : 1°. les Philofophes ont connu plufieurs vérités qui fe trouvent dans les Livres Sacrés : 2°. ils ont pour la plûpart voyagé dans l'Égypte, où il y avoit beaucoup de Juifs. Mais on peut répondre trois chofes à ces raifons, dit l'Auteur; la première, que ni ces Philofophes, ni aucuns Auteurs Contemporains n'ont dit qu'ils ayent été inftruits de vive voix par les Juifs, ni qu'ils ayent lû leurs Livres. La feconde, que la conformité, qui eft le principal argument fur lequel on fe fonde, ou n'eft pas auffi grande qu'on le prétend, ou qu'elle peut venir de quelque autre caufe. La troifième enfin, que les Philofophes dont il eft queftion ayant vêcu avant que la Traduction des Livres Sacrés des Juifs eût été faite, ils n'ont pû profiter par leur Lecture des lumières qui font répanduës dans ces Divins Écrits.

Le Père Calmèt montre enfuite que Philon, Ariftée, Ariftobule, Jofeph, Origène, Tertulien, S. Auguftin, favorifent évidemment l'Opinion qui nie que les Anciens Payens ayent copié l'Écriture; & il termine ces témoignages par celui de Lactance, qui dit nettement que les Philofophes n'avoient pas lû les Livres Sacrés; & que ceux d'entr'eux qui avoient été à portée de les lire, en avoient été détournés par la Providence de Dieu; qui avoit réfolu de ne manifefter la véritable Religion aux étrangers que dans un certain temps : *Nullas litteras veritatis attigerant.... averfos effe arbitro divinæ Providentiæ, ne fcire poffent veritatem, quia nondum fas erat alienigenis hominibus Religionem Dei veri, Juftitiamque notefcere.*

Quoique l'on connoiffe affez la méthode que fuit l'Auteur dans fon commentaire, nous ne laifferons pas de mettre ici quelques-unes de fes remarques. Chapitre XXXI. ℣. 6. *Date ficeram mœrentibus*, &c. « *Donnez à ceux qui font affligés une liqueur capable de les enyvrer, & du
» vin à ceux qui font dans l'amertume.* Voilà ceux à qui il eft permis
» d'ufer du vin, & des liqueurs fortes, & capables de faire impreffion
» fur le cerveau.... Les Rabbins enfeignent que l'on faifoit boire du
» vin & des liqueurs fortes à ceux qui étoient condamnés au dernier
» fupplice, pour leur ôter une partie de la frayeur & du fentiment
» des peines. On leur offroit cette boiffon dans le tems qu'on les me-
» noit au lieu du fupplice, & il y avoit à Jérufalem des honnêtes femmes
» qui fe mêloient de faire la mixtion de certaines poudres avec cette li-
» queur, afin qu'elle fût plus forte, & qu'elle leur affoupît les fens.
» On prétend que le vin de mirrhe qui fut donné à notre Sauveur
» avant qu'il fût attaché à la croix, étoit celui qu'on avoit accoutumé
» de préfenter aux criminels avant leur fupplice.... ℣. 13. *Quæfivit
» lanam*, &c. *La Femme forte a cherché la laine & le lin, & elle a tra-
» vaillé avec des mains fages & ingénieufes. Elle n'a point acheté les
» toiles, & les étoffes toutes faites; elle les a travaillées elle-même....
» Autrefois chez les Grècs, les Romains, les Hébreux, & prefque tous
» les autres Peuples, il n'y avoit que les Femmes qui fiffent la toile &

» les étoffes. Les Reines & les Princesses elles-mêmes n'avoient pas de
» honte de ces occupations, que l'on a abandonnées aujourd'hui aux
» plus vils artisans. Nous voyons ici Bethsabée épouse du Roi David,
» qui s'occupe fort sérieusement à tout le détail de son domestique ;
» qui fait, ou qui fait faire sous ses yeux la toile & l'étoffe pour les
» habits de sa famille. La Reine Pénélope Épouse d'Ulysse, ourdissoit
» elle-même une toile très-fine ; la Déesse Calipso nous est décrite
» dans la même occupation. Aléxandre le Grand parlant à la mère de
» Darius, & lui montrant son habit, lui dit : ma mère, vous voyez
» un habit qui a été fait par les mains de mes Sœurs ; c'est non-seule-
» ment un présent de leur part, c'est leur Ouvrage. Auguste ne se
» servoit ordinairement dans son domestique d'autres habits que de
» ceux qui avoient été faits par l'Impératrice son Épouse, par sa Sœur,
» par ses filles, & ses petites-filles. Éginhart raconte à-peu-près la
» même chose de Charlemagne ».

ESSAIS DU CHEVALIER BACON, Chancelier d'Angleterre ;
sur divers sujèts de Politique & de Morale. *Paris, Emery*,
1734, in-12.

« On voit en racourci dans la Préface de cet Ouvrage tout le génie
» de Bacon, *dit le Libraire* ; un esprit aisé, un jugement sain, le Philo-
» sophe sensé, l'homme de réfléxions, y brillent tour à tour ; c'est un des
» fruits de la retraite d'un homme qui avoit quitté le Monde, après en avoir
» soutenu long-tems les prospérités & les disgraces ; si les Maximes
» de M. de la Rochefoucaud ont été si long-tems goûtées par ce qu'il
» a de plus sensé, si elles font encore les délices de ceux qui aiment
» les Ouvrages, où le vrai & le judicieux sont substitués à la place des
» traits brillans de l'imagination, souvent faux, & presque toujours
» peu solides ; on a droit d'espérer que ces Essais ne seront ni moins
» recherchés, ni moins lûs, ni moins utiles ; tout y paroît si raisonna-
» ble, que chacun croit penser de lui-même ce qu'il trouve éxprimé
» dans son Auteur ; la politique n'y est point contraire à la Religion,
» celle-ci soutient à son tour la politique ; c'est un livre de principes
» qui peut également servir à l'Homme d'État, & au Philosophe ; ce
» ne sont point des maximes de spiritualité, mais des réfléxions saines,
» judicieuses, solides ».

Auteurs

Notre Libraire ajoute, « l'Auteur parle avec liberté ; c'étoit affez
» dans ce tems-là, le caractère des Anglois, & c'eſt encore celui de
» leurs Auteurs ; mais quand cette liberté n'a rien que de conforme à
» la raiſon & au bon ſens, quand elle reſpecte la Religion & la Piété,
» qui doivent, *dit-il*, être raiſonnables elles-mêmes ; alors loin d'être
» blâmable, c'eſt l'aſſaiſonnement le meilleur qu'on puiſſe donner à un
» écrit, ſur-tout aujourd'hui que ce goût paroît règner en France, &
» même dans preſque toute l'Europe, un Écrit qui a ce caractère ne
» peut manquer de plaire & d'être utile ; un Ouvrage qui renferme
» plus de choſes que de mots, peut ennuyer un eſprit ſuperficiel, qui
» n'aime que ce qui flatte ſon imagination, & qui cherche plus ce qui
» brille, que ce qui inſtruit ; mais la gloire d'un Auteur n'eſt pas de
» n'être agréable qu'à ces ſortes de lecteurs ; l'Homme ſenſé, l'Auteur
» judicieux ne mèttent leur honneur qu'à être goûtés par ceux qui
» leur reſſemblent ; puiſque nous ſommes tous faits pour raiſonner,
» & pour raiſonner juſte, on ne doit pas chercher autre choſe dans
» un Ouvrage. Celui-ci d'ailleurs donne en peu de mots, tant de Règles
» lumineuſes d'une ſage conduite, qu'il plaît, qu'il inſtruit, qu'il char-
» me ceux qui aiment à ſe connoître, & qui craignent de ſe tromper ;
» s'il reprend des défauts, c'eſt pour apprendre à les corriger ; s'il at-
» taque des abus, c'eſt pour montrer à les éviter ; s'il donne des pré-
» ceptes, c'eſt pour faire diſcerner ce qui eſt de devoir, & fuir ce
» qui n'eſt que de caprice & de fantaiſie ».

Le Libraire, après avoir ainſi déclaré ce qu'il juge de ce Livre, dit
que Bayle, « qui avec beaucoup de défauts, ne laiſſe pas d'avoir connu
» ce qui étoit préjugé, & d'avoir fait quelquefois une guerre aſſez
» heureuſe à beaucoup de préventions, avoit raiſon d'eſtimer ces
» eſſais ; qu'il les loue beaucoup : & qu'il nous apprend qu'il s'en fit
» en peu de tems un aſſez grand nombre d'Éditions. Jean Beaudoin,
» l'un des premiers Membres de l'Académie Françoiſe, en avoit déja
» publié une traduction en 1614, qu'elle renferme une différence énor-
» me d'avec celle que l'on publie ici : ſtyle mauvais dans la premiè-
» re, additions peu dignes de l'Auteur, expreſſions louches, ſurannées,
» & ſouvent bizarres ; au lieu (pourſuit le Libraire) que l'élégance,
» la pureté du langage, la préciſion forment le caractère de la Traduc-

» tion que voici ». Le Libraire avertit qu'il a fait quelques retranche-
mens dans la traduction, mais qu'ils font en petit nombre ; & qu'il ne
les a faits que fur l'avis d'un homme d'efprit, *qui les a jugés néceffaires
pour fe conformer à nos Mœurs, & aux Loix reçuës dans le Royaume, &
par refpect pour la vérité qui s'y trouvoit bleffée.*

Voilà pour ce qui concerne l'avis du Libraire, & le jugement qu'il
a cru devoir nous apprendre qu'il porte du Livre : venons à l'Ouvrage.

Les fujèts en font très-variés : ceux qu'on y traite d'abord font l'Habitude & l'Éducation ; le Mariage & le Célibat ; les Cliens & les Amis ;
la Converfation ; la Nobleffe, les Magiftrats, & les Dignités ; le Sage
en apparence ; la Colère ; la Louange ; la Gloire, & la Réputation ; les
Richeffes ; les Cérémonies, & les Complimens ; l'envie ; ce qu'on appelle Nature dans les Hommes ; la Diffimulation ; les Voyages ; la
Dépenfe ; les Graces, & ceux qui y prétendent.

L'on parle enfuite des Pères & des Enfans ; de l'Ufure ; du Devoir
des Juges ; de la Viciffitude des chofes ; du Confeil ; de l'Amitié ; de
la Difformité : puis de la Vérité ; de l'Adverfité ; de la Vengeance ; de
l'Athéifme ; de la Superftition ; de la Bonté naturelle & acquife ; de la
Mort ; de la Jeuneffe ; & de la Vieilleffe. Les autres réfléxions regardent les Soupçons, l'Amour, l'Intérêt particulier, l'Étude, la Vanité,
l'Ambition, la Fortune, l'Empire, la Véritable grandeur des Royaumes
& des États, les Troubles & les Séditions, les factions & les Partis,
les Colonies, l'Expédition dans les affaires, la Négociation, l'Audace,
& les Nouveautés.

On conçoit bien qu'il eft impoffible de faire l'extrait de tant d'Articles différens, nous nous bornerons à quelques-uns.

De l'Habitude.

Notre Auteur dit, qu'on voit bien clairement la force & l'empire
de l'*Habitude*, dans la conduite de la plûpart des hommes ; qui *tous les
jours, promettent, s'engagent, & donnent des paroles authentiques par habitude feulement, fans que cela faffe aucune impreffion fur eux, ni qu'ils
changent en rien leur conduite ; comme s'ils étoient des ftatuës & des machines.*

Voici plufieurs exemples qu'il donne de la tyrannie de cette *Habitude.*

« Les Indiens, [il parle des Gymnofophiftes] fe mèttent tranquille-

» ment sur un bûcher, & se sacrifient par le feu. Les Femmes même
» se font brûler avec les corps de leurs maris. Les enfans de Sparte
» étoient accoûtumés à se laisser fouëtter sur l'Autel de Diane, sans
» se plaindre ».

Notre Auteur dit qu'il se souvient qu'au commencement du Règne de la Reine Élizabèth, un Irlandois rébèlle, qui fut condamné a être pendu, présenta au Viceroi un plaçèt; dans lequel il demandoit à être pendu avec une branche d'ozier retorse, au lieu de l'être avec une corde; parce que dans son pays c'étoit l'usage de pendre ainsi les rebèlles.

L'Auteur joint à ces éxemples celui de certains Moines de Moscovie, qui par pénitence se mèttent en hyver dans l'eau froide, & y demeurent jusqu'à ce qu'elle soit gelée autour d'eux ....

Du Mariage.

» Quelques-uns regardent une femme & des enfans, seulement
» comme un sujet de dépense; & qui plus est, il y a des avares assez
» fols pour tirer vanité de n'avoir point d'enfans; parce que, peut-être,
» ils ont entendu dire à quelqu'un, en parlant d'un homme riche: *Mais*
» *il a beaucoup d'enfans;* comme une chose qui diminuoit sa richesse.
» Cependant la raison qui fait le plus communément garder le célibat,
» c'est l'envie de jouir de la Liberté; sur-tout pour quelques esprits si
» sensibles à la moindre contrainte, qu'ils regardent presque leurs jar-
» retières comme des chaînes .... une Femme & des Enfans augmentent
» l'Humanité, & quoiqu'un garçon soit souvent plus charitable, parce
» qu'il a moins de dépense à faire, il est cependant plus dur, & plus
» propre à faire la charge d'Inquisiteur; parce qu'il a moins d'occasion
» qui puissent réveiller en lui sa tendresse, & toucher son cœur .... Les
» Femmes chastes sont souvent orgueilleuses & de mauvaise humeur,
» enflées qu'elles sont du mérite de leur vertu.

» Le meilleur lien, pour retenir une femme dans son devoir, c'est
» qu'elle ait bonne opinion de la prudence de son mari, opinion qu'elle
» n'aura jamais s'il lui paroît jaloux.

» Les femmes sont des Maîtresses pour les jeunes gens, des Compagnes
» pour les hommes plus âgés, & des Nourrices pour les vieillards;
» ensorte qu'on a, tant qu'on veut, un prétexte de prendre une Femme.

» Cependant

» Cependant celui à qui on demandoit quand un homme devoit fe ma-
» rier, & qui répondit : *Un jeune homme pas encore; un vieillard point du
» tout;* celui-là, dis-je, eſt mis au nombre des Sages.

Des Magistrats.

Notre Auteur trouve que » ceux qui ont les plus grandes charges, font
» trois fois efclaves : efclaves du Prince ou de l'État; efclaves de leur
» réputation; efclaves des affaires : de manière qu'ils ne font maîtres ni
» de leurs perfonnes, ni de leurs actions, ni de leurs tems.....

Il remarque que » la plûpart des hommes ne peuvent foutenir une vie
» privée, malgré la vieilleſſe & une mauvaiſe ſanté, qui demandent
» cependant l'ombre & le repos. Il les compare à ces vieux Bourgeois,
» qui, n'ayant plus la force de fe promener dans la Ville, s'aſſeyent
» encore devant leur porte, & fe donnent en fpectacle au Public....

» Ceux qui font dans les grands emplois, remarque-t-il encore, ont
» befoin de l'opinion des autres pour fe trouver heureux. S'ils jugent par
» ce qu'ils fentent eux-mêmes, ils ne trouveront pas qu'ils le foient;
» mais s'ils font attention à ce que les autres penfent, & combien l'on
» fouhaite d'être à leur place, ils fe trouvent heureux par cette opinion
» d'autrui, & pendant qu'ils fentent peut-être en eux-mêmes, qu'ils
» ne le font pas; car ils font les premiers à fentir leurs douleurs, quoi-
» qu'ils foient les derniers à fentir leurs défauts. Les hommes en grand
» pouvoir ne fe connoiſſent pas ordinairement; parce que, diſtraits par
» affaires, ils n'ont pas le tems de penfer à eux.

Illi mors gravis incubat,
Qui notus nimis omnibus
Ignotus moritur ſibi.

A ces maximes de fpéculation, notre Auteur joint des préceptes importans pour la pratique : » Dans l'emploi que vous occupez, *dit-il*,
» mettez-vous devant les yeux les meilleurs exemples; l'imitation eſt
» un globe de préceptes; propofez-vous dans la fuite, votre propre
» exemple, pour voir fi vous n'avez pas mieux commencé que vous
» ne continuez; & ne négligez pas non plus l'exemple de ceux qui ont
» mal fait dans la même charge, non pas pour en tirer vanité, mais pour

» mieux apprendre à éviter le mal.... Éxaminez les chofes dès leur com-
» mencement; voyez en quoi, & comment le mal s'eſt introduit: conful-
» tez l'Antiquité pour connoître ce qu'il y a de meilleur, & le reſte des
» tems pour ſçavoir ce qu'il y a de plus commode........ Conſervez les
» droits de votre charge, mais ne cherchez point de diſpute là-deſſus;
» penſez plutôt à les éxercer rigoureuſement ſans en parler, qu'à faire
» du bruit, & à vous attirer des querelles par oſtentation. Défendez,
» dans leurs droits, ceux qui ont des places ſous vous. Comptez qu'il
» eſt plus honorable de diriger le tout, que d'entrer dans les petits
» Détails. Reçevez bien & attirez ceux qui peuvent vous donner des
» conſeils, & vous aſſiſter dans votre charge; ne chaſſez pas, comme
» des gens qui veulent ſe mêler de trop de choſes, ceux qui s'offrent à
» vous aider...... Les reprimandes d'un homme en place, doivent être
» graves & non picquantes. Celui qui ſe laiſſe gagner par l'importunité,
» ou par de petites conſidérations, en trouvera qui l'arrêteront à chaque
» inſtant. Avoir des égards eſt une choſe condamnable, dit Salomon;
» & celui qui en a, fera le mal pour un morçeau de pain. Cette penſée eſt
» juſte; la charge montre l'homme, les uns en beau, les autres en laid......
» C'eſt une marque certaine de grandeur d'âme, lorſque les honneurs
» rendent un homme meilleur....... On monte aux grands emplois
» par un eſcalier à deux rampes. S'il y a des factions, il eſt bon de ſe
» mettre d'un côté pendant qu'on monte; mais quand on eſt placé, on
» doit ſe tenir ſur le repos, & garder l'équilibre. Il faut reſpecter la
» mémoire de ceux qui vous ont précédés: ſi vous ne le faites pas,
» votre ſucceſſeur vous payera de la même monnoye........

Du Sage en apparence.

C'eſt, *dit le Chancelier d'Angleterre*, une opinion aſſez généralement
établie: » que les François ſont plus ſages qu'ils ne paroiſſent, & que
» les Eſpagnols paroiſſent plus ſages qu'ils ne ſont. Il remarque là-deſſus
» que, quoiqu'il en ſoit des Nations en général, une diſtinction peut
» ſouvent ſe faire entre des Particuliers: qu'on en voit de qui la ſageſſe
» reſſemble à la prétendue ſainteté de ceux dont parle l'Apôtre, lorſqu'il
» dit: *Speciem Pietatis habentes, ſed Virtutem ejus abnegantes*. Il y a des
» perſonnes, *pourſuit-il*, qui s'occupent à des riens avec beaucoup

» d'appareil & de gravité. Il est plaisant pour ceux qui les apperçoivent,
» de voir les tours de ces prétendus sages ; & de quelle manière ils se
» mèttent, pour ainsi dire, en perspective, pour donner à une simple
» superficie l'apparence d'un corps solide ; les uns sont si retenus & si
» discrèts, qu'ils n'étalent jamais leur marchandise au grand jour ; & qu'ils
» sont toujours semblant d'avoir quelque chose en réserve. S'ils sentent
» que ce qu'ils disent, ne s'entend pas ; ils tâchent de persuader, qu'ils ne
» se permèttent pas de dire tout ce qu'ils sçavent. Il y en a d'autres qui
» ont recours à des gestes & à des grimaçes ; ils sont sages en signes,
» comme Cicéron le disoit de Pison.

De l'Amitié.

..... » Les Fruits principaux de *l'Amitié*, sont de soulager les dou-
» leurs, & de calmer les inquiétudes. Les obstructions & les suffocations
» sont les plus dangereuses maladies pour le corps, & de même aussi
» l'esprit. On peut prendre de la teinture de rose, pour l'opilation du
» foiye ; de l'acier, pour la rate ; de la fleur de souphre, pour les poû-
» mons ; du castoreum, pour fortifier le cerveau ; mais pour remèttre
» & entretenir le cœur dans son état naturel, il n'est de meilleur remède
» qu'un véritable Ami, auquel on puisse communiquer ses douleurs, ses
» joyes, ses appréhensions, ses soupçons ; & généralement tout ce
» qu'on ressent avec plus de vivacité......

L'Auteur dit qu'il trouve très-véritable cette expression symbolique
de Pytagore : *Cor ne edito*, ne mange point ton Cœur ; comme si ce
Philosophe vouloit dire, que ceux qui manquent de vrais Amis, avec
lesquels ils puissent communiquer, sont des Canniballes de leur propre
cœur. Il n'oublie pas de remarquer, que ce qu'il y a de doux & d'admirable dans le commerçe de *l'Amitié*, c'est que cette union & cette communication d'un Ami, produit deux effèts contraires ; qui sont de redou-
bler la joïe, & de diminuer les afflictions : n'y ayant personne qui en
faisant part de ce qui lui arrive d'heureux, ne sente augmenter sa joïe,
par le récit qu'il en fait ; & n'y ayant personne au contraire, qui, en
versant, pour ainsi dire, son cœur dans celui de son Ami, lui racontant
ses douleurs & ses afflictions, n'en ressente diminuer le poids.

Un autre avantage que notre Auteur remarque dans *l'Amitié*, c'est

qu'elle est aussi très-utile pour éclaircir l'entendement...... » Celui qui a
» l'esprit agité de plusieurs pensées, sentira fortifier son entendement &
» sa raison, quand il ne feroit simplement que discourir avec son Ami,
» & lui rendre compte de ce qui l'occupe ; car il débat ses pensées, il
» les range avec plus d'ordre, il voit mieux quelle façe elles ont, quand
» elles sont exprimées par des paroles ; enfin il devient plus prudent
» pour soi-même : & un raisonnement d'une heure fera plus d'effet sur
» son entendement, que la méditation d'un jour entier......

Les Réflèxions que fait le Chancelier d'Angleterre, sur l'Étude, sur la Vanité, sur la Lecture, sur l'Expédition dans les affaires, ne sont pas moins dignes d'être rapportées......

De l'Étude.

» Employer trop de tems à la Lecture ou à l'*Étude*, n'est qu'une
» paresse qui a bonne mine ; s'en servir trop pour orner son discours,
» est une affectation ; former son jugement purement sur les principes
» tirés des Livres, est trop Scholastique & trop incertain. Les Lettres
» perfectionnent la nature, & sont perfectionées par l'expérience : les
» talens naturèls, de même que les plantes, ont besoin de culture ; mais
» les Lettres apprennent d'une manière trop vague, si elles ne sont
» déterminées par l'expérience...... ce qu'on ne sçauroit tirer des Lettres
» seules, c'est la Prudence ; elle n'est pas en elles, elle est au-dessus
» d'elles, & on ne l'acquiert que par de sages réflèxions......

» Il y a des Livres dont il faut seulement goûter, d'autres qu'il faut
» dévorer ; & d'autres (mais en petit nombre) qu'il faut mâcher &
» digérer : C'est-à-dire, qu'il y en a dont il ne faut que lire des mor-
» ceaux, d'autres qu'il faut lire tout entiers, mais en passant ; & quel-
» ques autres, mais qui sont rares, qu'il faut lire & relire avec une
» extrême application. Il y en a aussi plusieurs dont on peut tirer des
» extraits.

» La lecture instruit, la dispute & la conférence réveillent. En écri-
» vant on devient éxact, & on retient mieux ce qu'on lit. Celui qui est
» paresseux à faire des Notes, a besoin d'une bonne mémoire, celui qui
» confère rarement, a besoin d'une grande vivacité naturelle ; & il faut
» à celui qui lit peu, beaucoup d'adresse pour cacher son ignorance.

Notre Auteur passe ici à ce qui concerne l'Histoire, la Poësie, les Mathématiques, la Philosophie naturelle, la Morale, la Dialectique, la Rhétorique. Il observe que l'Histoire rend prudent; la Poësie, spirituel; la Science des Mathématiques, subtil; la Philosophie naturelle, profond; la Morale, éxact & réglé; la Dialectique & la Rhétorique, pénétrant pour raisonner & pour disputer. Il ajoûte, que par rapport à l'esprit, il n'y a presque point de défaut naturel qu'on ne puisse corriger par quelque *Étude* particulière; comme il n'y en a presque point par rapport au corps, qu'on ne puisse corriger par quelque éxercice convenable. Jouer à la boule, est bon pour la gravelle & pour les reins; tirer de l'arc, pour les poûmons & pour la poitrine; se promener doucement, pour l'estomac; monter à cheval, pour la tête; de même, poursuit-il, il est à propos qu'un homme, qui n'a pas l'esprit posé & attentif, s'applique aux Mathématiques; celui qui est brouillé & peu éxact dans ses distinctions, étudie les Scholastiques; celui qui ne sçait pas bien discourir sur les affaires, prouver & démontrer une chose par une autre, étudie les Jurisconsultes.

De la Vanité.

Notre Auteur, pour faire voir le ridicule de ceux qui, sans avoir part à aucune affaire, font les importans, comme s'ils avoient part à tout; les compare à la mouche, qui étant posée sur l'essieu d'une roue, disoit: *combien de poussière j'élève*. Il observe là-dessus qu'il y a des gens si vains & si présomptueux, que lorsqu'une chose va d'elle-même, ou par un pouvoir supérieur, s'ils y ont eu la moindre part, s'imaginent qu'ils ont tout fait. Nous passons plusieurs réfléxions sur la Fanfaronnade & la vaine gloire; nous remarquerons seulement, que l'Auteur finit l'article par cette Maxime; sçavoir, *que les personnes vaines sont méprisées des Sages, admirées des fols, les idoles & la proye des parasites, & les esclaves de leurs propres défauts*.

De la Fortune.

Cet Article renferme des réfléxions que la plûpart des évènemens de la vie justifient tous les jours. 1°. On ne sçauroit niér, dit l'Auteur, qu'il n'y ait des accidens étrangers, ou des hazards qui ne dépendent point de nous ; & qui cependant contribuent beaucoup à la *Fortune*, comme la faveur des Grands, une conjoncture heureuse, la mort de quelqu'un, ou enfin une occasion favorable à la vertu qui nous est propre.

2°. Cela n'empêche pas qu'à considérer les choses d'un certain côté, chacun n'ait en lui-même le pouvoir de faire *Fortune* ; & que le Poëte n'ait eu raison de dire : *Faber quisque fortunæ suæ*. La Faute d'un homme est la cause la plus commune de son infortune ; & c'est en sçachant profiter de cette faute d'autrui, qu'on avance le plus vîte : *serpens nisi serpentem comederit, non fit draco.*

3°. Les Vertus éminentes, & qui ont beaucoup d'éclat, attirent les loüanges ; mais il y a des vertus qui s'apperçoivent à peine, & qui font la *Fortune* : telles sont, dit notre Auteur, certaines manières déliées qu'on ne sçauroit bien définir, & que les Espagnols appellent : *De sort boltura*. Il ne faut pas qu'un homme soit d'un caractère rude ni difficile, il doit avoir l'esprit souple & propre à tourner avec la roüe de *Fortune*. L'Auteur cite sur cela, ce que dit Tite-Live du vieux Caton ; sçavoir, que c'étoit un homme qui eût fait *Fortune* par-tout, & qui avoit *Ingenium versatile*, un esprit ployable à tout.

4°. Lorsque les Italiens parlent d'un homme propre à faire *Fortune* ; ils demandent qu'il ait, entr'autres qualités, *un pocco di Matto*, [qu'il tienne un peu du fou]. Notre Auteur trouve ce mot fort juste ; & il dit, qu'il n'y a point en effet, de qualité plus nécessaire pour parvenir, que ces deux ci : *d'avoir un grain de Folie, & de n'être pas trop honnête homme.*

5°. Les hommes prudens voulant se mettre à couvert de l'envie qui est attachée à la vertu, attribuent toute leur prospérité à la *Fortune* ; ils trouvent moyen par-là de joüir de leur grandeur avec plus de tranquillité. César dans une tempête, dit à son Pilote : *Tu portes César, & sa Fortune.* Sylla a préféré le nom d'*Heureux* à celui de *Grand*.

Notre Auteur, à cette occasion, fait une remarque qui peut beaucoup servir pour la conduite de la vie ; c'est que la plûpart de ceux qui ont trop attribué à leur sagesse, & à leur politique, ont fini malheureusement. Timothée l'Athénien ne prospèra pas, depuis que dans une harangue, où il rendoit compte de son gouvernement, il affecta de répéter : *Et dans ceci, la Fortune n'eut point de part.*

De l'Expérience dans les Affaires.

Que d'Avis importans contient cet Article ! Une diligence affectée est pernicieuse dans les Affaires. Notre Auteur la compare à la fausse digestion, qui remplit l'estomac de crudités & d'humeurs, propres à causer des maladies ; gardez-vous, dit-il, de compter, par le tems que vous employez ; mais comptez par le progrès de l'affaire : car comme la vîtesse de la course ne consiste pas à faire de grands pas, ou à lever beaucoup les jambes, mais à courir également & sans relâche ; de même l'expédition dans les Affaires, ne consiste pas à embrasser beaucoup de choses, mais à bien faire celle que l'on a entreprise.

Il y a des gens qui se piquent d'être de grands travailleurs & fort expéditifs ; ils ne cherchent qu'à avancer. Mais autre chose est de tronquer une matière, & autre chose de l'abréger. Quand les affaires, qui demandent plusieurs séances, sont étouffées ; on est obligé d'y revenir à plusieurs fois. Notre Auteur dit là-dessus, avoir connu un homme d'esprit ; qui, quand il voyoit qu'on se pressoit trop pour finir une chose, avoit coûtume de dire : *Attendez un peu, vous acheverez plus vîte*.

Notre Auteur veut qu'on prête bien l'oreille à ceux qui nous donnent les premiers avertissemens d'une Affaire ; il veut qu'on les aide à s'expliquer, & qu'on n'interrompe point le fil de leurs discours. Celui, remarque-t-il, qu'on empêche de suivre l'ordre qu'il s'étoit proposé, ne va plus que par sauts & par bonds ; & pour se donner le tems de rappeller ses idées, il devient plus long qu'il ne l'eût été, s'il avoit suivi sa route. Quelquefois celui qui veut redresser, est plus ennuyeux que celui qui s'égare.

Bien des gens croient que pour bien éclaircir une Affaire, on ne sçauroit trop la diviser ; notre Auteur tient le milieu là-dessus. Il dit que celui qui ne divise pas, n'entrera jamais au fond de l'Affaire ; & que celui qui divise trop, n'en sortira jamais bien.

Les Leçons de la Sagesse, sur les Défauts des hommes : *Première Partie*, dans laquelle on traite des Préjugés qui font souffrir pour des offenses imaginaires, & des raisons de supporter même les offenses qu'on suppose d'elles. *Seconde Partie*, qui traite des fausses ressources de l'Impatience, & des vrais moyens de prévenir les peines, ou de les rendre plus supportables ; *Troisième Partie*, qui traite des diverses utilités que nous pouvons retirer des Défauts des autres pour notre propre Perfection. *Paris, Briasson, 1743, 3 Vol. in-12.*

» La Nature avoit pris soin d'unir les hommes par des liens si doux
» & si forts, qu'on ne peut trop déplorer le sujet de division que leur
» dépravation met entr'eux. Dieu, qui les destinoit à la Société, la leur
» rendit nécessaire par mille besoins réciproques. Il leur imprima toutes
» les affections qui pouvoient la leur rendre chère . . . . Il les fit naître
» tous du même Père, & voulut que le souvenir de cette Origine com-
» mune leur inspirât toutes les tendresses que la proximité du sang donne,
» & tous les égards qu'on a pour ce qu'on aime. Avec ces dispositions ils
» eussent vécu dans une parfaite intelligence «. Mais l'Amour propre a fait naître une foule de passions & de préjugés, qui changent en amertumes toutes les douceurs de la Société. Ce sont ces Ennemis, que l'Auteur attaque en détail. Puisse-t-il les vaincre, pour la tranquillité de tous les Hommes ! Voici le Plan, qu'il a cru devoir suivre. Nous ne faisons presque que copier.

» Tout le désordre ne vient que du faux jugement que nous portons
» des autres, & de nous mêmes. Nous ne considérons les injures que
» du côté des personnes qui les font, ou qui les reçoivent ; & nous nous
» trompons dans l'idée que nous nous formons des uns & des autres.....
» Je commence le Traité de la Science de Souffrir, par dissiper les pré-
» jugés...... & je fais voir, de combien de maux on peut se guérir sans
» autre remède, que le soin d'apprendre à ne les plus regarder comme
» des maux.

» Je donne ensuite à ceux dont on auroit quelque raison de se plain-
» dre, toute la réalité qu'ils peuvent avoir ; & je propose les motifs qu'on
» a de les supporter. (Ces Motifs sont la Foiblesse de la nature, la Pitié,
» l'Équité, la Reconnoissance, l'Intérêt, les Prévoyances, les Liaisons
» du sang, la Nécessité de vivre avec des caractères de toute espèce,
» & souvent mal assortis).

Cette Première Partie est terminée par les devoirs respectifs, de » ceux
» qui commandent & de ceux qui doivent obéir ; de ceux qui se font
» servir

» fervir & de ceux qui fervent ; des grands & des petits ; des riches &
» des pauvres ; des maîtres & des difciples ; des pasteurs & des peuples ;
» des fupérieurs & des inférieurs.

Dans la Seconde Partie, *c'eſt toujours l'Auteur qui parle* ; » j'entre avec
» les impatiens dans l'examen des partis, que la réſolution de ne rien
» fouffrir pourroit leur infpirer ; & je découvre que toutes leurs reffour-
» ces font déraifonnables, extrêmes, inutiles, dangereufes, funeftes,
» criminelles «. L'Auteur y combat l'Inconftance, le Goût plaintif, l'Efprit chagrin, la Vengeance ouverte, où la matière du Duël eft traitée
fort au long, & d'une manière intéreffante ; auxquels l'Auteur oppofe
l'Amour de la Paix, l'Obligation fondée fur les loix de la Société de fe
vouloir & de fe faire réciproquement du bien ; la Néceffité de donner
aux hommes des marques de déférences & d'eftimes ; les règles qu'on
doit obferver dans fes difcours ; celles qu'il faut fuivre dans fes jugemens, la Néceffité de confulter, & la manière de donner des confeils ;
l'Imprudence qu'il y a de fe mêler des affaires d'autrui ; les loix auxquelles
doivent fe foumettre ceux qui font chargés de réformer les autres ; la
manière d'écouter les Corrections ; les Égards indifpenfables dans la Société ; enfin l'Avantage de fe comporter de manière à n'avoir rien à fe
reprocher, fecret le plus grand de ceux qu'on peut employer pour rendre
fa vie tranquille.

Jufqu'à préfent l'Auteur n'a puifé que dans les Loix de la Raifon, les
principes & les conféquences qui conduifent au bonheur de cette vie.
C'eft un ménagement qu'il a eu, fans doute, pour ceux que le nom même
de Religion épouvante. Mais » ceux que les penfées du falut rendent
» encore plus fenfibles à leur perfection qu'à leur repos, trouveront
» les inftructions de la Troifième Partie beaucoup plus intéreffantes
» pour eux, que celles des deux premières. Ils y verront avec recon-
» noiffance, qu'il n'eft aucun des maux dont la nature impatiente mur-
» mure, que la piété ne puiffe faire fervir à fes ufages ; ils juftifieront la
» Sageffe de la Providence, qui leur prépare des fecours utiles, ou
» néceffaires en quelque forte, dans toutes les imperfections des hom-
» mes. Il les reprend les unes après les autres, pour les leur offrir fous
» ces nouvelles vûes. C'eft comme une Seconde École, où il les intro-
» duit..... Enfin, il termine fon Ouvrage, par les Maximes abrégées
» qu'on peut recueillir de ces différentes parties.

Tel est le Plan de l'Auteur, qui a partagé chaque partie en trente articles intitulés *Leçons* ; dont le sujet est annoncé par un Sommaire. Afin de mettre le Lecteur en état de juger de l'exécution du Plan, nous allons lui donner l'extrait de quelques-unes de ces Leçons si intéressantes.

L'Auteur fait voir dans la Troisième de la Première Partie, que *l'Amour propre s'établit comme le centre du monde. Il veut que tout le contente, & soit content de lui. L'excès de son injustice fait celui de ses tourmens.*

» D'où vient qu'on aime si peu les autres, ou qu'on les hait gratuite-
» ment ? C'est qu'il est plus qu'ordinaire, de se trop aimer soi-même. Il
» n'y a rien de plus naturel, que l'amour de nous-mêmes. Il est utile, il est
» nécessaire ; » mais ce penchant a sa mesure & ses règles, & quand on
» n'est point attentif à s'y renfermer, il devient injuste en mille maniè-
» res ; & ne peut manquer d'être souvent la victime de ses injustices.....
» car il nuit à d'autres, & leur cause des désagrémens ; dont le contre-
» coup retombe infailliblement sur nous mêmes..... Des besoins mutuels
» forcent les hommes à s'unir, & cette union les engage à des devoirs
» réciproques..... mais on s'aime sans réflexion...... & on continuë de
» s'aimer à l'aveugle, & sans égards aux engagemens qui obligent de
» partager cet amour. Ce qui devroit donc être le premier effet du
» penchant, est communément le dernier effort de la Vertu.... Nous
» nous établissons comme le Centre de tout ce qui nous environne......
» & nous nous bornons à notre utilité particulière «. Ce Systême mal imaginé est le fondement de nos joyes, de nos déplaisirs, de nos craintes, de nos espérances, de toutes nos sensibilités. Nous sommes mécontens des autres, parce que nous ne trouvons pas qu'ils ayent jamais fait pour nous, autant qu'ils le devroient. Ils ont toujours manqué à quelqu'une des attentions, qu'exige notre délicatesse.

Mais cet homme si pointilleux, quels égards a-t-il pour les autres ? Il s'arroge dans la Société, tout ce auquel les autres ont un droit égal. Son état l'oblige-t-il à se rendre utile ? Il ne le fait qu'avec nonchalance & dégoût. Les hommes ne valent pas les peines qu'il faudroit se donner pour les servir. Il veut que l'on lui sçache gré de tout ce qu'il fait, même à contre tems ; que son goût fasse une loi. Il trouve les autres insupportables, parce qu'il suppose que le vice qui le domine est le motif des démarches, des discours, des actions, qui lui déplaisent. Toute sa condescendance se borne à des ménagemens pour ceux dont il peut tirer partie. Et voilà ce qui produit de mauvais citoyens, des pères dénaturés, des enfans ingrats. Retranchons ce que l'Amour propre a de trop ambitieux, nous retranchons presque tous les désagrémens de la vie.

La VIIe. Leçon de la même Partie, a pour objèt les *Préjugés de l'Éducation* ; & voici la Doctrine de l'Auteur sur ce sujèt.

» Les Préjugés de la Jeunesse sont, de tous les préjugés, les plus forts ;
» & ceux dont on sent moins la nécessité de se défaire. On les a pris
» dans un âge, où tout se fait par impression dans notre ame. On ne les
» soupçonne point d'être faux. On les suit avec la même assurance, que
» s'il n'étoit pas possible d'imaginer & d'agir autrement. On se fait aux
» manières de penser de ses parens, & de ses maîtres. On prend leurs
» goûts, leurs aversions, leur prévention pour eux-mêmes, leurs dé-
» fauts, leurs travers, leurs singularités bizarres «. Cependant ces Préjugés deviennent la piéce de comparaison, de tout ce qui frappe les yeux par sa nouveauté. Veut-on vivre heureux ? Il faut sçavoir vivre avec toutes sortes de personnes, & dans toutes sortes de lieux, & de circonstances. Il n'y a dans le Monde, que diversités de mœurs & d'usages. Cependant on n'est pas toujours renfermé dans ses foyers. Or on ne peut en sortir, sans essuyer des désagrémens, lorsqu'on en sort avec des préjugés. A-t-on droit d'espérer des étrangers, les caresses auxquelles on a été accoutumé chez soi ? Cette Fille idolâtrée par sa mère trouvera-t-elle tout le monde l'encensoir à la main sur son passage ? Tous les hommes se feront-ils une loi de respecter les premières impressions qu'on a données aux jeunes gens, ou qu'on leur a laissé prendre ?

Nous ne pouvons suivre l'Auteur dans les judicieuses réfléxions qu'il fait sur les défauts de l'*Éducation ;* même des grands & des riches, à qui l'on a donné des gouvernantes, des précepteurs, des maîtres, des gouverneurs. Quand on a fait ces dépenses, peut-on encore être exposé aux reproches ? Oui sans doute ; il ne faut que lire pour s'en convaincre. On n'a le plus souvent fait passer les enfans, par tant de mains, que pour les rendre moins supportables ; heureux souvent s'ils eussent été élevés avec beaucoup moins de soins. » Il n'y a point d'hommes qui puissent plus se
» soupçonner qu'eux, d'être pleins de défauts les plus insociables, &
» les plus contraires au bonheur de la vie «. Mais à quels désagré-

mens encore plus grands, n'expose pas une Vanité déplacée ; qui enchérit sur les défauts du caractère, par le ridicule de sa personne ?

Il n'y a de remède à cette situation fâcheuse, qu'un éxamen sérieux, & désintéressé des premières impressions. Il en coutera sans doute quelques qualités, que nous regardons comme des perfections ; mais qu'est-ce que ce sacrifice, en comparaison de la tranquillité qui le suit !

L'Auteur parle dans sa IXe. Leçon de la première partie, *des Remèdes de l'Impatience.*

» L'*Impatience* la plus déraisonnable est sans doute, celle qui se plaint,
» avant d'être assurée qu'elle ait de vrais sujèts ; & de quelle nature ils
» sont «. Elle peut être l'effèt de tous les préjugés, mais elle l'èst le plus souvent d'une légèreté qui ne s'accoutume point à réfléchir. Or il est rare qu'un jugement précipité ne soit pas faux. Que faut-il donc faire ? Attendre à juger qu'on soit assez instruit pour ne pas se méprendre. Un ancien ami a fait des démarches qui vous paroissent suspectes ; un autre paroît vous oublier. Ce dernier est malade depuis long-tems, l'autre étoit forcé par les circonstances. Vous croyez pénétrer les pensées d'un homme, & y voir des sujèts de mécontentement, quand l'évènement vous en fait tirer de l'avantage. Vous disputez avec chaleur contre une proposition qui n'a pas été avancée, telle que vous l'aviez conçuë. » Ayez donc
» cet esprit de Sagesse & de réserve, qui pèse tout, qui sonde tout,
» qui ne va qu'à pas mésurés, dans ses jugemens...... Veillez sur vos
» pensées ; rejettez les soupçons indiscrèts & précipités qui vous font
» prendre le change, sur ce que ceux dont vous vous plaigniez sont ; &
» sur ce qu'ils font «. Souvenez-vous, que vous n'avez le plus souvent occasion de vous plaindre des autres, qu'en leur prêtant vos négligences, vos inattentions, vos indiscrétions, votre imprudence, votre malhabileté. Il est aisé de conclure de ces Principes, comme fait l'Auteur, qu'on ne peut être trop réservé à se mèttre en colère ; si l'on ne veut s'exposer à la confusion qui suit un mouvement, souvent entièrement déraisonnable.

Il est prouvé dans la XIVe. Leçon, du Premier Volume, *que notre Fragilité est un motif pressant, de supporter les défauts des autres.* » Les hom-
» mes ne sont pas parfaits. S'il y a quelque différence en eux du côté des
» dons de la Nature, elle ne vient ni du mérite de ceux qui paroissent les

» mieux partagés, ni de la faute de ceux qui sont privés des mêmes avan-
» tages «. L'Imperfection des hommes n'est donc pas un Titre pour les
en punir, ni même pour s'en plaindre. Il n'y a donc rien de plus déraisonnable, que les Plaintes qu'on fait d'avoir à vivre avec des méchans
ou des imparfaits. Vaudroit-il mieux leur ressembler? Cette contrariété
ne vous montre qu'un homme doublement malheureux, & qui mérite à
deux égards, votre pitié. C'est un malade à qui vous ne pouvez insulter
sans inhumanité. Mais c'est par caprice, dans celui dont vous vous plaignez?
Soit : n'est-il pas assez à plaindre, de ce qu'il voit les objets autres qu'ils
ne sont ? Vainement vante-t-on sa Sagesse & son bon Esprit ; quand on
ne sçait pas épargner, ceux qui sont nés avec des caprices, & des lumières
bornées. Car, *c'est une Illusion de se persuader qu'on est sans Défauts, avec
des Envies d'Impatience.* D'ailleurs, les foibles doivent trouver de l'indulgence dans les forts. Le mépris & le dédain, ne sont que des vengeances rafinées ; *& l'Humilité veut que nous soyons plus touchés des Défauts de nos frères, que des Désagrémens que nous en reçevons ; & que nous songions à compâtir à ce qui les humilie, plutôt qu'à les insulter.*

Cette Importante matière fait encore, sous un autre point de vûe, le sujèt de la XVe. Leçon.

Nous finirons cet Extrait, qui n'est peut-être déjà que trop long, par celui de la XIXe. Leçon du même volume, qui roule sur les *Sentimens qu'on doit à ses Parens.* Et voici les Vérités qu'on établit à ce sujèt.

S'il est vrai, comme on l'a prouvé précédemment, que nous soyons obligés d'aimer tous les hommes, à plus forte raison notre intolérance sera-t-elle déraisonnable, injuste, indécente, odieuse ; quand nos parens en sont l'objèt. Raisons de Tendresse, de Reconnoissance, d'Amitié, tout nous condamne. *Et quelles Raisons plus touchantes pour le Sentiment, plus indispensables pour le Devoir, moins susceptibles d'Exceptions pour les excuses ?* Je serois moins picqué, dites-vous, si ce n'étoit pas mon propre sang, qui se déclare contre moi ? Feuilletez les Histoires, vous ne trouverez dans les familles qu'Antipathies, Haines, Jalousies, Violences, Incestes, Meurtres, Revoltes. Impatience aveugle ! *Vous voilà donc réduit à chercher votre excuse dans votre condamnation. Qu'aurois-je pu vous dire de plus touchant, pour vous engager à tout supporter ?*

Tous les hommes doivent s'aimer ; mais cette obligation est d'autant plus rigoureuse, que leur proximité se fera mieux sentir. Qu'est-ce que c'est, que la Voix du Sang qui nous parle? Ne sont-ce pas nos Devoirs, marqués par nos Sentimens? Cette Vérité est tellement sensible, qu'on se rend éternellement méprisable, quand on manque à ces Devoirs.

Il est vrai, que les sujèts de discorde & d'*Impatience* sont infinis entre les frères & les proches. Mais il faut toujours moins considérer les sentimens qu'ils ont, que ceux qu'on leur doit. L'indocilité des enfans ne dispense par les pères, de travailler à leur correction: leurs mauvais déportemens ne les empêchent pas même, de travailler à leur avancement temporel.

Mais une considération qui condamne sans replique l'*Impatience* contre les proches; c'est que nous ne souffririons point, qu'on les traitât comme nous faisons dans le feu de nos mécontentemens. D'ailleurs, si quelqu'un doit taire les défauts des hommes, n'est-ce pas les proches? Faire retentir le Monde de ses discussions, n'est autre chose que de publier sa faute.

Voilà la Méthode que l'Auteur a suivie. Qu'il seroit Avantageux pour les hommes de se connoître, aussi-bien que l'Auteur les connoît; & que la Lecture de son Livre est très-propre à produire cet effèt.

AMUSEMENS DE LA RAISON. *Paris, Durand & Pissot, 1747, in-12.*

L'Auteur s'est cru obligé de mettre une Préface à cet Ouvrage, moins pour en expliquer le dessein, ou pour en faire sentir les avantages; que pour prévenir les objections qu'on pourroit lui faire, sur ce qu'il y donne des portraits & des caractères qui semblent pris d'après nature.

» Il convient que la peinture des originaux tirés sur eux-mêmes peut
» être dangereuse, mais il fait voir en même tems qu'elle peut être
» utile «. Elle est dangereuse quand elle va jusqu'à la satyre; elle est utile quand elle ne passe pas les bornes d'une judicieuse critique.

» La première renferme, dit-il, la critique des Mœurs, & l'abus du
» droit qu'un sage Critique a toujours eu sur elles.... A mesure qu'elle se
» répand sur les Particuliers, elle les flétrit au moins par le ridicule; si
» elle ne les retranche pas entièrement du commerce par la noirceur ».
Mais la seconde est bien différente. » La saine Critique des Mœurs est

» toujours accompagnée de Réferves, de Circonfpections, & d'Indul-
» gence ; elle abandonne fans regrèt les fujèts les plus ingénieux, lorf-
» qu'elle ne peut les embraffer avec innocence : jaloufe de plaire, fatif-
» faite d'inftruire, heureufe lorfqu'elle Corrige ; elle fçait renoncer à
» l'attrait de ces avantages, s'il faut bleffer pour les acquerir.

Tel eft, felon lui, le genre de Critique qui règne dans les Caractères
du célèbre Labruyere ; il lui donne la gloire d'avoir confacré cette efpèce
de Morale, moins encore par la réputation qu'il y a acquife, que par
l'utilité que les hommes en ont retiré. Il va même jufqu'à dire, » que
» les Mœurs Françoifes en particulier ont peut-être plus d'obligation
» au pinçeau de ce grand homme, qu'au zèle des plus fameux Orateurs
» Chrétiens.

La Comédie eft encore, felon notre ingénieux Auteur, un genre de
Critique dont le premier mérite confifte dans la reffemblance des copies
avec les originaux. Il témoigne que ce genre de Critique a toujours été
en ufage chez les Peuples qui ont cultivé les Lettres avec le plus grand
fuccès. Il donne à Molière les juftes louanges que ce Poëte a méritées,
par l'extrême vérité qui règne dans tous fes portraits ; & foutient, que
notre Siècle offrira à la Poftérité des imitateurs dignes de ce grand
modèle de Théatre. Il en apporte pour preuve le *Philofophe Marié*, & le
Préjugé à la Mode ; deux Comédies dont il nous donne la fubftance en
peu de mots, & qui ont été jouées, pour emprunter fes paroles, avec
ce fuccès rare fi familier à l'Auteur.

Ainfi, continuë-t-il, tant que l'on montre les défauts de la Société,
fous l'étendart qui a pour devife, *le Droit de nuire fupprimé* ; l'on ne
fçauroit trop les montrer. Il finit ce morçeau, qui mérite bien d'être lu,
en reconnoiffant, qu'après avoir expofé les règles que la Juftice & la
Probité ont impofées à la Critique, il paroîtroit fans doute inexcufable,
s'il s'en écartoit. Il obferve cependant, très-judicieufement, que c'eft
moins à fon attention à fe conformer à ces règles, que de l'Équité du
Public, qu'il attend le témoignagne qu'il croit mériter.

Il le prie encore de ne point perdre de vûë le Titre de cet Ouvrage ;
& avertit que les Maximes, les Réfléxions, & les Caractères qu'on y
trouvera, n'ont fouvent aucun rapport enfemble : mais il a cru que cette
confufion, fi facile à éviter, feroit d'autant plus agréable aux Lecteurs,

qu'elle leur donne le moyen de paſſer les ſujèts qui les ennuyeront; ou, comme il s'exprime, qui donnent de l'humeur.

D'ailleurs, » la ſuite dans les matières annonçe l'Ordre; l'Ordre aſ-
» ſujettit, l'Amuſement veut être libre. L'Eſprit, qui le cherche, aime
» mieux être conduit par le caprice de la Liberté, que d'être contraint;
» l'on n'a pas deſſein d'occuper la Raiſon, ce ſeroit la rebuter; l'on ne
» ſe propoſe que de l'amuſer, c'eſt la prendre par ſon foible «. Elle s'aime, elle ſe plaît dans les jeux, elle enchante lorſqu'elle paroît entourée de plaiſirs. Délaſſements agréables, qui lui ſont également avantageux & néceſſaires.

L'Auteur n'a pas laiſſé de raſſembler, ſous différens titres; les matières, les réfléxions & les caractères, qui forment le corps de ſon Ouvrage. Ces Titres ſont les *Sçiences*, *l'Eſpérance*, *l'Illuſion*, *les Loüanges*, *les Spectacles*, *l'Ambition*, *les Grands*, *l'Amour propre*, *l'Ordre*, *les Plaiſirs*, *divers Sujèts*, *la Jeuneſſe*.

Un Ouvrage de cette nature, quoique d'ailleurs très-digne du Titre qu'il porte, n'étant pas ſuſceptible d'Extraits; il ne nous reſte, pour en donner quelque idée, que d'en rapporter ici un petit nombre d'endroits; par leſquels on pourra juger de la façon de penſer, & de s'exprimer de l'Auteur.

Nous tirerons le premier, de l'Article qui roule ſur les Sçiences. C'eſt ainſi qu'il parle de cette foule de Brochûres, remplies de Contes, de Chimères & d'Extravagances; écrites, dit-il, ſans goût & ſans art, qui, à la honte de notre Siécle, ſe ſont ſi fort multipliées, & à qui la ſeule nouveauté a donné tant de vogue.

» Des Génies rares & heureux, ſe ſont fait une réputation dans le
» genre frivole. Sages juſques dans le ſein de la folie, ils offrent par-
» tout l'union ſingulière des graces, même avec la biſarrerie des idées.
» Tout plaît, tout enchante dans le Charme ſpirituel de leur loiſir pa-
» reſſeux. Ces ſuccès ſont l'objèt & l'Écueil de ces Brochûres romaneſ-
» ques, qui ſe font ſans ceſſe produites ſur la ſcène; Ouvrages ſans fonds,
» ſans nerfs, ſans feu, ſtériles juſques dans l'abondance; dont l'oubli eſt
» le ſort le plus heureux.

La Réfléxion ſuivante trouve ici d'autant mieux ſa place, qu'elle eſt très-juſte; & qu'il eſt à propos de l'avoir toujours préſente, en liſant

cet

cet Ouvrage. » Clergé, Robe, Épée, Négociation, Finance, Commer-
» ce, chacun de ces États a ces Principes particuliers, qu'il a adoptés.
» Ce qui passe pour vrai chez le Financier, souffre souvent beaucoup de
» difficultés chez le Militaire. Il en est ainsi parmi les Sçavans. Ce qui
» plaît au Poëte, est blamé par l'Historien; ce que l'Historien approuve,
» un autre Historien le condamne. Tous cependant marchent, ou croyent
» marcher sous l'Étendart du vrai. L'on voit par-là que l'Ouvrage, qui
» traite des Mœurs des différentes Conditions, entraîne nécessairement
» beaucoup de Contradictions. L'Inconvénient est inévitable; qui ne
» le prévoit pas, ignore la Nature du Cœur. Tout ce qui peut être
» contredit, l'est en effet ici bas. Si on ne part de ce Principe, on est
» dans l'erreur.

L'Auteur a placé dans ce même Article, un assez grand nombre de Ré-
» flexions sur les Femmes. Il y soutient que les Hommes ne connoissent
» pas assez les Femmes, pour les peindre; que les Femmes se connois-
» sent trop, pour donner elles-mêmes leur Tableau. Qui le donnera
» donc à la Société? Il faudroit employer à cet Ouvrage la main désin-
» téressée d'un Être impartial entre les deux Sèxes; où la rencontrer?

Il entreprend néanmoins d'ébaucher ce Portrait, mais en se ressouve-
nant que plus le Sèxe est sensible, plus il mérite d'être ménagé. La crainte
cependant de trop s'étendre sur une matière dangereuse, dit-il, par sa
délicatesse, fait qu'il arrête son pinceau; & qu'il ne pousse pas aussi loin
qu'il auroit pu, des Réfléxions sur lesquelles, il soupçonne qu'il auroit
peut être mieux fait de ne pas s'engager. Quoiqu'il en soit, il en appelle
aux femmes mêmes, & dans ces termes : » Que le Sèxe lise, & juge;
» lui seul sera l'objet d'un jugement, que lui seul est en état de porter.

Dans l'Article qui traite des Grands, on trouvera un grand nombre
de Portraits, dont le Caractère offre beaucoup de variété. Pour achever
de faire en quelque sorte connoître le Talent de l'Auteur, pour ce genre
d'écrire, nous placerons ici le Portrait suivant.

» Vous êtes surpris de l'accueil prévenant que tout le monde fait à ce
» jeune Sénateur. Le petit Duc lui serre la main, la jolie Femme lui fait
» un sourire : trois ou quatre fois l'honorent en passant d'un coup de
» main sur l'épaule. Voulez-vous sçavoir ce que pensent de lui toutes
» ces personnes, si empressées à le caresser? L'on n'en compteroit peut-

» être pas fix dans ce grand nombre, qui ne l'étranglaſſent avec délices,
» ſi cela pouvoit ſe faire ſans ſuite & ſans procédures. Chacun lui rend
» cependant la juſtice qui lui eſt dûë. L'on convient unanimement, qu'il
» eſt né avec un eſprit ſupérieur. L'uſage qu'il en fait le rend avec rai-
» ſon juſtement déteſtable ; l'aſpic a un venin moins ſubtil & moins
» fatal, que ſa langue..... Ce n'eſt pas pour gagner ſon amitié, qu'on a
» pour lui des égards ; quel honnête homme pourroit la déſirer ? C'eſt
» uniquement dans la crante d'en faire un ennemi. Tous ces Phantô-
» mes d'amis qui l'entourent, n'attendent que l'occaſion de ſe venger
» impunément des noirçeurs qu'ils reſſentent, ou qu'ils évitent. Quelle
» ſe préſente, la perte de l'homme frappé du tonnerre, n'eſt pas plus
» certaine que la ſienne.

Trois courtes Réfléxions priſes au hazard, parmi celles de la même
Eſpèce, dont cet ouvrage eſt rempli, termineront cet Extrait.

» Dieu même trouve des ingrats, les Grands s'étonnent d'en ren-
» contrer.

» Qu'on éxamine la vérité de cette Maxime, avant que de l'attaquer ;
» dans tout ce qui eſt réellement Paſſion, l'on s'éloigne du bonheur,
» à meſure que l'on s'approche de la ſatisfaction que l'on recherche.

» Quel ſupplice d'acheter non pas la paix de la conſçience, mais
» ſon étourdiſſement par la fuite continuelle de ſoi-même ! Que l'on
» mette ſi l'on veut la Religion à part, ou plutôt, quand même on la
» mettroit à part «, c'eſt ſans doute ce que l'Auteur a voulu dire ; » cet
» état eſt le caractère infaillible des déſordres & de la corruption du
» Cœur.

Ces Réfléxions & pluſieurs autres, dont nous aurions ſouhaité pouvoir orner cet Extrait, montrent que l'Auteur n'a point perdu de vûë
la Maxime ſuivante, qui eſt la dernière du Livre.

» Tous les Ouvrages que l'on donne au Public, n'ont, dit-il, qu'un
» objèt ; le bien & l'avantage de la Société. Tout ce qui n'aboutit
» pas à ce point eſſentiel, n'eſt que Menſonge, Chimère & Vanité.

Du reſte, les Goûts des Hommes ſont trop différens, & leurs Jugemens trop incertains pour que nous tirions, ainſi que s'exprime l'Auteur, l'Horoſcope de cet Ouvrage. Nous rapporterons celui qu'il en tire
lui-même. » Il y auroit de la foibleſſe, dit-il, à le cacher ; puiſqu'on peut

» le dire sans orgueil: l'Amusement de la Raison est plus utile qu'agréa-
» ble, plus sérieux que divertissant. Il est possible qu'il ait une sorte de
» succès, mais cela est incertain ; s'il Tombe, ce qui dépend du Carac-
» tère des Lecteurs, sa chûte ne sçauroit être honteuse; il peut même
» s'en relever, l'avenir en décidera.

L'Auteur a joint à cet Ouvrage la Traduction d'un ancien Écrit, intitulé, *du Loisir du Sage*. Les Sçavans le donnent aujourd'hui communément à Sénèque, après le lui avoir long-tems disputé. Mais qu'importe, nous dit-on ici, dans des Réfléxions préliminaires sur ce Traité, qu'il soit de ce fameux Philosophe, si le Sujet en est honnête, utile, profond, même pour le temps où il a été écrit. Osons l'estimer par le mérite qui lui est propre, & ne l'estimer que par ce seul mérite. Il est vrai, comme l'Auteur ne manque pas de nous en avertir, qu'il paroît clairement que ce Traité est défectueux & incomplèt au commencement & à la fin. » Matière, dit-il, sur laquelle les Sçavans font briller la beauté de leur
» génie dans celle de leurs regrèts; mais il est de la sagesse de se consoler
» de la perte de ce qu'on regrette en vain, par la jouissance de ce que
» l'on a certainement.

Tel est d'après le Traducteur même, le Sujèt de ce Traité.

Sénèque demande, si le Sage peut s'éloigner des affaires, pour se livrer au loisir. Il fait voir que les Chefs même des Stoïciens ont été de cet avis; que l'Honnêteté a toujours approuvé un loisir, qui a pour objèt l'Étude de la Sagesse, & la contemplation de la Nature.

Après avoir prouvé que ce Sentiment est conforme aux Principes des Stoïciens, il prouve encore que les Épicuriens sont d'accord avec eux sur ce point, quoiqu'avec un peu de différence.

Il finit par prouver, que le Sage dans le loisir même, peut procurer les plus grands avantages à la République ; & propose pour modèle de ce Genre de vie, Zénon & Chrysippe, Philosophes plus utiles à la Société, dans le Calme du repos; que les Hommes les plus livrés aux fatigues, & au tumulte du Gouvernement.

Ce Traité mérite d'être lû; on y trouve des Notes curieuses & assez étenduës, dont le but est de nous faire connoître les sentimens, le caractère & les principales circonstances de la vie des célèbres Philosophes, dont il est fait mention. Ces Notes, comme tout le reste de l'Ouvrage, annonçent un Auteur qui penſe & qui réfléchit profondément ; mais qui, par cette raiſon là même, s'eſt cru obligé d'Attirer, ou du moins de délaſſer l'attention du Lecteur, par des beautés de détail ; & par tous les ornemens dont le ſtyle eſt ſuſceptible.

Essai sur le Méchanisme des Passions. Par M. Lallemand, Docteur-Régent de la Faculté de Médecine en l'Univerſité de Paris. *Paris, le Prieur, 1751, in-12.*

Analyse de la République de Platon, ou Dialogue ſur la *Juſtice*, diviſé en dix Livres. *Paris, 1762, in-12.*

Bien des Gens s'imaginent, ſur la foi de ce Titre, que c'eſt un Traité de Politique ; mais c'eſt proprement un Traité de Morale, dont l'unique but eſt de rechercher en quoi conſiſte la *Juſtice* ; quels en ſont les effets & les avantages. Pour mieux les découvrir, Platon compare l'Homme juſte avec une forme de gouvernement auſſi excellente dans ſon genre, que le gouvernement intérieur de l'Homme juſte l'eſt dans le ſien : cette comparaiſon éxige qu'il trace le plan d'un gouvernement parfait ; mais cette partie du Dialogue eſt, en quelque ſorte, épiſodique ; d'ailleurs, elle eſt moins traitée ſelon l'ordre Politique, que ſelon l'ordre Moral : car la Politique conſidère les hommes tels qu'ils ſont ; la Morale tels qu'ils doivent être. Or le plan de la *République de Platon* n'eſt point pour les hommes tels qu'ils ſont, comme nous aurons occaſion de le remarquer dans la ſuite.

Pour jetter plus de clarté dans cette Analyſe, nous la diviſerons en deux Parties ; nous expoſerons d'abord ce qui concerne directement la queſtion principale, ce que c'eſt que la *Juſtice* ; & en quoi elle eſt préférable à l'Injuſtice, écartant toutes les digreſſions qui pourroient faire perdre de vûë cet objèt. Nous reviendrons enſuite à la Partie Épiſodique ; & nous tracerons, avec quelque détail, le plan de *République* imaginée par Platon, comme le modèle de l'*Homme Juſte*.

Mais avant tout, qu'il nous ſoit permis de placer ici quelques Réfléxions ſur le genre d'écrire de Platon, & ſur ſa Méthode. Il ne faut point regarder la plûpart des Dialogues de Platon, comme de ſimples Entretiens ; mais comme de vrais Drames, ſuſceptibles même de l'Action Théâtrale. Plutarque nous aſſure qu'on les faiſoit apprendre par cœur, aux enfans, qui les récitoient pendant les Festins, avec les gestes, les tons de voix, & tout ce qui convenoit pour imiter les principaux personnages : ils tenoient lieu des Comédies de Ménandre.

L'artifice de ces Dialogues est, en effèt, presqu'absolument le même que celui des Comédies : le lieu de la scène éxactement marqué ; les Caractères des personnages variés & soutenus ; le ton de la conversation parfaitement imité ; toutes les bienséances gardées, les situations intéressantes, le sujèt bien amené, bien déduit. C'est une Scène vivante & animée, où Platon peint, non - seulement les opinions ; mais les mœurs, les caractères des Sophistes, des Politiques, des Enfans, des Hommes faits, des Vieillards, des Femmes, des Esclaves, des Personnes de condition libre. Ce ne sont pas seulement des traits généraux, ce sont des portraits que ceux de son tems ne pouvoient méconnoître ; Platon est en son genre, ce qu'Aristophane est dans le sien.

C'est ce qui fait que les Dialogues de Platon, traitant les sujèts les plus sérieux, se font lire avec plus de plaisir que d'autres Ouvrages qui n'ont pour but que d'amuser & de plaire ; comme l'a remarqué M. l'Abbé Fraguier : mais pour sentir ce plaisir, il faut se faire de ces Dialogues, l'idée que nous venons d'en donner ; & non pas y chercher la Méthode sèche d'Aristote.

Cette réfléxion est sur-tout nécessaire en lisant le premier Livre du Dialogue *de la République*; qui sans cela, pourroit souvent paroître une dispute insipide, puérile même, & de pure chicane. Socrate y combat un Sophiste sur la définition de la *Justice* ; il semble avoir moins pour but de découvrir & d'établir la Vérité, que d'humilier son antagoniste; qu'il conduit adroitement par divers circuits dans les piéges qu'il lui tend. Pour appercevoir toute sa finesse & tout l'agrément de ce morceau, il faut l'envisager comme une scène dans le genre purement Comique ; rien alors ne paroîtra plus plaisant, que les efforts & les conditions du Sophiste Thrasymaque pour s'échapper de Socrate qui le presse, & les tours de souplesse de Socrate pour le saisir & le terrasser. Ce badinage très-agréable en soi, est absolument dans le caractère des interlocuteurs. Platon y représente au naturel, sous le nom de Thrasymaque, l'arrogance des Sophistes, enflés de leurs connoissances, croyant tout sçavoir, & ne sçachant rien solidement ; tandis que Socraté faifant profeffion d'ignorer tout, & de chercher à s'inftruire, met à tout inftant ce Sophifte en contradiction avec lui-même. On aime à voir l'orgueil de Thrafymaque confondu par un homme, qui, fous les apparences de la fimplicité, cache un fonds de fageffe inépuifable. On fçait d'ailleurs que le plus grand plaifir de Socrate étoit d'attaquer de converfation les plus célèbres Sophiftes, hommes fuperficiels, mais vains, diferts, grands charlatans, qu'il tournoit habilement en ridicule; & ce fut ce qui lui attira les ennemis puiffans qui réuffirent enfin à le perdre.

Le fecond Livre eft d'un autre genre. Le Sophifte humilié a été contraint de fe taire. Les frères de Platon, Glaucon & Adimante, reprènent la converfation avec politeffe & modeftie. Elle n'avoit été qu'amufante par les tours ironiques & malins de Socrate, elle devient douce, honnête, véritablement inftructive, & affaifonnée de tout ce que l'agrément de l'efprit peut ajouter à la force du raifonnement. L'état de la queftion eft fixé avec la dernière précifion. Il s'agit de confidérer la *Juftice* & l'*Injuftice* en elles-mêmes, & fans aucun égard à leurs effets. On fuppofe l'homme jufte & l'homme injufte, tous deux au plus haut degré ; le premier plein de franchife & de fimplicité, plus jaloux d'être jufte que de le paroître ; affez malheureux pour être regardé comme le plus fcélérat des hommes, deshonoré, puni, condamné au dernier fupplice : l'injufte affez habile pour paroître jufte fans l'être, comblé d'honneurs & de biens ; & l'on demande laquelle de ces deux conditions eft préférable.

Pour prouver que dans quelques circonftances que ce foit, la condition du jufte eft préférable à celle de l'injufte ; Platon ne nous conduit pas véritablement par le chemin le plus court : mais il nous mène par des routes fi belles, qu'on l'y fuit fans peine & fans regrèt. C'eft fon talent particulier, que de fçavoir mener à la recherche d'une vérité fèche & abftraite, par des détours infiniment agréables ; qui loin de fatiguer, délaffent & récréent ; & dans lefquels on ne s'égare jamais: parce que le but eft toujours à la portée de la vûë, & que l'on fent qu'à chaque pas, on s'en rapproche infenfiblement.

Pour parvenir plus aifément à connoître ce que c'eft que la *Juftice* en elle-même, & confidérée dans le cœur de l'homme ; Socrate propofe

SUR LA SAGESSE. xlvij

d'éxaminer auparavant, ce qu'elle est par rapport à une Société entière : car, dit-il, elle y sera en caractères plus marqués & plus aisés à discerner. Comparant ensuite le grand modèle avec le petit, on se servira du premier pour mieux connoître le second. En effet, ce qui rend l'État juste, doit aussi rendre juste le particulier : il ne peut y avoir de différence que du plus au moins. Faisons donc une République, continue-t-il, & voyons comment & par où, la *Justice* & l'*Injustice* s'y introduisent.

Ici commence cet Épisode admirable, qui a fait donner le titre de *République* au Dialogue entier, dont il occupe une grande partie.

Platon sous le nom de Socrate remonte donc jusqu'à l'origine de la Société civile, & jette les fondemens de sa *République*. Elle se forme, elle s'aggrandit, tant que ses citoyens sont bornés au pur nécessaire, & contens du genre de vie le plus simple ; c'est une République saine, une République parfaite : mais si le superflu s'y introduit, si le luxe, si les Arts inventés pour le seul plaisir, y entrent avec tout l'attirail qu'ils traînent après eux ; ce n'est plus qu'une République malade & pleine d'humeurs qui en attaquent la constitution. La première Société formée par un petit nombre d'habitans, devient un monde ; le corps politique a besoin d'être partagé en trois Ordres : le *Peuple*, les *Magistrats*, les *Guerriers*. Afin que cette République soit juste, il faut que chacun de ces trois Ordres se contienne dans les limites de son devoir ; car l'injustice seroit la confusion & le mélange des trois Ordres, d'où naîtroit la ruine de la Société. Or le devoir de ces trois Ordres est que le Peuple & les Guerriers soient soumis aux Magistrats, & les Magistrats eux-mêmes aux Loix.

Platon transportant ensuite au petit modèle, ce qu'il a découvert dans le grand, trouve dans l'âme de l'Homme trois Parties qui répondent aux trois Ordres de la République. La *Raison* représente le Magistrat ; le *Courage*, le Guerrier ; les *Passions*, le Peuple : & de-là Platon conclut que l'Homme est *Juste*, lorsque le Courage & les Passions obéissent à la Raison.

Jusqu'ici Platon a reconnu en quoi consistoit la *Justice*. Il s'agit maintenant d'éxaminer comment elle est préférable à l'injustice ; comment elle produit par elle-même le bonheur, soit que l'homme qui la pos-

sède soit reconnu pour juste, ou non : pour cela Platon reprend encore sa comparaison du Gouvernement Politique, avec le Gouvernement intérieur de l'Homme. « Il commence par distinguer cinq sortes de
» Gouvernemens. Le Gouvernement *Monarchique*, ou Aristocratique,
» qui est celui de sa République, & qu'il suppose être le plus parfait
» de tous ; le *Timocratique* où règnent la brigue & l'ambition. Tel est,
» dit-il, le Gouvernement de Crète & de Sparte. L'*Oligraphique*, où
» les seuls Riches ont part aux affaires ; la *Démocratie*, ou le Gouver-
» nement Populaire ; enfin la *Tyrannie*. Il compte aussi cinq espèces
» d'hommes, qu'il oppose à ces espèces de Gouvernemens ; l'Homme
» juste, l'Homme ambitieux, l'Homme intéressé, l'Homme qui se laisse
» aller à toutes ses passions sans en rebuter aucune : enfin, l'Homme ty-
» rannisé par une passion violente, qui se rend maîtresse de toute son
» âme. Il explique comment se fait le passage successif d'un Gouverne-
» ment à un autre Gouvernement moins parfait, & d'un Homme à
» un autre Homme. Après ce parallèle, il décide la question ; en disant
» que comme le plus heureux de tous les États, est celui qui est gou-
» verné par un Roi Philosophe ; c'est-à-dire, Ami de la Raison & de
» la Vérité : & le plus malheureux, celui qui a pour Maître un Tyran.
» De même, la Condition la plus heureuse est celle de l'*Homme Juste*,
» qui obéit en tout à la Raison ; & la plus malheureuse, celle du *Mé-
» chant* absolument dominé par une passion violente ».

Platon tente ensuite de soumettre au Calcul les dégrés du malheur du Tyran, ou de l'*Homme Injuste* relativement aux dégrés du bonheur du Roi ou de l'*Homme Juste*; & il trouve que le Tyran est 729 fois plus malheureux que le Roi, & celui-ci plus heureux que l'autre dans la même proportion ; de sorte que le nombre 729 exprime au juste la différence de leur condition. Nous renvoyons au Livre même, ceux de nos Lecteurs qui seront curieux de ce calcul. Il n'est pas fort clair dans Platon ; mais le Traducteur, dans une Note, l'a développé de la façon la plus approchante du texte.

Pour mieux faire sentir que l'*Injustice* ne peut jamais être avantageuse à l'homme ; & qu'il lui est au contraire toujours avantageux d'être *Juste*; Platon employe une autre comparaison : » représentez-vous, dit-il, un
» Monstre à plusieurs têtes, donnez-lui le pouvoir de produire toutes
» ces têtes, & de les changer à son gré..... ; faites ensuite l'image d'un

Lion

» Lion & celle d'un homme, chacune à part......; joignez enfemble ces
» trois images, de forte qu'elles fe tiennent & ne forment qu'un tout......;
» enfin, enveloppez ce compofé de l'intérieur d'un Homme, de forte
» que celui qui ne pourroit voir jufques dans l'extérieur, le prendroit
» pour un Homme, à n'en juger que fur l'enveloppe qui le couvre......
» difons à préfent à celui qui foutient, que la pratique de l'*Injuftice* eft
» avantageufe à l'Homme, & qu'il ne lui fert de rien d'être *Jufte*; que c'eft
» comme s'il difoit, qu'il lui eft avantageux de nourrir avec foin ce
» Monftre énorme & ce Lion, de les rendre forts & puiffans, & d'af-
» foiblir l'Homme; de forte qu'il foit à la merci des deux autres, qui le
» traîneront de force par-tout où ils voudront.

Suivons toujours cette même idée: » pour quelle raifon, (*ajoute-t-il*)
» a-t-on condamné de tout tems une vie licentieufe; fi ce n'eft, parce
» que le libertinage lâche la bride à ce Monftre énorme, cruel, & à
» plufieurs têtes......? Pourquoi blâme-t-on l'Infolence & la Fierté;
» finon parce que le Courage, qui tient de la nature du Lion, prend
» de trop grandes forces? &c. « Puis, abandonnant l'Allégorie : » En
» quoi (*dit-il*) feroit-il avantageux de commettre quelqu'*Action Injufte*,
» contraire aux bonnes mœurs & à l'honnêteté, puifqu'en devenant
» plus riche & plus puiffant, on deviendra auffi plus méchant......? De
» quoi ferviroit-il que l'*Injuftice* demeurât cachée, impunie? L'impu-
» nité ne rend-elle pas le Méchant, plus méchant encore? Au lieu que le
» crime venant à être découvert & puni, la partie animale s'appaife &
» s'adoucit; la Raifon rentre dans tous fes droits, l'Ame entière rendue
» à fon excellent naturel, fe trouve dans une meilleure fituation......;
» par conféquent, tout homme fenfé dirigera toutes fes actions vers ce
» but...... D'abord, il eftimera par-deffus tout, & cultivera les Sçiences
» propres à perfectionner fon âme; il méprifera toutes celles qui ne pro-
» duiroient pas ce même effet......; enfuite il prendra un foin modéré de
» fon corps, non pas dans le deffein de lui procurer la jouiffance des
» plaifirs brutaux & déraifonnables, ni de paffer fa vie dans l'intempé-
» rance; il ne cherchera pas même la fanté du corps pour elle-même;
» il fe mettra peu en peine de la Force, de la Santé, de la Beauté, fi tous
» ces avantages ne doivent pas être fuivis de la Tempérance; en un
» mot, il n'entretiendra une parfaite harmonie entre les parties de fon

» corps, qu'autant qu'elle pourra servir à maintenir l'accord qui doit
» règner dans son âme......: il n'admirera pas cette conspiration, ce
» concert d'une multitude vaine & insensée, à accumuler trésors sur tré-
» sors ; il ne se laissera point éblouir par l'idée de félicité qu'elle y atta-
» che, & n'augmentera pas ses Richesses à l'infini pour accroître ses
» maux dans la même proportion......; mais jettant sans cesse les yeux
» sur le Gouvernement de son âme, attentif à empêcher, que l'Opulence
» d'une part, de l'autre l'Indigence n'en dérangent les ressorts ; il s'étu-
» diera à conserver toujours le même plan de conduite dans les acquisi-
» tions & les dépenses qu'il pourra faire.....: suivant toujours les mêmes
» principes ; dans la poursuite des Honneurs, il n'ambitionnera, ne goû-
» tera même avec plaisir, que ceux qu'il croira pouvoir le rendre meil-
» leur ; & fuira en public, comme en particulier, ceux qui pourroient
» altérer l'Ordre qui règne dans son âme.

Après avoir suffisamment prouvé les Avantages de la *Justice*, sans
aucun égard aux biens & aux maux extérieurs, attachés à la pratique de
la Vertu & du Vice, Platon revient sur ses pas ; & afin que la Victoire
de la *Justice* soit entière, il restituë à la Vertu les honneurs & les récompenses qu'elle a droit d'attendre, & qu'elle reçoit en effet de la part des
Hommes & des Dieux pendant cette vie & après la mort : il restituë de
même au Vice, l'opprobre & les châtimens qu'il mérite.

Cela le conduit à parler de l'Immortalité de l'âme, dont il donne en
passant quelques preuves, tirées de ce qu'elle ne porte en elle-même
aucun principe de destruction, & qu'elle ne peut périr, ni par son propre
mal, ni par celui d'autrui ; d'où il déduit ce fondement de toute la Mé-
tempsycose, que le même nombre d'âmes existe toujours ; car, dit-il,
aucune ne périt, & il ne peut s'en former de nouvelles ; puisqu'elles ne
pourroient se former que de ce qui, auparavant, étoit mortel : Raisonnement faux, mais qui passoit pour vrai aux Payens, qui ignoroient ce que
c'étoit que la *Création proprement dite* ; & il faut avouer, avec le Traducteur, que si la Révélation n'étoit venuë à notre secours, nous n'aurions
guères mieux raisonné sur ces matières, que Pytagore & Platon.

Enfin, Platon termine son Dialogue par une fiction ingénieuse, dans
laquelle il étale les récompenses de l'Ame du *Juste* après la mort ; &
développe en même tems son Système sur la Transmigration des âmes,

Il suppose qu'un Arménien nommé Her, tué dans une bataille, ressuscita douze jours après, & raconta ce qu'il avoit vû dans l'autre monde; » aussi-tôt, dit-il, que mon Ame fut sortie de mon corps, je m'avançai » dans la compagnie de plusieurs autres, vers un lieu tout-à-fait mer- » veilleux; où nous vîmes dans la terre deux ouvertures voisines l'une » de l'autre, & deux autres au ciel qui répondirent à celles-là. Des Juges » étoient assis entre ces ouvertures: dès qu'ils avoient prononcé leur » sentence, ils ordonnoient aux *Justes* de prendre leur route à droite par » une des Ouvertures du Ciel, après leur avoir attaché par devant un » Écriteau, qui contenoit le jugement rendu en leur faveur; & aux *Mé-* » *chans* de prendre leur route à gauche, par une des Ouvertures de la » Terre, portant derrière le dos un semblable Écriteau, où étoient mar- » quées toutes leurs Actions. Après que je me fus présenté, les Juges » dirent, qu'il falloit que je portasse aux Hommes la nouvelle de ce qui » se passoit aux Enfers; & m'ordonnèrent d'écouter, & de remarquer » en ce lieu toutes les choses dont j'allois être témoin.

» Je vis donc d'abord les Ames de ceux qu'on avoit jugés; celles-ci » monter au Ciel; celles-là descendre sur Terre par les deux Ouvertures » qui se répondoient; tandis que par l'autre Ouverture de la Terre, je » vis sortir des Ames couvertes d'ordure & de poussière; & en même » tems, que par l'autre Ouverture du Ciel, descendoient d'autres Ames » pures & sans taches: elles paroissoient toutes venir d'un long voyage, » & s'asseoir avec plaisir dans la prairie, comme dans un lieu d'assem- » blée. Celles qui se connoissoient, se demandoient les unes aux autres, » en s'embrassant, des nouvelles de ce qui se passoit, soit au Ciel, soit » sous la Terre; les unes racontoient leurs avantures avec des gémisse- » mens & des pleurs, que leur arrachoient le souvenir des maux qu'elles » avoient soufferts, ou vû souffrir aux autres pendant le tems de leur » voyage sous Terre, dont la durée étoit de mille ans; les autres, qui » revenoient du Ciel, faisoient le récit des plaisirs délicieux qu'elles » avoient goûtés, & des choses merveilleuses qu'elles avoient vûes.

Quoique ce récit soit dans la bouche de Socrate, il contient la propre doctrine de Platon, qui ne se faisoit pas scrupule de débiter ses propres idées sous le nom d'autrui; comme l'ont remarqué Quintilien & Athénée. L'on sçait d'ailleurs, que Platon suivoit Socrate seulement pour la

Morale ; il fuivoit Héraclite, pour la *Phyſique* ; Parménide, pour la *Logique* ; & Pythagore, pour la *Métaphyſique*. Il imitoit même ce dernier juſques dans ſa manière de s'expliquer par Énigmes, par Figures & par Nombres.

Il feroit trop long, (*continue-t-il*) de rapporter en entier le Diſcours de Her. » Il ſe réduiſoit à dire, que les Ames étoient punies dix fois
» pour chacune des injuſtices qu'elles avoient commiſes dans la vie ; que
» la durée de chaque punition étoit de cent ans, qui ſont à peu près les
» bornes de la vie humaine ; de ſorte que le châtiment étoit toujours
» décuple, pour chaque crime. Ainſi, ceux qui ſe ſont ſouillés de pluſieurs
» meurtres, qui ont livré par trahiſon des Villes & des Armées, qui ont
» réduit leur Patrie à l'eſclavage ; ou qui ſe ſont rendus coupables de
» quelqu'autre crime de cette nature, ſont tourmentés au décuple pour
» chacun de ces crimes. Ceux, au contraire, qui ont rendu aux hommes
» des ſervices ſignalés, qui ont été Saints & Vertueux, reçoivent dans
» la même proportion, la récompenſe de leurs bonnes actions. A l'égard
» des Enfans morts preſqu'auſſi-tôt après leur naiſſance, ce qu'il racon-
» toit de leur état dans l'autre monde, ne mérite pas d'être répété. Il y
» avoit encore, ſelon ſon récit, des récompenſes plus grandes, deſti-
» nées à ceux qui avoient plus ſpécialement honoré les Dieux, & reſ-
» pecté leurs Parens ; & des ſupplices extraordinaires, préparés aux
» Impies & aux Parricides...... après que les Ames eurent paſſé ſept jours
» dans cette prairie ; elles en partirent le huitiéme, & ſe rendirent en
» quatre jours de marche dans un lieu marqué ; d'où l'on voyoit une
» lumière étendue ſur tout le Ciel & ſur toute la Terre, droite comme
» une colomne, aſſez ſemblable à l'arc-en-ciel, mais plus éclatante &
» plus pure. Elles arrivèrent à cette Lumière, après une autre marche
» d'un jour. Là, vers le milieu de cette Lumière, elles virent ſuſpendus
» au Ciel les bouts du lien qui le ſère.

Ici Platon, ſous diverſes Allégories, trace le Syſtême Général du Monde. Il ne faut pas y chercher la préciſion & l'éxactitude Aſtronomique. Ce ſont des Images Poëtiques, qui, par la richeſſe du *Tableau* qu'elles forment, & par leur ſingularité, nous ont paru mériter d'être préſentées aux Lecteurs.

» Ce Lien (*qui embraſſe le Ciel*) n'eſt autre choſe, dit-il, que la Lumière

SUR LA SAGESSE.

» dont j'ai parlé; elle embrasse toute la circonférence du Ciel à peu près
» comme ces piéces de bois, qui ceignent le corps des galères, & qui en
» soutiennent la charpente; aux extrémités de ce Lien, est suspendu le
» Fuseau de la *Nécessité*, qui donne le branle à toutes les révolutions
» célestes. Ce corps de Fuseau & le Crochet, sont de diamant; le Peson
» est en partie de diamant, en partie d'autres pierres précieuses.

» Ce Peson ressembloit, pour la figure, aux Pesons d'ici bas; mais
» pour en avoir une juste idée, il faut se représenter un grand peson
» creusé en dedans, dans lequel étoit enchassé un autre peson plus petit,
» comme des Boëtes qui entrent l'une dans l'autre; dans le second, il y
» en avoit un troisième; dans celui-ci, un quatrième; & ainsi de suite
» jusqu'au nombre de huit, disposés entr'eux de la même façon que des
» cercles conçentriques. On voyoit le bord supérieur de chacun, &
» tous ne présentoient à l'extérieur que la surface continuë d'un seul
» peson à l'entour du fuseau, dont la tige passoit par le centre du huitiè-
» me. Et les bords circulaires du peson extérieur étoient les plus larges;
» puis ceux du sixième, du quatrième, du huitième, du septième, du
» cinquième, du troisième & du second, alloient diminuant de largeur
» selon cet ordre. Le cercle formé par les bords du plus grand peson,
» étoit de différentes couleurs; celui du septième étoit d'une couleur
» très-éclatante, celui du huitième empruntoit du septième sa couleur
» & son éclat; la couleur des cercles du second & du cinquième, étoit
» presque la même, & tiroit davantage sur le jaune; le troisième étoit
» d'une couleur très-blanche; celle du quatrième étoit un peu rouge.
» Enfin, celle du second surpassoit en blancheur celle du sixième; il faut
» que le fuseau tout entier fasse sa révolution d'un mouvement uniforme;
» tandis qu'il la fait, les sept pesons intérieurs se meuvent lentement
» dans une direction contraire. Le mouvement du huitième est le plus
» rapide, ceux du septième, du sixième & du cinquième sont moindres
» & à peu près égaux entr'eux pour la vîtesse; le second paroissoit faire
» sa révolution autour du quatrième; la vîtesse du troisième est moindre
» que celles des précédens; & le second se meut le plus lentement de
» tous. Le Fuseau lui-même tourne sur les génoux de *la Nécessité*. Sur
» chacun de ces Cercles est portée une Syrène qui tourne avec lui,
» chantant de toute sa force sur un ton; de sorte que de ces huit tons
» différens, il résulte une harmonie parfaite.

Cet Emblême est facile à expliquer. Les huit Pesons sont les huit Cieux; leurs bords sont les orbites des Planètes; la Syrène est l'Astre même. L'Harmonie des Corps célestes est une Allégorie de Pythagore. Achevons ce Tableau singulier.

» A l'entour du Fuseau & à des distances égales, sont assises sur des
» Trônes, les trois Parques, filles de la Nécessité; *Lachésis*, *Clothon* &
» *Atropos*, vêtuës de blanc; & ayant sur la tête une couronne. Elles
» mêlent leurs voix à celles des Syrènes; Lachésis chante le *Passé*, Clo-
» thon le *Présent*, Atropos l'*Avenir*. Clothon touchant par intervalle le
» fuseau de la main droite, lui fait faire la révolution entière; Atro-
» pos, de la main gauche, imprime le mouvement à chacun des pe-
» sons intérieurs; & Lachésis de l'une & de l'autre main, touche tantôt
» le fuseau, tantôt les pesons intérieurs.

» Aussitôt que les Ames furent arrivées, elles se présentèrent devant
» Lachésis, qui leur déclara qu'elles alloient rentrer dans un corps mor-
» tel; & que chacune pourroit choisir, parmi les genres de vie de toute
» espèce, celui qui lui conviendroit le mieux. La plûpart des Ames se
» trompèrent dans leurs choix, sur-tout celles qui venoient du Ciel, &
» qui avoient moins d'expérience des maux de la vie; d'ailleurs, la plû-
» part se décidoient avec précipitation, & par les habitudes qui leur
» restoient de la vie précédente.

Dès que le choix fut fait, Lachésis donna à chaque Ame un *Démon*, pour lui servir de gardien durant le cours de la nouvelle vie; Clothon & Atropos confirmèrent le sort que chacune s'étoit choisi, & qui devint dès-lors irrévocable. Enfin, après avoir passé sous le Trône de la Nécessité, toutes les Ames burent du fleuve Amelès, dont l'eau fait perdre le souvenir du toutes choses; & se rendirent ensuite avec la rapidité des Étoiles, auprès des corps qu'elles devoient animer.

Attachons-nous donc, (*conclut Platon*) à la pratique de la *Justice*.
» Par-là, nous serons en Paix avec nous-mêmes & avec les Dieux; &
» après avoir remporté sur la terre le Prix destiné à la Vertu, semblable
» à ces Athlètes victorieux, qu'on mène en triomphe par toutes les
» Villes, nous serons couronnés là-bas, & nous goûterons une joie déli-
» cieuse dans ce voyage de mille ans, dont nous avons parlé.

Ce Morceau peut servir à donner une idée des traits de Poësie, dont

Platon fçait embellir fes Écrits; car il n'eft pas moins Poëte que Philofophe. Nous avons dit, que fes Dialogues font des Drames; on pourroit, à d'autres égards, les regarder comme des Poëmes Épiques; foit par le merveilleux, dont il les enrichit, foit par les épifodes qu'il y enchaffe. Nous venons de donner un éxemple du merveilleux qu'il y emploie.

Les Dialogues de Platon pouvoient, à bien des égards, être regardés comme des Poëmes. En effet, outre la pompe & la magnificence du Style, nous avons montré avec quel art Platon y faifoit entrer le merveilleux; il fçavoit auffi les embellir par les plus riches Épifodes: & perfonne n'a mieux rempli que lui, les précèptes qu'Horace donne aux Poëtes Épiques.

Non fumum ex fulgore, fed ex fumo dare lucem.

Ainfi, dans ce Dialogue, il fe propofe d'éxaminer ce que c'eft que la *Juftice*: fujèt important; mais abftrait, purement Philofophique, & qui femble n'annoncer que des difcuffions de Métaphyfique ou de Morale: cependant ce fujèt devient dans fes mains une fource abondante, d'où il fait fucceffivement fortir les queftions les plus variées & les plus intéreffantes. Ce n'eft pas feulement un Philofophe Moral, qui differte fur la nature & les avantages de la *Juftice*; c'eft un Politique profond, qui crée une *République* d'une efpèce nouvelle, qui en règle la forme, qui entre jufques dans les moindres particularités de l'Éducation de fes Citoyens: on la voit naître & s'élever infenfiblement; il la conduit enfin jufqu'au plus haut dégré de perfection qu'il croit pouvoir lui donner; & il occupe agréablement fon Lecteur de ce grand fpectacle, qu'il fçait en même tems fi bien lier à fon fujèt principal, que jamais on le perd de vûë.

Nous avons fait fentir ci-devant, cette liaifon & ces rapports généraux. Traçons maintenant, avec quelque détail, le Tableau de cette fameufe *République*, qui n'éxifta jamais, qui peut-être même ne pourroit jamais éxifter parmi les Hommes tels qu'ils font; mais dont la Mémoire eft auffi célèbre, que celle des plus puiffans États: & qui mérite cette célébrité, parce que, quoiqu'impoffible dans l'éxécution, elle offre du moins aux Légiflateurs, le précieux exemple d'une forme de Gouvernement fondé fur la Vertu.

Platon (1), pour former sa *République*, remonte à l'origine des Sociétés. Il suppose, que, ce qui a réuni les hommes est la multiplicité de leurs besoins, & l'impuissance de se suffire à eux-mêmes. Une Société qui se borne à satisfaire les besoins essentiels, sera d'abord peu nombreuse; mais dès qu'elle vient à se dégoûter de ce genre de vie simple, le Luxe s'introduit dans la petite *République* : le nombre des Citoyens s'accroît, à proportion des nouveaux Arts, qu'elle admet; il lui faut un Commerce extérieur. Il faut qu'elle étende ses limites, & de-là naîtront les guerres.

Il faudra donc, qu'une partie des Citoyens se consacre à l'Art Militaire. Ils seront les défenseurs & les gardiens de l'État; leurs fonctions seront de la plus grande importance : & c'est par conséquent de cet Ordre de Citoyens, que doit principalement s'occuper le Législateur. Platon entre dans les plus grands détails, sur l'Éducation qu'on doit leur procurer.

Il veut, qu'on leur forme à la fois l'Esprit & le Corps; l'Esprit par la *Musique*, & le Corps par la *Gymnastique*. Il est important d'avertir que Platon entend ici par la *Musique*, tout ce qui est du ressort des Muses, selon l'étendue entière de l'Étimologie du mot *Musique*; qui en ce sens, comprend l'assemblage de toutes les connoissances propres à orner & à perfectionner l'esprit.

La première Loi que prescrit Platon est d'inspirer à ses élèves, dès leur enfance, l'Amour & le Respect pour les Divinités. De-là il écarte, comme pernicieuses, la plûpart des Fables dont on entretient les Enfans; & qui ne sont propres qu'à faire, sur leurs jeunes âmes, des impressions dangereuses & difficiles à effacer. Du nombre de ces Fables sont celles d'Homère, d'Hésiode, & des autres Poëtes anciens; qui représentent les Dieux comme des êtres foibles, vicieux, même criminels : il bannit donc de sa *République*, non-seulement tout Écrit, mais tout Citoyen qui parle peu dignement de la Divinité.

Les Élèves de Platon (2) sont des Guerriers : après l'amour des Dieux, ce qu'il est le plus important de leur inspirer, c'est le Courage. Rien n'est plus propre à l'abattre, que la lecture des Poëtes, qui mettent sans cesse dans la bouche de leurs Héros, des lamentations & des regrèts; qui

---

(1) Tome I. L. ii. Pag. 94.
(2) Liv. iij, pag. 127 & suiv.

peignent

peignent les Enfers avec des couleurs propres à faire craindre la mort: nouvelle raison de bannir les Écrits d'Homère & ceux des autres Poëtes. En Général, Platon ne souffre dans sa *République* d'autre Poësie, que celle qui est uniquement consacrée aux éloges des Dieux & des Vertus: Il proscrit sur-tout la *Poësie imitative*, qui n'a pour but que de flatter les Passions.

On a donc eu raison de dire (1), que Platon ne proscrivoit pas toute Poësie indistinctement: il ne blâmoit que l'abus d'un Art auquel il s'étoit éxercé lui-même (2). Dans sa jeunesse il avoit cultivé la Poësie Épique, Dramatique, Dithyrambique, &c.; mais épris des charmes de la Philosophie, il avoit ensuite brûlé ses vers: quelques-uns de ceux qui ont échappé aux flammes n'auroient assurément pas été soufferts dans sa *République* (3). Ce fut un grand triomphe que la Philosophie remporta sur la Poësie, en lui enlevant Platon; car il n'y eut peut-être jamais d'esprit plus Poëtique. Longin (4) reconnoît, dans la prose de Platon tout le feu d'un véritable Poëte: c'est le digne Rival d'Homère. Quand il se livre à l'Enthousiasme, dit Quintilien (5), ce n'est plus un homme, c'est un Dieu; c'est Apollon lui-même qui prononce ses Oracles. Cependant, jamais les Poëtes n'ont eu d'ennemi plus déclaré. Le Dixième Livre de sa *République* est presque entièrement employé à exposer de nouveau, tous les dangers de la Poësie. Il semble que Platon cherche par-tout des armes pour se défendre des charmes d'un Art, pour lequel il paroissoit né, & que peut-être il aima toujours.

Si Platon condamnoit la Poësie, qui flatte les passions; il n'avoit garde

---

(1) *Voyez dans les Mémoires de l'Académie des Belles-Lettres. Tome I & II. qu'ont écrit à ce sujet MM. Fraguier, Massieu & Couture. Voyez aussi Baillet, Jug. des Sçav. T. III. p. 271 & suiv. & Bibl. Franç. de M. Goujet. T. III. p. 17 & suiv.*

(2) *Vide Laert. in Plat. Ælian, Var. Lib. 2. Cap. 40.*

(3) *Entr'autres, deux espèces de Madrigaux; (si l'on ose donner ce nom à des Vers Grecs) l'un en l'honneur d'un jeune homme qu'il aimoit; & l'autre pour une de ses maîtresses. Voyez le premier dans Aulugelle xix. 11. & dans Macrobe II. 2. L'autre dans Athénée lib. xiij. pag. 589. On les trouvera aussi avec quelques autres dans Diogène Laërce. Lib. 3. in Plat.*

(4) *De Subl. Cap. 13 & 32.*

(5) *Quintil. Instit. L. x. Cap. 1.*

d'approuver la Musique qui amollit l'âme : il ne souffre que celle qui est propre à la calmer, où à l'élever. Il juge par les mêmes principes, des Arts d'agrément; tels que la Peinture, l'Architecture, &c. Il ne les admèt qu'autant qu'ils peuvent réveiller les idées de grace, de noblesse, de décence. Il veut que ses jeunes gens ne puissent recevoir, de tout ce qui frappe leurs oreilles ou leurs yeux, que des impressions salutaires.

Comme (1) il a rendu les Ames sages & courageuses, il s'applique à rendre les Corps sains & vigoureux. C'est l'effet du Régime, & de la Gymnastique; c'est-à-dire, des diverses sortes d'éxercices. Le Régime doit être simple, modéré, uniforme : les Maladies comme les désordres ne naissent que d'une mauvaise éducation. Selon Platon (2), la marque la plus sûre que l'Éducation d'une Société est mauvaise, c'est le besoin que l'on y a de Juges & de Médecins. Aussi, veut-il que dans sa *République*, la Médecine & la Jurisprudence se bornent au soin des Citoyens qui ont reçu de la nature un corps sain & une belle âme ; & qu'on laisse périr ceux dont le corps est mal constitué. Étrange Maxime, qui semble faire un crime du malheur; & qui surprend d'autant plus dans la bouche de Platon, qu'il avoit naturellement l'Ame grande & le Cœur sensible.

Les Éxercices du Corps doivent occuper de bonne heure, sérieusement, & tout le reste de leurs jours; des gens destinés à une Vie toute Militaire : mais la Gymnastique seule les rendroit durs & féroces, il faut y joindre le commerce des Muses. C'est du juste tempéramment de ces deux choses, que résulte l'*Éducation parfaite*.

Malgré (3) l'excellence de cette Éducation, Platon craint que ses guerriers ayant la force en main, ne deviennent Maîtres & Tyrans, de Gardiens & Défenseurs qu'ils doivent être. Pour prévenir ce danger, il veut qu'on leur assigne une demeure séparée dans le lieu le plus convenable pour la garde de l'Etat; qu'ils y vivent en commun, sans avoir de maison en propre, ni rien qui soit à aucun d'eux en particulier; que la nourriture, telle qu'elle doit suffire à des guerriers sobres, leur soit fournie par les autres citoyens; & qu'on leur fasse regarder comme une

---

(1) *Pag. 168.*
(2) *Pag. 173.*
(3) *Pag. 197.*

distinction honorable, d'être les seuls qui ne puissent conserver ou toucher ni Or ni Argent (1) : que s'il se trouve quelqu'un d'entr'eux qui dégénère, ses enfans passent dans les classes inférieures ; & que l'on tire de ces mêmes classes les enfans, que l'on jugera les plus dignes de les remplacer.

Ces Guerriers (2) auront des femmes prises dans leur classe, & qui auront reçu la même Éducation que leurs maris. Car comme Platon les juge propres aux mêmes emplois que les hommes, quoiqu'avec les différences que comporte la foiblesse de leur sèxe, il veut qu'on perfectionne leurs Ames par les mêmes instructions, & leurs corps par les mêmes exercices. Tout ce qu'il dit ici, tient beaucoup des Loix de Licurgue, & part d'une application outrée de ce principe : *Que tout ce qui est utile est honnête.*

De là il admèt les Femmes à des Éxercices peu compatibles avec la pudeur. Il va plus loin, il rend toutes les Femmes des Guerriers communes à tous, de sorte que tous leurs enfans soient communs. Le Traducteur combat dans plusieurs Notes, pleines de sagesse, un Système si peu conforme aux Loix de l'Honnêteté, & qui suppose que dans l'union des deux Sèxes, il n'y a pas plus de contrat entre les hommes qu'entre les animaux. Nous ne dirons rien des autres écarts auxquels Platon s'abandonne en cet endroit.

Platon suppose que les Femmes iront à la Guerre avec leurs maris ; & que leurs Enfans les y suivront de bonne heure. Rien n'est plus noble, plus généreux, que ce qu'il prescrit touchant les Loix de la Guerre ; les procédés envers les Vaincus, les honneurs à rendre aux Vainqueurs : mais nous ne pouvons le suivre dans tous ces détails.

Jusqu'ici Platon ne s'est occupé que de la classe des Citoyens destinés à la guerre. Il a seulement prescrit aux autres Ordres (3), que chacun s'occuperoit uniquement de son métier ; & il croit n'avoir rien à prescrire de plus. Il a banni de sa *République* tous les Arts propres à corrompre l'éducation, non-seulement des Guerriers, mais des autres Citoyens ; il a inspiré à tous l'Amour de l'Ordre : cet Amour de l'Ordre

---

(1) *Liv. iv. pag. 208.*
(2) *Tom. II. Liv. v. pag. 1, &c.*
(3) *Voyez Liv. iv. pag. 312.*

dictera au besoin les Reglemens de Police particulière. Quant aux Loix Religieuses, Platon se garde bien d'y toucher ; il laisse aux Dieux mêmes le soin de révéler la façon dont ils veulent être honorés : c'est, dit-il, à *Apollon Delphien*, à prononcer sur une pareille matière.

Cependant sa *République* n'a point encore de forme de Gouvernement déterminé. Examinons avec lui, quelle est celle qu'il conviendra de lui donner. Ce sera l'Aristocratique, non pas dans le sens que les Publicistes donnent d'ordinaire à ce mot, qui désigne communément un Gouvernement administré par les principaux Citoyens ; mais selon la signification primitive du mot *Aristocratie*, qui signifie un Gouvernement confié aux meilleures mains, aux mains les plus dignes ; soit d'un seul, soit de plusieurs. Ainsi Platon confond l'Aristocratie avec la Monarchie (1) ; ou, pour mieux dire, la Monarchie selon lui, est une espèce, dont l'Aristocratie est le genre. Nous nous sommes arrêtés sur ce point, parce qu'il paroît que la plûpart de ceux qui ont voulu développer la doctrine politique de Platon, n'ont pas assez fait sentir cette distinction importante : nous aurons encore occasion d'y revenir à la fin de cet Article.

Une *République*, telle que Platon (2) vient de la décrire, ne peut de son aveu, être fondée que par un vrai Sage. Le vrai Sage, selon lui, est un Homme modéré dans tous ses désirs, éxempt de vices, ami de l'Ordre ; porté par son propre penchant, à la contemplation de l'essence des choses ; joignant à un naturel excellent, les lumières de l'Étude, perfectionnées par l'expérience ; réunissant enfin la connoissance du bien, à celles du beau & du juste. Nous écartons la Métaphysique profonde à laquelle Platon se livre, pour fixer les idées du *Juste*, du *Beau*, du *Bien* ; & nous nous renfermons dans ce qui appartient plus particulièrement au Plan de sa *République*.

Ce Sage Fondateur (3) doit avoir des Successeurs sages comme lui ; il faut lui en préparer. Ni ceux qui n'ont aucune connoissance des essences des choses, ni ceux qui ont passé toute leur vie dans l'étude & la méditation, ne sont propres au Gouvernement. On choisira donc dans l'Or-

---

(1) *Voyez* p. 323. du 2 Tome.
(2) Liv. vj. pag. 81 & suiv.
(3) Liv. vij. pag. 161.

dre des Guerriers, les naturels les plus excellens; on les appliquera d'abord à contempler le bien en lui-même ; mais on ne leur permettra pas d'y employer toute leur vie : on leur fera prendre part aux travaux & même aux honneurs de leurs concitoyens. Appelés ensuite au Gouvernement, ils ne pourront s'y refuser; parce que, redevables de leur éducation à la République, ils lui seront comptables des lumières que cette Éducation leur aura procurées. Devenus Chefs de l'État par devoir, ils administreront avec modération & équité; & s'ils sont plusieurs à partager le pouvoir, comme ils y seront parvenus sans ambition, ils l'exerceront sans rivalité ni jalousie.

Platon entre ensuite dans un détail plus circonstancié de l'Éducation, qui leur est propre. Il veut qu'on les éxerce sur-tout aux Sciences de raisonnement, au Calcul, à la Géométrie, à l'Astronomie même. Il entend par l'Astronomie non-seulement la connoissance des révolutions des Astres sensibles, mais la considération des Astres intelligibles; c'est-à-dire, selon son langage (1), la considération des idées qui ont dirigé Dieu dans la formation des Astres. Platon disserte sur ces diverses Sciences avec beaucoup de subtilité. On trouve en cet endroit quelques traits que liront avec plaisir ceux qui aiment à connoître l'Histoire des Arts & des Sciences : ils y apprendront, par éxemple, que du tems de Platon, la Géométrie n'alloit point au-delà de la mesure des surfaces; & qu'en fait de Stéréométrie, on n'avoit encore rien découvert (2).

Ceux qu'on destinera à ces Sciences, y seront instruits dès leur plus tendre jeunesse (3). C'est pour la Jeunesse, dit Platon, que les grands travaux sont faits; un Vieillard est encore moins en état d'apprendre, que de courir. On écartera avec soin, en les instruisant, ce qui sentiroit la gêne & la contrainte. Les Leçons qu'on fait entrer de force dans l'âme, n'y demeurent pas. Voilà peut-être ce qui a fait croire que Platon vouloit, qu'on n'élevât les Enfans qu'en jeux, fêtes & chansons; mais nous doutons qu'il se trouve quelque Éducation moins gaye & plus laborieuse, que celle que Platon prescrit ici. Continuons d'en suivre le cours.

---

(1) *Voyez* pag. 189 & *Note*.
(2) *Voy.* pag. 185.
(3) Pag. 206.

Vers l'âge de 17 ans, toute étude fera interrompuë par les éxèrcices de la Gymnaftique, qui dureront deux ou trois ans. Platon ne croit pas que durant ce tems, on puiffe éxiger autre chofe ; rien, felon lui, n'étant plus ennemi des Sçiences, que les fatigues du corps. A 20 ans, on éxèrçera fes élèves fur ce qu'ils ont étudié dans leur enfance ; & on les aecoutumera à fentir les rapports refpectifs des Sçiences auxquelles ils fe font appliqués. A 30 ans, on fera choix de ceux qui auront montré plus de conftance & de fermeté, foit dans l'étude, foit à la guerre. On les élèvera aux honneurs, & on les appliquera à la Dialectique. Par ce nom, Platon entend, non pas fimplement l'Art de raifonner ; mais la plus pure Métaphyfique, qui remontant aux premiers principes, mèt l'efprit (1) en état de conçevoir, & de rendre la raifon de chaque chofe.

On les éxèrçera cinq ans dans cette Sçience ; enfuite on les fera paffer par les Emplois Militaires, & les autres fonctions propres de leur âge ; afin qu'ils ne le cèdent à perfonne en expérience. On obfervera leur conduite dans les diverfes circonftances ; & après les avoir éprouvés durant 15 ans, il fera tems à cinquante de conduire au terme ceux qui feront fortis de ces épreuves avec diftinction. Déformais ils partageront leur vie entre la Philofophie & l'Adminiftration des affaires ; fe chargeant du fardeau de l'autorité, non comme d'une chofe honorable, mais comme d'un devoir onéreux. Enfin, après en avoir inftruit d'autres, & laiffé des fucceffeurs dignes de les remplacer, ils pafferont de cette vie dans les ifles fortunées. » L'État leur érigera de magnifiques Tombeaux ;
» & fi l'Oracle d'Apollon le trouve bon, on leur fera des facrifices com-
» me à des Génies tutélaires, ou du moins comme à des Ames bien heu-
» reufes & divines.

Tels font ceux que Platon deftine, pour gouverner fa *République* ; & il n'en exclut pas les Femmes, s'il s'en trouve quelques-unes propres à recevoir l'Éducation qu'il prefcrit : car, dans fon Syftême, tout doit être commun entre les deux Sèxes.

Il prouve enfuite, que le Gouvernement qu'il propofe, eft l'efpèce de Gouvernement la plus parfaite. En effèt, il fait voir que les autres ne font que des altérations de celui-ci. Selon lui, elles font au nombre

---

(1) *Voyez pag.* 194.

de quatre : la Timocratie, l'Oligarchie ; la Démocratie, & la Tyrannie. Or l'Aristocratie (1), comme nous l'avons dit, éxercée soit par plusieurs, soit par un seul, est le Gouvernement Platonique ; venant à s'altérer par dégrés, elle se changera d'abord en Timocratie ; lorsque l'intérêt personnel, prenant la place de l'intérêt public, l'Ambition s'emparera des Magistrats & des principaux Citoyens.

L'Ambition mène au Luxe (2), le Luxe à l'amour des Richesses, à l'Estime & à la Considération pour les Riches. Bientôt les Charges ne seront que pour eux ; il y aura même une Loi qui défendra d'y aspirer, si l'on ne jouit pas d'un revenu, qui soit au-dessus d'un taux marqué. Le Gouvernement passera aux Mains du petit nombre de Citoyens riches ; & c'est ce que Platon appelle l'*Oligarchie*.

Sous un pareil Gouvernement, il sera (3) libre à chacun de vendre son bien, & d'acheter celui d'autrui. De-là, les Pauvres, & les Crimes. L'État sera bientôt rempli de gens accablés de dettes, ou notés d'infamie ; tous détestant ceux qui se sont enrichis des débris de leurs fortunes, & ne cherchant que les occasions de réparer leurs pertes, par quelque boulversement général. Les Riches, peu nombreux, & Amollis par les Richesses, deviendront les victimes des Pauvres, qui les dépouilleront, & partageront leurs Biens & leurs Charges. Voilà la Démocratie.

Tout le monde étant indépendant (4), personne ne sera le Maître ; l'amour de la Liberté porté à l'excès, accompagné d'une indifférence extrême pour tout le reste, produira des troubles sans nombre, des factions de toute espèce, auxquelles il faudra des Chefs. Le Chef de la Faction la plus puissante, asserviffant toutes les autres, deviendra Despote ; ainsi, de l'usage déréglé de la Liberté, naîtra la Tyrannie du Despotisme.

Dans l'exposition ingénieuse de la Génération successive de ces divers Gouvernemens, Platon fait de fréquentes allusions aux Gouvernemens

---

(1) *Pag.* 224, &c.
(2) *Pag.* 235, &c.
(3) *Pag.* 247, &c.
(4) *Pag.* 264, &c.

établis de son tems dans la Grèce, & en critique avec finesse les vices principaux. Cet objèt mériteroit bien d'occuper nos Lecteurs, si nous ne craignions de les arrêter trop long-tems sur un même Ouvrage. Revenons donc à la *République* dont nous venons d'achever le plan.

Cette *République* (1) pourroit-elle jamais se réaliser? C'est une question que Platon se fait lui-même, & que l'on a souvent renouvelée. Il répond qu'il n'a point prétendu traçer le plan d'une *République* possible, mais d'une *République* Parfaite; qui pût faire juger de la plus grande perfection d'un État, par les rapports plus ou moins prochains, qu'il auroit avec son Plan. Que si l'on ne peut se flatter d'éxécuter ce Plan dans la dernière précision; au moins, il se peut qu'une Société soit gouvernée d'une manière très-aprochante; que dans les Républiques même de son tems, cela seroit praticable; mais qu'on ne le verroit, que quand de vrais Philosophes seroient appellés au Gouvernement des États, ou que ceux qui gouvernent deviendroient vrais Philosophes.

Alors, dit-il (2), ils relègueront à la Campagne tous les Habitans de leur Ville, qui seront au-dessus de dix ans; & se chargeant de l'Éducation de leurs Enfans, qu'ils élèveront conformément aux principes exposés ci-dessus, & qu'ils préserveront des mauvaises Habitudes; ils pouront établir sans peine & en peu de tems, une forme de Gouvernement, telle que celle qu'on vient de décrire. Quoiqu'il en soit, ajoûte-t-il ailleurs; » peu importe (3), que cette *République* existe, » ou doive éxister un jour; ce qu'il y a de certain, c'est que le Sage ne » consentira jamais à en gouverner d'autre que celle-là.

Platon, après une pareille déclaration, n'avoit garde de se charger d'aucun autre Gouvernement. Aussi refusa-t-il constamment (4) de se mêler de celui de sa Patrie. Les Arcadiens & les Thébains (5) le prièrent de leur donner des Loix; il ne le voulut pas, sçachant qu'ils n'admétroient jamais l'égalité des conditions. Il répondit aux Cyrénéens (6), qui le

---

(1) *Tom. II. Liv. v. pag. 58 & suiv.*
(2) *Liv. vij. pag. 217.*
(3) *Liv. ix. pag. 335.*
(4) *Laert. in Plat.*
(5) *Id. Ibid.*
(6) *Plat. in Lucull.*

SUR LA SAGESSE.

preſſoient de leur preſcrire une forme de Gouvernement, qu'il ne croyoit pas poſſible de ſoumettre à ſes Loix un Peuple riche. Cependant, lorſqu'il fut conſulté, après la mort de Dion, ſur la forme de Gouvernement qu'il conviendroit d'établir à Syracuſe, il ne refuſa pas de dire ſon avis. Nous avons la Lettre (1) qu'on prétend qu'il écrivit à ce ſujet : il y trace un plan de Gouvernement aſſez compliqué (2), & fort différent de celui de ſa *République*.

Nous avons vu qu'il jugeoit lui-même le Syſtême de ſa *République*, pour le moins, fort difficile à réaliſer. Auſſi (3), comme l'obſerve Plutarque, ne s'eſt-il pas trouvé de Ville, qui ait voulu l'adopter. Macrobe (4) regardoit cette forme de Gouvernement comme une pure chimère. Elle n'étoit faite, dit Athénée (5), que pour des Peuples tels qu'il n'en éxiſtoit point. L'Auteur de l'Eſprit des Loix en juge plus favorablement (6); mais il convient que ſi elle pouvoit avoir lieu, ce ne ſeroit que dans un petit État, où l'on pourroit élever tout un Peuple comme une Famille. On ſçait qu'Ariſtote trouvoit beaucoup à reprendre dans la *République* de Platon. Les premiers Chapitres du ſecond Livre de ſes *Politiques*, ſont employés à la critiquer; & ſes Critiques, qui roulent principalement ſur la Communauté des Biens & des Femmes, ſont fondées. C'eſt-là, en effet, le côté foible de la *République* Platonicienne.

Au reſte, nous obſerverons avec Polibe (7), que ces ſortes de Plans, qui ne ſont point mis en pratique, ne peuvent pas plus être comparés aux Gouvernemens ſubſiſtans, qu'une ſtatuë à un corps vivant. On peut louer le Statuaire, mais non établir de comparaiſon entre ſon Ouvrage & celui de la nature. Ce Jugement convient parfaitement à cette multitude de Républiques imaginaires, que les modernes ont fabriquées, à l'imitation de Platon. Ceux qui ſont curieux de connoî-

---

(1) *C'eſt la viij de ſes Lettres.*
(2) *Il s'y trouva divers inconvéniens qui empêchèrent qu'il ne fût ſuivi.*
(3) *Plut. de Fort. vel Virt. Alex. 1.*
(4) *Macr. in Somn. Scip. Cap. 1.*
(5) *Athen. Liv. xj, pag. 508.*
(6) *Voyez Tom. I. Liv. iv. Chap. 6 & 7.*
(7) *Polib. lib. vj.*

Tome II.

tre ces fortes d'Ouvrages, en trouveront une Liſte de près de vingt, dans une des *Bibliothèques* d'Albert Fabricius; & cette Liſte pourroit encore être augmentée. *Journal des Sçavans*, 1762, Ier. *Vol. pag.* 382. *Année* 1763, Ier. *Vol. Pag.* 1 & *ſuivantes*.

ANALYSE RAISONNÉE DE LA SAGESSE DE CHARRON; à Amſterdam, & ſe trouve à Paris, chez Panckoucke, 1763. *in-12.* 2 *petits Volumes.*

Ce Traité de la Sageſſe a deux Parties principales. Dans la première, on examine l'Homme tel qu'il eſt; dans la ſeconde, on cherche à le rendre tel qu'il doit être; l'Auteur de l'Analyſe contredit quelquefois l'Original dans ſes Notes. Dans le texte, il l'abrége, il le cite tel qu'il eſt; & ces morçeaux, que l'Auteur diſtingue par des guillemets, ne ſont pas les moins agréables de cette Analyſe : en voici quelques-uns.

Charron peint le commerce du Monde. » Combien d'hyperboles, » d'hypocriſie, de fauſſeté, d'impoſture, au vû & au ſçu de tous; telle- » ment que c'eſt un marché & complot de ſe mocquer, de ſe tromper les » uns & les autres; & il faut que celui qui ſçait qu'on lui ment impuné- » ment, ſourie & diſe grand merci : & celui-ci qui ſçait que l'autre ne » l'en croit pas, faſſe bonne contenance, s'attendant, ſe guëttant l'un » & l'autre; pour ſçavoir qui finira, qui commencera, quoi que tous » deux s'ennuyent, bâillent, & voudroient être retirés ».

« L'homme eſt la miſère toute vive, *dit Charron*; L'eſprit eſt un » furèt, un brouillon & un trouble-fête; un émerillon fâcheux & im- » portun, & qui comme un affronteur & joueur de paſſe-paſſe, ſous » ombre de quelque gentil mouvement ſubtil & gaillard, forge, in- » vente, & cauſe tous les maux du monde .... L'eſprit humain n'eſt » pas ſeulement rabat-joie, trouble-fête; mais il ſe plaindt, fuit, abhorre » comme de grands maux des choſes qui ne ſont point mal en elles- » mêmes, comme ſtérilité d'enfans, la mort, &c. Il n'y a que la dou- » leur qui ſoit mal; le reſte n'eſt que fantaiſie, qui ne loge qu'en la » tête de l'homme, qui ſe taille de la beſogne pour être miſérable ».

Les Sçavans ſont en général peu reſpectés par Charron, qui leur donne d'ailleurs de fort utiles conſeils.

« Qu'eſt-ce que beaucoup de Sçavans qu'on eſtime ? Des Pédans

» clabaudeurs ; après avoir quêté, pillotté avec grande étude, la
» fçience dans les livres, ils en font montre, la dégorgent & mèttent
» au vent. Y a-t-il gens au monde plus inèptes aux affaires, plus pré-
» fomptueux ? En toute Langue & Nation, Pédant, Clerc, Magifter
» font mots de reproche ; faire fottement quelque chofe, c'eft le faire
» en Clerc ! Il femble que la fçience ne ferve qu'à les rendre plus
» fots. Arrogans caqueteurs, ils ravalent leur efprit, abatardiffent leur
» entendement, & enflent leur mémoire.... Il faut qu'ils mèttent tou-
» jours la main au bonnet, pour reconnoître & nommer celui, de qui
» ils ont emprunté ce qu'ils difent.... Cicéron a dit, &c. Platon fou-
» tient, &c. Platon a laiffé par écrit, &c ; & eux ne fçavent rien
» dire. Ils n'appliquent point le bien d'autrui à eux-mêmes, & laiffent
» perdre le leur en s'occupant d'un bien emprunté. L'avis que je donne
» eft renfermé dans cette comparaifon. Ne faites pas comme les Bou-
» quetières, qui pillottent par-ci par-là, des fleurs toutes entières, en
» font des bouquèts & des préfens. Faites comme les mouches à miel,
» qui laiffent les fleurs, en tirent l'efprit, la quintefcence, s'en nour-
» riffent ; & en font leur propre fubfiftance ».

La comparaifon fuivante, pour peindre les fonctions des trois principales Facultés de l'âme, le Jugement, l'Imagination & la Mémoire,
n'eft pas moins ingénieufe. « En toute Cour de Juftice, il y a trois
» étages ; le plus haut contient les Juges, entre lefquels il y a peu de
» bruit, mais grande action ; fans s'émouvoir ils décident, ordonnent :
» voilà l'image du Jugement, la plus haute partie de l'âme. Le fecond
» étage eft des Avocats, des Procureurs, entre lefquels il y a grande
» agitation & bruit fans action ; ils ne peuvent rien vuider, ni ordon-
» ner, mais feulement fecouer les affaires ; c'eft la peinture de l'Ima-
» gination remuante, inquiète, qui ne s'arrête jamais, mais ne réfout
» & n'arrête rien. Le troifième eft le Grèffe & le regiftré en la Cour,
» où il n'y a ni bruit ni action ; mais il eft un réfervoir & le dépôt
» de toutes chofes, qui repréfente bien la Mémoire ».

« Auparavant, l'Auteur avoit défini l'homme, un animal fingulier,
» fait de pièces contraires ; l'âme eft dedans comme un petit Dieu, le
» corps comme un fumier ; toutefois les deux parties font tellement
» liées enfemble, qu'elles ne peuvent fe féparer fans tourment, &

» demeurer sans guerre; chacune peut dire à l'autre:

Nec tecum possum vivere, nec sine te.

Dans le chapitre où l'Auteur traite des Sens, voici comme il s'éxprime sur l'ouie. « L'ouïe & la parole ont un grand rapport. Par elles » les âmes se versent les unes dans les autres. Si ces deux portes sont » clauses, l'esprit demeure solitaire & misérable. L'Ouie est la porte » pour entrer; par elle l'esprit reçoit toutes sortes de choses de de- » hors, & conçoit comme la fémelle. La Parole est la porte pour » sortir, & par elle l'esprit agit, & produit comme mâle. Ainsi toute » connoissance vient à perfection. Il faut premièrement que l'esprit se » meuble par l'Ouie & par la vûë, & puis il distribue la Parole ».

Dans l'énumération des Passions, nous n'éxaminerons que ce qu'il dit de l'*Avarice*: « Avarice est passion vilaine & lâche des sots populaires, » qui estiment les Richesses comme le souverain bien de l'homme, & » redoutent pauvreté comme le plus grand mal; pèsent les biens dans » la balance des Orfévres: mais Nature nous apprend à les mesurer à » l'aune de la nécessité.... La Nature semble, en la naissance de l'or, » avoir entièrement préságé la misère de ceux qui le doivent aimer: » dans les terres où il croît, il ne vient, ni herbe ni plante, ni rien » qui vaille; comme nous annonçant que dans l'esprit où la soif de » ce métail viendra, il n'y demeurera aucun vestige d'honneur & de » vertu ».

Charron est en général un des Écrivains les plus originaux & les plus propres à faire regretter la franchise & l'énergie de notre vieux langage. Penseur libre & hardi comme son ami Montagne, rempli comme lui d'idées & d'images, il est moins enjoué, moins voltigeant, plus méthodique. Le nom de Charron, la réputation de son Traité de la *Sagesse*, le choix que l'Auteur a sçu mettre dans les morçeaux qu'il a conservés de l'original, tout doit contribuer à faire rechercher cet Ouvrage.

MYTHOLOGIE DES ENFERS.
DE L'ENFER POETIQUE.

M. *Fourmont* y recherche l'origine des Fables, imaginées sur ce sujèt, par les Poëtes. Il prétend, avec Diodore de Sicile, que le Systême de l'Enfer & des Champs Élisées s'est formé originairement en Égypte, sur l'opinion qu'on y avoit, de l'Immortalité de l'âme : que de l'Égypte il passa en Grèce, & de-là en Italie ; où il reçut de nouveaux accroissemens, comme on le voit par le sixiéme Livre de l'Éneïde, où Virgile, dans la description qu'il fait de ces lieux souterreins, enchérit beaucoup sur Homère.

Sans parler des différentes portes, qui, selon les Poëtes, conduisent aux Enfers ; ils sont tous d'accord sur ce point, qu'on ne pouvoit passer les Fleuves infernaux, sans le secours de la barque de Carron, qui éxigeoit de chacun des passagers le tribut d'un obole. Au-delà de ces Fleuves d'Enfer, paroissoit le Chien Cerbère, qui en gardoit l'entrée. On rencontroit ensuite, différentes demeures, spécifiées très-distinctement par Virgile ; & où il place les enfans, ceux qu'on avoit condamnés à mort injustement, ceux qui s'étoient tués eux-mêmes, les amans malheureux, les Héros ; après quoi, l'on trouvoit les trois Juges d'Enfer, le Tartare ou la prison des criminels, & le séjour des bienheureux, ou les Champs Élisées.

Toutes ces Circonstances fabuleuses ne sont fondées, (si l'on en croit l'Académicien) que sur des Traditions Égyptiennes, rapportées par Diodore. « Il y a (dit cet Historien) » un Lac en Égypte, au-delà duquel, on enterroit anciennement les morts. Après les avoir embaumés, on les portoit

» fur les bords de ce Lac. Les Juges prépofés pour examiner
» la conduite & les mœurs de ceux, qu'on devoit faire paffer
» de l'autre côté, y venoient au nombre de quarante : & après
» une longue délibération, s'ils jugeoient digne de la fépultu-
» re, celui, dont on venoit de faire l'information ; l'on mettoit
» fon cadavre dans une barque, dont le Batelier étoit un pe-
» tit tyran, fermier des Pharaons ; lequel établit au fujèt du
» paffage de ce Lac, un tribut, qui lui fit amaffer en peu de
» tems de grandes richeffes. Or ce Lac fe nommoit *Querron.*

Il n'y a perfonne, qui n'apperçoive d'abord la conformité
de la plûpart des Fictions Grècques & Latines, touchant les
Enfers, avec ces faits hiftoriques. M. Fourmont trouve encore
un autre rapport entre les termes, employés par les Grècs,
pour défigner leurs idées fabuleufes fur ce point, & divers
mots Égyptiens : par éxemple, il eft probable (felon lui) que
le nom de l'*Achéron,* vient de l'Égyptien *Achoucherron,* qui
fignifie *lieux marécageux de Querron ;* que le *Cerbère* a pris le
fien de quelque Roi d'Égypte, nommé *Chébrés* ou *Kébron ;*
que le mot *Tartare* vient de l'Égyptien *Dardarot,* qui veut
dire *habitation éternelle :* c'eft ainfi, que ces Peuples appelloient par exellence leurs tombeaux.

Bartoloccius fait une longue differtation fur ce que les Docteurs Juifs ont dit de l'*Enfer,* qu'ils ont appellé *Géhènne.* Ce
mot fignifie dans fon fens propre, la Vallée d'Hennon qui étoit
proche de Jérufalem ; & qui paffoit pour le lieu le plus méprifable de la terre. On y jettoit les ordures & les corps morts,
& l'on y tenoit toujours du feu allumé pour les brûler.

Il y avoit dans cette Vallée *Sèpt Chapelles ;* dans la pre-
mière defquelles, entroient ceux qui vouloient facrifier une
Tourterelle ; dans la feconde, ceux qui vouloient facrifier une
Brebis ; dans la troifième, ceux qui vouloient facrifier un

Agneau ; dans la quatrième, ceux qui vouloient facrifier un jeune Bœuf; dans la cinquième, ceux qui vouloient facrifier une Vache ; dans la fixième, ceux qui vouloient facrifier un Bœuf ; & dans la feptième, ceux qui vouloient facrifier leurs enfans à Moloch.

Ces derniers baifoient l'Idole ; & après l'avoir échauffée avec le feu, ils lui mettoient leurs enfans entre les bras ; & alors on battoit des tambours, dont le bruit empêchoit les parens d'entendre les cris de leurs enfans.

Le mot de *Géhènne* a été pris dans fon fens figuré, pour le lieu où les impies font tourmentés ; & ce lieu a été féparé par les Rabins en *Sèpt Appartemens*, à l'imitation des *Sèpt Chapelles* de la Vallée d'Hennon. Le premier a été appellé *Enfer*, le fecond *Perdition*, le troifième *Pui de la foffe*, le quatrième *Citerne fans eau*, le cinquième *Bourbier*, le fixième *Ombre de la Mort* ; & le feptième *Fond de la Terre*.

On peut inférer de-là que ces Rabins ont diftingué l'Enfer en fept demeures, dans lefquelles ils ont auffi diftingué fept degrés de peines.

A cette Doctrine ils ont mêlé quantité d'erreurs, comme quand ils ont dit que le Feu d'enfer n'eft pas corporel ; mais qu'il eft retenu dans un lieu par un Miracle femblable à celui par lequel les Anges font retenus dans le Ciel : quand ils ont dit que ce Feu ceffera au jour du jugement, auquel Dieu en allumera un autre détaché de la fphère du Soleil. Car ils feignent que depuis que Dieu a créé cet aftre, il l'a toujours tenu enfermé dans une boëte ; d'où il ne l'ôtera qu'au jour du jugement pour brûler les impies, & pour rafraîchir les juftes.

En cet endroit notre Auteur propofe cette queftion, fi les Juifs reconnoiffent un *Purgatoire* ; & la réfout, en répondant qu'ils en reconnoiffent un en quelque forte ; puifqu'ils affurent qu'au jour du Sabath le Feu d'enfer s'éteint par respect, & ne tourmente pas les âmes.

Du reste, ils rangent en trois classes les hommes qui sortent de ce monde. Selon eux, les parfaits jouissent incontinent après de la vie éternelle. Les impies sont jettés au fond de l'Enfer ; & ceux qui sont comme au milieu, sont ménés à la *Géhènne* pour y être punis un tems, & être délivrés de leurs peines. Notre Auteur employe de fort longs discours à combattre ces vaines pensées, de même que quantité d'autres des nouveaux Rabins.

De l'usage de la Prière pour les Morts, parmi les Payens.

Lorsqu'on est persuadé que l'âme survit à la destruction du corps : quelque opinion qu'on ait sur l'état où elle se trouve après la mort, il est si naturel de faire des vœux, des souhaits & des prières, pour tâcher de procurer quelque félicité aux âmes de nos parents & de nos amis ; qu'on ne doit pas s'étonner que cette pratique se trouve répanduë sur toute la terre. M. Morin, qui a éxaminé cette matière dans une Dissertation éxpresse, n'a pas dessein de mettre la main à l'encensoir, ni de traiter ce sujèt par rapport à la Théologie. Il se contente de prouver dans son écrit, que les Payens eux-mêmes prioient pour les morts, que c'étoit un dogme de leur Religion ; & que les Philosophes & les Poëtes étoient en cela d'accord avec le Peuple.

Quoique les Philosophes, dit-il, ayent embrassé différents Systêmes sur la nature de l'âme, & que quelques-uns d'entr'eux ayent crû qu'elle périssoit avec le corps ; la plus saine partie a constamment enseigné qu'elle étoit immortelle. On n'a pas dessein de rassembler ici, tout ce qu'ils ont débité sur l'état où elle où elle se trouve après la mort ; disons seulement que le sentiment le plus suivi supposoit une autre vie.

Le Systême dominant, & le plus universellement reçû étoit, qu'il y avoit plusieurs demeures où les âmes étoient conduites par Mercure, après que la mort les avoit séparées de leurs corps. Là, on établissoit des Juges, des récompenses & des peines. Les récompenses étoient éternelles, les peines ne l'étoient pas toujours : si Virgile dit de Thésée :

. . . . . *Sedet æternumque sedebit*
Infelix Theseus. ÉNEID. L. VI.

Si les autres Poëtes asseurent la même chose d'Ixion, de Tantale, de Sisyphe, & de quantité d'illustres scélérats ; le même Virgile fait entendre qu'après que les âmes ont été purgées par les peines de l'Enfer, elles sont reçûes dans le Ciel.

Quisque suos patimur manes, exinde per amplum
Mittimur Elisium. L. *Ibidem.*

Il est donc évident, que ceux qui étoient dans cette opinion prioient pour les morts, & qu'ils étoient persuadés que leurs Sacrifices, les Liqueurs dont ils arrosoient leurs cendres, les Aromates qu'ils y mêloient, & plusieurs autres pratiques religieuses adoucissoient leurs peines, & en abrégeoient la durée. Il paroît même que les arbitres de la Religion avoient pris soin de conserver cette Créance, par l'établissement des cérémonies funèbres. Tout y étoit sombre & ténébreux ; les victimes s'égorgeoient, le sang étoit répandu dans des fosses, & il n'y étoit fait mention que des Divinités infernales, qui seules avoient quelque empire sur les morts.

Les Philosophes, sur-tout les Disciples de Pythagore, de Socrate & de Platon, sembloient tenir un langage un peu différent de celui des Poëtes & du Peuple ; mais qui au fond revenoit à-peu-près à la même chose dans la pratique. Ils partageoient les morts en trois classes, les Saints, les Imparfaits, les Impies ; ils les logeoient suivant le sentiment commun, dans trois endroits différents ; & sur ce principe, ils disoient que les âmes qui avoient conservé ou rétabli leur innocence, s'envoloient dans le Ciel. Celles-là, à la vérité, n'avoient pas besoin de prières ; mais comme il n'étoit pas toujours aisé de les distinguer des autres, il arrivoit rarement qu'on se dispensât des devoirs ordinaires ; à moins que les Dieux n'eussent donné des preuves de la félicité dont elles jouissoient. Ainsi, Romulus, reçû après sa mort parmi les Dieux, eut des vœux, & non des Prières. *Deum Deo natum Regem, parentemque Urbis, salvere universi Romulum jubent*: ainsi les Empereurs après leur apothéose étoient regardés comme des Dieux ; *certis omnibus*, dit Capitolin, de Marc-Aurele, *quod à Diis commodatus ad Deos rediisset*.

Par une raison contraire, ces mêmes Philosophes enseignoient que les âmes des scélérats étoient à la sortie de leurs corps, environnées d'épaisses ténèbres, qui les empêchant de s'élever au Ciel, les tenoient toujours errantes autour de leurs tombeaux : c'est ce qu'on appelloit *Lamias, Larvas, Lemures*. Bien loin de prier pour ces âmes, on les combloit de malédictions. De-là, certaines formules qu'on mettoit sur les tombeaux, pour empêcher qu'on ne fît des imprécations contre les Manes de ceux qui y étoient enterrés : *Quisquis es parce Manibus, & maledicere noli*. De-là encore ces éloges qu'on inséroit dans les billets qu'on envoyoit, pour avertir de la mort de quelqu'un ; afin que ceux qui reçevoient ces billets, voyant qu'il avoit vêcu en honnête homme, fissent des Prières pour lui.

Enfin les âmes de la troisième classe, suivant les mêmes Philosophes, étoient celles de la plus grande partie des hommes; qui, à la pratique de leurs devoirs, avoient mêlé ces foiblesses que l'on n'éprouve que trop souvent. Ces âmes moins légères que celles des parfaits, ne pouvant pas s'élever tout d'un coup jusqu'au Ciel, étoient reçûes dans le globe de la Lune; & là obligées d'habiter dans les Vallées d'Hécate, jusqu'à ce que purifiées & dégagées de cette vapeur qui les avoit empêchées d'arriver au séjour céleste, elles y parvinssent enfin. Ce qui fait dire à Virgile :

Donec longa dies perfecto temporis orbe,
Concretam exemit labem, purumque reliquit
Æthereum sensum, atque aurai simplicis ignem.
ÉNEID. L. VI.

C'est de ces mêmes âmes que Plutarque dit, que celles qui sortoient de leurs corps avec de légères imperfections, commençoient par devenir Saintes, ensuite demi-Dieux, & enfin de véritables Dieux.

Généralement parlant, on prioit presque pour toutes les âmes des morts, de peur de se tromper dans le jugement qu'on en auroit pû porter ; mais c'étoit particulièrement pour celles de cette troisième classe que les Prières, les Offrandes & les Sacrifices étoient réservés. De-là, ces fréquentes exhortations qu'on faisoit d'appaiser les Manes, *placare Manes* ; peut-être même que la crainte des maux, qu'on croyoit qu'elles pouvoient faire aux vivans, y avoit quelque part :

Neu tibi neglecti mittant mala somnia Manes.

Quoi qu'il en soit, le Sacrifice nommé par les Grècs τελετή, & par les Romains *Juxta*, étoit très-propre, suivant l'opinion même de Platon, à purifier les âmes ; & à les rétablir dans leur première innocence.

Qu'on ne dife pas que les Philofophes ne débitoient ces dogmes, que pour s'accommoder aux idées du Peuple ; ce n'eft point ici, ce qu'on veut éxaminer : il fuffit que le Peuple & les Philofophes étoient dans des fentimens, qui autorifoient l'ufage de la Prière pour les morts ; car c'eft tout ce que M. Morin veut prouver.

Parmi les Cérémonies ufitées pour appaifer les Manes, & pour les purifier ; il y avoit une formule de Prières, par lefquelles on tâchoit d'engager les Ames des Bienheureux à les éclairer : telle étoit la formule d'une Infcription qu'on voit fur un tombeau gravé dans le premier Tome des Mémoires de l'Académie, *Adefte Superi ;* & une autre toute femblable, rapportée par divers Auteurs, *ita peto vos Manes Sanctiffimos, commendatum habeatis meum conjugem, & velitis illi indulgentiffimi effe.* Cette pratique étoit fondée fur un dogme reçû dans le Paganifme, que les âmes les plus pures s'intéreffoient à celles qui avoient contracté quelque fouilleure. Tertullien affeure, que c'étoit le fentiment de la plûpart des Philofophes : *Imprudentes animas,* dit-il, *circa terram profternunt, & illas à Sapientibus licet multò fuperioribus erudiri affirmant.*

M. Morin, après avoir prouvé par un morçeau de la Lyturgie des Égyptiens que nous a confervé Porphyre, que ces Peuples prioient auffi pour leurs morts, finit par une réfléxion qui lui a paru néceffaire. Comme on peut remarquer, dit-il, plufieurs rapports entre les fentimens des fages Payens, & la Créance de l'Églife ; les Hétérodoxes en ont voulu tirer des conféquences odieufes : comme fi la pratique des Chrétiens à l'égard des morts étoit une fuite du Paganifme ; mais il eft aifé de faire voir l'injuftice de cette imputation, & de prouver que ce pieux ufage nous vient d'une fource plus pure ; c'eft-à-dire, de l'ancienne Églife des Juifs, du Peuple de Dieu, qui prie encore aujourd'hui, qui prioit du tems des Apôtres, & qui a toujours prié pour les morts. Bien loin donc que les Chrétiens ayent emprunté cette pratique des Payens, il y a beaucoup plus d'apparence que les Payens eux-mêmes l'avoient prise des Égyptiens ; & ceux-ci des Juifs qui avoient habité parmi eux, & qu'elle s'étoit ensuite répanduë dans toutes les Nations de la terre, jusqu'aux Chinois & aux Indiens, & même aux Américains : Universalité qui ne sçauroit venir que d'une tradition très-ancienne ; ou plutôt d'une notion imprimée par le dogit de Dieu dans le cœur de tous les hommes, & à laquelle on peut appliquer ce mot de Tertullien, *testimonium animæ naturaliter christianæ*. Ce qu'il y a de certain, ajoûte M. Morin, c'est que ceux qui, par leurs principes paroissent les plus prévenus contre cet usage, conviennent souvent de bonne foi ; que dans des occasions intéressantes, ils ne peuvent s'empêcher de former des vœux secrèts, que la nature leur arrache, pour leurs parents & pour leurs amis : tant il est vrai, que la Prière pour les morts est une pratique aussi pieuse que salutaire : *Sancta & salubris est cogitatio pro defunctis exorare*. Macab. L. II. Ch. 12 ⅴ. 46.

AUTEURS SUR L'ARITHMÉTIQUE.

L'ARITHMÉTIQUE UNIVERSELLE DÉMONTRÉE, par le S^r. Irson. *Paris, Baudouyn, 1675, in-4°.*

La Science des nombres est très-nécessaire dans la vie civile. L'Auteur de ce Traité qui en veut enseigner les règles, n'en établit que six principales ; pour résoudre les difficultés des calculs qui surviennent tous les jours dans l'Art Militaire, dans les Finances, & dans le Négoce de banque & de marchandises, tant dans l'intérieur qu'au dehors du Royaume. Ainsi ceux qui sont engagés dans ces sortes de Professions, trouveront commodément dans ce Livre les applications convenables à leur état.

On y trouve des éxemples fur toute forte de fujèts, & l'Auteur en a accompagné les pratiques d'une fuite de démonftrations; il a donné à fon Ouvrage le titre d'*Arithmétique univerfelle démontrée*.

Il l'a divifé en quatre livres. Le premier renferme une ample explication des quatre premières Règles, qui ont pour objèt principal les grandeurs entières. Le fecond comprend l'origine, la nature, & les propriétés des Fractions. Le troifième contient feulement la Règle de trois; & le dernier renferme quelques propriétés particulières des nombres.

ISMAELIS BULLIALDI, *Opus novum ad Arithmeticam infinitorum Lib. fex comprehenfum, in quo plura à nullis hactenus edita demonftrantur*. Paris, Veuve Pequèt, 1682, in-Fol.

Ce que le Sçavant Willis Anglois a publié autrefois fur cette matière, a donné occafion à M. Bouillau de faire toutes les recherches que nous trouvons dans cet Ouvrage, & qui furprendront d'autant plus les curieux, qu'il y a mis une infinité de Propofitions nouvelles, quantité de beaux problèmes, & plufieurs autres chofes que perfonne n'avoit encore touchées jufque ici.

L'ART ET LA SCIENCE DES NOMBRES, ou l'Arithmétique Pratique & Spéculative en François & en Latin. Par M. Ouvrard, Chanoine de l'Églife de Tours. *Paris, Jombert, 1700.*

On trouve dans ce Traité tout ce qu'il y a de plus curieux & de plus utile dans la fcience des nombres, & tout ce qui en a été dit par Euclide & par les Auteurs les plus célèbres; tant pour la Théorie que pour la Pratique: comme l'on connoîtra facilement par la Divifion de cet Ouvrage.

Il contient dix livres, dont le premier donne les définitions ordinaires de l'Arithmétique, & l'explication des termes qui lui appartiennent; fes différentes fortes de nombres & de mefures, pour tous les arts & pour toutes les fciences. Le fecond livre enfeigne la pratique des quatre opérations de l'Arithmétique ordinaire; fçavoir, l'Addition, la Souftraction, la Multiplication, & la Divifion des nombres entiers: & le troifième enfeigne la même chofe à l'égard des Fractions ou nombres rompus.

Après l'Arithmétique pratique, suit l'Arithmétique spéculative, dans le quatrième livre, qui contient les définitions de toutes sortes de nombres, & leurs divisions en plusieurs espèces différentes. Le cinquième livre traite des différentes raisons & proportions, des progressions, de la règle de trois directe & indirecte, de la règle de compagnie & de la règle de fausse position, que l'Auteur applique à quelques questions curieuses & divertissantes. Le sixième livre applique les nombres à la Musique ; & le septième traite de la génération des puissances, que l'Auteur appelle nombres figurés, parce qu'ils représentent des figures régulières de plusieurs côtés ; où l'on trouve la manière de tirer telle racine qu'on voudra, d'un nombre proposé. Le septième livre qui est le dernier de la premiere partie, finit par une explication plus particuliere de ce livre & des trois précédens, qui contiennent la théorie des nombres ; & par un extrait des deux livres d'Arithmétique de Boëce, qui contiennent aussi la théorie des nombres & leurs propriétés en général & en particulier.

Le huitième livre qui fait le commencement de la seconde partie, contient les quatre opérations de l'Algèbre, tant en entiers qu'en fractions. Enfin le neuvième livre traite des Équations ; & le dixième applique l'Algèbre aux principales difficultés qui ont été expliquées dans les livres précédens, & à plusieurs questions utiles & agréables, qui sont aussi résolues par l'Arithmétique ordinaire, pour ceux qui n'entendent pas l'Algèbre.

Pour rendre cet Ouvrage utile à plus de personnes, l'Auteur nous l'a voulu donner en François & en Latin : & afin que l'on puisse plus facilement retenir dans sa mémoire les principales règles qu'il donne, il les a mises en vers latins pour ceux qui se plaisent à la Poësie.

JOHANNIS WALLIS. *S. T. D. Geometriæ Professoris Saveliani in celeberrimâ Academiâ Oxoniensi Opera Mathematica.* in-Fol. 4 Vol. *Oxoniæ*; & se trouve à Paris chez Anisson. 1701.

On a imprimé à Oxfort, en quatre volumes, tous les Ouvrages que M. Wallis avoit publiés séparément. Les trois premiers volumes ne regardent que les Mathématiques. On trouve dans le premier volume un grand traité fous ce titre : *Mathesis universalis, seu opus Arithmeticum Philologice & Mathematice traditum, Arithmeticam numerosam, & speiosam, aliaque continens.*

LE LIVRE NÉCESSAIRE pour les Comptables, Avocats, Notaires, Procureurs, Trésoriers ou Caissiers, & généralement à toutes sortes de conditions ; revû & corrigé, par Barrême. *Paris, Veuve Macé, 1704, in-12.*

On trouve dans ce Volume, sans qu'il soit besoin de se fatiguer à calculer. 1°. Les changes à tant pour cent, qui sont les intérêts des Financiers & Négocians, à tel prix qu'ils puissent arriver. 2°. Les escomptes pour les profits d'avance, pour les Billets & Lettres-de-changes, &c. 3°. Les pensions & rentes viagères, pour telle quantité de mois & de jours qu'on souhaitera. 4°. Les intérêts aux deniers 20. 18. 16. & à toutes sortes de deniers, pour plusieurs années, plusieurs mois & plusieurs jours dans une seule page. 5°. Les profits des Négocians & Marchands. 6°. Les payemens des monnoyes, à tel prix qu'elles puissent arriver. 7°. Les Tarifs très-commodes, où sans avoir appris la division, on trouvera toutes les sommes divisées. 8°. La contribution, les impositions & les départemens au sol la livre, qui s'y font par la seule Addition. 9°. Les rapports des deniers d'intérêts, avec le prix du change, à tant pour cent ; & les Tarifs du prix des glaces & du tain.

Ce Livre qui avoit d'abord été composé par feu E. Barrème, n'étoit pas dans la perfection où N. Barrème vient de le mettre : outre qu'il s'y étoit glissé plusieurs fautes d'impression considérables, qui ont été exactement corrigées dans la dernière Édition. On y a encore ajoûté plus de trois cens Tarifs nouveaux, de manière que cette Édition est beaucoup plus ample & plus parfaite que la première. *Paris, Gandouin, Valleyre, Didot, Gissey, Nyon, Bordelet & Fossé, David, Savoye, Damonneville, Durand, Hérissant, Guillyn, Despilly, Kenapen. 1756.*

LEIBNITZ, Mémoires de l'Académie. 1705.
Ce qu'il y a dans ces Mémoires sur l'*Arithmétique*, ne consiste qu'en un article ; mais il est digne de Remarque.

SUR L'ARITHMÉTIQUE.

La Science des nombres est si naturelle aux hommes, cultivée depuis tant de siècles, & par tant d'esprits excellens, poussée à présent à un si haut point de perfection ; que ce doit être une espèce de prodige, qu'une *Arithmétique nouvelle* & toute différente de celle que nous pratiquons. Cependant, à considérer la chose de plus près ; le fondement de toute notre Arithmétique étant purement arbitraire, il est permis de prendre un autre fondement qui nous donnera une autre Arithmétique. On a voulu que la suite première & fondamentale des nombres, n'excédât pas au de-là de dix ; c'est une institution qui eût pu être différente, & même il paroît qu'elle a été faite par les Peuples, sans que les Mathématiciens en ayent été consultés ; car ils auroient aisément établi quelque chose de plus commode. Par exemple, si l'on eût poussé la suite des Nombres jusqu'à *Douze*, on y eût trouvé sans fraction, des tiers & des quarts qui ne sont pas dans dix. Les Nombres ont deux sortes de propriétés ; les unes essentielles, les autres dépendantes d'une institution arbitraire, & de la manière de les exprimer. Que les Nombres impairs, toujours ajoûtés de suite, donnent la suite des quarrés, c'est une propriété essentielle à la suite infinie des Nombres, de quelque manière qu'on l'exprime ; mais que dans tous les multiples de neuf, les caractères qui les expriment, additionnés ensemble, rendent toujours 9., ou un multiple de 9., moindre que celui qui a été proposé ; c'est une propriété qui n'est nullement essentielle au Nombre 9., & qu'il n'a que parce qu'il est le pénultième Nombre de la progression de ce qu'il nous a plu de choisir. Si l'on eût pris la progression de 12., onze auroit eu la même propriété.

Il est bien commode de pouvoir reconnoître, au premier coup d'œil & sans aucune opération, que 25245, par exemple ; est un multiple de 9 : & si les Mathématiciens avoient établi la progression fondamentale qui devoit régner dans l'Arithmétique, ils auroient, après les avoir toutes examinées, préféré celle qui auroit produit le plus de semblables commodités ; soit pour l'usage commun & populaire, soit pour les recherches sçavantes.

Monsieur Leibnitz ayant étudié la plus simple & la plus courte de toutes les progressions possibles, qui est celle qui se termine à deux, l'a trouvée très-riche & très-abondante en ces sortes de propriétés accidentelles. Il n'y auroit dans toute son Arithmétique que deux caractères, 1 & 0 ; le zéro auroit la puissance de multiplier tout par deux, comme dans l'Arithmétique ordinaire il multiplie tout par dix. 1 seroit un, 10 deux, 11 trois, 100 quatre, 101 cinq, 110 six, 111 sept, 1000 huit, 1001 neuf, 1010 dix, &c. ce qui est entiérement fondé sur les mêmes principes que les expressions de l'Arithmétique commune.

Il est vrai que celle-ci seroit très-incommode, par la grande quantité de caractères dont elle auroit besoin, même pour de très-petits nombres. Il lui faut, par exemple, quatre caractères pour exprimer huit, que nous exprimons par un seul. Aussi M. Leibnitz ne veut-il pas faire passer son Arithmétique dans un usage populaire ; il prétend seulement, que pour des recherches difficiles, elle aura des avantages que l'autre n'a pas ; & qu'elle conduira à des spéculations plus élevées.

SECOND VOLUME du Cours de Mathématique de M. Blondel, *Paris, Langlois, 1683, in-4°*.

L'*Arithmétique* spéculative, & l'*Arithmétique* pratique, sont les deux Traités contenus dans ce second Volume ; dans lesquels il explique clairement ce qui regarde ces deux matières.

ISAACI BAROW. Math. Prof. Lectiones habitæ in Scholis publicis Acad. Cantabrig. *Se trouve à Paris, chez Dezallier, 1683, in-12*.

Les Arithméticiens sçauront mauvais gré au Sieur Barow d'avoir séparé son Traité d'Arithmétique de son cours de Mathématiques. C'est le sentiment le plus particulier qui se trouve dans cet Ouvrage, qui contient seulement les huit leçons qu'il fit l'an 1664, lorsque de Professeur de la Langue Grècque, il fut choisi pour enseigner les Mathématiques dans la Chaire que les Sieurs Henri Lucas & Thomas Buck, ont établie pour ces Sçiences dans l'Université de Camdbrige.

NOUVELLES MÉTHODES de Multiplier & de Diviser ; inventées par M. Tarragon, Professeur de Mathématiques. 1689.

Depuis l'Invention des Nombres, l'on a toujours regardé la Multiplication & la Division, comme les deux Règles les plus difficiles de l'Arithmétique. Plusieurs Auteurs ont travaillé à donner des Machines pour abréger ces deux Règles les plus difficiles de l'Arithmétique, & l'on peut dire que ce sont ces deux difficultés qui ont donné lieu à Néper Écossois, d'inventer son excellente *Tabdologie*, pour la résolution de de ces deux Règles. On voit encore que c'est le même motif qui la poussé à la recherche de certains nombres artificiels qu'il a nommés *Logarithmes*, qui est une des plus belles productions de l'esprit humain ; ces deux Règles sont réduites à une Addition, & une Soustraction : & sans passer la mer, nous trouvons en France un Paschal reconnu pour un des plus grands Génies de son siècle, donner une machine pour résoudre ces deux Opérations. Mais on ne voit point que ces Excellens hommes ayent donné aucune Règle sans machine, pour les résoudre.

Monsieur Tarragon, Professeur de Mathématiques, ayant examiné analytiquement & géométriquement la nature de ces deux Règles, a découvert Cinq Méthodes de multiplier & de diviser, qui n'ont rien de commun avec l'invention des Anciens. Ses deux premières méthodes de multiplier sont plus difficiles que la méthode ordinaire, ce qu'il avoue lui-même : mais les trois autres sont d'une facilité qui surpasse l'imagination, puisque l'on n'est obligé que de sçavoir multiplier depuis un jusqu'à cinq ; ce que chacun sçait naturellement : au lieu que dans la Méthode ordinaire, il faut sçavoir multiplier depuis un jusqu'à neuf.

L'ARITHMÉTIQUE en son jour. Par le Frère de Capdeville, Religieux de la Province d'Aquitaine, *Toulouse*, *se trouve à Paris chez Edme Couterot*, 1692, *in-8°*.

NOUVELLE PRATIQUE D'ARITHMÉTIQUE d'une Méthode très-facile par ses abrégés, & par la suppression des Parties Aliquotes ; ensemble de quantité de Règles nouvelles & particulières pour les Payeurs des troupes, pour les Vivres de mer & de Terre, pour le Toisé, pour l'Arpentage, pour les

Alliages, pour les Monnoyes, les Poids, les Mesures, la Guerre, les Finances, & le Commerce. Le tout par des Règles, que l'on peut apprendre de soi-même, avec les preuves. Par le Sieur Monnier de la Clairecombe. *Paris, Aubouyn, 1693, in-12.*

Si c'est une grande gloire aux Anciens d'avoir inventé les principes des Sciences, ce n'est pas un médiocre avantage à ceux qui les ont, d'en avoir reconnu l'usage. C'est à quoi l'Auteur de ce Traité a heureusement réussi touchant les Nombres, qu'il explique par une Méthode plus courte & plus aisée que les autres ; & par des Règles d'autant plus commodes & plus sûres, que chacun peut les apprendre par soi-même, & sans autre secours que celui du Livre.

ABRÉGÉ de l'Arithmétique-Pratique & Raisonnée, contenant en six Règles principales ce qui est convenable à toutes sortes d'emplois & de négoces. Divisé en trois Parties : par M. C. Irson, Juré-Teneur des Livres de Comptes, par Lettres Patentes de Sa Majesté, 1697, *in-12.*

La première partie de cet Abrégé comprend l'explication des Règles fondamentales de l'Arithmétique, avec la manière de les appliquer. L'Auteur prend pour exemple de cette application, huit différens sujets, qui sont le plus en usage & les plus utiles en ce genre, pour les Fermiers-Généraux & particuliers, pour les Traitans, Sous-traitans, Ingénieurs, Architectes, Toiseurs, Arpenteurs, & même pour les Banquiers & les Marchands.

La seconde partie traite de la proportion des Nombres, où l'on se sert des Règles expliquées dans la première partie. Mais comme les Règles de cette seconde partie sont différentes de celles de la première, les exemples en sont aussi fort différens ; & parce que les dernières supposent l'intelligence des premières, les nouvelles connoissances que l'on acquiert confirment les premières, & servent pour en conserver le souvenir. Les Exemples de ces deux premières parties ont encore cet avantage, que les pratiques des uns sont prouvées par les autres ; ensorte que l'on ne peut pas douter de l'infaillibilité de toutes les Règles rapportées dans ces deux premieres parties.

L'Auteur n'a point donné dans cet abrégé les Règles moins ufitées de l'Arithmétique vulgaire, comme font celles des Alliages, des Fausses positions simples & doubles, les Testamentaires, ni les Progressions arithmétiques & géométriques, quoiqu'expliquées dans son Arithmétique in-4°. Mais au lieu de ces Règles, il a ajoûté dans la troisième partie de ce dernier Livre, un Algèbre qui les comprend toutes; & laquelle même auroit pu servir à inventer ces Règles, à les démontrer & à les perfectionner; outre qu'elle embrasse une infinité de questions où les Règles de l'Arithmétique commune ne peuvent que très-difficilement atteindre. Et comme cette Algèbre est traité d'une maniere fort familiere, & avec beaucoup d'ordre & de netteté, il est aussi beaucoup plus facile d'en acquérir la connoissance que d'apprendre toutes les Règles d'Arithmétique qu'elle renferme, & que cet Auteur a obmises.

Mais pour mieux juger de l'utilité de cet Abrégé, & de l'Arithmétique d'où il a été tiré; il faudroit les comparer au livre des Changes étrangers que cet Auteur a donné au public, & à l'Abrégé qu'il en a fait; il faudroit encore comparer tous ces Livres à celui que ce même Auteur a autrefois mis au jour par l'ordre de M. Colbert, dans lequel il donne la méthode de dresser toutes fortes de Comptes, tant à parties simples & doubles, pour le Négoce des Banquiers & des Marchands; que par recette, dépense & reprise à l'usage des Financiers, des Tuteurs, Syndics, des Créanciers, &c. Ce qu'il appuye de l'autorité des Loix & des Ordonnances, du sentiment des Jurisconsultes & des Compagnies les plus célebres de l'Europe en fait de banque & de marchandises; joint à l'Expérience que cet Auteur a acquise depuis plus de trente ans qu'il s'est appliqué à ces matières.

L'ARITHMÉTIQUE UNIVERSELLE, Expliquée & Appliquée, qui comprend en deux parties l'Arithmétique Nécessaire, & l'Arithmétique Curieuse. *Paris, Couterot, 1697, 2 Vol. in-12.*

On trouve dans ces deux Volumes plusieurs Règles d'Arithmétique perfectionnées, & délivrées des défauts sous lesquels elles avoient été comme ensevelies pendant toute l'Antiquité. On y en trouve d'autres qui n'avoient point encore paru, & elles y sont accompagnées d'un choix singulier, de ce qu'il y a de meilleur dans les Livres sur ce sujet.

Elle a été appellée *Arithmétique Universelle expliquée & appliquée*, parce qu'elle traite des sujets les plus ordinaires dans lesquels on se sert des Nombres ; & qu'après avoir proposé chaque Règle, on en fait l'application par des Exemples, qui achèvent d'en donner tout l'éclaircissement nécessaire.

L'Auteur n'y a point traité de l'Algèbre ; elle mérite un Volume à part, & à laquelle il a remis des nombres sourds, ou des quantités incommensurables.

L'Ouvrage est divisé en deux parties, qui font chacun un Volume. La première contient les Règles les plus usitées dans les Finances, dans le Négoce, dans les Toisés. La Seconde contient les Règles les moins ordinaires ; & est divisée comme la première, en trois livres. Le premier comprend quantité de remarques sur le Toisé, sur l'Arpentage, sur l'aunage, sur les mesures, sur les Poids, & sur les Monnoyes.

La seconde donne les Règles de toute sorte d'Alliages de métaux, des progressions Arithmétiques, Géométrique, Harmonique, des progressions infinies, de l'extraction de la racine quarrée & de la cubique.

La troisième explique la pratique des Changes, le Calcul ecclésiastique, le nombre d'or, l'épacte, l'âge de la lune, le cicle solaire, l'indiction romaine, la période julienne, & toute sorte de jeux d'Arithmétique.

ARITHMETICA UNIVERSALIS ; *sive de compositione & resolutione Arithmeticæ Liber. Cui accessit Halleiana Æquationum radices Arithmeticæ inveniendi Methodus. In usum Juventutis Academicæ. Cantabridgiæ, Typis Academicis. Londini impensis Benj. Troolke Bibliopolæ, juxta medii Templi Portam, in vico vulgo vocato* Fleftreet, *A. D.* 1707 : c'est-à-dire : ARITHMÉTIQUE UNIVERSELLE ; ou Traité de la Composition & de la

SUR L'ARITHMÉTIQUE. lxxxvij

Réfolution par le Calcul. On y a joint la Méthode de M. Halley, pour trouver en nombre les racines des Équations, &c. *A Cambridge, 1707, 1 Vol. in-8°.*

Les Nouveaux Élémens d'Algèbre, que l'on donne ici fous le titre d'Arithmétique Univerfelle, font les Leçons publiques que M. Newton a faites fur cette Science à fes Écoliers, dans le tems qu'il profeffoit les Mathématiques à Cambrige. On nous l'apprend ainfi dans l'avis aux Lecteurs qui eft à la tête du Livre. A la vérité on ne nomme pas l'Auteur, mais on le défigne affez, en difant qu'il étoit Profeffeur dans l'Académie de Cambrige il y a environ foixante-dix ans; & un des plus Célèbres qu'ait eu cette Académie. Le tems & l'éloge conviennent parfaitement à M. Newton, Profeffeur à Cambrige, il y avoit pour lors environ trente ans, & un des plus grands Géomètres de notre fiècle. D'ailleurs on n'a pas de peine à le reconnoître dans l'Ouvrage même, quoiqu'il n'y ait pas mis la dernière main, & qu'il ne l'eût pas compofé pour le mettre au jour.

Auffi n'eft-ce pas lui qui l'a rendu public; il n'a d'autre part à cette Édition, que celle d'y avoir confenti. C'eft fur les Cahiers, qu'en gardoit l'Académie de Cambrige, que l'Éditeur, qui eft fans doute un des membres de cette Académie, l'a fait imprimer. Après tant d'Ouvrages de cette nature, que divers Auteurs ont publiés, il a crû qu'il en manquoit encore un comme celui-ci; où l'on trouvât « beaucoup de chofes dans un petit Volume, les feules Règles néceffaires, » & en peu de mots; mais un grand nombre d'exemples propres, & » choifis avec deffein; & le tout accommodé à la portée des commen- » çans ».

Telle eft l'idée que l'on nous donne de ces Élémens. Bien des Lecteurs, peut-être y trouveront à redire, du moins en quelques endroits, à la grande brièveté que l'Éditeur y loue; & il y a de l'apparence que fi M. Newton les eût deftinés au Public, il eût traité la plûpart des matières avec plus d'étenduë. Cette brièveté y règne aux dépens de la plus grande partie des démonftrations; car l'Auteur content d'expofer fimplement fes Règles, laiffe aux autres à les démontrer. Il faut d'ailleurs pour les commençans, un même détail dans les quel M. Newton n'eſt point entré ; mais ſi l'on a quelque peine à croire que cet Ouvrage ſoit plus à leur portée que pluſieurs autres qui ont déja paru, d'un autre côté, on peut aſſûrer que les Sçavans le liront avec profit, & qu'ils y trouveront quantité de choſes nouvelles qui leur feront plaiſir.

Quoiqu'il n'y ait dans tout l'Ouvrage aucune diviſion marquée, les matières ne laiſſent pas de ſe ſuivre avec ordre. L'Auteur commence par juſtifier le nom d'*Arithmétique Univerſelle* qu'il donne à l'Algèbre. Il explique enſuite quelques expreſſions, & quelques caractères dont on a coutume de ſe ſervir. Après ce court préliminaire, qui eſt ſous le titre de *Notatio ;* il donne les Règles communes de l'Arithmétique ordinaire, & de l'Algèbre ; c'eſt-à-dire, qu'il apprend à faire ſur les nombres & ſur les grandeurs littérales & algébriques, l'Addition, la Souſtraction, la Multiplication, la Diviſion, & l'Extraction des racines quarrées, cubiques, &c. Ces Opérations qu'il a bientôt expédiées, ſont ſuivies de celles qui regardent la Réduction des Fractions, & des incommenſurables, tant aux plus ſimples termes, qu'à une même dénominaiſon.

Comme pour réduire les fractions aux plus ſimples termes, on a beſoin de ſçavoir trouver tous les diviſeurs d'une quantité ſimple ou complèxe, il y a ſur cela un article aſſez étendu, immédiatement après celui où l'on enſeigne cette réduction. Cet Article des Diviſeurs eſt le premier de ceux qui contiennent des recherches particulières de l'Auteur. On y trouvera quelques Règles générales qui ſont nouvelles. Elles ſont un peu compoſées & chargées de préceptes : mais elles ne laiſſent pas d'être d'une grande utilité, & peut-être la nature du ſujet ne comporte-t-elle pas, qu'elle ſoit plus ſimple.

TRAITÉ D'ARITHMÉTIQUE Théorie-Pratique, en ſa plus grande perfection; diviſé en deux parties,où l'on réduit à des Principes généraux les Opérations Numériques, qui regardent principalement les Arts & le Commerce, tant en entiers, qu'en parties uſuelles, & auſſi en Logarithmes, en fractions communes & en décimales ; par les Méthodes les plus courtes & les plus aiſées, avec les démonſtrations ſimples & naturelles des opérations,

tions, indépendamment de la Géométrie & de l'Algèbre. Le tout enrichi de quantité d'exemples. Ouvrage utile à toutes sortes de Commerçans, Banquiers, Financiers, & principalement à tous ceux qui veulent entrer dans les Mathématiques. Par M. Parent, de l'Académie Royale des Sciences. *Paris, Jombert, 1714, in-8°.*

Ce Traité est composé des pratiques les plus essentielles, & des démonstrations des ces pratiques, indépendantes de toute autre Science ; afin que les personnes qui n'ont pas la commodité de se donner des maîtres, puissent l'apprendre sans le secours de personne, avec une application médiocre ; & ne soient pas obligées de s'instruire de la Géométrie, par exemple, ou de l'Algèbre, beaucoup plus difficiles que l'Arithmétique, pour acquérir la connoissance de celle-ci, que l'on doit regarder comme la plus utile, & en même-tems comme la porte des Mathématiques.

Au sujet des Extractions des racines quarrées, il résoud plusieurs questions qui pourront avoir leur utilité dans l'occasion ; pour arranger des unités sous des figures quarrées, rectangulaires, triangulaires & héxagonales, en laissant un vuide donné dans le milieu. Il fait voir en traitant des Fractions communes, que le rapport de la circonférence d'un cercle à son diamètre est absolument inexprimable en nombre ; en ce que toutes les Fractions qui approchent indéfiniment de ce rapport sont primitives, & ont des exposants qui croissent indéfiniment ; & il prévient les objections qu'on pourroit lui faire à ce sujet ; ainsi voilà le Problème de la Quadrature du Cercle cherché depuis si long-tems, démontré impossible par une Méthode qui l'auroit résolu, s'il avoit été *résoluble*, ce qu'on peut appeler une résolution réelle.

LE TRÉSOR DE L'ARITHMÉTIQUE, contenant tout ce qu'il y a de nécessaire, d'utile & de curieux dans cette Science, tant pour les Gens de Guerre, que pour les Finances & le Commerce ; avec des abrégés extraordinaires, & de belles particularités que l'on apprend de soi-même. Par M. Le Roux, Arithméticien. *Paris, Claude Prud-homme, 1715, in-12.*

On a ordinairement une grande idée de ce qu'on croit sçavoir le mieux. L'Auteur de ce *Tréfor d'Arithmétique* regarde les nombres comme le véritable, & le plus solide fondement de toutes les Sçiences. Il assûre que Platon a été de même avis; & d'ailleurs la chose lui paroît certaine, parce que Dieu a tout établi avec *Poids, Nombre & Mesure.* On sçait ce que renferment communément les Traités d'Arithmétique, ainsi il seroit inutile de nous étendre sur celui-ci. Nous remarquerons seulement qu'on trouve à la fin du Volume, sous le titre d'Augmentation, plusieurs questions que l'Auteur appelle *Nouvelles & Curieuses.* La onzième qui est assez courte, pourra servir ici d'échantillon.

« J'ai acheté un nombre de Diamans. Les vendant 11 livres pièce,
» j'y gagnerai 52 livres; & ne les vendant que 9 livres pièce, je
» n'y gagnerai que 26 livres. Sçavoir le nombre des Diamans, & la
» valeur de chacun ? Il faut diviser la différence du petit gain au
» grand, qui est 26; par la différence du petit prix au grand, qui est
» 2; & il viendra 13 Diamans, qui multipliés par 11, & du pro-
» duit ôtant 52, il restera 91 livres, qui divisées par 13, donne-
» ront 7 livres pour la valeur de chacun ».

ESSAI D'ARITHMÉTIQUE, démontrée par J. P. de Crouzas, Professeur en Philosophie & en Mathématique à Lausanne. *Paris, Pierre Witte, 1715, in-8°.*

Monsieur De Crouzas assûre que son essai roule sur des principes plus simples, & d'une application plus aisée & beaucoup moins embarrassée d'exceptions & de variétés, que ne le sont les Principes de la Grammaire, qu'on regarde vulgairement comme l'occupation la plus à portée de l'enfance. Il ne tire ses preuves ni de l'Algèbre, ni de la Géométrie. Il pose pour unique fondement la *Nature du Nombre*; & de ce seul principe, en allant de conséquences en conséquences, naturelles & immédiatement tirées les unes des autres, on voit naître tout ce qu'il établit. Il ne distingue point la Règle de trois en *directe & in-*

directe ; ayant remarqué combien cette distinction embrouille non-seulement les commençans, mais ceux même qui sont avancez. Il ne parle point des Règles de *fausse position*, non plus que de l'*Extraction des racines*, dont une médiocre teinture d'Algèbre rend les pratiques aisées, au lieu que l'Arithmétique ne peut les faire comprendre que par de grands détours.

Du reste, cet essai contient quatorze chapitres. On traite dans le premier, de l'*Arithmétique en général* ; dans le second, de l'*Addition* ; dans le troisième, de la *Multiplication* ; dans le quatrième, & le cinquième, de l'*Examen de l'Addition & de la Multiplication, en ôtant les neuvaines* ; dans le sixième, de la *Soustraction* ; dans le septième, de la *Division* ; dans le neuvième, des *Usages de la Division* ; dans le dixième, des *Fractions* ; dans le onzième, de l'*Addition & de la Soustraction, tant simples que composées, des sommes qui contiennent des espèces différentes* ; dans le douzième, de la *Règle de trois* ; dans le treizième, de la *Règle de trois composée* ; dans le dernier, *des différentes applications de la Règle de trois* ; c'est-à-dire de la *Règle d'intérêt*, *de la réduction des espèces & des mesures*, *des Règles de société simple & composée*, *& de la Règle de mélange*.

TRAITÉ DE LA SCIENCE DES NOMBRES, où l'on trouve des Principes d'Arithémetique & d'Algèbre, &c ; par M. Brunot, Maître de Mathématiques. *Paris, Jombert, 1723, in-8°.*

Ce Traité est partagé en deux Livres. Dans le premier on trouve une explication nette & méthodique de toutes les opérations de l'Arithmétique. L'ordre nouveau que l'Auteur a imaginé, joint à des raisonnemens clairs, rendent son Ouvrage utile, & différent de ce qui a paru jusqu'ici sur ce sujet. Il expose les raisons Géométriques de toutes les opérations : au lieu que la plus grande partie des Auteurs qui ont écrit sur l'Arithmétique, se sont bornés à la seule routine des Opérations numériques, ce qui est cause que la lecture de leurs Ouvrages ne donne que des connoissances superficielles, qui échappent presque aussi-tôt qu'on a commencé de les acquérir. La Mémoire aidée de l'entendement & de la raison, en est toujours plus fidèle.

Monsieur Brunot donne les proportions après l'explication des Additions & des Souſtractions de différentes eſpèces ; la Multiplication, la Diviſion & les Fractions, ſuivent les proportions ; à la ſuite de ces opérations, on trouve quatre Figures de Géométrie pour faciliter l'intelligence des fractions, & pour donner une idée des dimenſions des ſurfaces, & des ſolides. Après la Diviſion des Fractions, l'Auteur explique le calcul décimal, par le moyen duquel on évite les fractions dans les opérations de l'Arithmétique. La Règle de trois, ſimple & avec fractions, ſuit ce calcul décimal; puis l'Auteur enſeigne la Règle de trois inverſe ou réciproque, avec des principes pour réduire cette Règle de trois inverſe, à la Règle de trois ordinaire. On y trouve auſſi une application de ces rapports réciproques aux pendules ſimples.

La Règle de trois compoſée, ou qui a pluſieurs termes, eſt réſolue dans ce premier Livre d'une manière nouvelle, courte & facile. Que la queſtion ait vingt termes, ou qu'elle n'en ait que ſix, elle n'en ſera ni plus embarraſſante, ni preſque plus longue. Ces Abréviations ſont fondées ſur des Axiomes qui précèdent.

A cette Règle de trois compoſée, ſuccèdent les Règles de Compagnie & les réfléxions que l'Auteur a faites ſur les compagnies par tems; où il prétend montrer, que tous ceux qui ont écrit ſur ces ſortes de compagnies ſe ſont trompés ; car ils diſent de multiplier les miſes par le tems que leur argent reſte à la ſociété : or notre Auteur ſoutient que ces manières d'opérer ne ſont pas juſtes. A l'égard des trois ou échanges pour leſquels les Arithméticiens ont donné pour Règle générale, la Règle de trois; M. Brunot prouve que l'on ne doit pratiquer cette Méthode que dans de certains cas.

On trouve encore ici le calcul des intérêts, & des eſcomptes de différentes eſpèces ; le calcul du nombre d'or, le calcul de l'épacte, le calcul du cycle ſolaire, le calcul de la fête de Pâques, & celui de l'année biſſextile. Ce premier Livre finit par une formule générale pour le calcul des changes étrangers. Cette formule abrège le calcul, & ſon principe a lieu, tant pour les remiſes directes, que pour les remiſes de place en place ; ce que l'on nomme virement de parties, ou *Arbitrage*.

L'Auteur donne l'explication du rapport intrinſèque, ou la raiſon de l'Égalité de la Monnoye d'un pays, avec celle qui a cours dans un autre pays. Il conſtruit une formule qu'il applique au change de France avec Hollande, & réciproquement de celui de Hollande avec France. Il explique le Change de France avec Angleterre, & celui d'Angleterre avec France ; il donne en même-tems un virement pour France & Angleterre ; il paſſe au Change de France avec Eſpagne, & à celui d'Eſpagne avec France ; puis il ajoûte un exemple d'*Arbitrage* pour ces quatre différens pays ; France, Hollande, Angleterre & Eſpagne. L'auteur aſſûre que cette façon de calculer les Changes étrangers eſt préférable aux méthodes ordinaires, parce que ſes opérations ſont ſi abrégées, qu'en très-peu de tems & de calcul, on réſout les queſtions les plus longues, & les calculs qui ont été juſqu'ici impraticables par les Méthodes vulgaires.

Dans le ſecond Livre, M. Brunot explique les premières opérations de l'Algèbre, tant en entiers qu'en fractions ; il paſſe enſuite aux formations de puiſſances, aux extractions de racines, aux progreſſions Arithmétiques, dont il fait voir les propriétés eſſentielles, & à la progreſſion Géométrique ; il donne auſſi l'application de l'Algèbre à la réſolution des problèmes numériques ; on y trouve des réſolutions pour les problèmes indéterminés & pour les alliages, avec une formule bien imaginée pour le calcul des intérêts. Le Traité finit par l'explication des combinaiſons.

L'ARITHMÉTIQUE renduë facile, à la pouvoir apprendre ſans Maître. *Paris, Cavelier, 1725, in-12.*

Les principales difficultés qui rebutent d'ordinaire ceux qui veulent étudier l'Arithmétique, ſe trouvent applanies dans cet Ouvrage. On y commence d'abord par ce qu'il y a de plus aiſé, & l'on va par degrés aux règles les plus difficiles. La Méthode qu'on obſerve pour cela, eſt ſi claire, que ceux qui ne ſçavent pas nombrer, & qui même ne connoiſſent pas encore les chiffres, peuvent apprendre l'Arithmétique par le ſeul ſecours de ce Livre, pourvu qu'ils le liſent avec attention & de ſuite. L'Auteur pour faire comprendre aiſément le fond & l'eſprit de cette Science, a imaginé ſept tables nouvelles, qui ſont très-faciles. La première comprend la Numération ; la ſeconde, l'Addition; la troifième, la Souftraction; la quatrième, la Multiplication; la cinquième, la Divifion; la fixième, toutes fortes d'Additions grandes ou petites; & la feptième, un livret de Multiplication & Divifion, dans lequel fe trouvent les quatre règles fondamentales, tant en nombres entiers qu'en nombres rompus, ou fractions, avec leurs réductions, & les règles de trois, droite, inverfe, de compagnie, &c.... Il faut bien pofféder ce Livret, & pour cela l'apprendre par Mémoire; fi on veut faire du progrès dans l'Arithmétique.

Il avertit que les commençans, qui auroient peine à comprendre les quatre Règles expliquées au long, & les autres qui les fuivent, n'auront, fi cela fe peut, qu'à fe mettre deux enfemble; & lire tour à tour, l'un la Règle, & l'autre l'explication; enforte que, tandis que l'un nommera les chiffres en prononçant les explications, l'autre ait les yeux attachés à la Règle qu'il écoute; c'eft-là, dit-il, le vrai fecrèt de bientôt apprendre.

Nouveau Traité de l'Arithmétique, par Blainville, mis dans fa perfection; contenant une ample explication de fes principes, tant en nombres entiers qu'en fractions, fuivie de quantité de queftions curieufes, & de plufieurs Tarifs, tant pour l'Aunage des toiles & des draps des Villes ou Bourgs où il y a des Manufactures, que pour les réductions des aunes, des vares, & des verges des Villes de France, de Hambourg, d'Angleterre, de Hollande, d'Efpagne & de Flandres: la manière de faire toutes fortes de calculs pour les rentes, depuis le denier dix jufqu'au denier trente, &c; le tout par des Règles que l'on peut apprendre de foi-même & fans Maître. *Rouen*, *Befogne*, *1728*, *in-12*.

Nouveau Traité d'Arithmétique, ou defcription des propriétés & ufage d'un nouveau Tarif de réduction Arithmémétique & Géométrique, avec une Inftruction familière pour faire méchaniquement, par le moyen de ce Tarif, les principales opérations des Règles, tant d'Arithmétique que de Trigonométrie rectiligne ; comme auſſi de Gnomonique & de Navigation. Le tout par des exemples ſimples, qui facilitent la pratique de cet inſtrument. Par J. B. De Méan Ingénieur. *Paris, Valleyre, 1733, in-8°.*

ARITHMÉTIQUE DÉMONTRÉE, par un Prêtre de l'Oratoire, ci-devant Profeſſeur Royal de Mathématique dans l'Univerſité d'Angers. *Rouen, Cabut, 1732, in-12.*

Il n'y a guère de matière ſur laquelle on ait tant d'Ouvrages, que ſur l'Arithmétique pratique ; mais l'Auteur de ce Livre ne ſe borne pas à la pratique : il y joint auſſi toute la théorie de cette Science.

La Méthode qu'il ſuit eſt la méthode ordinaire aux Géomètres, dans laquelle les élémens ſont diſtingués par propoſitions, que les définitions précèdent au commencement de chaque chapitre : il a diviſé ſon Traité en deux parties : il explique dans la première, les règles du calcul pour les nombres entiers & pour les fractions, il y démontre toutes les pratiques ; & pour cela, il les a fait précéder par des théorèmes, & quand ces théorèmes ſont trop abſtraits pour les commençans, il les éclaircit par des exemples, avant que de les démontrer.

Dans la ſeconde partie, il explique les proportions, avec les principaux uſage du calcul.

Il démontre encore une Règle de Rétrogradation, & une Règle de commun diviſeur, qui dans les cas où elles conviennent, ſont d'un grand ſecours pour abbréger.

Quoique cet Ouvrage contienne beaucoup de choſes, l'Auteur ne laiſſe pas de dire qu'il auroit été facile de compoſer un volume plus ample ; mais il croit avoir mis aſſez de théorie, pour rendre raiſon de toute la pratique qu'il enſeigne.

On trouve à la fin un ſupplément, où ſont expliquées quelques pratiques touchant la manière de compter les Monnoyes de France.

L'ARITHMÉTIQUE des Géomètres, ou Nouveaux Élémens de Mathématiques, contenant la théorie & la pratique de l'Arithmétique ; une introduction à l'Algèbre & à l'Analyse, avec la résolution des Équations du second & du troisième degré ; les raisons, proportions & progressions Arithmétiques & Géométriques : les combinaisons, l'Arithmétique des infinis, les Logarithmes, les Fractions décimales. Ouvrage très-utile, pour mettre les Commençans en état d'apprendre par euxmêmes, & sans le secours d'aucun Maître, tout ce qu'il y a de plus nécessaire à sçavoir dans cette Science. *Par M. l'Abbé Deidier, 1 Vol. in-4°.*

Monsieur l'Abbé Deidier rend compte dans sa préface du plan de son Ouvrage ; c'est-à-dire, des matières qu'il a traitées, & de l'ordre qu'il a suivi. Il divise cette Arithmétique en cinq parties. Dans la première, il donne l'Addition, la Soustraction, la Multiplication, la Division ; ce sont les Règles par lesquelles il faut commencer pour arriver aux autres opérations qui appartiennent à toute l'Arithmétique numérique ; l'Auteur passe ensuite aux Fractions, & il enseigne sur ces nombres rompus les mêmes Règles que celles qu'il a données sur les nombres entiers. C'est où se termine la première partie de son Ouvrage.

Il acheve dans la seconde partie les Opérations des nombres entiers, tels que les Règles de trois, compagnies, d'escomptes, de change, &c. Il y joint celles de fausses positions, d'alliage, les racines quarrées & cubiques. L'Auteur ajoûte quantité d'éxemples pour faciliter le lecteur ; afin que son Ouvrage soit utile à ceux qui peuvent s'adonner au commerce, comme à ceux qui veulent suivre l'étude des Mathématiques.

La troisième partie, présente d'abord les premières opérations de l'Algèbre, puis l'Auteur explique les calculs des exposans, & celui des radicaux. Toutes ces Règles qui se nomment communément Calcul Algébrique, se trouvent démontrées par l'Auteur, dans la vûe de s'en servir pour arriver à l'Analyse, ou à la résolution des Équations.

Monsieur l'Abbé Deidier, enseigne la Méthode de dégager une inconnuë du premier dégré, & lorsqu'il se trouve autant d'équations que d'inconnuës, il donne les moyens de les réduire à une seule.

Ce ne

Ce ne sont point ici des Méthodes nouvelles, *dit l'Auteur*; c'est par l'ordre, la netteté & l'arrangement des matières, qu'il faudra juger de l'utilité de son Ouvrage.

L'Auteur suppose son lecteur dénué de connoissances, & veut le conduire insensiblement des choses les plus simples aux plus composées.

Après l'explication des problèmes du premier dégré, on doit traiter naturellement des problèmes du second : c'est ce que fait M. l'Abbé Deidier, il donne dans son Ouvrage le moyen de trouver généralement la valeur de la racine d'une équation du second dégré, après avoir enseigné l'art de préparer cette équation, & de la réduire à une certaine forme : ces sortes de préparations ne sont pas si nécessaires pour une équation du second dégré, que pour celles du troisième : la plûpart consistent à faire évanouir le second terme, à délivrer le second terme de signes radicaux, & à ôter les coëfficiens du premier terme. L'Auteur vient ensuite à donner la formule générale & connuë de toutes les équations du troisième dégré.

Dans la quatrième partie, il s'agit des raisons, proportions, & progressions arithmétiques & géométriques, dont l'usage se trouve appliqué à divers exemples, suivant la Méthode que s'est prescrite M. Deidier.

Enfin dans la cinquième partie, sont les combinaisons & les fractions décimales, les nombres figurés avec l'Arithmétique des infinis, que l'Auteur recommande par le grand usage & l'utilité qu'on en retire dans les Mathématiques.

L'ARITHMÉTIQUE DÉMONSTRATIVE, ou la Science des Nombres, renduë sensible. Par M. Galimard, en deux Cartes. *Paris, Saugrain, 1733.*

Dans la première de ces Cartes, l'Auteur a rangé sous différentes colonnes, d'une façon abrégée, & cependant fort claire; les Principes des quatre Règles d'Arithmétique, & de celle de trois, avec des exemples. On apprend dans la seconde, qui a pour titre, l'*Algèbre ou Arithmétique littérale démontrée & renduë sensible*, à faire les mêmes opérations sur les grandeurs algébriques; & on y trouve aussi la résolution des équations du premier degré, & la solution de quelques problêmes qui en dépendent.

Traité des Quatre premières Règles d'*Arithmétique* sur les Fractions ; par M. Roflin, Syndic des Experts Écrivains & Arithméciens Jurés. *Paris, Veuve Lamefle, 1745, in-12.*

Ce Livre est dédié à toutes les personnes qui veulent faire des progrès dans le calcul du Commerçe, de la Banque, des Finançes, des Toifés, de l'Arpentage, de la Géométrie, de l'Algèbre & généralement de toutes les Sçiences.

L'Arithmétique en sa Perfection, mise en Pratique selon l'usage des Finançiers, Gens de Pratique, Banquiers & Marchands ; contenant une ample & familière application de ses principes, tant en nombres entiers qu'en fractions : un Traité de Géométrie-pratique appliquée à l'Arpentage & au Toifé, tant des superficies que des corps folides : un abrégé d'Algèbre, fuivi de quantité de questions curieuses : & un Traité d'*Arithmétique* aux jettons. Par F. Le Gendre Arithméticien. *Paris, Michel-Étienne David, 1746, in-12.*

La Bibliothèque des jeunes Négocians, ou l'*Arithmétique* à leur ufage, démontrée depuis ses premiers élémens, jufqu'à ses derniers problêmes ; où se trouve compris le Commerçe des matières d'argent, avec les différens Tarifs qui le concernent ; une Table du rapport des mesures pour les grains, ensuite leur division & leur poids ; le Traité de la correspondance des mesures des corps liquides, & de ceux des rapports des corps pefans, & des corps étendus pour les poids & pour les étoffes, &c. Les Changes des principales Plaçes de l'Europe fur leur cours actuel & proportionné, & les principes des arbitrages ; pour faciliter les opérations de la Banque ; le tout opéré & démontré en entier par des lettres miffives du S^r. Jean La Ruë ; de Lyon, les Frères Bruyset, 1747, *in-4°*.

SUR L'ARITHMÉTIQUE.

L'ARITHMÉTIQUE RENDUE SENSIBLE *par le Développement de ses Opérations ;* Par M. Gaspard Foys de Vallois, employé dans les Fermes du Roi. *Paris, Brunet, 1748, in-8°.*

L'ARITHMÉTIQUE & la *Géométrie de l'Officier*, contenant la Théorie & la Pratique de ces deux Sciences, appliquées aux différens emplois de l'homme de guerre. Par M. Le Blond, Professeur de Mathématiques des Pages de la Grande Écurie du Roi, & des Pages de Madame la Dauphine. *Paris, Charles-Antoine Jombert, 1748, 2 Vol. in-8°.*

Deux Approbations données, l'une par un homme (*M. Belidor*) habile en Géométrie ; l'autre par un Corps Sçavant en Mathématiques, (*l'Académie des Sçiences*) font présumer avantageusement de ces Élémens ; *l'Académie a jugé que cet Ouvrage étoit fait avec beaucoup de Méthode & de clarté.* L'Auteur convient que la matière a été traitée, & remaniée bien des fois ; il en rend la raison dans un avertissement qui est à la tête de son Ouvrage : « la Géométrie (dit-il) est une Sçience » si vaste, & si diversifiée par rapport aux usages qu'on peut en faire, » qu'il est fort difficile d'en donner des traités qui remplissent toutes » les vûes de ceux qui doivent s'y appliquer ».

Monsieur Le Blond s'est proposé de faire connoître l'usage & l'application qu'on peut faire des propositions de Géométrie, & de faire marcher de concert la Théorie & la Pratique, afin de soutenir l'attention de ceux qu'on veut instruire. Un grand nombre d'Auteurs ont eu le même objet, mais on peut différer dans la Méthode que l'on suit.

Monsieur Le Blond a regardé cette manière d'enseigner la Géométrie, comme un excellent moyen pour exciter l'ardeur de ceux qui commencent à étudier les Mathématiques. On objecte souvent que les jeunes gens se dégoutent lorsqu'ils sont trop long-tems sans voir l'application ou l'usage de ce qu'on leur apprend. Il faut convenir que comme les esprits se ressemblent peu, l'expérience montre que la plûpart des jeunes gens saisissent avec peine ces démonstrations éxactes, dont les anciens Géomètres nous ont laissé d'excellens modèles dans leurs Traités. C'est la principale raison qui a fait naître tant d'Élémens de Géométrie ; chaque Auteur s'eſt fait un ordre pour préſenter aux autres les vérités qu'il conçevoit, & il l'a regardé comme l'ordre naturel & le meilleur ; parce que c'eſt ainſi qu'il l'a apperçu : ſi l'on remarque dans quelques Ouvrages de cette nature, de la reſſemblance avec ceux qui ont précédé, c'eſt ſans doute parce que les choſes ſont telles qu'elles peuvent être enviſagées de la même manière. De plus, on peut ſe ſervir de différens Élémens de Géométrie, ſelon l'objèt que l'on ſe propoſe ; un jeune homme ſe deſtine-t-il au parti des Armes, il doit étudier les Mathématiques autrement que celui qui veut embraſſer la profeſſion du Barreau.

Monſieur Le Blond a travaillé pour les Militaires, il nous aſſure que ſon Ouvrage *diffère des autres, non-ſeulement par l'ordre & l'arrangement des matières, mais encore par la ſimplicité de la plûpart des Démonſtrations.* Il eſt vrai que nous avons remarqué que l'Auteur n'a pas toujours démontré rigoureuſement, ſur-tout quand il a vû qu'une démonſtration à laquelle les yeux participoient autant que l'eſprit, pouvoit ſuffire. Voici l'Ordre que l'on a ſuivi, & l'on jugera mieux de ces Élémens par l'expoſé que nous allons en faire.

Le premier Volume comprend l'*Arithmétique*, & une partie de la Géométrie Élémentaire ; on commence par enſeigner les quatre Opérations de l'*Arithmétique*, elles ſont expliquées clairement ; l'Auteur a choiſi quelques queſtions qui ſont propres à ſervir de modèles pour d'autres cas ſemblables ; on trouve des eſprits qui ont quelque peine à découvrir à quelle Règle appartient une queſtion que l'on propoſe, & quelles ſont les différentes routes par où il faut paſſer pour la réſoudre.

Après ces premières Règles, M. Le Blond traite des fractions avant le calcul des proportions, notre Auteur vient enſuite aux Règles de *trois* ; il tache par divers Exemples de faire connoître comment l'on doit s'y prendre pour trouver le terme inconnu qui fait toujours le ſujèt de la queſtion. Les Règles de trois compoſées, ſont expliquées après celles que l'on nomme ſimples : le Traité d'*Arithmétique* eſt terminé par les Règles d'alliage & de fauſſe poſition. L'Auteur convient qu'il auroit pu ſe diſpenſer d'en parler, mais il ajoûte que la *Théorie de ces Règles bien conçuë & bien développée, peut faire acquérir à l'eſprit le degré de force nécessaire pour passer à des spéculations plus difficiles.* M. Le Blond a ajoûté à tout ceci, un Traité du calcul des parties décimales.

Le même Volume renferme cette Géométrie qui regarde les lignes droites, les triangles, & les parallélogrammes. La division générale de l'Ouvrage est en treize livres : les premières propositions de Géométrie sont précédées de quelques définitions, après lesquelles on donne la résolution de tous les problèmes qui appartiennent à la ligne droite & qui en dépendent ; on établit quelques propositions sur le Cercle, pour apprendre quelle est la mesure des angles ; on explique les instrumens qui servent dans la pratique à trouver la grandeur des angles, avec la manière de s'en servir pour les tracer sur le terrein ; les lignes parallèles, & tout ce que l'on a coutume d'en déduire, suivent immédiatement ; elles précèdent plusieurs théorêmes qui regardent le cercle & les lignes qui le coupent ou le touchent : on assigne après ceci, quelle est la mesure des angles qui ont leurs sommets dans tout autre point que le centre du cercle.

L'Auteur passe de-là aux propriétés des triangles : c'est dans cet endroit que M. Le Blond s'étend assez au long sur l'application que l'on peut faire des triangles, pour mesurer les distances ; on sçait qu'on peut diversifier ces différens cas de plusieurs manières. L'Auteur applique les mêmes Théorêmes au lever des plans, quoiqu'il paroisse que cette Méthode doit être précédée des lignes proportionnelles ; M. Le Blond n'a pas cru devoir s'arrêter à cette éxactitude trop scrupuleuse pour ceux pour lesquels il écrit ; au reste il démontre cette Théorie plus éxactement, lorsqu'il traite des proportions & des figures semblables.

On finit le premier Volume par ce qui regarde les parallélogrammes, & toutes les propriétés qui en dépendent ; car on enseigne ici tout l'Arpentage ou la Planimétrie, avec le toisé des différentes figures rectilignes ; on parvient à trouver la superficie des terreins, soit plans, soit curvilignes.

Le second Volume commence par l'explication de la racine quarrée ; l'Auteur a préféré de mettre ici cette Règle, parce qu'il n'avoit point occasion d'en faire usage plutôt ; il applique cette opération à la formation des Bataillons quarrés, à centre plein, & à centre vuide. On donne la manière d'extraire la racine cubique. Après ces deux opérations, on enseigne la théorie des rapports & des proportions. L'Auteur voulant être court, a pris le parti d'employer les signes Algébriques, & d'expliquer les premières conventions que l'on a faites sur le calcul littéral pour marquer l'Addition, Soustraction, & la Multiplication & la Division. C'est à l'aide de ces caractères qu'il démontre tout ce qui appartient aux rapports simples & composés, & aux propositions. On juge bien que l'Auteur n'a pas oublié de démontrer les changemens que l'on peut faire sur les termes d'une proportion.

Monsieur Le Blond a donné dans le même endroit quelques problêmes qui sont une application des progressions *Arithmétiques* aux Bataillons triangulaires. On trouve un article à part sur les incommensurables : cette Théorie expliquée, on est en état d'entendre toutes les propriétés des triangles semblables, & de démontrer de quelle manière les lignes sont coupées en proportion réciproque ; ces propositions conduisent à la méthode d'inscrire le pentagone, décagone, & le quindécagone, ce qu'on n'avoit enseigné qu'imparfaitement dans le premier Volume. Enfin on traite du rapport des figures semblables, relativement à leurs circuits, & à leur surface.

Avant que d'expliquer les solides, notre Auteur n'a point voulu imiter ceux qui en donnant des Élémens, passoient sous silence tout ce qui regarde les plans & leurs communes sections ; cette connoissance a son utilité dans plusieurs parties des Mathématiques. M. Le Blond a ensuite démontré tout ce qui appartient aux surfaces des corps, & à leur solidité : il a donné la méthode de construire les corps réguliers, avec celle de les inscrire dans la Sphère.

Enfin on vient à la Trigonométrie, & l'on commence par la construction des Tables des sinus ; on explique l'origine des logarithmes avec la manière de s'en servir. M. Le Blond a grand soin de proposer différens Problêmes, pour faire connoître l'usage de la Trigonométrie ; il a jugé à propos de parler du nivellement. L'Auteur termine son Ouvrage par quelques observations, sur les Instrumens avec lesquels on mesure les angles.

ÉLÉMENS D'ARITHMÉTIQUE ; par M. Camus, de l'Académie Royale des Sciences, Éxaminateur des Ingénieurs, Profeſſeur & Secrétaire perpétuel de l'Académie Royale d'Architecture. 1749, *Vol. in-8°*.

Cet Ouvrage eſt compoſé par un de ces Mathématiciens, dont le nom ſeul fait eſpérer qu'il renfermera l'ordre & la méthode qui caractériſent les matières Géométriques. La Clarté, & l'éxactitude des Démonſtrations s'y trouvent de la manière la plus frappante ; c'eſt par ces traits qu'on doit juger de l'eſprit & de la capacité d'un homme qui veut bien pendant quelque tems, donner relâche à ſes profondes connoiſſances, pour traiter les parties de Mathématiques les plus élémentaires. Nous ne manquons pas d'Élémens d'*Arithmétique*, de Géométrie, d'Hydraulique & de Statique ; on peut même aſſûrer qu'il y en a pluſieurs d'excellens ; mais ils ne ſont pas tous relatifs au genre que l'on ſe propoſe, & ſur-tout lorſqu'on ſe deſtine à la pratique ; peut-être conviendroit-il qu'il y en eût pour chaque profeſſion.

Monſieur Camus chargé par un Miniſtre éclairé de l'éxamen des Ingénieurs, ne pouvoit manquer d'entrer dans les vûës de feu M. le Comte d'Argenſon, qui déſiroit ardemment de faciliter l'étude des Mathématiques aux jeunes gens qui veulent devenir Ingénieurs. Si tous les Militaires doivent étudier avec ſoin tout ce qui regarde leur métier, les Ingénieurs ont beſoin de quelques études particulières, ils doivent s'entretenir des ſpéculations les plus difficiles & les plus abſtraites ; ils ſont par obligation, Géomètres, Mécaniciens, & Calculateurs ; ils doivent joindre à ces diverſes connoiſſances celles de la Fortification, de la Conſtruction des ouvrages & de l'Eſtimation des matériaux, avec la Méthode d'en faire le devis ; enfin celle de les repréſenter par un plan proprement deſſiné. Perſonne ne doutera qu'il ne ſoit très-difficile d'avoir toutes ces qualités, & de réunir le courage, cette intrépidité de ſang-froid, ſouvent ſi néceſſaire pour les dangers les plus preſſans, avec cette intelligence qui ſçait attaquer à propos les ouvrages dont les défenſes ſont ruinées, ou défendre avec ſageſſe ceux qui ſont encore en état de ſe ſoutenir, malgré l'apparence de leur deſtruction. On conviendra que ce n'eſt pas une entrepriſe d'une médiocre importance, de travailler à un cours de Mathématique relatif à toutes ces opérations.

Il s'agissoit d'abord d'épargner aux jeunes gens qui veulent devenir Ingénieurs, la peine de lire un grand nombre de livres, dont chacun ne contient souvent que quelques articles qui ont rapport aux choses auxquelles ils se destinent ; il faut être extrêmement au fait pour distinguer ce qui est d'un grand usage, ou ce qui n'est que d'une médiocre utilité. Le goût, l'esprit, & une parfaite connoissance des choses qu'on veut traiter, font toujours faire un choix éxact des matières qui doivent entrer dans un Ouvrage de cette nature ; & c'est d'après de pareilles Réfléxions, que M. Camus a composé un Cours de Mathématiques pour les Ingénieurs.

Ce Cours entier comprend l'*Arithmétique*, la Géométrie, la Mécanique, la Statique & l'Hydraulique. Le sujèt du premier Volume regarde l'Arithmétique, il est divisé en neuf livres ; dans le premier, l'Auteur expose la nature des nombres en général. Il explique avec beaucoup d'étenduë les différentes espèces d'unités simples, absoluës, concrètes, & relatives. On déduit de la progression des nombres, l'idée des parties décimales avec les différentes manières de les exprimer : on fait appercevoir dans cet endroit, en quoi consiste l'Art de la numération, & quels sont tous les principes sur lesquels l'*Arithmétique* est fondée.

On enseigne dans le second Livre, l'Addition, la Soustraction, la Multiplication, & la Division. Ces quatre Opérations peuvent se faire sur des nombres incomplèxes, & sur des quantités complèxes ; l'on n'a mis que ce qui regarde les grandeurs incomplèxes. L'Ordre que suit M. Camus dans les diverses opérations dont il s'agit, est de commencer par donner une idée de l'opération en la définissant éxactement, puis il explique la Méthode qu'on doit suivre ; il fait ensuite l'application de la Règle sur des éxemples particuliers qu'il propose. L'Auteur enseigne en même-tems la manière dont on opère sur les décimales. Quelques Mathématiciens habiles ont observé le même ordre ; ils ont traité également le calcul des grandeurs entières, & celui des parties décimales ; quelques autres en ont fait un article à part, & ont réservé d'en parler après les fractions. On trouvera dans les chapitres qui traitent de la Multiplication, plusieurs Remarques qu'il étoit utile de faire ; & auxquelles les commençans doivent s'attacher, s'ils veulent

SUR L'ARITHMÉTIQUE.

lent distinguer le cas où le multiplicateur renferme une quantité abstraite ou concrète, & quelle sera la dénomination que devra avoir le produit des deux grandeurs que l'on a multipliées.

L'Auteur agit de la même manière à l'égard de la Division ; il en donne plusieurs définitions suivant l'idée qu'on se propose ; il y a joint plusieurs Remarques, qui éclaircissent la nature de la Division. On a déja averti que le calcul des décimales marchoit de concert. Enfin l'Auteur explique en peu de mots les différentes manières qu'on employe pour faire la Division, elles portent différens noms ; on choisira la Méthode que l'on voudra.

Le troisième Livre roule sur les Fractions ; on commence par les différentes réductions, puis on passe aux opérations mêmes sur les Fractions, en les considérant cependant comme nombre abstraits.

Le quatrième Livre regarde les mêmes Règles que les précédentes, mais elles sont appliquées aux quantités complexes. C'est ce Livre qui renferme en quelque sorte l'*Arithmétique pratique*. Cette idée a engagé l'Auteur à expliquer ici comment la Multiplication engendre les surfaces & les solides, & de quelle manière on parvient à leur décomposition par la Division. Comme M. Camus a voulu n'employer que la Synthèse, il s'est fait une loi de ne point se servir d'Algèbre dans le Cours des Mathématiques ; l'Auteur a substitué des nombres aux lignes, & il s'est attaché à déterminer éxactement les vraies dénominations des différentes unités, dont les produits & les quotiens sont composés. Ce même Livre renferme tout ce qui appartient au Calcul du Toisé quarré, du Toisé cube, & celui *des Solides* qu'on sçait être en usage parmi plusieurs Ouvriers.

Le cinquième Livre traite des rapports Géométriques & des proportions en général ; l'Auteur en fait l'application, aux Règles de Trois, soit directes, soit inverses ; aux Règles de Compagnies ; il traite aussi de celles qu'on appelle composées. Il finit ce cinquième Livre par les Règles de fausses positions.

Dans le sixième Livre on explique les Règles d'alliage, & l'Auteur s'attache à distinguer encore les différentes questions qu'on peut proposer, celles qui sont indéterminées ; il fait encore connoître comment ces dernières peuvent être réduites suivant les circonstances particulières à un certain nombre de solutions. Toutes ces Règles seroient devenuës beaucoup plus faciles à traiter, & même à expliquer, si l'on s'étoit permis d'employer le calcul Algébrique : il faut convenir que sans ce secours, le discours doit être beaucoup plus étendu, & malgré cela est moins général ; car peut-on dans ces sortes de questions changer à l'infini, renfermer dans les expressions particulières tous les cas possibles ; l'Algèbre a seul ce privilége, & M. Camus a eu plus de mérite à surmonter ces difficultés, qui auroient disparu en suivant la Méthode analytique.

On commence par démontrer dans le septième Livre, tous les produits dont un nombre quarré est composé ; l'Auteur en fait de même lorsqu'il s'agit du Cube, on sçait combien l'on a besoin dans la pratique de ces deux Opérations : les autres puissances des nombres n'ayant d'application que dans les Sciences Mathématiques purement abstraites, on a eu raison de n'en point parler. Lorsqu'on a bien conçu la composition d'une puissance, on a une grande facilité pour parvenir à sa décomposition, qu'on appelle l'Extraction de la Racine quarrée ou Cubique. Il arrive rarement, que les quantités considérées comme des puissances quarrées ou cubiques soient des puissances parfaites ; on est obligé alors d'avoir recours à la Méthode des approximations. Lorsqu'on a appris ces opérations sur les nombres entiers, il est aisé de les appliquer aux fractions ; & notre Auteur l'a fait. Quand il s'agit d'instruire, il faut tâcher de ne rien oublier, avoir attention à ne supposer aucune idée de celles qui sont nécessaires pour l'intelligence de la Règle ; ne se point trop élever, crainte de se rendre trop abstrait, & se mettre dans le cas de n'être point entendu ; car n'y a-t-il pas de quoi être surpris, qu'en lisant des Ouvrages qui traitent de choses simples & aisées, on y trouve quantité d'endroits inintelligibles aux personnes mêmes de l'art ? M. Camus convient qu'il n'auroit pû satisfaire les desirs du Ministre, aussi promptement qu'il l'auroit voulu, s'il n'avoit puisé dans ses Leçons journalières la plûpart des choses dont nous venons de parler ; il s'est sans doute apperçu que dans toutes les Sciences, ce sont les Élémens qui sont les plus difficiles à traiter & à enseigner.

Il s'agit dans le huitième Livre des Proportions & des Progressions

Arithmétiques : ce n'eſt qu'une préparation pour traiter les Logarithmes ; on ſçait l'étenduë de ce calcul dans toutes les parties des Mathématiques ; & l'on n'ignore pas en même tems qu'il doit ſuivre de la comparaiſon des Progreſſions Arithmétiques & Géométriques. On a encore fait connoître comment on étoit parvenu à calculer les Tables des Logarithmes, on montre enſuite l'application qu'on en doit faire pour la Multiplication, la Diviſion, la Règle de Trois, l'Extraction & l'élévation des puiſſances. Combien par cette méthode a-t-on abrégé les calculs qui ſeroient fort longs & ennuyeux ? Il faut convenir que ſi les Géométres ont travaillé avec tant de ſuccès pour l'Utilité Publique, ils en ont recueilli le fruit, en diminuant par leurs Méthodes la fatigue d'un travail qui ſouvent eſt fort rebutant.

M. Camus termine ce Volume par une Doctrine abrégée des changemens d'ordre & des combinaiſons dans différentes Hypothèſes ; c'eſt le ſujet du neuvième & dernier Livre.

LA SÇIENCE DU CALCUL NUMÉRIQUE : ou l'*Arithmétique raiſonnée*, traitée profondément ; Ouvrage théorique & pratique pour l'inſtruction de la Jeuneſſe, ſoit pour le Commerce, la Finance & les Arts ; où tout eſt ramené à ſon principe, & démontré dans un ordre naturel, & facile à pouvoir ſoi-même s'en inſtruire en très-peu de tems ; par M. Gallimard. *Paris, Bauche, Quillau père, Chaubert, Saillant, Ballard, & Quillau fils, 1751, 2 Vol. in-8°.*

Le ſecond Volume porte le Titre ſuivant : l'*Algèbre* ou la *Sçience du Calcul littéral*, facile à apprendre ; où tout eſt démontré dans un ordre naturel, & les choſes nettement expliquées, traitées plus à fond, & pouſſées plus loin qu'on n'a fait juſqu'ici.

L'ARITHMÉTIQUE reſtrainte à l'Addition ; Par P. J. Coſte. *Paris, Debure l'Aîné, 1752, in-12. petit format.*

Cet Ouvrage eſt précis, utile & néceſſaire à toutes perſonnes, pour abréger les Opérations du Calcul ; & ſoulager l'eſprit, de l'application qu'éxigent les Règles de la Multiplication & de la Division. On ajoûte à cet Ouvrage une nouvelle Méthode de la Multiplication du Toifé, & un nouveau Calendrier perpétuel.

MÉTHODE Théorique & Pratique d'*Arithmétique*, d'Algèbre & de Géométrie, mife à la portée de tout le monde ; & renduë facile à pouvoir foi-même s'en inftruire en peu de jours, & fon application à divers ufages : par M. Gallimard. *Paris, Veuve Bauche, Ballard & Saugrain fils, 1753, in-16.*

ARITHMETICA UNIVERSALIS Ifaaci Newtoni ; *five de compofitione & refolutione* Arithmetica, *perpetuis commentariis illuftrata & aucta. Auctore P. Ant. Lecchi*..... Mediolani, ex Typographiâ Bibliothecæ Ambrofianæ. Apud Jofephum Morellum, 1752, 3 Vol. in-8°.

LE PARFAIT ARITHMÉTICIEN, ou la manière de le devenir, à l'ufage de ceux qui veulent apprendre l'*Arithmétique* fans Maître : dans lequel on trouvera expliqué d'une manière claire & concife, par autant d'éxemples, toutes les Opérations d'*Arithmétique*, appliquées au Commerce & à la Finance ; avec un Traité des Alliages, & des Quatre Règles en fractions ; par le Sieur Liverloz, Arithméticien Juré, & Maître Écrivain des Pages de S. A. S. Monfeigneur le Duc d'Orleans. *Paris, Chardon & Duchefne, 1754, in-12.*

LA SCIENCE DES NOMBRES Raifonnée & démontrée, appliquée à tous les cas de la Vie Civile & du Commerce, à l'ufage de tous ceux qui veulent calculer par principes, ou qui ne le veulent pas : Par M. Brunot, Mathématicien, Nouvelle Édition. *Paris, Deburre l'Aîné, 1754, in-8°.*

Cet Ouvrage eft utile à toute Perfonne, de quelque état qu'elle foit, Marchand, Banquier, Financier, &c. On y a joint un petit Traité d'Algèbre, dans lequel on applique cette Science dans un grand nombre

de queſtions utiles & curieuſes, qui font voir combien dans les queſtions épineuſes, cette eſpèce de Calcul eſt plus expéditif & plus étendu
que l'*Arithmétique* vulgaire.

ARITHMÉTIQUE UNIVERSELLE, ou le Calcul développé
par l'*Arithmétique*, ſans le ſecours de l'Algèbre, ni des Équations ; par M. Joſſeaume. *Paris, Jean Deſaint & Charles Saillant, 1754, in-12.*

L'Auteur de ce Livre ſe déclare non-ſeulement contre le Calcul Al-
gèbrique, mais même contre l'Analyſe ; & il entreprend d'y ſubſtituer
d'autres moyens plus naturels. « Les ſuccès de Meſſieurs Deſcartes
» & Newton, ont dit-il, empêché d'examiner ſi l'eſprit d'invention
» qui caractèriſe ces deux grands hommes, auroit pû les conduire au
» même but par d'autres Méthodes qui euſſent été plus ſimples. On
» a crû être redevable a l'Analyſe, de ce qui n'étoit dû qu'au Génie
» extraordinaire de ceux qui l'avoient employée ».

Mais ne pourroit-on pas ſoupçonner qu'il y a ici quelque Équivoque, M. Joſſeaume ne mettant pas aſſez de diſtinction entre l'Analyſe
& le Calcul Algébrique, quoiqu'il y ait une Analyſe purement *Arithmétique*, comme il en a une purement Géométrique. L'Analyſe, proprement dite, n'eſt autre choſe qu'une Méthode particulière de pro-
céder dans la recherche de la vérité ; & on ne peut pas révoquer en
doute, qu'elle ne ſoit ſimple & très-naturelle, puiſqu'il n'y a perſonne
au monde qui ne l'employe quelquefois ; & cela lorſqu'il ne s'agit nullement de Sciences éxactes ou de Calcul. L'Art a extrêmement perfectionné cette Méthode dans pluſieurs livres de Mathématiques, & il
paroît que M. Joſſeaume y travaille auſſi dans ſon *Arithmétique Univerſelle*, quoiqu'il ait recours aſſez ſouvent à la Méthode oppoſée, qui
eſt la Synthétique.

Il évite toujours avec ſoin l'uſage des Équations, conformément au
titre de ſon Ouvrage ; mais la différence ne conſiſte peut-être, encore
ici que dans l'expreſſion. Quoi qu'il en ſoit, ce livre ſera toujours lû
avec plaiſir ; il eſt à certains égards un Commentaire, ou un équivalent de l'*Arithmétique Univerſelle* de M. Newton ; il paroît très-propre
à former de profonds Arithméticiens, & à les mettre en état d'aller

beaucoup plus loin dans l'Étude des Mathématiques. On y éxplique non-feulement toutes les Opérations ordinaires d'*Arithmétique*, on y traite les diverfes queftions qui ont rapport à cette Sçience ; on y éxamine les radicaux, les imaginaires même, on les multiplie, on les divife, on les réduit autant qu'il eft poffible. On paffe après cela à la folution des Problêmes du fecond degré, & on donne enfuite des moyens qui peuvent fervir dans le troifième & dans les degrés fupérieurs.

Le Pont aux Anes méthodique ; ou Nouveau Barême pour les Comptes faits ; par M. Gallimard. *Paris, Ballard, Duchefne, 1757, in-8°.*

Sans manier la plume, & fous un même point de vûë, l'on apperçoit les diverfes réfolutions de tout ce qui a rapport à la Multiplication, à la Divifion, & plus généralement à la Règle de trois, ou de Proportion Géométrique des nombres multipliés, précédées d'une manière induftrieufe de faire fubitement certains calculs, par la Méchanique des doigts. Cet Ouvrage eft utile & commode à tous Négocians, même aux perfonnes lettrées de diverfes manières, gens de pratique, &c. qui ont négligé de fe donner la facilité du Calcul. Le même Ouvrage, par tout ce qui vient enfuite, eft de plus très-intéreffant pour tous les Sçavans généralement.

Élémens d'Arithmétique, d'Algèbre & de Géométrie, avec une Introduction aux Sections Coniques. Par J. M. Mazeas, Profeffeur de Philofophie en l'Univerfité de Paris. *Le Mercier, 1758, in-8°.*

L'Arithmétique méthodique et démontrée ; avec un Traité des Changes étrangers, & Arbitrages opérés par la Règle conjointe ; par J. Cl. Ouvrier de Lile, Expert-Juré Écrivain à Paris ; dédié à M. de Sartine, Lieutenant Général de Police, &c. *Paris, Defaint, Saillant, Durand, Lottin, 1761, in-8°.*

L'Arithmétique de la Noblesse commerçante, ou

des Entretiens d'un Négociant, & d'un Jeune Gentilhomme sur l'*Arithmétique*, appliquée aux Affaires du Commerce, de Banque & de Finance ; par M. d'Autrepe, Ancien Syndic des Experts-Jurés Écrivains. *Paris, Durand, 1761, in-4°.*

L'Auteur a déja publié divers Ouvrages de ce genre ; il est important & utile qu'ils soient connus.

ÉCRITURE.

Origine de l'Écriture.

Ceux qui se laissent aller aux sentimens de la Cabale des Hébreux, assurent que l'*Écriture* est aussi ancienne que le monde ; & fondés sur ce passage des Pseaumes, *extendens cœlum sicut pellem ;* ils disent, que Dieu a étendu le Ciel comme une espèce de Parchemin ; sur lequel il a écrit avec des Caractères tout de feu, la destinée du Monde. Ces Caractères ne sont autres, selon eux, que les Astres & les Constellations qui forment les Lettres de l'Alphabèt des Anciens Hébreux ; comme Gaffaraël s'éfforce de le prouver dans son Livre des Curiosités inoüies, & par la raison, & par les figures.

Quoi qu'il en soit, l'Autorité de Joseph peut être d'assez grand poids, pour nous persuader qu'il y a eû des Lettres & de l'*Écriture* avant le Déluge ; puisqu'il assure que les Enfans de Sèth prévoyant que le Monde devoit périr par le Déluge, après lequel il en viendroit un nouveau, furent soigneux de laisser par écrit à la postérité (sur deux Colonnes qu'ils dressèrent, l'une de brique & l'autre de pierre, dont on voyoit encore des restes de son tems) ce qu'ils avoient appris d'Adam leur ayeul, tant de la Science des Astres, que des autres parties de la Philosophie naturelle.

Ces connoissances ayant été recueillies après le Déluge par

les enfans de Noé, elles parvinrent par la tradition avec des Lettres pour écrire jusqu'à leurs descendans, comme Abraham, Moyse, les Chaldéens & les Israëlites : & ceux-ci les enseignèrent après aux Grècs, dans le commerce qu'ils eurent avec eux, lorsqu'ils gémissoient en Égypte sous la servitude de Pharaon. Quelques-uns toutefois veulent qu'elles ayent été apportées de Phœnicie en Grèce par Cadmus, qui bâtit la Ville de Thèbes environ l'an du monde 2600. Et cent ans après, Janus les apporta de Grèce au pays des Latins ou des Aborigènes ; où il bâtit une Ville sur une colline au bord du Tibre, qu'il appella de son nom *Janiculum*. Saturne chassé de son pays par son fils Jupiter y étant abordé ensuite, Janus l'y reçut, & lui fit part du Gouvernement de son Royaume, en reconnoissance de ce qu'il avoit enseigné à ses Peuples l'Agriculture & les autres Arts. Il leur avoit sur-tout appris à faire de la Monnoye de cuivre, sur laquelle ils firent mettre leurs têtes adossées l'une contre l'autre, comme il paroît dans une monnoye de ce tems-là, dont les Lettres qui sont à l'entour sont en Grèc ; particulièrement le Δ & le Λ en cette sorte ΟΔ. *Odicela* : Pline a dit aussi que les Anciennes Lettres Grècques étoient semblables aux Romaines, comme on le justifioit par l'*Écriture* de la Table des Delphes, qui étoit gardée en la Bibliothèque du Temple de Minerve à Rome, où elle se voyoit encore de son tems.

Depuis Janus jusqu'à la fondation de Rome, il s'écoula environ 700 ans ; durant lesquels l'usage de la Monnoye marquée, qui s'appelloit *Pœcunia signata*, se perdit parmi les Peuples Latins ; de sorte qu'ils ne se servoient plus pour leur commerce, que du Cuivre en masse ou en poids, qu'ils appelloient *Æs grave*. Servius Tullius III, Roi des Romains, commença selon Pline, ou plutôt recommença de marquer la

Monnoye.

ÉCRITURE.

Monnoye. *Is primus signavit Æs.* Les figures les plus ordinaires qu'il y donna, furent ou les Têtes adossées de Janus & de Saturne, avec la proüe de Navire au revers ; ou celle d'un Bœuf, ou de quelqu'autre Animal : d'où ces pièces furent appellées *Pecunia à pecude ;* dont elles portoient la représentation.

L'An 485 de la Fondation de la Ville, après que les Romains eûrent subjugué plusieurs Nations, & qu'ils eûrent amassé une grande quantité d'argent de leurs dépouilles & des tributs qu'ils en reçevoient, ils commencèrent à fabriquer des espèces d'argent ; dont la première qui fut faite sous le Consulat de *Fabius Pictor*, porte ces Lettres assez bien formées EX. A. PU. qui signifient, *Ex Argento Publico.*

Plus on avançoit dans les tems, & plus les Arts se perfectionnoient dans la Ville de Rome ; jusqu'à ce qu'enfin au Siècle d'Auguste, qui suivit 240 ans après, on porta les Lettres & les Sçiences à leur dernière perfection : aussi n'y vit-on jamais un plus grand nombre d'habiles Ouvriers, ni de personnes véritablement sçavantes. L'on prit sur-tout un si grand soin sous ce règne heureux de la fabrication de la Monnoye, qu'on trouve des Médailles de plus de 60 Maîtres de la Monnoye sous Auguste, qui travailloient à l'envi l'un de l'autre pour faire des Ouvrages achevés. En effet, nous avons de si belles médailles de cet Empereur, avec des Caractères si nèts, si justes & si bien proportionnés ; qu'on n'a rien vû de mieux depuis ce siècle-là. Témoin celle de moyen bronze ; où on lit ces mots à l'entour de la tête DIVUS AUGUSTUS.

Mais comme c'est le propre de toutes les choses de ce monde de décheoir bientôt de leur perfection, après qu'elles y sont une fois parvenuës ; à peine ces belles Lettres eûrent-elles un siècle de durée, qu'on les vit déja dégénérer : ce qui se remarque assez sensiblement aux Médailles d'Alexandre Sévère, dont les Lettres font plus maigres, plus ferrées, & moins proportionnées.

A mesure qu'on descend dans le bas Empire, on trouve plus de corruption dans les Caractères des Médailles & des Inscriptions. Celles de Maximien & de Dioclétien sont encore plus mal formées & moins lisibles, que les précédentes. Celles des Justins & des Justiniens encore davantage : & enfin les Grècs & les Goths ayant mêlé leurs Lettres parmi les Romaines, lorsque les uns bâtirent la nouvelle Rome sous Constantin, & que les autres ruinèrent l'ancienne sous Honorius; leurs Médailles sont devenuës si difficiles à lire, qu'il y a grand sujèt d'admirer la patience & l'habileté du sçavant M. du Cange à les déchiffrer, pour les donner au Public comme il a fait.

Cette corruption de l'*Écriture*, ainsi que les Langues, qu'a produit le mélange des Nations, se remarque en France aussi-bien qu'ailleurs. Le P. Mabillon, qui a pris un très-grand soin de rechercher & de faire graver des Caractères de tous les siècles, ne nous en fait point voir de la première race de nos Rois, qui ne soient mêlés de Lettres Romaines & de Barbares. On en trouve même dans ces beaux Caractères Latins du Psautier de S. Germain, qui sont en argent sur le velin pourpré, dont l'usage étoit déja du tems que S. Jerôme a dit: *inficiuntur membranæ colore purpureo ; autem liquescit in litteras.* Et l'on voit des Lettres Gauloises avec des Romaines dans une Épitaphe de ces tems-là, trouvé dans un tombeau de pierre, auprès de l'Abbaye de S. Acheüil d'Amiens, qui a été envoyé à la Bibliothèque de Sainte Geneviève ; & qui se trouve gravé dans le Livre des Monnoyes de France par M. Boutereuë. Il est sans doute depuis le Christianisme, puisqu'on y voit une croix. D'un côté est le nom d'une femme, & de l'autre celui du mari en cette sorte, *Leudelinus*; dont toutes les Lettres sont

Romaines, hors L & S, qui font des Lettres barbares.

Après donc que ces beaux Caractères Romains eûrent été perdus, & entièrement corrompus durant quatre ou cinq siècles; ils commencèrent de revivre fous l'Empire de Charlemagne & de Louis le Débonnaire, comme on le remarque en leurs Monnoyes : & ils retrouvèrent enfin leur dernière perfection fous ce Floriffant Empire. Ceci fe juftifie par un Manufcrit de la Bibliothèque de Sainte Geneviève, qui eft un Livre des quatre Évangiles, écrit fur du velin en lettres d'or, environ le tems de Louis le Débonnaire, ou de Charles le Chauve. Le commencement de chaque Évangile eft en grandes Lettres capitales, qu'ils appelloient *Onciales*; à caufe qu'elles avoient une *Once* : c'eft-à-dire, un Pouce ou environ de hauteur. Elles font fi nettes, fi bien proportionnées, & fi femblables aux Caractères du tems d'Augufte & aux plus beaux de ce fiècle-là, qu'on eft furpris, & qu'on a peine d'abord à fe perfuader qu'ils foient fi anciens. Le commencement de l'Évangile de S. Luc eft figuré en ce Manufcrit de cette manière ; QUONIAM QUIDEM MULTI CONATI SUNT. Il y a encore un de ces Manufcrits en lettres d'or, en l'Abbaye de S. Médard de Soiffons, orné de très-belles miniatures ; & qui eft inconteftablement du tems de Louis le Débonnaire, qui en a fait préfent à cette Églife.

Ce renouvellement des Caractères du beau fiècle d'Augufte, dont on écrivit ces précieux Livres, ne dura pas long-tems : car les Guerres des Normands étant furvenuës en France au IXe & X^e fiècles, on vit renaître la première barbarie dans l'*Écriture*, auffi-bien que dans les autres Arts. Elle continua depuis durant plufieurs fiècles, enforte que pendant les X. XI. XII. XIII. & XIVe ; il n'y eut plus dans les Manufcrits que des *Écritures* Gothiques, fort éloignées & fort différentes des belles lettres qui étoient en usage sous le Règne des premiers Empereurs ; & qui sont les plus parfaites qui ayent jamais été, & le modèle de toutes les autres. Il est facile de reconnoître cette grande différence dans le livre *De Re Diplomaticâ* du P. Mabillon, qui en fournit des Exemples de tous ces siècles.

Environ l'an 1460, Guttemberg inventa, ou au moins apporta à Mayence, selon la plus commune opinion, l'Art d'imprimer les Livres avec des Caractères. Il les fit si semblables aux lettres qui étoient alors en usage en ce Pays-là, qui tiroient sur le Gothique, & imita si bien les Manuscrits ; que ceux qui n'avoient point de connoissance de cette nouvelle invention y furent trompés, comme on le fut en France par la Bible qu'on imprima à Mayence sur du velin en 1462. Les lettres ne furent pas néanmoins si Gothiques qu'elles le devinrent depuis, quand pour imprimer les Livres Latins, on commença de se servir des mêmes Caractères dont on imprimoit les Livres Allemands : & comme cette rare & curieuse invention nous vint premièrement en France de ces quartiers, il ne faut pas s'étonner si les plus anciennes Éditions de Livres, qui se trouvent avoir été faites en ce Royaume, sont en Lettres Gothiques.

Mais il n'en fut pas de même en Italie ; car les beaux Arts, comme la Peinture, la Sculpture, la Fabrique des Médailles, &c. ayant par un bonheur singulier commencé à se rétablir, environ l'an 1430, dans le bon goût de ces anciens siècles polis des Romains ; l'*Écriture* eut part aussi à cet avantage, & se ressentit de cette bonne fortune. La Médaille d'Alphonse Roi de Sicile, faite l'an 1440, par un Peintre appellé *Pisani* ou *Pisanelli* ; où l'on lit cette Inscription en beaux Caractères, DIVUS ALPHONSUS REX, en est une preuve convaincante.

ÉCRITURE.

En ce même tems du renouvellement des beaux Arts & du rétablissement de l'*Écriture*, on recommença d'*Écrire* des Livres en lettres rondes, qui ne tenoient rien du Gothique. On peut le voir par un Manuscrit *De Civitate Dei*, de Saint Augustin, qui est en la Bibliothèque de Sainte Geneviève, qui fut écrit en Italie l'an 1459, pour le Cardinal Philippe de Levi, Archevêque d'Arles. Comme donc la manière d'imprimer eut été trouvée à Mayence, environ l'an 1460, deux Compagnons Imprimeurs nommés Conrard Suveynheim, & Arnould Pannarts, après y avoir travaillé, crûrent faire fortune à Rome, en y apportant cette nouvelle découverte.

Ils y allèrent, & dressèrent une Imprimerie dans la maison de Pierre de Maximis, où ils furent d'abord loger. Ils y fondirent des Caractères semblables aux Lettres des Manuscrits qui avoient cours alors en Italie, tel qu'est celui de la Cité de Dieu; dont il vient d'être parlé, qui avoit été écrit en 1459. Un des premiers Livres qu'ils imprimèrent, fut le même de la Cité de Dieu en 1467, dont il y a un Exemplaire dans la Bibliothèque de Sainte Geneviève, qui a ses lettres semblables à celles du manuscrit. On lit à la fin de cet imprimé trois vers, qui conservent les noms de ces deux Ouvriers.

Ils imprimèrent encore à Rome en de pareils Caractères ronds, les Épîtres de Saint Jérôme en grand volume ; qu'ils dédièrent au Pape Paul II, qui tenoit alors le Saint Siège. Dans l'Épître Dédicatoire, l'on congratule ce Pape de ce que de son tems, l'Art d'Imprimerie avoit été apporté d'Allemagne à Rome. *Hoc est quod semper gloriosa & cœlo digna anima Nicolai Cullentis Cardinalis peroptabat, ut hæc sancta Ars quæ oriri tunc videbatur in Germaniâ, Romam deduceretur.* D'où l'on peut conclure deux choses. La première, que cet Art a été inventé en Allemagne, & non en Hollande ; & la seconde, que ç'a été environ l'An 1450; puisque le Cardinal de Cusa, dont il est fait ici mention, est mort en 1451.

On voit de même dans la Bibliothèque de Sainte Geneviève les vies des Hommes Illustres de Plutarque, en mêmes Caractères ronds, imprimées à Rome environ l'an 1480, par un nommé Uldaric le Coq; qui a mis à la fin de la Préface ces six vers, faisant allusion à son nom.

Anfer Tarpei custos Jovis unde quod alis
Constreperes ? Gallus, decidit ; ultor adest.
Udalricus Gallus, ne quam poscantur in usum,
Edocuit pennis non opus esse tuis.
Imprimit ille die quantum non scribitur anno.
Ingenio haud noceas, omnia vincit homo.

Ce fut donc ainsi que l'Art d'Imprimerie s'établit en Italie, & qu'on y introduisit l'usage des Caractères ronds : & c'est de-là qu'ils sont venus en France, où ils ont été apportés par *Jodocus Badius*. Cet illustre vint d'Italie en ce Royaume, environ l'an 1500; tant pour y enseigner le *Grec* à Paris, que pour y établir une fort belle Imprimerie, qu'il appella *Prælum ascensionum*; dans laquelle il donna au Public plusieurs bons livres en ces Caractères ronds, qui n'en avoient eu jusqu'alors que de Gothiques.

C'est au P. du Moulinet que nous devons cette petite *Histoire de l'Origine, du progrès, de la décadence & du rétablissement des Lettres Romaines*; justifiée comme l'on voit, par les seules Antiquités & Manuscrits de la Bibliothèque de Sainte Geneviève.

AUTEURS SUR L'ART D'ÉCRIRE.

TRAITÉ des Inscriptions en faux, & Reconnoissances d'Écritures & Signatures ; par J. Raveneau. *Paris, 1666, in-12.*

L'Auteur enseigne le moyen de discerner les Fausses *Écritures* d'avec les véritables, & y découvre les artifices dont les faussaires ont coûtume de se servir ; soit en imitant les caractères, soit en les contretirant, soit en enlevant l'*Écriture*, & en mettant d'autre à la place ; ou en collant adroitement plusieurs papiers ensemble, ou en ajoutant des mots & des lignes à l'*Écriture* véritable.

Il parle aussi de quelques autres choses assez Remarquables. Il dit qu'il a expérimenté, que ce qu'ont écrit quelques Auteurs touchant une certaine Encre qui disparoît avec le tems, n'est pas véritable ; & il croit que cette composition est impossible : mais il prétend qu'il se peut faire une autre espèce d'Encre fort noire & fort belle, qui s'enlève par écailles, lorsqu'on la lave avec de l'eau claire, & qui ne laisse aucune marque sur le papier. De plus, il enseigne le secrèt de faire revivre les *Écritures* qui sont tellement effacées ou par le tems, ou à force d'avoir été maniées, qu'on ne les sçauroit plus lire. Il dit qu'il n'y a qu'à broyer des noix de galles, les mettre infuser l'espace d'un jour dans une phiole pleine de vin blanc bien bouchée, & mise dans un lieu chaud ; & ensuite ayant fait distiller le tout au fourneau dans un alambic, frotter le papier avec l'eau qu'on en tirera.

Je rapporte ici cette composition, parce qu'elle peut être fort utile aux Sçavans pour déchiffrer les anciens Manuscrits, qui sont quelquefois si effacés, que sans ce secrèt, on n'y pourroit plus rien connoître. On peut tirer beaucoup d'utilité de ce livre.

L'ART D'ÉCRIRE, ou le moyen d'exceller en cet Art sans Maître ; par le Sieur Alais de Beaulieu. *Paris, 1681.*

La perfection de cet Art, consiste suivant cet Auteur en quatre choses ; sçavoir la Disposition, la Forme, la liaison, & l'Ordre. Il établit là-dessus des principes, il propose des maximes ; & il donne des observations & des avis fur ces quatre chefs : & comme il fait confifter la Difpofition à avoir le corps & la main en fituation pour former toute forte de traits de plume, que la Forme & la Liaifon dépendent des lignes courbes, droites, déliées & pleines, liées enfemble diverfement ; & qu'enfin l'Ordre veut la rectitude & la diftance des mots, des lignes, & des lettres. L'Auteur defcend jufqu'au détail des plus petites chofes qui regardent ces quatre points, & il le fait avec une grande éxactitude.

TACHÉOGRAPHIE, ou l'Art d'*Écrire* auffi vite qu'on parle ; par le S. C. Al. Ramfay, Gentilh. Efc. *Paris, 1681.*

La difficulté qui paroît d'abord à fe rendre familiers les Caractères fous lefquels cet Auteur renferme l'ufage de l'Art *Tachéographique*, a rebuté bien des gens qui ne font peut-être pas affez de réfléxion ; *que toutes les chofes coûtent dans leur commencement.*

Quoi qu'il en foit, nous devons toujours beaucoup à cet obligeant Étranger, qui a voulu enrichir notre Langue d'une méthode qui feroit fans doute extrêmement utile à toute forte de gens de Lettres.

NOUVELLE Manière d'*Écrire*, comme on parle en France. *Paris, Jean-Baptifte Lamefle, 1713., in-12.*

ŒUVRES de Bernard Ramazzini, Premier Profeffeur de Médecine pratique, dans l'Univerfité de Padouë. *A Genève, aux dépens de Cramer & Perrachon, 1616 ; Vol. in-4°.*

L'Auteur remarque trois caufes, qui rendent fujèts à des infirmités les *Écrivains* & les copiftes : la première, eft la fituation de leur corps perpétuellement fixé dans une chaife ; la deuxième, le mouvement toujours uniforme de la main ; & la troifième, l'attention continuelle de la vûë, avec le panchement perpétuel de la tête. Le commun du monde ne croit pas, que d'être toujours affis dans un fiège commode puiffe être une caufe de maladie : mais notre Auteur fait voir que cette fituation eft des plus dangereufes à la Santé ; & les remarques qu'il communique fur ce fujèt, peuvent être d'une grande utilité à bien des Dames, qui menant une vie de repos, en paffant prefque toute la journée

nées dans des fauteuils, soit à jouer, soit à travailler en tapisserie, soit à s'entretenir avec les personnes qui sont auprès d'elles, s'imaginent ne pouvoir rien faire de mieux pour se bien porter.

Entre les viscères qui sont dans le corps humain, il y en a trois principaux, dont il est absolument nécessaire pour la Santé, que les fonctions se fassent parfaitement : ces viscères sont l'Estomac, le Foye, & la Rate ; ils ne sçauroient faire leurs fonctions comme il faut, s'ils ne sont à l'aise, & s'ils sont gênés par quelque cause que ce puisse être. Or, si l'on fait attention à la place qu'ils occupent, & à leur structure ; on reconnoîtra que le corps étant plié lorsque l'on est assis, presse ces trois viscères, & les empêche par conséquent de faire librement leurs fonctions ; de-là des foiblesses d'estomac, des obstructions de foye & de rate, & un trouble général dans l'Économie du corps. Aussi remarque-t-on qu'il n'y a pas de gens qui se portent moins bien, que ceux qui mènent une vie sédentaire ; parce qu'outre qu'ils sont privés des grands avantages que procure l'éxercice, ils sont presque toujours assis.

On ne sçauroit trop avertir ici les Médecins de prendre garde que leurs malades, quand ils commençent à guérir & à se lever, ne demeurent point trop long-tems assis, sur-tout dans des sièges bas ; rien n'étant plus capable de déranger la digestion des alimens qu'ils commençent à prendre alors, & d'empêcher les sucs qui sont portés au Foye & à la Rate de se filtrer comme il faut. La deuxième cause qui est le mouvement toujours uniforme de la main, fait faire aux tendons & aux muscles de la main, une tension tonique, qui engourdit à la fin l'organe, & lui ôte peu-à-peu sa force.

Monsieur Ramazzini rapporte ici l'éxemple d'un Scribe qui vit encore, lequel à force d'écrire étant devenu paralytique de la main droite, s'est mis à écrire de la main gauche, qui quelque tems après est devenuë par ce continuel éxercice, aussi immobile que l'autre.

La troisième cause, sçavoir l'application persévérante des yeux, avec le panchement continuel de la tête, relâchant à la longue, les nerfs & les fibres du cerveau, produit des maux de tête, des fluxions sur les yeux, des catharres, &c ; maladies qui attaquent sur-tout ceux qui tiennent les Livres chez les Marchands : mais principalement encore les Sécrétaires des grands Seigneurs. La raison qui rend ces derniers plus sujèts à tous ces maux, c'est, dit M. Ramazzini, que leur esprit est pour ainsi dire toujours à la torture ; non-seulement par le grand nombre de lettres qu'ils ont à écrire, mais par le soin extrême qu'il faut qu'ils apportent pour suivre exactement la pensée du Prince dont ils écrivent les volontés.

Quels remèdes peut-on trouver, soit pour prévenir, soit pour guérir les incommodités que traînent après eux les assujettissements d'une profession si pénible ? Il y en a plusieurs, répond M. Ramazzini : premièrement, dit-il, pour éloigner ou pour réparer le tort que fait ordinairement la vie sédentaire, on aura recours à quelque exercice modéré : secondement, on employera les frictions, mais avec mesure ; ce remède, ainsi que le remarque Celse après Hipocrate, produisant des effets contraires, selon qu'il est administré. La Friction douce le ramollit, & favorise la Transpiration, celle-ci lorsqu'elle est trop souvent réitérée, l'énerve, & l'affoiblit ; & lorsqu'elle l'est trop peu, elle ne sert qu'à faire des engagemens entre chair & cuir. Les Purgatifs seront aussi d'usage, & il est bon de les employer dès que l'on apperçoit quelques signes d'obstructions dans les viscères. Quant à l'engourdissement du bras & de la main, il faudra pour le prévenir ou pour y remédier, les frotter avec un peu d'huile d'amandes douces, où l'on aura mêlé quelques gouttes d'eau-de-vie. Pour ce qui regarde la tête, les sels volatils céphaliques seront favorables, tels que l'esprit de sel ammoniac, dont la seule odeur est capable de dissiper l'engourdissement. Les médicamens propres à purger la tête sont encore ici fort recommandés par l'Auteur, & entr'autres les Pilules de *Jean Craton* prises de tems en tems, les masticatoires, les sternutatoires. On évitera tous les alimens capables de resserrer ; & si nonobstant cette précaution, le ventre est trop paresseux, M. Ramazzini conseille d'en procurer la liberté par quelques lavemens doux ; rien en général n'étant plus contraire à la parfaite santé, que le trop grand resserrement : la paresse du ventre, dit Hypocrate, mèt le désordre dans tout le corps, elle remplit les vaisseaux, & débilite le cerveau.

Nous voudrions pouvoir donner l'extrait des autres Articles : mais on peut connoître par celui-ci que nous venons de rapporter, la Méthode que suit l'Auteur dans tout le reste du Traité, dont nous ne sçaurions trop recommander la lecture aux Médecins.

TRAITÉ des *Encres*, de toutes sortes d'espèces ; Par Pierre-Marie Camparius. *A Roterdam, aux dépens de Gaspard Fritsch, 1718, Vol. in-4°.*

L'Auteur divise les *Encres* en trois genres ; sçavoir, l'*Encre* métallique, l'*Encre* à noircir les cuirs, & l'*Encre* à imprimer & à Écrire. L'*Encre* métallique est de trois sortes ; sçavoir le *Misy*, le *Chalcitis* ou Vitriol Rouge, & le *Sory* ; nous passons tout ce que l'Auteur dit sur ce sujet, un Volume entier ne suffiroit pas pour en faire le détail.

Pour ce qui est de l'*Encre* à noircir les cuirs, lequel est appellé *Atramentum Sutorium* ; l'Auteur à cette occasion traite de tant de matières différentes, que nous nous croyons également dispensés de les rapporter.

Quant à l'*Encre* à imprimer & à *Écrire*, on trouve là-dessus un grand nombre de recherches ; on voit ; 1°. quelle est la nécessité de ces *Encres*, & leur origine. 2°. Leurs différences. 3°. Quelle étoit l'*Encre* des Anciens. 4°. De quelle *Encre* on se sert pour écrire sur le cuivre, sur le marbre. 5°. Différens moyens de faire de l'*Encre* pour Écrire, entre lesquels on trouve la manière de faire une *Encre* sèche, qui se peut porter en voyage, & qu'on délaye sur le champ avec de l'eau.

L'Auteur enseigne ici divers secrèts pour empêcher l'*Encre* de geler, pour rappeller l'*Écriture* que le tems a presque fait disparoître, pour effaçer l'*Encre* de dessus le papier, pour *Écrire* sur le blanc d'un œuf sans casser l'œuf ; ensorte que l'œuf étant durci dans l'eau bouillante, on voye en levant la coquille, les caractères marqués sur le blanc de l'œuf : pour faire venir des pêches, & autres fruits à noyau, qui ayent des Lettres marquées sur l'amende renfermée dans le noyau. Pour tracer sur la peau du corps des Caractères qui ne s'effaçent jamais d'eux-mêmes : pour effaçer ces mêmes Caractères : pour *Écrire* en blanc sur un papier noir. Pour faire des *Encres* de toutes sortes de Couleurs, vertes, bleues, jaunes, ou violettes, purpurine, &c. A l'occasion de l'*Encre* purpurine, on donne ici un chapitre entier sur la Pourpre des Anciens, & sur celles des Modernes ; après quoi on vient à une infinité de recherches étrangères au sujet de ce Livre, & qu'il ne nous est pas possible de détailler.

RÉFLÈXIONS sur les Principes Généraux de l'Art d'*Écrire*, & en particulier sur les Fondemens de l'*Écriture* Chinoise.

Mémoire de M. *Fréret*.

Comme cette Pièce très-philosophiquement écrite, est digne de la curiosité des Lecteurs de ce goût, & mérite d'être lûë en entier; nous nous contenterons d'en donner ici une courte, mais éxacte analyse, qui sans nous jetter dans une excessive longueur, expose au Public les principaux chefs sur qui roule cette Dissertation.

L'Académicien définit d'abord L'ÉCRITURE *l'Art de communiquer aux autres hommes ses pensées & ses sentimens, par le secours de certains Signes sensibles à la vûë, & tracés sur un corps solide*. Or, comme nos pensées, selon lui, ne sont autre chose que la perception des objèts extérieurs, de leurs rapports mutuels, & de leurs impressions sur nous ; il trouve que la manière la plus naturelle de nous rappeller ces perceptions, seroit de mettre sous nos yeux sinon les objèts mêmes, du moins leurs images ou peintures. C'est précisément en quoi consistoit l'*Écriture* des Méxicains avant la conquête des Espagnols ; & telle est encore à présent celle des Sauvages du Canada. Il nous reste de cette *Écriture* deux morçeaux indiqués par M. Fréret, qui en fait aisément sentir les inconvéniens. Ce fut pour y remédier, que les Nations studieuses eurent recours à deux autres sortes de Caractères ou *Signes*. Les premiers, qui exprimoient symboliquement les objèts, furent des représentations des êtres naturels ou de leurs parties ; les seconds furent de simples traits ou figures arbitraires, & sans autre rapport avec les choses désignées, que celui d'institution : & tels sont les Chiffres Indiens ou Arabes, d'un usage presqu'universel, comme chacun sçait : tel étoit encore le *Caractère réel*, ou le *Langage Philosophique*, imaginé par l'Anglois *Wilkins*, Évêque de Chester ; & dont feu M. *Leibnitz* avoit, dit-on, eu l'idée. L'Académicien regarde les Égyptiens & les Chinois comme presque les seules Nations de notre continent, qui ayent mis en œuvre cette *Écriture* représentative des choses même ; & il conjecture, qu'on pourroit peut-être leur associer les Lapons & les Finlandois à certains égards.

Les Sauvages de l'Amérique, observe l'Académicien, pour peindre

SUR L'ÉCRITURE.

leurs pensées aux yeux, semblent n'avoir employé que l'*Écriture* représentative des idées, sans aucun rapport au Langage; au lieu que la plûpart des Peuples de notre Continent se sont efforcés de peindre la parole par des Caractères qui en fussent uniquement des *Signes*; mais l'uniformité de leurs vûes sur ce point n'a pas empêché, qu'ils ne suivissent des routes différentes pour arriver au même but.

Les uns, pour exprimer les Sons d'une Langue, variable dans la prononçiation des voyelles, & plus fixée dans celles des consonnes, n'instituèrent des Signes ou *Caractères* que pour celles-ci; & telle fut apparemment (dit l'Auteur) l'*Écriture* des Phéniciens, des Chaldéens, des Hébreux, des Syriens, des Arabes, des Persans, &c. tous Peuples qui ne parloient que différens Dialectes d'une même Langue; & chez qui les points destinés à représenter les voyelles n'ont été introduits que fort tard; & seulement (dit M. Fréret) lorsque ces Dialectes ou Langues ont cessé d'être vivantes, ou lorsque les migrations des Peuples qui les parloient, mirent dans la nécessité d'en fixer la prononçiation.

Les autres, qui inventèrent l'*Écriture* des Langues où la prononçiation des voyelles se trouvoit aussi invariable que celle des consonnes, instituèrent des Caractères pour ces divers sons, en s'y prenant de deux manières.

Les premiers observant que pour être prononcées, les consonnes avoient toujours besoin d'une voyelle ou distincte ou muette, crurent devoir unir dans l'*Écriture*, ce qui l'étoit déja dans la prononçiation; de sorte qu'ils inventèrent des caractères différens, non-seulement pour chacune des voyelles & des consonnes; mais pour exprimer l'union de ces derniers avec les différentes voyelles, ce qui multiplia extrêmement le nombre des Caractères. Tels sont ceux des Éthiopiens ou Abyssins, jusques au nombre de 200. Ceux des Peuples du Malabar, de Bengale, de Boutan, des deux Thibèts, de l'Isle de Ceylan, de Siam, de Java, &c.

Les seconds, pour éviter l'embarras inséparable de cette multiplicité des Caractères, se bornèrent à n'en établir qu'autant qu'il en falloit pour exprimer séparément, avec plus ou moins d'éxactitude, les voyelles & les consonnes; & de ce genre sont ceux des Grècs, des

Latins ou Romains ; les Caractères Runiques, ou des anciens Peuples de la Scandinavie ; ceux des Géorgiens, des Arméniens, de quelques Nations Efclavones, &c.

L'Académicien, au fujèt de l'Alphabèt Grèc, ne paroît guères perfuadé qu'il doive fon établiffement aux Phéniciens, comme ont effayé de le prouver plufieurs Sçavans du dernier fiècle. Il feroit fort tenté de lui donner une origine toute différente, en le faifant venir de l'Ancien Alphabèt Runique, affez conforme à l'Ancien Alphabèt Grèc pour le nombre, l'ordre & la valeur des Caractères, qui en ce cas-là pourroient bien être les Anciennes Lettres Pélafgiennes dont parle Hérodote, plus anciennes que celles de Cadmus.

L'*Écriture* des Tartares Orientaux, aujourd'hui maîtres de la Chine, eft d'un genre fort fingulier. Ils écrivent de haut en bas, & de la droite à la gauche, comme les Chinois, en féparant totalement leurs mots ; dont les traits liés les uns aux autres ne paroiffent former qu'un feul Caractère, à la façon des Chinois ; pendant qu'ils ne font réellement que l'affemblage de plufieurs Lettres, qui ont chacune leur valeur comme les nôtres, & par-là reffemblent fort aux Caractères de l'*Écriture* courante de divers Orientaux.

Voilà (felon M. Fréret) toutes les efpèces d'*Écritures* effentiellement différentes, qui nous foient connuës. Car pour l'arrangement des Lettres, il le regarde comme purement accidentel ; les uns les ayant difpofées perpendiculairement de haut en bas, comme les Chinois, les Japonois, les Tartares Orientaux, les naturels des Ifles Philippines, les anciens Éthiopiens, &c. les autres les ayant rangées horizontalement, foit de la gauche à la droite, (ce qui paroît le plus naturel & le plus commun) comme les Abyffins, les Brahmines, les Malabares, les Ceylanois modernes, les Javanois, les Siamois, les anciens habitans du Thibèt & de la Germanie, les Géorgiens, les Arméniens, les Grècs, & tous les Peuples qui en ont emprunté l'Alphabèt, tels que les Latins, les Cophtes, les Efclavons, les Goths, les Allemands, & prefque tous les Européens : foit de la droite à la gauche, comme les anciens Égyptiens, les Phéniciens, les Hébreux, les Chaldéens, les Syriens, les Arabes, les Perfans, les Turcs, auxquels l'Académicien joint les anciens Huns fujèts d'Attila, defquels on trouve encore au-

SUR L'ÉCRITURE. cxxvij

jourd'hui les reftes, fous le nom de *Zikules*, dans un coin de la Tranfylvanie, comme l'ont obfervé *Molnar* & *Hikkes*, qui en a publié l'Alphabèt compofé de 34 Lettres, rangées de la droite à la gauche, & ne reffemblant à nul Alphabet connu.

De cette expofition générale des différens Syftêmes d'*Écriture*, Monfieur Fréret revient à celle des Chinois en particulier, & ne les quitte plus dans tout le refte de fon Mémoire. Leur *Écriture*, comme on l'a déja dit, n'eft compofée que de Signes repréfentatifs de chofes ou d'idées, avec lefquelles ils n'ont qu'un rapport arbitraire; & femble avoir été inventée pour des muëts, qui n'auroient aucune notion de la parole. On peut comparer les Caractères de cette *Écriture* à ceux de nos Chiffres numéraux, à nos Signes Algébriques, Aftronomiques, Chymiques, &c. entendus de toutes les Nations qui les connoiffent, quoique parlant des Langues différentes. Il en eft de même des Caractères Chinois. Quant à leur nombre prodigieux, il ne doit effrayer perfonne par rapport à la difficulté d'en connoître la valeur. Elle n'eft pas plus infurmontable (cette difficulté) que celle d'apprendre à fond les Langues mortes, telles que la Grècque, ou la Latine; & d'y joindre encore la connoiffance de plufieurs vulgaires; ce qui eft très-commun. On trouve cet avantage dans l'Étude des Caractères Chinois, qu'elle donne des idées nettes & diftinctes de toutes les chofes qu'ils défignent; en quoi cette *Écriture* approche fort de celle d'une Langue Philofophique.

L'Académicien, enfuite, nous entretient fort au long des premiers traits qui forment ces Caractères, de ceux d'entr'eux qui font regardés comme les Racines ou les chefs de tous les autres; & dont la connoiffance éxacte, conduit à celle de tous ceux qui en font compofés.

M. Fréret s'engage après cela dans un Récit Hiftorique touchant l'Origine & les progrès de l'*Écriture* & de la Littérature Chinoife, dans laquelle il comprend les différentes Sectes des Philofophes de ce Pays-là. Il obferve qu'avant *Fohi*, Fondateur de cette Monarchie, on confervoit la mémoire des Évènements par des cordelettes noüées, & diverfement colorées, au défaut d'autre *Écriture*; & telle étoit celle des Péruviens dans l'Amérique, comme l'atteftent les Écrivains Efpagnols. Ce fut *Fohi*, qui à ces cordes noüées, & différemment combinées, fit le premier fuccéder des Caractères compofés de plufieurs lignes; & il refte encore aujourd'hui quelques fragments d'un Ouvrage de *Fohi* écrit en ces Caractères, fous le titre de *Je-Kin*, c'eft-à-dire, le *Livre des Mutations ou Productions*; Livre aujourd'hui abfolument inintelligible. L'*Écriture* Chinoife fe perfectionna de fiècle en fiècle, fous les fucceffeurs de *Fohi*, par la multiplication & la variation des Caractères; & l'Académicien nous parle ici de divers Ouvrages écrits 2800 ans avant Jefus-Chrift, auquel tems cette *Écriture* atteignit à fa plus grande perfection.

Alors s'élevèrent à la Chine différentes Sectes de Philofophes. La première nommée *Jauh*, regardoit l'amour propre & l'intérêt perfonnel, comme l'unique règle de nos actions: la feconde, appellée *Mé*, donnant dans l'extrémité oppofée, enfeignoit la charité univerfelle, & la deftruction totale de l'amour propre. *Confucius* né l'an 550 avant J. C. prit un milieu entre ces deux extrémités; & c'eft-là le fujet de fon Ouvrage intitulé *Tchon-Yon*, c'eft-à-dire, *le Milieu Raifonnable*, ou l'accord de l'amour propre avec la charité univerfelle.

On peut voir dans le Mémoire même de M. Fréret, un détail des principaux points de la Doctrine de ce Philofophe & de fes Sectateurs, jufqu'à l'Empereur *Chi-Hoan-Ti*, qui vers l'an 230 avant Jefus-Chrift, entreprit de bâtir la fameufe muraille, & de détruire tous les Livres, qui ne traitoient ni de Médecine, ni d'Aftrologie, ni de Divination.

Les brèches qu'une pareille Tyrannie avoit fait dans la Littérature Chinoife, furent en quelque forte réparées fous les fucceffeurs de ce Prince; de manière que les Lettres y fleurirent de nouveau 140 ans avant J. C.; & ce fut alors qu'on inventa plufieurs Caractères, pour remplacer ceux qui s'étoient perdus pendant la perfécution des Lettres. Mais comme on accéléra ce remplacement outre mefure, & fans l'avoir concerté affez à loifir par une comparaifon fcrupuleufe des nouveaux Caractères avec les anciens; cela en introduifit dans l'*Écriture* quantité de bizarres, & qui s'éloignoient de l'Analogie naturelle. D'ailleurs cette Langue, ainfi que les langues prononcées, s'écartant peu-à-peu de fa première fimplicité, employa les Métaphores & les autres Figures les plus hardies, ce qui jetta dans les Caractères de l'*Écriture* beaucoup d'irrégularité; & par une fuite néceffaire, beaucoup de

difficulté

difficulté à en démêler l'Origine & la véritable fignification.

L'Académicien indique ici différentes fources de cette obfcurité; obfervant de plus que l'*Écriture* Chinoife n'eft pas une Langue Philofophique, qui ne laiffe rien à fouhaiter. Une pareille Langue pour être conftruite régulièrement, auroit befoin du fecours d'un Syftême complèt de Philofophie, que les Chinois n'ont jamais eu: du moins, dit M. Fréret, leurs idées font-elles diamétralement oppofées à ce que nos Philofophes regardent comme des premiers principes & des Maximes d'éternelle Vérité en fait de Morale & de Métaphyfique; ainfi que chacun peût s'en convaincre, en confultant la verfion latine des Livres de Confucius & de fes Commentateurs; auffi-bien que les divers Ouvrages des Miffionnaires au fujèt du culte rendu à Confucius & aux morts; fur-tout, celui du P. *Longobardi* Jéfuite, comme le plus inftructif. C'eft donc d'après ces Auteurs que l'Académicien, en finiffant, nous donne une efquiffe du Syftême Philofophique des Chinois; & c'eft fur quoi, pour abréger, nous croyons devoir renvoyer à fon Mémoire même. *Mémoires de l'Académie.*

Extrait d'une Differtation de M. le Chevalier Jean Clerk, fur les Plumes ou Styles des Anciens, & fur les différentes efpèces de Papier.

Quelques Inftrumens antiques de cuivre trouvés en Écoffe auprès de la muraille d'Antonin le Pieux, nommé préfentement *Graham, Dyke*, ou Chauffée de *Graham*, ont donné lieu à cette Differtation. Avant que les Plumes d'oifeaux fuffent en ufage, les Anciens fe fervoient pour écrire d'inftrumens qu'ils appelloient *Stilus* ou *Graphium*. Le *Style* étoit d'or, d'argent, de cuivre, de fèr ou d'os. Il étoit pointu par un côté, large & applati par l'autre; le premier fervoit à former les lettres, le fecond à les éffacer. Les Anciens employoient quelquefois les *Styles* de fèr, à un ufage bien différent de celui auquel ils étoient deftinés; ils s'en fervoient comme d'une Dague. L'Auteur cite à ce fujèt deux paffages de Suétone, l'un où cet Auteur dit, que Jules Céfar bleffa Caffius au bras, *Graphio*; l'autre, où le même Hiftorien rapporte que Caligula avoit accoutumé de faire affaffiner, *Graphiis*, fes ennemis quand ils alloient au Sénat. Il paroît par un paffage de Prudence, que le Martyr Caffien fut tué par fes Écoliers avec des *Styles* de fèr.

Les *Styles* dont les Anciens fe fervoient pour écrire, ont donné lieu à l'expreffion figurée qu'un Auteur a un *Style* bas ou fublime, bon ou mauvais; ufitée dans prefque toutes les Langues qu'on parle à préfent.

A l'égard du *Papier*, il y en avoit de différentes efpèces. Il étoit fait d'Écorces d'arbres, ou de Peaux d'animaux. Le premier de tous a été fait de l'Écorce intérieure des arbres, & fe nommoit en latin *Liber*, qui employé du propre au figuré, a enfuite fignifié un *Ouvrage*: les Grècs nommoient leur *Papier* Βύβλος, & leurs Livres Βίβλοι. Ils le faifoient fuivant Pline avec une Plante qui avoit plufieurs enveloppes, que l'on féparoit l'une de l'autre avec une aiguille, & que l'on colloit enfuite afin de leur donner de la confiftance.

La Papetrie la plus célèbre étoit à Aléxandrie. On connoît encore dans les Bibliothèques quelques fragmens de cette efpèce de *Papier*, & entr'autres le fameux Manufcrit de l'Évangile de S. Marc à Venife.

Un autre *Papier* (*Chartæ Membranaceæ*) étoit fait de Peaux d'animaux apprêtées de la même manière, que l'eft aujourd'hui notre peau de gand; ou préparées comme notre parchemin.

Les Juifs fe fervoient ordinairement de la première efpèce pour écrire leur Loi, c'eft du roulement de ces Peaux qu'eft venu le mot *Volumen*.

Varron & Pline rapportent, qu'Euménès avoit le premier imaginé d'écrire fur des Peaux, au défaut du *Papyrus* des Égyptiens, que Ptolomée avoit fait défenfe de laiffer fortir de fes États; mais notre Auteur ne convient pas avec eux de ce fait. Nous fçavons, dit-il, par Hérodote qui vivoit long-tems avant ce tems-là, que les Ioniens & d'autres Nations écrivoient fur des Peaux de chèvre & de mouton. L'Hiftorien Jofeph rapporte auffi, que les Juifs avoient préfenté à Ptolomée leur Loi écrite en lettres d'or fur des Peaux; ce qui prouve que l'Écriture fur des Peaux n'étoit point dans ce tems-là une chofe nouvelle chez les Juifs.

On écrivoit encore fur des tables enduites de cire appellées *Pugillares*. Elles étoient auffi quelquefois d'or, d'argent, de cuivre; pour lors il falloit néceffairement un *Style* de fèr pour y graver les lettres.

Il y a eu enfuite, mais bien moins anciennement, des *Chartæ linteæ & Bombycinæ*, qui étoient de toile ou de coton; & c'eft à elles que nous devons l'invention du papier fait de drapeaux de linge, qui a environ 600 ans.

Les Anciens peignoient leurs lettres avec des liqueurs différentes, mais le plus fouvent noires; d'où eft venu le mot *Atramentum* chez les Latins, pour fignifier de l'*Encre*.

Les titres des Chapitres & Sections étoient écrits en lettres rouges, ou couleur de pourpre; c'eft pourquoi les titres des Loix Romaines fe nommoient *Rubricæ*. *Journal des Sçavants*.

SECOURS POUR L'ART D'ÉCRIRE avec vîteffe, confiftant en un Alphabèt inventé principalement dans cette vûë, aifé à apprendre, & afforti dans fes Élémens à plufieurs différentes prononçiations, ou articulations de la Langue Angloîfe; avec autant d'éxactitude, particulièrement dans les confonnes, que l'Auteur a pû en apporter, conformément à la vîteffe d'écrire, & à la facilité d'apprendre.

On ajoûte les Règles & les moyens de joindre les Lettres, & d'abréger les mots; dont plufieurs peuvent être pratiqués pour un autre Alphabèt, & fur-tout pour celui qui a été trouvé par l'Auteur. On ajoûte encore un *Appendix*, contenant des Caractères & des inftructions pour l'ufage d'une fpacieufe planche de voyelles, où l'on a encore obfervé une rigoureufe éxactitude; par *Will. Tiffin*, Chapelain de l'Hôpital de *Wigfton*, à *Leicefter*.

LETTRES A M. DE ***, fur l'Art d'*Écrire*; où l'on voit les divers inconvéniens d'une *Écriture* trop négligée, & où il eft traité de plufieurs objèts relatifs à cet Art; Par L. P. Vallain, Écrivain Juré-Expert. *Paris, Lottin, 1760, in-12.*

Ce Volume eft compofé de quatorze Lettres, dans lefquelles l'Auteur éxamine différens objèts relatifs à l'Art de l'*Écriture*. Il indique l'établissement des Maîtres en Communauté, qu'il fixe au Règne de Charles IX ; avant ce Prince l'*Écriture* étoit assez négligée. Des faussaires ayant contrefait sa signature, on assembla les plus habiles Écrivains pour distinguer la véritable signature, d'avec celle qui étoit fausse ; ensuite on érigea en Corps ces Écrivains, dont on venoit d'éprouver l'utilité ; & on les honora du titre de Secrétaires de la Chambre. En 1632 le Parlement rendit un Arrêt, par lequel il fut ordonné que les Maîtres conviendroient entr'eux des Caractères & formulaires, sur lesquels seroit enseigné l'Art d'*Écrire*, tant en Lettres Françoises qu'en Lettres Italiennes ; en conséquence on déposa à la Cour un exemplaire de ces Lettres.

De-là l'Auteur passe à l'éxamen du tems où l'*Écriture* a été plus florissante ; il se plaint qu'elle est aujourd'hui trop négligée. Il indique les causes de sa décadence ; qu'il attribuë 1°. à ce qu'on ne recherche plus dans les Bureaux des gens habiles. 2°. A ce qu'une infinité de personnes ont la liberté d'enseigner. Il fait voir les inconvéniens qui résultent d'une *Écriture* si négligée dans les études des Notaires, des Procureurs, &c. les conséquences dangereuses par rapport aux vérifications. Il éxamine ensuite quelles sont les qualités que doit avoir un bon Expèrt ; la principale est qu'il doit avoir une parfaite connoissance de l'Art d'*Écrire* ; c'est-à-dire, posséder ce talent par principe & par méthode ; sçavoir, montrer la position de la main, son action, celle des doigts, la fléxion & l'extension de leurs muscles.

L'Auteur s'arrête ensuite sur l'Utilité de l'*Écriture*, sur ce qui en constitue la beauté ; & à cette occasion il fait l'éloge de MM. Sauvage & Rossignol. Dans une autre Lettre, il parle des Caractères de Ronde, de Bâtarde, & de Coulée. Il dit que la *Ronde* est l'*Écriture Françoise* ; il ajoûte, qu'on croit qu'elle nous vient des Hollandois, qui dès le commencement du seizième siècle, en écrivoient bien plusieurs Caractères, entr'autres une Ronde beaucoup plus parfaite que celle de ce tems. L'Italienne, appellée communément l'*Écriture bâtarde*, est plus légère & plus gracieuse ; elle nous vient d'Italie. La *Coulée* est la Ronde un peu plus longue & couchée.

Dans les dernières Lettres, l'Auteur éxamine si l'Art de l'*Écriture* peut être libre, ou plutôt éxercé librement par toutes sortes de personnes, les Maîtres restant en Communauté; il fait voir l'utilité des Ouvrages que les Habiles Maîtres font graver, & termine ses réfléxions en établissant que l'*Écriture* n'est pas seulement utile, mais encore agréable; & qu'elle a eu ses Amateurs & ses Protecteurs, même dans l'Antiquité. *Journal de Trévoux.*

Dissertation sur l'Art de faire le Papier.

La Nature offre une multitude de substances sur lesquelles on peut Écrire, & qui ont tenu lieu de Papier dans différens tems, & chez différens Peuples du monde. On a employé successivement des feuilles de Palmier, des Tablettes de cire, d'yvoire & de plomb, des toiles de lin & de coton, les intestins ou la peau de différens animaux, & l'écorce intérieure des plantes; mais la perfection de l'Art, comme l'observe judicieusement l'illustre Académicien, consistoit à trouver une matière très-commune, & dont la préparation fût très-aisée : tel est assurément le Papier dont nous nous servons. Pouvoit-on concevoir quelques substances plus communes, que les débris de nos vêtemens, des linges usés, incapables d'ailleurs de servir au moindre usage, & dont la quantité se renouvelle tous les jours ? Pouvoit-on imaginer un travail plus simple, que quelques heures de Trituration par le moyen des Moulins ? On est surpris, ajoûte M. De la Lande, en observant que ce travail est si prompt, que cinq Ouvriers dans un Moulin pourroient aisément fournir tout le Papier nécessaire au travail continu de trois mille Copistes. L'Auteur, après avoir parlé du Papier dont se servoient les Romains, du bombicin, de celui qui étoit fait avec le coton, commence la fabrication de notre Papier.

Tous les Chiffons ou *paites* étant ramassés en un tas, se lessivent; ensuite ils passent entre les mains des *Délisseuses* ou *Guillères*: ce sont des femmes employées à ratisser, & à trier les différentes qualités de Chiffons; elles sont rangées dans une grande salle destinée à ce travail, ayant devant elles une grande caisse partagée en trois *Casseaux*, pour y mettre les trois sortes de Chiffons qu'elles doivent distinguer; *les Fins*, *les Moyens*, *les Grossiers* ou *Bulles*. Ce travail est représenté fort au long dans des figures; & l'Auteur ajoûte des réfléxions Économiques, qui jettent beaucoup d'intérêt dans les détails sur lesquels il est obligé de s'étendre.

Les Chiffons triés, on les fait pourrir ou fermenter dans une grande cuve de pierre de taille deſtinée à cet effet ; & ce travail demande bien des attentions décrites auſſi par notre Auteur. La Fermentation ou le *Pourriſſage* rend le Papier uni, callier, doux, & lui donne du poids ; ſi elle eſt arrêtée trop tôt, le Papier en devient crud, dur, léger, fort, mais éxige plus de tems pour être travaillé ; c'eſt une matière *Sauvage*, ſuivant le langage des Ouvriers. La *Mouillée*, ou, ce qui eſt la même choſe, les Chiffons pourris & fermentés comme il convient, ſe portent au *Dérompoir* ou à la *Faulx*. L'Opération du Dérompoir ou du Coupoir, eſt néceſſaire pour abréger ou faciliter l'opération du moulin ; des lambeaux qui auroient une certaine longueur, ne pourroient être dépeçés & déchirés qu'avec peine ; ils pourroient ſe loger entre les cloux des maillèts, ou dans les coins des piles, & échapper ainſi à l'action des pilons.

Le Chiffon étant pourri, & *dérompu* par le moyen de la Faulx, ſe porte dans des bacs ; ce ſont de grandes auges de pierre ou de bois, dans leſquelles on établit un courant d'eau claire. Un Ouvrier remue & agite le Chiffon dans ces bacs pour le bien laver.

Les Chiffons ainſi préparés par la fermentation, par la Faulx, & par le lavage, ſont en état d'être broyés, triturés, & réduits en une pâte claire, par le moyen des pilons, ou par le moyen des cylindres : en Auvergne on s'eſt toujours ſervi des marteaux ou pilons ; en Hollande on ſe ſert plus communément des cylindres. Nous ne pouvons entrer dans le détail, ni dans la deſcription de toutes ces machines ; nous renvoyons à l'Ouvrage & au plan de quelques Manufactures qui y ſont tracées, & de différentes machines & moulins qui ſont repréſentés dans les belles & éxactes figures qui ſe trouvent à la fin de l'Ouvrage.

Lorſque par le travail du moulin, ſoit à pilon, ſoit à cylindres, on a réduit les Chiffons en une pâte liquide, & qu'elle eſt ſuffiſamment affinée ; on la fait paſſer dans des caiſſes de dépôt, où elle reſte en attendant qu'on en faſſe uſage. On ne peut l'employer que lorſqu'elle eſt comme de la boüillie, & ſans aucune conſiſtance. Un des Ouvriers qu'on appelle *Leveur*, la tire avec une petite baſſine de cuivre ; & en remplit une auge de pierre, qui eſt à portée de la cuve où travaille l'Ouvrier. Celui-ci y ajoûte alors la quantité d'eau qu'il juge nécessaire, suivant la force du Papier qu'il est question de faire; « car le Papier qui doit être fort & grand, demande une pâte plus épaisse, & une moindre quantité d'eau; un Papier mince & léger, comme Papier *Serpente*, Papier *Fleurèt*, *Cornèt de Bretagne*, suppose une pâte qui ait été moins pourrie; on remuë cette pâte avec une fourche de bois pour la bien mêler, & délayer avec l'eau; dans cet état la pâte ne paroît plus que comme du petit lait, ou de l'eau un peu trouble. On entretient la cuve dans une chaleur à y pouvoir tenir la main, pendant tout le tems qu'on y travaille; il me semble, dit M. De la Lande, que c'est afin que l'eau ait plus de disposition à s'évaporer, & à quitter les particules salines qui doivent s'unir, & se dessécher presqu'en un moment. On a fait, continue-t-il, quelquefois du Papier dans l'eau froide; mais il falloit plus de tems: le Papier étoit plus lâche, & ses parties moins adhérentes entr'elles. Aussi les Ouvriers ont-ils l'attention de se lever quelquefois pendant la nuit, pour aller chauffer la cuve ». Les moyens simples & sûrs, par lesquels on procure à la cuve la chaleur nécessaire, sont exposés dans l'Ouvrage; & on n'épargne point les figures nécessaires pour donner une idée juste de cette Opération.

Tout étant ainsi préparé, l'Ouvrier que l'on appelle aussi *Ouvreur* ou *Plongeur*, prend une forme à deux mains par les deux extrêmités, avec le quadre ou la couverture appliquée exactement dessus la forme; alors l'inclinant un peu vers lui, il la plonge dans la cuve. La feuille du Papier formée, un autre Ouvrier nommé le *Coucheur*, la prend, & l'étend sur le bord de la cuve; de sorte qu'elle s'égoutte dans la cuve même.

Les Feutres qui doivent séparer chaque feuille de Papier, sont placés à côté du *Coucheur*. Il étend d'abord un Feutre pour coucher la première feuille; sur cette feuille un Feutre, & ainsi alternativement; comme il faut plus de tems à l'Ouvrier pour faire une feuille, qu'il n'en faut au *Coucheur* pour l'appliquer sur le feutre; celui-ci a le tems dès qu'il a repris la forme, & qu'il a redressé la forme suivante, de prendre un des Feutres que le Leveur ou son apprentif lui fournit, & de l'étendre proprement sur la feuille qu'il vient de coucher; après quoi il se retourne, prend la seconde forme qu'il avoit redressée, & appuyée contre les bâtons de l'Égouttoir, & il la couche à son tour.

Ces Opérations sont si promptes, qu'il se forme sept à huit feuilles par minute dans les grandeurs moyennes de Papier, tel que la *Couronne*; ensorte qu'un Ouvrier peut faire huit rames. « Il seroit sûrement utile d'aller plus lentement, le Papier en seroit mieux fait ». On voit dans les Règlemens, qu'on a été obligé de défendre aux Ouvriers d'excéder la quantité d'Ouvrage qui est usitée, ou de la faire toute pendant la seule matinée.

Lorsqu'on a le nombre de feuilles & de Feutres suffisant pour former ce qu'ils appellent une *Porse*, il est question de la presser; ce travail qui est une des parties essentielles à la fabrication du Papier, est suivi & représenté dans toutes ses parties par M. De la Lande.

La *Porse* ou la Masse, l'assemblage de ces feuilles séparées les unes des autres par des feutres, ayant été pressé comme il convient; on retire les feuilles les unes après les autres, qu'on mèt en tas d'environ huit cens feuilles. Ce tas qui s'appelle alors *Porse blanche*, se porte aux Étendoirs; là il s'agit de séparer, & d'étendre les feuilles, non pas une à une; mais par paquèts de sept à huit feuilles plus ou moins, suivant les grandeurs de Papier.

Le Papier ayant séché dans l'Étendoir, le Gouverneur va ramasser les pages; c'est-à-dire, les descend de dessus les cordes: on les mèt ensuite en *Moule* ou en pile, couchées sur des planches, & appuyées contre les piliers de l'Étendoir; puis on les secoue pour en faire tomber la poussière, & détacher les pages.

Le Papier formé par les Opérations précédentes seroit suffisant, pour écrire avec du crayon ou des matières sèches; mais l'encre dont nous nous servons, & qui contient une espèce d'humidité, pénétreroit le Papier, s'il n'étoit enduit d'une couche de matière plus difficile à dissoudre par l'humidité. Cette matière qui le mèt à l'abri de ces inconvéniens, est la Colle. Cette Colle se fait avec des retailles qu'on prend chez les Tanneurs, les Mégissiers ou Blanchisseurs de peaux; & même chez les Bouchers. La meilleure qu'on pourroit employer, seroit sans doute cette belle *Colle* de Poissons qu'on employe pour clarifier le vin, pour blanchir la gaze, & lustrer les ouvrages de soie; mais cette *Colle* est

trop

trop chère ; & il faudroit aspirer à une bien grande perfection pour entreprendre d'en faire usage dans nos Papeteries.

Le *Collage* du Papier demande beaucoup d'attention, il manque souvent, & cause alors une perte considérable : il faut, pour le bien faire, choisir un jour sec & tempéré ; quand l'air est humide, la *Colle* se lave, & coule le long du Papier dans l'Étendoir ; s'il fait trop chaud, elle sèche trop vite ; s'il fait trop froid, elle jaunit, elle s'écaille ; & dans les deux cas ne pénétre point : enfin elle *tourne*, s'aigrit, se décompose, & devient fluente, lorsque le tems est disposé à l'orage ; aussi bien des petits Fabriquans ne voulant point courir les risques de ces pertes, sont dans l'usage de ne point Coller leur Papier, ils les envoyent Coller ailleurs : les Allemands se dispensent même totalement de Coller les Papiers qu'ils destinent à l'impression.

Les Règlemens ordonnent en France, de ne mettre aucune différence entre la *Colle* du Papier à écrire, & celle du Papier d'impression ; la précaution est sage, parce qu'autrement on courreroit risque d'avoir souvent même du Papier d'écriture qui n'auroit qu'une demi-colle : quelques Imprimeurs se contentent à la vérité d'une Colle moins forte ; ils disent que si le Papier est trop Collé, on est obligé de tremper davantage, & par moindre poignée pour en ôter la Colle ; ou bien que ce Papier trop Collé ne sert qu'à fatiguer celui qui tire *le Barreau*, & à user les caractères ; cette Raison, observe judicieusement M. De la Lande, ne doit pas être d'un grand poids. La manière dont se colle le Papier, les précautions à prendre dans cette partie délicate de la Fabrication du Papier, sont détaillées ici de la manière la plus satisfaisante & la plus instructive ; l'Auteur jètte de tems en tems des idées ou des observations qui seront goûtées des Fabriquans, qui ne suivant point une routine aveugle, aspirent sérieusement à porter leur Art à la perfection.

Le Papier étant collé, se porte sur des cordes pour y sécher ; ramassé par poignées, il se dépose dans la Chambre du *Lissoir*. On lisse à la main le Papier qui pèse moins de dix-huit livres la rame. Les Lisseurs debout, tiennent à la main une pierre qu'on nomme *Lissoir*, & qui pour l'ordinaire est un caillou, une pierre à fusil, ou une pierre noire, dure & vitrifiable, comme le *Silex*, de trois ou six pouces de long sur deux & demi de large, & un pouce d'épaisseur. La baze est taillée en *Chanfrain* ou biseau ; c'est-à-dire, en forme de plan incliné, pour pouvoir glisser plus aisément sur le Papier sans l'écorcher ; & le haut de la pierre qui se tient avec la main, est arrondi en forme ovale.

Chaque feuille de Papier se déploye de toute sa longueur sur une peau de chamois, ou un cuir de mouton tanné, qui est attaché sur le bord de la table. La Lisseuse passe fortement son *Lissoir* sur toute la feuille, & cela des deux côtés, en le poussant presque toujours en avant : une femme peut lisser ainsi par jour six rames en couronne.

Pour ce qui est du grand Papier, on ne l'a jamais lissé qu'au marteau ; & pour abréger ce travail, on a proposé divers moyens & diverses machines, dont M. De la Lande fait mention, qu'il décrit, & sur lesquelles il fait des Observations utiles.

Quand le Papier est lissé, d'autres femmes, qu'on appelle les *Trieuses*, séparent les bonnes feuilles d'avec celles qui ont des défauts ; elles nettoyent les taches de colle qu'elles peuvent avoir, & font différens tas, suivant les différentes qualités. Une Trieuse dans sa journée peut nettoyer, & séparer jusqu'à dix rames de couronne ; c'est-à-dire, un peu plus que le travail d'une cuve qui n'est que de huit rames.

Le Papier nettoyé & trié, passe entre les mains des *Compteuses*, qui sont destinées à assembler les feuilles, & à les mettre en rame. Le Papier en rame se met encore sous la presse ; il ne peut que gagner à y revenir souvent, & à y demeurer comprimé ; il y revient dix fois.

Après toutes ces manipulations, le Papier est enfin porté dans un Magasin bien sec ; il peut y être gardé long-tems, sans rien perdre de sa qualité ; il n'en devient même que meilleur pour l'usage : s'il avoit été cependant mal séché, & plié trop humide, il seroit exposé à se *piquer*, c'est-à-dire, se tacher ; mais ces taches n'attaquent pas la substance du Papier, & elles n'ont pas lieu si le Papier a été plié après une exsiccation suffisante ; dans ce cas, il devient encore plus sec & plus fort avec le tems. *Ancien Papier, Nouvelle Encre*, dit un Proverbe ; « & les Proverbes, ajoûte M. De la Lande, sont souvent des » Maximes utiles, dictées par la réflexion & par l'expérience ».

« En examinant la suite des Opérations qu'il donne enfin du Papier,

» on voit qu'une feuille doit paſſer plus de trente fois par les mains
» des Ouvriers, & environ dix fois par les preſſes ; cependant le Pa-
» pier eſt une Marchandiſe aſſez commune par la vîteſſe de chaque opé-
» ration & le ſecours des machines qu'on y employe. C'eſt ainſi qu'une
» épingle éprouve dix-huit opérations différentes avant d'entrer dans
» le commerce ; elle y coûte encore moins à proportion que le Papier,
» & ne laiſſe pas d'enrichir ceux qui en font le commerce ».

A la ſuite de la Deſcription de la Fabrique du Papier, M. De la Lande a placé des Obſervations ſur le Papier de Hollande, un état des pro-
duits d'une Papeterie, des remarques ſur les Papiers des différens Pays ; les Règlemens faits pour la Fabrication du Papier en France, le tarif du poids que Sa Majeſté veut que pèſent les rames des différentes ſortes de Papiers qui ſe fabriquent dans le Royaume ; comme auſſi des lar-
geurs & hauteurs que doivent avoir les feuilles de papier des différen-
tes ſortes qui ſe trouvent toutes ſpécifiées ; tous ces morçeaux ſont très-intéreſſans, & peuvent être utiles d'une façon toute particulière aux Fabricans & aux Commerçans ; & la clarté avec laquelle ils ſont préſentés, les met à la portée de toutes les perſonnes qui ont quelque goût pour l'Hiſtoire de l'Eſprit Humain, ou, ce qui eſt la même choſe, pour les Arts.

Notre illuſtre Académicien termine ſon travail par examiner, ſi l'on ne pourroit point trouver dans le Règne Végétal des matières, autres que celles qu'on employe pour la fabrication du Papier ; il rapporte à ce ſujet ce qui a été écrit par différens Voyageurs & Naturaliſtes ; on pourroit, ſelon lui, tirer partie des plantes qui ne ſemblent compoſées que de fibres longitudinales plus ou moins ſerrées, & recouvertes d'une ſubſtance qui en remplit les intervalles ; telles ſont les *Palmifères*, les *Graminées*, les *Liliacées*, les *Staminées*, les *Malvacées*. Les conjectures de notre Auteur ſont étayées par différentes Hiſtoires, & pluſieurs uſages, rapportés de chez différens Peuples, & ſur-tout de chez les Chinois.

On ſçait que le Papier ordinaire de la Chine eſt formé de la ſeconde écorce du *Bambou*, délayée en une pâte liquide par une longue trituration : ce fut vers la fin du premier ſiècle de l'Ère Chrétienne, que cette ſorte de Papier fut inventée à la Chine par un Grand Mandarin du Palais.

Ce Physicien trouva le secrèt de réduire en pâte fine l'Écorce de différens Arbres, les vieilles étoffes de soie & les vieilles toiles en les faisant bouillir dans l'eau, pour en composer diverses sortes de Papier. Le travail des Chinois, ou leur manière de fabriquer le Papier est décrite ici, & cette description est suivie de la manière de faire le Papier au Japon; ce qui termine l'excellent Cayer de M. De la Lande.

La Plante dont on se sert pour y faire le Papier, est appellée par Kempfer, *Papyrus fructu mori celsæ, sive morus sativa foliis urticæ mortuæ, cortice papyrifera.*

Chaque année, après la chûte des feuilles, on coupe les rejettons qui sont fort gros, de la longueur de trois pieds au moins, & l'on en fait des paquèts pour les mettre bouillir dans l'eau avec des cendres; on en réduit l'écorce en bouillie, & on en fait une matière claire, ou une sorte de pâte dont on fait le Papier; & pour le rendre blanc, on ajoûte une quantité déterminée d'une infusion de ris. Tout ce travail est très-bien décrit dans Kempfer; c'est d'après cet Auteur que M. De la Lande en donne le détail.

Le Papier grossier destiné à servir d'enveloppe, est fait, suivant le même procédé, avec l'Écorce de l'arbrisseau *Kadse*, *Kadsura*; que Kempfer appelle *Papyrus procumbens, lactescens, folio longe lanceato, cortice charlaceo.*

Le Papier du Japon est très-fort, on en fait des feuilles si grandes, qu'elles suffiroient à faire un habit; & il ressemble tellement à une étoffe, qu'on pourroit s'y méprendre.

Les Nations Asiatiques deçà le Gange, excepté les Noirs qui habitent le plus au midi, font leur Papier de vieux haillons des étoffes de coton; & leur méthode ne diffère en rien de la nôtre, excepté qu'elle n'est pas si embarrassée: leurs instrumens sont plus grossiers, mais ils s'en servent avec plus d'adresse.

Le Papier des Orientaux, dont l'usage est bien plus ancien que celui de notre Papier de Chiffons, a sans doute donné l'idée de celui-ci. « On ne doit s'étonner, que de voir le nombre de siècles qui se sont » écoulés, avant que le Commerce d'Asie ait donné à l'Empire d'O-» rient l'idée de faire du Papier par la trituration ». *Du Journal des Sçavans.*

IMPRIMERIE.

Les Auteurs si fameux, tant vantés dans l'Histoire,
A qui leurs beaux Écrits ont acquis tant de gloire ;
Sans l'habile Inventeur de cet Art merveilleux,
Comme eux on les verroit dans un oubli honteux,
Inconnus des mortels, séchant dans la poussière ;
Et jamais on n'eût vû leurs Œuvres en lumière.
Nous n'aurions point sans lui, *Sacy*, ni *Montfaucon*,
Calmet, *Fleury*, *Godeau*, ni le Père *Syrmond*,
Et tant d'autres encore, dont les Sçavans Ouvrages,
Des mortels respectés, vivront dans tous les âges ;
Et l'on verroit encor sans cette Invention,
L'ignorance régner dans toutes Nations.
Jamais sans ce bel Art, éternisant leurs veilles,
Mille Auteurs n'eussent fait paroître leurs merveilles.
Pourrai-je donc assez dignement t'éxalter,
Riche Inventeur d'un Art qu'on ne peut trop vanter ?
Je voudrois bien t'offrir l'encens que tu mérites,
Mais pour te bien louer mes forces sont petites ;
Et dans ce haut éclat où tu te viens offrir,
Remuant tes lauriers, je crains de les flétrir :
Je me trompe après tout, par toi la Providence,
Elle-même aux Mortels donna cette Science.

Notes Historiques,

Sur l'Imprimerie.

En l'année 1455, le partage du gain qui étoit provenu des Livres qui avoient été imprimés par Gutemberg & Fauft, avoit fait naître entre eux deux des inimitiés, & même des procès, sur le nombre que Gutemberg en avoit donné, & que Faufte avoit retenu à son profit. Ils s'appellèrent l'un & l'autre en

Juſtice à Mayençe, où après divers plaidoyers, la Sentence qui fut renduë n'ayant pas été favorable à Gutemberg, il renonça à la Société qu'il avoit fait avec Fauſte; & retourna à Strasbourg lieu de ſa naiſſance, emportant avec lui quelques Ouvrages de leur boutique; après cette ſéparation, Fauſte commença à mettre ſon nom aux Livres qu'il avoit imprimés; mais il ſeroit fort difficile d'aſſeurer quel Livre a été mis le premier ſous la preſſe.

Cornelius de Beughem aſſeure, que parmi les premiers qui ont paru, ce fut la Bible Latine, dont on attribue communément la Traduction à S. Hiérome; laquelle fut imprimée à Mayençe environ l'an 1450 & 1451 : dont Fauſte avoit vendu l'éxemplaire à Paris 750 thalers ou écus; & Henri Salmuth raconte qu'il a paru en même tems un autre Volume de la Bible, à la fin duquel on liſoit ces mots. *Le préſent Cayer qui traite des choſes Divines, a été achevé par Jean Fauſt Bourgeois de Mayençe, & Pierre Geruſheim, Clerc du même Diocèſe en l'Année 1459 : le ſixième Octobre.*

Il eſt certain que Salmuth ſe trompe, en ce qu'il croit que ce Cayer ſoit la Sainte Écriture; puiſque ce n'étoit qu'un Manuſcrit fort ſuccinct de Guillaume Durand, que Bernard de Mallinkrot rapporte avoir auſſi vû. Je ne veux pas auſſi nier tout-à-fait, que la Bible Latine que l'on avoit cette année-là traduite en Langue vulgaire, n'ait été derechef imprimée; puiſque Jean Fauber avoué, qu'il en a vû huit éxemplaires dans la Bibliothèque de Munick; mais qu'il n'y avoit point à la fin le nom de Fauſte comme en celle dont parle Salmuth.

On doit mettre auſſi du nombre des Livres qui ont été imprimés des premiers, la Bible Latine, qui fut également imprimée à Mayençe, en caractères vulgaires : (je veux dire Allemands,) en deux volumes; à la fin deſquels étoient ajoûtés ces mots : *Ce préfent Ouvrage ainfi fait à Mayençe, par l'ingénieufe invention d'Imprimer ou former des caractères fans plumes, a été achevé pour la Gloire de Dieu, par l'adreffe de Jean Fauft & de Pierre Schéfer de Gerufheim, Clerc du même Diocèfe, en l'année 1462, le jour de la veille de l'Affomption de la Sainte Vierge*, 2 *Volumes in-Fol*. Le Conful Embriceufe, & avec lui Corneille de Beughem, affeure qu'il y a dans fa Bibliothèque un Exemplaire de cette Bible, que l'on y garde comme un fingulier ornement de la Patrie.

Les *Offices de Cicéron* ne doivent pas tenir le dernier rang parmi les Livres, qui ont paru au commencement de l'Imprimerie. P. Ramus en avoit un exemplaire écrit fur du parchemin, comme il fe pratiquoit alors; & il s'en trouve encore préfentement dans la *Bibliothèque Impériale*, quoique Zwinger & quelques autres Sçavants foient d'avis qu'ils ont paru devant tout autre livre; cependant la Chronologie & le temps qu'ils ont été achevés d'imprimer, à fçavoir en l'Année 1466, font clairement voir, que ce Livre eft fort éloigné d'avoir l'honneur d'être le premier qui foit forti de la preffe ; & il eft vraifemblable que tous les Livres qui ont paru en Europe, le premier, après quelques autres de peu de conféquence, a été la Sainte Bible.

Je ne dois pas paffer fous filence la *Bible Allemande*, qui étant d'un langage fort groffier, a été imprimée en l'Année 1483, en Caractère auffi fort groffier & gothique; avec des figures gravées groffièrement fur bois, long-temps avant que Luther ait paru; & qui l'année fuivante, fut traduite en langage de la Saxe inférieure à *Lubec*, dans la place voifine de la Mèr Baltique, où elle fut derechef imprimée par Étienne Arnould, qui avoit levé une Imprimerie.

La même *Bible* a paru imprimée à Ausbourg, en l'Année

1493, ce que d'autres rapportent à l'Année 1449; mais ils se trompent, & leur sentiment est tout-à-fait contraire à la suite des temps.

Comme l'Imprimerie doit beaucoup à la Mathématique, & aux autres Sçiences; aussi la Mathématique & toute Sçience divine & humaine a des grandes obligations à l'Imprimerie. L'Italie, qui a été la Mère des grands esprits, & comme la pépinière de tous les Arts, reçut avec plaisir cette nouvelle Invention, qui passa incontinent les Alpes, & alla se retirer à Rome; où non-seulement les Cardinaux, mais le Souverain Pontife lui-même portèrent beaucoup d'affection à l'Imprimerie, & à tout ce qui en dépend; ils eurent la curiosité de voir souvent avec beaucoup de satisfaction, cette nouvelle manière d'écrire sans plume.

Sixte de Strasbourg en l'Année 1471, ayant établi une Imprimerie en la Ville de Naples Capitale de ce Royaume, fut reçû du Roi Ferdinand avec tant de témoignages de joye & d'affection, qu'il lui offrit plusieurs fois des Charges les plus considérables, & même des Évêchés; car cet Imprimeur étoit fort sçavant.

Aldus-Pius Manutius, Romain de nation, s'est rendu si célèbre par la pureté de ses Caractères, qu'il sembloit qu'on ne pût rien y ajoûter pour leur perfection; ce qui fait qu'on les appelloit par excellence *Vénitiens*, pour les distinguer des autres qui étoient dans les différens endroits de l'Europe: & comme les Anciens Imprimeurs avoient coûtume de laisser en blanc, des espaces pour écrire à la main les mots Grècs & Hébreux, il fut le premier qui fit vers l'année 1500, des Caractères Grècs & Hébreux. *Ange Rocha*, fait son éloge en ces termes:
» Aldus-Pius Manutius a été un homme véritablement fort
» Sçavant, qui ne fut pas moins Pieux d'effèt que de nom, &
» qui

» qui mérite certainement toute sorte de louanges ; il établit
» dans leur premier lustre, les Caractères des Langues Grec-
» que & Latine, qu'il possédoit parfaitement ; & qui de son
» temps alloient fort en décadence ». Il a vécu selon le témoignage de *Tirinus* à Venise, & il y mourut environ l'An
1516.

Paul son fils mérite d'avoir autant, & même plus de part
à la gloire que son père ; il a enseigné quelque temps les Humanités dans les Universités & Colléges d'Italie : ayant été
appellé à Rome, par le Souverain Pontife, il s'appliqua beaucoup avec Aldus le plus jeune, à embellir, cultiver & perfectionner l'Art d'Imprimer. Il étoit non-seulement un excellent
Imprimeur & très-bon Orateur ; mais encore il avoit un talent
particulier pour écrire des lettres fort sublimes.

On doit placer immédiatement après, deux fameux Imprimeurs
de Paris ; *Robert Étienne*, & son fils qui lui a succédé en l'Art,
& qui n'a point dégénéré à son père ; ils étoient presque contemporains aux Aldes, & aussi sçavans dans les Belles-Lettres ;
mais ils les surpassoient dans la parfaite connoissance qu'ils
avoient de la Langue Grecque. Le Père a travaillé beaucoup,
en écrivant & donnant au Public des Livres de différentes
Sciences ; dont le principal est celui qui a pour titre, *Latinæ
Linguæ Thesaurus*.

Le fils a beaucoup plus fait que le père, en expliquant &
en commentant plusieurs Auteurs : mais son adresse admirable, &
son infatigable travail se voyent particulierement dans ce grand
Ouvrage qu'il a fait, & qu'il a nommé *Thesaurus Linguæ Græcæ*,
à l'imitation de celui qui avoit été fait par son père. Il est déplorable, que par l'infidélité de *Jean Scapule*, qui tenoit de lui
une maison à loyer, & qui étoit son Correcteur d'Imprimerie,
pendant que l'on travailloit à ce grand & vaste Volume ; il en

sortit tout-d'un-coup & secrettement à *Basle* un Abrégé, que l'on donna au Public : de sorte que cette anticipation du Livre, ou plutôt cette imposture causa une perte considérable aux Libraires, & par conséquent à notre *Henri Étienne*, qui tira plus d'honneur que de profit.

Les Morelles aussi Parisiens, ne cédent en rien aux *Étiennes*. Le plus illustre étoit Guillaume, le père, qui possédoit le Grèc à fond ; & qui après la mort du Sçavant *Adrien Turnerus*, fut mis au nombre des Professeurs de l'Université ; il mit au jour les Ouvrages des meilleurs Auteurs de son tems.

Étienne Dolet s'est signalé aussi à Lyon, tant par son érudition, que par la netteté de son impression. Ses Commentaires sur la Langue Latine, sont tout ce qu'on peut voir de plus beau & de plus accompli sur cette matière. Je passe sous silence ses autres Ouvrages sur le même sujet, qui sont principalement opposés à *Érasme* de Roterdam ; & qui font voir par-tout son esprit vif & son profond sçavoir. Il aima mieux imprimer le reste de sa vie, que composer ou feuilleter les Livres pour les expliquer.

Jean Frobenius de *Basle* en Suisse, étoit un homme d'un sçavoir profond ; aussi étoit-il grand ami avec Érasme, ce Phœnix des hommes sçavans : il lui a non-seulement servi de Correcteur dans l'Imprimerie, mais encore il lui a écrit plusieurs belles & sçavantes Lettres, pendant son absence ; il a dédié à son petit-fils Jean Érasme, un petit Livre de colloques familiers, & il a immortalisé son Imprimerie par plusieurs Auteurs qu'il a mis au jour fort correctement. Il a enfin payé le tribut à la nature, après avoir essuyé plusieurs revers de fortune dans le monde.

On peut mettre à côté de ces Sçavants Personnages, trois hommes qui ne se sont pas acquis peu de réputation, dans l'Im-

IMPRIMERIE. cxlvij

primerie & dans les Sçiences. Le premier eſt Jérôme Cornelius François de nation, certainement excellent Imprimeur. La rigueur des tems le fit ſortir de ſon Pays, & il vint s'établir à Heidelberg, où il imprima tant de bons & ſçavans Livres, qu'il ne cède à aucun la gloire, d'avoir plus travaillé que lui. Scaliger l'aimoit paſſionément, & il lui a donné pluſieurs éloges dans ſes lettres. Les deux autres ſont Rutger Reſcius & Jean Oporinus, également recommandables par la pureté de leurs mœurs, & par leur ſçavoir. Le premier a enſeigné avec beaucoup de gloire la Langue Grècque dans un Collége fondé à Louvain par le Conſeil d'Éraſme: enfin ayant dreſſé une Imprimerie à ſes dépens, il imprima beaucoup de ſes Écrits & de ceux des autres Auteurs; ce qui lui apporta plus de profit, que ſa Chaire de Profeſſeur. L'autre a été ce Jean Oporinus, qui ayant enſeigné quelque temps dans l'Univerſité des Rauraques qui eſt à Baſle en Suiſſe (dans les Rauraques ſont compris le Canton de Baſle, Polentru, & les quatre Villes foreſtières de Souabe.) cette Langue que parloient nos premiers Pères, après la Création du Monde; & ayant tiré de l'antiquité de la Langue Grècque & Hébraïque les Oracles ſacrés avec l'applaudiſſement de la jeuneſſe, qui venoit même des Pays étrangers en grand nombre pour l'écouter, parce que ſa renommée étoit répanduë dans tout l'Univers; étant devenu enſuite de Théologien Imprimeur, il a mis au jour des Ouvrages concernants les Sçiences, par des livres que lui, & des autres avoient compoſés, qui dureront éternellement; & par-là il a immortaliſé ſa mémoire. *Zwinger* ſon grand ami rapporte, qu'il étoit ſi libéral envers tous ceux qui excelloient en quelque Sçience, qu'il pouvoit paſſer pour le Mécénas de ſon temps.

Si ſes Richeſſes avoient égalé ſon grand cœur, il n'eût pas moins fait par ſa magnificence à Baſle, que Gillas autrefois en avoit fait à Syracuse ; de sorte que le célèbre Auteur du *Théâtre de la vie humaine* parle de lui en ces termes : *Le bon accueil qu'il faisoit chez lui à tous les gens de bien, & à toutes sortes de personnes Sçavantes, a fait que pendant qu'il s'éfforçoit à paroître plus obligeant & civil à leur endroit, que bon père-de-famille envers ses enfans* (*ce qu'il croyoit être le propre d'un véritable Philosophe, & d'un parfait Chrétien*) *; il devint si pauvre à la fin de ses jours, qu'à sa mort on pouvoit dire de lui ce que la Fable dit d'Arion :* « cela veut dire, *que les personnes* » *charitables furent obligées de se cottiser pour les frais de ses* » *funérailles* ».

Il y a eu aussi dans la Ville de Bordeaux un Imprimeur très-sçavant, nommé *Simon Milange*, merveilleusement versé dans la Méchanique ; car après avoir régi des Colléges & des Universités dans cette partie d'Aquitaine, que l'on nomme communément *la Guienne*, & après avoir parfaitement instruit la jeunesse dans toutes sortes d'Arts & de Sçiences ; ayant enfin été privé de son emploi à cause de la Religion, il pratiqua continuellement dans son éxil l'Imprimerie, qu'il avoit appris dans sa jeunesse ; & par-là, il gagna de quoi s'entretenir, lui & les siens, en mettant au jour, de temps en temps un grand nombre de Livres. Il n'est jamais sorti de son Imprimerie aucun livre, qu'il ne l'ait soigneusement revû & corrigé lui-même ; ce que l'on peut aussi dire à la louange d'*Oporin* & de *Plantin* : l'on asseure même de ce dernier, qu'il avoit coûtume d'exposer publiquement chaque épreuve qui sortoit de sa presse, après l'avoir revû en son particulier auparavant que d'en tirer tous les éxemplaires, promettant & donnant une bonne récompense à tous ceux, qui en la lisant, y auroient trouvé quelques fautes ; & même il les récompensoit, selon le nombre des fautes qu'ils remarquoient.

IMPRIMERIE.

Chriſtophe *Plantin* qui avoit été né (*a*) & élevé en France, a auſſi beaucoup travaillé dans un autre climat hors de ſon Pays; & quoiqu'il ne poſſédât pas parfaitement le Grèc & le Latin comme ſes confrères dont nous avons parlé ci-deſſus, il les a cependant tous ſurpaſſé dans la parfaite connoiſſance qu'il avoit de la Mathématique, de l'Hébreu, & de l'Hiſtoire.

Philippe II Roi d'Eſpagne lui fit l'honneur de le choiſir, après lui avoir aſſigné une penſion conſidérable, pour imprimer, ſous la direction d'*Aria Montan*, la Bible Royale, que l'on appelle communément *Plantinienne*; & pour ce ſujèt le Roi l'honora du titre de (*b*) Premier Imprimeur du Royaume. L'occaſion ſe préſente ici de dire quelque choſe à la louange de François *Raphelingius* des Pays-Bas, qui après avoir enſeigné dans le Collége de Cantabre, en qualité de Profeſſeur de la Jeuneſſe Eſpagnole, & avoir rappellé la gloire des Anciens Écrivains pendant quelque eſpace de temps, & cela par l'élévation de ſes diſcours; il ſe retira à Anvers auprès de *Plantin*, à qui s'étant fait connoître, tant par les bons conſeils qu'il lui a donnés, & ſes belles qualités, que par ſa diligence à s'acquitter de toutes les commiſſions qu'il lui donnoit, & particulièrement à revoir & corriger toutes les Épreuves d'Impreſſion, qui ſe faiſoient dans toute la Province qui étoit ſous ſa direction; il lui donna ſa fille aînée en mariage, & ſe l'aſſocia dans ſon commerce de Livres, ſelon que le rapporte *Meurſius* dans ſes Athènes Hollandoiſes.

Ce *Raphelingius* ayant été appellé par les États des Provinces-Unies, pour enſeigner à Leiden la Langue Hébraïque, il y tranſporta auſſi une bonne partie des Caractères de ſon beau-

---

(*a*) Il étoit natif de Tours, il mourut à Anvers en 1589.
(*b*) Philippe II lui donna le titre d'*Archi-Imprimeur*.

père ; & y ayant dreffé une Imprimerie nouvelle, il fe fit admirer également par fes Ouvrages & fa Vertu.

Plantin a eu un autre gendre nommé *Jean Moret*, homme certainement fort fçavant, grand ami à *Juftus Lipfius* ; & qui hérita de toute la boutique de *Plantin* fon beau-père dans Anvers. Ses defcendans y font encore préfentement en grande eftime ; on peut juger de la beauté & de l'excellence de fon Imprimerie, en ce que tous les jours on y employoit quarante-huit Preffes. (*a*) D'où on peut facilement inférer qu'il falloit des fommes immenfes pour l'entretenir, & pour payer le grand nombre d'Ouvriers qui y étoient employés, puifque chaque jour on y tiroit jufqu'à 200 rames de papier ; de forte que ceux qui en étoient les maîtres, pouvoient faire un gain confidérable.

Enfin *Cl. Mallinerot* dit que *c'étoit la plus belle Imprimerie de l'Europe ; car*, dit-il, *outre la beauté & la diverfité des caractères choifis, dont cette Imprimerie de* Moret-Plantin *excelloit pardeffus toutes les autres* (*b*) *Imprimeries du Monde, elle avoit encore cet avantage particulier, qu'il fembloit qu'elle fût entièrement confacrée à la Vertu ; puifqu'elle ne s'employoit plus volontiers à aucuns Ouvrages anciens, qu'à ceux qui regardoient le Service de Dieu, & l'honneur de fes Saints ; elle a rempli de*

(*a*) Ce récit paroît être un peu apocryphe ; car fi on confidère que pour l'entretien de quarante-huit Preffes, il falloit qu'il eût eu plus de deux cents Ouvriers, & au moins fix ou fept Correcteurs ; ce récit, dis-je, ne paroît aucunement vraifemblable : car comment Plantin auroit-il pû corriger quatre cens Épreuves en fi peu de temps : & fi cela étoit, on pourroit dire qu'il lui auroit été facile d'achever un Livre *in-Folio* de quatre cens feuilles en douze jours. Je laiffe à juger fi cela eft poffible.

(*b*) Perfonne ne difconviendra que l'Impreffion du *Sieur Moret*, pour les ufages d'Églife, ne foit préférée à toute autre.

ces sortes de Livres toute l'Europe, principalement l'Italie, la Pologne & l'Espagne. Ce que je puis dire sans blesser la vérité; c'est que tous les Livres qui portent le nom & le titre de *Plantin* ne sont pas sortis de sa boutique ; car l'envie insatiable du gain a fait dire à plusieurs, qu'ils avoient été faits dans ces Imprimeries où ils ne l'ont jamais été ; & ont présenté par cette tromperie, plusieurs milliers de Livres, aux Églises de Pologne & de Lithuanie. *D. Fertel, Science Pratique de l'Imprimerie.*

AUTEURS SUR L'IMPRIMERIE.

L'ART D'IMPRIMER, par le S. Catherinot, Conseiller & Avocat du Roi au Présidial de Bourges. *A Bourges, & se trouve à Paris.* 1685.

L'HISTOIRE DE L'IMPRIMERIE & de la Librairie ; où l'on voit son Origine & son progrès, jusqu'en 1689. Par Jean de la Caille l'aîné, Imprimeur & Libraire de Paris. *Paris, chez l'Auteur, 1689, in-4°.*

Il étoit bien juste que l'Art de *l'Imprimerie*, qui a si fort contribué au progrès des Sciences & à la réputation des Sçavans, servît à consacrer la mémoire de ses premiers Inventeurs ; & à honorer le mérite de ceux qui l'éxercent à Paris avec le plus de succès. C'est à quoi tend cette Histoire qui est divisée en deux Livres.

Le premier découvre la Naissance de *l'Imprimerie*, le nom des premiers Imprimeurs, leurs marques, leurs devises & leurs Épitaphes.

Le second traite de ceux qui ont apporté cet Art en cette Ville de Paris, & de ceux qui dans ce grand Corps se sont distingués par la beauté de leurs *Impressions*, par la connoissance des Langues, & même par les Ouvrages qu'ils ont composés.

ERUDITISSIMUS POEMA *Regiæ Scientiarum Academiæ Sociis, ut in suam Societatem Artem Typorum coaptent.* Paris, Thiboust, 1699, in-4°.

Ce Poëme que l'*Imprimerie* adresse à l'Académie des Sciences, pour y être reçûë avec les autres Arts, explique l'usage de tous les Instrumens dont se servent les Imprimeurs, avec toute l'Énergie & l'Élégance que demande la Poësie.

ŒUVRES de Bernard Ramazzini, Premier Professeur de Médecine-Pratique dans l'Université de Padouë. *Genève, Cramer, 1716, in-4°.*

L'Auteur traite des Maladies qui sont propres à chaque Profession. Les Maladies que contractent les Imprimeurs sont les plus dangereuses, remarque *M. Ramazzini*; les uns sont appliqués à l'assemblage des caractères, les autres à l'application de l'encre, & les autres à la presse. Les premiers sont toujours assis, & ont les yeux sans cesse attachés sur des caractères noirs qu'ils assemblent pour la Composition des mots : deux circonstances qui leur attirent de grands maux. La première les rend sujèts à toutes les Maladies de la vie sédentaire, & la seconde leur affoiblit la vûë. Quant a ceux qui appliquent l'encre, & à ceux qui travaillent à la Presse, les uns & les autres étant obligés de se tenir toujours debout, contractent des foiblesses de reins & des lassitudes de tout le corps, lesquelles ne leur permettent pas de continuer long-temps la Profession.

Les Imprimeries en hyver sont échauffées par des poëles, sans quoi les Ouvriers n'y pourroient pas travailler; & cette chaleur qu'ils respirent pendant tout le jour, les expose à des Pleurésies, à des Péripneumonies, & à d'autres Maladies de poitrine : ce qui vient de ce que l'air froid qui les saisit, lorsqu'ils se retirent le soir, resserrant les pores, qui sont d'autant plus capables de resserrement, que la chaleur les a plus ramollis & plus ouverts, interrompt la transpiration. Ceux surtout qui travaillent à la Presse sont plus exposés que les autres à ces sortes de maladies; l'éffort continuel qu'ils font de leurs bras, leur cause des sueurs qui les rendent plus susceptibles des mauvaises impressions de l'air froid, lorsqu'ils sortent de l'Imprimerie : comme les Imprimeurs travaillent pour la République des Lettres, notre Auteur s'intéresse particulièrement à la conservation de leur santé. Mais il dit qu'après y avoir bien pensé, il ne sçache dans la Médecine aucun préservatif

servatif qui puisse les garantir absolument des maux auxquels leur profession les expose : le seul avis qu'il a à leur donner est de se modérer dans leur Exercice, de dérober quelques heures à leur travail, de ne sortir jamais des Imprimeries pour s'en retourner chez eux, qu'ils ne soient bien enveloppés de leurs manteaux : il avertit en particulier ceux qui travaillent à l'assemblage des caractères, d'avoir soin de se servir de conserves, & de détourner de tems en tems la vûë ailleurs, de se frotter légèrement les yeux avec la main pour en éxciter les esprits, & de les laver quelquefois avec de l'eau d'Euphraise, de Violette, & autres semblables.

HISTOIRE de quelques Imprimeurs de Paris, qui comprend leurs vies & le Catalogue des Livres qu'ils ont imprimés. *Londres, Paris, Coustelier, 1717, in-8°*.

Dans cet Ouvrage M. Maittaire propose aux Imprimeurs de beaux modèles à suivre ; il souhaite que la Mémoire de ceux d'entre leurs prédécesseurs qui se sont distingués par leur Érudition, les excite à s'appliquer à l'Étude ; que la netteté des Caractères, l'éxactitude de l'Impression, la beauté du papier qui se conserve encore, malgré le nombre des années, dans les Livres imprimés chez les *Vascosan*, les *Estienne* & les *Morel*, éxcitent leurs successeurs à n'épargner ni la dépense, ni l'attention. Mais il est à craindre que l'aveu qu'il fait en plusieurs endroits, que ceux d'entre les Imprimeurs qui ont le plus travaillé pour la gloire, ne sont pas ceux qui se sont le plus enrichi, ne fasse beaucoup d'effèt sur l'esprit de leurs successeurs. Il est rare de trouver des *Morel* & des *Estienne*, qui sacrifient leurs intérêts au plaisir du Public.

ANNALES TYPOGRAPHICI, *ab Artis inventæ origine ad annum 1559, Opera Michaelis* Maittaire. 3 Vol. in-4°. 1719. Paris, Hochereau.

L'Auteur se propose dans cet Ouvrage, d'expliquer l'Origine & les progrès de l'Art de l'*Imprimerie*, de faire connoître les Imprimeurs ; & de donner une Liste Chronologique des Livres : à la fin de chaque

Centurie M. *Maittaire* fait fur chaque Livre des obfervations par rapport à l'impreffion, au titre, à la forme, à la difpofition, aux Caractères, au papier, & d'autres Remarques qui regardent l'*Imprimerie*.

La Science Pratique de l'Imprimerie, contenant des Inftructions très-faciles pour fe perfectionner dans cet Art; Par M. D. Fertel, *Saint-Omer, chez l'Auteur, 1723, in-4°.*

Plufieurs Auteurs ont donné des Ouvrages au Public, fur l'Origine de l'Imprimerie, & fur fon Établiffement dans les différentes parties de l'Europe; d'autres ont publié l'Hiftoire & les Éloges des Imprimeurs les plus célèbres; mais perfonne jufqu'au Sieur Fertel n'avoit entrepris d'expliquer la *Pratique* d'un Art fi utile à la République, les défauts que l'on doit éviter, & les règles qu'on doit fuivre pour bien Imprimer.

Ce Livre eft utile non-feulement aux Compofiteurs, & à ceux qui travaillent à la Preffe; mais encore aux perfonnes qui veulent être inftruites de ce qui concerne les Arts, & aux Auteurs qui veulent eux-mêmes veiller fur l'Impreffion de leurs Ouvrages. Car connoiffant par eux-mêmes d'où viennent les défauts de l'Impreffion, & les moyens d'y remédier, ils pourront faire faire des Éditions plus éxactes & plus belles.

Tout l'Ouvrage eft divifé en quatre parties; la première regarde la *Compofition*, ce qui donne lieu à l'Auteur de parler des différentes fortes de Caractères, & de leur proportion entre eux; des Signatures, des Réclames, des Lettres Grifes, des Guillemets, &c. Il donne des règles pour compofer correctement les Ouvrages les plus difficiles, tels que font ceux où il y a des notes au bas des pages, & des additions à la marge, des additions en hache, les écrits de différentes Langues à plufieurs colonnes, des Ouvrages en deux colonnes accompagnés de differtations. La manière de compofer les Titres, foit des grands, foit des petits Ouvrages, dépend du goût; & ce goût ne fe prend qu'en voyant plufieurs modèles de titres; c'eft pourquoi le Sieur Fertel en propofe plufieurs de différentes efpèces. Il s'arrête beaucoup fur la difpofition des Ouvrages en vers, des Traités d'Arithmétique, des Chronographes, des Acroftiches, & des Tables de Généalogie. Nous remarquerons en paffant, que le modèle que l'on donne ici des Tables de

Généalogie est le plus commode pour le Compositeur ; mais qu'il ne fait point autant de plaisir aux Lecteurs, que ceux qui sont composés de manière que sous la Souche commune, on voye les différentes Branches.

L'*Imposition*, la *Correction* & la *Distribution* des Caractères dans les cases font le sujet de la seconde partie.

Dans la troisième on traite des lettres accentuées, de l'usage des *Signes*, que l'on appelle pieds de mouches, paragraphes, étoiles, croix, mains, du soleil & des lunes dans les Almanachs & dans les Livres d'Astronomie ; de la ponctuation, des parenthèses, des crochets, des apostrophes & des divisions.

On apprend dans la quatrième partie le Nom & l'usage des différentes pièces dont une presse est composée, la manière de tremper le papier pour l'Impression, & de préparer les balles ; de bien toucher une forme, de remédier aux défauts qui surviennent dans l'Impression : ce qui est suivi de plusieurs Observations sur les Impressions qui se font en rouge & en noir, & sur la composition de l'encre d'Imprimerie, soit par rapport au vernis, soit par rapport au noir de fumée.

HISTOIRE GÉNÉRALE de l'*Imprimerie* en Anglois ; Par M. Palmer. *Londres, chez l'Auteur, 1729, 2 Vol. in-4°.*

L'Auteur donne dans le premier Volume, un Abrégé de l'*Histoire de l'Imprimerie*, depuis 1440 jusqu'en 1520 : & il parle dans le second, de tout ce qui concerne l'Art d'*Imprimer* ; soit par rapport aux caractères, soit par rapport aux Opérations manuelles.

HISTOIRE de l'Origine & des premiers Progrès de l'*Imprimerie* ; Par le Sieur Prosper Marchand. *La Haye, Paupie, 1740, in-4°.*

MONUMENS TYPOGRAPHIQUES, ou Recueils des Ouvrages faits, sur l'Origine & les Progrès de l'*Imprimerie* ; sur son utilité, ses avantages & ses abus. Par M. Volsius, Professeur de l'Université de Hambourg. *Hambourg, Hérold, 1740, 2 Vol. in-8°.*

AUTEURS

MODÈLES DES CARACTÈRES de l'*Imprimerie*, & des autres choses nécessaires audit Art, nouvellement gravés par Simon-Pierre Fournier le Jeune; Graveur & Fondeur de Caractères. *Paris*, *1742*, *Vol. in-4°.*

Les belles Éditions ont le double avantage de faire plaisir aux yeux, & de les moins fatiguer; on peut même dire qu'elles contribuent à éclairer l'esprit, en augmentant la satisfaction que cause la lecture. Les Gens de Lettres doivent donc de la reconnoissance, à tous ceux qui font leurs efforts pour leur procurer de belles Éditions. Quatre choses paroissent nécessaires pour qu'elles soient telles, la beauté du Papier, la netteté des Caractères, leur emploi convenable, & la Distribution de l'encre, telle que le caractère ne soit ni trop, ni trop peu noir. Cette dernière Condition est même si nécessaire, que sans elle le plus beau Caractère ne fera qu'une Impression au-dessous du médiocre. Mais ce n'est point à cet objet que nous devons nous arrêter. Le Caractère en lui-même doit fixer notre attention, & celle des Lecteurs.

Son principal mérite consiste en ce que l'*Œil* n'en soit ni trop *Maigre*, ni trop *Gras*; qu'il ne soit ni trop *Approché*, ni trop *Espacé*; & surtout qu'*il soit bien en ligne* : c'est-à-dire, que les divers Caractères qui forment les lignes soient bien égaux. Il faut enfin que les *Pleins* & les *Déliés* y soient régulièrement observés.

C'est véritablement rendre justice au Sieur Fournier, en disant que les Caractères qu'il a gravés rassemblent ces perfections. Nous ne dirons point, puisqu'il dit lui-même le contraire, qu'on ne leur puisse rien reprocher. L'Inclination qu'il a pour son Art, l'assiduité qu'on lui connoît au travail, & la connoissance qu'il a du dessein, lui feront égaler, & peut-être surpasser tous ceux qui courent, & qui ont couru la même carrière. Car l'invention des Caractères mobiles est déja d'ancienne date. On ne sera point fâché d'en voir ici une histoire abrégée, qui est tirée d'un Discours qui précède les Modèles des Caractères du Sieur Fournier.

Les inconvéniens qu'on trouva dans la première manière d'*Imprimer*, & qui consistoit dans une Gravure en relief sur des planches de bois, engagèrent à chercher une Méthode plus aisée. On imagina donc de graver chaque Caractère sur un *Poinçon* d'acier, lequel enfoncé à coups de marteau dans un morceau de cuivre, y laisse une empreinte nommée *Matrice*.

L'Enfance de la Gravure des Caractères de l'*Imprimerie* n'a pas été aussi longue, que celle des autres Arts. Les premiers essais, quoiqu'en dise le Sieur Fournier, furent presque des coups de Maîtres. Mais par malheur le bon goût de la Gravure des Caractères fit bientôt place au Gothique, qui régna pendant un assez grand nombre d'années. On ouvrit enfin les yeux, quarante ans après la découverte de l'*Imprimerie*, on vit paroître plusieurs Graveurs excellens, & dont la réputation, ainsi que les poinçons ou les *Frappes*, sont aujourd'hui répandus par toute l'Europe; & ce que nous remarquons avec plaisir, c'est que presque tous les Graveurs les plus célèbres sont François; de sorte que si la France n'a point l'honneur de l'invention de l'*Imprimerie*, elle a du moins celui de lui avoir donné la perfection. Les Lecteurs nous sçauroient sans doute mauvais gré si nous leur laissions ignorer ici, les noms de ceux à qui ils ont tous les jours de nouvelles obligations. Voici les plus distingués.

Simon de Colines, né à Gentilly près de Paris, fut le premier qui grava avec succès des Caractères Romains, tels que ceux dont nous nous servons. Il y travailloit dans le même tems qu'Alde Manuce faisoit usage de pareils à Venise; c'est-à-dire, vers l'an 1480.

Claude Garamond, Parisien, Graveur & Fondeur de Caractères, commença vers l'an 1510. Personne ne lui conteste la gloire d'avoir surpassé tous ses prédécesseurs; & de n'avoir jamais été surpassé par ceux qui sont venus depuis. Le nom de Garamond que les Étrangers joignent aux Caractères qu'il a gravés, & le Petit Romain qu'ils ne distinguent des autres Caractères que par le nom de ce Graveur, font assez connoître l'estime qu'on en fait. C'est de lui que viennent les trois Caractères Grecs, dont *Robert Étienne* a fait usage dans ses Belles Éditions.

Robert Granjou, aussi Parisien, s'est sur-tout distingué par plusieurs beaux Caractéres Grècs. Le Pape Grégoire XIII lui fit l'honneur de le faire venir a Rome, pour graver des Caractères Hébreux, Syriaques, Arabes, Grècs & Arméniens; ce qu'il exécuta vers l'An 1570.

AUTEURS

Guillaume le Bé, de Troyes en Champagne, âgé de vingt ans, en 1545 grava à Venife plufieurs Caractères Hébreux & Rabbins pour diverfes perfonnes. Il revint à Paris vers l'an 1550; il s'y établit en qualité de Graveur & Fondeur de Caractères, & fournit honorablement fa carrière jufqu'à fa mort arrivée en l'Année 1598, qui étoit la foixante-treizième de fon âge.

Jacques de Sanlecque, né à Canleu dans le Boulonois en Picardie, fit auffi dans le même temps de grands progrès dans l'Art de graver & de fondre des Caractères. On eut une fi grande idée de fa capacité, qu'il fut trouvé feul capable de graver les Caractères Syriaques, Samaritains, Chaldéens & Arabiques, pour l'impreffion de la Fameufe Bible *Polyglotte* de M. le Jay. C'eft lui qui a gravé le premier, & fondu les Caractères de Mufique portant fes règles. Il mourut à Paris âgé de quatre-vingt-dix ans en 1648, après en avoir travaillé 75.

Jacques de Sanlecque, fils de celui dont on vient de parler, né à Paris vers l'An 1614, abandonna l'Étude des Langues & des Sciences, où il faifoit des progrès furprenans, pour donner à fon père un fucceffeur dans un Art qui le rendoit fi recommandable. Il y réuffit fi bien, qu'il embellit quelques Ouvrages de fon père. Entre un grand nombre de Caractères qu'il grava, fe trouve celui qu'il appella *Parifienne*, qui étoit alors incomparable en petiteffe, & qu'il grava pour l'oppofer à celui que *Jean Jaunon*, Graveur, Fondeur & Imprimeur de la Ville de Sedan, venoit de donner au Public fous le Nom de *Sédanoife*. Il mourut dans la quarante-fixième année de fon âge, épuifé par l'Étude qu'il avoit reprife.

La Gravure des Caractères finit, pour ainfi dire, avec lui; & pendant foixante ans elle fut tellement négligée, qu'à peine pouvoit-on trouver quelqu'un capable de graver les J confonnes & les U voyelles Capitales, lorfque l'ufage de ces Caractères s'introduifit en France.

La Léthargie dont a été attaqué un Art auffi utile, furprendra fans doute une bonne partie des Lecteurs. Mais il n'eft pas difficile d'en pénétrer la raifon. Il n'en eft pas des *Poinçons* & des *Matrices* comme des Caractères qui s'ufent par le fervice; & l'on avoit des *Frappes* de tous les Caractères d'ufage. Il eft donc aifé de concevoir, que ne fe trouvant point de fujets qu'une noble Émulation excitât à furpaffer leurs prédécesseurs, ou même à marcher sur leurs traces, & se faire un fond qui leur appartînt en propre ; on s'est contenté des *Poinçons* originaux des Maîtres dont nous venons de parler.

Enfin le goût de la Gravure des Caractères se réveilla au commencement de ce siècle ; mais les progrès qu'on y a faits ne l'ont point portée à sa perfection.

Le Sieur Fournier, comme nous l'avons déja dit, ne se flatte point d'y avoir atteint. Il s'engage envers le Public de corriger dans ses Poinçons les *négligences* qu'un éxamen scrupuleux lui fera découvrir. Mais on est en État, graces à son Goût & à sa Dextérité, d'attendre assez patiemment qu'il ait mis la dernière main à son Ouvrage.

M. Fournier a fait enfin ces changemens, après une étude réfléchie des beautés & des défauts des Caractères des différentes Fonderies de France & des Pays Étrangers ; il ne s'est point attaché à aucun en particulier, uniquement prévenu en faveur de ce qu'il a jugé le plus beau. C'est moins dans les Caractères Romains que dans les Italiques, qu'on remarquera de la différence ; le Sieur Fournier n'ayant rien trouvé chez les Étrangers qui fût égal aux Caractères Romains de nos Graveurs François. Quant aux Italiques, la différence est sensible au premier coup-d'œil ; & le Sieur Fournier, en se rapprochant autant qu'il a pû de notre manière d'écrire, leur a donné un œil qui feroit prendre les Éditions où l'on s'en sert pour de la Gravure ; si le gonflement du papier ne faisoit point distinguer les premières.

Les services que le Sieur Fournier a rendu aux Gens de Lettres, en procurant aux Imprimeurs les moyens d'avoir des Caractères mieux formés que par le passé, ne se bornent pas à ce seul point de vûe. La Confusion qui règne dans les Caractères de même dénomination, Confusion occasionnée par la différente force de ces Caractères, dans les différentes Imprimeries ; c'est-à-dire, dans la différente épaisseur, a aussi mérité son attention. Pour prévenir cet inconvénient qui résulte du mélange des différentes fontes, quadrats, ou espaces des différentes sortes de corps, mélange qui ne peut manquer de produire un désordre dont de mauvaises impressions sont les suites ; il a assujetti tous ses Caractères à des proportions fixes & déterminées, à une gradation suivie, & une correspondance générale ; telle que les gros corps sont précisément le double, le triple, ou le quadruple de ceux qui sont au-dessous.

Les Imprimeurs trouveront aussi leur compte à cette réforme; puisqu'au moyen de la Table des Proportions qu'on trouve dans l'Ouvrage, ils verront comment ils peuvent suppléer les quadrats, espaces, &c. à ceux de la fonte qu'ils mettent en œuvre, supposé qu'ils viennent à manquer dans le courant des Éditions. *Journal des Sçavans.*

Épreuves des Caractères de la Fonderie de Claude Mozèt, Fondeur & Graveur de Caractères d'Imprimerie. *Paris 1743, in-4°.*

Le Sieur Mozèt dans un avis qui précède le détail de ses Caractères, apprend aux Curieux, & peut-être à la meilleure partie des Imprimeurs; que chaque Caractère est susceptible de plusieurs changemens arbitraires: comme de lui donner à volonté plus de hauteur de corps, de l'approcher, de l'espacer, de le fondre sur des corps différens; changemens qui influent tellement sur l'exécution des Ouvrages, qu'il faut être Connoisseur pour reconnoître le Caractère.

Il paroît, en examinant attentivement ces Caractères, que le Sieur Mozet s'est principalement attaché à perfectionner ceux qui sont de l'usage le plus ordinaire; & sur-tout qu'on employe pour Imprimer les Livres. Il est fort peu intéressant, que des Caractères qui ne servent que pour des affiches ayent toute l'élégance possible; il suffit qu'ils soient lisibles. Au reste les Caractères du Sieur Mozet ne sont point inférieurs à ceux des autres Fonderies.

Épreuves des Caractères de la Fonderie de Nicolas Gando. *Paris, Guérin, 1745, in-4°.*

La Réputation du Sieur Gando soutenuë depuis long-temps dans l'Imprimerie Françoise, peut-être même Étrangère; n'a pas besoin d'être étayée par aucuns Ouvrages. Les Belles Éditions qui ont été faites avec les Caractères sortis de ses mains, suffisoient pour faire l'Éloge de sa Fonderie. Il a sans doute voulu faire honneur à la Nation, en prouvant pour sa part, qu'elle a des richesses suffisantes pour ne point porter envie à ce que les Étrangers ont de mieux.

Il donne

Il donne des Épreuves de tous ses Caractères, de ses Vignettes & Culs de lampe, & fait voir par le Portrait d'un Temple qui termine cet Ouvrage; qu'il n'y a point de dessein qu'on ne puisse éxécuter d'une manière satisfaisante, quand on sçait mettre en œuvre les Vignettes simples, qui se trouvent dans une Fonderie riche comme celle du Sieur Gando.

Imprimeurs d'Italie.

Nicolas Jenson ou Janson, François de nation, établi à Venise vers l'an 1461, mort en 1481.

Les Manuces, Imprimeurs de Venise & de Rome.

Alde *le père*, Romain de naissance, mort en 1516, dit *Aldus Pius Manucius*.

Paul *son fils*, mort en 1574.

Alde *le petit-fils*, mort en 1597.

Dominique de Baza, Vénitien, établi à Rome sous Sixte V.

Daniel Bomberg d'Anvers, établi à Venise, mort vers le milieu du seizième siècle.

Les Juntes de Lyon, de Florence, de Rome & de Venise.

Imprimeurs de France.

Josse de Bade d'Asck ou Aasche en Brabant, né en 1462; Imprimeur de Paris, mort en 1526, dit en latin *Jodocus Badius Ascensius*.

Les Éstiennes de Paris & de Genève, sçavoir :

Henri I du nom, mort vers l'an 1519 à Paris.

Robert I du nom, fils de Henri, mort à Genève l'an 1559.

Charles, frère de Robert, mort à Paris en 1564.

François, frère de Robert & de Charles, mort à Paris en 1550.

Robert second du nom, fils de Robert premier, mort vers l'an 1588 à Paris.

Henri second du nom, fils de Robert premier, mort à Genève l'an 1598.

Paul, fils d'Henri second, à Genève, mort en 1627.

Robert troisième du nom, fils de Robert second, petit-fils de Robert premier, à Paris, mort vers l'an 1644.

Antoine, fils de Paul, petit-fils d'Henri second, mort à Paris l'an 1674.

Auteurs

Simon de Colines, ou *Colinée*, ou Colinèt, Imprimeur de Paris, mort vers l'an 1547.

Michel de Vafcofan d'Amiens, Imprimeur de Paris, allié de Robert Étienne mort du Règne d'Henri III, en 1576.

Mamert Patiſſon d'Orléans, Imprimeurs de Paris, mort l'an 1600.

Les Wechels, Chrétien & André ſon fils, Imprimeur de Paris & de Francfort. André mort le premier Novembre 1581.

Adrien Tourne-Beuf, dit *Turnebe*, Imprimeur de Paris, mort en 1565.

Géofroy Thory, dit *le Maître du Pot caſſé*, de Bourges, Imprimeur à Paris, mort en 1536; & Jean-Louis Tiletan, Imprimeur dans la même Ville.

Les Morels de Paris, ſçavoir :
Guillaume Morel, mort en 1564.
Jean Morel ſon frère, mort en 1559.
Frédéric Morel l'ancien, mort en 1583, gendre de Vafcofan.
Claude Morel, mort le 16 Novembre 1626.
Sébaſtien Nivelle, mort le 19 Novembre 1603.
Sébaſtien Cramoiſi, Imprimeur à Paris, mort en 1669.
Jean Camuſat, mort à Paris en 1639.
Antoine Vitré, Imprimeur de Paris, mort en 1674.
Louis Billaine, Imprimeur *idem*, mort en 1681.

Imprimeurs des autres Villes de France.

Étienne Dolèt, Imprimeur de Lyon, brûlé à Paris en 1545.
Les Griffes, Imprimeurs de Lyon.
Sébaſtien, mort en 1556.
Antoine Gryphe.
Guillaume le Rouille, *Rovillius*, Imprimeur de Lyon vers le milieu du ſiècle précédent en 1568.
Les Frelons, Imprimeurs de Lyon, morts en 1559.
Les Trois de Tournes, *Tornæſii*, Imprimeurs de Lyon, puis de Genève, ſçavoir :
Jean de Tournes l'ancien, né Catholique, mort Huguenot à Lyon.
Jean Creſpin, Imprimeur de Genève, mort en 1572.

Simon Millange, Imprimeur de Bourdeaux, mort vers 1620.

Imprimeurs d'Allemagne.

Jean Froben, d'Hamelbourg en Franconie, mort en 1527.
Jérôme Froben, son fils.
Nicolas Bischop, ou *Episcopius*, son gendre, Imprimeur de Basle.
Jean Amerbache, Imprimeur de Basle, mort au commencement du seizième siècle.
Jean Herbst, dit *Oporin*, Imprimeur de Basle, mort en 1568.
Hervagius, Imprimeur de Basle.
Henric *Petri*, du même lieu.
Jérôme Commelin de Douay, Imprimeur d'Heidelberg, mort en 1597.

Les Imprimeurs de Cologne qui ont paru durant un demi-siècle, jusqu'au commencement de celui-ci; sçavoir:

Antoine de Myle.
Godefroy Hittorp.
Pierre Quentel.
Gerwin de Calen.
Herman de Myle.
Materne Cholin.
Jean Gymnique.
Antoine Hiérat.
Jean Kinche.
Bernard Gualter.
Pierre Heuningue.

Imprimeurs des Pays-Bas Catholiques.

Rutger Rescius, Imprimeur de Louvain, mort en 1545.
Hubert Goltzius de Venloo, au Duché de Gueldre, Imprimeur de Bruges, mort en 1583.
Christophe Plantin, de Tours, Imprimeur d'Anvers, mort en 1598.
Jean Belier ou *Beller*, Imprimeur d'Anvers, mort en 1595.
Les Morèts, Imprimeurs d'Anvers.

Jean, gendre de Plantin, mort en 1610.
Balthasar, fils de Jean, mort en 1641.

Imprimeurs d'Hollande.

François Raphelingius ou *Raflenghen*, Imprimeur de Leide, mort en 1597.

Les Blacw ou *Blaw*, Imprimeurs d'Amsterdam.

Guillaume, dit *Wilhelmus Cæsius Janssonius*, mort en 1628.
Jean Jansson son fils.
Josse Jansson, &c.
Jean Maire, Imprimeur de Leyde.

Les Elzévires, Imprimeurs d'Amsterdam & de Leyde;
Sçavoir :

Bonaventure.
Abraham.
Louis.
Daniel, mort vers l'an 1680 ou 1681.
André Fris ou *Frisius*, Imprimeur d'Amsterdam, mort vers l'an 1681.

Des deux principales Imprimeries du Monde, dont on n'a point pû parler ci-dessus, sous le nom des Imprimeurs particuliers.

La première est celle des Papes, appellée ordinairement du Vatican, ou l'*Imprimerie Apostolique*. Sixte-Quint la fit bâtir avec beaucoup de magnificence, dans le dessein d'y faire faire des Éditions les plus exactes & les plus correctes, dont on seroit humainement capable. Il est vrai que sa principale vûë étoit, de rétablir dans leur intégrité les Livres corrompus & altérés ; soit par la succession des temps, soit par la malice ou la négligence des hommes ; & de les purger des fautes que la mauvaise foi des Hérétiques y avoit fait glisser, comme dit le Sieur Léti dans sa vie.

Mais outre cela, il avoit encore pris la résolution d'y faire imprimer l'*Écriture-Sainte* en plusieurs Langues, les Conciles Généraux, un grand nombre de Statuts, & divers Règlemens Ecclésiastiques ; tous les Ouvrages des Saints Pères, des Liturgies, Rits & usages divers pour toutes fortes d'Églifes ; & quantité d'Inftructions Chrétiennes en diverfes Langues & en différents Caractères, tant pour étendre la Religion Chrétienne dans les Pays éloignés, que pour en défendre la vérité contre fes ennemis domeftiques & étrangers.

Rocca dit que pour cet éffet, il fit venir à Rome tout ce qu'il put trouver, ou plutôt tout ce qu'il put engager d'habiles gens par des libéralités extraordinaires, pour vacquer aux corrections des Éxemplaires : qu'il n'épargna rien ni pour la quantité, ni pour la qualité des chofes néceffaires, foit pour le grand nombre des preffes, foit pour la multitude des caractères Latins, Grècs, Hébraïques, Arabes & Efclavons ; foit même pour la grandeur & la bonté du papier. Il ajoûte que le Pape voulut, que la magnificence fe trouvât toujours jointe avec les commodités ; & qu'il donna la direction de cette grande Imprimerie à un habile Vénitien nommé Dominique de *Baza*, connu par fon grand fçavoir, & par la longue expérience qu'il avoit de cet Art ; il lui mit d'abord entre les mains de grandes fommes pour commencer l'éxécution.

Voffius dit, que quand il n'auroit fait que la dépenfe des Caractères Arabes dans cette Imprimerie, la République des Lettres lui auroit toujours des obligations immortelles ; parce que ce font les premiers qu'on ait vû dans l'Europe, & qu'ainfi c'eft à lui qu'on doit la meilleure partie des Livres imprimés en cette Langue pour la première fois.

Il ne faut pas oublier que Pie IV avoit déja jetté les fondements de cette grande Imprimerie, dont il avoit donné la conduite à Paul Manuçe.

De l'Imprimerie Royale.

La feconde eft celle des Rois de France, appellée ordinairement du Louvre, ou *l'Imprimerie Royale*. Elle eft plus ancienne que celle du Vatican, fi on en va rechercher l'Origine dans l'Hiftoire du Roi François I. Elle doit le comble de fa gloire à Louis XIII, fous lequel le Cardinal de Richelieu la mit en l'état qu'elle eft aujourd'hui, après que M. Def-noyers lui eut fait connoître l'importance de ce Grand deffein.

Auteurs.

Nous nous abstenons ici d'en écrire la magnificence & la richesse, de peur qu'on ne nous accuse d'en faire l'éloge; & il vaut mieux renvoyer le Public à ce qu'en ont écrit les Étrangers, plutôt que nous exposer au reproche qu'on pourroit nous faire de donner quelque chose à nos inclinations. Il suffit de faire remarquer qu'on en donna la direction à *Sebastien Cramoisy*, & qu'on la consacra pour ainsi dire, en commençant par le Divin Livre de l'Imitation du J. C. Les principaux Ouvrages qu'elle a produits depuis, sont les Histoires de France, plusieurs Pères de l'Eglise, une Bible vulgate en huit Volumes, & particulièrement le Grand Corps des Conciles Généraux en 37 Volumes; mais le plus éclatant & le mieux reçu de tous, est celui de l'Histoire Bizantine; sans compter plusieurs Ouvrages de l'Académie, Poëtes, Orateurs, Historiens, Philosophes & autres.

Marques ou Enseignes des principaux Imprimeurs, et Libraires.

Comme il est arrivé quelquefois, sur-tout dans le siècle passé, que les Imprimeurs n'ont pas mis leur nom, ni même celui de la Ville ou du lieu de leur impression, aux Livres qui sont sortis de leur Presse ou de leur Boutique : on ne trouvera peut-être pas mauvais, que l'on rapporte ici quelques-unes des Marques ou des Enseignes, qui servent à faire reconnoître les plus célèbres d'entre eux; comme sont :

L'*Abel* de l'Angelier, de Paris.
L'*Abraham* de Pacard, de Paris.
L'*Aigle* des Bellers, d'Anvers & de Douai.
De Blade, de Rome.
De Rouville ou Rouille, de Lyon.
De Tharné.
De Velpius.
L'*Amitié* de Guillaume Julien, de Paris.

L'*Ancre* de Christophe Raphelingius ou Rafflenghein, de Leyde.
L'*Ancre entortillée & mordüe d'un Dauphin* des Manuces, de Venise & de Rome.
De Chouët, de Genève.
De Pierre Aubert, de Genève.
L'*Ange Gardien* de Hénant, de Paris.

L'*Arbre verd* de Richér, de Paris.
L'*Arion* d'Oporin ou Herbſt, de Baſle.
De Brylinger, de Baſle.
De Louis le Roi, de Baſle.
De Chouèt, de Genève.
De Pernèt, de Baſle.
L'*Arroſoir* de Rigault, de Lyon.
Le *Baſiliſque & les quatre Éléments* de Rogny, de Paris.
Le *Bêcheur ou le Jardinier* de Maire, de Leyde.
Le *Bellérophon* de Perier, de Paris.
Le *Berger* de Boſc & de Colomien, de Toulouſe.
La *Bonne Foi* des Billaines, de Paris.
Le *Caducé* des Wechels de Paris & de Francfort.
Le *Cavalier* de Pierre Chevalier, de Paris.
Le *Cordon au Soleil* de Drouart, de Paris.
Le *Chêne verd* de Nicolas Cheſneau, de Paris.
Le *Cheval Marin* de Jean Gymnique, de Cologne.
Les *Cigognes* de Nivelle & de Cramoiſy, de Paris.
La *Citadelle* de Mounin, de Poitiers.
Le *S. Claude* d'Ambroiſe de la Porte, de Paris.
Le *Coq* de Wigand Hanen Erben, ou *Gallus*, de Francfort.
Le *Cœur* de Huré, de Paris.
Les deux *Colombes* de Jacques Queſnel, de Paris.
Le *Compas* de Plantin, d'Anvers.
Des Morèts, d'Anvers.
De François de Raphelengien ou Rafflenghe, de Leyde.
De Beller, de Douay.
D'Adrien Perier, de Paris.
De Soubron, de Lyon.
Le *Compas d'or* de Claude & de Laurent Sonnius, de Paris.
Le *Corbeau* de George Rabb, ou Corvin, de Francfort.
La *Couronne* de Materne Cholin, de Cologne.
La *Couronne d'Or* de Mathurin Du Puis, de Paris.
La *Couronne de Fleurons* de Rouſſelèt, de Lyon.
De Jacques Creſpin, de Genève.
La *Croſſe* d'Epiſcopius, ou Biſchop, de Baſle.
Le *Cygne* de Blancher.
Les *Élémens* de Roigny, de Paris.
L'*Éléphant* de François Regnaut, de Paris.
L'*Enclume & le Marteau* d'Henric Petri, de Baſle.
L'*Envie* de Gazeau.
Les *Épics meurs* de Du Bray, de Paris.
L'*Eſpérance* de Gorbin, de Paris.

De Barthelemy *de Albertis*, de Venife.

L'*Étoile d'Or* de Benoiſt Prevoſt, de Paris.

La *Fleur de Lys* de Cardon & d'Aniſſon, de Lyon.

La *Fontaine* de Vafcofan, de Paris.

Des Morels, de Paris.

La *Fortune* de Ph. Borde & de Rigaud, de Lyon.

Le *Frelon* des Frelons & Harſy, de Lyon.

La *Galère* de Galiot du Pré, de Paris.

Les *Globes en balançe* de Jauſſon ou Blacw, d'Amſterdam.

Les *Grenouilles ou Crapaux* de Froſchover, de Zurich.

Le *Griffon* des Griffes, de Lyon.

D'Antoine Hiérat, de Cologne.

De Wyriot, de Strasbourg.

La *Gruë ou Vigilance* d'Épiſcopius, de Baſle.

De Jean Gymnique, de Cologne.

L'*Hercule* de Vitré, de Paris.

De Jean Maire, de Leyde.

L'*Hermathene ou Terme de Mercure & Pallas* de Verduſt, d'Anvers.

Le *Janus* de Jean Jannon, de Sedan.

Le *Nom de Jeſus* de Pillehotte, de Lyon.

La *Lampe* de Perne ou Pernèt, de Baſle.

La *Licorne* de Jean Gymnique, de Cologne.

De Boullé, de Lyon.

De Chappelet, de Paris.

De Kerver, de Paris.

Le *Lion rampant* d'Arry.

Les *Lions & l'Horloge de fable* d'Henric-Petri, de Baſle.

Des héritiers de Nicolas Brylinger, auſſi de Baſle.

Le *Loup* de Poncèt le Preux, de Paris.

Le *Lys* de Junte, de Florence, de Rome, de Veniſe & de Lyon, &c. Ils ont pris quelquefois l'*Aigle* de Blade de Rome.

Le *Lys blanc* de Gilles Beys, de Paris.

Le *Lys d'Or* d'Ouen Petit, de Paris, & de Guillaume Boulle, de Lyon.

Le *Mercure fixe* de Blaiſe.

Le *Mercure arrété* de David Douceur, de Paris.

Le *Meurier* de Morel, de Paris.

Le *Navire* de Millot.

Le *Grand Navire* de la Société des Libraires de Paris, pour les impreſſions des PP. de l'Égliſe.

Le *Naufrage* de Ducheſne.

L'*Occaſion* de Fouèt, de Paris.

L'*Œil* de Vincent, de Lyon.

L'*Olivier* des Eſtiennes, de Paris & de

& de Genève.
De Patiſſon de Paris, qui eſt celui des Eſtiennes.
De Sebaſt. Chappelet, de Paris.
De Gamonet, de Genève, qui eſt celui des Eſtiennes.
De P. l'Huillier, de Paris.
Les Elzévires, d'Amſterdam & de Leyden.
L'*Oranger* de Zanetti, de Rome & de Veniſe: de Toſi, de Rome.
L'*Orme entortillé d'un Sep de Vigne*, ſelon quelques-uns des Elzévires, d'Amſterdam & de Leyde.
L'*Oiſeau entre deux Serpens* des Frobens, de Baſle.
La *Paix* de Jean de Heuqueville, de Paris.
La *Palme* de Courbé, de Paris.
Le *Palmier* de Bebelius, d'Eiſingrein.
De Guarin, de Baſle.
Le *Parnaſſe* de Ballard, de Paris.
Le *Pégaſe* des Wechels, de Paris, & de Francfort.
De Marnef ou Marnius & des Aubry, de Francfort & d'Hanaw.
De Denys du Val, de Paris.
Le *Pélican* de Girault, de Paris.
De François Heger, de Leyden.
Des deux Marneffs, de Poitiers, Jean & Enguilbert.
Le *Perſée* de Bonhomme, de Lyon.

Le *Phenix* de Michel Soly, de Paris.
De Pierre Leffen, de Leyde.
Le *Pin* de le Franc.
De P. Aubert, de Genève, d'Ausbourg.
La *Pique entortillée d'une Branche & d'un Serpent*, de Frédéric Morel, de Paris.
De Jean Bien-né, de Paris, & quelquefois de Rob. Eſtienne.
Le *Pot caſſé* de Geoffroy Thory, de Paris.
La *Poule* des Myles & des Birckmans, de Cologne : & de Meurſius, d'Anvers.
La *Preſſe ou l'Imprimerie* de Badius Aſcenſius, de Paris.
La *Renommée* des Janſſons, d'Amſterdam.
De Hautin, de la Rochelle.
De Sigiſmond Feyrabem, de Francfort.
La *Roſe dans un cœur* de Corrozet, de Paris.
La *Ruche* de Robert Fouèt, de Paris.
Le *Sage* de Sartorius, d'Ingolſtad.
La *Salamandre* de Zenaro, de Veniſe.
De Peſnot, de Lyon.
De J. Creſpin, de Lyon.
De Denis Moreau, de Paris.
De Claude Senneton, de Lyon.
La *Samaritaine* de Jacques du

Puis, de Paris.

Le *Samson déchirant un Lion*, de Caleu & de Quentel, de Cologne.

Le *Samson emportant les portes de la Ville de Gaza*, de Scipion & de Jean de Gabiano ou Garvian, de Lyon : & de Hugues de la Porte, de Lyon.

Le *Saturne* de Colinèt ou de Colines, de Paris, & quelquefois d'Hervagius, de Basle.

Le *Sauvage* de Buon, de Paris.

Le *Sauveur du Monde*, de Caleu & de Quintel, de Cologne.

Le *Sceptre éclairé* de Vincent, de Lyon.

La *Science* de Lazare Zetzner, de Strasbourg.

Le *Serpent Mosaïque* de Martin le Jeune, de Paris.

D'Eustache Vignon, de Genève.

Le *Serpent entortillé autour d'une ancre*, du même Vignon.

Les *deux Serpens* des de Tournes, de Lyon & de Genève.

Les *Serpens couronnés entortillés d'un bâton renfermant un oiseau*, des Frobens, de Basle.

Le *Soleil* de Brugiot.

De Guillard, de Paris.

De Vlaq, de la Haye en Holl.

De Basa, de Venise.

La *Sphère* des Blacws ou Janssons, d'Amsterdam.

Des Huguetans & Ravaud, de Lyon.

Il s'est trouvé aussi diverses Éditions de Livres d'Hollande dans ces dernières années marquées *de la Sphère*, sans nom d'Imprimeur.

Le *Tems*. Voyez *Saturne* comme ci-dessus.

Le *Terme des trois Mercures* d'Hervagius, de Basle.

La *Toison d'Or* de Camusat, de Paris.

Le *Travail* de J. Maire, de Leyde.

La *Trinité* de Pillehotte, de Lyon.

De Meturas, de Paris.

L'*Uberté ou fécondité* d'Hubert Goltzius, de Bruges.

Le *Vase ou la Cruche panchée*, de Barth. Honorat, de Lyon.

La *Vérité* des Commelins, d'Heidelberg & de S. André : & de David, de Paris.

La *Vertu* de Laurent Durand, de Paris.

Les *Vertus Théologales* de Savreux, de Paris.

Le *Victorieux* de Vincent, de Lyon.

La *Vigilance ou la Gruë sur une Crosse*, d'Episcopius, de Basle.

La *Vipère de S. Paul*, de Michel Sonnius, de Paris : de P. de la Rovière, de Genève, &c.

Petite Dissertation sur les Langues.

Tout ce qui est Humain est sujèt à des vicissitudes, que l'expérience des Siècles peut apprendre à prévoir ; mais que tous les éfforts des Nations réunies ne peuvent empêcher. Depuis la naissance du Monde, les Lettres & les Arts n'ont fait que parcourir la terre, ils ont suivi les destins des Empires qu'ils habitoient, ils sont tombés avec eux ; & par un malheur d'autant plus éffrayant, qu'il tient à l'ordre des évènemens nécessaires, c'est dans les Climats qu'ils ont autrefois embellis, que l'on retrouve le moins de traces de *Sçavoir* & d'Industrie ; s'il subsiste encore quelques-uns des monumens qu'ils y ont élevés, ce sont ceux qui, sans souffrir de la chûte, ont été couverts par les ruines, ceux que leur masse a défendu du fèr des Barbares & de la rapacité du temps : ils sont aux yeux des Nationnaux, comme les représentations fortuites que la variété des couleurs produit sur le marbre, comme des rochers que l'impuissance respecte ; & ils resteront dans l'oubli, jusqu'à ce que d'une main sçavante, l'habitant d'un autre Pole vienne arracher la mousse que l'âge y a déposée.

Le tumulte des Armes & l'anarchie des Mœurs sont sans doute les premières causes du dépérissement des Lettres dans ces jours de révolution (*a*) ; mais il en est une autre plus opiniâtre, c'est l'altération de la Langue ; soit que les Conquérans trouvent une sorte de gloire à donner leur Langage à ceux à qui ils ont donné des fèrs (*b*) ; soit qu'ils veuillent asseurer leur

---

(*a*) Philip. Melancht. *De corrigendis Studiis sermo.*
(*b*) L'Usage de la Langue Grècque commença à s'abolir ; parce que le Calife Valid *défendit aux Grècs de se servir d'autre Langue que de l'A-*

conquête en dénaturant le pays conquis ; ou, ce qui est plus naturel, que cette altération soit l'éffet nécessaire d'un commerce trop continuel. Les vaincus reçoivent à la fin l'expression des Vainqueurs ; & le jargon barbare du Soldat triomphant, l'emporte sur ces Langues polies par les travaux de tant de siècles ; dans lesquelles les Homères & les Virgiles ont chanté les Dieux & les Héros de leurs Nations.

Ce changement est, à dire vrai, le Signe caractéristique de la destruction des grandes Monarchies : quelques variations qu'elles ayent éprouvées dans la forme de leur gouvernement, que plusieurs Princes étrangers en ayent usurpé le Trône, que les guerres civiles en ayent divisé la domination ; c'est toujours le même Empire : ces évènemens ne seront remarquables, que dans la Chronologie de ses Rois, dans son Histoire particulière. Que l'on cesse d'y parler la même Langue, c'en est fait ; ce n'est plus le même Peuple, & cette mutation fait Époque dans l'Histoire de l'Univers *.

―――――――――――――――――――――――――――――――――――――

rabe dans les Actes publics. Les Romains imposoient le joug de leur Langue avec celui de la servitude : *Opera data est ut imperiosa civitas, non solùm jugum, verùm etiam Linguam suam domitis gentibus imponeret.* S. August. de Civitat. Dei, L. 19, Ch. 7. Attila, après une victoire sur les Romains, eut l'ambition de leur faire adopter sa Langue ; & fit publier à cet éffet une défense de parler Latin. Enfin au seizième siècle, le Roi d'Espagne contraignit les Maures à renoncer à leur Langue naturelle. *Le Conseiller d'État*, &c. Part. 2, Ch. 15. Voyés dans le Dictionnaire de Bayle, Art. Claude Rem. A. Plusieurs autres traits de l'affection singulière de divers Peuples pour leur Langue ; Plutarque rapporte que Caton aima mieux *parler aux Athéniens par un truchement, quoiqu'il eût pû les haranguer en Grèc ;* & cela par honneur pour le Langage Romain. *Vie de Caton, Trad. d'Amyot.*

* Voyés les Belles Lettres, Préfaces des Méthod. Ital. & Espagn. de Port-Royal.

Cependant, comme il n'eſt aucune conſtitution eſſentiellement propre à un Climat particulier, il n'eſt également aucun Idiôme naturellement affecté, à ceux qui l'habitent. Ainſi toute Langue peut devenir la Langue univerſelle des Nations, quand elles vivront ſous la même Loi * : ainſi toute Langue peut devenir celle des Arts & des Sciences, lorſqu'adoptée par un État floriſſant, le long uſage l'aura perfectionnée. Pourquoi donc voyons-nous les ténèbres de l'ignorance ſuccéder auſſi rapidement à la lumière des Lettres, & long-temps encore après ces ſecouſſes, enſevelir le goût & le vrai, dans les nuages de ſon obſcurité ? La cauſe n'en eſt pas incertaine : c'eſt que les idées ſuivent le ſort des Signes qui les repréſentent, ſe conſervent, ſe multiplient, & ſe perdent avec eux ; c'eſt que les Langues naiſſent comme les hommes, & qu'elles ont comme eux leurs différens âges ; bornées d'abord aux objets ſenſibles, de pure néceſſité, comme les enfans aux cris du beſoin ; long-temps reſſerrées dans un nombre fini de Sons, mal articulés : ce n'eſt que par degrés, qu'elles peuvent atteindre un certain période de richeſſes ; & ces degrés ſeront d'autant plus lents, qu'elles puiſeront moins dans les Langues qui les ont précédées : de ſorte que s'il étoit poſſible que ces Langues fuſſent entièrement oubliées, que la trace en fût totalement perduë ; la chûte des Empires renouvelleroit à chaque inſtant, l'enfance du Monde.

La pureté du Langage, l'abondance des Expreſſions, & l'agrément du Style, ne ſont pas les ſeuls fruits que procure l'Étude des Langues mortes ; ſans elles toutes les connoiſſances acquiſes ſeroient pour nous en pure perte, elles ſont les orga-

---

* Les Allemands, les Gaulois, les Eſpagnols & les Bretons n'eurent autrefois qu'une même Langue, *Ibid.*

nes de la Tradition, elles nous donnent les premiers Éléments des Sçiences ; elles nous transportent & nous approprient toutes les découvertes des Génies de l'Antiquité (*a*). Ainsi Athènes hérita des Trésors de l'Égypte ; ainsi Rome puisa dans la Grèce le goût des Beaux Arts ; ainsi la France s'est enrichie des dépouilles de Rome & d'Athènes ; & ces différens Peuples datèrent la renaissance des Lettres, du jour que la Paix dans leurs foyers, leur permit de porter des regards curieux sur les siècles écoulés (*b*).

Il est un terme, dira peut-être quelqu'un, où l'Étude de ces Langues cesse d'être aussi importante au progrès des Lettres ; & nous y sommes parvenus : puisque notre Langue maternelle ne le cède plus à aucune autre, qu'elle s'est approprié tout ce que les Anciens avoient de plus exquis ; & qu'elle nous offre elle-même des Modèles en tout genre. Mais qui peut dire, qu'elle ait atteint le degré de perfection dont elle est susceptible ? Qui peut dire qu'elle ait acquis un état fixe, tandis qu'elle est soumise à l'inconstance de l'usage (*c*) ? Quand on rédigeoit à Rome le premier Traité avec les Carthaginois, pouvoit-on prévoir qu'il seroit à peine entendu sous le Règne d'Auguste ? Et lorsque Marot écrivoit avec tant de confiance, *le temps a fait notre Langue plus fixe* ; il ne croyoit assurément pas, que cette fi-

---

(*a*) *Sans le secours des Langues, tous ces oracles sont muèts pour nous, tous ces trésors nous sont fermés ; & faute d'avoir la Clef, qui peut seule nous en ouvrir l'entrée, nous demeurons pauvres au milieu des richesses, ignorans au milieu de toutes les sçiences.* M. Rollin, Tom. I. L. 1.

(*b*) Voyés Méchaniq. des Langu. L. 1. de l'Origine des L. Grèc. & Latin. *A disciplinis Græcis...... nostræ fluxerunt.* Quintil. L. 1. Ch. 1.

(*c*) Cent ans après Cicéron, Quintilien se plaignoit déja que la Langue avoit changé : *Quid multis ? totus penè mutatus est sermo !* L. 8. Chap. 3.

nesse seroit regardée par les Générations suivantes, du même œil qu'il avoit vû les Gaulois de Villoy (a).

Nous avons des Modèles, sans doute; mais ils sont trop contemporains, pour inspirer ce Respect qui fixe invariablement les principes du beau; leur réputation n'a pas assez vieilli, pour former une barrière capable d'arrêter les entreprises & la contagion du faux goût: & il y auroit tout à craindre en perdant de vûë les Chefs-d'œuvre de l'Antiquité, que le caprice du moment, ne devînt le Type le plus ordinaire de nos productions (b).

Ne craignons donc pas d'affirmer, qu'aucune Langue vivante ne peut se suffire à elle-même; que ce seroit tout livrer au Désordre, & resserrer volontairement le cercle de nos idées, que d'adopter cette opinion; parce que *les Hommes ont toujours plus de pensées que de sons, pour les éxprimer: & qu'il n'y a point de Langue, où on ne demeure court à quelque endroit* (c).

Tenons au contraire pour certain, *que celui qui ignore la Langue Grècque ne sçauroit passer pour sçavant* (d); que le Latin

---

(a) Il est incontestable que notre Langue a éprouvé une infinité de changements depuis Vaugelas; cependant il écrivoit: *Quand une Langue a nombre & cadence en ses périodes, comme la Françoise l'a maintenant; elle est à sa perfection: & quand elle est venuë à ce point, on en peut donner des Règles qui dureront toujours.* Préface Rem. N. X. 2.

(b) *On ne sçauroit en écrivant rencontrer le* Parfait, *& s'il se peut, surpasser les Anciens que par leur imitation.* La Bruyère, des Ouvrages D'esprit.

C'est l'Étude de plusieurs Langues (dit M. d'Aguesseau) *qui donne la connoissance du vrai, du beau universel qui plaît à tous les hommes, sans distinction de temps, de climats & de préjugés.* Troisième Instruct.

(c) M. Fleury, N. 25, Choix des Étud.
(d) Locke, Éduc. des Enf. §. 201. M. Rollin. L. 1. Ch. 2. Art. 1. *Nécessité de la Langue Grècque.*

est nécessaire à tout homme de Lettres ; que *le petit nombre d'habiles ou le grand nombre de superficiels, vient de l'oubli de cette pratique* (a) ; " enfin que ceux qui se bornent à leur Langue
» maternelle, sans vouloir faire leur profit de la politesse ni de
» l'expérience des Grècs & des Romains, courent le risque,
» ou d'acquérir un sçavoir taciturne, & incapable de se pro-
» duire ; ou d'avoir une facilité de parler, qui n'est soutenuë
» d'aucun fonds (b).

A ces considérations, qui furent assez puissantes pour engager les Romains à étudier une Langue qui ne leur étoit d'aucun usage dans le maniement des affaires publiques (c), il faut joindre des motifs qui nous sont particuliers ; je veux dire, le rapport qui se trouve entre ces Langues mortes & notre Religion ; le fruit que l'on en retire pour la Jurisprudence & la Médecine, & la nécessité de les sçavoir ; pour remplir la plûpart des Fonctions Civiles. De-là sans doute est née cette Coûtume, à qui, comme dit Locke, rien ne peut résister ; & qui fait tellement du Latin une partie essentielle de l'Éducation, que sans cela on ne la croiroit pas orthodoxe (d). Si malgré un Préjugé aussi fort, je me suis autant étendu sur les raisons d'utilité ; c'est que j'ai pensé qu'il n'étoit pas hors de propos de jetter un coup-d'œil, sur l'Histoire & la formation des Langues.

(a) La Bruyère. Caract. Ch. *De quelques Usages.*
(b) M. Pluche. Méchan. des Langues, L. 1.
(c) M. Rollin, L. 1, Ch. 1 : *Illud magnâ cùm perseverentiâ custodiebant, ne Græcis unquam nisi latinè responsa darent.* Val. Max. L. 2, Ch. 2.
(d) Locke, de l'Éducat. des Enfans ; §. 168.

AUTEURS,

AUTEURS SUR LES LANGUES.

MÉTHODE HÉBRAIQUE du P. Renou de l'Oratoire ; Par le P. le Long. *Paris, Colombat, 1708, in-8°.*

Pendant toute la vie du P. le Long, il a partagé son temps entre la Prière & l'Étude. Une modestie, qui n'avoit rien d'affecté, accompagnoit toutes ses actions & ses paroles. Il avoit beaucoup de pénétration & de jugement, mais très-peu d'imagination ; d'où venoit une espèce de dégoût pour la Poësie, la Rhétorique, & tout ce qu'on appelle communément Ouvrages d'esprit ; mais il aimoit à découvrir la vérité sur toutes sortes de matieres de Théologie, de Philosophie, de Mathématiques, & d'Histoire. Le P. Malbranche lui reprochoit quelquefois en badinant, les mouvemens qu'il se donnoit pour découvrir une date ; ou quelques faits que les Philosophes regardent comme des minuties. Mais la vérité est si aimable, disoit le P. le Long, qu'on ne doit rien négliger pour la découvrir, même dans les plus petites choses.

BIBLIOTHECA SACRA, *sive syllabus omnium fermè Sacræ Scripturæ editionum ac versionum ;* Par le P. le Long. Paris, 1709, in8°. 2 Tom.

Cet Ouvrage aussi estimable par lui-même, que par l'éxactitude de son Auteur, fut bien-tôt réimprimé à Léipsic ; il y parut fort augmenté par *Chrétien-Frédéric Boerner*, Docteur en Théologie, & Professeur en Humanités dans cette Ville en 1709, in-8°. 2 vol.

Ce n'étoit là que la première partie de l'Ouvrage que le P. le Long s'étoit proposé ; car il avoit dessein d'y joindre une seconde partie, qui contiendroit la liste de tous les Auteurs qui ont travaillé sur l'Écriture Sainte ; c'est ce qu'il a exécuté dans une seconde Édition, qui s'est faite à Paris en 1723, en 2 vol. in-folio ; mais il n'a pas eu le plaisir de la voir, étant mort dans le cours de l'impression.

RUDIMENTA *Grammaticæ Harmonicæ Linguarum Orienta-*

AUTEURS

lium, Hebrææ, Chaldaicæ, Syriacæ & Arabicæ. Par Jacques Rhenferd. Franckeræ, 1700, in-4°.

Jacques Rhenferd, fut d'abord deftiné à l'Églife, & dès l'âge de neuf ans on l'envoya à *Meurs* pour y faire fes Études. Après avoir demeuré en ce lieu fix ans, & y avoir appris le Latin & le Grèc; il alla à *Schwertam* chez un de fes Parens, qui lui enfeigna les fondemens de la Langue Hébraïque.

L'année fuivante il alla à *Ham*, où il étudia fous *Gulichius* grand Philofophe, & grand Théologien; & fous *Adrien Pauli*, Profeffeur en Hiftoire & en Langues Orientales. Ce dernier eut tant d'eftime pour lui, qu'il lui confia l'éducation de fes fils.

Trois ans après il alla à *Groningue*, pour y étudier la Langue Sainte fous M. *Alting*, & y fut reçu Propofant; en 1676 il paffa à *Amfterdam*, où il demeura cette année-là & la fuivante; fon deffein étoit non-feulement d'y enfeigner les Belles Lettres, mais principalement de s'avancer de plus en plus dans la connoiffance des Rabbins.

En 1678 & 1679, il fut Recteur des Claffes de *Francker*; & M. *Terenius* étant mort en 1678, il eut permiffion de faire des Leçons fur les Langues Orientales. En 1680 il quitta *Francker*, & retourna à *Amfterdam*, pour y enfeigner de nouveau les Humanités, & fur-tout pour avoir occafion de converfer avec les plus fçavans Rabbins.

Le 8 Février 1683, M. *Rhenferd* fut nommé Profeffeur à *Francker* dans les Langues Orientales, & dans la Philologie facrée, ayant pour-lors vingt-huit ans & demi; & il eft demeuré dans cet emploi jufqu'à la fin de fa vie. Son profond fçavoir, la foule de fes Auditeurs, les beaux Ouvrages qu'il a donnés au Public, & fur-tout fes manières honnêtes & pleines de franchife, lui ont concilié l'eftime & l'amitié de tous ceux qui l'ont connu.

Il garda le célibat pendant toute fa vie. Quoiqu'il fût d'un tempérament fort & robufte, il devint cependant infirme, quelques années avant fa mort; il fut même obligé pendant fix mois de garder le lit, ou de fe tenir fur un fiége, à caufe d'une enflure, qui étoit tombée fur fes pieds; enfin fes forces s'étant diffipées peu à peu, il mourut le 7 Octobre 1712, âgé de 58 ans, après avoir été près de 30 ans Profeffeur, & trois fois Recteur de l'Univerfité de *Francker*.

Il avoit beaucoup de pénétration, d'esprit, & de bon sens, ce qui le rendoit capable de toutes sortes d'Arts & de Sciences, & sur-tout une mémoire ferme & fidelle. La grande connoissance qu'il avoit des Langues les plus difficiles, en est une preuve convainquante. Il ne se bornoit pas seulement à l'Hébreu dans ses Leçons, il enseignoit encore le Chaldéen, le Syriaque, l'Arabe, le Persan, le Rabbinisme. Il aimoit beaucoup le Grec, & l'entendoit fort bien. Pour le Latin, il le parloit facilement & élégamment.

Voici quelques-uns de ses Ouvrages.

DISPUTATIO *Philologica de antiquitate Litterarum Judaïcarum*. Franckeræ, 1696, in-4°.

L'Auteur y prétend contre *Joseph Scaliger*, *Louis Cappel*, & *Samuel Bochard*, que les Caractères que nous avons aujourd'hui dans nos Bibles, sont plus anciens que ceux des Samaritains; & que les derniers ont été formés sur les Assyriens, qui sont beaucoup plus beaux.

PERICULUM PALMYRENUM, *sive Litteraturæ veteris Palmyrenæ indagandæ & eruendæ ratio & specimen*. Franckeræ, 1704, in-4°.

C'est l'explication de quelques Inscriptions trouvées à Palmyre en Caractères inconnus.

CONJECTURA *de Tecto Sabbathi. 1707, in-4°.*

L'Auteur tâche d'y donner l'explication du vers. 18 du chap. 16 du quatrième Livre des Rois.

PERICULUM CRITICUM, *sive exercitationes criticæ in loca depravata, deperdita & vexata Eusebii Cæsariensis & Hieronymi de situ & nominibus locorum hebraïcorum*. Franckeræ, 1707, in-4°.

Ce sont des Corrections sur cet Ouvrage, & des Censures de quelques-unes des Remarques de M. le Clerc, qui lui a répondu dans la Bibliothèque ancienne & moderne, tom. 17, p. 122.

PERICULUM PHÆNICIUM, *sive antiqua Litteratura Phæni- cium*. Franckeræ, 1706, in-4°.

C'est l'explication de quelques Médailles Phéniciennes.

Tous les Ouvrages de *Jacques Rhenferd*, ont été réimprimés ensemble à Utrecht en 1712, *in*-4°. avec son Oraison Funèbre, prononçée le 19 Octobre 1712 par M. *Ricard Andala*, Professeur ordinaire en Philosophie & en Théologie à *Francker*.

ANALECTA RABBINICA, *in quibus continentur Gilberti Genebrardi isagoge Rabbinica; Christi, Cellarii Rabbinismus, institutio Grammatica; Drusii de particulis Chaldaicis, Syriacis & Rabbinicis; index commentariorum Rabbinicorum Bartholoreï vitæ celebriorum Rabbinicorum; denique D. Kimchi in decem primos Psalmos Davidis commentarius*. Adrien Reland. Ultraj. 1702, in-8°.

Adrien Reland, eut pour père *Jean Reland*, qui étoit Ministre du Village de *Ryp*, d'où il passa ensuite à *Alckmaar*, & enfin à *Amsterdam*. Ce fut dans cette derniere Ville que le jeune Reland fut mis au Collége. A onze ans il eut fait ses Humanités; on lui donna alors pour Maîtres, Messieurs *Francius* & *Surenhuis*. Dans les trois années qu'il étudia sous ces Professeurs, il fit de grands progrès dans l'Hébreu, le Syriaque, le Chaldaïque, & l'Arabe. A ses heures perduës il s'éxerçoit à la Poësie, & y réüssissoit.

A quatorze ans on l'envoya à *Utrecht*, où il eut pour Professeurs, Messieurs *Grævius* & *Leusden;* sous lesquels il se perfectionna dans la connoissance de la Langue Latine, & des Langues Orièntales. Il y étudia aussi en Philosophie, & y fut reçu Docteur.

A dix-sept ans il commença à étudier en Théologie sous *Melchior Leidekher, Gerard van Mastricht, Herman Witzius, & Herman van Halen*, & soutint sous eux plusieurs Thèses fort sçavantes. Il ne perdoit pas cependant de vûë les Langues Orientales, qui ont toujours été son étude favorite. *Henry Sicke*, de Brème, qui étoit très-sçavant dans la Langue Arabe, se trouvant alors à *Utrecht*, M. Reland se servit de cette occasion pour se perfectionner dans cette Langue.

Après qu'il eut demeuré six ans à *Utrecht*, son père l'envoya à *Leyde*, pour continuer ses Études de Théologie sous Messieurs *Spanheim*, *Trigland* & *Marck*. Il fit aussi un Cours de Physique expérimentale sous M. *Senguerd*.

Peu de temps après son arrivée à *Leyde*, on lui offrit une Chaire de Professeur à *Linden*, pour enseigner la Philosophie, ou les Langues Orientales ; & il eût accepté cette Dignité, quoiqu'il eût à peine passé l'âge de vingt-deux ans, s'il n'en avoit été détourné par la mauvaise santé de son père, qui ne lui permettoit pas de s'éloigner si fort d'*Amsterdam*.

Dans ce temps-là le Comte de *Portland* souhaita l'avoir pour Précepteur de son fils, le Vicomte de *Woodstok*. Le père de M. Reland, sollicité par ses amis, lui permit d'accepter le parti qu'on lui proposoit ; mais lorsqu'on voulut le faire passer en Angleterre avec son Élève, son père ne voulut pas y consentir.

Quelque temps après, (en 1699) il fut appellé à *Harderwik* pour y remplir la Chaire de Professeur en Philosophie, n'ayant alors que vingt-quatre ans. Mais l'Université de cette Ville n'en jouit pas long-temps. Le Roi Guillaume l'ayant recommandé au Magistrat d'*Utrecht*, on lui offrit d'abord la Chaire de Professeur en Langues Orientales, & en Antiquités Écclésiastiques. Son génie plus porté pour les Belles-Lettres, que pour la Philosophie, lui fit accepter avec joye la place qu'on lui offroit. C'étoit en 1701.

Après avoir rempli à *Utrecht* pendant deux ans la Chaire de Professeur, il se maria ; de trois enfans qu'il a eû, il ne lui en est resté que deux, un fils & une fille.

En 1713, on établit en Angleterre une Société pour l'avancement de la Religion Chrétienne ; l'année suivante, il s'en forma une autre pour la propagation de l'Évangile dans les Pays Étrangers. M. Reland fut Associé à l'une & à l'autre.

Il est mort à *Utrecht* le 5 Février 1718, dans sa quarante-deuxième année, de la petite vérole. On peut dire, qu'il a excellé dans le genre d'érudition qu'il avoit embrassé, & qu'il y seroit devenu le premier homme de son siècle, s'il avoit vécu plus long-temps ; ce qui relevoit son savoir, est un caractère d'honnête homme qu'on voyoit paroître en lui, des manières affables, & une humeur pacifique, qualités qui ne sont pas données en partage à tous les Sçavans.

Voici quelques-uns de ses Ouvrages.

ELENECHUS PHILOLOGICUS, *quo præcipua, quæ circa textum & versiones Sacræ Scripturæ disputari inter Philologos solent breviter indicantur, in usum studiosæ Juventutis.* Ultraj. in-12.

BREVIS INTRODUCTIO *ad Grammaticam Hebræam Altingianam. Accedit liber Ruth cùm commentario Rabbinico & observationibus masoreticis Hebr. & Lat.* Ultraj. 1710, in-8°.

PALESTINA *ex monumentis veteribus illustrata, & chartis Geographicis accuratioribus adornata.* Ultraj. 1714, in-4°. 2 Tom.

C'est constamment le meilleur Ouvrage de M. Reland, & le plus digne de sa réputation; quoiqu'il y ait quelques endroits à retoucher: aussi avoit-il dessein de le faire dans une seconde Édition. Il a été réimprimé à *Nuremberg* en 1716, *in-quarto*; mais cette Édition est beaucoup inférieure à celle d'*Utrecht* par rapport au Papier, aux Caractères, aux Planches, & à la Correction.

GRAMMATICA HEBRÆA *in tabulis Synopticis una cum consilio XXIV. horis discendi Linguam Sanctam.* Par Christophe Cellarius. Cizæ, in-4°. 1681, *secunda editio auctior* 1684, *tertia editio Jenæ* 1699.

Cette Grammaire de Christophe Cellarius est fort méthodique.

Il eut le malheur de perdre son père à l'âge de trois ans; mais sa mère l'aimoit trop pour négliger le soin de son éducation. Il commença ses Études dans le Collége de *Smalcalde*, & il y fit de si grands progrès dans les Langues Latine & Grecque, qu'il fut jugé capable, à l'âge de dix-huit ans, d'aller à *Jène* étudier dans cette Université. Il demeura trois ans en ce lieu, où il s'appliqua aux Belles-Lettres sous *Bosius*, à la Philosophie sous *Bechman*, aux Langues Orientales sous *Frischmuth*, & aux Mathématiques sous *Weigelius*.

En 1659, il quitta *Jène* pour aller à *Gieffen* étudier en Théologie fous *Pierre Haberkarn*. Après avoir foutenu des Thèfes *de infinito valore meritorum Chrifti*, il retourna à *Jène* continuer fes Études de Théologie, des Langues Orientales & des Mathématiques.

Il alla revoir fa patrie en 1663, mais il n'y demeura pas long-temps; il voulut vifiter encore d'autres Académies, & fit quelque féjour à *Gotha* & à *Hall*; enfin il fut reçu Docteur à *Jène* en 1666.

L'anné fuivante 1667, il fut nommé Profeffeur en Hébreu & en Morale à *Weiffenfels*, & il remplit cette charge pendant fept ans avec beaucoup d'applaudiffement & de gloire.

En 1673 il fut appellé à *Weymar*, pour y être Recteur du Collége. Il ne conferva cet emploi que trois ans, & il le quitta pour aller en remplir un femblable à *Zeitz*. Il fe donna en ces deux endroits tous les foins dont il fut capable pour inftruire & former la Jeuneffe qui lui étoit confiée; & de-là viennent plufieurs Ouvrages qu'il a donnés au Public.

Après douze années de féjour à *Zeitz*, on lui offrit en 1688 le Rectorat du Collége de *Mersbourg*, & il l'accepta. Sa fcience, fon habilité & fes foins rendirent bien-tôt ce Collége célèbre, & y attirèrent un grand nombre d'Étudians; ce lieu lui plut même tellement, qu'il forma le deffein de ne le point quitter & d'y finir fes jours; mais la Providence en difpofa autrement. Car le Roi de Pruffe ayant établi en 1693 une Univerfité à *Hall*, l'y fit venir pour être Profeffeur en Éloquence & en Hiftoire. C'eft dans cette Ville qu'il a compofé la plus grande partie des Ouvrages ci-énoncés.

RABBINISMUS, *five inftitutio Grammatica pro legendis Rabbinorum fcriptis*. Cizæ, 1684, in-4°.

Cette Grammaire Rabbinique eft jointe à la feconde Édition du Livre précédent.

CANONES *de Linguæ Sanctæ idiotifmis feu proprietatibus*. in-4°. Weiffenfelfæ, 1672. fecund. edit. plenior. 1673. tertia editio. Cizæ, 1679.

SCIAGRAPHIA *Philologiæ Sacræ, cùm etymologico radicum*

deperditarum ex aliis Linguis, Arabicâ præsertim, restitutarum. Cizæ 1678 in-4°. editio secunda emendata & usu Arabismi etymologico aucta. Cizæ, 1678.

CHALDAISMUS, *sive Grammatica nova Linguæ Chaldaicæ, copiosissimis exemplis & usu multiplici, quem Chaldæa Lingua Theologiæ & Sacræ Scripturæ interpretationi præstat, illustrata.* Cizæ, 1678, in-4°. it. multo auctior. 1685.

PORTA SYRIÆ, *sive Grammatica Syriaca, cùm secundâ Epistolâ Johannis Syriace.* Cizæ, 1677, in-4°.

MYSTERIUM *Incarnationis Filii Dei Syriace, cum interpretatione Latinâ, 1680, in-4°.*

PORTA SYRIÆ PATENTIOR, *sive plena & major Grammatica Syriaca, tam veteris quam N. Testamenti exemplis copiosis illustrata.* Cizæ, 1682, in-4°.

EXCERPTA *Vet. & N. Testamenti Syriaci cum Latinâ interpretatione novâ & annotationibus.* Cizæ, 1682, in-4°.

GLOSSARIUM *Syro-Latinum pro utriusque Testamenti excerptis.* Cizæ, 1683, in-4°.

HORÆ SAMARITANÆ ; *hoc est, excerpta Pentatheuchi Samariticæ versionis cum translatione latinâ & notis perpetuis, & Grammatica Samaritana, copiosis illustrata exemplis, & tandem Glossarium pure Samariticarum vocum.* Cizæ, 1682, in-4°.

ISAGOGE *in Linguam Arabicam.* Cizæ, in-4°. 1678. It. quadruplo uberior. Ibid. 1686.

MESSIAS *exinanitus & exaltatus, Syre & Arabice descriptus; cum Latinâ interpretatione.* Cizæ, 1680, in-4°.

Tous ces Ouvrages font connoître l'habileté de Ch. Cellarius dans la connoissance des Langues Orientales.

GRAMMATICA *Arabica.* Par Thomas Erpenius. *Lugd. Bat.* 1623.

Thomas

Thomas Erpenius fit voir, dès sa première jeunesse, de grandes dispositions pour les Sciences; c'est ce qui engagea son père, qui n'étoit pas à la vérité homme de lettres, mais qui estimoit les Sçavans, à l'envoyer à l'âge de dix ans à *Leyde*, où il commença ses Études.

Il ne demeura pas long-temps en ce lieu, car son père étant allé l'année suivante demeurer à *Middelbourg* en Zélande, l'y fit venir auprès de lui; il le renvoya cependant un an après à *Leyde*, où il pouvoit trouver plus de secours pour cultiver ses heureuses dispositions. Il y fit en peu de temps des progrès prodigieux, qui surprirent ses Maîtres. A l'âge de dix-huit ans il fut reçu dans l'Académie de cette Ville, où *Rodophe Suellius* lui donna le Bonnèt de Maître-ès-Arts le 8 Juillet 1608.

Il avoit déja fait sa Théologie, & s'étoit rendu habile dans les Langues Orientales, auxquelles *Joseph Scaliger* lui avoit persuadé de s'appliquer, dans la persuasion qu'il ne manqueroit point d'y réussir.

Erpenius voyagea ensuite en Angleterre, en France, en Italie & en Allemagne, cherchant par-tout à former des liaisons avec les Sçavans de ces Pays, & à profiter de leurs lumières. Il demeura un an à *Paris*, où il fit amitié avec *Isaac Casaubon*, qui conserva toujours beaucoup d'estime pour lui; & où il apprit l'Arabe sous un Jacobite Égyptien, nommé *Joseph Barbatus*. Pendant son séjour à *Venise*, il eut de fréquentes conférences avec quelques Juifs & quelques Mahométans, dont il apprit le Turc, le Persan & l'Éthiopien.

Après un voyage de quatre années, *Erpenius* revint dans sa patrie en 1612. Il n'y demeura pas long-temps sans emploi. Son habileté dans les Langues Orientales étoit déja connuë de tout le monde; & les Curateurs de l'Université de *Leyde* le nommèrent, le 10 Février de l'année suivante, Professeur de la Langue Arabe, & des autres Langues Orientales, excepté cependant l'Hébreu dont il y avoit déja un Professeur; il eut néanmoins en 1619 une Chaire d'Hébreu, les Curateurs ayant jugé alors à propos d'en ériger une seconde.

Erpenius remplit ces deux Chaires avec beaucoup d'application, & forma d'excellens Écoliers; parmi lesquels on compte *Constantin l'Empereur, Sixte Amama, Adolphe Vorstius, Jacques Golius, Guillaume Merula, Samuel Bochart, Adrien Junius,* & un grand nombre d'autres.

Il ne se contenta pas d'instruire les personnes qui venoient l'entendre par ses Leçons, il voulut le faire aussi par ses Ouvrages. La difficulté de trouver des Imprimeurs qui voulussent faire la dépense des Caractères nécessaires pour cela, & qu'on ne trouvoit en aucun endroit, auroit rebuté un homme moins ardent pour l'avantage des Sciences ; mais il la surmonta en établissant dans sa maison une Imprimerie, & en faisant fondre à grands frais des Caractères Arabes, Persans, &c. Il avouoit que ce qui l'avoit animé davantage à cette entreprise, avoit été l'éxemple de *François Savary de Brèves*, Ambassadeur du Roi de France à *Constantinople* & ensuite à *Rome*, qui avoit établi à *Paris* à ses dépens une Imprimerie pour la Langue Arabe.

Erpenius se maria le 6 Octobre 1616, & épousa *Jacqueline Buges*, fille d'un Conseiller de la Cour de Hollande, dont il a eu sept enfans.

Au commencement de l'année 1620, les Curateurs de l'Université de *Leyde*, l'envoyèrent par ordre des États de Hollande en France ; pour tâcher d'attirer *Pierre du Moulin* ou *André Rivet* en Hollande, dans le dessein de donner à celui qui s'y détermineroit, une Chaire de Professeur en Théologie à *Leyde*. *Erpenius* s'acquitta de sa commission d'une manière qui satisfit ceux qui l'avoient député ; cependant il n'y réussit point pour cette fois : ses sollicitations eurent plus d'effèt l'année suivante ; car les Curateurs de *Leyde* ne se rebutèrent point, & le renvoyèrent de nouveau en 1621 en France. Il vint à la fin à bout de ce qu'il souhaitoit en gagnant *Rivet*, & en obtenant du Synode de *Poitiers* la permission dont il avoit besoin pour passer en Hollande. Ce ne fut pas à la vérité sans peine, puisqu'il fut obligé de demeurer six mois en France pour ce sujèt. Les mouvemens qu'il se donna pour faire réussir cette affaire, & l'adresse avec laquelle il la conduisit à sa fin, le firent connoître aux principaux de son parti, & lui gagnèrent leur estime.

Quelque temps après son retour, les États de Hollande le choisirent pour leur Interprête, & se servirent dans la suite de lui pour expliquer les Lettres des Princes de l'Asie & de l'Affrique, qui leur étoient écrites ; un jour qu'il étoit occupé à cette fonction, il se sentit attaqué d'une maladie contagieuse qui règnoit dans le Pays. On le transporta à *Leyde*, où il mourut le 13 Novembre 1624, âgé de 40 ans.

C'étoit un homme extrêmement laborieux, d'un esprit vif, d'un jugement folide, & d'une mémoire à qui rien n'échapoit. Avec ces qualités, il n'eſt pas ſurprenant qu'il ait pu fournir à l'aſſiduité que demandoient ſes Emplois, & à la compoſition de ſes Ouvrages. Il ne l'eſt pas non plus, qu'il ait pû acquérir la connoiſſance de tant de Langues Étrangères.

Une choſe cependant qui pourra ſurprendre, c'eſt qu'il les ait poſſédées ſi parfaitement, que ceux qui les parloient naturellement, ayent eux-mêmes admiré ſon habileté en ce genre. C'eſt ce qu'on dit du Roi de Maroc, qui prenoit un ſi grand plaiſir à lire ſes Lettres écrites en Arabe, qu'il les montroit à ſes Courtiſans comme quelque choſe de ſingulier, & leur en faiſoit remarquer l'élégance & la pureté.

Erpenius entièrement attaché à ſa patrie, rejetta toûjours les offres les plus avantageuſes qu'on put lui faire pour l'engager ailleurs. Les Anglois ſur-tout firent tout leur poſſible pour l'attirer en Angleterre. Le Roi d'Eſpagne & l'Archevêque de Séville l'invitèrent auſſi à paſſer en Eſpagne pour y expliquer quelques Inſcriptions Arabes; mais rien ne fut jamais capable de le détacher de ſon Pays.

PROVERBIORUM *Arabicorum Centuriæ II Arabice & Latine, cum Scholiis Joſ.* Scaligeri *& Thomæ* Erpenii. *Lugd. Bat. 1614 in-4°.* It. *ibid. 1623, in-8°.*

Joſeph Scaliger ayant traduit & accompagné de ſes notes une partie des Proverbes Arabes lorſqu'il mourut, *Iſaac Caſaubon* engagea *Erpenius* à finir cet Ouvrage. *Erpenius* s'en défendit long-temps, ſous prétexte qu'il ne lui appartenoit pas de ſe meſurer à un ſi grand homme; mais *Caſaubon* le preſſa tant qu'il ſe rendit: il ne ſe contenta pas même d'achever ce qui étoit commencé, il corrigea encore pluſieurs fautes qui étoient échappées à *Scaliger*. Il fit cet Ouvrage pendant ſon premier ſéjour en France; mais il ne le mit ſous preſſe, que lorſqu'il eut fini ſes voyages, & après ſon retour dans ſa patrie. Le Bibliothécaire d'*Oxford* s'eſt fort mal exprimé, lorſqu'il a mis parmi les Livres de *Joſeph Scaliger*, *Scholia ad Erpenii Proverbia Arabica Lugd. Bat. 1623.* Il ſembleroit que *Scaliger* eût travaillé ſur l'Ouvrage d'*Erpenius*, & c'eſt préciſément le contraire.

AUTEURS

LOKMANNI *Fabulæ & Selecta quædam Arabum adagia, cum interpretatione Latinâ & notis.* Lugd. Bat. 1615, in-8°. It. *Amstelod.* 1636 & 1656, in-4°. avec la Grammaire Arabe.

GIARUMIA *Grammatica de centum regentibus, sive Linguæ Arabicæ particulis, arabice & latine cum notis.* Lugd. Bat. 1617, in-4°. It. 1636, in-4°.

Giarumia est une Grammaire Arabe qui tire son nom de son Auteur, & qui est fort estimée dans l'Asie & dans l'Afrique; elle avoit déja été imprimée à *Rome*, dans l'Imprimerie de *Medicis*, en fort beaux Caractères; mais si peu correctement, qu'*Erpenius* a été obligé de la collationner avec quatre Manuscrits pour en corriger les fautes.

NOVUM *Domini Nostri Jesu Christi Testamentum Arabice.* Lugd. Bat. 1615, in-4°.

On ne connoît point l'Auteur de cette Version Arabe, qui est fort ancienne. *Erpenius* est le premier qui l'ait donnée au Public, sur un Manuscrit de plus de trois cens ans. *François Raphelengius* en avoit collationné soigneusement une bonne partie; c'est-à-dire, les Actes & les Épîtres, avec un autre Manuscrit : & ce Manuscrit ainsi collationné étoit dans la Bibliothèque de *Leyde*, à laquelle *Joseph Scaliger* l'avoit laissé avec plusieurs autres Livres en Langues Orientales ; & dont *Erpenius* l'a tiré pour la faire imprimer.

HISTORIA *Josephi Patriarchæ ex Alcorano Arabice, cum versione Latinâ & notis.* Lugd. Bat. 1617, in-4°.

Cette Histoire contient quelque chose de vrai, que Mahomèt a tiré de l'Écriture Sainte, & un grand nombre de faussetés qu'il y a mêlées.

CANONES *de Litterarum E, V, I, apud Arabes natura & permutatione.* Lugd. Bat. 1618, in-4°.

RUDIMENTA *Linguæ Arabicæ : item Praxis Grammatica & Consilium de studio arabico feliciter instituendo.* Lugd. Bat. 1620, in-8°. secund. edit. Lugd. Bat. 1628, in-8°. It. Paris. 1638, in-8°.

VERSIO & notæ ad Arabicam Paraphrasim in Evangelium Johannis. Roſtochii, 1629.

GRAMMATICA Hebræa generalis. Amſtelodami, 1621. It. Genevæ, 1627. It. Lugd. Bat. 1659, in-8°.

ORATIONES tres de Linguarum Ebrææ atque Arabicæ dignitate. Lugd. Bat. 1621, in-8°.

PENTATEUCHUS Moſis Arabicæ. Lugd. Bat. 1622, in-4°.

Cette Verſion Arabe eſt ancienne, & a été faite par un Chrétien. L'Arabe en eſt très-pur, & il ſemble que l'Auteur ait affecté d'employer tous les termes de la Langue, qui correſpondoient à ceux du Texte Hébreu.

GEORGI ELMACINI Hiſtoria Saracenica à Muhamede aa AlAbaſſæum XLIX Imperatorem Arabice & Latine, cum notis & tabulis Geographicis & Genealogicis. Lugd. Bat. 1625, in-Fol. Eadem Hiſtoria latine tantum cum notis. It. Arabice tantum. Lugd. Bat. 1625, in-4°.

PSALMI Davidis Syriace cum verſ. lat. Lugd. Bat. 1625, in-4°.

GRAMMATICA Chaldæa & Syra. Amſtelod. 1628, in-8°. It. Lugd. Bat. 1659, in-8°.

DE PEREGRINATIONE Gallica utiliter inſtituenda Tractatus. Lugd. Bat. 1631, in-12.

PRÆCEPTA de Lingua Græcorum communi. Lugd. Batav. 1662, in-8°.

Thomas Erpenius avoit formé le deſſein de pluſieurs autres Ouvrages, entr'autres d'une Édition de l'Alcoran avec des notes, & d'une Bibliothèque Orientale; mais ſa mort prématurée l'a empêché de l'éxécuter.

GRAMMATICA quatuor Linguarum Hebraicæ, Chaldaicæ, Syriacæ & Arabicæ harmonica; ità preſpicuè inſtituta, ut ad Linguam Hebraicam, tanquam matrem cæterarum etiam ceu filiarum accommodentur præcepta. Cui accedit Technologia Linguæ Arabicæ Hiſtorico-Theologica. Johanne-Henrico Hottinger. Heidelbergæ, 1658, in-8°.

Jean-Henri Hottinger fit ses premières Études avec un succès, qui fut un heureux présage pour la suite. Son inclination le portoit à la connoissance des Langues, & il apprit en peu de temps la Latine, la Grecque, & l'Hébraïque.

Lorsqu'il fut en état d'aller visiter les Académies Étrangères, on le jugea digne d'être entretenu dans ses voyages aux dépens du Public; & il partit pour les commencer le 26 Mars 1638, avec *Jean-Henri Ottius*, qui s'est rendu depuis fameux par son habileté.

Il alla d'abord à *Genève*, où il demeura deux mois occupé à profiter des instructions de *Frédéric Spanheim*. Il parcourut ensuite la France & les Pays-Bas, & fut se fixer à *Groningue*; où il s'appliqua à la Théologie sous *François Gomare* & *Henri Alting*, & à la Langue Arabe sous *Matthias Safor*. Son dessein étoit de faire un long séjour en cette Ville, mais on lui offrit un poste qu'il crut devoir accepter; ce fut celui de Précepteur des enfants de *Jacques Golius*, Professeur en Langues Orientales a *Leyde*. Le désir qu'il avoit d'apprendre parfaitement ces Langues, ne lui permit pas de négliger une occasion si favorable pour cela, & il se rendit à *Leyde* en 1639.

Il trouva en ce lieu tout ce qu'il pouvoit désirer. *Golius*, qui lui vit du goût & de la disposition, n'oublia rien pour lui communiquer ses connoissances. Il y avoit aussi à *Leyde* un Turc, qui fut d'un grand usage à *Hottinger* pour apprendre l'Arabe & le Turc. Outre cela *Golius* avoit une Bibliothèque Arabe assez nombreuse, & *Hottinger* en copia pour son usage un grand nombre pendant les quatorze mois qu'il demeura à *Leyde*.

L'an 1641 il se présenta une occasion de faire le voyage de *Constantinople* avec l'Ambassadeur des États Généraux, qui l'avoit, à la persuasion de *Golius*, choisi pour son Aumônier. *Hottinger* ravi de cette occasion, qui lui donnoit le moyen de se perfectionner dans les connoissances qu'il avoit déja acquises, & d'en acquérir de nouvelles, se disposoit à en profiter; lorsque le Sénat de *Zurich*, qui appréhenda de le perdre entièrement, le rappella.

Il se rendit donc en Suisse, après avoir fait un tour en Angleterre; & y avoir contracté amitié avec plusieurs sçavans hommes de ce Royaume. Il ne demeura pas long-temps sans emploi; car l'année suivante

1642, il fut fait Professeur en l'Histoire Ecclésiastique à *Zurich :* emploi auquel on ajoûta encore en 1643 celui de Professeur en Théologie, & en Langues Orientales.

Dix ans après, c'est-à-dire en 1653, il fut honoré de nouveaux titres, ayant été nommé Professeur ordinaire de Rhétorique & de Logique ; & extraordinaire de la Théologie, de l'Ancien Testament & de Controverse, & de plus encore Chanoine.

Tout cela ne suffisoit pas pour remplir son temps ; car il n'a pas laissé, au milieu de ses occupations, de composer un grand nombre d'Ouvrages. Aussi étoit-il infatiguable ; & aucune entreprise, quelque pénible qu'elle fût, n'a-t-elle jamais été capable de l'effrayer.

L'Électeur Palatin voulant remettre en réputation son Université d'*Heidelberg*, le demanda au Sénat de *Zurich* en 1655. On eut quelque peine à condescendre à ses desirs ; mais comme il ne le demandoit que pour trois ans, on ne put le lui refuser.

Il se rendit donc à *Heidelberg*, après avoir été à *Bâle* se faire recevoir Docteur ; & prit possession de la Chaire de Théologie de l'Ancien Testament & des Langues Orientales, le 16 Août de la même année. Peu de temps après l'Électeur lui donna la conduite du Collége de la Sapience, qu'il avoit rétabli ; & l'honora encore depuis de quelques autres Dignités.

En 1658 il accompagna ce Prince à la Diète de *Francfort*, & ce voyage lui donna occasion de faire connoissance avec plusieurs Sçavans, & principalement avec *Job Ludolf*.

Les trois années du séjour qu'il devoit faire dans le Palatinat étant écoulées, il songeoit à retourner dans sa patrie ; mais l'Électeur fit tant d'instances auprès du Sénat de *Zurich*, qu'on le lui laissa encore pour quelques années.

Il demeura donc à *Heidelberg* jusqu'en 1661 que la Ville de *Zurich*, ne pouvant souffrir plus long-temps son absence, le redemanda à l'Électeur, qui le lui renvoya à regrèt ; & l'honora avant son départ, du titre de son Conseiller Ecclésiastique.

De retour en sa patrie, on lui donna en différens temps plusieurs emplois honorables, & qui marquoient la confiance qu'on avoit en son habileté. Il fut fait l'année suivante 1662 Recteur ; & quoique cette

Dignité ne soit donnée que pour deux ans, on la lui conserva, par une distinction particulière, jusqu'à sa mort.

Il fit en 1664 un voyage en Allemagne & en Hollande, pour négocier quelques affaires dont il fut chargé ; & il profita de cette occasion pour revoir les Sçavans, avec lesquels il avoit été jusques-là en relation.

Plusieurs Universités avoient tâché en plusieurs circonstances de l'attirer ; mais attaché à sa patrie, il avoit toûjours refusé les partis les plus avantageux qu'on lui avoit offerts. Cependant les États de Hollande le demandèrent en 1667 avec tant d'empressement pour professer à *Leyde*, & on lui fit entrevoir tant d'avantages dans ce changement de Pays, qu'il accepta les offres qu'on lui faisoit ; & que le Sénat de *Zurich* lui accorda son congé.

Il mit donc ordre à ses affaires ; mais un bien qu'il avoit à deux lieuës de *Zurich* sur le *Limage*, fut l'occasion du triste accident qui termina ses jours. Comme il ne pouvoit le faire valoir en son absence, il avoit résolu de le louër à un Gentilhomme voisin. Il s'embarqua donc le cinquième Juin 1667 avec sa femme, trois de ses enfans, une fille qui les servoit & deux de ses amis, pour y aller & pour terminer cette affaire. Mais à peine étoient-ils à quatre pas de la Ville, que le bateau alla donner contre un pieu, que les grosses eaux empêchoient d'appercevoir ; la secousse le fit tourner, & tous ceux qui y étoient, tombèrent dans l'eau en un endroit où son cours étoit très-rapide.

Hottinger se sauva à la nage avec ses deux amis, & gagna un gué. Mais la vûë de sa femme & de ses enfans, qui servoient de joüet aux flots, l'attendrirent ; il se remit avec eux à la nâge, pour les aller tirer du danger. Ses forces ne secondèrent point son ardeur, elles lui manquèrent ; & il se noya avec l'un de ses trois enfans. L'autre ami avec sa femme & sa servante se sauvèrent heureusement. C'est ainsi que périt ce sçavant homme, dans un âge où l'on pouvoit encore espérer beaucoup de lui ; car il n'avoit que 47 ans.

Voici quelques-uns de ses Ouvrages.

THESAURUS PHILOLOGICUS, *seu clavis Scripturæ ; quâ quidquid ferè orientalium, Hebræorum maximè & Arabum habent monumenta de Religione ejusque variis speciebus ; Judaïsmo, Samaritanismo, maritanifmo , Muhammedifmo, Gentilifmo, de Theologia & Theologis , verbo Dei , &c. breviter & aphoriftice ità referatur & aperitur, ut multiplex inde ad Philologiæ & Theologiæ ftudiofos fructus redundare poffit.* Tiguri, 1649, in-4°. *fecund. edit. in qua Samaritica , Arabica , Syriaca fuis quæque nativis characteribus exprimuntur.* Tiguri, 1659, in-4°.

Comme *Hottinger* étoit dans le Palatinat, lorfqu'on fit cette feconde Édition ; *Jean Huldric* & *Guillaume Frey* en eurent la direction. *Tertia Editio Tiguri 1696 , in-4°.*

GRAMMATICÆ *Chaldæo-Syriacæ libri duo , cum triplici appendice Chaldæa , Syra & Rabbinica.* Hottinger , Tiguri, 1652, in-8°.

ETYMOLOGICUM ORIENTALE , *five Lexicon harmonicum heptaglotton ; cum Præfatione de gradibus ftudii Philologici ; & Apologetico brevi contra Abrahamum Ecchllenfem maronitam.* Francofurti, 1661, in-4°.

Les fept Langues contenuës dans ce Léxicon, font l'Hébraïque, dont *Hottinger* prétendoit que toutes les autres Langues Orientales dérivoient ; la Chaldaïque, la Syriaque, l'Arabe, la Samaritaine , l'Éthiopienne , & la Rabbinique. L'Apologie contre *Abraham Ecchllenfis* tend à réfuter ce qu'il avoit avancé dans la Préface de fon *Catalogue des Livres Chaldéens d'Hebed Jefu* , que *Selden* , *Hottinger* , *Callixte* , *Louis de Dieu* , *Conftantin l'Empereur* , *Saumaife* & les autres Proteftans , qui s'étoient appliqués aux Langues Orientales, ne les avoient pas fouvent entenduës, & s'étoient trompés lorfqu'ils avoient voulu s'en fervir pour expliquer l'Écriture.

Hottinger a auffi travaillé à revoir la Traduction Allemande de la Bible , en qualité de Préfident des Commiffaires nommés pour ce fujèt.

COMPENDIUM *Grammatices Linguæ Hebreæ ; B. D. Spinofæ.* Amfterdam , 1677, in-4°.

COMPENDIUM *Grammaticæ Hebraïcæ & Dictionnariolum*

præcipuarum radicum. Par Louis de Dieu. *Lugduni, Batav. 1626, in-4°.*

APOCALYPSIS *S. Joannis, Syriace ex manuscripto exemplari Bibliothecæ Josephi Scaligeri edita, charactere Syro & Hebræo, cum versione Latinâ, Græco textu, & notis; opera studio Ludovici* de Dieu. *Lugd. Bat. Elzevir. 1627, in-4°.*

Cette Version Syriaque de l'Apocalypse que *Louis de Dieu* a publié, n'a point de distinction de Chapitres & de Versets. On en ignore l'Auteur, & le temps où elle a été faite. Elle se trouve aussi dans la Critique sacrée de *Louis de Dieu*, & elle a été insérée dans les Bibles Polyglotes.

GRAMMATICA TRILINGUIS, *Hebraïca, Syriaca & Chaldaïca, Ludovici* de Dieu. Lugd. Batav. 1628, in-4°.

ANIMADVERSIONES *in quatuor Evangelia, Ludovici* de Dieu. Lugd. Bat. 1631, in-4°.

De Dieu ne s'est point tant arrêté dans ce Commentaire au Texte qu'aux Versions, & principalement aux Orientales; car il y confère sans cesse ensemble l'Interprète Syriaque, l'Arabe, l'Éthiopien, la Vulgate, & les Versions d'*Erasme* & de *Beze*; mais en examinant toutes ces Traductions, il éclaircit souvent plusieurs difficultés du Texte.

RUDIMENTA *Linguæ Persicæ, Ludovici* de Dieu. Lugduni, Bat. 1639, in-4°.

Cette Grammaire est généralement estimée, parce qu'on est persuadé que si *Louis de Dieu* a eu des égaux dans la connoissance des Langues Orientales, il est difficile de trouver quelqu'un qui l'emporte sur lui. (*Baillet, Jug. des Sçavans*). L'Auteur y a joint une Version Persane des deux premiers Chapitres de la Genèse, faite par *Jacques Taivusus*.

GRAMMATICA *Hebrææ Linguæ, justæ artis methodo, quam accuratissimè fieri potuit confirmata.* Par François Junius, appellé vulgairement du *Jon. Genevæ, 1590, in-8°.*

ISAGOGE RABBINICA *ad legenda & intelligenda Hebræorum*

& *Orientalium fine punctis scripta, cum tabulis artium & scientiarum vocabula exhibenda ;* Par Gilbert Génébrard. *Parif.* 1563 & 1587, *in-*4°.

Gilbert Génébrard fit une étude si particulière de la Langue Hébraïque, qu'il se trouva en état de l'enseigner aux autres. *Du Verdier* nous apprend dans sa *Profopographie*, tom. 3, pag. 2596, « Qu'il prononçoit » si bien & si naïvement l'Hébreu, principalement les Lettres Gutturales; que pour s'être étudié à cela, il en prononçoit plus mal le Latin, » proférant quelques syllabes entièrement du gosier ».

On peut voir dans la *Gallia Orientalis* de Colomiès, un Recueil des témoignages avantageux que plusieurs Sçavans ont rendu à son habileté dans la connoissance de la Langue Hébraïque.

OPUSCULA *quæ ad Grammaticam spectant in unum volumen compacta.* I. *De recta lectione Linguæ sanctæ, ubi de accentibus Hebraïcis.* II. *De particulis Hebraïcis, Chaldaïcis, Syriacis, Talmudicis & Rabbinicis.* III. *De Litteris Moschæ Rechaleb libri duo.* IV. *Alphabeticum Hebraïcum.* Par Jean Drusius. *Franckeræ,* 1609, *in-*4°.

GRAMMATICA *Linguæ Sanctæ nova in usum Academiæ, quæ est apud Frisios Occidentales.* Par Jean Drusius. *Franckeræ,* 1612, *in-*12.

ARCANUM *punctuationis revelatum, sive punctis Hebræorum;* Par Louis Cappel. *Lugduni, Bat.* 1624, *in-*4°.

Cet Ouvrage fut imprimé pour la première fois par les soins de *Thomas Erpenius,* à qui ses grandes occupations ne permirent point apparemment de revoir les épreuves de son Édition, qui est pleine de fautes. La seconde est plus belle & plus correcte, & on y trouve quelques endroits corrigés & augmentés par l'Auteur.

Il y a quatre opinions principales sur l'origine & l'antiquité des points voyelles des Hébreux. La première est de quelques Rabbins Visionnaires, qui en attribuent l'invention à *Adam*. La seconde est de ceux qui en rapportent l'origine à *Moyse* & aux Prophètes, qu'ils soutiennent avoir mis les points dans leurs Livres en les écrivant. Il n'y a que peu de Rabbins qui soient dans cette pensée. La troisième opinion est celle qui suppose qu'*Esdras*, ou la Grande Synagogue, a inventé ou rétabli l'usage des points, après le retour de la captivité de *Babylone*, pour faciliter la lecture des Livres Sacrés ; laquelle sans ce secours auroit été très-difficile, & presque impossible aux Juifs, qui alors ne possédoient plus la Langue Hébraïque. La plûpart des Rabbins modernes sont dans cette opinion, & ç'a été celle des deux *Buxtorf* père & fils. Enfin la quatrième opinion est de ceux qui soutiennent que les points n'ont été inventés que par quelques Critiques Juifs, après que le Thalmud eut été achevé, environ 500 ans après *Jesus-Christ*. *Élie Lévite*, sçavant Grammairien Juif, a soutenu ce dernier sentiment ; & c'est aussi celui de *Cappel*, qui le premier des Chrétiens a entrepris de le prouver au long, & de l'appuyer par diverses raisons qu'*Élie* n'avoit pas rapportées : parce qu'il n'avoit pas entrepris de traiter la matière à fonds, ni consulté les anciennes Versions Grècques. Lorsque *Cappel* eut composé cet Ouvrage, il en envoya le Manuscrit à *Buxtorf* le père, qui parut ébranlé de ses raisons ; mais qui ne put se résoudre à embrasser cette nouveauté des points, qu'il croyoit préjudicier à l'autorité de l'Écriture Sainte. Vingt-quatre ans après qu'il eut été publié, *Jean Buxtorf* le fils l'attaqua vigoureusement dans son Traité *de punctorum vocalium, & accentuum in libris veteris Testamenti Hebraïcis, origine, antiquitate, & authoritate. Basileæ 1648, in-4°.* & s'efforça de rétablir l'Antiquité des points Hébreux ; mais le Livre de cet Auteur ne contient guères que des raisonnemens de Métaphysique, qui prouvent qu'il n'est pas contradictoire que la chose ne soit autrement, que *Cappel* ne l'a représentée ; ou des conséquences Théologiques pour tâcher de rendre le sentiment de son Adversaire odieux, en faisant accroire à ceux qui n'entendent rien dans ces matières, qu'il a voulu ruiner l'autorité de l'Écriture Sainte. S'il y a quelque chose de plus, ce sont de longues citations de Rabbins Modernes, qui ont cru les points plus anciens que ne le prétend *Cappel*. Cependant *Cappel* reprit la plume pour défendre son Ouvrage ; mais sa défense n'a été imprimée qu'après sa mort, avec plusieurs autres de ses Œuvres. A *Amsterdam*, 1689, *in-Fol.*

Il faut, pour rendre justice à cet Auteur, avouër que non-seulement il étoit très-habile dans les Langues Orientales, & particulièrement dans l'Hébraïque; très-verfé dans les Ouvrages des Rabbins, très-bon & très-laborieux critique : mais qu'il avoit encore beaucoup de fageffe, de modération & de jugement; qu'il écrivoit purement & clairement, & que l'on trouve dans tous fes Écrits beaucoup de netteté & de méthode. C'eft le jugement que M. *du Pin* porte de cet Auteur.

COMPLICATIO *Radicum in primæva Hebræorum Lingua.* Par Adam Letteleton. *Londini, 1658, in-8°.*

INSTITUTIO *Linguæ Syræ.* Par Gafpard Wafer. *Lugduni, Bat. 1594, in-4°.*

ARCHETYPUS *Grammaticæ Hebrææ, etymologia & fyntaxi abfolutus, adjecta tractatione de Carminibus Hebraïcis.* Par Gafpard Wafer. *Bafileæ, 1601, in-8°.*

ELEMENTALE CHALDAICUM. *Adjectum eft fonnium Chaldaïto-Latinum Nabucadnezaris, & analyfis ejus Grammatica.* Par Gafpard Wafer. *Heidelbergæ, 1611, in-4°.*

Gafpard Wafer favoit les Langues Hébraïque, Chaldaïque, Syriaque, Grècque, Latine, Françoife, Italienne, Efpagnole, Angloife & Flamande, outre l'Allemande fa maternelle.

JOANNIS REUCHLINI, *comitis Palatini Laterani, Sicambrorum legiftæ, & fueviæ Triumviri Rudimenta Hebraïca.* Phoreæ, Thomas Anfelmus, 1506, in-Fol.

C'eft une Grammaire & un Dictionnaire de la Langue Hébraïque, à la tête defquels eft une Lettre de *Reuchlin* à fon frère *Denys*, qui contient plufieurs particularités de fa vie. Comme c'eft le premier Ouvrage de ce genre, qui ait paru en Latin; il n'eft pas étonnant qu'il ne foit pas parfait, & qu'il y ait plufieurs défauts.

DE ACCENTIBUS *& Oriographia Linguæ Hebraïcæ libri tres, Cardinali Adriano dicati.* Par Jean Reuchelin. *Haganoæ, Thomas Anfelmus, 1518, in-Fol.* It. *apud Badium, 1518, in-4°.*

SEPTEM PSALMI *Pœnitentiales, Hebraïcè, cum Grammaticali tractatione Latina de verbo ad verbum, & super eisdem commentarioli.* Par Jean Reuchlin. *Tubingæ, 1512, in-8°.* It. *Wittebergæ, 1529, in-8°.*

Reuchlin étoit, sans contredit, un des plus Sçavans hommes de son temps. Il est un des premiers d'entre les Chrétiens, qui se soit donné la peine d'approfondir les Mystères Cabbalistiques des Juifs; & il faut avouër qu'à l'éxemple de *Jean Pic de la Mirandole*, qui s'étoit appliqué à la même chose avant lui, il a donné avec trop de confiance & de crédulité dans les Visions de cette Science prétenduë. Elle ne lui corrompit pas cependant l'esprit; car il avoit du goût pour les belles choses. Il avoit remarqué, ce qu'il y avoit de plus curieux & de plus beau dans les Philosophes & les Orateurs Grècs. Il sçavoit le Grèc à fond, & parloit Latin avec beaucoup de pureté & d'élégance. Pour ce qui est de la Langue Hébraïque, il est le premier des Chrétiens qui l'ait réduit en Art. Enfin l'Allemagne n'avoit de son temps, que lui seul, qu'elle pût opposer aux Sçavans d'Italie, à qui il ne cédoit rien pour la beauté du style; mais qu'il surpassoit de beaucoup en érudition.

RUDIMENTA *Linguæ Hebraïcæ.* Par Antoine-Rodolphe le Chevalier. *Genevæ, 1567, 1590, 1592, in-8°.*

Joseph Scaliger estime fort cette Grammaire Hébraïque; & dit, qu'elle est très-bonne & très-parfaite.

ANIMADVERSIONES *& supplementa ad Joh. Cocceii Lexicon & commentarium sermonis Hebraïci atque Chaldaïci; in quibus non tantùm radices deperditæ in Hebræa Lingua ex Chaldaïca, Syriaca, Arabica & Æthiopica, magno numero restitutæ sunt; sed etiam Idiotismi non pauci observati & obscura loca dilucidè explicata reperiuntur.* Par Jean-Henri Maius. *Francofurti, 1703, in-Fol.*

PAUCA ET BREVIA *quædam præcepta ad notitiam Linguæ Hebrææ & Chaldææ Veteris Testamenti.* Par Jean Leusden. *Trajecti, 1655, in-8°.*

JOANNES ILLUSTRATUS *per paraphrafim Chaldaïcam , mafo-ram magnam & parvam ; item per trium Rabbinorum Salomonis Jarchi , Abrahami Aben-Efræ , Davidis Kimchi , textum Rabbinicum punctatum , Hebraïcè & Latinè edente & annotatore Joanne* Leufden. *Ultrajecti, 1656. in-8°.*

PHILOLOGUS HEBRÆUS , *contirtens queftiones Hebraïcas quæ circa Vetus Teftamentum Hebræum moveri folent.* Par Jean Leufden. *Ultrajecti 1656 , in-4°.*

Monfieur *Simon* affure dans fon *Hiftoire Critique du vieux Teftament*, que *Leufden* dans cet Ouvrage & dans les femblables qu'il a donnés au Public, n'a fait que fuivre *Buxtorf* le fils ; qui eft le grand Auteur de la plûpart des Proteftans du Nord.

SCHOLA SYRIACA , *cum Differtatione de Litteris & Linguâ Samaritanorum.* Par Jean Leufden. *Ultrajecti , 1685 , in-8°.*

GRAMMATICA HEBRAICA. *Argentorati ,* par Conrad Pellican. 1540 , in-8°.

IN OMNES *Apoftolicas Epiftolas Pauli , Petri , Jacobi , Johannis & Judæ Commentarii.* Par Conrad Pellican. *Tiguri , 1537 , in-Fol.*

Les Commentaires de *Pellican* fur l'Écriture , dit M. *Simon* , T. IIIe de fa *Bibliothèque Critique* , font plus éxacts que ceux des autres Proteftans. Il s'attache ordinairement au fens littéral, fans perdre de vûë les paroles de fon texte. Il a mis à la tête une longue Préface, dans laquelle il a fait entrer plufieurs chofes dignes de fon érudition ; mais felon le génie des premiers P. Réformateurs, il y fait trop le Théologien & le Prédicant. Il faut d'ailleurs lui rendre cette juftice, que quoiqu'il ait été fort verfé dans la lecture des Rabbins, il n'a point rempli fes Commentaires d'une certaine érudition Rabbinique, qui fe trouve dans la plûpart des Docteurs Allemands. Il a plutôt cherché à être utile à fes Lecteurs, qu'à étaler fon Rabbinage ; quoiqu'il ne foit pas entièrement éxempt de ce défaut. Comme fon deffein eft de donner un Commentaire court & abrégé, il dit souvent beaucoup de choses en peu de mots.

EROTEMATA *Græcæ Linguæ, cum Præfatione Philippi Melanchthonis de utilitate Linguæ Græcæ.* Par Michel Léander. *Basileæ, 1565, in-8°.*

GRÆCÆ *Linguæ Tabulæ.* Par Michel Léander. *Basileæ, 1564, in-8°.*

S. LINGUÆ *Hebrææ Erotemata cum veterum Rabbinorum testimoniis de Christo. Apophthegmatibus veterum Hebræorum, & notitia de Talmude Cabbala.* Par Michel Léander. *Basileæ, 1567, in-8°.*

LA GRAMMAIRE HÉBRAIQUE de Bellarmin est fort bonne, quoiqu'il ne sût que fort peu d'Hébreu, selon Scaliger. En effet, il y paroît plus de méthode & de netteté, que d'érudition Juive. *A Anvers, 1606, in-8°.*

CELLE DU P. MAYR n'a pas été moins estimée que celle de ce Cardinal; & il paroît qu'elle a été d'assez grand usage par le nombre de ses Éditions. *Lyon, 1659, in-8°.*

Scaliger dit, que la Grammaire Arabe de Guillaume Postel est un tissu de préceptes, qu'il a recueillis des leçons ordinaires des Maîtres naturels de cette Langue; & qui est proprement une traduction de leurs règles. Ainsi il ne faut point douter, dit-il, qu'il n'ait fort bien réussi; & qu'il n'ait rendu un très-grand service à la Langue Arabe, & à ceux qui la veulent apprendre éxactement: mais qu'après tout, Postel n'étoit pas si habile en cette Langue qu'il avoit voulu paroître; qu'il l'avoit remarqué dans diverses conversations qu'il avoit euës avec lui, & qu'il en avoit donné des marques dès le premier Chapitre de l'Alcoran, qu'il a voulu traduire; & où il n'a rien fait qui vaille, si on en excepte trois ou quatre mots qui sont assez heureusement tournés. Nous parlerons encore de Postel en un autre endroit.

THOM.

THOM. ERPENII, *Grammatica Arabica, cum selectis Lockmanni.* in-4°. Leidæ, 1656.

LEXICON ARABICUM, *Franc. Raphalengii, cum notis Thom. Erpenii*, in-Fol. 1613.

Pour ce qui regarde, Erpen. Casaubon dans le Livre de M. Huèt, dit, qu'il avoit une curiosité & une intelligence toute particulière pour l'Arabisme, & pour toutes les règles de la Grammaire de cette Langue. M. Golius dit que c'est une chose très-rare, & presque sans éxemple, qu'une même personne ait jamais pû communiquer la perfection à un Art dont elle auroit trouvé les commençemens; mais qu'il semble que cela soit arrivé à Erpen, & qu'il ait mis la première & la dernière main (parmi les Chrétiens) à la véritable Grammaire des Arabes.

Vossius dans l'Oraison Funèbre qu'il fit de ce sçavant homme son Collégue, dit qu'il avoit une connoissance si parfaite de cette Langue; & qu'il en écrivoit dans un style si choisi & si naturel, que le Roi de Maroc ne pouvoit assez admirer la pureté de sa diction, dans les lettres qu'il en reçevoit en cette Langue; & qu'il les montroit souvent comme des raretés singulières aux principaux Seigneurs de sa Cour, & aux personnes de Lettres de son Royaume.

On pourroit remarquer encore ici, que les Sçavans ont une estime particulière pour le *Lexicon Arabe* de Thomas du Perier Parisien; parce qu'il a été fait suivant les lumières de Thomas Erpen, & que du Perier s'étoit merveilleusement perfectionné chez lui dans la connoissance de cette Langue, en s'occupant à corriger les épreuves de ce qu'on en imprimoit alors.

COMPENDIUM *Grammaticæ Hebrææ*, in-4°. Amsterdam, 1616.

RUDIMENTA *Linguæ Arabicæ & Persicæ, in-4°. Grammatica Ling. Orientalium, Hebraïcæ, Chald. & Syriacæ inter se collatarum, in-4°.* Par Louis de Dieu; & par le P. Ange de Saint Joseph.

Les Rudimens que Louis de Dieu a faits de la Langue des Perses *in*-4°. en 1639, & qu'il a publiés après la version de l'Histoire de Christ par Xavier, sont généralement estimés de tout le monde ; parce qu'on est persuadé que s'il avoit des égaux dans la connoissance de toutes les Langues Orientales, il étoit difficile de lui trouver quelqu'un qui l'emportât sur lui. Il en a donné encore des preuves par sa *Grammaire de trois Langues, Hébraïque, Syriaque & Chaldaïque ;* & par un abrégé de la *Grammaire Hébraïque,* & un petit *Dictionnaire* des principales racines de cette Langue ; mais cela paroît encore plus par d'autres Ouvrages plus importans, qui ne regardent pas notre sujet.

Le Père Ange de *Saint Joseph* a fait une espèce de Grammaire ou de Dictionnaire Persan, publié à Amsterdam en 1684, sous le titre de *Gazophylacium Linguæ Persarum, in-Fol.* M. de la Roque dit que la méthode qu'il y propose pour apprendre cette Langue est régulière ; que toutes les remarques y sont encore fort justes, & les traits d'Histoire dont il embellit son Ouvrage fort instructifs. Il s'est expliqué en Latin, en François & en Italien, pour en étendre l'usage à toutes les Nations de l'Europe ; & il fait profession d'éviter toutes les difficultés de Grammaire, qui ne font qu'embarrasser l'esprit, & retarder le progrès qu'on y peut faire.

LA GRAMMAIRE TURQUE, par le Père Bernard de Paris, & le Père Pierre d'Abbeville, Capucins. *Paris, 1667.*

Le premier de ces Pères avoit fait d'abord le Dictionnaire en Turc & en François, il y avoit ajouté les termes Persans & Arabes, dont les Turcs ont coutume de se servir. Mais comme cette Édition a été faite à Rome, on a fait traduire le François en Italien par le P. Pierre *d'Abbeville* du même Ordre.

L'Auteur du Journal estime qu'il auroit été plus utile & plus à propos, de faire commencer ce Dictionnaire par le Turc, plutôt que par l'Italien ; car il est plus propre pour traduire le Turc, que pour apprendre à le parler, à cause qu'il est rempli d'une infinité de mots Arabes & Persans, qui n'entrent point dans le discours des Turcs ; & qui ne se trouvent que dans les Écritures & dans leurs Livres, où ils sont d'un grand usage. Aussi dit-on que l'Auteur l'avoit composé de cette manière.

BIBLIOTHÈQUE ORIENTALE, ou *Dictionnaire Universel*, contenant généralement tout ce qui regarde la connoissance des Peuples de l'Orient. Leurs Histoires & Traditions véritables ou fabuleuses. Leurs Religions, Sectes & Politique. Leurs Gouvernement, Loix, Coûtumes, Mœurs, Guerres, & les Révolutions de leurs Empires. Leurs Sçiences & leurs Arts. Leurs Théologie, Mythologie, Magie, Physique, Morale, Médecine, Mathématique, Histoire naturelle, Chronologie, Géographie & Rhétorique. Les vies & actions remarquables de tous leurs Saints, Docteurs, Philosophes, Historiens, Poëtes, Capitaines; & de tous ceux qui se sont rendus illustres parmi eux, par leur vertu, ou par leur sçavoir. Des jugemens critiques, & des extraits de tous leurs Ouvrages, de leurs Traits, Traductions, Commentaires, Abrégés, Recueils de fables, de sentences, de maximes, de proverbes, de contes, de bons mots, & de tous leurs livres écrits en Arabe, en Persan, ou en Turc, sur toutes sortes de Sçiences, d'Arts, & de Professions. Par *M. Dherbelot*. Paris, par la Compagnie des Libraires, 1697. *Grand in-Folio*.

M. *Dherbelot* nâquit à Paris le 4 Décembre de l'année 1625, d'une famille alliée à quantité des meilleurs de cette Ville. Aussi-tôt qu'il eut achevé ses études d'Humanités & de Philosophie, sous les plus célèbres Professeurs de l'Université, il apprit les Langues Orientales, & s'appliqua principalement à l'Hébraïque, à dessein d'entrer dans l'intelligence du texte original des Livres de l'Ancien Testament.

Après un travail continuel de quelques années, il entreprit un voyage en Italie, dans la créance que la conversation des Arméniens, & des autres Orientaux qui abordent souvent à ses Ports, le perfectionneroit dans la connoissance de leurs Langues. A Rome il fut particulièrement estimé par les Cardinaux Barberin, & Grimaldi; il contracta une étroite amité avec Lucas Holstenius, & Leo Allatius, deux des plus Sçavans de ce siècle. En 1656 le Cardinal Grimaldi, Archévêque d'Aix en Provence, avec qui il revint en Italie, l'envoya à Marseille au-devant de la Reine de Suède, qui admira sa profonde érudition dans les Langues Orientales.

Au retour de ce voyage, qui ne dura qu'un an & demi, M. Fouquet, Procureur Général du Parlement de Paris, & Sur-Intendant des Finances, l'attira dans sa maison, & lui donna une pension de 1500 livres.

L'attachement qu'il avoit eu à ce Ministre n'empêcha pas qu'après sa disgrace, il ne fût élevé à un emploi dont peu d'autres étoient aussi capables que lui; & que, par lettres vérifiées en la Chambre des Comptes, il ne fût pourvû de la charge de Sécrétaire, & d'Interprète des Langues Orientales.

Quelques années s'étant écoulées, il fit un second voyage en Italie, il y acquit une si grande réputation, que les personnes les plus distinguées, soit par leur sçience, ou par leur dignité, s'empressèrent à l'envi de le connoître. Le Grand Duc de Toscane, Ferdinand second du nom, lui donna des marques ordinaires de son estime. Ce fut à Livourne qu'il eut l'honneur de voir ce Prince pour la première fois: il y eut avec lui, & avec le Prince son fils, de fréquentes conversations dont ils furent si satisfaits, qu'ils lui firent promettre de les venir trouver à Florence.

Il y arriva le 2 Juillet 1666, & y fut reçu par le Sécrétaire d'État, & conduit dans une maison préparée pour son logement; où il y avoit six pièces de plein pied magnifiquement meublées, une table de quatre couverts servis avec toute sorte de délicatesse, & un carosse aux livrées de son A. S. On trouvera certainement peu d'exemples d'honneurs aussi grands, rendus au seul mérite d'un Particulier par un Souverain. Une Bibliothèque ayant été en ce temps-là exposée en vente dans Florence, M. le Grand Duc pria M. *Dherbelot* de la voir, d'éxaminer les manuscrits en Langues Orientales qui y étoient contenus, d'en mettre à part les meilleurs, & d'en marquer le prix. Dès que cela eut été fait, ce Généreux Prince les acheta, & en fit présent à M. *Dherbelot*, comme de la chose qui lui étoit la plus convenable & la plus avantageuse, au desir qu'il avoit d'avancer de plus en plus dans la connoissance de ces Langues, & dans celle du génie & des affaires des Peuples qui les parlent.

Un traitement fi honorable que celui-là, pouvoit paroître un fujèt de reproche à la France, qui fe privoit fi long-temps d'un fi excellent homme. M. Colbert le fit inviter de revenir à Paris, avec affurance qu'il y reçevroit des preuves folides de l'eftime qu'il avoit acquife. Le Grand Duc ne le laiffa partir, qu'après qu'il lui eut montré les ordres précis du Miniftre qui le rappelloit.

Quand il fut de retour en France, le Roi lui fit l'honneur de l'entretenir plufieurs fois, & lui donna une penfion de quinze cens livres par an. Le loifir dont il jouiffoit en France ne pouvoit être mieux employé qu'à continuer la *Bibliothèque Orientale*, qu'il avoit commencée en Italie. D'abord il la compofa en Arabe, & Monfieur Colbert avoit réfolu qu'elle fût imprimée au Louvre, & qu'on fondît pour cet effèt des Caractères en cette Langue. Mais cette réfolution n'ayant pas été exécutée, M. *Dherbelot* mit en François le même ouvrage.

Ce qui n'a pû entrer dans cette *Bibliothèque*, a été rédigé par M. *Dherbelot* fous le titre d'Antologie; & contient ce qu'il y a de plus curieux dans l'Hiftoire des Turcs, dans celles des Arabes, & des Perfes. Je ne dois pas omettre qu'il avoit mis la dernière main à un *Dictionnaire* Turc, Perfan, Arabe, & Latin; que M. fon frère a donné au Public, de même que plufieurs Traités qui méritent l'attention des Sçavants.

Ce fut en confidération de ces rares talens, que M. *Dherbelot* fut pourvû d'une charge de Profeffeur Royal en Langue Syriaque, vacante par la mort de M. d'Auvergne. Ce qui relève extrêmement ce que j'ai dit jufques ici de M. *Dherbelot*, c'eft que fa Modeftie étoit encore plus grande que fon Érudition; que dans les Affemblées de Sçavants où il fe trouvoit fouvent, & dans celles qu'il tenoit prefque tous les jours chez lui, il ne décidoit jamais avec fierté, ne préféroit point fon fentiment à celui des autres, écoutoit leurs raifons avec patience, leur répondoit avec douceur. Son fçavoir étoit accompagné d'une probité parfaite, d'une piété folide, d'une tendreffe extrême pour les pauvres, & des autres Vertus chrétiennes qu'il pratiqua conftamment dans tout le cours de fa vie. Elle fut terminée le 8 Décembre 1697, par une maladie de dix ou douze jours, pendant lefquels il fit paroître une entière réfignation aux volontés de Dieu, & reçut les Sacremens de l'Eglife avec une dévotion éxemplaire.

La *Bibliothèque Orientale* est un Ouvrage qui parle assez de lui-même; il n'y a qu'à le lire pour tomber d'accord, que si le dessein de l'Auteur a été de laisser après lui, un Monument à la Postérité, qui dût la surprendre par sa nouveauté, & lui être agréable par son utilité, & par le plaisir qu'il donne : M. *Dherbelot* y a parfaitement réussi.

TAHRIR HENDASSIAT. Livre de *Géométrie*. C'est un Recueil fait par Nassireddin Al-thouffi, dans lequel on trouve le *Tahir Oclides*, l'explication d'Euclide ; & le *Syntaxis magna* de Ptolomée.

Il y a encore dans ce Recueil, le Livre intitulé *Data Euclidis*, les Sphériques de Théodose, les Sphériques de Ménélaus, la Sphère mobile d'Autolycus, l'Optique d'Euclide, le Livre de la nuit & du jour ; les Ascensions & Descensions, c'est-à-dire, du lever & du coucher des Astres ; les Ascendans, ou Horoscopes d'Ascelpius, le Traité des Disques, ou corps du Soleil & de la Lune, les Lemmata, ou Théorèmes d'Archimède, les Coniques d'Apollonius, de la Connnoissance & de l'étendue des figures, sans nom d'Auteur ; le Traité de la Sphère & du Cylindre par Archimède, le Traité des positions, ou du repos des Corps, par Théodose.

ABOU-NAVAS. Poëte Arabe de la première Classe, est aussi nommé Hassan Ben Abdelaoval Ben Ati-Al-Hakemi. Il nâquit en la Ville de Bassora, l'An de l'Hégire 145 de J. C. & mourut l'an 195, sous le Khalifat d'Amien.

Il sortit de son Pays pour établir sa demeure à Coufa, mais il n'y fit pas un long séjour : car le Khalife Haroun Raschid le voulut avoir auprès de sa personne à Bagdèt, & lui donna un appartement dans son Palais avec Abou-Massaab, & Rehaschi, deux autres Excellents Poëtes.

Le surnom d'*Abou-Noovas* lui fut donné à cause de deux touffes de cheveux qui lui tomboient sur le col. Ses principaux Ouvrages ont été recueillis en un seul Corps, que les Arabes appellent *Divan*, par plusieurs différents personnages, ce qui a causé une grande variété dans les Exemplaires de cet Auteur.

Souli en a fait un, qui se trouve en la Bibliothèque du Roi, N°. 1166. Et Ali Ben Hamza Esfahani en a fait un autre, qui n'a pas empêché qu'Ibrahim-Al-Tabari n'en ait fait un troisième. Il y a une Histoire dans le *Nighiaristan* qui regarde ce Poëte.

Le Khalife Haroun faisant pendant la nuit la ronde autour de son Palais, trouva une des Filles de la Reine qui s'étoit endormie. Il voulut se servir de cette occasion pour obtenir d'elle ce qu'elle lui avoit déja plusieurs fois refusé. Cette Fille se trouvant à son réveil extrêmement pressée par ce Prince, ne put faire autre chose pour s'en délivrer, que de le prier d'attendre jusqu'au lendemain, & qu'elle satisferoit pleinement ses désirs. Haroun la quitta sur sa promesse, & ne manqua pas le lendemain de lui envoyer un message pour lui demander l'assignation : la Fille, qui avoit autant d'esprit que de sagesse, lui envoya pour réponse un Vers Arabic qui a passé depuis en Proverbe.

Les Paroles de la Nuit ne se donnent que pour faire venir le Jour.

Le Khalife bien surpris de cette réponse, commanda aussi-tôt qu'on ne laissât point sortir du Palais aucun des Poëtes qui y demeuroient ; puis les ayant fait venir en sa présence, il leur dit ce Vers ; & leur ordonna qu'ils fissent quelque Stance, ou quelque Chanson où ce Vers fût compris. Chacun des Poëtes y travailla ; mais *Abou-Naovas* y réüssit le mieux de tous : car il enchâssa si à propos ce Vers dans les siens, qu'il sembloit décrire naïvement la chose qui s'étoit passée entre le Prince & cette Fille. Son habileté cependant pensa lui coûter la vie : car Haroun ayant fait des présens aux autres Poëtes, lui dit qu'il méritoit la mort pour avoir vû ce qui s'étoit passé dans l'appartement secret de son Palais entre lui & cette Fille : *Abou-Naovas* bien étonné de ce discours, protesta au Khalife qu'il n'étoit point sorti ce jour-là de son appartement, & qu'il pouvoit produire des témoins sur ce fait ; les témoins furent écoutés sur sa justification, & le Khalife appaisé lui fit des présens comme aux autres.

Lamaï raconte aussi dans son *Dester-Lathaif* que ce Poëte voyageant en Égypte, y fut fort régalé par les principaux Seigneurs de cette Cour ; mais qu'un jour ayant présenté un de ses Poëmes au Prince, & à Safa sa maîtresse, qui étoit de nation Abyssine, & doüée d'une extrême beauté ; il fut reçu fort froidement, & ne remporta aucune gratification de lui. Le Poëte piqué contre l'un & l'autre, & ayant appris que le Prince avoit donné à sa Maîtresse une riche robe fort chargée de Pierreries, laissa échapper ces Vèrs qui disoient au Prince :

Mes Vèrs ont été perdus à votre égard, comme vos Pierreries à l'égard de Safia.

Le Prince en ayant eu connoissance, manda le Poëte pour sçavoir de lui s'il en étoit l'Auteur ; *Abou-Naovas* lui dit qu'il avoit fait quelques Vèrs à sa loüange, & à celle de Safia ; mais que peut-être ses ennemis les auroient corrompus, pour lui rendre un mauvais office ; & il récita ses mêmes Vèrs, dont le sens étoit, en y changeant seulement une lettre :

Mes Vèrs ont brillé sur vôtre sujèt, de même que les Pierreries éclatent sur l'habit de Safia.

Ce changement est seulement de la lettre *Ain*, en *Hamza*.

L'ALCORAN est le Livre dans lequel la Religion des Musulmans est comprise : Mahomèt en est l'Auteur.

Les Mahométans, adorateurs de leur faux Prophète, nous donnent une idée fort relevée de ce Livre : car ils disent qu'il a été tiré du Grand Livre des Decrèts Divins, qu'il en fut détaché dès la Création du Monde pour être mis comme en dépôt dans un des sept Cieux, qui sont sous le Firmament ; & que c'est du Ciel qu'il fut apporté à Mahomèt, versèt par versèt des propres mains de Gabriël, un des Anges de la première Hiérarchie.

Il y a dans le 97e Chapitre de ce Livre, intitulé *De la Puissance, ou du Decrèt de Dieu* (*Fóurat Al Cadre*) un versèt où il est parlé de ce Prétendu Mystère : *Nous l'avons fait descendre du Ciel dans la Nuit du Decrèt, & nous vous apprendrons quelle est cette Nuit ; en vous déclarant qu'elle seule vaut mieux que mille mois entiers, puisque les Anges prennent ce temps-là pour descendre en Terre, & c'est parmi eux que l'Esprit de Dieu y descend aussi par sa volonté.* C'est Dieu que Mahomèt fait parler ainsi.

Ce versèt dont il s'agit ici, fut envoyé à Mahomet après qu'il eut dit à ses Disciples ; qu'il s'étoit trouvé un Homme parmi les Israëlites, qui avoit porté les armes l'espace de mille mois pour le service de Dieu & sa Religion ; car alors ses Disciples lui dirent : notre Vie est trop courte pour acquérir un si grand mérite. Mais la réponse à cette objection vint aussi-tôt du Ciel dans le versèt précédent, dont le sens est, selon l'exposition des plus habiles Interprètes de ce Livre : nous vous avons envoyé l'Alcoran, dont la lecture est d'un mérite incomparablement plus grand que celui de toutes les bonnes œuvres que vous pourriez faire ; & nous vous l'avons envoyé dans une Nuit, dont l'excellence passe celle de toutes les Nuits qui pourroient jamais s'écouler.

Il y a plusieurs opinions différentes touchant ce qui se passa cette Nuit : les uns disent qu'il commença à descendre, & enfin il y en a qui soûtiennent que ce fut alors qu'il fut détaché de la Table des Decrèts Divins, que les Musulmans appellent Louh-Al-Mafoudh, la *Table bien gardée* ; c'est-à-dire, le Livre ou le Régistre secrèt & caché. Mais tous sont d'accord que depuis cette Nuit-là, Gabriël l'apporta à Mahomèt versèt par versèt dans l'espace de vingt-trois ans, selon le besoin des hommes, & suivant l'occurence des choses qui se passoient.

Cette Nuit, selon les Musulmans, retourne tous les ans ; mais on ne sçait pas précisément quand elle arrive. Les uns la mettent dans un mois, & les autres dans un autre ; mais pour l'ordinaire elle arrive dans le mois de Ramadhan, auquel le jeûne rend les hommes plus disposés à reçevoir les graces du Ciel. Cette Opinion est la plus probable : mais comme elle n'ôte pas le doute, les Musulmans employent neuf nuits à célébrer la mémoire de celle-là. Un de leurs Auteurs dit sur ce sujèt : puisque vous ne connoissez pas le moment de cette Nuit favorable, faites si bien toutes vos actions, que chaque Nuit vous puisse tenir lieu de celle-là.

Les Musulmans prétendent que le premier de tous les versèts de l'*Alcoran* qui ait été apporté à Mahomèt, est celui qui se trouve dans le Chapitre 96, intitulé *Sourat-Al-Alak*. Il le reçut dans une grotte du Mont-Harah proche la Mècque. Ce fut en ce lieu que Gabriël l'aborda, & lui dit : Dieu m'a envoyé vers toi pour t'apprendre qu'il t'a fait le Prophète & l'Apôtre de ce Peuple-ci. Prens & lis, & en disant ces paroles, il lui présenta ce versèt qui porte : *Lis au nom de ton Seigneur qui a créé toutes choses, & formé l'Homme d'un sang lié, & réuni dans ses*

Tome II.   d d

parties. Mahomèt confeffa à l'Ange qu'il ne fçavoit pas lire, & qu'il ne voyoit rien d'écrit fur le papier qu'il lui préfentoit. Gabriël l'entendant parler ainfi, le prit, le fondit par trois différentes fois, & le mit en état qu'il fut capable de le lire.

L'*Alcoran* ayant été ainfi envoyé ou apporté à Mahomèt, felon le fentiment commun des Mufulmans, il s'éleva entr'eux une grande difpute touchant ce Livre. Car les uns, à fçavoir les Sonnites, qui font les Orthodoxes parmi eux, foûtenoient que l'*Alcoran* étant la pure Parole de Dieu, étoit incréé ; & les Motazales, qui font regardés par les autres comme gens qui ont des fentimens particuliers, mettoient l'*Alcoran* au nombre des autres créatures. Cette querelle s'échauffa beaucoup dans la fuite, & particulièrement fous les Khalifes Abbaffides. Ceux qui étoient portés pour la Secte d'Ali, favorifoient le fentiment des Motazales, qui étoient fort conformes fur ce point aux Schiites, ou Partifans d'Ali. Le Khalife Almamon, dit Khondemir, fit proffeffion publique de cette Secte des Motazales, l'an 211 de l'Hégire ; & l'année fuivante, il perfécuta plufieurs Docteurs qui refufèrent de foufcrire à fon fentiment ; & Ben-Schona écrit que dans la même Année de l'Hégire, ce Khalife dit publiquement que l'*Alcoran* étoit créé, & qu'Ali excelloit par-deffus tous les autres Compagnons du Prophète.

Cette perfécution que les Abbaffides éxercèrent contre ceux qui nioient la Création de l'*Alcoran*, dura jufqu'au Khalifat de Motavakel: car l'on peut voir dans la vie de Motaffem, que ce Khalife fit foüetter Ahmed-Ben-Hanbal, & qu'il le tint enfuite prifonnier avec un grand nombre d'autres Docteurs ; parce qu'ils rejettoient fon opinion : & que Vathec qui lui fuccéda, dans un échange de prifonniers qu'il fit avec l'Empereur des Grècs, ordonna que tous ceux qui refuferoient de dire que l'*Alcoran* fût créé, feroient laiffés en efclavage entre les mains des Grècs : mais enfin Motavakel, dixième Khalife des Abbaffides, qui commença à règner l'an de 231 de l'Hégire, fit ouvrir les prifons, délivra Ben-Hanbal & tous fes Compagnons, & donna la liberté à un chacun de croire ce qui lui plairoit fur ce fujèt.

Un Docteur nommé Abou-Haroun avoit trouvé, du temps de Motaffem, une diftinction ; par le moyen de laquelle il s'éxempta de la punition que l'on faifoit fouffrir aux autres : car étant interrogé par ce

Khalife de ce qu'il croyoit fur cet article, il ne répondit pas véritablement que l'*Alcoran* eût été créé; mais il affirma feulement, qu'il avoit été pofé, ou expofé.

Pendant que Mahomèt publioit à la Mècque fon *Alcoran*, Naffet-Ben-Hareth étant retourné de Perfe où il avoit négocié long-temps, entretenoit fes amis de plufieurs Hiftoires fabuleufes qu'il avoit tiré des Annales de ce Pays-là, où les exploits d'Asfendiar & de Roftam, Héros de la Perfe, font pompeufement décrits, & il difoit à fes compatriotes: les Hiftoires que je vous raconte font beaucoup plus agréables, que celles dont Mahomèt vous entretient. Ces Fables de Naffer firent tant d'impreffion fur l'efprit des Arabes, que lorfque Mahomèt leur récitoit quelque Hiftoire de l'Ancien Teftament, ils lui difoient: nous avons déja entendu toutes ces chofes, & de beaucoup plus belles; mais les unes & les autres ne font que de Vieux Contes du temps paffé. Ceci eft tiré du Chapitre de l'*Alcoran*, intitulé *Anfal*, c'eft-à-dire, des dépoüilles & du butin.

Houffain Vaëz en l'expliquant, dit, que les paroles de ces Arabes qui méprifoient l'*Alcoran* en lui préférant les Hiftoires Perfiennes, n'avoient aucun fondement. Car Mahomèt leur avoit donné le défi par ces paroles: *Apportez-moi quelque Compofition qui approche de la Doctrine & de l'Élégance de l'ALCORAN*; & comme ils ne purent en produire aucune, leur vanité étoit ridicule. Auffi Mahomèt ne répondoit-il autre chofe à Naffer & à fes partifans, finon: tout ce que je vous dis eft la Pure Parole de Dieu, qu'il faut entendre avec refpect. Naffer ayant entendu ces paroles, fit cette Prière à Dieu, comme il eft porté dans le même Chapitre: *Seigneur, fi ce que Mahomèt nous dit, vient de vôtre part, faites pleuvoir fur nous des pierres, & accablez-nous, comme vous avez fait autrefois Abrahah l'Abiffin; puniffez-nous en l'autre Vie d'une peine rigoureufe.*

L'*Alcoran* fut mis alors dans une grande épreuve. Mais voici comme Mahomèt, fans faire de Miracles, fe difpenfa d'en prouver la vérité; & fortit de ce mauvais pas. Un autre Verfèt qui lui fut apporté tout à propos par Gabriël, vint à fon fecours. *Dieu n'avoit garde, ô Mahomèt, de les punir pendant que tu étois parmi eux*; furquoi les Interprètes de ce paffage remarquent, que Dieu n'a pas accoûtumé de punir un Peuple par une entière extermination, lorfqu'un de fes Prophètes ou Envoyés est parmi eux; & sur-tout un tel Prophète, qui est qualifié la *Miséricorde des Peuples*, à cause du pardon de leurs péchés qu'il leur obtient de la Divine miséricorde. Ce Nasser qui pressa si fort Mahomèt, pour punition de son imprudence & de son impiété, n'est jamais nommé par les Musulmans qu'avec Imprécation & Malédiction.

Quoique Nasser ait été maudit pour avoir mal parlé de l'*Alcoran*, il y a eu cependant plusieurs Docteurs Musulmans qui n'ont point fait difficulté de dire, qu'il peut y avoir des Livres qui le surpassent encore en Doctrine & en Éloquence. Il y en a même qui y ont trouvé des contradictions & des doutes si bien fondés, qu'ils n'ont pas cru qu'il fût possible de les résoudre; il se trouve aussi de la variété dans ses Exemplaires, & nous avons cru devoir mettre ici le nom de plusieurs Auteurs qui ont composé des Ouvrages sur cette matière.

Premièrement Segestani a fait un Livre, dont le titre est *Ekhteláfal Massahef*, de la Différence des Exemplaires. Ebn-Abithaleb-Kaissi est Auteur du Livre intitulé *Al-Igiaz fi Nassekh* ALCORAN *ü Mansoukhatchi*, des Loix de l'*Alcoran* qui se trouvent abrégées les unes par les autres. Ces mêmes contrariétés ont été expliquées & développées par Fakhreddin-Razi, & par Zacharia-Al-Ansari. Mardini, Auteur célèbre a aussi prétendu en résoudre les plus grandes, dans un Livre qu'il intitule *Bahagiat-Al-Arib*, &c.

Mais voici un endroit de l'*Alcoran* qui a fait suër tous les Interprètes. Il est rapporté dans le Chapitre intitulé *Aaraf*, où après qu'il a été parlé de la Création du Ciel & de la Terre faite en six jours, le texte ajoûte; *après cela Dieu fit tant, qu'il vint à bout de créer le Ciel Empyrée où il a établi son Trône.*

Houssain Vaëz explique ce passage en deux manières. La première est, que le Commandement de Dieu fut suffisant pour créer le Ciel Empyrée; & la seconde, que Dieu fut assez puissant pour le créer: il dit ensuite, que l'*Alcoran* se sert de cette façon de parler, à cause que le Ciel Empyrée est la plus Excellente & la plus Admirable de toutes les Créatures qui soient sorties des mains de Dieu. Il avoüe néanmoins que cette Manière de parler est impropre, & marque dans Dieu quelque peine & quelque effort, qui est un défaut dans la Toute-Puissance; il conclut enfin, que ce Passage est un de ceux qui sont réputés très-diffi-

SUR LES LANGUES.

ciles à entendre & à expliquer ; & que l'on doit se contenter de les croire, & en laisser l'intelligence à Dieu seul.

Cela n'empêche pas que les Musulmans n'ayent un tel respect pour ce Livre, qu'il approche même de l'Idolâtrie. Il y a plusieurs Ouvrages, où il est traité de son Excellence & du Respect qui lui est dû ; & entr'autres celui de Soiouthi intitulé *Anmoudage Lathif* ; & d'Aboubecre, surnommé *Al-Giouziah*, Docteur Hanbalite, qui est mort l'an 751 de l'Hégire, de J. C. 1350, qui a fait aussi un Livre entier des Noms & des Titres qui sont attribués à l'*Alcoran*.

Les Noms les plus ordinaires qui lui sont donnés, sont premièrement celui d'*Alcoran*, qui signifie *Lecture* ; à l'imitation des Juifs, qui appellent la Bible *Micra*, dans la même signification : car c'est de *Cara*, qui signifie en Hébreu & en Arabe, *Lire*, que se forment les dérivés *Micra* & *Coran*.

Aboubecre premier Khalife & successeur de Mahomèt ayant ramassé les feuilles de l'*Alcoran* qui étoient dispersées çà & là, & les ayant réduites en un seul volume, le nomma *Moshàf*, c'est-à-dire, le *Livre*, ou le Code par excellence ; ce que signifie aussi *Kétàb*. On le nomme aussi *Alforcan*, mot qui signifie la distinction du vrai & du faux, & le discernement de ce qui est juste d'avec ce qui ne l'est pas. *Tanzil* est aussi un de ses noms : car ce mot signifie une chose descenduë d'en haut & proprement du Ciel. C'est pourquoi l'on trouve souvent écrit ou gravé en lettres d'or sur la couverture des *Alcorans* ces paroles. *Qu'il n'y ait que les purs qui osent toucher ce Livre : car c'est un présent descendu du Ciel, & envoyé de la part du Roi des Siècles.* Cependant les deux noms qui sont les plus en usage dans la bouche des Mahométans, sont *Kelam-Scherif*, la Noble Parole ; & *Ketab-Aziz*, le Livre Précieux : mais lorsque les Auteurs Musulmans citent quelque passage de ce Livre dans leurs Ouvrages, c'est en écrivant seulement en gros caractère, ou en lettre rouge : *Dieu dit*, Coulho Taala, sans marquer jamais ni le Chapitre ni le verset, où ce passage se trouve.

Il y a sept Éditions principales de l'*Alcoran*, qui sont citées par les Commentateurs de ce Livre ; il y en a deux faites à Médine, une à la Mècque, une à Coufa, une autre à Bassora ; une en Syrie, & une que l'on appelle *Commune* ou *Vulgate*.

AUTEURS

La première de ces Éditions contient six mille versèts, les autres la surpassent de 200 jusqu'à 236; mais elles sont toutes égales quant au nombre des mots & des lettres : car dans tous les Éxemplaires de ce Livre, on conte 77639 mots, & 323015 lettres. Pour ce qui est des Chapitres qui sont au nombre de 114, la division en est assez moderne, & les Mahométans y ont peu d'égard : mais comme ils se servent de l'*Alcoran* pour Livre de prières, ils l'ont partagé en soixante Sections, dont chacune fait une espèce d'Office qu'ils récitent en diverses occasions ; & il y a dans les Mosquées des gens qui sont gagés & fondés pour les réciter.

Aboubecre fut le premier, comme nous avons vû, qui compila l'*Alcoran* : il mit cet Éxemplaire original entre les mains de Hafessah, fille d'Omar, & veuve de Mahomèt ; afin que l'on pût y avoir recours, lorsqu'il naîtroit quelque difficulté touchant sa lecture. Il arriva justement ce qu'Aboubecre avoit prévû : car du tems du Khalife Othman, il se trouva plusieurs copies différentes de ce Livre. Othman les ayant fait ramasser toutes, les fit corriger sur l'Original de Hafessah, & fit supprimer tous les autres éxemplaires qui n'y étoient pas conformes.

Samarcandi, Auteur célèbre, a fait un Ouvrage sur les différentes leçons qui se rencontroient dans ces Éxemplaires, & lui a donné pour titre *Idáh al Khavalef fi resem al messahef al saovalef*. Cette diversité venoit principalement des voyelles, lesquelles n'étoient point en usage dans l'Écriture au tems de Mahomèt, ni de ses premiers successeurs. Quelques-uns attribuent l'invention des voyelles à Jahia Ben Iàmer, d'autres, à Nassar Ben Assem, surnommé Al-Laithi ; & il y en a qui attribuent cette invention à Aboul Asouad Al-Dili. Ces trois personnages sont mis au nombre des Docteurs de Bassora, qui ont suivi immédiatement les Compagnons de Mahomèt.

La difficulté qui se rencontroit donc en la lecture de l'*Alcoran*, devant l'invention des figures, qui marquent les voyelles & les autres signes de l'Ortographe, a érigé en titre d'Office plusieurs Docteurs qui prenoient la qualité de *Mocri*, & s'occupoient entièrement à enseigner la véritable lecture de l'*Alcoran*. C'est ce qui a donné lieu aussi à la Composition de plusieurs Livres touchant cette lecture ; comme *Maarefat Al-Corra*, *Adab Al Corrál*, & *Adab Talaovat Al-Coran*.

SUR LES LANGUES.

Mahomèt ayant affecté le langage des anciens Prophètes dans son *Alcoran*, il a cru qu'il ne pouvoit les imiter mieux qu'en se servant d'un style entrecoupé, & dans lequel il y eût peu de discours suivis ; ensorte que les Versèts semblent n'avoir presque aucune liaison entr'eux. Cependant les Docteurs Musulmans se sont éfforcés d'y en trouver, & ont fait plusieurs Ouvrages sur ce sujèt. Il y en a un entr'autres qui a pour titre *Asbab Al Nozoul*, les causes & les sujèts de la *Descente de chaque Versèt*; on trouve, par éxemple, dans le Chapitre d'*Amran*, que Dieu, après avoir expliqué les qualités de ses véritables Serviteurs, dit dans le versèt suivant sans aucune liaison. *Dieu a déclaré qu'il n'y a point d'autre Dieu que lui. Les Anges & les Hommes sçavans sont fermes dans cette vérité, qu'il n'y a point d'autre Dieu que lui.*

Houssain Vaëz dit sur ce passage, que ce fut à l'occasion de deux Docteurs Juifs de Damas, qui demandèrent à Mahomèt ; quel étoit le plus grand & le plus noble témoignage qui se trouvât dans la Parole de Dieu : car ce fut alors, selon l'Auteur des *Asbab* dont nous venons de parler, que ce versèt descendit expressément du Ciel pour leur servir de réponse.

Il y a un si grand nombre de Commentateurs & d'Interprètes sur l'*Alcoran*, que l'on pourroit faire un gros Volume des seuls titres de leurs Livres.

Ben Oschair en a fait une Histoire assez ample, intitulée *Tarikh Ben Oschair*. Tous ces Commentaires portent en général le titre de *Tafsir*: mais chaque Commentaire a pour l'ordinaire son titre particulier.

On trouve dans la Bibliothèque Orientale une bonne partie de ces Auteurs, & de leurs Commentaires chacun sous son titre. L'on se contentera de dire ici en général que Beidhaovi, Thaalebi, Zamakhschari, Bakai, sont des principaux : on y peut ajoûter Houssain Vaëz, qui a paraphrasé & commenté l'*Alcoran* en Langue Persienne fort doctement & très-élégamment. *Salemi*, ou *Selma*, l'a entièrement allégorisé dans son Livre intitulé *Al-Hakaik*.

Ali disoit de l'*Alcoran*, qu'il contient des Histoires du passé, des Prédictions pour l'avenir, & des Loix pour le tems présent. D'autres ont dit, que tout l'*Alcoran* ne contient que des Promesses & des Menaces ; qu'il a deux faces, l'une de l'Homme & l'autre de Bête. Il emprunte souvent des passages du vieux & du nouveau Testament, mais qui sont toujours altérés, & il autorise tout ce qu'il dit par ces deux Livres.

Mahomèt disoit lui-même parlant à ses Disciples : *Lisez l'ALCORAN, & pleurez : car si vous ne pleurez pas maintenant ; vous serez contraints un jour de pleurer.* Il citoit toûjours à ses adversaires l'*Alcoran*, pour son plus grand miracle. Les Musulmans portent sur eux des Versèts & des Chapitres entiers de ce Livre en forme de brévèts & de préservatifs ; & lorsque les Mogols firent leur irruption dans les Provinces Musulmannes, ils tuoient sans rémission tous ceux qui portoient sur eux de ces Brévèts, les prenant pour des Enchanteurs & des Magiciens.

Les Alcoranistes ou gens attachés à la lettre de l'*Alcoran*, ne trouvent rien d'excellent ni d'éloquent hors ce Livre. Ils prétendent que *Lebid*, un des plus illustres Poëtes des Arabes, se rendit à la seule lecture de deux ou trois versèts du second Chapitre de ce Livre ; qu'il croyoit être inimitables dans leur style. Ces Alcoranistes sont grands ennemis des Philosophes en général, & en particulier des Métaphysiciens, & des Scholastiques. Ils condamnent également Averroës & Avicenne, les deux plus grands ornemens du Musulmanisme, avec Aristote & Platon.

Les Interprètes de l'*Alcoran* disent tous unanimement, que le passage le plus éloquent de tout ce Livre, est celui qui est couché au Chapitre *Houd* ; où Dieu, pour faire cesser le déluge, dit ces paroles : *Terre engloutis tes eaux, Ciel puise celles que tu as versé ; l'eau s'écoula aussi-tôt, le commandement de Dieu fut accompli, l'Arche s'arrêta sur la Montagne, & on entendit ces paroles : MALHEUR AUX MÉCHANS.*

Le Tour de ce Versèt est véritablement emphatique, & a quelque chose du genre sublime : car les termes Arabes y sont fort choisis & bien placés.

Les mêmes Interprètes remarquent aussi, que la plus excellente Morale de tout l'*Alcoran* est comprise dans ce Versèt du Chapitre *Aaraf* sur la fin. *Pardonnez aisément, faites du Bien à tous, & ne contestez point avec les Ignorans.*

L'Auteur du *Keschaf* dit, que Mahomèt demanda à Gabriël une explication plus ample de ce Versèt, qu'il lui avoit apporté de la part de

Dieu;

Dieu ; & qui le lui expliqua en ces termes : *Recherchez celui qui vous chasse, Donnez à celui qui vous ôte, Pardonnez à celui qui vous offense : car Dieu veut que vous jettiez dans vos âmes les racines de ses plus grandes Perfections.*

Il est aisé de voir que le Commentaire de ce Versèt est pris tout entier de l'Évangile. Le même Précepte Évangélique de rendre le bien pour le mal, & de pardonner à ses ennemis, se trouve encore dans le Chapitre d'*Amran* ; & plus au long dans celui de *Raad*, ou du Tonnerre, où il est dit : *que ceux qui rendront le Bien pour le mal, auront à la fin de leur vie le* PARADIS *pour demeure.*

Ce qu'il y a de plus vrai-semblable touchant la composition de l'*Alcoran*, est que plusieurs Évêques, Prêtres, Moines, & autres gens ayant été relégués par les Empereurs dans les Deserts de l'Arabie & de l'Égypte ; après que les Hérésies des Nestoriens, des Eutychiens & des Monothélites eurent été condamnées par les Conciles Œcuméniques ; il s'en trouva d'assez méchans parmi eux, pour fournir à Mahomèt les Mémoires peu fidèles & mal conçus de l'Ancien & du Nouveau Testament, dont il a prétendu couvrir ses impostures.

Les Juifs qui s'étoient fort répandus dans l'Arabie, y ont contribué aussi de leur côté ; & ce n'est pas sans raison, qu'ils se vantent aujourd'hui que douze de leurs principaux Docteurs ont été les Auteurs de ce Livre détestable, dans la vûë qu'ils avoient de confondre les Chrétiens sur l'étendue, & sur l'universalité de leur Religion.

Il faut encore remarquer ici que l'*Alcoran* est plein de sentimens erronés des Hérétiques, dont il est fait mention ci-dessus ; ce qui fortifie beaucoup la Conjecture qui a été faite sur la composition de ce Livre.

L'AUTEUR DU LEBTARIKH met la naissance de JESUS-CHRIST sous le règne de Khosrou, fils d'Aschegh, second Roi de Perse de la race des Aschganiens, dans la cinquante-sixième année d'Auguste, Empereur des Romains ; & cent & six ans après la mort d'Aléxandre ; mais le même Auteur se corrige sur cette dernière datte, en disant que plusieurs comptent un plus grand nombre d'années entre la mort d'Aléxandre, & la naissance de JESUS-CHRIST.

L'Auteur du *Tarik Montekheb* ajoûte qu'il nâquit à Béthléem auprès de Jérusalem, de MARIE sa mère, qu'il est né sans père ; qu'il ne fut que trois heures dans le Berçeau, & qu'il est monté aux Cieux, où il a son Trône dans le quatrième Ciel.

Il fixe le tems de sa Naissance, sous le règne de *Schabour* ou *Sapor*, second Roi de la Dynastie, appellée Moloux Al Thaouaif, les Rois des Nations. Cette Époque n'est pas si éloignée, qu'il paroît de celle du Lebtarikh ; car les Afchganiens font une partie de ces Rois des Nations, dont il fait une distinction particulière.

Ce même Auteur donne à JESUS-CHRIST un frère qu'il nomme *Akil* ou *Okail* ; mais c'est un frère à la mode des Hébreux, qui donnent ce nom aux cousins germains, de même que le font encore aujourd'hui les Italiens.

Au Chapitre de la Famille d'*Amran*, qui est le troisième de l'*Alcoran*, on lit ce passage : *les Anges ;* c'est-à-dire, l'Ange Gabriël, désigné, à cause de son excellence, par un nom plurier, *dirent à* MARIE : *Dieu vous annonce son Verbe dont le nom sera le* CHRIST, *ou Messie JESUS, qui sera votre fils très-digne de Respect en ce Monde & en l'autre.*

Ces paroles fûrent dites à la SAINTE VIERGE, après celles qui ont précédé dans un autre Passage du même Chapitre, qui portent que *les Anges,* ou *l'Ange Gabriël dit à* MARIE *; ô* MARIE *! Dieu vous a élûe, purifiée, & très-particulièrement choisie entre toutes les Femmes du Monde ! ô* MARIE *, soûmettez-vous à vôtre Seigneur ! prosternez-vous, & adorez-le avec toutes les Créatures qui l'adorent. Voici un Grand Secret que je vous révèle.*

Ces deux Passages sont fort conformés à la vérité Évangélique. *Houssain Vaëz* en les expliquant, traduit toûjours le nom de *Marie* par le mot Persien, *Perestar Khoda*, qui signifie Servante de Dieu ; parce qu'il veut que ce nom ait en Hébreu cette signification ; & lorsqu'il interprète les mots de *Kelemal Allah*, qui signifient le *Verbe* ou la Parole de Dieu. Il dit que JESUS-CHRIST est appellé ainsi, parce qu'il a été produit de Dieu par sa simple Parole, sans qu'il ait eu besoin de Père.

L'on pourra dire, poursuit le même Auteur, que tous les Hommes ont été tirés du néant par cette même Parole : mais cette cause prochaine de leur production, qui est un Père, ne se trouvant point en JESUS-CHRIST, l'on doit attribuer, & rapporter sa génération à une parole entière & substantielle.

Il est appellé *Messie*, ajoûte le même Interprète, parce que ce mot signifie en Hébreu *Mobarrak*, Béni ; terme que les Hébreux n'appliquent qu'à Dieu, & à lui, qui faisant son entrée dans Jérusalem, fut salué de tout le Peuple Juif par ces paroles : *Benedictus qui venit in nomine Domini.*

La fin du Versèt porte, *qu'il est très-digne de respèct dans l'un & l'autre monde*; à cause de sa Toute-Puissance qu'il a manifestée en ce Monde par sa Doctrine & par sa Loi, par sa Naissance prodigieuse, par son Ascension au Ciel, & par la Victoire qu'il doit remporter sur l'Ante-Christ ; il exerce cette même Puissance dans l'autre monde par son Office de Médiateur, & par la place d'honneur qu'il occupe dans le quatrième Ciel.

Ce quatrième Ciel, selon le système des Alcoranistes, est le Ciel Empyrée ; car, selon eux, le premier des Cieux est celui des Planètes : le second que nous appellons le Firmament, comprend les étoiles fixes ; le troisième, celui des Intelligences séparées des corps, ou le premier Mobile ; & le quatrième, est celui du premier Moteur où est le Trône de la gloire & de la Majesté Divine.

Nous lisons dans le Cpapitre intitulé, *Neffa*, ou des Femmes, ces paroles expresses : *Le Messie est JESUS fils de MARIE, l'Envoyé de Dieu, son Verbe, & sa Parole ; laquelle il a fait annoncer à MARIE, & le même JESUS est Esprit procédant de lui.* Houssain Vaëz en glosant ce passage, dit que le mot de *Verbe* ou *Parole*, signifie ce qui a été annoncé à *Marie* pour devoir naître d'elle seule, sans tirer son Principe, ni son Origine d'aucun Homme.

Le mot d'*Esprit procédant* de Dieu, est ainsi expliqué par le même Auteur : il est doüé d'un Esprit qui procède immédiatement de Dieu sans le milieu d'aucune autre Cause qui l'ait produit.

On lit plus bas dans le même Chapitre *Neffa* : *Le MESSIE ne dédaigne pas d'être, & de se dire le Serviteur de Dieu, aussi-bien que les Anges qui sont les plus proches du Trône de la Divinité.* Les Interprètes disent sur ce Passage, que les Chrétiens ayant taxé Mahomèt d'impiété sur ce qu'il qualifioit JESUS-CHRIST du titre de Serviteur de Dieu, il leur répondit par les Paroles de ce Versèt : mais ce reproche des Musulmans est mal fondé, puisque les Chrétiens reconnoissent, avec Saint Paul, que

JESUS-CHRIST a pris la forme de Serviteur. Cette façon de parler de Saint Paul est *Orientale* : car cet Apôtre prend le nom de Serviteur pour celui d'homme, lequel devient nécessairement en vertu de sa création, Serviteur de Dieu.

Au Chapitre second de l'*Alcoran* intitulé, *Bacrat*, ou de la Vache rousse dont Moyse parle, on lit les paroles suivantes : *Nous avons donné, dit Dieu, à JESUS fils de MARIE, des marques évidentes, & nous l'avons assisté & fortifié du Saint-Esprit.*

Les Interprètes de l'*Alcoran* paraphrasent ce passage en la manière qui suit : nous avons donné à JESUS, qui est le véritable fils de MARIE, des signes par lesquels on pouvoit le connoître aisément. Ces signes & ces marques sont la connoissance des choses les plus cachées, & le pouvoir de ressusciter les morts. Nous l'avons de plus fortifié du Saint-Esprit ; c'est-à-dire, de l'Esprit de pureté & de sainteté, de l'assistance continuelle de Gabriël, qui signifie la Force de Dieu, de la vertu du Grand & ineffable Nom de Dieu, par l'éfficace duquel il opéroit ses grands miracles ; & enfin de la Puissance de l'Évangile, d'où se tire la vie de l'âme, & le renouvellement du cœur.

On peut reconnoître par cette Glose si considérable, que les Mahométans qui veulent ôter la Divinité à JESUS-CHRIST, sont obligés par la force de la vérité de lui attribuer ce qui ne convient qu'à Dieu seul ; à sçavoir, la Justification de l'âme, & la Conversion du pécheur.

J'ajoûterai à ce propos les Vers Persiens d'un Mahométan, lequel s'adressant à JESUS-CHRIST, lui dit :

Le Cœur de l'Homme affligé tire toute sa consolation de vos Paroles.

L'âme reprend sa Vie & sa vigueur, entendant seulement prononcer votre Nom.

Si jamais l'esprit de l'Homme peut s'élever à la contemplation des Mystères de la Divinité ;

C'est de vous qu'il tire ses lumières pour les connoître, & c'est vous qui lui donnés l'attrait dont il est pénétré.

Un Chrétien ne pourroit pas parler plus énergiquement de la Grace de JESUS-CHRIST, laquelle ne produiroit pas sans doute ces éffets merveilleux, si elle n'avoit sa source dans la Divinité qui étoit inséparablement unie à son Humanité sacrée.

AUHADI MARAGAH, Poëte Perfien, ainfi nommé, ou plûtôt furnommé, à caufe de l'amitié étroite qu'il avoit avec le *Scheikh*, ou Docteur vénérable Auhadeddin Kermani, homme des plus illuftres en Doctrine & en piété de fon fiècle ; il avoit été Difciple de Schehabeddin Omar Schaharuardi autre Scheickh de réputation, qui avoit accoutumé de faire tous les jours la lecture entière de l'Alcoran après la prière du foir. C'eft celui-ci pour lequel le Khalife Moftanfer avoit une fort grande eftime, & contre lequel néanmoins il fit l'Épigramme fuivante.

Tu nous dis, ô Scheikh, des chofes édifiantes, & même fort touchantes.
Tu t'arrêtes peu dans un lieu, & tu paffes la plus grande partie de ta vie en Pélérinages.
L'auftérité de ta vie frappe les yeux de tout le monde.
Cependant je m'apperçois que tu as mille petites rufes dont tu fais un grand ufage.

Notre Poëte fit profeffion d'imiter les plus grands Maîtres de la vie fpirituelle, & il traduifit en Vers Perfiens le Livre intitulé *Giam Giam*, le Vafe du Roi.

Giam Schid, Ouvrage que ce Scheikh avoit compofé ; dans lequel eft comprife la plus Sublime Théologie des Sofis ; c'eft-à-dire, l'élixir de la Spiritualité des Mufulmans.

GIAMI, furnom d'Abdal Rahman Beu Ahmed, fameux Poëte Perfien des derniers tems, que l'on eftime avoir furpaffé les Anciens. Il étoit natif d'un lieu connu nommé Giam, affez proche de la Ville de Hérat, dans le Khoraffan. Il vivoit fous le règne du Sultan Huffain Baicara, Prince iffu de la race de Tamerlan, qui règnoit en Khoraffan, dont la Ville de Hérat étoit pour lors la Capitale.

Ce Poëte, qui étoit regardé d'ailleurs comme un Docteur célèbre de la Loi Mufulmane, étoit connu & careffé de tous les Princes de fon fiècle. Il dédia même un de fes Ouvrages intitulé *Erfchad*, inftruction à Mahammed Khan Al Fatheh; c'est-à-dire, à Mahomet, second Sultan des Othomans, surnommé le Conquérant.

Les principaux Ouvrages de *Giami* sont un Divan en Vers, dont le Style est du genre sublime, & contient toute la Théologie Mystique des Musulmans; & le *Baharistán* ou Printems mêlé de Prose & de Vèrs, divisé en huit *Raoudhat* ou Parterres, & dédié au Sultan Hussain Baicara. Il publia aussi le Docte Commentaire d'*Ebn Hageb* sur la Cafiah, qui est une Grammaire Arabique. Cet Ouvrage d'*Ebn Hageb* est dans la Bibliothèque du Roi. N°. 1082, & 1083.

Nous avons encore de cet Auteur le Roman de Joseph & de Zoleikhah en Vers Persiens, & plusieurs bons mots rapportés dans le Defter Lathaif de Lamai. *Giami* mourut l'An de l'Hégire 888, ou selon quelques Auteurs, l'an 891, qui est le 1486 de J. C.

On rapporte de *Giami*, que le Poëte nommé Deiheki lui racontant un jour toutes ses prouësses en matière de combats d'esprit qu'il avoit soûtenu contre d'autres Poëtes ses concurrens, & disant d'un ton fort animé: j'ai répondu ainsi à Khosrou, & d'une telle manière à Kemal. J'ai rendu Zehir muèt, & Selman tout confus. *Giami* voyant cet homme fort échauffé, lui répondit froidement: *Vous avez fort bien répondu Aujourd'hui; mais avez vos songé à ce que vous devez répondre Demain.* L'Aujourd'hui & le Demain chez les Orientaux signifient la Vie présente, & la Vie future.

Un homme d'Ispahan qui vantoit extrêmement toutes les choses de son pays, & méprisoit les autres; ayant dit à *Giami* qu'il y avoit à Ispahan des Melons d'une grosseur si extraordinaire, qu'un homme y étant assis, ne touchoit pas la terre avec ses pieds; il lui repliqua aussi-tôt: nous n'avons pas véritablement dans la Ville de Hérat de si gros Melons; mais en échange il y a des Navèts qui sont aussi longs que des gaules.

Un autre de Samarcand loüant beaucoup une sorte de Raisin de son pays, appellé *Risch Baba*, Barbe de Père; *Giami* lui demanda si cette espèce surpassoit en délicatesse, celle que l'on nomme dans le Khorassan, *Khaieh Golamán*, Bourses de Mores. Le Samarcandois lui ayant répondu que non; *Giami* lui dit aussi-tôt: il est donc clair que les Bourses de nos Esclaves valent mieux que les Barbes de vos Pères.

SUR LES LANGUES. ccxxiij

AUHADI a composé un DIVAN POETIQUE, qui contient dix mille Vers, & plusieurs Lettres, qu'il a adressées à Dhiacd-din Josef.

Ses Ouvrages ont été fort estimés par Assileddin, fils de Nassireddin Thousi, qui étoit fort capable d'en juger. Il écrivoit sa traduction du Livre Giám Gent dans l'espace d'un mois, & ses amis, entre lesquels il y en avoit quelques-uns de libéraux, achetoient de lui chèrement ses Exemplaires, & le faisoient subsister par ce petit commerce. On dit qu'il a vêcu jusqu'à l'âge de 60 ans dans la Pauvreté; mais qu'enfin la Fortune le regarda d'un bon œil.

Son mérite commença à être connu sous le règne d'Argoun Khan, Empereur des Mogols ou Tartares, qui lui fit beaucoup de bien; Gazan Khan son fils en usa de même à son égard; & ce fut sous l'Empire de ce Prince qu'il mourut dans Ispahan l'An de l'Hégire 697. Son Sépulchre est révéré dans cette Ville, quoiqu'il ait laissé parmi ses Ouvrages quelques Poëmes de galanterie. On cite ces vers-ci de lui.

J'ai dit cent fois à mon Cœur embrasé, qu'il jette de l'eau sur le feu qui le consume:

Mais il n'écoute point mes avis; & s'exposant toûjours aux vents qui allument sa flamme,

Mille Chagrins amoureux le réduisent enfin en poussière.

Les Musulmans appellent encore aujourd'hui entr'eux, les Gens qui ont peu de Religon, *Jezid* & *Izit*. L'on dit que le Fameux Poëte Persien nommé *Giami* étoit de ce nombre; c'est pourquoi un nommé Mézid étant entré un jour dans l'Assemblée qu'il tenoit chez lui, & voulant l'insulter sur ce point, cria d'un ton fort haut, que la malédiction de Dieu tombe sur Jezid. Giami sentant fort bien que ces paroles le regardoient personnellement, dit sur le même ton, que cette malédiction tombe sur Jezid & sur Mezid; l'élégance de cette repartie consiste en ce que ces mots, *sur Mezid* signifient aussi, *de plus en plus*.

LOBB AL TAOVARIKH, la *Moëlle des Histoires*. Histoire écrite en Persien par Jahia Ben Abdakathif Al Cazuini, l'An de l'Hégire 948.

Cet Auteur étoit Schiite, c'est-à-dire, de la Secte d'Ali, de laquelle les Rois de Perse qui règnoient de son tems, & qui règnent encore aujourd'hui, faisoient profession; il divisa son Histoire en quatre parties.

La première contient les Vies de Mahomèt, & des douze Immams révérés par les Persans, sans faire mention d'Aboubecre, d'Omar, ni d'Othman.

La seconde comprend les Vies & les actions des Rois qui ont règné avant le Musulmanisme.

La troisième ne traite que de la famille règnante des Sofis, appellée communément *Haidarienne*.

La quatrième s'étend sur toutes les Dynasties qui se sont élevées depuis l'Origine du Mahométisme.

Cet Auteur mourut l'An de l'Hégire 960, qui commença le 17 Décembre de l'Année Chrétienne 1552, la trente-deuxième année de Soliman, fils de Selim I. du nom.

C'est cet Ouvrage que l'on cite souvent sous le nom corrompu & abrégé de *Lebtarikh*.

AVERROÉS, un des plus habiles Docteurs en Philosophie & en Médecine, que les Arabes ayent eû, étoit natif de Cordouë en Espagne; il mourut l'An de l'Hégire 595, qui est de Jesus-Christ 1198.

Averroés est le premier, qui ait traduit Aristote de Grèc en Arabe, avant que les Juifs en eussent fait leur version, & nous n'avons eu long-tems d'autre texte d'Aristote, que celui de la Version Latine qui fut faite sur la Version Arabique de ce Grand Philosophe, qui y a ajoûté ensuite de fort amples Commentaires, dont Saint Thomas & les autres Scholastiques se sont servis, avant que les Originaux Grècs d'Aristote & de ses Commentateurs nous eussent été connus.

ABEN SINA, nâquit dans la Ville de Bokhara en la Province Transoxane, l'An de l'Hégire 370, & mourut dans la Ville de Hamadan, l'An 428, à l'âge de cinquante-huit ans.

BEN SCHUHNAH écrit qu'*Avicenne* avoit étudié dès l'âge de dix ans les Élémens d'Euclide, & l'Almageste de Ptolemée ; qu'il n'en employa que huit à apprendre la Médecine, à lire tous les Auteurs qui avoient écrit avant lui de cet art. Mais, entre tous les Docteurs dont il avoit lû les Ouvrages, il ne regardoit qu'Alfarabi pour son maître. C'est pourquoi Algazali dans son Livre intitulé, *Moukedh Men Aldhelal*; c'est-à-dire, le Préservatif de l'Erreur, accuse également Alfarabi, & *Ebn Sina* d'être tombés dans l'impiété, pour s'être plus attachés à suivre les opinions des Philosophes, que les Principes & les Maximes de l'Alcoran. Le même Ben Schúhnah cependant dit, que plusieurs Docteurs Musulmans ont soûtenu, qu'*Avicenne* étoit rentré sur la fin de sa vie dans le bon chemin.

L'Auteur du Nighiaristan rapporte, que Mahmoud, fils de Sebekteghin, premier Sultan de la Dynastie des Gaznevides, ayant appris qu'il y avoit à la Cour de Mamon, Roi de Khouarezm, plusieurs personnes de mérite qui s'étoient distinguées en diverses sortes de Sciences, parmi lesquelles *Abou Ali Ebn Sina* se trouvoit, ce Prince eut la curiosité de les voir, & dépêcha pour cet effet plusieurs couriers à Mamon, pour le prier de les faire passer en Khorassan auprès de lui.

Plusieurs d'entre ces Docteurs acquiescèrent aux volontés du Sultan. Mais *Avicenne* refusa toujours constamment d'aller le trouver. Il fallut cependant qu'il quittât la Cour de Mamon, & qu'il partît avec les autres. Mais au lieu de prendre la route du Khorassan, il prit celle du Giorgian.

Le Sultan Mahmoud ne voyant point paroître à sa Cour *Avicenne* avec les autres, & fort irrité de son refus, envoya des portraits crayonnés de ce Philosophe en divers endroits pour le faire arrêter sur les chemins, en cas qu'il fût reconnu ; mais, ce fut en vain : car il étoit déja arrivé dans le Caravansera, ou Hôtellerie publique de la Ville de Giorgian, où il faisoit des cures admirables.

Cabous, qui règnoit pour lors dans le Pays de Giorgian, ayant appris des nouvelles d'un inconnu, qui exerçoit la Médecine avec tant de succès, le fit appeler pour visiter un Neveu qu'il aimoit extrêmement, & qui étoit pour lors allité & attaqué d'une maladie qu'aucun Médecin du Pays n'avoit pû connoître. *Avicenne* n'eut pas plûtôt touché le poulx du Malade, & considéré son urine, qu'il jugea que sa Maladie étoit causée, par un amour excessif qu'il cachoit dans son cœur, & qu'il n'osoit déclarer au Roi son oncle. Pour s'en éclaircir davantage, pendant qu'il étudioit le poulx de son malade, il fit appeller le Concierge du Palais, & le pria de lui nommer tous les quartiers & tous les appartemens de cette belle maison; & il s'apperçut, lorsqu'il en nomma un certain en particulier, d'une plus grande émotion dans son malade : s'étant fait ensuite nommer toutes les Personnes du même appartement, le poulx du malade, qui entendit le nom d'une de ces personnes, fit un battement si extraordinaire qu'*Avicenne* ne douta plus que ce ne fût l'amour de cette personne qui avoit réduit le malade à l'extrêmité où il se trouvoit ; & dit, que l'unique remède pour le guérir, étoit de lui donner la personne qu'il aimoit.

Cabous étant averti de cette découverte, eut la curiosité de voir le Médecin de son neveu; & comme il avoit reçu un de ces portraits, que le Sultan Mahmoud avoit envoyé de tous côtés, il le reconnut aussi-tôt pour ce qu'il étoit; lui fit beaucoup de caresses & de présens, sans l'obliger d'aller trouver le Sultan Mahmoud.

Le même Auteur du Nighiaristan dit aussi, que ce Philosophe ayant publié son Livre intitulé, *Ketab Almanthek*, Ouvrage de Métaphysique & de Logique, les Sçavants de la Ville de Schiraz qui le lûrent avec beaucoup d'application, firent un Recueil des difficultés ou objections, qui pouvoient se proposer contre la Doctrine d'*Avicenne*, & le lui envoyèrent à Ispahan, où il faisoit pour lors sa demeure.

Aboulcassem Kermani qui s'étoit chargé de le porter, n'étant arrivé dans la Ville que sur le soir, entra en conversation avec *Avicenne*; & demeura avec lui assez avant dans la nuit jusqu'au tems du sommeil. *Avicenne* s'étant retiré ensuite, prit la résolution de répondre aux objections des Schiraziens avant que de prendre son repos, & travailla tout le reste de la nuit avec tant d'application à cette réponse, qu'il la mit entre les mains d'Aboulcassem dès le lendemain de fort grand matin, & lui dit agréablement : je me suis hâté de faire réponse, pour ne pas faire attendre le courrier. Les Docteurs de Schiraz furent si satisfaits des réponses d'*Avicenne* à leurs objections, & tellement surpris de la diligence avec laquelle il les avoit faites, qu'ils augmentèrent de beaucoup la bonne opinion & la haute estime qu'ils avoient de la capacité

On ne trouve point cette réponfe dans la Compilation qui a été faite des Œuvres d'*Aviçenne*, imprimée à Rome dans l'Imprimerie de Médicis ; le Traité de Logique qui y eft compris, paroît n'être qu'un Abrégé de l'Ouvrage entier qu'*Aviçenne* en avoit compofé.

Aviçenne a écrit lui-même fa vie ; mais le Docteur Giozgiani nous l'a donnée beaucoup plus ample. Il dit, qu'Ebn Sina fut fait premier Médecin, & enfuite Vizir de Mag'Daldoulat, Sultan de la race des Bouides ; mais, qu'il fut dépoffédé de la même Charge, parce qu'il étoit fort addonné au vin & aux femmes. Il fut fur la fin de fes jours fort maltraité de la Fortune, & obligé de changer fouvent de lieu & de demeure, pour fe mettre en fûreté. Il fut auffi travaillé de plufieurs Maladies, & particulièrement de la Colique ; enforte qu'un Poëte qui fit fon Épitaphe, a dit, que fes Livres de Sageffe ou de Philofophie, ne lui avoient pas enfeigné les bonnes Mœurs ; ni fes Livres de Médecine, l'Art de conferver fa Santé.

LE GRAND OUVRAGE D'AVIÇENNE, eft le Livre qui porte le nom de CANOUN, fur lequel prefque tous les Médecins qui l'ont fuivi, ont travaillé.

Aviçenne a intitulé fon Grand Ouvrage *Canun Fil Thebb*, Règle de la Médecine ; c'eft ce qui fait, qu'il eft fouvent cité dans fon Canun. Ce Livre a été abrégé & expliqué par Saêd Ben Hebatallah, par Razi Ben Al Kharib, & par un autre Auteur qui a fait le Mugiaz Fil Thebb.

SOCRATE. Les Arabes font ce Philofophe le Chêf de la Secte de ceux qu'ils appellent *Elahioun*, ou Divins ; à caufe qu'il fut le Maître de Platon, & celui-ci d'Ariftote, qui paffent chez eux pour être les premiers qui ont reconnu un premier Moteur, & une feule Divinité qui gouverne toutes chofes. Mahammed Algazali dans fon Livre intitulé, *Mouked Aldhalal*, a crû que ces Philofophes, auffi-bien que les Docteurs Mufulmans qui les ont fuivis, comme Alfariabi Ebn Bagiah, Ebn Rouhd, Ebn Sina, que nous appellons ordinairement, Alfarabius, Aven Pace, Averroés & Aviçenne, ont eu des Principes fort contraires à ceux du Mufulmanifme.

Khondemir & l'Auteur du Leb-Tarikh écrivent que *Socrate* étoit contemporain de Giamasb Alhakim, de Giamasb le Sage, ou le Philosophe, frère de Lohorasb, quatrième Roi de Perse de la seconde Dynastie, dite des Caïnides; mais, Aboulfarage dit, qu'il vivoit sous Arses fils d'Ochus, qui est Ardeschit, ou Artaxerxe III. du nom, Roi de la même Dynastie.

ABOU-RIHAN, surnommé Al-Khovarezmi, Al-Birouni, à cause qu'il étoit natif de la Ville de Biroun, située dans la Province de Khovarezme, & non pas de celle qui est dans les Indes, comme quelques-uns l'ont écrit.

Ce Sçavant étoit excellent dans la Géométrie & dans l'Astronomie, il avoit voyagé pendant quarante ans aux Indes. Il vint à la Cour des Sultans Mahmoud & Massoud Gaznevides, où il fut envoyé par Máamoun, Roi de Khovarezme, en compagnie d'Abou-Nasser, & d'Aboulkhair; Avicenne devoit être aussi de la partie, mais il s'excusa sur sa santé qui ne lui permettoit pas de faire un si long voyage, quoique la véritable raison fût pour éviter les fréquentes contestations qu'il avoit avec ce Docteur, qui le surpassoit en subtilité. En effet, *Abou-Rihan* est qualifié du titre Al-Mohakkak, qui signifie très-Subtil; il est estimé par les Musulmans non-seulement pour son habileté dans les Sciences spéculatives, mais encore dans les pratiques; comme dans les Magie naturelle, Astrologie Judiciaire, Art des Talismans, &c.

L'Auteur du *Nighiaristan* rapporte que Mahmoud voulut un jour éprouver ce qu'il sçavoit faire, & lui donna audience au milieu d'un Salon qui étoit ouvert des quatre côtés; il lui demanda s'il sçauroit bien deviner par quel endroit il sortiroit de ce lieu. *Abou-Rihan* demanda aussi-tôt du papier & de l'encre, & écrivit sur un billet, qu'il cacha sous le coussin du Sultan, ce qu'il en pensoit. Cela étant fait, le Sultan commanda que l'on abbatît une partie de la muraille du Salon par laquelle il sortit, & l'on trouva à point nommé dans le billet d'*Abou-Rihan*, que le Sultan devoit sortir de ce Salon par une brèche. Aussi-tôt Mahmoud commanda qu'on le jettât par la fenêtre comme Magicien; mais il avoit fait préparer sous la fenêtre du Salon un apentis, par le moyen duquel *Abou-Rihan* glissa jusqu'en bas sans se faire aucun mal;

puis l'ayant fait remonter, il lui dit : je fuis affuré que vous n'aviez pas prévu aujourd'hui cet accident : mais *Abou-Rihan* ayant envoyé querir, par un des Domeftiques du Sultan, fes Éphémerides ; on trouva dans la direction qu'il avoit dreffé de ce jour-là, que ce même accident y étoit marqué.

Entre les Ouvrages de ce Docteur, le plus renommé eft celui qu'il a intitulé *Canoun Al-Mâffoudi*, qui eft une Géographie complète, qu'il dédia au Sultan Mâffoud ; c'eft cet Ouvrage qui eft fouvent cité par Aboulfeda, & par Aboulmoal. Il publia enfuite la Théorie des Étoiles fixes, intitulée *Tafhim fi Tangim*, l'An de l'Hégire 421, & de J. C. 1029. Nous avons auffi de lui un Traité de la Sphère, nommé *Eftiab fi Teftih Al-Korrah*, & une Introduction à l'Aftrologie Judiciaire, qui a pour titre *Erfchâd fi Ahkam Al Nogioum*.

GIAUHARI, *Jouaillier*, eft le furnom d'Abou Nafr Ifmaël Ben Hamad ; qui eft encore furnommé Al Farabi Al Turki, à caufe qu'il étoit natif de la Ville de Farab, ou Otrar en Turqueftan.

Quoique Giauhari fût Turc de naiffance, il fit de fi grands progrès dans la Langue Arabique qu'il avoit étudiée en Méfopotamie & en Égypte, que l'on lui donna le titre d'*Imâm Allogat* ; c'eft-à-dire, de Maître de la Langue. En effet, il eft l'Auteur d'un Dictionnaire très-ample de la Langue Arabique, qu'il intitula *Sehah Allogat*, la Pureté de la Langue ; & on l'appelle fouvent à caufe de cet Ouvrage *Saheb Al Sehah*, l'Auteur du *Sehâh*.

Il y a deux Éditions de cet Ouvrage : la première s'appelle en Langue Perfienne *Sehah Dirineh*, qui eft l'Ouvrage entier de Giauhari ; la feconde eft un Abrégé qui a été fait par Mahammed Ben Abubeer Ben Al Caher Al Razi, dont il y a un Exemplaire dans la Bibliothèque du Roi, N°. 1088.

Outre ces deux Éditions de l'Ouvrage de Giauhari, il y en a une troifième qui porte le nom de *Sehah Gedidu Kebir* ; c'eft-à-dire, le Grand & le Nouveau Sehah, dans lequel on a fait quelques additions au premier Ouvrage de cet Auteur ; qui mourut, felon Ben Caffem, à Nifchiabour Ville du Khoraffan, l'An 493 de l'Hégire ; mais felon

Ben Schonah l'An 393, & selon Abulfeda dans son Histoire, l'An 398.

Il y a encore d'autres Auteurs qui ont porté le surnom de Giauhari, comme *Giauhari Al Azdi*, qui est le même que Vakedi. Un autre qui a écrit contre Asiouthi sur le sujèt de la béatitude des femmes.

Il y a aussi une Traduction d'*Oclides*, c'est-à-dire, d'Euclide, qui a pour Auteur un Giauhari, sans parler de Schamseddin Abdalnaâm, qui a fait un Commentaire sur le Livre intitulé *Erschàd Fil Foroù Al Schafei*.

HOMAIOUN NAMCH, ou Humiaoun Namch, le *Livre Royal*, ou Auguste. C'est la Traduction Persienne du Livre intitulé, *Kalilah ve Damnah*.

Ce Livre qui n'est qu'un tissu d'Apologues, & de Fables tirées des propriétés des animaux, fut composé par un Philosophe Indien nommé *Bidpai*, pour un Roi des Indes qui portoit le nom de Dabschelim. Il est rempli de préceptes moraux & politiques.

Nouschirvan Roi de Perse, envoya son Médecin, nommé Buzrvieh, exprès pour recouvrer ce Livre, qui étoit gardé soigneusement dans la Bibliothèque des Rois des Indes; & l'ayant entre les mains, il le fit traduire de l'Indien en *Langue Pehelevienne*, qui est l'ancien Persien, & lui donna le nom de *Humaioun Nameh*.

Abougiafar Almansor, second Khalife des Abassides, le fit ensuite traduire de l'ancien Persien en *Arabe*, par l'Imam Abulhassan Abdallah Ben Mocannâ, sous le titre de *Kalilah & Damnah*.

Quelque-tems après le Sultan Nasser Ben Ahmed, de la Dynastie des Samanides, le fit encore traduire de la Langue Arabique en *Persien* plus moderne, par un Docteur inconnu, & cette version fut mise aussi-tôt en Vers par le célèbre Poëte Persien nommé *Rondeki*.

Baharam Schah, fils de Massoûh, Sultan de la Dynastie des Gaznevides, non content de cette version Persienne, fit travailler Nasrallah Aboulmâala, le plus éloquent homme de son tems, sur le texte Arabique de *Mocannâ*; & c'est cette version Persienne que nous avons aujourd'hui sous le titre de *Kalilah ve Damnah*.

Ce Livre a acquis une si grande estime dans l'Orient, que dans la fin du neuvième siècle de l'Hégire l'Émir Sohaili, Généralissime des

Armées de Houſſain Ben Manſour, Ben Baicarah, ou *Baicra*, Sultan de Khoraſſan, qui étoit de la poſtérité de Tamerlan, entreprit d'en faire faire une nouvelle verſion par le Docteur Houſſain Vaëz, dit *Al Kaſchefi*, laquelle ſurpaſſe toutes les autres en élégance & en clarté.

Cette nouvelle Verſion porte le nom d'*Auvar Sohaili*, les Splendeurs, ou les *Lumières de Conopus*; à cauſe qu'elle fut faite à l'inſtance de l'Émir qui portoit le nom de cette Conſtellation, elle a été traduite en Langue Turqueſque en proſe & en vers.

Gémali l'a miſe en vers pour Bajazeth ſecond du nom, Sultan de la race des Ottomans.

Il y a un autre *Humaioun Nameh* qui eſt un formulaire de Lettres dans la Langue, & dans le Style des Perſans; c'eſt un Mohammed Ben Ali, connu ſous le nom de Schehabeddin Al Mouſchi, qui en eſt l'Auteur.

MOCLAH. Ebn Moclah. C'eſt le ſurnom d'Abou Ali Mohammed Ben Ali Ben Haſſan.

Ce perſonnage fut fait Vizir par le Khalife Moctader, l'an 316 de l'Hégire, & diſgracié par le même Khalife l'An 317.

Depuis ce tems-là juſqu'en l'An 322, Ebn Moclah véquit en homme particulier; mais cette même année, le Khalife Caher Billah, qui avoit ſuccédé à Moctader, lui rendit la charge de Vizir qu'il ne poſſéda pas long-tems paiſiblement. Car, ce Khalife, qui étoit de ſon naturel fort emporté, ſe trouvant mal ſatisfait de ce Miniſtre, lui fit couper la main droite; & ne laiſſa pas cependant de le rétablir dans ſa charge, qu'il exerçoit nonobſtant ſa main coupée, en écrivant avec une plume artificielle attachée à ſon bras.

Ebn Moclah cependant cherchant à ſe venger de Caher, fit tant par ſes intrigues; que les Turcs, qui étoient pour lors les Maîtres dans Bagdet, le dépoſèrent, & lui donnèrent Radhi pour ſucceſſeur.

Radhi Billah, vingtieme Khalife de la race des Abbaſſides, confirma *Ebn Moclah* dans ſa charge de Vizir, en conſidération des bons ſervices qu'il lui avoit rendus, en procurant la dépoſition de Caher ſon prédéceſſeur.

Mais, *Ebn Moclah* qui avoit l'eſprit brouillon voulut faire des affaires à son nouveau maître. Il écrivit pour cet effet comme de la part du Khalife à Iakem le Turc, pour le faire venir à Bagdet, lui promettant le commandement en chef de toutes les Troupes du Khalifat.

Ebn Raïx, qui pour lors en avoit le commandement, ayant intercepté la lettre d'*Ebn Moclah*, la fit voir au Khalife; & ce Prince qui n'avoit point donné d'ordre à son Vizir de l'écrire, & qui ne défiroit pas même la venuë de Iakem, fit venir *Ebn Moclah* en sa préfence, & lui demanda pourquoi il avoit écrit cette lettre à son infçu.

Le Vifir nia d'abord la chofe; mais, il fut couvaincu par sa propre lettre qui lui fut repréfentée; & le Khalife, qui ne pût souffrir cette infidélité, le condamna d'avoir son autre main coupée, & quelquetems après la langue.

Cette punition arriva à *Ebn Moclah* l'An 326 de l'Hégire, & il traîna depuis ce tems-là une vie miférable & languiffante, jufqu'en l'An 338 qu'il mourut. *Khondemir. Ben Schûnah. Nighiariftan.*

On s'eft étendu un peu au long fur ce Perfonnage, à caufe qu'il s'eft rendu célèbre par l'invention des Caractères Arabes modernes, dont l'on fe fert encore aujourd'hui, qu'il fubftitua en la place des anciens, que l'on appelloit, *Coufiques*, & qui étoient fort groffiers; c'eft pourquoi on lui donne le titre, Vadhê Khath, c. a. d'*Auteur*, d'*Inventeur de l'Écriture.*

L'on rapporte qu'ayant été condamné à perdre la main, il fe plaignit de ce qu'on le traitoit comme un voleur; que l'on lui coupoit une main qui avoit copié trois fois l'Alcoran, & dont les éxemplaires devoient être à toute la poftérité le modèle de l'Écriture la plus parfaite. En effet, ces trois éxemplaires ont été toujours admirés pour l'élégance de leurs Caractères, quoique dans la fuite des temps Ebn Bauvab les ait encore furpaffés. Quelques-uns cependant ont écrit que ce fut par *Ebn Moclah*; mais, un de fes freres, nommé Abdallah Alhaffan, fut l'inventeur de ces beaux Caractères.

On a remarqué que ce Vizir, qui avoit copié trois fois l'Alcoran, avoit fait auffi trois fois le pélérinage de la Mècque, & qu'il eut l'aventure d'avoir été enterré trois fois après fa mort; la première, dans la prifon; la feconde, dans le Palais Impérial; & la troifième, dans fa propre maifon, fon corps ayant été remis entre les mains de fes enfans.

KETAB ALRIASSAT FIL SIASSAT. Titre du Livre des *Politiques d'Aristote*, composé pour Aléxandre le Grand.

Ce Livre a été imité par Maulana Naffouh, plus connu fous le nom de Navali, fous le Titre de Fara Nameh. Il a dédié cet Ouvrage à un des fils du Sultan Morad, troisième du nom, Empereur des Turcs, duquel il étoit Précepteur, dans le tems que ce Prince avoit le Gouvernement de Magnéfie, & qu'il y faifoit fa demeure.

Voici le partage qu'il en a fait.

Il traite dans la Préface, de la Perfonne d'Aléxandre le Grand, & de fon Règne.

Dans le premier Chapitre, de la Foi, ou de la Religion Mufulmanne.

Dans le fecond, de l'*Imamat*; c'eft-à-dire, des Imams, ou premiers Chefs de la Religion Mufulmanne.

Dans le troifième, de la *Prudence*, ou de la retenuë que doit avoir un Souverain.

Dans le quatrième, de la Soûmiffion aux ordres & à la volonté de Dieu.

Dans le cinquième, de la Patience.

Dans le fixième, de toutes les Sciences, dont il doit avoir une connoiffance générale.

Dans le feptième, des Actions de Graces qu'il doit rendre à Dieu.

Dans le huitième, de la Libéralité qu'il doit éxercer.

Dans le neuvième, de la Juftice qu'il eft obligé de rendre à fes Sujèts.

Dans le dixième, des Récompenfes dont il doit reconnoître le mérite de fes Officiers, & de fes Soldats.

Dans l'onzième, du Pardon & de la Grace qu'il doit accorder à ceux qui font tombés en quelque faute.

Dans le douzième, de la Douceur qu'il doit avoir pour tout le monde, & de l'acueil favorable qu'il doit faire à ceux qui approchent de fa perfonne.

Dans le treizième, de la manière dont il doit punir les coupables.

Dans le quatorzième, de ceux qu'il doit favorifer de fon amitié particulière.

Dans le quinzième, des qualités que doivent avoir les Vizirs, ou les Ministres dont il se sert, & des égards qu'il doit avoir pour eux. Et enfin :

Dans le seizième, de ce qu'il doit observer en consultant ses Ministres.

Abou O'beïd Allah a aussi écrit un Traité de *Politique*, sous le même titre.

DISSERTATION d'Olaüs Borrichius, sur les Causes de la diversité des *Langues* ; imprimée de nouveau par les soins de Jean-Georges Ioch. *A Iène, in-12. 1705.*

La Dissertation dont nous donnons l'Extrait, est un des meilleurs Ouvrages de ce Docte Danois. A la vérité il ne faut pas éxaminer son style de trop près ; on ne devineroit jamais en lisant cette Dissertation, que son Auteur eût écrit sur la pureté de la Langue Latine, & sur la différence des Écrivains du siècle d'Auguste, d'avec les Écrivains des siècles suivans. Le dessein de ce petit Livre est de rechercher d'où viennent tant de *Langues* si diverses. D'abord l'Auteur établit comme un principe confirmé par beaucoup d'expériences, *qu'aucune Langue n'est naturelle à l'homme.*

Le Roi d'Égypte dont parle Hérodote, qui fit élever un enfant parmi les chèvres, eut beau conjecturer qu'il parloit Phrygien ; parce qu'il prononçoit ce mot *Débec*, qui signifioit du *Pain* en cette Langue : il prit pour ce mot un son semblable à celui des chèvres, que l'enfant d'ailleurs muët, répétoit sans raison.

Quintilien assure que toutes les fois qu'on a tenté cette expérience, elle n'a fait que des muëts : en effet, plusieurs siècles après Quintilien Akebar, cet illustre Roi Mogol & le Roi de Maguth ont eu le même succès dans une pareille entreprise. C'est donc Dieu, qui a inspiré au premier homme la *Première Langue* ; mais comment s'est-elle transformée & multipliée en tant de Langages.

L'Écriture nous apprend que la *Confusion des Langues* est un châtiment. Dieu punit les hommes occupés contre ses ordres à élever la Tour de Babel, d'un supplice ménagé avec tant de sagesse, qu'en rendant impossible leur projet orgueilleux, il les mettoit dans la nécessité d'exécuter ce qu'il leur avoit prescrit ; & de se séparer pour habiter toutes les parties de la Terre. L'Auteur ne veut pas qu'on s'amuse à démêler entre tant de différentes manières dont la Confusion des Langues a pû se faire, celle dont Dieu s'est servi ; qu'il ait troublé la Mémoire, imprimé de nouvelles idées, ou agi sur les Organes de la prononçiation. Il est assez inutile de satisfaire sur cet article une vaine Curiosité, il est même impossible de la contenter ; car c'est une suite naturelle de la Confusion, que la manière dont elle s'est faite, demeure confuse & incertaine.

Le Sçavant Danois joint à cette réfléxion ingénieuse, une conjecture assez bizarre, pour expliquer comment ce mot *Sac* a conservé dans presque toutes les Langues, le même son, & la même signification. Il croit que la nécessité de monter les Matériaux, les Outils, les Provisions aux divers étages d'un Édifice aussi élevé que la Tour de Babel, avoit rendu l'usage des *Sacs* nécessaire ; & fait tant de fois répéter leur nom, qu'il ne put s'effaçer comme les autres de la Mémoire des hommes. Il conjecture avec plus de fondement qu'il ne se forma au commencement, aucune Langue entièrement diverse de la première ; mais que chaque Famille mêla quantité d'expressions inusitées aux expressions reçûes : ce ne fut qu'après s'être séparés & dans les lieux où elles habitèrent, qu'elles donnèrent de nouveaux Noms aux objets, à mesure qu'ils se présentoient. Des restes de l'*Ancienne Langue* s'étoient conservés, mêlés à ces nouveaux langages, mais un peu altérés par la prononçiation qui varioit ; on en composa avec le temps d'autres mots, & la composition acheva de rendre méconnoissable ce qui avoit échappé à la *Confusion des Langues*.

Après les Curieuses Découvertes des Sçavans du siècle passé & du nôtre, il n'est plus douteux que les *Langues* des Peuples les plus éloignés, n'ayent des racines communes. Ce n'est pas seulement dans le Grèc qu'on trouve, pour l'Origine des mots, beaucoup de conformité avec l'Hébreu : on la trouve cette conformité dans le Bas-Breton, dans l'Irlandois, dans l'ancienne Langue des Suédois & des Danois, dans plusieurs *Langues Amériquaines*.

Outre les changemens qu'introduisit dans les *Langues* la nécessité de donner de nouveaux noms aux Fruits propres de chaque Pays, & aux nouvelles inventions de l'Art ; outre ceux qu'y apporta la Composition, l'Auteur remarque plusieurs Causes qui ont pû contribuer à les rendre si diverses, supposé la *Confusion*, sans laquelle M. Borrichius avoüe que ces Causes n'auroient pû altérer la première Langue au point qu'elle l'est.

La première de ces Causes est la diversité des Climats. L'Air agit trop sur les organes de la Parole, pour ne pas rendre la prononçiation différente, selon qu'il est plus épais ou plus pur. La différence des nourritures n'a pas moins de force, que la différence de l'air, pour donner aux tempéramens & à la prononçiation de nouvelles formes. L'Auteur rapporte ici un passage d'Élien fort curieux, & qui nous apprend quel étoit l'Aliment ordinaire de certains Peuples. *Les Arcadiens aimoient le* GLAND, *dit* ÉLIEN ; *le Peuple d'Argos, les* POIRES ; *les Athéniens, les* FIGUES ; *les Indiens, le* SUCRE ; *les Carmaniens, les* DATES ; *les Sarmates, le* MILLET ; *les Perses, le* NASITORT *& le* TÉRÉBINTHE, *&c.*

Ce n'est pas le corps seul qui dépend de l'air & de la nourriture ; les effèts qu'ils produisent dans lui, passent jusqu'à l'esprit, qui devenu plus pesant ou plus vif, choisit des expressions conformes à sa disposition, & s'exprime ou par monosyllabes, ou par diminutifs, aime la sécheresse ou l'abondance du discours. Les Négres, par éxemple, parlent avec une extrême rapidité, les Chinois avec beaucoup de lenteur, les Portugais abrègent les mots, les Italiens les allongent, les Allemands & encore plus les Polonois multiplient les consonnes, les François les entrelâcent de voyelles. Il ne faut pas croire, que la différente Prononçiation ne suffise pas seule pour altérer les *Langues*. Un même Langage ; le François par éxemple, prononcé par un Suisse, un Picard, un Gascon, un Parisien, paroîtra presque quatre *Langues* différentes.

L'Auteur apporte pour seconde Cause, l'imitation des cris des Animaux les plus communs dans chaque Pays. Ceux qui ne lui accorderont pas aisément, que cette Cause ait beaucoup contribué à diversifier les *Langues*, avoüeront au moins qu'il a fait une disgression fort recherchée sur la manière d'exprimer en Latin ces différens cris, & sur d'autres points d'Érudition peu liés avec son sujèt.

Il n'éprouvera pas la même Contradiction dans ce qu'il dit du goût bizarre des femmes pour certaines manières de parler, auxquelles elles donnent vogue ; & sur l'attention qu'il faut avoir à choisir des nourrices, dont le langage puisse servir de modèle pour bien parler : les défauts qu'elles font passer aux enfans sont, selon M. Borrichius, une troisième Cause de l'Altération des *Langues*.

L'inconstance & l'amour de la nouveauté est la quatrième Cause qu'il indique, en citant Horace. Il parle d'une cinquième Cause qu'il appelle l'Affectation d'une fausse délicatesse, qui rend le Langage mol & efféminé : il nous semble que cette Cause n'est pas assez différente des autres pour l'en distinguer. Ce qu'il dit ensuite est plus judicieux, que le mélange de différens Peuples victorieux & vaincus, anciens Habitans & nouvelles Colonies, a sans doute consommé ce que les autres Causes avoient commencé, & donné aux *Langues* une variété si prodigieuse ; qu'enfin le Commerce a porté la confusion des *Langues* à son dernier terme, en transportant dans chaque *Langue* des termes pris de tous les autres. Ce que l'Auteur dit sur ces Causes de la diversité des *Langues*, est soûtenu d'exemples qui ne sont pas mal choisis.

Jusqu'ici M. Borrichius n'avoit laissé paroître que beaucoup de Lecture & assez de discernement ; mais comme il est difficile de se contraindre jusqu'au bout, il retombe dans ses Visions, & propose de travailler au *Grand Œuvre* en matière de *Langue* ; c'est-à-dire, à trouver une *Langue* où les noms fassent d'abord connoître la nature des choses, & dont les sons ayent la force d'exciter ou de calmer les Passions : il insinue qu'Adam avoit le secret de cette *Langue merveilleuse*. Il l'avoit apparemment tout comme le Secret de la *Pierre Philosophale* ? peut-on le nier après la grave Autorité de Moïse Barcépha : il assure *qu'aussi-tôt qu'Adam prononçoit le nom du* TAUREAU, *par exemple, l'Animal docile passoit devant lui en baissant la tête par Respect.*

Pour augmenter dans les Lecteurs crédules l'espérance de découvrir cette *Langue Parfaite*, M. Borrichius ramasse ce que les Anciens ont dit des forces de la Musique ; il n'oublie pas la nécessité de l'Harmonie, pour guérir ceux que la Tarentule a mordus. Enfin il propose, quoiqu'avec moins de confiance, le Pouvoir de certains mots pour endormir les Serpens, attirer les Poissons, guérir les Maladies. Nous sommes perfuadés, qu'un efpoir fi téméraire ne détournera pas les Sçavans de l'utile entreprife de ramener les *Langues* à leur Origine ; & qu'ils laifferont les Adèptes fe délaffer des Travaux de l'Alchymie, dans la recherche de la *Langue* en idée dont M. Borrichius étoit fi charmé.

BIBLIOTHÈQUE ORIENTALE CLEMENTINE VATICANE, dans laquelle Jofeph Simonius *Affeman*, Syrien, Maronite, Docteur en Théologie, & Écrivain des Langues Syriaque & Arabe de la Bibliothèque du Vatican, a revû & arrangé des Manufcrits Syriaques, Arabes, Perfans, Turcs, Hébreux, Samaritains, Arméniens, Éthiopiens, Grècs, Égyptiens, Géorgiens & Malabares ; apportés du Levant, & mis dans la Bibliothèque du Vatican, par l'ordre & la magnificence du Pape Clément XI, féparé les vrais Écrits des fuppofés, & donné la vie de chaque Auteur. *A Rome MDCCXIX. plufieurs Volumes in-Fol.*

LE TRÉSOR des anciennes Langues Septentrionales ; par M. Hickes. *Oxford, du Théâtre de Scheldon, 1705, in-Fol, 2 Volumes.*

M. Hickes, pour trouver plus fûrement l'Origine des Anciennes Langues Septentrionales, remonte jufqu'à la conftruction de la Tour de Babel. Après la confufion des Langues qui fit ceffer ce fameux travail, les enfans de Gomèr, fils aîné de Japhèt, fe retirèrent dans les parties Septentrionales de l'Afie Mineure, s'y établirent, & y formèrent une Nation qui fe multiplia beaucoup. Elle devint fi nombreufe, que le Pays qu'elle occupoit ne pouvant plus la contenir toute entière, elle fut obligée de fe divifer. Il y en eut une partie, qui fous la conduite d'un Chef nommé Odin, paffa dans les Régions Septentrionales de l'Europe. On ignore l'année de cette tranfmigration ; mais ce qu'on affure comme une chofe bien certaine, c'eft qu'Odin fut le Fondateur des Royaumes que l'Auteur appelle Gothiques. D'abord il s'empara de la Saxe, & il la donna à quelques-uns de fes enfans. Enfuite il conquit le Jutland, que les anciens Écrivains Septentrionaux appellent

Reidgotoland, c'est-à-dire, *le Pays des Braves Cavaliers ;* il en fit préfent à Skiold fon fils, de-là il fe rendit en Suède, où il reçut avec plaifir les hommages de tous les Peuples du Nord, lefquels fe foûmirent volontairement à lui. M. Hickes conjecture que ces Peuples defcendoient auffi de Gomèr, & qu'ayant quitté l'Afie long-temps auparavant, ils avoient d'abord fondé une Colonie dans la Scandinavie, d'où ils s'étoient répandus dans toutes les Contrées voifines. Odin gouverna fes anciens & fes nouveaux Sujèts avec beaucoup de fageffe, & étendit les bornes de fon Empire jufqu'à l'Océan, par la conquête de la Norwege, qu'il donna à fon fils Semingues. Quoique la Scandinavie fe fût foûmife à Odin, elle ne laiffa pas d'avoir toujours fes Rois. Un de ces Princes nommé Snorron, ou Humblus, eut deux fils ; fçavoir Dan & Angul, lefquels s'étant établis dans le Jutland, firent changer de nom à cette Province. La partie qui reconnut Dan pour Maître, fut appellée *Dania ;* celle qui reconnut Angul, & qui étoit la plus voifine de la Saxe, s'appella *Angulia*, & par corruption *Anglia*. Dans la fuite des temps, des groffes Troupes de Saxons, d'Anglois & de Danois, abandonnèrent leur Pays natal ; ils allèrent chercher de nouvelles demeures dans l'Ifle de Bretagne, qu'ils envahirent toute entière, à la réferve des Pays de Galle & de Cornouaille. Les Danois occupèrent la Province de Kent, l'Ifle de Wigth, & une grande partie des Terres qui font vis-à-vis de cette Ifle. Les Saxons fe mirent en poffeffion des Contrées, qui de leur nom furent depuis appellées Effex, Middlefex, & Suffex. Les Anglois fe rendirent maîtres du refte, & fondèrent les Royaumes des Anglois Orientaux, des Merciens, & de Northumberland.

Ces faits fuppofés, la Langue qui échut en partage aux enfans de Gomèr, doit être regardée comme la Mère de toutes les Langues du Septentrion. Simple d'abord, pure, uniforme, elle changea avec le temps, & fe divifa en plufieurs Dialectes. Celles que les Anglois & les Danois fuivoient, n'étoient pas fort différentes, felon M. Hickes ; & les anciens Auteurs appellent également Langue Danoife, Cimbrienne, Scandinavienne, Gothique ; l'une & l'autre de ces deux Dialectes. A la vérité il y a une affez grande différence entre elles, & la Langue que parloient les Saxons ; mais cela n'empêche pas que ceux qui entendent l'un de ces trois Idiomes, n'apprennent très-aisément les deux autres. Le Saxon devint peu-à-peu la Langue dominante en Angleterre, & l'emporta sur l'ancien Danois & sur l'Anglois. Dans la suite il s'y mêla du Danois plus moderne, & du Normand. Canut, ou plutôt Cnut le Grand, qui passa de Dannemarck en Angleterre, & qui gouverna cette Isle avec beaucoup de gloire, composa ses Loix en Saxon; & Guillaume le Conquérant fit les siennes en Langage Normand. La Langue Tudesque, qui étoit anciennement celle des François, est sœur de la Langue Saxone, selon nôtre Auteur. Elle venoit de la même origine; c'est-à-dire, de la Langue que les Goths portèrent il y a plus de treize cens ans dans la Mœsie, lorsqu'ils s'emparèrent de cette Province. L'Islande est, à ce qu'il paroît, l'endroit où cet ancien Langage s'est le mieux conservé. Il y a environ huit cens ans que les Habitans de cette Isle sortirent de Norvege pour se soustraire à la tyrannie de Harald *aux beaux cheveux*. Ils ont toûjours eû si peu de commerce avec le reste du monde, qu'ils parlent encore comme ils parloient dans ce temps-là.

M. Hickes entreprend dans cet Ouvrage non-seulement de nous donner une idée de ces Langues; mais aussi de nous mettre en état de les apprendre comme on apprend le Grec, & le Latin. Son premier Volume est partagé en trois Parties.

On trouve dans la première une Grammaire Anglo-Saxone, & Mœso-Gothique. Dans la seconde, une Grammaire Franco-Tudesque; & dans la troisième, une Grammaire Islandoise. Nous nous dispenserons d'entrer dans le détail de ces Ouvrages, & de rendre compte des réfléxions que fait M. Hickes sur les Noms, les Pronoms, les Verbes, les Prépositions, les Adverbes, les Conjonctions, les Interjections, &c. de ces trois Langues. Ceux qui voudroient s'en instruire à fond, ne se contenteroient pas de ce que nous en dirions, & nous pourrions ennuyer les autres.

M. Hickes ne nous apprend pas ce qui l'a engagé à mêler ensemble dans sa première Grammaire les Préceptes de deux Langues différentes. Il avertit qu'il faut d'abord s'attacher seulement à ceux de l'Anglo-Saxon. Quand on les sçait, on doit lire en cette Langue les Évangiles que Th. Mareschal a fait imprimer à Dordrecht. On verra ensuite le Pseautier de Jean Spelman, puis le Heptateuque qu'Édouard Twaites a publié

publié à Oxford : après quoi on pourra étudier la Diſſertation d'Alfric ſur l'Ancien & le Nouveau Teſtament, & ſon Homélie Paſcale ; l'Hiſtoire Eccléſiaſtique de Bede, traduite avec beaucoup d'élégance par le Roi Alfrede ; & le Livre de Boëce ſur la Conſolation de la Philoſophie, paraphraſée par le même Roi, ou par Werefreth, Évêque de Worcheſtre, & mis au jour à Oxford par Chriſtophle Rawlinſon. On finira l'étude de cette Langue par les Loix Anglo-Saxones que Spelman a rendu publiques dans le premier Tome des Conciles, & par la lecture de l'Archaïonomie de Lambard. Nôtre Auteur partage l'Anglo-Saxon en trois Dialectes, qui ont ſucceſſivement eu cours en Angleterre. Il appelle la première de ces Dialectes *Britanno-Saxone*. Les Saxons s'en ſervirent depuis leur entrée dans l'Iſle, juſqu'à l'arrivée des nouveaux Danois ; c'eſt-à-dire, durant trois cens trente-ſept ans. Les Bretons & les Pictes, qui s'étoient mêlés parmi les Saxons, achevèrent alors de faire perdre à cette Langue ſa première ſimplicité. L'Auteur croit que l'unique monument indubitable qui en reſte, eſt un petit Fragment du Moine Admond, lequel Fragment s'eſt conſervé dans l'Hiſtoire de Bede, de la Traduction du Roi Alfrede. La ſeconde Dialecte, qui eſt ici nommée *Dano-Saxone*, dura deux cens ſoixante-quatorze ans, depuis l'arrivée des Danois juſqu'à l'irruption des Normands. On en uſa principalement dans les Parties Septentrionales de l'Angleterre, & dans les Méridionales de l'Écoſſe. Il y a en cette Langue deux Verſions manuſcrites des Évangiles dans les Bibliotèques de Rushworth, & de Cotton. La troiſième Dialecte, appellée par M. Hickes *Normano-Dano-Saxone*, commença avec le Règne des Normands en Angleterre, & finit ſous Henri II.

Après qu'on aura acquis la connoiſſance du Saxon, il faudra, dit nôtre Auteur, jetter les yeux ſur les règles du Mœſo-Gothique, & s'éxercer enſuite, en liſant les Évangiles Gothiques, publiés par F. Junius. Cette lecture, à ce qu'il prétend, fera beaucoup de plaiſir. On y découvrira non-ſeulement l'origine du Saxon ; mais auſſi celle du François Tudeſque ; Langue, qui repréſente ſi parfaitement le Mœſo-Gothique, que jamais fille ne reſſembla mieux à ſa mère.

M. Hickes a fait graver d'après divers Originaux, quelques planches ; où l'on voit la forme des caractères Mœſo-Gothiques, & Anglo-

Auteurs

Saxons. Ces exemples renferment plusieurs choses assez importantes. On y trouve entr'autres un Extrait d'un Concile National, tenu l'An 1076, sous le Règne de Guillaume le Conquérant, par Lanfranc, Archevêque de Cantorbery. Les Pères de ce Concile firent le Décret suivant, qui est beaucoup plus conforme à la Discipline de l'Église Grècque, qu'à la Discipline de l'Église Latine : *Decretum est ut nullus Canonicus uxorem habeat. Sacerdotum verò in castellis & in vicis, habitantium habentes uxores, non cogantur ut dimittant ; non habentes, interdicantur ut habeant.* Specim, ex Cod. Wigornienfi.

On ignore en quel temps les François & les autres Peuples de Germanie, commencèrent à écrire ; on ne sçait pas même, quelle forme avoient leurs premiers caractères. L'Abbé Trithème nous donne dans sa Poligraphie deux Alphabèts des anciens François. Il les avoit trouvé dans Hunibalde, Auteur du dixième siècle, qui avoit tiré le premier de ces Alphabèts d'un Historien François-Tudesque, appellé Wasbalde, & qui avoit emprunté le second d'un certain Doracus. Quelque jugement qu'on porte de ces caractères, on ne peut pas douter que les François ne sçussent écrire. Charlemagne estimoit beaucoup les Poëmes qu'ils avoient laissés à la postérité. Ils y chantoient les guerres de leurs premiers Rois, & les plus mémorables exploits de leurs anciens Capitaines. Eginhart rapporte que ce grand Prince avoit transcrit ces pièces *barbares & très-anciennes*, & qu'il les avoit apprises par cœur. Charlemagne fit plus ; car s'appercevant que le Langage Franco-Tudesque avoit beaucoup dégénéré par la négligence de la Nation, il s'appliqua le premier à le cultiver, & à y donner de règles. Après lui, Raban, Archevêque de Mayence, s'attacha avec beaucoup de soin à embellir cette même Langue. Son Glossaire Latin-Tudesque, qui est à Vienne dans la Bibliothèque de l'Empereur, en est une preuve. Olfride de Wizambourg, son Disciple, retoucha la Grammaire Françoise de Charlemagne, & la perfectionna. Il composa en vers & en prose plusieurs Ouvrages fort élégans, dont une bonne partie subsiste encore aujourd'hui, & se trouve dans la Bibliothèque de l'Empereur. On peut joindre à Otfride, Willeram, Abbé d'Ursperge, qui fit il y a plus de cinq cens ans, une Paraphrase Franco-Tudesque du Cantique des Cantiques. Paul Merula l'a le premier mise au jour. Junius en donna une seconde Édition enrichie de Notes, en 1655.

La Grammaire Islandoise qu'on trouve dans ce Volume est l'Ouvrage d'un Sçavant Islandois nommé Runolphe Jonas, qui la publia à Coppenhague en 1651. M. Hickes, qui en a déja donné une autre Édition, y a fait des additions considérables, qu'il a eu soin de distinguer du texte de Runolphe. On y apprend par principes la Langue Runique. Les anciens Peuples de Scandinavie, & ceux qui étoient descendus d'eux, principalement les Islandois appelloient *Runes* leurs plus anciennes lettres. L'usage des Runes n'a duré en Islande qu'autant que l'Idolâtrie. Les Habitans, en changeant de Religion, changèrent d'Alphabèt, sans pourtant changer de Langage. Insensiblement la connoissance des Runes se seroit perduë, si les curieux ne s'étoient appliqués à la retirer; & on seroit à présent hors d'état de déchiffrer les vieux Manuscrits & les Inscriptions qui se trouvent dans l'Isle. Les Runes ne sont pas, au reste, les mêmes dans tous ces anciens monuments, & c'est ce qui en rend la lecture assez difficile.

Le second Volume de M. Hickes est partagé en deux Livres. Le premier contient une longue Dissertation qu'il a composée en forme de Lettre, sur l'utilité de la connoissance des anciennes Langues Septentrionales; & un Recueil de Médailles Saxonnes, par M. Fontaine. Le second Livre renferme un Catalogue Historique & Critique des Livres Septentrionaux, qui se trouvent dans les Bibliothèques d'Angleterre, dressé par M. Vanlei.

La plus grande partie de la Dissertation traite de matières qui n'ont rapport qu'à la Langue Anglo-Saxone: c'est un recüeil curieux de pièces en cette Langue. La plûpart concernent le Droit, elles sont d'autant plus précieuses, qu'on les peut regarder en quelque sorte comme les premiers Élémens de la Jurisprudence, & des Coûtumes d'Angleterre. Ceux qui voudront sçavoir comment les Saxons-Anglois faisoient leurs Assemblées civiles, leurs Jugemens, leurs Traités, leurs Contrats, leurs Donations & leurs Testamens, trouveront ici des modèles de tous ces Actes, & quantité de réfléxions qui les éclaircissent. Il y a aussi dans cet Ouvrage des observations très-recherchées sur les différentes manières de mettre en possession, sur les Investitures, sur les Surnoms, sur les Familles, sur la matière & les caractères des anciens Actes; sur les signatures, & sur les Sçeaux.

M. Hickes est persuadé qu'il faudroit faire un Livre exprès sur les Testamens des Saxons d'Angleterre, une Édition de leurs Loix, plus ample & plus correcte que celle que nous avons, un nouveau Recüeil d'Homélies Saxones, ou autre Recüeil de Fragmens & d'Opuscules en la même Langue; avec une Topographie de la Bretagne Saxone, & Dano-Saxone. Il dresse les plans de cet Ouvrage; & comme, pour les entreprendre avec succès, il faudroit être habile dans les Langues Septentrionales, il conclut de-là, qu'il est de la dernière importance qu'on les cultive. Les erreurs grossières, où sont tombés quantité d'Écrivains, faute d'avoir eû assez de connoissance de ces Idiomes, ne soûtiennent pas mal cette conclusion. Il paroît d'ailleurs certain, que sans cette connoissance, ni les Anglois, ni les Écossois, ni les Suédois, ni les autres Peuples du Nord, ne peuvent s'instruire solidement de leur origine, ni de ce qu'ont fait leurs Ancêtres pendant un fort grand nombre de siècles.

ARABSCHAH. Ahmed Beu Mohammed, plus connu sous le nom de Ben Arabschah, Docteur célèbre de la Loi Musulmane, étoit natif de Damas, où il mourut l'An 854 de l'Hégire, & de Jesus-Christ 1450.

Il est Auteur des Livres suivans. Le premier porte le Nom de *Fakehat Al Kholafa*, le fruit des Khalifes, ou l'utilité que l'on peut recueillir de leur Histoire. Le second est *Agiaib Al Macdur fi Akhbar Timur*. Les Merveilleux effets du Decrèt Divin dans le récit des faits de Timur. C'est l'Histoire de Tamerlan. Le troisième est *Erschád Al Mofid bel Taouhid*, Traité de l'Unité de Dieu.

HARIRI, surnom d'Abou Mahammed Al Cassem Ben Mohammed. Ce surnom lui fut donné à cause qu'il demeuroit dans une Bourgade de Perse nommée Harir; car d'ailleurs il avoit pris naissance dans Bassora, d'où il est encore surnommé Al Basri.

Il composa un Ouvrage sous le titre de *Mecamát*, à l'instance d'Abou Schirvan Khaled, Vizir du Sultan Madmoud de la race des Selgiucides, lequel est estimé un Chef-d'œuvre d'Éloquence Arabique. Il contient cinquante Discours, ou espèces de Déclamations sur différens sujèts de Morale, & chacun de ces Discours porte le nom du lieu où il a été récité.

Cet Auteur nâquit l'An de l'Hégire 446, & mourut l'An 515, sous le Règne de Mostarsched, vingt-neuvième Khalife de la race des Abbassides.

Okbera Al Bagdadi a fait une explication des mots difficiles qui se rencontrent tant dans la Prose, que dans les Vers de cet Ouvrage, il est dans la Bibliothèque du Roi, N°. 1120; plusieurs autres Auteurs y ont fait de justes Commentaires, entre lesquels celui d'Al Motharezi Al Schirazi est le plus estimé.

Discours Historiques sur les Principales Éditions des Bibles Polyglottes, par l'Auteur de la Bibliothèque Sacrée. *Paris, André Pralard, 1713, in-12.*

L'Histoire des Livres fait une des plus agréables parties de l'Histoire Littéraire, comme elle en est des plus utiles. On lit avec beaucoup plus de plaisir, & même avec plus de fruit un Ouvrage, lorsqu'on en connoît l'Auteur ; je veux dire, son Caractère, ses talens, sa capacité : lorsqu'on sçait les vûës qui l'ont porté à l'entreprendre, de quelle manière il l'a exécuté, & quelle a été le succès de son travail. Toutes ces Circonstances intéressent un Lecteur Curieux ; & la connoissance qu'on lui en donne, le mèt souvent en état de juger mieux du mérite, comme aussi de la perfection de l'Ouvrage. Si cela est vrai de bien des Livres, on peut dire qu'il n'y en a point, dont l'Histoire soit plus utile que celle des Ouvrages composés de plusieurs Textes, exprimés en diverses Langues, publiés sur beaucoup de Manuscrits ; & qui n'ont pû voir le jour, que par le travail assidu de quantité de Sçavans. Telles sont, comme l'on sçait, les *Bibles Polyglottes*, ou en diverses Langues. Un habile homme en peut aisément former le projet, mais il a besoin du secours de plusieurs Sçavans pour l'éxécuter; sur-tout lorsqu'on y ajoûte des Versions Orientales qui n'ont pas encore paru. On a fait de ces sortes de Livres plusieurs Éditions, dont les postérieures ont ajoûté quelque nouvelle perfection aux premières, selon la proportion des vûës, de la capacité, & des découvertes de ceux qui les ont entre-prifes. Pour fuppléer au peu de connoiffance qu'on a de l'Hiftoire de ces Éditions. Le célèbre Écrivain rapporte tout ce qu'il en a appris dans divers Auteurs.

Bible du Cardinal Ximenés, en quatre Langues.

La première *Bible Polyglotte* qui ait été éxécutée, eft fans doute celle de François Ximenès de Cifneros, de l'Ordre de S. François ; que fon grand mérite fit monter en 1494 fur la Chaire de Tolède, & qui l'éleva en 1507 à la Pourpre. Comme le projèt en fut formé dès l'An 1502, j'ai mis cette Bible la première. Celle de François Tiffard, & celle d'Alde Manuçe l'Ancien ne le furent qu'après ; du moins Tiffard ne nous apprend qu'en 1508, qu'il avoit deffein de publier une Bible en Hébreu, en Grèc, & en Latin ; c'eft ce qu'il dit dans la Préface de fa Grammaire Hébraïque, imprimée à Paris cette année-là. Le projèt d'Alde fut encore poftérieur ; car quoique Juftin Decadyus ne nous informe de ce deffein, que dans la Préface d'un Pfeautier Grèc qu'Alde imprimoit, & dont il n'a pas marqué le temps de l'impreffion : cependant on a fujèt de croire, que ce n'a été que peu de temps avant fa mort, qui arriva dès le commencement de l'Année 1516. Decadyus, Grèc de la domination de Venife, y félicite ceux de fa Nation, de ce que ce fameux Imprimeur avoit entrepris de donner au Public une Bible en trois Langues. Ces deux projèts n'ayant point été éxécutés, j'ai cru que je ne devois pas les rapporter en détail ; ainfi j'ai réfervé le premier rang pour la *Bible de Ximenès*, qui méritoit bien qu'on lui accordât cet honneur. Ce grand homme, qui n'avoit point d'autres vûës que de fe rendre utiles à l'État, dont il avoit le Gouvernement en qualité de Premier Miniftre ; & en même-temps à l'Églife, dans laquelle il tenoit un rang fi diftingué, réfolut dès 1502, de donner au Public une *Bible Polyglotte* ; laquelle faifant beaucoup d'honneur à l'Efpagne, feroit auffi d'un grand fecours pour toute l'Églife. Un Ouvrage de cette nature, dont il n'y avoit point jufqu'alors de modèle, ne pouvoit pas être fi-tôt achevé ; il ne falloit pas moins de quinze années pour mettre fin à une fi grande entreprife. Nôtre Sçavant Cardinal eut la confolation de la voir heureufement éxécutée quelques mois avant que d'aller recevoir la récompenfe de fes pieux travaux (*a*).

(*a*) Il mourut le 8 Novembre 1517.

SUR LES LANGUES. ccxlvij

Il est vrai que le Pseautier *Polyglotte* de Justiniani a été achevé en 1516, mais il ne doit pas néanmoins passer devant la *Bible de Ximenès*; dont le Nouveau Testament étoit imprimé dès l'An 1514, les Dictionnaires en 1515, quoique l'Ancien Testament ne finit que le 10 Juillet de l'An 1517. Ainsi c'est avec raison qu'il a mis pour titre au premier Volume : *Vetus Testamentum multiplici Lingua nunc primò impressum.* Afin de faire connoître ce Titre tout entier, j'ajoûterai ce qui suit : *Et imprimis Pentateuchus Hebraïco & Chaldaïco idiomate. Adjuncta unicuique sua Latina interpretatione.*

L'Ancien Testament est en quatre Volumes in-folio, à la fin desquels on lit ces paroles : *Explicit quarta & ultima pars totius Veteris Testamenti in hâc præclarissima Complutensi Universitate. De Mandato & sumptibus Reverendissimi in Christo Patris & Domini Domini F. Francisci Ximenii de* CISNEROS, *tituli Sanctæ Balbinæ Sacro Sanctæ Romanæ Ecclesiæ Presbyteri Cardinalis Archiepiscopi Toletani, & Hispaniarum primatis ac Regnorum castellæ Archichancellarii. Industria & solertia honorabilis viri Arnaldi Guillelmi de Brocario artis impressoriæ Magistri. Anno Domini Millesimo quingentesimo decimo septimo mensis Julii die decimo.*

Le cinquième Tome comprend le Nouveau Testament, & a pour titre : *Novum Testamentum Grece & Latine noviter impressum.* On pouvoit bien dire, *nunc primum.* En effet, c'est la première Édition du Nouveau Testament en Grèc & en Latin. On trouve à la fin de ce Volume les paroles suivantes : *Ad Laudem & Gloriam Dei & Domini Jesu-Christi hoc Sacro-Sanctum opus Novi Testamenti, & Libri rite Grecis Latinisque characteribus noviter impressum atque studiosissime emendatum felici fine absolutum est in preclarissima Complutensi Universitate. De Mandato & sumptibus,* & le reste comme ci-devant. *Anno Domini millesimo quingentesimo decimo quarto mensis Januarii die decimo.*

Le sixième Tome comprend un Vocabulaire Hébreu & Chaldéen de l'Ancien Testament ; une Introduction à la Grammaire Hébraïque, & un Dictionnaire Grèc. Ce Volume fut imprimé en 1515 après le Nouveau Testament, & avant l'Ancien ; à Alcala de Hennares, par Arnaut Guillaume de Brocario.

Pour avoir une connoissance éxacte de cette Bible, il faut lire ce qu'en rapporte Alvare Gomez dans le second Livre *de Gestis Francisci*

Ximenii. Vers la fin de ce Livre, l'Auteur raconte ce que fit ce grand homme pour un fi bel Ouvrage. Auffi ne ferai-je qu'abréger ce qu'il en dit, parce que fon Difcours me paroît un peu trop diffus.

L'An 1502, lorfque Philippe, Gendre du Roi d'Efpagne & Jeanne de Caftille fon époufe, vinrent à Tolède à leur retour de France, le Cardinal Ximenès s'y rendit huit jours auparavant pour les y reçevoir. Le féjour de cette Ville parut fi agréable aux Archiducs, qu'ils y demeurèrent cinq mois entiers. Comme tout ce temps fe paffa en Fêtes, en Jeux, & en divertiffemens ; Ximenès, que fon humeur, fon âge & fon caractère éloignoient également de tous ces plaifirs, fit deffein de l'employer plus utilement : de commencer à éxécuter les Projèts, qu'il méditoit depuis long-temps. Le premier Projèt qui l'occupa, fut celui d'une *Bible Polyglotte*, ou, en plufieurs Langues, Il comprenoit de quel fecours feroit la lecture des Livres Sacrés aux perfonnes dévouées au fervice de l'Églife, & particulièrement aux Docteurs ; quoiqu'il n'y eût point d'Étude plus négligée alors, même parmi ceux-ci, à caufe de leur ignorance dans les Langues Grècque, Latine & Hébraïque ; fans le fecours defquelles cependant, on ne fçauroit fe rendre habile dans les Sciences Profanes, encore moins dans les Saintes Lettres. Cet homme fi plein de prudence & de fageffe prévoyoit que dans ces temps d'ignorance, des gens impies qui fe feroient appliqués à l'Étude de la Sainte Écriture, en pourroient aifément détourner le fens pour combattre, & même renverfer l'Églife, s'il étoit poffible. Il appréhendoit que les Fidèles n'étant pas fur leurs gardes, ils ne fuffent furpris par les fauffes interprétations qu'on leur donneroit ; ou du moins, qu'ils ne fuffent pas affez inftruits pour les réfuter. Suivant l'éxemple du Grand Origène, qui avoit ramaffé dans fes fameux Héxaples toutes les Verfions Grècques de l'Écriture qui avoient paru jufqu'alors ; il entreprit de faire travailler à une nouvelle Édition de la Bible, qui contînt le Texte Hébreu & les plus anciennes verfions que nous avons.

C'étoit une entreprife très-difficile, & qui demandoit un homme auffi puiffant & auffi conftant que lui. Il ne falloit pas moins d'autorité, que de grandeur de courage ; pour furmonter toutes les difficultés, qui devoient fe préfenter fur fon entière éxécution. A peine Ximenès eut-il formé ce deffein, qu'il affembla dans fon Palais des perfonnes très-

verfées

versées dans la Langue Grècque & dans l'Hébreu; Gomez nomme entr'autres Demetrius *Ducas*, de Crete, Grèc de Nation; Antoine de Lebrixa, Jacques Lopez de Zuniga, Ferdinand Nugnez (*de Gusman*) de Walladolid, qui enseignoient alors le Grèc & le Latin dans l'Université d'Alcala, & dont les Ouvrages sont entre les mains de tout le monde. Il nomme aussi Alphonse Médecin d'Alcala, Paul Coronel & Alphonse de Zamora, très-sçavans dans les Lettres Hébraïques qu'ils avoient professé parmi les Juifs, avant qu'ils eussent embrassé la Religion Chrétienne. Ce grand Cardinal, assuré de leur doctrine & de leur fermeté dans la Religion, leur confia cet Ouvrage.

Il leur proposa son dessein, leur promit de fournir à toutes les dépenses, & leur donna de bonnes pensions à chacun. Il leur recommanda sur toute chose la diligence, & leur dit : » Hâtez-vous, mes amis, » de peur que je ne vous manque, ou que vous ne veniez à me man- » quer; car vous avez besoin d'une protection comme la mienne, & » j'ai besoin d'un secours comme le vôtre «. Il les excita si bien par ses discours & par ses bienfaits, que depuis ce jour-là ils ne cessèrent de travailler. Il envoya chercher de tous côtés des Exemplaires Manuscrits de l'Ancien Testament, sur lesquels on pût corriger les fautes des dernières Éditions, restituer les passages corrompus, & éclaircir ceux qui seroient obscurs & douteux. Ils tirèrent de grands secours des Manuscrits Grècs du Vatican, que le Pape Leon X. communiqua au Cardinal de Ximenès. Gomez ajoûte qu'il fit faire une explication de la Version Grècque des LXX. par où il entend sans doute une interprétation ou version, car il n'y en a point d'autre du Grèc dans cette Bible; & c'est ainsi que l'a entendu Nicolas Antonio dans sa Bibliothèque d'Espagne.

Plusieurs Sçavans de l'Université d'Alcala, qui avoient appris la Langue Grècque sous Démétrius Ducas & sous Ferdinand de Walladolid, furent joints à ces deux Professeurs, pour travailler à la version Latine qu'ils faisoient sur le Grèc. Ils ont si bien réussi, dit l'Historien, qu'ils ont rendu éxactement toutes les beautés du Grèc; ils ont éclairci les endroits les plus obscurs par la netteté & la briéveté de leur Traduction. Gomez étant encore fort jeune avoit appris de Jean Vergara, qu'il avoit été chargé de traduire les Livres, nommés communément *Sapientiaux*. Il ajoûte, que s'il vouloit marquer en détail la peine de ceux qui eurent le foin de cette entreprife, combien de dégoût & d'ennuis ils effuyèrent, foit à examiner les Manufcrits, foit à les conférer les uns avec les autres, le Cardinal étant fouvent diftrait par des affaires qui le demandoient ailleurs; il feroit trop long d'en faire le récit. Mais il n'a pas crû devoir taire les prodigieufes dépenfes auxquelles il s'engagea pour exécuter fon deffein. Il fit venir de divers Pays fept Éxemplaires Hébreux qui lui coûtèrent quatre mille écus d'or, fans compter les Grècs qu'on lui envoya de Rome, & les Latins en Lettres Gothiques qu'il fit apporter des Pays éloignés, ou qu'il fit tirer des principales Bibliothèques d'Efpagne; dont quelques-uns étoient anciens pour le moins de huit cens ans : enforte que les penfions des Sçavans, les gages des Copiftes, le prix des Livres, le payement des voyages, & les frais de l'impreffion lui coûtèrent plus de cinquante mille écus d'or, felon la fupputation qu'on en fit alors.

Ce grand Ouvrage, continuë l'Hiftorien, étant achevé avec tant de foin & de dépenfe, il le dédia au Pape (*a*) Leon X. foit pour lui témoigner fa reconnoiffance, foit parce que tous les Ouvrages qui regardent l'éclairciffement des Écritures ne peuvent être plus raifonnablement confacrés qu'au Souverain Pontife, en qui réfide la Puiffance de J. C. & l'autorité de l'Églife Chrétienne. Il a été depuis dans une fi grande vénération, qu'il a fervi de modèle & de guide; & a été d'un grand fecours à tous ceux qui ont imprimé la Bible jufqu'en 1560, que Gomez écrivoit cette Hiftoire. Il ajoûte que quand il s'élevoit des différens entre les Sçavans fur la manière de lire quelques endroits de la Sainte Écriture, on avoit recours à l'Édition d'Alcala. Lorfqu'elle fut imprimée, tous les efprits comme de concert fe mirent à l'Étude de la Bible; ce que je regarde, dit Gomez, comme un bienfait fignalé de la Divine Providence. Cette Étude les fit fortir du profond fommeil où ils étoient, & qui les empêchoit de découvrir dans les Saints Livres la connoiffance des Myftères de la Religion. J'ai entendu dire, pourfuit le même Auteur, à Jean Brocario, fils de celui qui a imprimé cet Ouvrage; qu'étant encore fort jeune, il fut envoyé par fon père pour préfenter au Cardinal le dernier Volume, lorfqu'il fut achevé; & ce grand homme

---

(*a*) *Præf. Bibl. Complut.*

ne l'eut pas plutôt apperçû, que plein de joïe & levant les yeux au Ciel : *Je vous rends graces, mon Souverain Seigneur*, s'écria-t-il, *de ce que je vois la fin de ce que j'ai le plus souhaité.* Puis se tournant vers ses amis qui étoient présens : *Dieu m'a fait la grace*, leur dit-il, *de faire des choses qui vous ont parû assez grandes, & peut-être assez utiles au Public ; mais il n'y en a point dont vous devez plutôt me féliciter, que de cette Édition de la* BIBLE, *qui outre les Sources Sacrées d'où l'on puisera une Théologie plus pure, que de ces ruisseaux où la plûpart l'alloient chercher.*

BIBLE de Justiniani, en cinq Langues.

Augustin Justiniani, d'une illustre famille de Gènes, se retira étant fort jeune dans l'Ordre de Saint Dominique ; où il fit beaucoup de progrès dans les Sciences, & sur-tout dans les Langues Orientales. Soit qu'il eût connoissance de l'entreprise du Cardinal Ximenès, & qu'il en formât une plus considérable, soit qu'il l'ignorât ; il résolut dès l'An 1514, lorsqu'il venoit d'être élevé à l'Épiscopat, de faire imprimer une *Bible* en Hébreu, en Chaldéen, en Grèc, en Latin & en Arabe : de sorte que son Édition auroit eû toutes les Paraphrases Chaldaïques & la Version Arabe, qui ne se trouvoit pas dans celle de Ximenès. C'est ce qu'il rapporte lui-même dans les Annales de Gènes, dont la Préface est datée de 1535 ; quoique cet Ouvrage n'ait été imprimé qu'en 1537, environ un an après sa mort. Ce Sçavant Évêque de Nebbio marque aussi dans la Préface du Pseautier *Pentaglotte*, qu'il publia à Gènes l'An 1516, qu'il y travailloit depuis long-temps ; & qu'il donnoit ce Pseautier, comme un essai de tout l'ouvrage. Il ajoûte que si Sa Sainteté, à qui cette Préface s'adresse, approuve son entreprise & le juge digne de l'impression, qu'il est en état de mettre en peu de temps la dernière main à tout l'Ouvrage ; & qu'il fournira incessamment aux Imprimeurs l'Ancien & le Nouveau Testament dans toutes ces Langues, disposés de même que le Pseautier. Il assure le Cardinal Bendinelli dans une de ses Lettres (*b*), que le Nouveau Testament est achevé, & que l'Ancien sera bien-tôt tout prêt. Il l'éxhorte de faire tout son

―――――――――――――

(*b*) *In Epist. ad eum apud Gesnerum Biblioth.* pag. 104.

possible, afin qu'on en commence incessamment l'impression. Il rapporte dans ses Annales de Gènes, qu'il avoit fait présent à la République de tous ses Livres, & entr'autres de deux Volumes écrits de sa main, qui contenoient le Nouveau Testament dans ces Langues. La Version Hébraïque pouvoit être celle qu'avoit fait sur le Grèc Jacques Jatumæus de l'Isle de Candie, qui étoit de son Ordre, & qui avoit été élu Métropolitain de Thèbes ; ce qui me le fait croire, c'est que Justiniani en avoit déja porté son jugement dans une de ses Lettres (a). Il ajoûte dans ses Annales qu'il alloit mettre l'Ancien Testament dans la même forme. Sixte de Sienne (b) marque, qu'il a vû le Pseautier & le Nouveau Testament qu'on conservoit dans la Bibliothèque de la République de Gènes. Comme ce Sçavant Prélat repassoit en l'Isle de Corse en 1536, un triste naufrage finit ses travaux avec sa vie. Sixte de Sienne, Possevin, & Altamura marquent cette mort en 1530. Ils se trompent, puisque la Préface qu'il mit à la tête de ses Annales est de 1535.

De tout son Plan il n'y a de publié, que le Pseautier en cinq Langues, qui a pour titre : *Psalterium Hebreum, Grecum, Arabicum & Chaldeum cum tribus Latinis interpretationibus & glossis*, & à la page suivante : *Octaplus Psalterii*, dont voici la disposition, qui est celle qu'il devoit suivre dans les autres Livres de l'Écriture. Les deux pages qui se regardent sont divisées chacune en quatre Colonnes : dans la première page qui est à gauche, la colonne extérieure contient le Texte Hébreu ; la suivante, une Traduction Latine de ce Texte ; la troisième, l'Ancienne Vulgate Latine ; & l'intérieure, la Version Grècque : la cinquième, qui est la première de la seconde page, l'Interprétation Arabe ; la sixième, le Chaldéen ; la septième, la Version Latine de cette Paraphrase ; & la huitième & dernière, des Scholies & des Remarques. Pierre Paul Porrus imprima cet Ouvrage à Gènes l'An 1516, les deux Versions Latines de l'Hébreu & du Chaldéen faites par Justiniani sont très-estimées par les Sçavans, au jugement de Monsieur Huèt (c).

(a) *Biblioth. Gesneri*, pag. 104.
(b) *Bibl. Sancta*, lib. 4. *sub Augustino Nebiensi*.
(c) *De Claris Interpret.* §. 15.

Le motif qui l'a porté à cette entreprise est si singulier, qu'il mérite d'être rapporté; c'est lui-même qui nous l'apprend. Il dit, qu'il fit tirer deux mille Éxemplaires de ce Pseautier; parce qu'il croyoit que cet Ouvrage lui acquéreroit une grande gloire, & qu'il en auroit en même-temps beaucoup de profit; lequel il destinoit pour aider quelques personnes de sa Famille qui étoient dans le besoin. Il s'imaginoit que ce Livre devoit être bien reçu, & que tous les Prélats riches & même les Princes devoient se donner bien du mouvement, & l'aider de leurs moyens pour faire les frais de l'impression des autres Volumes. Mais, ajoûte-t-il, ma trop grande crédulité fut bien trompée; chacun loua l'Ouvrage, mais on ne passa pas outre; à peine la quatrième partie de ce que j'avois fait tirer fut-elle enlevée. Il dit ensuite, que comme ce Pseautier n'étoit à l'usage que des personnes Sçavantes & d'un esprit au-dessus du commun, dont le nombre n'est pas grand, il ne put se dédommager des avanes qu'il avoit faites; parce qu'outre les deux mille Éxemplaires tirés en papier, il y en avoit une cinquantaine en vélin, dont il fit présent à tous les Rois de la terre, soit Chrétiens, soit Infidèles. C'est le premier essai en Arabe qui ait été donné au Public. Aussi n'y a-t-il rien de nouveau dans cet Ouvrage, que cette Version Arabe, & les deux Latines de l'Hébreu & du Chaldéen.

La Bible de Draconite, en cinq Langues.

L'éxemple d'Origène, qui porta le Cardinal Ximenès à faire imprimer sa Bible, fut aussi un puissant motif qui engagea Jean Draconite à en publier une en cinq Langues. Melchior Adam (*a*), qui nous rapporte ceci, auroit plutôt dû marquer l'Éxemple de Ximenès, que celui d'Origène; puisque Draconite n'avoit point d'autre dessein que de donner une nouvelle Édition de la *Polyglotte* de Complute, qu'il augmentoit de quelques Paraphrases Chaldaïques, & de la Version Allemande de Luther.

Jean Draconite étoit de Carlostad en Franconie; après s'être appliqué à l'Étude des Langues Sçavantes, il prit le Doctorat dans l'Université de Wittemberg, lorsqu'elle venoit de se déclarer pour les sentimens

---

(*a*) *In vita Joan. Draconitidis.*

de ce Réformateur. Il enseigna ensuite la Théologie à Rostoch. Albert Duc de Prusse voulant l'attirer dans ses États, lui donna l'Évêché de Smaland (*Sambiensem,*) aujourd'hui uni à celui de Wamerland. Ce Sçavant Luthérien ayant toujours présent l'éxemple d'Origène, résolut d'éxécuter le dessein qu'il avoit depuis long-temps. Il quitta donc son Évêché, & il se retira à Wittemberg pour y donner la dernière main. Son Ouvrage, selon Melchior Adam, étoit ainsi distribué. Il partageoit tous les Chapitres de la Bible en diverses Sections. Il mettoit dans chacune premièrement le Texte Hébreu, au-dessous duquel se trouvoit le Chaldéen; plus bas le Grèc, ensuite le Latin, & en dernier lieu la Version Allemande de Luther. En quoi la disposition de sa Bible est différente de celles qui l'ont précédé, ou qu'on a faites depuis; dans lesquelles les Textes & les Versions sont placés les uns vis-à-vis des autres, ce qui les rend plus commodes lorsqu'on les veut comparer. Il trouva dans le Duc Auguste, alors Électeur de Saxe, un puissant Protecteur, avec tous les secours dont il avoit besoin pour les frais de son Ouvrage. Il s'y prit néanmoins un peu trop tard, car environ un An après (*a*), âgé de 72 ans, il fut suffoqué par un catarre qui rendit tous ses projets inutiles. Il n'avoit encore donné que les Pseaumes de David, les Proverbes de Salomon, & les Prophètes Miché & Joël, qui avoient paru à Wittemberg l'année précédente.

LA BIBLE d'Arias Montanus, en cinq Langues.

Il n'y a personne qui ignore quelle utilité les Sçavants, & même toute l'Église ont tiré de la Bible *Polyglotte,* publiée par les libéralités du Cardinal Ximenès. Mais elle étoit devenue fort rare dès le commencement, à cause du petit nombre d'Éxemplaires qu'il en avoit fait imprimer. C'est ce qui a donné lieu à plusieurs Sçavants hommes, de faire de temps en temps des tentatives pour en donner une nouvelle Édition; comme nous l'avons vû dans les deux derniers articles, & comme nous l'allons encore voir dans celui-ci.

Philippe II. Roi d'Espagne, entre tant de choses sagement entreprises & heureusement éxécutées pour le bien & pour l'utilité de l'É-

---

(*a*) En 1576.

glife, réfolut de faire imprimer de nouveau le Texte des Livres Sacrés avec les plus anciennes Verfions, après qu'on les auroit conférés avec foin fur de bons Manufcrits. Dans ce deffein, il jetta les yeux fur Benoît Arias. Il ne pouvoit choifir une perfonne qui en fût plus capable ; car outre la grande connoiffance qu'il avoit des Langues Sçavantes, il étoit très-bien inftruit dans les Arts & les Sciences. Arias, pour obéir aux ordres du Roi, fe rendit inceffamment à Anvers, où Chriftophe Plantin avoit établi depuis quelques années une célèbre Imprimerie, de laquelle étoient déja fortis un grand nombre d'excellens Livres. Il y arriva le 15 de Mai de l'An 1568. Là pendant que Plantin, choifi par le Roi pour imprimer cette Bible, faifoit frapper les poinçons par le fameux Guillaume le Bé, qui s'y étoit tranfporté de Paris ; & qu'il lui faifoit fondre les caractères, dont il devoit fe fervir. Arias Montanus s'occupa à ramaffer tout ce qui lui étoit néceffaire, pour éxécuter cet Ouvrage. Son plan étoit de donner une nouvelle Édition de la Bible *Polyglotte* de Ximenès, à laquelle il avoit deffein d'ajoûter dans l'Ancien Teftament les Paraphrafes Chaldaïques des Livres Prophétiques, des Agiographes, & dans le Nouveau la Verfion Syriaque ; il le diftribua en huit Volumes, dont les cinq premiers contiennent les mêmes chofes que la Bible d'Alcala avec les additions que je viens de marquer, & les trois derniers l'Apparat Sacré.

On commença de travailler à cette Édition en 1568, le premier Tome fut achevé le premier jour de Mars de l'Année fuivante, & tout l'Ouvrage en 1572, le dernier jour du mois de Mai. On y employa foixante Ouvriers, qui ne ceffèrent point de travailler pendant le cours de ces quatre années. La dépenfe que fit Philippe II. eft immenfe, & digne d'un fi grand Prince. Les travaux de plufieurs Sçavants Hommes, & fur-tout d'Arias Montanus qui en avoit la direction, furent extrêmes. Auffi cette Bible porte-t-elle fon nom ; on l'appelle plus communément la Bible Royale, la *Polyglotte* du Roi d'Efpagne ; parce qu'il en a fait la dépenfe : la Bible d'Anvers ou de Plantin, parce qu'il l'a imprimée dans cette Ville.

Le Titre en eft fort fimple & très-modefte : *Biblia Hebraicè, Chaldaïcè, Græcè & Latinè Philippi II. Reg. Cathol. pietate & ftudio ad Sacro-fanctæ Ecclefiæ ufum. Chriftophorus Plantinus excud. Antuerpiæ.* La date se trouve à la fin du premier volume ; l'on y lit ce qu'il contient : *Quinque mosis libros Hebraicè , Græcè & Latinè cum Paraphrasi Chaldaïca & Latinis versionibus summâ diligentiâ à Plantino excusos , Benedictus Arias Montanus ex Philippi Catholici Regis mandato Legatus , à se cum complutensi & correctissimis aliis exemplaribus collatos recensuit & probavit.* Et de l'autre côté de la page , on lit ces paroles en Hébreu : *Cet Ouvrage a été achevé au Mois de Nisan de l'Année 329 , selon la petite supputation ;* ce qui revient à nôtre Mois de Mars , de l'Année 1569.

Quoiqu'il ne soit ici fait mention que de quatre Langues (il ne s'agit là que de l'Ancien Testament) & que cette Édition soit appellée *Quadrilinguis* dans plusieurs Actes qui sont au commencement du premier Volume ; j'ai crû néanmoins la devoir faire passer pour *Pentaglotte*, comme je l'ai marqué dans le titre de cet Article , à cause de la Version Syriaque du Nouveau Testament qui est dans le cinquième Tome. Le quatrième finit par ces paroles : *Hanc quartam & ultimam totius Veteris Testamenti partem , Hebraicè , Græcè & Latinè cùm Paraphrasi Chaldaïca & Latinis versionibus .... Christophorus Plantinus excudebat Antuerpiæ pridiè de Johannis Baptistæ Anno Domini 1570.* Et le cinquième par celles-ci : *Novum Testamentum Græcè , Syriacè & Latinè summâ diligentiâ à Plantino excusum ; Ben. Arias Montanus .... à se cùm complutensi & correctissimis aliis exemplaribus collatum recensuit & approbavit. Antuerpiæ Calendis Februarii 1571.*

Il paroît par ce qu'on vient de rapporter, qu'on trouve dans cette Édition , l'Ancien Testament en Hébreu , en Chaldéen , en Grec & en Latin ; & le Nouveau en Grec , en Syriaque & en Latin disposé de cette manière. Les deux pages qui se regardent sont chacune partagées en deux colonnes ; dans l'Ancien Testament la première colonne de la page qui est à gauche contient le Texte Hébreu , à côté duquel dans la seconde colonne est la Vulgate Latine de S. Jérôme ; & au bas des deux colonnes , on lit la Paraphrase Chaldaïque. La Version Grecque des LXX. occupe la colonne extérieure de la seconde page , & sa Traduction Latine l'intérieure ; elles ont au-dessous d'elles la Version Latine de la Paraphrase Chaldaïque , vis-à-vis par conséquent de son Texte. Dans le Nouveau Testament , le Syriaque imprimé dans ses propres caractères est à la première colonne de la page à gauche , & sa Version

SUR LES LANGUES. cclvij

Latine est à la seconde. La Version Vulgate est à la colonne intérieure de la seconde page à droite, & le Grec est dans l'extérieure. Le Syriaque en Caractères Hébreux, tient aussi le bas de toutes les pages.

Le premier Tome de l'Apparat Sacré fut achevé le 2 Janvier 1572. Il contient une Grammaire Hébraïque, & le Trésor de Pagnin réduit en abrégé par François Raphelinge ; la Grammaire Chaldaïque, & le Dictionnaire Syro-Chaldaïque de Gui le Fevre de la Boderie ; la Grammaire Syriaque d'André Masius, & son Vocabulaire qu'il a intitulé : *Peculium Syrorum* ; enfin une Grammaire & un Dictionnaire Grec, dont on ne marque point l'Auteur : mais dont on dit seulement, qu'ils ont été faits par les soins & aux dépens de Plantin.

Le second Tome de l'Apparat Sacré présente le Texte Hébreu de l'Ancien Testament, en plus petit Caractère que dans les premiers Volumes ; & le Grec du Nouveau, l'un & l'autre avec une version Latine interlinéaire. Voici le titre de l'Ancien Testament : *Hebraïcorum Bibliorum veteris Testamenti Latina interpretatio, operâ olim Xantis Pagnini Lucensis, nunc verò Benedicti Ariæ Montani Hispalensis, Francisci Raphelengii Alnetani, Guidonis & Nicolai fabricorum Boderianorum fratrum collato studio ad Hebraïcam dictionem diligentissimè expensa, Censorum Lovaniensium judicio examinata, & Academiæ suffragio comprobata ; ad Regii sacri operis commoditatem & apparatum Christophorus Plantinus Regius Prototypographus Antuerpiæ excudebat.*

Le Nouveau Testament a ce titre : *Novum Testamentum Grecè cum vulgatâ interpretatione Latina Græci contextûs lineis inserta. Quæ quidem interpretatio cum à Græcarum dictionum interpretatione discedit, sensum videlicet magis quàm verba exprimens, in margine libri est collocata atque olia Benedicti Ariæ Montani Hispalensis operâ è verbo reddita, ac diverso characterum genere distincta, Lovaniensium verò censorum judicio & totius Academiæ calculis comprobata, in ejus est substituta locum ; Antuerpiæ excudebat Christophorus Plantinus Regius Prototypographus 1572.* J'ai rapporté ces Titres au long, parce qu'ils font connoître les Auteurs de ces versions, & la Méthode qu'ils y ont observée.

Enfin on trouve dans le dernier Tome de l'Apparat Sacré, imprimé la même année 1572 ; un Recüeil des Idiotismes de la Langue Hébraïque, & plusieurs Discours : dont le premier est de l'interprétation de la Bible, un Traité des Poids & des Mesures, la Géographie, les Bâtimens, les Habits & les Ornemens Sacrés, la Chronologie ; qui font tous d'Arias Montanus, & qui ont été depuis imprimés féparément in-4°. fous ce titre : *Antiquitates Judaicæ* : & plufieurs Recüeils de variétés de leçons faits par divers Auteurs.

BIBLE DE Raimondi, en dix Langues.

Jean-Baptifte Raimondi Italien étoit très-inftruit des Langues Orientales, & *Pietro della Valle* (a) lui a rendu le témoignage d'avoir fait revivre dans l'Europe le goût de ces Langues ; fur-tout de l'Arabe qui étoit prefque perdu, & d'avoir trouvé le moyen de les imprimer d'une manière facile & très-élégante. Ce Sçavant homme forma le deffein de donner une Bible en dix Langues, lorfqu'il n'y avoit guères plus de dix ans que la Bible d'Anvers étoit achevée ; c'eft-à-dire, de joindre aux quatre qui font dans cette Édition, des verfions dans les fix Langues principales qui ont cours dans le Levant. L'Auteur expofe lui-même fon projèt, il en marque les motifs ; il indique les fecours qu'il avoit pour l'éxécuter. Il s'explique de tout cela dans une Épître Dédicatoire adreffée au Pape Paul V. qu'il a mife à la tête d'une Grammaire Arabe, imprimée à Rome l'An 1610, fous ce titre : *Liber Tafriphi. Compofitio eft fenis Alemani. Traditur in eo compendiofa notitia conjugationum verbi Arabici.*

Grégoire XIII. (dit l'Auteur dans cette Préface) animé d'un grand zèle de répandre la lumière de l'Évangile dans les Pays éloignés, fonda dans Rome plufieurs Collèges pour les Étrangers. Il y établit auffi une célèbre Imprimerie, qui devoit être fournie de différens Caractères des Langues de toutes ces Nations ; pour fervir à l'impreffion de quantité de Livres, foit de Religion ou autres, fur-tout des Grammaires & des Dictionnaires de chacune de ces Langues. Pour venir à bout d'un fi grand deffein, le Pape en confia la conduite au Cardinal Ferdinand de Médicis ; & afin de lui donner plus d'autorité, il le déclara Protecteur des affaires d'Éthiopie, & des Patriarchats d'Aléxandrie & d'Antioche. J'avois l'honneur, continue-t-il, de vivre dans la maifon de ce grand

---

(a) *Antiquit. Eccl. Orient.* pag. 161.

Cardinal, qui me procuroit tous les secours dont j'avois besoin pour mes études. Il me mit, tout indigne que j'en fusse, à la tête d'une Compagnie qu'il avoit formée de personnes très-distinguées par leur Science, & principalement par la connoissance qu'elles avoient des Langues. Le dessein de cette Compagnie fit échoüer celui que des gens qui vivoient dans des Pays fort éloignés (*de Rome où Raimondi écrivoit ceci*) avoient formés un projet presque semblable, par le seul desir de paroître; quoiqu'ils n'eussent pas les moyens de l'éxécuter. (*S'il veut parler du Pseautier* Hexaglotte, *que Joseph Scaliger avoit dessein de publier à Leyde, il étoit en état de le publier; car il n'ajoutoit, que la Version Syriaque au Pseautier Pentaglotte d'Augustin Justiniani: mais peut-être s'étoit-il vanté de donner toute une Bible en six Langues, ou n'avoit-il pas les différens Caractères de ces Langues*). Ils se désistèrent de leur entreprise, lorsqu'ils sçûrent que nous étions bien pourvûs de tous les secours qui leur manquoient.

En effet, le Cardinal de Médicis, qui s'est rendu digne de l'illustre Nom qu'il porte, étoit très-magnifique: il n'épargnoit rien d'ailleurs lorsqu'il s'agissoit des Affaires & de l'honneur du S. Siége; c'est pourquoi il envoya d'habiles gens de tous côtés dans le Levant pour chercher avec soin tous les Livres qui traitoient de toutes sortes de Sciences, écrits dans les diverses Langues des Nations qui habitent ces Contrées; de sorte qu'en peu de temps, il en eut un fort grand nombre. Il me les donna pour les éxaminer; je les conserve encore comme un précieux trésor. (*Si l'on a la curiosité de connoître ces Livres, on en trouvera le Catalogue à la page* 250. Novæ Bibliothecæ Mss. Librorum, &c. *que le Père Labbe publia en* 1653. *Ces Livres ont sans doute été mis depuis dans la Bibliothèque Vaticane, du moins il s'y en trouve quelques-uns*). Il me chargea, poursuit Raimondi, du soin de figurer les Caractères de chacune de ces Langues, & de les faire graver. Il voulut de plus, qu'outre les Grammaires Chaldaïques & Arabes, les Œuvres d'Avicenne, les Élémens d'Euclide, & les Livres les plus utiles des Auteurs anciens écrits en Arabe, je fisse imprimer incessamment les Quatre Évangiles en Langue Arabe avec leur version Latine. Il y en eut trois mille Éxemplaires de tirés, afin que la Parole de Dieu se répandît promptement dans tout l'Orient; ce qui fut éxécuté avec autant de bonheur que de promptitude. *Je n'ai point trouvé de Livre Arabe sorti de cette Imprimerie, appellée* Typographia Medicea, *avant l'An 1591 ; sçavoir ces Quatre Évangiles en Arabe, dont on fit une seconde Édition la même année, à laquelle on ajoûta une Version Latine qu'on attribuëra avec plus de vrai-semblance à Jean-Baptiste Raimondi, qui étoit très-capable de faire cette Traduction; qu'à Gabriël Sionite, comme a fait Walton : car ce Maronite n'avoit alors que quatorze ans.*

Voici les autres Livres qui y furent imprimés : en 1592 un Alphabèt Arabe, la Grammaire de Ibn Alhagiabi, dite Caphiah, *& la Géographie de l'Anonyme Arabe de Nubie : en 1593, les Œuvres d'Avicenne en Arabe, qui s'appellent dans cette Langue, Albohaly Ibn Sena : en 1594, le Missel Chaldéen à l'usage des Maronites en Caractères Syriaques, commencé en 1592 & fini en 1594 ; les treize premiers Livres d'Euclide traduits du Grèc en Arabe, par Nassir Eddin de Tusi ; & en 1596, une autre Grammaire Arabe de Mahomèt Ibn Dawoud Alsanhagi, appellée* Giarumia.

Possevin (*Lib. 9. Cap. 25. Bibl*ioth. *Seleucæ*) nomme ces mêmes Livres excepté le Missel. Mais il ajoûte qu'on prépare une Édition des Actes des Apôtres & des Épîtres de S. Paul, de quelques Grammaires & Dictionnaires avec une version Latine ; &c. *Il semble qu'on ait cessé d'y travailler alors ; car le Livre intitulé*, le Livre du Ministre, *qui sert à celui qui répond à la Messe & qui est en Syriaque, fut imprimé à Rome cette même année ;* ex Typographia linguarum externarum apud Jacobum Lunam. *En 1610 Raimondi fit encore imprimer le Livre d'Alemami, intitulé,* Liber Tasriphi, *dont je copie presque tout cet Article.*

J'entrepris, ajoûte Jean-Baptiste Raimondi, de plus grandes choses pour satisfaire aux desirs de sa Sainteté, selon les obligations de l'emploi qui m'avoit été confié ; car je formai la résolution d'imprimer avec les Textes & les Versions qui sont en quatre Langues dans la Bible d'Anvers, d'autres Versions dans les principales Langues du Levant ; ce qui formoit une Bible *Polyglotte* en dix Langues. J'eusse ajoûté de plus à chacune sa Grammaire & son Dictionnaire. Je me flattois, que cette Bible porteroit avec plus de justice le nom du Souverain Pontife, que ne faisoit celle d'Anvers le nom du Roi d'Espagne ; je pouvois éxécuter ce dessein avec beaucoup de facilité : car j'avois en mon pouvoir tous les Caractères fondus par d'excellens Ouvriers, & tous les Manuscrits nécessaires pour cette entreprise. Sur ces entrefaites arriva la Mort de Grégoire XIII. (le 10 de Mars de l'An 1585). Peu de temps après je me vis privé de la protection du Cardinal de Médicis ; car François de Médicis, Grand Duc de Toscane, étant mort sans enfans (en 1587); Ferdinand son puîné, qui n'étoit point engagé dans les Ordres sacrés, se dépouilla de la Pourpre pour prendre le Gouvernement des États de son frère.

Me défiant de mes forces, sur-tout depuis que je me voyois privé dans l'espace de vingt années de tous ceux qui composoient la Société dont j'ai parlé ; je cédai enfin à la nécessité : il fallut interrompre mes projets ; je ne les abandonnai pas néanmoins entièrement, dans l'espérance que la Divine Providence feroit naître une occasion favorable, pour éxécuter un Ouvrge si nécessaire à l'Église, & si utile à tant de Nations. Je vois avec joie que cet heureux moment est arrivé, depuis que le Tout-Puissant vous a élevé sur le Siége de S. Pierre. (*Il parle au Pape Paul V.*) A l'éxemple de vos prédécesseurs, vous n'avez d'autres vûës que la Gloire & l'honneur de toute l'Église. *L'Auteur après avoir marqué en détail ce que ce Pape a déja éxécuté de grand & de magnifique dans Rome, ajoûte ensuite :* comme j'avois une parfaite connoissance de la grandeur du génie du Cardinal du Perron, je crus que je ne pouvois mieux faire pendant qu'il étoit encore à Rome, que de lui communiquer toutes mes pensées touchant cette entreprise. Après qu'il m'eut dit, ce dont j'étois déja bien persuadé, que votre Sainteté étoit toute disposée à entreprendre de grandes choses ; il ajoûta, qu'il l'avoit entretenu de ce projet, & que vous l'aviez approuvé : mais que vous croyiez que pour faire un Édifice solide, il falloit commencer par imprimer les Grammaires & les Dictionnaires ; ce que ce grand Cardinal avoit trouvé très-sage. C'est dans cette vûë, ajoûte-t-il, que je donne au Public ce Livre en Arabe avec une Traduction Latine.

Comme cette Histoire est peu connuë aussi-bien que l'Auteur, dont je n'ai pu apprendre ni le lieu de la naissance, ni le tems de la mort ; j'ai crû faire plaisir au Lecteur de la rapporter un peu au long. Les rares talens de ce grand homme seroient ensevelis dans l'oubli sans ce détail, qui occupe presque toute son Epître Dédicatoire : & il est surprenant que parmi les Livres dédiés à Paul V. rapportés dans les additions à Ciaconius, on ait omis celui-ci.

Il est fait aussi mention de cette *Polyglotte*, dans *Nova Bibliotheca Mss. librorum* du P. Labbe pag. 254. Il ne nomme point celui qui étoit chargé de cette Édition ; mais voici le titre de l'Ouvrage : *Biblia Sacra tota hisce linguis decem* Latina *Vulgata*, Græca *cum propria interpretatione Latina è regione*, Hebræa *cum interpretatione Latina*, Chaldaïca *cum interpretatione Latina*, Arabica *cum interpretatione Latina*, Ægyptiaca *& Latina*, Æthiopica *& Latina*, Armena *& Latina cum apparatu Grammaticarum & Lexicorum omnium prædictarum Linguarum*. Dans ce Catalogue, qui est plein de fautes ; on a sans doute omis, (Syriaca *& Latina*, Persica *& Latina*) ; qui sont les deux versions qui manquent, pour faire le nombre des dix que promet le commencement du titre. Le Latin, le Grec, l'Hébreu & le Chaldéen étoient déja imprimés dans la Bible d'Anvers ; je vais rapporter les autres versions qui se trouvent dans la Bibliothèque du Vatican, avec le nom des Auteurs qui les citent. Corneille de la Pierre (*a*) parle de la Bible en Syriaque & en Arabe qu'il a consultée. (Le Nouveau Testament Arabe & Syriaque, que Raimondi avoit fait écrire à Rome par quelque Maronite, se conserve dans la Bibliothèque de Médicis à Florence.) Athanase Kircher (*b*) fait mention du Pseautier & du Nouveau Testament en Copte, & (*c*) de la Bible en Arménien. Job Ludolphe (*d*) marque le Pentateuque, les Livres de Josué, des Juges, de Ruth ; les quatre des Rois, Isaïe & le Nouveau Testament en Éthiopien. Le Père Labbe (*e*) rapporte dans le Catalogue des Livres qu'on devoit imprimer *in Typographia Medicea*, les quatre Évangiles en Persan, qui devroient être dans la Bibliothèque Vaticane ; dans laquelle cependant M. l'Abbé Renaudot assure, qu'ils ne s'y trouvent plus : quoiqu'il soit à présumer qu'après la mort de Jean-Baptiste Raimondi, on y transporta tous les Livres que le Cardinal de Médicis avoit fait acheter dans le Levant, & qu'il avoit confié à ce sçavant homme.

(*a*) *Præf. comment. in XII Proph.*
(*b*) *Cap. 8, Prodromi Coptici, pag. 189. 192. 193.*
(*c*) *Ibid. cap. 5. pag. 129.*
(*d*) *Pag. 298. Comment. Hist. Æthiop.*
(*e*) *Pag. 257. Novæ Bibl. Mss. Librorum.*

BIBLE de Hutter, en six Langues.

Élie Hutter s'est fait connoître sur la fin du XVIe. ou au commencement du XVIIe. siècle, par les différentes *Polyglottes* qu'il a publiées. La première qui a paru de sa façon est une Bible en six Langues, imprimée à Nuremberg en 1599, dont les quatre premières sont copiées sur la Bible d'Anvers; sçavoir l'Hébreu, le Chaldéen, le Grèc & le Latin. La cinquième est la Version Allemande de Luther. Pour la sixième, les Exemplaires varient selon les Nations auxquelles ils sont destinés; car les uns ont la Version Sclavone de l'Édition de Wittemberg, les autres la Françoise de Genève; les troisièmes l'Italienne aussi de Genève, & les quatrièmes la Version Saxonne faite sur l'Allemande de Luther. Il n'y a eu d'imprimé dans cette forme, selon ces quatre dernières Traductions; que le Pentateuque, les Livres de Josué, des Juges & de Ruth. Les six Langues occupent les deux pages qui se regardent; les trois premières la page qui est à gauche, & les trois dernières celle qui est à droite. Je n'a point autre chose à dire sur ce Livre; car quoique Élie Hutter ait donné un Volume de Lettres sur ses Polyglottes, je n'en ai pû néanmoins tirer rien d'Historique; en effet, elles ne contiennent que des Éloges. Cet Auteur a aussi donné un Pseautier & le Nouveau Testament en Hébreu, en Grèc, en Latin & en Allemand; mais son principal Ouvrage & le plus complèt est celui dont je vais parler.

NOUVEAU TESTAMENT de Hutter, en douze Langues.

Cette *Polyglotte* contient plus de versions, qu'aucune autre qui ait paru jusqu'à présent; mais, (excepté le Grèc, la Version Latine & la Syriaque,) toutes les autres sont du XVIe. siècle. Elles sont rangées deux à deux, les unes sous les autres, sur six colonnes; le Texte Grèc & cinq versions se trouvent dans la page à gauche, & les six autres versions dans celle qui est à droite. On voit d'abord dans la gauche, le premier versèt de l'Évangile de S. Matthieu en Syriaque, en Hébreu, en Grèc à côté l'un de l'autre; & au-dessous le même en Italien, en Espagnol, & en François. Ce Versèt en Latin, en Allemand, & en Bohémien occupe le premier rang parallèle des trois colonnes qui remplissent la page droite; & enfin au-dessous, il est en Anglois, en Danois, & en

Polonois. Le second Versèt, le troisième, & ainsi des autres, sont dans le même ordre. Élie Hutter a imprimé le *Syriaque* sur l'Édition de Tremellius de 1569. Il a suppléé l'Histoire (*a*) de la femme Adultère, & le passage (*b*) des trois Témoins célestes; les quatre Épîtres Canoniques, & l'Apocalypse qu'il a traduits du Grèc en Syriaque. La *Version Hébraïque* est aussi de lui; il la fit, comme il le dit (*c*), dans l'espace d'une Année. Le *Texte Grèc* est pris des Éditions communes. L'*Italien* est de l'Édition de Genève de 1562. L'*Espagnol*, de la Version de Cassiodore Reyna de 1569. Le *François*, de la Version de Genève de 1588. Le *Latin*, des Éditions ordinaires de la Vulgate. L'*Allemand*, de la Version de Luther. Le *Bohémien*, de l'Édition de 1593. L'*Anglois*, de celle de 1562. Le *Danois*, de celle de 1589: & enfin le *Polonois*, de l'Édition de 1596.

Cette *Polyglotte* en deux volumes in-folio, ou en quatre volumes in-quarto, a été imprimée à Nuremberg en 1599. On ne dit rien davantage de cet Auteur, dont on n'a pû rien apprendre que ce qu'on vient de lire.

BIBLE de le Jay, en sept Langues.

Cette Bible a quelque chose de si grand & de si majestueux, que la forme extraordinaire du papier & la beauté des caractères attire d'abord les yeux de ceux même, qui ne peuvent pas lire la plûpart des Langues qui la composent. L'on ne doit donc pas être surpris du témoignage avantageux qu'en rendit le Père Morin, lorsqu'il n'y en avoit encore que quelques Volumes d'imprimés. » La Piété, dit-il (*d*), & la magni-
» ficence d'un Bourgeois de Paris, qui est venu à bout d'un si difficile
» Ouvrage, l'a emporté sur l'entreprise du Cardinal de Ximenès,
» toute héroïque qu'elle fût; elle a même surpassé celle d'un Roi aussi
» puissant, qu'étoit Philippe II «.

Quoiqu'on n'en ait commencé l'Édition qu'en 1628, néanmoins le pro-

---

(*a*) *Joan.* 12. 1.
(*b*) *Joan.* 5. 7.
(*c*) *In Præf. Epist. S. Pauli.*
(*d*) *Exercit.* 1. *in Pentat. Samar.* pag. 6. Edita 1631.

jèt en avoit été fait plufieurs Années auparavant; car on ne peut douter que ce ne foit de lui, dont parle le Célèbre Jacques-Augufte de Thou dans la Lettre (a) qu'il écrivit le 3 Mai de l'Année 1615, à Sébaftien Tengnagel, Bibliothécaire de l'Empereur; voici comme il s'explique. » Nos Libraires préparent une nouvelle Édition de la Bible,
» où les Paraphrafes Chaldaïques feront plus éxactes que dans celle
» d'Alcala, & dans celle d'Anvers. Ils y ajoûteront les Verfions Syriaques & Arabes de l'Ancien & du Nouveau Teftament, avec des
» Traductions Latines. Le Cardinal du Perron preffe l'Ouvrage; il m'a
» même engagé dans cette entreprife «.

Il n'eft pas extraordinaire que ce Cardinal forma ce deffein, après les conférences qu'il avoit eües à Rome depuis 9 ans avec Jean-Baptifte Raimondi. Ce fçavant Italien, qui cherchoit une occafion favorable pour faire éclorre le vafte projet qu'il avoit médité fous le Pontificat de Grégoire XIII, fit une nouvelle tentative (b) auprès du Pape Paul V, qui la communiqua au Cardinal du Perron; ce qui fut la caufe & le fujèt de leurs conférences.

Le retour de ce Prélat en France, où il fut rappellé de fon Ambaffade de Rome fur la fin de l'Année 1607, fit encore échoüer ce deffein. Mais on ne peut douter que Raimondi ne s'ouvrit auffi à François Savari de Brèves, fucceffeur de ce Cardinal. Il revenoit de Conftantinople, où il avoit demeuré plus de quatorze ans en qualité de Réfident du Roi Très-Chrétien à la Porte; & enfuite quatre ans & plus, en celle de fon Ambaffadeur. Dans ce long féjour il s'appliqua à l'Étude des Langues Orientales, & fur-tout de l'Arabe, en étant parti en 1605. Il parcourut, dans l'efpace de près de deux ans, les principaux lieux du Levant; il paffa à Alep, Tripoli, le Mont-Liban, Jérufalem, Aléxandrie, Memphis, & vifita les Côtes d'Afrique. Son voyage fut imprimé en 1628. Il y remarqua tant d'ignorance parmi les Chrétiens de ces Contrées, qu'en étant extrêmement touché, il réfolut de les fecourir lorfqu'il le pourroit. Comme il paffoit d'Afrique en France, il reçut un ordre de la Cour de fe rendre à Rome; pour y faire auprès du Pape les

---

(a) *Apud Lambecium, Tom. I. de Biblioth. Vindobon, pag, 160.*
(b) *Vers l'An 1607.*

mêmes fonctions, qu'il venoit de faire auprès du Grand Seigneur. Sur les Ouvertures que lui donna Raimondi, il crut avoir trouvé une occasion favorable de procurer une instruction salutaire aux Chrétiens d'Orient. Il fit aussi-tôt frapper par d'habiles Ouvriers des poinçons des Caractères Syriaques, Arabes, & Persans.

En 1613, Vittorio Scialac, qui avoit traduit en Arabe, par l'ordre de ce pieux & sçavant Ambassadeur, le Livre Italien de Bellarmin intitulé *Doctrina Christiana*, qui est un petit Catéchisme, le fit imprimer par Étienne Paulin, élève de Raimondi, dans l'Imprimerie de M. de Brèves, appellée à la fin du volume: *Typographia Savariana*. L'Année suivante il sortit de dessous la même presse, un Psautier Arabe destiné à l'usage des Peuples du Levant; & afin qu'il fût aussi utile à ceux de l'Europe, il joignit à plusieurs Exemplaires une Version Latine *è regione*, de la même manière qu'il l'avoit déja pratiqué dans le Livre précédent. Il avoit travaillé avec Gabriël Sionite à ces deux Traductions. Ces heureux commencemens n'eurent pas alors d'autre suite à Rome.

Marie de Médicis ayant ôté le soin de l'éducation de Gaston de France, frère unique du Roi, au Colonel Ornano (*a*) pour avoir désobéi à Sa Majesté, elle le voulut confier à une personne d'expérience aussi consommée qu'étoit Savari de Brèves. Elle lui ordonna donc de revenir en France, pour le mettre auprès de son second fils en qualité de son Gouverneur. Cet habile homme allié (*b*) à Jacques-Auguste de Thou, l'amour & les délices des gens de Lettres, comme il en étoit le Patron & le Protecteur, lui avoit communiqué tous ses desseins. Ce grand homme plein de zèle pour les Sciences, & pour tout ce qui pouvoit contribuer à leur perfection, engagea son illustre Allié à éxécuter à Paris ce qu'il avoit projetté à Rome. Il lui conseilla donc avant son départ de se bien fournir d'originaux, & d'amener avec lui des personnes capables d'en faire part au Public.

Sergio Risi Maronite, Patriarche d'Antioche, étoit à Rome depuis quelques années; il avoit apporté avec lui un Exemplaire de la Bible

---

(*a*) Siri. *Memoriæ Reconditæ*, Tom. V, pag. 608.
(*b*) Il avoit épousé Anne de Thou, fille d'Augustin de Thou, Président à Mortier; ainsi cousine germaine de Jacques-Auguste.

SUR LES LANGUES.

Syriaque, qu'il avoit lui-même écrit, qui a paſſé depuis dans la Bibliothèque du Vatican. On y conſervoit déja l'Ancien Teſtament Arabe, écrit en Égypte il y avoit plus de trois cens ans (*a*); par un Grèc, ou par un Melchite. Erpenius dit, (*b*) que cette Verſion avoit été compoſée par des Chrétiens Arabes. Le Cardinal Antoine Carafa (*c*) l'avoit acheté des deniers du Pape Grégoire XIII. dans le Collége des Maronites de Rome, & l'avoit miſe au Vatican. Il y a tout lieu de croire que c'étoit cet Exemplaire que l'Ambaſſadeur de France avoit dans ſa Bibliothèque, dont parle Sionite; car ſelon la deſcription qu'on fait de l'un & de l'autre, ils ne contenoient que les Livres de l'Ancien Teſtament.

Corneille de la Pierre, qui a fait de ſi gros Commentaires ſur les Saintes Écritures, fait mention (*d*) de ces deux Exemplaires de la Bible Syriaque & Arabe qui ſont dans la Bibliothèque du Vatican, dont il s'eſt même ſervi en travaillant ſur les petits Prophètes. Pour les Paraphraſes Chaldaïques qu'on avoit deſſein de publier dans la nouvelle *Polyglotte*, je ne ſçai d'où l'on les devoit tirer. Il n'étoit pas alors queſtion du Pentateuque Samaritain, il n'avoit pas encore paru dans l'Europe. Le premier qu'on y a vû eſt ſans doute celui qu'apporta en 1618 Achille Harlay de Sancy à ſon retour de Conſtantinople, où il avoit été Ambaſſadeur du Roi après M. de Brèves.

Ce Sçavant homme obtint du Pape Paul V. avant ſon départ de Rome, le Manuſcrit Arabe du Vatican; mais il ne put avoir le Syriaque de Sergio Riſi. Pour ſatisfaire ſon ami & ſon allié, il engagea Gabriël Sionite & Jean Heſronite, deux Sçavans Maronites du Mont-Liban à l'accompagner en France; afin de travailler à la Bible *Polyglotte*. Le premier rapporte que le Cardinal du Perron, très-zélé Promoteur des Lettres, ne trouvant perſonne en France pour enſeigner le Syriaque, avoit fait trouver bon au Roi, que M. de Brèves fit inſtance auprès du Pape pour l'amener, afin de remplir cette Chaire. Ils arrivèrent à Paris

(*a*) *Gabr. Sionita in Præfat. Pſalt. Syr.*
(*b*) *In Præf. Pentat. Arabici.*
(*c*) *Georg. Amira in Præf. Gramm. Syriacæ.*
(*d*) *In Præf. in Prophetas minores.*

sur la fin de l'Année 1614; le Président de Thou les y reçut, comme il faisoit les gens de Lettres, avec beaucoup d'affabilité; ainsi qu'ils le témoignèrent depuis (a). Pour les faire subsister le Roi leur donna à chacun, à la recommandation de M. de Brèves, une pension annuelle de six cens livres; dont le Brevêt fut expédié le 4ᵉ jour de Janvier de l'Année 1615 : celle du premier, fut augmentée en 1619 jusqu'à deux mille livres. Il fut aussi nommé Professeur Royal à la place d'Étienne Hubert, qui avoit été envoyé par le Roi à Maroc l'An 1612.

Ces deux Maronites commencèrent à se faire connoître à Paris, en y faisant imprimer une Grammaire Arabe (b). Ils se crurent obligés de la dédier au Cardinal du Perron & à Jacques-Auguste de Thou, comme les prémices de leurs travaux; à ces deux grands hommes, dis-je, qui avoient pris, comme ils le disent dans cette Dédicace, la résolution de publier une Bible en plusieurs Langues.

Mais comme on ne put obtenir de Sergio Risi son Manuscrit Syriaque, & que la mort de M. de Thou survint le 17 Mai 1617 : on abandonna ce projet, & l'on ne songea plus qu'à donner au Public une Bible Arabe, avec une Version Latine. C'est ainsi qu'en parloit cette Année-là Jean-Melchior Madère dans un Discours public, qu'il fit comme Professeur en Arabe, sur la beauté, & sur l'utilité de cette Langue. *Gabriël Sionite*, dit il, *& Jean Hesronite, deux Sçavans Maronites du Mont-Liban, vont donner une Bible en Arabe avec la Version Latine.* Il ajoûte ensuite, qu'*elle étoit déja sous la presse.*

Sionite faisoit cette année-là un voyage à Rome à la suite de l'Archevêque d'Ausch, sous prétexte d'aller confronter les difficultés de ses Originaux; mais si nous en croyons Vitré (c), il ne rapporta aucune utilité de son voyage. M. de Brèves qui avoit compté qu'à ses heures de loisir, il feroit des Traductions Latines de quelques-uns de ses Manuscrits Orientaux, & qu'il les publieroit, connut par expérience sa lenteur & son peu d'amour pour le travail; il se dégoûta entièrement de lui, & n'y eut plus aucune confiance; de sorte qu'il abandonna même le dessein de la Bible Arabe.

(a) *In Præfat. Geographiæ Nubiensis.*
(b) L'Epitre Dédicatoire est du 7 Janvier 1616.
(c) Dans ses Preuves Littérales.

SUR LES LANGUES.

Alors les Maronites eurent recours au Clergé de France qui étoit assemblé à Blois (*a*). Ils lui présentèrent une Requête, dans laquelle ils exposoient, que (*b*) « M. de Brèves les ayant fait venir de Rome à » Paris pour traduire la Bible de la Langue Arabique en Latin, & ayant » mis fin à cet Ouvrage; ils ne demandoient aucune récompense, sinon » que leur labeur ne fût point inutile ni infructueux; & qu'il fût im- » primé pour l'utilité du Public, pour le Bien & l'Honneur de l'Église » & de la Religion Catholique; partant, ils supplioient l'Assemblée » de contribuer à l'impression «. Le Clergé leur accorda leur demande, & leur assigna un fonds de huit mille livres pour être employé à cette Édition, comme on le voit dans l'extrait du Procès-verbal de cette Assemblée; mais ce fut à condition qu'elle se feroit par la direction & la conduite des personnes de leur corps, qu'elle leur nomme; sçavoir Bertrand d'Eschaux, Archevêque de Sens, frère du Cardinal de ce nom (*c*); Charles de Balsac, Évêque de Noyon; Jean Camus de Pontcarré, Évêque de Séez; & le Sieur de Saint Jean, Promoteur de l'Assemblée.

Fronton du Duc, Sçavant Jésuite, qui devoit rendre compte de l'impression qu'on avoit fait de quelques Volumes des Œuvres de S. Jean Chrysostôme dont il avoit eu le soin; & du profit desquels on devoit composer le fond destiné aux Maronites, ajoûte dans sa Lettre (*d*) écrite le 15 de Janvier 1621, au Bibliothéquaire de l'Empereur; que » les » deux Maronites qui enseignent l'Arabe à Paris, & qui en cette qua- » lité touchent douze cens livres de pension, ont eû depuis un Présent » considérable du Clergé; pour imprimer, avec le Texte Arabe de la » Bible, la Version Latine qu'ils ont commencée : & que le Clergé en » fera la dépense «. Erpenius (*e*) assure en 1622 que ces Maronites, dont il marque le nom, travailloient à traduire en Latin la Version Arabe des Livres Sacrés.

Sionite après avoir langui pendant deux ans de maladie, publia en 1625 un Pseautier Syriaque avec sa Traduction Latine, sur trois Manus-

---

(*a*) En 1619.
(*b*) Extrait du Procès-verbal de l'Assemblée du Clergé de 1619.
(*c*) Mort le 5 Septembre 1618.
(*d*) Apud Lambecium Tom. I, de Biblioth. Aindob. Pag. 163.
(*e*) In Præf. Pentat. Arabici.

crits ; dont l'un lui avoit été envoyé par George Maronio, Archevêque de Nicofie. Il fe plaint fort amèrement dans la Préface, de ceux qui avoient été deftinés par la dernière Affemblée du Clergé pour l'impreffion de cette Bible. Il ajoûte, qu'il ne s'en tiendra pas à ce Pfeautier, qu'il avoit fait imprimer à fes dépens; auffi-bien que la Verfion Latine du Géographe de Nubie : que fi fes facultés le lui permettoient, ou s'il fe préfentoit quelque Mécénas; il feroit tant par fes travaux, que l'Arabe & le Syriaque iroit de pair avec le Grèc & l'Hébreu dans toute l'Europe. Il femble que le Père Sirmond ne faifoit pas attention à ce Pfeautier, car il en avoit fans doute connoiffance, lorfqu'il mandoit (a) au même Bibliothéquaire de l'Empereur en 1626; qu'il ne paroiffoit encore rien de la Bible Arabe & Syriaque, que les Maronites devoient publier.

Quoique Gabrël Sionite fût venu à Paris pour y travailler aux Verfions, & à l'impreffion de la Bible en Syriaque & en Arabe; cependant depuis près de douze ans qu'il y demeuroit, il n'avoit fait part au Public que de ce Pfeautier dont on vient de parler. Ainfi on fe défabufa, dit Vitré (b), des belles promeffes qu'il avoit faites jufqu'alors; fes penfions furent retranchées en 1626, d'autant plus que n'ayant point d'Écoliers qui vinffent écouter fes leçons, il ne faifoit aucune fonction de fon emploi de Profeffeur Royal en Syriaque & en Arabe. Dans cette difgrace il fongeoit à fe retirer à Rome, où il avoit envoyé fur la fin de l'Automne de cette année plufieurs caiffes, où étoient fes Verfions & fes Originaux. Mais pour les faire fortir de France avec plus de bienféance & plus d'honneur, les Romains le firent demander au Roi par le Cardinal Spada, & par le Nonce Bagny. Ce fut fous le prétexte qu'on devoit l'employer à l'Édition de la Bible Arabe, à laquelle le Pape Urbain VIII. faifoit travailler depuis deux Ans. Le Roi, par Lettres Patentes du 20 de Juin 1627, lui accorda la permiffion d'aller pour quelque-temps à Rome, il lui confervoit même fes appointemens de Profeffeur Royal dont il jouiroit abfent comme préfent; mais la Chambre des Comptes ayant refufé de vérifier ces Lettres Patentes, le voyage de Sionite fut rompu.

(a) *Apud Lambecium. Ibid. pag. 164.*
(b) *Dans fes Preuves Littérales.*

C'étoit-là la situation où se trouvoit le Maronite, lorsque Guy-Michel le Jay Parisien, Avocat de la Cour, qui jouissoit d'un assez riche patrimoine, prit la résolution avec un courage plus digne d'un Roi que d'un Particulier, de reprendre le grand dessein de la Bible *Polyglotte* qui avoit été autrefois projetté, & qui avoit si souvent manqué. Il y eut sans doute bien de la témérité dans cette entreprise, & l'événement ne l'a que trop justifié; car quoique les facultés de le Jay fussent assez amples, il n'avoit pas d'ailleurs tous les secours nécessaires pour la faire réussir. Il falloit faire une prodigieuse dépense pour les Caractères, sur-tout des Langues Orientales; dont il vouloit publier les Versions. On ne voit pas qu'il fut muni de beaucoup de Manuscrits Orientaux. Il ne devoit pas, sur la parole de Sionite qui lui promettoit tout, s'engager mal à propos dans de si grands frais; car il n'étoit pas en état de connoître si ce Maronite étoit sincère. En effet, on ne reconnoît nulle part qu'il eût quelque teinture des Langues Orientales. On lit bien dans Colomiés qu'*il étoit très-versé dans les Langues Orientales;* ce qui l'a porté à le mettre dans sa Gaule Orientale, page 263, au nombre de ceux qui ont illustré la France par ces sortes de connoissances. Mais Walton (a), d'où Colomiés a tiré l'extrait qu'il rapporte, n'en dit mot. S'il étoit permis d'ajoûter foi à un ennemi déclaré sur ce qu'il dit contre son adversaire, on croiroit qu'il y eut quelque motif d'intérêt dans cette entreprise. Sionite (b) a reproché plusieurs fois à le Jay, qu'il se flattoit d'un profit de quatre cens mille livres qu'il s'attendoit de retirer de la vente de cette Bible. Quoiqu'il en soit, il se sentit assez de courage pour en entreprendre l'Édition, & en faire les frais; même malgré tous les obstacles qui survinrent pendant le cours de l'impression, il a eu la gloire d'en être venu à bout.

Le Jay choisit d'abord Antoine Vitré pour son Imprimeur, & lui ordonna de préparer tout ce qui étoit nécessaire pour travailler à cette Édition. Vitré fit graver, comme il le dit lui-même dans ses Preuves Littérales, &c. par le Bé, fils du fameux Fondeur qui avoit travaillé pour la Bible du Roi d'Espagne, les Caractères Hébreux, Chaldéens, Grècs, Latins,

---

(a) *Prolegom. IV.* §. *8.*
(b) Dans son *Factum* & dans ses Réponses.

& les lettres italiques. Il grava les Caractères Samaritains, Syriaques, poinçons, matrices & lettres ; & frappa partie des matrices Arabes sur les poinçons du Roi qui étoient alors à M. de Brèves : il frappa encore toutes les matrices de l'Arabe sur les poinçons de Sionite, le tout aux dépens de le Jay. On inventa aussi une nouvelle fabrique de papier qui a paru si auguste, qu'il a conservé depuis le nom de *Carta Imperialis*. L'on désigne cette Bible par différens noms ; tantôt elle porte celui de la *Polyglotte de le Jay*, parce qu'il y dépensa (*a*) cent mille écus ; tantôt on l'appelle *la Grande Bible* ou *la Polyglotte de Paris*, ou *de Vitré* ; parce qu'il l'imprima dans cette Ville.

Le plan de M. le Jay étoit le même, que celui qu'on s'étoit proposé l'An 1615. Il vouloit non-seulement publier une nouvelle Édition de la Bible d'Anvers, mais aussi il y ajoûtoit la Version Arabe de tous les Livres Sacrés, & la Syriaque de l'Ancien Testament avec celle des quatre Épîtres Canoniques, & de l'Apocalypse qui n'étoit pas dans la précédente : toutes ces Versions devoient être accompagnées d'une Interprétation Latine. Il ne songeoit pas alors à y faire entrer le Texte Hébreu Samaritain. » Du commencement on m'avoit mandé, dit Claude » Fabry de Peiresc au Père Morin (*b*), que M. le Jay ne prétendoit » pas se prévaloir du Pentateuque Samaritain en l'Édition de sa grande » Bible, que pour en enrichir des Nottes sur son Texte Hébraïque » aux endroits les plus difficiles, où les diverses leçons pourroient être » plus considérables «. Mais le Cardinal de Berulle, qui avoit d'abord fort approuvé cette entreprise, & qui fut chargé (*c*) dans la suite par le Pape Urbain VIII. d'en éxaminer la disposition, de s'assurer de la fidélité des versions qui en faisoient une partie considérable, & de lui faire connoître tous les préparatifs qu'on faisoit pour cette impression ; ce pieux Cardinal, dis-je, détermina M. le Jay à faire entrer dans sa Bible *Polyglotte* le Pentateuque Hébreu-Samaritain, ou le Texte Hébreu écrit en Caractères Samaritains, différent en quelques endroits de celui des Juifs.

(*a*) Lettres de confirmation de Noblesse données à M. le Jay.
(*b*) *Epist. 36. Antiq. Eccl. Orient. Pag. 180.*
(*c*) *Præfatio Bibl. Paris. circa finem.*

Jean Morin, Sçavant Prêtre de l'Oratoire, qui avoit le premier déchiffré l'Éxemplaire de ce Pentateuque que le R. Père de Harlay de Sancy, de la même Congrégation, depuis l'Évêque de S. Malo avoit donné (a) à la Bibliothèque de la Maison de l'Oratoire de Paris où il demeuroit, fut chargé par le Cardinal de Berulle son Supérieur de faire imprimer ce Livre, & de le traduire en Latin, comme il l'écrit à Jerôme Aléxandre vers le mois d'Avril 1628 (b). Il venoit d'achever l'Édition Grècque de la Bible qu'il avoit faite sur celle de Rome, selon l'ordre qu'il en avoit reçû de l'Assemblée du Clergé de 1626. Ce n'étoit pas d'abord son dessein d'y joindre la Version Samaritaine, dont il n'avoit que quelques feuillèts que lui avoit envoyé de Rome Pietro della Valle : mais comme il l'écrit à ce curieux Voyageur, ayant reçû assez à temps son Manuscrit, il prit la résolution de le communiquer tout entier au Public. Il est le premier qui ait parlé du Pentateuque Samaritain depuis S. Jérôme.

Vitré commença cet Ouvrage vers le mois de Mars de 1628 ; car André de Léon écrivoit de Madrid sur la fin du mois de Juillet de cette année, qu'il avoit vû une feuille imprimée de cette *Polyglotte*. Les brouïlleries qui survinrent & les lenteurs affectées de Gabriël Sionite pendant le temps de l'impression, en retardèrent le progrès ; de sorte qu'elle ne fut achevée qu'en 1645.

Cet Ouvrage, qui est plus considérable que les précédens, m'engage à entrer dans un plus grand détail. Afin d'en avoir d'abord une première idée, j'en vais rapporter le titre ; j'indiquerai ensuite les parties dont il est composé : & enfin je marquerai, quels sont les Sçavans qui ont aidé M. le Jay pour l'achever entièrement. Voici le titre.

BIBLIA HEBRAÏCA, Samaritana, Chaldaïca, Græca, Syriaca, Latina, Arabica. Quibus textus originales totius Sacræ Scripturæ, quorum pars in editione Complutensi, deinde in Antuerpiensi Regiis sumptibus extat : nunc integri ex Manuscriptis

---

(b) en 1620.
(c) Pag. 141. Antiquit. Eccl. Orient. Editionem Pentateuchi Samaritani jussu illustrissimi Cardinalis Berulli meditor. *Cette Lettre est sans date ; mais la réponse qui suit étant du premier Mai 1628, on peut juger que la lettre avoit été écrite vers le commencement d'Avril.*

toto fere orbe quæsitis exemplaribus exhibentur. (en neuf Tomes divisés en dix Volumes) *Lutetiæ Parisiorum excudebat Antonius Vitré ;* MDCXLV.

Comme il n'est point fait mention dans ce titre de Guy-Michel le Jay, mais seulement à la fin de la Préface, & dans l'Inscription en style appellé par quelques-uns Lapidaire qui suit le titre, j'en vais tirer les paroles qui suffisent pour faire connoître la part qu'il a eu à ce grand Ouvrage : *Regnante Ludovico XIV. felici, triumphatore, à Deo-dato, Regis ætatem & regni molem regente Anna Austriaca, Augusta, sapientissima ac piissima Regina, principis ac subditorum matre optimâ, Gallia . . . . Augustos Regis sæculorum codices, sacras paginas septeno idiomate personantes . . . æterno immortalitatis templo appendit, summo perennitatis auctori, offerente & consecrante Guidone Michaële le Jay ; Dat, Dicat, Vovet.*

Il y a ensuite deux Préfaces, la première écrite sous le nom de M. le Jay, qui l'a signée le 1 d'Octobre 1645 ; où l'Auteur rend un compte assez succinct de cet Ouvrage. Quoiqu'elle soit écrite d'un style fort diffus, & qu'elle soit assez longue, néanmoins elle n'instruit pas assez le Lecteur de plusieurs circonstances qui regardent cette Édition, sur lesquelles il semble qu'on ait gardé un silence affecté. Ce que l'Auteur y dit du Texte Hébreu, lui a attiré plusieurs écrits de la part de ceux qui se sont crû obligés d'en prendre la défense, & sur-tout de Valérien de Flavigni, Docteur de Sorbonne & Professeur Royal en la Langue Sainte. La seconde Préface, qui est du Père Morin, traite de ce qui concerne le Texte & la Version des Samaritains. Ce Sçavant soutient ici les mêmes sentimens qu'il avoit avancés, soit dans sa Préface de l'Édition Grècque des LXX, soit dans ses Éxercitations sur le Pentateuque Samaritain. Il continue à lui donner la préférence sur celui des Juifs qu'il croit corrompu. Ses sentimens ont été combattus par différentes personnes, entre lesquelles s'est distingué Jean-Henri Hottinger, qui le premier publia ses Éxercitations Anti-Moriniennes l'An 1642, à Heidelberg.

La Bible de le Jay, qui est divisée en neuf Tomes, peut être considérée comme formant deux corps ; dont le premier qui en comprend cinq distribués en six Volumes, n'est qu'une copie ou une seconde Édition de la Bible d'Arias Montanus, avec quelques additions dans le cinquième Tome ; c'est-à-dire, que les quatre premiers Tomes contiennent l'Ancien Testament en Hébreu, en Chaldéen, en Grèc & en Latin ; de la même manière que les quatre premiers de la Polyglotte de Philippe II. & dans la même disposition. Pour le cinquième Tome, qui est partagé en deux Volumes, il contient le Nouveau Testament Grèc, Latin & Syriaque, qui compose le cinquième Tome de la Bible d'Anvers ; mais on a ajoûté les quatre Épîtres Canoniques, & l'Apocalypse en Syriaque, aussi-bien que tout le Nouveau Testament en Arabe. Le seul changement que l'on a fait dans la disposition de ce Tome, c'est qu'à la place du Texte Syriaque qui est au bas des pages en Caractères Hébreux dans l'Édition précédente, on a mis dans celle-ci la Version Arabe avec son interprétation Latine. Le second corps renferme, dans les quatre derniers Tomes, l'Ancien Testament en Syriaque & en Arabe, avec les Traductions Latines : outre cela le Pentateuque & la Version des Samaritains, qui n'ont qu'une seule Version Latine qui leur réponde.

Après ce que j'ai rapporté, tant de la souscription de la Préface que de l'inscription qui la précède, l'on ne peut douter, que l'Auteur de cette Bible Polyglotte ne soit Guy-Michel le Jay, qui n'épargna ni soin ni dépense pour réüssir dans une si grande & si difficile entreprise, à laquelle il semble qu'un Particulier ne devoit pas penser. Il y eut de deux sortes de personnes qui l'aidèrent ; les unes de leur conseil & de leur protection, les autres mirent la main à l'Ouvrage. Entre ceux-ci Valerien de Flavigni (*a*), nommé Philippe d'Aquin, qui fut chargé de l'impression du Texte Hébreu & Chaldéen ; le Père Morin, qui fit imprimer les deux Pentateuques Samaritains avec sa Version Latine ; Gabriël Sionite, qui eut soin des Textes Arabe & Syriaque & de leurs Traductions Latines, dont il en avoit fait une partie, l'autre étant de Jean Hesronite (*b*) ; Jerôme Parent, qui revit ce qui étoit imprimé avant l'An 1637 du Samaritain, du Syriaque & de l'Arabe ; & Abraham Ecchellensis (d'Eckel) qui ne publia que le Livre de Ruth dans ces deux dernières Langues avec une seule Version Latine, & le second ou

---

(*a*) *Epist. 1. de hac Editione*, pag. 9.
(*b*) Vitré, dans ses Preuves Littérales.

plûtôt le troisième des Machabées en Arabe ; mais il revit les Textes Syriaques & Arabes avec les Versions Latines que Sionite avoit fait imprimer avant le même-temps. De Flavigny ajoûte qu'à l'égard du Grèc & du Latin, on en abandonna le soin à des Correcteurs gagés & sans nom, au moins dit-il, je ne les connoissois pas.

Adrien Baillet, dans la vie manuscrite de Godefroi Herman son compatriote, son protecteur & son ami, qu'il a composé sous des noms empruntés, raconte que ce Sçavant Chanoine de Beauvais avoit travaillé dans sa jeunesse à la *Polyglotte* de Paris. En effet, son nom se trouve à la fin de la Préface de cette Bible parmi ceux qui y ont eu quelque part, mais on ne marque pas ce qu'il a fait. Voici ce qu'en dit son Historien, qui l'a pû sçavoir de lui-même : » L'on pourra com- » prendre encore mieux de quelle étenduë étoit la capacité de ce jeune » Professeur de 23 ans (*a*), si l'on sçait que dès-lors il travailloit con- » jointement avec M. le Jay, & plusieurs Sçavans de cinquante & de » soixante ans à l'Édition de la Bible Polyglotte de Vitré, qui sortit de » la presse en dix grands Volumes au mois d'Octobre de l'An 1645. » Il revoyoit particulièrement le Texte Grèc ; & M. le Jay n'oublia » point, dans le témoignage de la reconnoissance qu'il en vouloit » rendre au Public, de l'avertir que l'âge de M. Herman étoit infini- » ment au-dessous de sa profonde littérature «. Le même Auteur en fait aussi mention dans le troisième Tome des jugemens des Sçavans page 524, il ne parle sans doute que de la révision du Texte Grèc, achevé d'imprimer en 1633, que Godefroi Herman faisoit en 1640, dont le Public n'a point profité.

Le même Auteur dans ses Lettres Latines à Vincent Placcius fait encore connoître deux autres Sçavans, qui selon lui, ont eu part à cet Ouvrage. Le premier, qui est aussi nommé dans la Préface de cette Bible, est Jean Aubert, Professeur Royal en Langue Grècque ; qui a publié l'Édition Grècque des Ouvrages de S. Cyrille d'Aléxandrie avec sa Version Latine. Il a bien pû être un des Reviseurs du Grèc ; mais comment de Flavigny qui a été son Confrère l'a-t-il pû ignorer ? C'est ce

---

(*a*) Il enseignoit en 1640 & 1641, la Philosophie pour être de la Maison de Sorbonne.

que je n'entreprendrai point d'expliquer. Jean Tarin est l'autre Sçavan dont parle Baillet. C'étoit un homme fort éloquent. Il avoit enseigné la Rhétorique au Collége de Harcourt ; il étoit alors Professeur Royal en Éloquence. Le goût qu'il fit paroître pour le style que quelques-uns appellent Lapidaire, parce qu'on s'en sert dans les Inscriptions gravées sur les pierres, me porteroit aisément à le croire Auteur de l'Inscription qui est au revers de la première Estampe de la Polyglotte de Paris. Nous avons de lui dans ce genre l'Épitaphe de Siméon de Muis, qui étoit aussi Professeur Royal en Hébreu ; elle se trouve à la tête de ses Ouvrages donnés au Public depuis sa mort par Claude d'Auvergne, son successeur dans cet emploi. Je donnerois volontiers aussi à Tarin la Préface qui est imprimée sous le nom de Guy-Michel le Jay, ou je croirois du moins qu'il y a mis la main ; car le commencement, qui ne roule que sur la comparaison des Livres Sacrés avec le Temple de la Sagesse éternelle, a de même rapport à ce qu'on dit du Temple dans l'Inscription précédente, outre qu'elle a des traits d'éloquence fort marqués. L'Auteur ne paroît y mettre en œuvre que les matériaux qu'on lui a fournis ; mais on juge par quelque contrariété de sentimens, qu'il ne possédoit pas parfaitement la matière qu'il traitoit. Comme ce n'est qu'une conjecture que je hazarde, je ne m'y arrêterai pas davantage. M. de Faniere de l'Académie Royale des Inscriptions, qui étoit ami de M. Baillet, a donné la vie de Godefroi Hermant, & l'extrait de ses Lettres à Placius, dont les Originaux se conservent dans la Bibliothèque de M. le Président de la Moignon.

A l'égard de ceux qui ont donné leur protection à cette entreprise, la Préface qui ne rapporte que leurs noms, commence par Pierre Seguier, Chancelier de France ; elle nomme ensuite Éléonor d'Estampes de Valençai, Archevêque & Duc de Rheims ; Achilles Harlay de Sancy, Évêque de S. Malo ; Jacques Lescot, Évêque de Chartres ; Matthieu Molé & Nicolas de Bailleul Présidens en la Cour du Parlement, Guy de Thelis Doyen de la Grand'Chambre, l'Abbé Mondin : mais elle marque plus en particulier Pierre Cardinal de Berulle, qui par l'avis des Cardinaux de Crémone, Bandini & Mellini, & des Pères Corneille de la Pierre Jésuite, & Claude Bertin Prêtre de l'Oratoire, fut choisi par le Pape Urbain VIII. pour examiner toute l'œconomie de cette Bible, dont il rendit un témoignage fort avantageux.

AUTEURS.

On trouve à la fin de cette Préface les noms de quelques autres Sçavans, qui ont mérité cette distinction pour y avoir sans doute contribué ; mais on ne marque pas de quelle manière ils l'ont fait. Leurs noms sont Jacques Dreux, Docteur de Sorbonne & Chanoine de Rennes ; Étienne Saintot, Conseiller au Parlement ; François Clément, Conseiller en la Cour des Aydes ; Claude de Fabry de Peyresc, Conseiller au Parlement de Provence (*a*) ; *Pietro della Valle*, Gentilhomme Romain (*b*) ; François Vaultier, Abbé de S. Menje de Châlons ; Jean Aubert, Abbé de S. Remi de Sens & Professeur Royal : & Geoffroi Hermant, Chanoine de Beauvais.

Ce sont-là les noms de ceux qui ont contribué de quelque chose à cette Édition.

DICTIONNAIRE HÉBRAIQUE & Chaldéen, pour l'intelligence de la Bible ; dans lequel non-seulement les mots primitifs ou radicaux, mais aussi les dérivés avec tous leurs accidens sont rangés par ordre Alphabétique. L'interprétation Latine tirée des meilleurs Vocabulaires Hébraïques & Chaldéens qui ont paru jusqu'à présent, est précédée de l'interprétation Grècque, suivant la Version des Septante & celles d'Aquila, de Symmaque & Thodotion. On y a joint les noms propres d'Hommes, de Femmes, d'Idoles, de Peuples, de Pays, de Villes, de Montagnes & de Fleuves, &c. avec leurs principales étymologies ; par *Dom Pierre Guarin*, Prêtre & Religieux Bénédictin de la Congrégation de S. Maur. *Paris, Jacques-François Collombat, 1746, 2 Vol. in-4°.*

De quelque côté que l'on envisage ce Dictionnaire, soit qu'on le considère en lui-même & par rapport à son objet, soit qu'on en juge par le mérite & l'habileté de son Auteur ; il est également digne de l'attention du Public.

(*a*) Il envoya trois Éxemplaires du Pentateuque Samaritain au P. Morin, qui ne les reçut qu'après avoir achevé l'impression de ce Livre.
(*b*) Il communiqua son Éxemplaire de la Version Samaritaine,

D. *Guarin* étoit né avec la justesse d'esprit & toute la sagacité possible, pour devenir un parfait Grammairien ; il avoit si bien saisi le génie des Langues Hébraïque & Chaldéenne, & par la longue étude qu'il en avoit faite, il s'en étoit tellement approprié toutes les richesses ; il en avoit pénétré & résolu si heureusement toutes les difficultés, que personne n'avoit jamais été plus en état que ce Sçavant Bénédictin, d'entreprendre & d'éxécuter parfaitement un Dictionnaire de ces deux Langues. Rien n'avoit échappé à sa sagacité & à ses recherches. Les Idiotismes, les Tropes, les diverses formations des Verbes parfaits, les Anomalités des imparfaits, les Figures, les Noms, les Usages, & les changemens des Points Massorétiques, les divers accens, la prononçiation des Caractères ; en un mot, tous les petits détails de la Grammaire lui étoient si familiers & si présens à l'esprit, que l'on ne pouvoit lui proposer aucune difficulté sur toutes ces choses, qu'il n'en donnât dans le moment la solution. On ne le consultoit sur aucun point de la Littérature Sacrée, que l'on ne sortît d'auprès de lui extrêmement satisfait de ses réponses, & pleinement instruit de ce que l'on desiroit de sçavoir.

Dom *Guarin* avoit cultivé par un travail continuel les heureuses dispositions qu'il avoit reçuës de la nature, pour réussir dans l'étude des Langues ; mais ce qui contribua le plus aux rapides progrès qu'il y fit, c'est le bonheur qu'il eut d'être conduit dans cette étude par l'homme de son siècle, qui entendoit le mieux les Langues Sçavantes, & qui avoit le plus de talent pour les enseigner. Nous voulons parler de Dom Pougèt, connu dans la République des Lettres, par les Analèctes Grècques, qu'il a composées de concert avec Dom Jacques Lopin & Dom Bernard de Montfaucon ; & par le premier Tome des Œuvres de S. Jérôme qu'il a donné au Public, conjointement avec D. Martinay. Guidé par un Maître si habile, D. *Guarin* se trouva en état au bout de deux ans de donner lui-même des leçons de la Grammaire Hébraïque & Chaldéenne ; & il fut jugé digne de remplaçer D. Pougèt dans les fonctions d'enseigner les Langues aux Religieux de sa Congrégation. Il s'en acquitta avec tant de zèle & de succès, qu'il forma plusieurs Sçavans Disciples, qui sont devenus à leurs tours les soutiens des bonnes Études dans leur Ordre ; & se sont trouvés remplis de toutes les connoiſſances néceſſaires, pour continuer l'important Ouvrage que leur Maître en mourant laiſſoit imparfait. Ceux d'entre ſes Diſciples qui ſe ſont le plus diſtingués, ſont D. le Tournois, Dom Mapinot, D. de la Ruë, D. Thuillier & D. Martin Bouquèt; tous ont rendu ce témoignage à leur Maître, qu'il les animoit à l'étude des Langues, non-ſeulement par la clarté de ſa méthode, & par les ſoins qu'il prenoit de leur en applanir les difficultés; mais encore par la dignité avec laquelle il s'acquittoit de ſon emploi, leur imprimant à tous un ſentiment de reſpect & d'amour qui les attachoit à ſa perſonne.

 D. *Guarin* employoit à la lecture des Livres Hébreux, Chaldéens, Syriens & Arabes, le temps qui lui reſtoit après s'être acquitté des exercices du Monaſtère; il ſe préparoit par-là à éxécuter le projèt qu'il avoit formé depuis long-temps, de compoſer une Grammaire Hébraïque & Chaldéenne, plus ample & plus facile que celles qui avoient paru juſqu'alors. Son deſſein étoit, non-ſeulement de diminuer la peine de ceux qui commençent à apprendre les Langues Orientales; mais encore de conduire ceux qui ſeroient déja avancés, à la parfaite intelligence de la Langue Sacrée, & de leur faire ſentir toutes les Figures, les Tropes, les Ornemens & l'Élégance propres à cette Langue; il vouloit en un mot, que ſa Grammaire pût ſervir aux uns & aux autres, comme d'une eſpèce de Bibliothèque Hébraïque. Comme cet Ouvrage eſt entre les mains du Public, chacun peut juger ſi l'éxécution a répondu au deſſein de l'Auteur.

 D. *Guarin* étoit occupé à la compoſition de ce Léxique, lorſqu'il mourut. La perte de ce ſçavant homme, a cauſé d'autant plus de regrèt aux Amateurs de la Littérature Sacrée, qu'elle a privé l'Égliſe d'un Ouvrage extrêmement utile, qu'il méditoit depuis long-temps. Le projèt de cet Ouvrage étoit, que tandis qu'un Religieux de S. Germain-des-Prez donneroit une Édition des Septante, corrigée ſur les plus anciens Manuſcrits; D. *Guarin* feroit imprimer le texte Hébreu à côté, & marqueroit les endroits où l'hébreu & le Grèc ſont différens; il ſe propoſoit auſſi d'accompagner le texte de notes, dans leſquelles il devoit rendre raiſon de ces différences. Il eſt aiſé de ſentir l'utilité d'un ſemblable Ouvrage, pour l'intelligence des Saintes Écritures. Il ſeroit à ſouhaiter, qu'il ſe trouvât quelqu'habile homme verſé

dans

dans la connoiffance des Lettres Sacrées & des Langues Hébraïque & Chaldéenne, qui voulût travailler fur ce plan.

Ce que nous venons de dire de l'érudition & du mérite de D. *Guarin*, doit donner le préjugé le plus favorable pour le Léxique que nous annonçons. Nous pouvons affurer qu'il renferme tous les avantages des divers Léxiques, qui ont paru jufqu'à préfent. On y trouve tous les mots Hébreux & Chaldéens de la Bible, traduits en Grèc & en Latin, fuivant l'éxplication qu'en ont donné les plus anciens & les meilleurs Interprètes.

Voici l'Ordre que D. Guarin a obfervé.

1°. Il a rangé par ordre Alphabétique, non-feulement les Racines ou mots primitifs, mais auffi les mots qui en dérivent; & afin que l'on fentît mieux le rapport du dérivé avec fa *racine*, il a eu foin de placer la racine immédiatement après le mot qui en dérive.

2°. Après chaque mot Hébreu, on trouve non-feulement les fignifications contenuës dans les différens vocabulaires qui ont paru jufqu'ici; mais auffi les mots Grècs qui y répondent. Les fignifications Grècques font tirées de la verfion des Septante, & de la cinquième, fixième & feptième Édition des fragmens qui nous reftent des Verfions d'Aquila, de Symmaque & de Théodotion, raffemblés par Flaminus Nobilius, Johannes Drufius, & Dom Bernard de Montfaucon.

3°. Dom *Guarin* a rapporté enfuite des éxemples de chaque mot avec tous les *accidens*, dont il eft fufceptible. Nous appelons *Accidens*, les divers changemens qui arrivent à un mot, fuivant les règles de la conftruction particulière à la Grammaire Hébraïque.

4°. Comme il arrive affez fouvent à ceux qui commencent à apprendre l'Hébreu, de confondre les noms propres avec les appellatifs; l'Auteur a placé tous les noms propres dans fon Léxique, il y a joint les Étymologies les moins recherchées, afin que l'on ne puiffe pas s'y méprendre.

Les Auteurs de la Préface avertiffent le Public, que le travail de Dom *Guarin* ne s'étend que jufqu'à la lettre *Mem*, inclufivement; que les fept lettres fuivantes ont été éxécutées par Dom le Tournois, & que les deux dernières lettres font de la compofition de deux autres

Religieux de la Congrégation de S. Maur. On a mis à la tête de cet Ouvrage une liste des Auteurs qui y font cités, & un avertissement où l'on explique les abréviations dont on s'est servi.

Nous sommes obligés de rendre justice à l'Imprimeur, & de lui donner les louanges qu'il mérite. C'est à lui en partie que l'on est redevable de la grande correction de cet Ouvrage. M. Collombat, disciple de Dom *Guarin*, & versé dans la Langue Hébraïque, étoit plus en état que personne d'imprimer ce Lèxique avec toute la perfection possible. L'élégance des caractères & la beauté du papier sont telles, que ce Livre passera à la postérité, comme un des monumens qui feront le plus d'honneur à l'Imprimerie de Paris.

Fin de la Table Raisonnée des Auteurs.

TABLE
DES MATIÈRES
DU SECOND VOLUME : PARTIE SECONDE.

NOTA. *Les Chiffres Romains ; comme* iv. v. i. iij, *&c. défignent les Auteurs & Matières traitées dans les Tables du choix & de l'ufage des Livres. Les Chiffres Arabes ; comme* 1. 2. 3. 4, 130, *&c. indiquent les Renvoys contenus dans le corps de l'Ouvrage.*

A.

ABEN Sina, ccxxiv.
Abou-Navas. Poëte Arabe, ccvj.
Abou-Rihan, ccxxviij.
Abrégé de l'Arithmétique - Pratique & Raifonnée, divifé en trois parties ; par M. C. Irfon, Juré-Teneur des Livres de Comptes, par Lettres-Patentes de Sa Majefté, lxxxiv.
Accent circonflèxe des Grècs, 390.
Accents & efprits Grècs, 389.
Accent grave des Grècs, 390.
Accent aigu Grèc, 389.
Accents Mixtes, 349.
Accents Royaux, 344.
Accents Serviles ou Miniftres, 347.
De Accentibus & Ortographia Linguæ Hebraïcæ libri tres, Cardinali Adriano dicati, Par Jean Reuchlin, cxcvij.
Actes publics fe faifoient en Latin, 437.
Admiratif, point des Syriens, 367.
Alcoran, Livre de Mahomèt ; ccviij.
Aléne, Acçent mixte, 349.
Allemands (les) ont reçu leur Alphabèt des Grècs plutôt que des Latins, 444.
Allemands (les) n'avoient anciennement aucuns Caraêtères, pour s'éxprimer par écrit en leur Langue, 436.
On ne commença à fe fervir des Caraêtères Latins pour écrire l'*Allemand*, que peu de temps après le Règne de l'Empereur Frédéric II, 438.
Alphabèt Allemand, 406.
Alphabèt Amharique, 367.
Alphabèt Arabe, cclx.
Alphabèt Arcadien, 406.

n n ij

TABLE DES MATIÈRES.

Alphabèt Arménien, 372.
Alphabèt Copte, 393.
Alphabèt des Coptes a été formé sur celui des Grècs, 395.
L'ancien Alphabèt Égyptien n'étoit composé que de vingt-cinq Éléments, 404.
Alphabèt Éthiopien, 370.
Alphabèt Éthiopien, (autre), 366.
Alphabèt Étrusque, 406.
Alphabèt François, 406.
Alphabèt Gothique, 406.
Alphabèt Grèc, 380.
Ancien Alphabèt Hébreu, 342.
L'Alphabèt moderne des Coptes, contient trente-deux Éléments, 404.
Alphabèt Pélage, 406.
Alphabèt Romain éxistoit dans la Grèce, avant que Cadmus y conduisît sa Colonie, 408.
Alphabèt Runique, 483.
Alphabèt Syrien, 360.
Alphabèt Tartare Manchéou, 548.
Alphabèt Thibétan est à peu de différence rangé dans le même ordre, que les Alphabèts Grandan & Samscrétan, 595.
Ambulant, Acçent Royal, 345.
L'Amharique est très-difficile, 372.
Amitié, (de l') xxvij.
Amour de François I. pour les Lettres, 450.
Analecta Rabbinica, par Adrien Reland, clxxx.
Analecta Rabbinica, in quibus continentur Gilberti Genebrardi Isagoge Rabbinica, &c. Par Adrien Reland, clxxx.
Analogie entre la Langue des Grècs, & celle des Phéniciens, 381.
Analyse raisonnée de la Sagesse de Charron, lxvj.
Analyse de la République de Platon, ou Dialogue sur la Justice, divisé en dix Livres, xliv.
Animadversiones in quatuor Evangelia, cxciv.
Animadversiones in quatuor Evangelia, Ludovici de Dieu, cxciv.
Animadversiones & supplementa ad Joh. Cocceii Lexicon, & commentarium sermonis Hebraïci atque Chaldaici ; par Jean-Henri Maius, cxcviij.
Animadversiones & supplementa ad Johan. par Jean-Henri Maius, cxcviij.
Anglo-Saxon, 471.
Annales Typographici, ab Artis inventæ origine ad annum 1559, Opera Michaelis Maittaire, cliij.
Apocalypsis Sancti Joannis, cxciv.
Apocalypsis Sancti Joannis, Opera studio Ludovici de Dieu, cxciv.
L'Apostrophe, ou l'Aversion des Grècs, 390.
Approbateur, point des Syriens, 367.
Arabe, Langue, 350.
Les Arabes écrivent de droite à gauche, 359.

TABLE DES MATIÈRES.

Arabes usent à-peu-près de même que les Manchéous dans leurs Manuscrits, 572.

Arabschah, Auteur Turc, ccxliv.

Arcadien, Dialecte, 419.

Arcanum *Punctuationis revelatum, sive punctis Hebræorum*; par Louis Cappel, cxcv.

Archetypus *Grammaticæ Hebrææ Etymologia & Syntaxi absolutus*; par Gaspard Wafer, cxcvij.

Arithmétique démonstrative, ou la Science des Nombres, rendue sensible. Par M. Galimard, xcvij.

Arithmétique des Géomètres, ou nouveaux Éléments de Mathematiques; par M. l'Abbé Déidier, xcv.

Arithmétique & la Géométrie de l'Officier, par M. le Blond, Professeur de Mathématiques des Pages de la grande Écurie du Roi, & des Pages de Madame la Dauphine, xcix.

Arithmétique en son jour; par le Frère de Capdeville, Religieux de la Province d'Aquitaine, lxxxiij.

Arithmétique Méthodique & démontrée; par J. Cl. Ouvrier de Lile, Expert - Juré Écrivain à Paris, cx.

Arithmétique de la Noblesse commerçante; par M. d'Autrepe, Ancien Syndic des Experts - Jurés Écrivains, cxj.

Arithmétique en sa perfection, mise en pratique selon l'usage des Financiers, Gens de Pratique, Banquiers & Marchands; par F. le Gendre Arithméticien, xcviij.

Arithmétique rendue facile, à la pouvoir apprendre sans Maître, xciij.

Arithmétique, rendue sensible par le développement de ses Opérations; par M. Gaspard Fois de Vallois, employé dans les Fermes du Roi, xcix.

Arithmétique restrainte à l'Addition, par P. J. Coste, cvij.

Arithmétique universelle, ou le Calcul développé, par M. Josseaume, cix.

Arithmétique universelle démontrée, par le S. Irson, lxxvij.

Arithmétique universelle expliquée, & appliquée, lxxxv.

Arithmetica *universalis Isaaci Newtoni*, cviij.

Arithmetica *universalis; sive de compositione & resolutione Arithmetica liber*, lxxxvj.

Arméniens écrivent comme nous de gauche à droite, 373.

L'*Art* & la Science des Nombres, ou l'Arithmétique - Pratique & Spéculative, en François & en Latin; par M. Ouvrard, Chanoine de l'Église de Tours, lxxviij.

L'*Art* d'Écrire, ou le moyen d'exceller en cet Art sans Maître; par le Sieur Alais de Beaulieu, cxix.

TABLE DES MATIÈRES.

Lettres à M. de*** sur l'*Art d'Écrire*; par L. P. Vallain, Écrivain-Juré-Expert, cxxxj.

L'*Art* d'Imprimer par le S. Catherinot, Conseiller & Avocat du Roi au Présidial de Bourges, clj.

L'*Artifice* qui règne dans la formation des Caractères Chinois peut être rappellé à six Règles générales, 648.

Aspects, Terme d'Imprimerie, 320.

Assis, Accent Mixte, 349.

Saint *Augustin*, Italique, Caractère d'Imprimerie, 311.

Saint *Augustin* Romain, Caractère d'Imprimerie, 311.

Auhadi, ou Divan Poëtique, ccxxiij.

Auhadi Maragah, Poëte Persien, ccxxj.

Auteurs sur l'Arithmétique, lxxvij.

Auteurs sur l'Art d'Écrire, cxix.

Auteurs sur l'Imprimerie, clj.

Auteur du Lebtarikh, ccxvij.

Auteurs sur les Langues, clxxvij.

Auteurs sur la Sagesse, ix.

Averroès, Auteur, ccxxiv.

L'*Aversion* ou l'Apostrophe, passion des Grècs, 389.

B.

BANDES de fèr, terme d'Imprimerie, 325.

Balles, terme d'Imprimerie, 327.

Barreau, terme d'Imprimerie, 327.

Isaaci *Barow*, Math. Prof. *Lectiones* habitæ in Scholis publicis Academ. Cantabridg. lxxxij.

Deux *Bâtons*, Accent mixte, 349.

Bé, (Guillaume le) Graveur & Fondeur de Caractères, clviij.

Beauté (la) des Langues dépend de l'Imagination, 453.

M. de *Beausobre*, dans son excellente Histoire critique de Manichée, & du Manichéisme, n'a point éxaminé l'Histoire de Térébinthe, de Curbicus, ou Manes, deux fameux Imposteurs, 619.

Bellarmin, Grammaire Hébraïque, cc.

Berçeau, terme d'Imprimerie, 325.

Bible d'Arias Montanus, en cinq Langues, ccliv.

Bible de Draconite, en cinq Langues, ccliij.

Bible de Hutter, en six Langues, cclxiij.

Bible de le Jay, en sept Langues, cclxiv.

Bible de Justiniani, en cinq Langues, cclj.

Bible de Raimondi, en dix Langues, cclviij.

Bible du Cardinal Ximénés, en quatre Langues, ccxlvj.

Biblia *Hebraïca, Samaritana, Chaldaïca, Græca, Syriaca, Latina, Arabica,* cclxxiij.

Bibliothèque des Jeunes Négocians, ou l'Arithmétique à leur usage; le tout opéré & démontré en en-

TABLE DES MATIÈRES.

tier, par des Lettres missives du S. Jean la Ruë, xcviij.
Bibliothèque Orientale, Clémentine Vaticane, ccxxxviij.
Bibliothèque Orientale, par M. Dherbelot, cciij.
Bibliotheca *Sacra*, par le Père le Long, clxxvij.
Binaire de l'Imprimerie, 323.
Blanchets, terme d'Imprimerie, 326.
Bois de fond, terme d'Imprimerie, 337.
Bollandus n'accorde point d'Alphabet aux Hibernois, 515.
Bouclier, Accent servile, 348.
Bouſtrophédon, Ancien Grec, 380.
Les plus Anciens de la Grande *Bretagne*, sont les *Bretons*, Peuples Gaulois ou Celtes, 471.
Brevis *Introductio ad Grammaticam Hebræam*, &c. clxxxij.
Broche du Rouleau, terme d'Imprimerie, 325.
Iſmaëlis *Bullialdi*, lxxviij.

C.

CADRATS, terme d'Imprimerie, 322.
Cadratins, terme d'Imprimerie, 322.
Cadres, terme d'Imprimerie, 321.
Canones *de Linguæ Sanctæ idiotismis, seu Proprietatibus*, clxxxiij.
Canones *de Linguæ Sanctæ*, &c. clxxxiij.
Canones *de Litterarum E, V, I*, &c. clxxxviij.
Canones *de Litterarum E, V, I, apud Arabes natura & permutatione*, clxxxviij.
Canoun, Livre Arabe, ccxxvij.
Louis Cappel, *Arcanum punctuationis revelatum*, cxcv.
Caractères, 305.
Anciens *Caractères* Arabes, 358.
Nouveaux *Caractères* pour les Arméniens de la petite Arménie, 378.
Caractères tracés en Bouſtrophédon, 385.
Les *Caractères* Chinois ont toujours été très-différents des Hiéroglyphes, ou Caractères Sacrés des Égyptiens, 628.
Caractères Chinois sont comparables à nos Chiffres, dont la figure est la même chez tous les Peuples de l'Europe, 660.
Caractères Chinois dans leur Origine, n'étoient que la peinture grossière des objèts même qu'ils étoient destinés à signifier, 648.
Les *Caractères* Chinois sont composés aujourd'hui de six traits primordiaux, 635.
On peut tirer des *Caractères* Chinois une preuve de la haute Antiquité de ces Peuples, 627.
Caractères Coptes, leurs noms, leurs valeurs, 395.
Caractères Gothiques, 426.
Les *Caractères* des Chrétiens de Saint Thomas, 360.
Caractère Hébreu, 343.

TABLE DES MATIÈRES.

Caractères Manchéous sont absolument les mêmes que les Caractères Igours, 551.
Caractères Manchéous s'écrivent perpendiculairement, 553.
Caractères Manchéous sont de telle nature, qu'étant renversés sur le sens contraire, on les lit également, 573.
Caractères Modernes des Arabes, 358.
Caractère Nestorien, 364.
Caractère rond & Romain fut apporté en France avec l'Imprimerie, par Ulric Gering & ses Associés, Martin Grantz, & Michel Friburger, l'an 1470, 428.
Caractères Runiques, dérivent des Caractères Grècs & Latins, 485.
Caractères Runiques ne sont que les Caractères Grècs ou Latins, un peu défigurés, 491.
Caractère Stranghelo, 364.
Cartons, terme d'Imprimerie, 335.
Casse, terme d'Imprimerie, 330.
Chaîne, Accent Royal, 347.
Chaldaïsmus, sive Grammatica nova Linguæ Chaldaïcæ, clxxxiv.
Joannes illustratus per Paraphrasim Chaldaïcam; par Jean Leusden, cxcix.
Le Chaldéen & le Syriaque, sont une seule & même Langue, 361.
Charlemagne doit être considéré comme le premier Restaurateur des Lettres en Occident, 438.
Chassis, terme d'Imprimerie, 337.
Antoine-Rodolphe le Chevalier, Rudimenta Linguæ Hebraïcæ, cxcviij.
Le Chien a une sagacité, une surveillance, & une prudence extraordinaire, 403.
Chiffres Arabes, 350.
Chiffres Arabes, terme d'Imprimerie, 317.
Chiffres Éthiopiens, 366.
Chiffres Grècs, 392.
Chiffres Indiens, vulgairement appellés Chiffres Arabes, 350.
Chiffres Romains, terme d'Imprimerie, 317.
Chilperic I, Roi des François, ajoûta quatre Lettres à notre Alphabèt, 418.
Chinois, Langue, 625.
Les Chinois employent des Caractères qui sont tout autrement disparates avec les communs, surtout dans les Préfaces & les Avertissements qu'ils mettent à la tête de leurs Livres, 653.
Les Chinois employent très-souvent dans les Livres, comme dans le discours familier, le contenant pour le contenu, le tout pour la partie; & les choses visibles pour celles qui ne le sont pas, 651.
Les Chinois ont multiplié leurs sons, par cinq Tons différents, 662.
Les Chinois n'ont que 328 Vocables, & tous monosyllabiques, 661.
Les Chinois n'ajoûtent aucune foi,

aux

TABLE DES MATIÈRES.

aux Histoires apocryphes & fabuleuses publiées par les Bonzes, ils n'ont que du mépris pour ces Systêmes extravagants, & pour leurs Auteurs, 625.

Les *Chinois* n'ont jamais eu connoissance des Lettres Alphabétiques, 627.

Christophe Cellarius *Grammatica Hebræa*, clxxxij.

Saint *Chrysostome*, Auteur des Écritures en Langue Arménienne, Inventeur des Caractères Arméniens, 380.

Cicéro Italique, Caractère d'Imprimerie, 310.

Cicéro Romain, Caractère d'Imprimerie, 310.

Clés Chinoises, 624. *ter*.

214 *Clés* ou Caractères radicaux, auxquels se rapportent tous les Caractères Chinois, 635.

Coffre, terme d'Imprimerie, 325.

Colines, (Simon de) Graveur & Fondeur de Caractères, clvij.

Compendium *Grammaticæ Hebrææ*, ccj.

Compendium *Grammaticæ Hebraicæ, & Dictionnariolum Præcipuarum radicum*; par Louis de Dieu, cxciij.

Compendium *Grammaticæ Linguæ Hebreæ B. D. Spinosæ*, cxciij.

Compendium *Grammatices Linguæ Hebreæ*, &c. cxciij.

Commentaire Littéral sur les Proverbes & la Sagesse de Salomon. Par le P. Augustin Calmèt, xviij.

Comète, terme d'Imprimerie, 320.

Complicatio *radicum in primæva Hebræorum Lingua*. Par Adam Letteleton, cxcvij.

Compositeur, Ouvrier d'Imprimerie, 330.

Composition, terme d'Imprimerie, 330.

Composteur, terme d'Imprimerie, 331.

Concluans, Accent mixte, 350.

Conjectura *de Tecto Sabbathi*, clxxix.

Conjonction, terme d'Imprimerie, 320.

Conrad Pellican, *Grammatica Hebraïca*, cxcix.

Conseils d'Ariste à Célimène, xj.

Consonnes de la Prononciation Angloise, 480.

Copie, terme d'Imprimerie, 331.

Cophte, Alphabèt, 380.

Copte, ou Langue Égyptienne, 393.

Copte ne subsiste plus maintenant, que dans les Livres des Chrétiens d'Égypte, Liturgies, Missels, Rituels, Grammaires, & Dictionnaires *Coptes*, 396.

Corne renversée, Accent servile, 348.

Corne, ou la Trompette droite, Accent servile, 348.

Corne de Vache, Accent Royal, 345.

Correction, terme d'Imprimerie, 333.

Côtés admirables dans les Langues des Nations libres, 468.

Écriture des *Coüa*, 629.

A l'usage des *Cordelettes* nouées des

Tome II. Part. II. o o

TABLE DES MATIÈRES.

Chinois succéda celui des *Coüa*, 629.
Il n'y a rien dans la nature qui se trouve dans les *Coüa* de Fou-hi, 630.
Coufites, Caractère Arabe, 358.
Coulisse, terme d'Imprimerie, 332.
Couplets, terme d'Imprimerie, 326.
Second Volume du *Cours* de Mathématique de M. Blondel, lxxxij.
Crochets, terme d'Imprimerie, 318.
Croix, terme d'Imprimerie, 319.
Cul de Lampe, terme d'Imprimerie, 321.
Principal objet du *Culte* des Thibétans, des Bonzes Chinois, des Lamas de Tartarie, des Talapoints de Siam, 599.

D.

DANOIS, Norvégien, Suédois, ne sont évidemment que la même Langue, & ont les plus grands rapports avec l'Allemand, 468.
Ce que les *Danois* & les Suédois publient de leur haute Antiquité, 504.
Anciens *Danois* & Islandois, étoient bien féroces, 462.
Degré, Accent servile, 348.
Demi-Cadratins, terme d'Imprimerie, 322.
Démonstratif, Point des Syriens, 367.
Démonstrations des Lettres de l'Alphabet *Syriaque*, 364.
Déraçineur, Accent Royal, 345.
Deux Esprits Grècs, le Rude, & le Doux, 389.
Deux Expulseurs, Accents Royaux, 345.
Deux Points de Nompareille *Italique*, terme d'Imprimerie, 320.
Deux Points de Nompareille Romaine, terme d'Imprimerie, 320.
Deux Points de Nompareille ornée, terme d'Imprimerie, 320.
Deux tems Grècs, 389.
Dialècte d'Antioche, 362.
Dialècte Galiléene, 362.
Dictionnaire Hébraïque & Chaldéen, pour l'intelligence de la Bible; par D. Pierre Guarin, Prêtre & Religieux de la Congrégation de de S. Maur, cclxxviij.
Louis de Dieu, *Compendium Grammaticæ Hebraïcæ*, cxciij.
Différentes manières de prononcer les Caractères Chinois, 664.
Difficulté de la Langue Copte consiste dans la combinaison extrêmement variée des mots & des particules, dans le changement des voyelles, & dans la transposition de la partie du milieu d'un mot, & d'addition de quelques Lettres superfluës, 406.
Difficulté de la prononçiation Allemande retarda le progrès de l'Écriture, 437.
Diphtongues Éthiopiennes, 366.

TABLE DES MATIÈRES.

Diphtongues de la prononçiation Angloife, 480.
Éloge de la Nouvelle *Diplomatique* des PP. Bénédictins, 426.
Difcours Hiftoriques fur les principales Éditions des Bibles *Polyglottes*, par l'Auteur de la Bibliothèque Sacrée, ccxlv.
Difcours Préliminaire fur l'Imprimerie, 301.
Difperfeur, Acçent Royal, 344.
Difputatio Philologica de Antiquitate Litterarum Judaicarum, clxxix.
Differtation fur l'Art de faire le Papier, cxxxiij.
Extrait d'une *Differtation* de M. le Chevalier Jean Clerk fur les Plumes ou ftyles des Anciens, & fur les différentes efpèces de Papier, cxxix.
Differtation d'Olaüs Borrichius, fur les caufes de la Diverfité des *Langues*, ccxxxiv.
Petite *Differtation* fur les Langues, clxxj.
Diftributeur de l'éxactitude, point des Syriens, 367.
Diftribution, terme d'Imprimerie, 334.
Divifeur, Acçent Royal, 346.
Divifions, terme d'Imprimerie, 318.
Dix Acçents Grècs, 389.
Double Canon, Italique, 315.
Double Canon, Romain, 315.
Douze Claffes de l'Alphabêt Manchéou, 555.

Les *Douze* Mères Langues, 339.
Douze (les) Signes du Zodiaque, terme d'Imprimerie, 319.
Druïdes des Gaules avoient emprunté des *Druïdes* Bretons, le ur Syftême de Religion, 471.
Druïdes prirent le parti de renfermer toute leur Doctrine dans des Poëmes & des Odes, qu'ils enfeignoient de vive voix à leurs Élèves, 524.
Jean Drufius, *Opufcula quæ ad Grammaticam fpectant*, cxcv.
Duodénaire de l'Imprimerie, 339.

E.

ÉCRITURE, cxj.
L'*Écriture* a beaucoup varié chés prefque toutes les Nations, 652.
Écriture curfive des Chinois, qu'ils traçent avec une rapidité fingulière, & fans diftinguer les différents traits qui forment un Caractère, 653.
Du temps de Tibère, l'*Écriture* y étoit déja commune, 441.
Diverfes fortes d'*Écritures* des Arabes, Turcs, & Perfans, 358.
Quatre fortes d'*Écritures* des Arméniens, 373.
Les *Écrivains* Chinois les plus anciens affurent, qu'on fe fervit dans les premiers temps de *Cordelettes*, dont les nœuds différens fervoient par leur diftance, & leurs divers

o o ij

TABLE DES MATIÈRES.

assemblages, à marquer les événements dont on vouloit conserver le souvenir, 629.
Écriture appellée Delbergin, 551.
Écriture des Notaires des Arméniens, 374.
Écriture appellée Oüigour, 551.
Nouvelle manière d'Écrire comme on parle en France, cxx.
Écriture ronde des Arméniens, 374.
L'Écriture-Sainte surpasse en Antiquité, tout ce qu'il y a eu de plus ancien parmi les payens, 398.
Louis le Débonnaire voulut faire connoître l'Écriture-Sainte aux Saxons, 441.
Écuelle renversée, Accent mixte, 349.
Edda, ou Recüeil de Mythologie Islandoise, 465.
Les Égaux, point des Syriens, 367.
Égyptien moderne, Langue, 393.
Anciens Égyptiens avoient un Alphabet composé de 25 Lettres, 393.
Les Égyptiens se nourrissoient de pain fait d'épeautre, 402.
Éléments d'Arithmétique par M. Camus, de l'Académie Royale des Sciences, Examinateur des Ingénieurs, Professeur & Secrétaire perpétuel de l'Académie Royale d'Architecture, ciij.
Éléments d'Arithmétique, d'Algèbre, & de Géométrie ; par J. M. Mazeas, Professeur de Philosophie en l'Université de Paris, cx.
Éléments les plus anciens de l'Écriture Alphabétique, 341.
Éléments de l'Écriture Étrusque, ressemblent parfaitement à ceux du Grèc des premiers âges, 426.
Élémentale Chaldaïcum ; par Gaspard Wafer, cxcvij.
Georgi Elmacini Historia Saracenica à Muhamede ad Alabassæum XLIX Imperatorum, arabice & latine, clxxix.
Elenchus Philologicus quo præcipua, quæ circa textum, &c. clxxxij.
Georgi Elmacini Historia Saracenica, clxxxix.
Elzévires (les), Imprimeurs d'Amsterdam, & de Leyde, clxiv.
Éminent, Accent Royal, 345.
L'Empereur Claude inventa trois nouvelles Lettres, 417.
De l'Enfer Poëtique, lxix.
Engagemens des Passions & des Chagrins qui les suivent ; représentés par plusieurs aventures du temps, xiij.
Épigramme d'un Sçavant Suédois faite contre les Antiquités Danoises de Worms, 490.
In omnes Apostolicas Epistolas Pauli, Petri, Jacobi, Johannis, & Judæ commentarii ; par Conrad. Pellican, cxcix.
Épreuve, terme d'Imprimérie, 332.
Épreuves des Caractères de la Fonderie de Nicolas Gando, clx.

TABLE DES MATIÈRES.

Epreuves des Caractères de la Fonderie de Claude Mozet, Fondeur & Graveur de Caractères d'Imprimerie, clx.
Erector *Magnus*, Accent Royal, 346.
Erotemata *Græcæ Linguæ, cum præfatione Philippi Melanchthonis de utilitate Linguæ Græcæ*; par Michel Léander, cc.
Thomas Erpenius. *Grammatica Arabica*, clxxxiv.
Essai d'Arithmétique, démontrée par J. P. de Crouzas, Professeur en Philosophie & en Mathématique à Lausanne, xc.
Essais du Chevalier Bacon, Chancelier d'Angleterre; sur divers sujets de Politique & de Morale, xxj.
Essais nouveaux, de Morale, de l'âme de l'homme, xij.
Essai sur le Méchanisme des Passions, par M. Lallemand, Docteur-Régent de la Faculté de Médecine en l'Université de Paris, xliv.
Escalier des Sages, ou la Philosophie des Anciens, xj.
Espaces, terme d'Imprimerie, 321.
L'*Esprit* doux des Grècs, 390.
L'*Esprit* rude des Grècs, 390.
Estampe Allégorique de l'Imprimerie, avec son explication, 300.
État des différentes espèces de Papiers, 336.
Étoile, terme d'Imprimerie, 318.
Étude (de l'), xxviij.

Etymologium *Orientale, sive Lexicon Harmonicum Heptaglotton*, cxciij.
Excerpta *Vet. & N. Testamenti Syriaci, cum Latiná interpretatione nová & Annotationibus*, clxxxiv.
Exemple singulier des Caractères Hibernois sur les cinq Voyelles, & sur deux Diphtongues, 516.
Expérience dans les Affaires (de l'), xxxj.
Explication des 214 Clés Chinoises avec leurs dérivés; 636. 637. 638. 639. 640. 641. 642. 643. 644. 645. 646.
Extensor, Accent Royal, 346.

F.

LETTRE F a été confondue avec l'H, 416.
Fausseté des Vertus humaines; par M. Esprit, xiij.
Feuille de marge, terme d'Imprimerie, 329.
Figure des Lettres du Copte, 380.
Fin du Verset, Accent mixte, 349.
Fleurons, terme d'Imprimerie, 321.
Fonte, terme d'Imprimerie, 322.
Fortune (de la), xxix.
François I, Restaurateur des Lettres en France, 450.
Frisquette, terme d'Imprimerie, 325.

TABLE DES MATIÈRES.

G.

ETIENNE le *Gac*, Supérieur des Missions de la Compagnie de Jesus dans les Indes Orientales, fit tout au monde dans les Années 1729, 1730, 1731, & 1732, pour se procurer une Imprimerie en Caractères Tamoul ou Télongou, 620.
Gaillarde, Italique, 309.
Gaillarde, Romaine, 309.
Gallée, terme d'Imprimerie, 331.
Garamond (Claude), Graveur & Fondeur de Caractères, clvij.
Garnitures, terme d'Imprimerie, 337.
Gilbert Génébrard *Isagoge Rabbinica*, cxciv.
Géographie de l'Anonyme de Nubie, cclx.
Géorgien, Langue, 600.
Géorgiens font remonter leur Origine dans l'Antiquité la plus reculée, 603.
Géorgiens n'ont pour Chiffres que leurs Lettres, 603.
Giami, fameux Poëte Persien, ccxxj.
Giarumia *Grammatica de centum regentibus*, clxxxviij.
Giauhari, Jouaillier, ccxxix.
Glossarium *Syro-latinum pro utriusque Testamenti excerptis*, clxxxiv.
Gothique est une Langue mère, 499.
Règne de Charles VIII. Époque du Gothique, 428.
Gothique, entièrement aboli sous Henri II, 428.
L'Écriture *Gothique* fit de très-grands progrès depuis le commencement du treizième siècle, & devint d'un usage universel dans toute l'Europe, 428.
Nous n'avons ni *Grammaire*, ni Dictionnaire, sur l'ancienne Langue Égyptienne, 400.
Grammaire de Ibn Alhagiabi, dite Caphiah, cclx.
La *Grammaire Copte* diffère des autres Grammaires Orientales en quantité de points, 405.
Grammaire Hébraïque de Bellarmin, cc.
Grammaire Hébraïque du P. Mayr, cc.
Grammaire Turque, par le P. Bernard de Paris, & le Père Pierre d'Abbeville, Capucins, ccij.
Grammatica *Arabica*; par Thomas Erpenius, clxxxiv.
Grammatica *Chaldæa & Syra*, clxxxix.
Grammaticæ *Chaldæo Syriacæ libri duo, cum triplici appendice Chaldæa, Syria & Rabbinica*; par Hottinger, cxciij.
Grammatica *Hebræa generalis*, clxxxix
Grammatica *Hebræa in tabulis Synopticis una cum concilio XXIV*; par Christophe Allarius, clxxxij.
Grammatica *Hebraïca argentorati*;

TABLE DES MATIÈRES.

par Conrad Pellican, cxcix.
Grammatica *Hebrææ Linguæ*, *juxta artis methodo*; par François Junius, appellé vulgairement *du Jon*, cxciv.
Grammatica *Linguæ Sanctæ nova in in usum Academiæ*; par Jean Drusius, cxcv.
Grammatica *quatuor Linguarum Hebraïcæ, Chaldaïcæ, Syriacæ, & Arabicæ*. Johanne-Henrico Hottinger, clxxxix.
Grammatica *trilinguis, Hebraïca, Syriaca & Chaldaïca*; Ludovici de Dieu, cxciv.
Grands Bizeaux, terme d'Imprimerie, 337.
Grand ouvrage d'Avicenne, ccxxvij.
Grand Dictionnaire Alphabétique Tartare-Chinois, 555.
Grande ressemblance entre l'Allemand & le Gothique, 499.
Grand nombre de Commentateurs & d'Interprêtes sur l'*Alcoran*, ccxv.
Granjou (Robert), Graveur & Fondeur de Caractères, clvij.
Græcæ Linguæ Tabulæ; par Michel Léander, cc.
Grèc ordinaire, 380.
Les *Grèc*s & les Latins reconnoissoient *Iavan* pour leur Ancêtre commun, 408.
Gros Canon, Italique, 315.
Gros Canon, Romain, 315.
Grosses de Fonte pour les affiches, terme d'Imprimerie, 320.
Grosse Nompareille, 316.
Gros œil, terme d'Imprimerie, 317.
Gros Parangon, Italique, 313.
Gros Parangon, Romain, 312.
Gros Romain, Italique, 312.
Gros Romain, Romain, 311.
Gros Texte, Italique, 311.
Gros Texte, Romain, 311.
Guillemèts, terme d'Imprimerie, 318.

H.

HABITANS de l'Attique se servoient de l'*H* pour tenir lieu du *Digamma*, 416.
Habitude (de l'), xxiij.
Haik vivoit avant la destruction de Babel, Fondateur du Royaume d'Arménie, 376.
Hariri, Arabe Éloquent, ccxliv.
Hausses, terme d'Imprimerie, 327.
Hébreu Rabbinique, 350.
Hermès selon les Grècs Inventeur de l'Écriture Alphabétique, 340.
Hibernois écrivirent d'abord avec un style de fèr sur des Tablettes de Bouleau, 509.
Hibernois Lettrés ont un langage qui n'est point entendu du vulgaire, 513.
Hibernois prétendent que leur Langue n'a point éprouvé de vicissitudes, 512.
Hiéroglyphes des Égyptiens, 340.
Les *Hiéroglyphes* étoient une Inven-

TABLE DES MATIÈRES.

tion de *Mercure* ou *Ofiris*, 627.
Hiérogrammes, ou Lettres Sacrées des Égyptiens, 340.
Hiftoire générale de l'*Imprimerie* en Anglois ; par M. Palmer, clv.
Hiftoire de l'Origine & des premiers progrès de l'*Imprimerie* ; par le Sieur Profper Marchand, clv.
Hiftoire de l'Imprimerie & de la Librairie ; par Jean de la Caille l'aîné, Imprimeur & Libraire de Paris, clj.
Hiftoire de quelques Imprimeurs de Paris, qui comprend leurs vies, & le Catalogue des Livres qu'ils ont imprimés, cliij.
Hiftoria *Jofephi Patriarchæ ex Alcorano Arabicæ*, &c. clxxxviij.
Homaioun-namch, le Livre Royal, Traduction Perfienne, ccxxx.
Horæ *Samaritanæ ; hoc eft excerpta Pentatheuchi Samaritica verfionis*, &c clxxxiv.
Grammatica *quatuor Linguarum Hebraïcæ*. Joanne-Henrico Hottinger, clxxxix.
L'*Hypodiaftole*, ou la *Divifion* des Grècs, 391.
L'*Hypodiaftole* ou la diftinction, Paffion des Grècs, 389.
L'*Hymen*, l'*Union*, ou la Liaifon des Grècs, 391.
L'*Hyphem*, ou l'*Union*, Paffion des Grècs, 389.

I.

IDOLATRIE Égyptienne (fon Origine), 339.
Illyrien ou *Efclavon*, Langue, 537.
Imagination (l') feule conftituë la Beauté d'une Langue, 455.
Impofitions avec figures, terme d'Imprimerie, 339.
Impofitions les plus ordinaires (fept), 337.
Impofition in-Folio, terme d'Imprimerie, 337.
Impofition in-4°. terme d'Imprimerie, 337.
Impofition in-8°. terme d'Imprimerie, 337.
Impofition in-12. terme d'Imprimerie, 337.
Impofition in-18. terme d'Imprimerie, 337.
Impofition in-24. terme d'Imprimerie, 337.
Impofition in-32. terme d'Imprimerie, 337.
Impératif, point des Syriens, 367.
Impreffion Noire, 323.
Impreffion Rouge & noire, 323.
Imprimerie, (Difcours préliminaire fur l') 301.
Imprimerie (Vers fur l'), cxlj.
L'*Imprimerie* a commencé en Chine l'an 927 de JESUS-CHRIST, 665.
Imprimeries Arméniènes, 379.
Imprimerie Royale (de l'), clxv.

Première

TABLE DES MATIÈRES.

Première *Imprimerie* Turque à Cons- tantinople, 359.
Deux principales *Imprimeries* du monde, clxiv.
Imprimeurs d'Allemagne, clxiij.
Imprimeurs de Cologne qui ont paru durant un demi-siècle, jusqu'au commencement de celui-ci, clxiij.
Imprimeurs de France, clxj.
Imprimeurs d'Hollande, clxiv.
Imprimeurs d'Italie, clxj.
Imprimeurs des Pays-Bas Catholiques, clxiij.
Imprimeurs des autres Villes de France, clxij.
Indiens reconnoissent avoir reçu les Sciences & les Arts des *Samanes*, 612.
Anciennes Relations des *Indes* & de la Chine; de deux Voyageurs Mahométans, 398.
L'*Inférieur*, point des Syriens, 367.
Institutio *Linguæ Syriæ*; par Gaspard Wafer, cxcvij.
L'*Interrogant*, point des Syriens, 367.
Inventeur de l'Écriture Chinoise, 655.
Inventeur des Lettres Runiques, 460.
Invention de l'Alphabet des Arméniens, 378.
Invention de l'Art de l'Imprimerie en l'An 1440, 431.
Invention des Lettres Grecques, 381.

L'*Invitatif*, point des Syriens, 367.
Isagoge *in Linguam Arabicam*, clxxxiv
Isagoge *Rabbinica ad legenda & intelligenda Hebræorum & Orientalium*; par Gilbert Génébrard, cxciv.
Islandois, Langue, 456.

J.

JACQUES Rhenferd, *Rudimenta Grammaticæ*, clxxvij.
Jean Reuchelin, *de Accentibus & Ortographiá Linguæ Hebraïcæ*, cxcviij.
Jeu de la Presse, terme d'Imprimerie, 323.
Joannes *illustratus per Paraphrasim Chaldaïcam*, &c. cxcix.
Joannis *Reuchlini Comitis Palatini Laterani*; par Thomas Anselmus, cxcvij.
Jubilé célébré tous les cent ans, pour renouveller la mémoire de l'Invention de l'Imprimerie, 431.
François Junius, *Grammatica Hebrææ Linguæ*, cxciv.

K.

SALVIUS fut le premier, qui ajoûta le *K* aux Lettres Romaines, 412.
Usage de la lettre *K* étoit très-fréquent chés les Anciens, 413.
Ketab abriassat fil siassat, ou Livre des Politiques d'Aristote, ccxxxiij.

TABLE DES MATIÈRES.

L.

LAGMAN, Homme de Loi, 457.
Lançeur, Acçent Royal, 344.
Langage Galiléen étoit celui de Notre Seigneur, & de fes Apôtres, 363.
Langage que les Apôtres ont parlé, 362.
Les Iflandois ont un Langage, qui eft proprement l'Ancien Allemand, ou Cimbrique, 467.
Les Langues éprouvent des altérations confidérables, à mefure qu'elles s'éloignent du berçeau qui les a vû naître, 444.
Tous les Peuples de l'Europe, à l'exception des Sarmates, des Grècs, & des Romains, ont parlé la même Langue, 467.
Une Langue ne peut être riche, qu'en proportion des connoiffances acquifes par la Nation qui la parle, 468.
Langue Allemande, 436.
Langue Allemande moderne provient de notre Ancien Franc, 499.
La Langue Allemande eft un refte de l'ancienne Langue des Celtes, 443.
La Langue Allemande eft une des plus anciennes & des plus abondantes de l'Europe, 445.
Langue Amharique, 367.
Langue Amharique, 371.
Langue Angloife eft un mêlange de cinq Langues différentes, 471.
Langue Angloife eft un mêlange de vieux Saxon ou Allemand, & de Normand ou Vieux François, 475.
Langue Arabe, 350.
Langue Arménienne, 373.
Langue Celtique ne s'eft conservée pure, que dans les contrées qui n'ont pas fubi le joug des Romains, 467.
La Langue Celtique fort étendue, 446.
Langue Chinoife écrite, eft très-belle & très-expreffive, 665.
Langue écrite des Chinois eft riche & abondante, 661.
Langue parlée des Chinois eft pauvre, imparfaite & barbare, 661.
Langue de la Cour en Arabe, 360.
Langue Danoife defcend de la Langue Gothique, 499.
La Langue Égyptienne a adopté depuis deux mille ans un grand nombre de mots Grècs, 397.
L'ancienne Langue Égyptienne avec l'*Hébreu*, fe peut prouver par la comparaifon des mots qu'on fçait être très-certainement de ces Langues, 399.
Langue Éthiopienne, 369.
Langue Éthiopienne, ou Abyffine, 367.
Langue Françoife depuis le règne de François I, s'eft enrichie de plu-

TABLE DES MATIÈRES.

fleurs termes nouveaux, 453.
Langue Géorgienne ne reſſemble à aucune des Langues que nous connoiſſons, 605.
Langue Haïkaniene, 377.
Langue Irlandoiſe, 504.
Langue Iſlandoiſe eſt une Dialecte de la Gothique, ou plutôt la Langue Gothique même, 500.
Langue Littérale, 378.
Ce que la *Langue* Manchéou a de plus ſingulier, comparé avec la Langue Françoiſe, 569.
Langue que parloit JESUS-CHRIST, 361.
Langue Romane, 446.
Langue Royale, 371.
Langue Runique, 481.
Langue Saxone, portée dans la Grande Bretagne par les Anglois; & le Franctheuch, que nos Francs, parloient dans la Germanie & dans les Gaules, ſont deux anciennes Langues de l'Europe, que l'on a raiſon de regarder comme Sœurs, 498.
Langue Sçavante des Chrétiens de S. Thomas, 365.
Langue des Sçavants en Arabe, 360.
Langue Tudeſque ou Gothique des quatrième & cinquième Siècles, a de très-grands rapports, avec le Bas-Breton, ou le Gaulois, 468.
Langue vulgaire des Juifs, 361.

Latins n'eurent point l'uſage des Lettres Y & Z avant Auguſte, 414.
Leçons de la Sageſſe, ſur les Défauts des hommes, xxxj.
Leçons de la Sageſſe, ſur l'engagement au ſervice de Dieu. Par le Père Dom François Lamy, Bénédictin de la Congrégation de Saint Maur, xv.
Lecture des Langues Arabes, Turques, & Perſanes, 357.
Leibnitz, Mémoires de l'Académie, lxxx.
Lettre d'abréviations, terme d'Imprimerie, 319.
Lettres accentuées, terme d'Imprimerie, 318.
Lettres Anglo-Saxones remplacèrent les Runes, 491.
Lettres Cophtes étoient d'uſage en Égypte du temps que les Grècs écrivoient encore en *Bouſtrophédon*, 407.
Lettres Curſives de l'Alphabèt Arménien, 372.
Lettre de deux points, terme d'Imprimerie, 320.
Lettre griſe, terme d'Imprimerie, 321.
Lettres latines reſſemblent aux Grècques, 409.
Lettre de M. Lollière à M. Signard, concernant la Langue & la littérature Siamoiſe, 622.

TABLE DES MATIÈRES.

Lettres Majuscules de l'Alphabèt Arménien, 372.
Lettres Majuscules lapidaires de l'Alphabèt Arménien, 372.
Lettres Majuscules Grècques, 380.
Lettres Minuscules de l'Alphabèt Arménien, 372.
Lettres Minuscules Grècques, 380.
Lettres particulières aux Turcs & aux Persans de la Langue Arabe, 350.
Lettres Phéniciennes, 384.
Lettres rondes de l'Alphabèt Arménien, 372.
Lettres Sacrées, ou Hiérogrammes, 340.
Figure ordinaire des *Lettres* Syriennes, 360.
Jean Leusden, *pauca & brevia quædam Præcepta*, &c. cxcviij.
Adam Letteleton. *Complicatio radicum in primæva Hebreorum Lingua*, cxcvij.
Lexicon *Arabicum*, ccj.
Ligne occultante, 366.
S. Linguæ Hebreæ Erotemata, cum veterum Rabbinorum testimoniis de Christo ; par Michel Léander, cc.
Livre nécessaire pour les Comptables, Avocats, Notaires, Procureurs, Trésoriers ou Caissiers, & généralement à toutes sortes de conditions, revû & corrigé ; par Barrême, lxxx.
Lobb al Taovarikh, la Moëlle des Histoires, ccxxiij.
Lokmanni *Fabulæ & selecta quædam Arabum adagia*, clxxxviij.
Le Long (Père), *Bibliotheca Sacra*, clxxvij.
Par le *Long* P. Méthode Hébraïque du P. Renou, clxxvij.
Lune d'un jour, Accent ministre, 348.

M.

MAGISTRATS (des), xxv.
Mains, terme d'Imprimerie, 319.
Jean-Henri Maius, *Animadversiones & supplementa ad Joh.* cxcviij.
Majuscules, terme d'Imprimerie, 317.
Malabar ou Tamoul, Langue, 606.
Manchéous tirent leur Origine des Tartares, 547.
Manchéous se servent communément du Pinceau Chinois pour écrire, 573.
Manchéous n'ont presque point emprunté des termes Chinois, 564.
Manchéous ont pris des précautions pour empêcher leur Langue de se perdre, 566.
Manière de marquer les fautes, pour la Correction des Épreuves de l'Imprimerie, 334. *bis*. 334. *ter*.
Manivelle, terme d'Imprimerie, 326.
Manuscrit d'Ulphilas connu sous le nom de *Codex Argentæus*, 496.
Marbre, terme d'Imprimerie, 325.
Mariage (du), xxiv.

TABLE DES MATIÈRES.

Marger, terme d'Imprimerie, 328.
Marques ou Enseignes des principaux Imprimeurs & Libraires, clxvj.
Massore, 363.
Massorèts, 344.
P. *Mayr*, Grammaire Hébraïque, cc.
Mémoire de M. Fréret, cxxiv.
Mémoire sur l'origine des Lettres Grecques, 397.
Ménès ou Mercure, qui le premier a inventé l'Écriture Alphabétique, 340.
Mercure étoit le Dieu de l'Éloquence & de la Sagesse ; il a inventé l'Écriture, il a poli la Langue ; aussi les Écrivains Égyptiens le regardent comme leur Patron, & lui dédioient leurs Ouvrages, 403.
Messias exinanitus & exaltatus Syre & Arabice descriptus, clxxxiv.
Métage en train, terme d'Imprimerie, 329.
Méthode Hébraïque du P. Renou de l'Oratoire ; par le Père le Long, clxxvij.
Méthode Théorique & Pratique d'Arithmétique ; par M. Gallimard, cviij.
Nouvelle *Méthode* de multiplier & de diviser ; inventée par M. Tarragon, Professeur de Mathématiques, lxxxij.
Michel Léander ; *Erotemata Græcæ Linguæ*, cc.
Midraschim, 362.
Mignone, Italique, Caractère, 308.
Mignone, Romaine, Caractère, 308.
Missel Chaldéen à l'usage des Maronites en Caractères Syriaques, commencé en 1592, & fini en 1594, cclx.
Moclah, ccxxxj.
Modèles des Caractères de l'*Imprimerie* ; par Simon-Pierre Fournier le Jeune, clvj.
Moëso-Gothique, Langue, 492.
Monarque Égyptien, qui le premier a distingué les Voyelles des Consonnes, les Muettes des Liquides, 340.
Monuments Typographiques, ou Recüeils des Ouvrages faits, sur l'Origine & les Progrès de l'*Imprimerie* ; par M. Volfius, Professeur de l'Université de Hambourg, clv.
Morale divisée en deux Livres, xvj.
Morale d'Épicure, avec des réfléxions ; par Descoutures, xj.
Morale de la Nature ; par M. Vignier, xj.
Morale de Tacite, premier essai de la Flatterie ; par le S. Amelot de la Houssaye, xj.
Mordans, terme d'Imprimerie, 331.
Moyen œil, terme d'Imprimerie, 317.
Moyennes de fonte pour les Affiches, terme d'Imprimerie, 320.
Musique (Caractère de), terme d'Imprimerie, 321.

TABLE DES MATIÈRES.

Mythologie des Enfers, lxix.
Mythologie Islandoise, 465.
Mysterium *Incarnationis Filii Dei Syriacæ*, clxxxiv.

N.

NESTORIEN (le), Langue, 360.
Nœuds de la Lune, terme d'Imprimerie, 319.
Nom de l'Alphabèt Grêc, 380.
Nom de l'Alphabèt Runique, 483.
Noms des *Cophtes* paroissent formés à l'imitation de ceux des Grècs, 405.
Noms des Lettres de l'Alphabèt Arménien, 372.
Nom des Lettres du Copte, 380.
Nom des Lettres Syriennes, 360.
Nompareille, Italique, Caractère d'Imprimerie, 307.
Nompareille, Romaine, Caractère d'Imprimerie, 307.
Notes Historiques sur l'Imprimerie, cxlj.
Notes Ortographiques de la Langue Arabe, 350.
Notes Ortographiques des Persans, 356.
Notes pour le Plein-Chant, terme d'Imprimerie, 321.
Nunnations des Lettres Arabes, 355.
Nunnation, An, 355.
Nunnation, In, 356.
Nunnation, On, 356.

O.

ODE singulière de Regner Lodbroge, 462.
Odin passe pour être l'Inventeur de la Magie, 482.
Odin enseigne le premier la Poësie aux Scandinaves, 459.
Œuvres d'Avicenne en Arabe, qui s'appellent dans cette Langue, *Albohaly ibn sena*, cclx.
Œuvres de Bernard Ramazzini, premier Professeur de Médecine-Pratique, dans l'Université de Padouë ; pour les Auteurs, Écrivains & Copistes, cxx.
Œuvres de Bernard Ramazzini, premier Professeur de Médecine-Pratique dans l'Université de Padouë ; pour les Imprimeurs, & autres Ouvriers, clij.
Œuvres Morales, & mêlées de Plutarque, ix.
Olaüs Worms, donne aux Langues Islandoise & Norvégienne, le nom de Langues Runiques, 491.
Opposition, terme d'Imprimerie, 320.
Opuscula *quæ ad Grammaticam spectant in unum volumen compacta*; par Jean Drusius, cxcv.
Orationes *tres de Linguarum Hebrææ atque Arabicæ dignitate*; clxxxix.
Ordre observé dans les Dictionnaires Chinois rangés par Clé, 646.

TABLE DES MATIÈRES.

Origène crut que tous les Arts, & toutes les Sciences fussent nées en Égypte, 399.
Origine de l'Écriture, cxj.
Origine de l'Idolâtrie Égyptienne, 339.
Origine de la Poësie parmi les Scandinaves, 460.
Ordre de l'Alphabèt des Hibernois n'étoit pas le même qu'il est aujourd'hui, 509.
Os brisé, Acçent mixte, 349.
Otfrid a entrepris de traduire en Allemand, les quatre Évangiles en vers, 441.
Otfrid fit une version des quatre Évangélistes en Langue Teutonique, 438.
Ouvrages (des) de pur agrément, ont l'avantage d'étendre une Langue, 448.

P.

PALESTINA ex Monumentis veteribus illustrata, clxxxij.
Palestine, Italique, Caractère, 313.
Palestine, Romain, Caractère, 313.
Papiers de différentes espèces, 336.
Papiers, terme d'Imprimerie, 335.
Papyrus, 396.
On doit regarder comme un très-grand *Paradoxe*, la prétenduë conformité de l'ancien Hébreu avec l'Égyptien, 397.
Paragraphe, terme d'Imprimerie, 319.

Parallèle des Prêtres Égyptiens & des Druides, 521. 522. 523. 524.
Paranthèses, terme d'Imprimerie, 318.
Parchemins, terme d'Imprimerie, 335.
Le *Parfait* Arithméticien, ou la manière de le devenir ; par le Sieur Liverloz, cviij.
Parisienne, Italique, Caractère, 307.
Parisienne, Romain, Caractère, 307.
Pauca brevia quædam præcepta ad notitiam Linguæ Hebrææ & Chaldææ Veteris Testamenti ; par Jean Leusden, cxcviij.
Pause, Acçent Royal, 347.
Peinture fidelle de nos anciens Gaulois, de nos Francs, 465.
Pélasge & Étrusque, Langue, 419.
Le *Pélage* est réellement un des Dialèctes de la Langue Grècque très-déguisée, 423.
Pentateuchus Mosis Arabicè, clxxxix.
Periculum criticum, sive exercitationes criticæ in loca depravata, clxxix.
Periculum Palmyrenum, sive Litteratura veteris Palmyrenæ indagandæ, clxxix.
Periculum Phœnicium, sive antiqua litteratura Phœnicium, clxxx.
De Peregrinatione Gallica utiliter instituenda Tractatus, clxxxix.
Les *Persans* & les Turcs se servent de l'Alphabèt des Arabes, 354.
Perte du premier Alphabèt, 342.
Petits Biseaux, terme d'Imprimerie, 338.

TABLE DES MATIÈRES.

Petit Canon, Italique, Caractère d'Imprimerie, 314.
Petit Canon, Romain, Caractère d'Imprimerie, 314.
Petites Majuscules, terme d'Imprimerie, 317.
Petit œil, terme d'Imprimerie, 317.
Petit Parangon, Italique, Caractère d'Imprimerie, 312.
Petit Parangon, Romain, Caractère d'Imprimerie, 312.
Petites poutres, terme d'Imprimerie, 325.
Petit Romain, Italique, Caractère d'Imprimerie, 309.
Petit Romain, Romain, Caractère d'Imprimerie, 309.
Petit Texte, Italique, Caractère d'Imprimerie, 308.
Petit Texte, Romain, Caractère d'Imprimerie, 308.
Petit tympan, terme d'Imprimerie, 326.
Phases de la Lune, terme d'Imprimerie, 319.
Philologus Hebræus, continens quæstiones Hebraïcas quæ circa vetus Testamentum Hebræum moveri solent, cxcix.
Philosophie, Italique, Caractère d'Imprimerie, 310.
Philosophie, Romain, Caractère d'Imprimerie, 310.
Pied de mouche, terme d'Imprimerie, 319.
Pierre Charron, de la Sagesse, ix.
Planettes, terme d'Imprimerie, 319.
Platine, terme d'Imprimerie, 326.
Eruditissimus Poema *Regiæ Scientiarum Academiæ sociis*, clj.
Poësie si honorée, que les Rois eux-mêmes s'y adonnoient, 461.
Poëtes Provençaux, 449.
Poëtes dans la plus haute faveur, 461.
Points distinctifs des Syriens (quatre), 367.
Points des Syriens servent à marquer les divers mouvements de l'âme, 367.
Points-voyelles Hébraïques, 343.
Points-voyelles de la Langue Arabe, 350.
Pointures, terme d'Imprimerie, 326.
Ponctuations, terme d'Imprimerie, 318.
Ponctuation de la Langue Arabe, 350.
Ponctuation Syriaque, 360.
Pont aux ânes méthodique ; par M. Gallimard, cx.
Porta Syriæ, sive Grammatica Syriaca, clxxxiv.
Porta Syriæ patentior ; sive plena & major Grammatica Syriaca, clxxxiv.
Præcepta de Lingua Græcorum communi, clxxxix.
Nouvelle *Pratique* d'Arithmétique d'une Méthode très-facile par ses abrégés ; par le Sieur Monnier de la Clairecombe, lxxxiv.
Précurseur, Accent servile, 347.
Presse,

TABLE DES MATIÈRES.

Preſſe, terme d'Imprimerie, 323.
Les *Prêtres* & les Moines ſeuls fai-
 ſoient leur étude de la Langue
 Latine, 437.
Prolongeant, Acçent miniſtre, 347.
Prononçiation Angloiſe, 480.
Prononçiation des Lettres Arabes, 352.
Pronoms Cophtes de l'ancienne Lan-
 gue Égyptienne, 405.
Propriété, Acçent Royal, 344.
Prote, terme d'Imprimerie, 332.
Protocole, terme d'Imprimerie, 332.
Protocole pour la correction des
 Épreuves d'Imprimerie, 334 *bis*.
 334 *ter*.
Provençaux ont été les premiers,
 qui ſe ſont le plus appliqués à
 Écrire dans la Langue Romane, 455.
Proverbiorum *Arabicorum cenſuræ* II.
 Arabice & Latine; cum ſcholiis
 Joſ. Scaligeri & Thomæ Erpenii,
 clxxxvij.
Pſalmi *Davidis Syriace*, *cum Verſ.*
 Lat. clxxxix.

Q.

LETTRE Q. tire ſa valeur & ſa
 figure du *Coph* Phénicien, 413.
Quaternaire de l'Imprimerie, 335.
Quatre (les) Phaſes de la Lune,
 terme d'Imprimerie, 319.

R.

LETTRE R. eſt de l'invention
 d'Appius Claudius; il en éten-
 dit l'uſage à quelques mots ou
 ſyllabes, exprimés avant par
 un S, 413.
Rabbiniſmus, *ſive Inſtitutio Gram-*
 matica pro legendis Rabbinorum
 ſcriptis, clxxxiij.
Ramettes, terme d'Imprimerie, 337.
Réclame, terme d'Imprimerie, 332.
Réfléxions ſur les Principes généraux
 de l'Art d'*Écrire*, & en particulier
 ſur les fondemens de l'Écriture
 Chinoiſe, cxxiv.
Regiſtre, terme d'Imprimerie, 326.
Réglèt double, terme d'Imprimerie, 321.
Réglèt ſimple, terme d'Imprimerie, 321.
Réglèt triple, terme d'Imprimerie, 321.
Religion Catholique introduite dans
 l'Iſlande au commencement du
 dixième ſiècle, 469.
Religion des Celtes ou Gaulois étoit
 modelée ſur celle des Égyptiens, 520.
Conformité de notre *Religion* &
 celles du Thibèt, 596.
Adrien Reland, *Analecta Rabbinica*, clxxx.
Répons, terme d'Imprimerie, 319.
Repos, Acçent Royal, 347.

Tome II. Part. II. q q

TABLE DES MATIÈRES.

Ressemblances singulières de la Religion du Thibèt avec la nôtre, 597.
Respiration, Accent Royal, 347.
Johannis Reuchlini, *comitis Palatini Laterani*, &c. Par Thomas Anselmus, cxcvij.
Romaine, Langue, 407.
Romain, Caractère d'Imprimerie, 317.
Rompant, Accent Royal, 347.
Rouleau, terme d'Imprimerie, 325.
Rudimenta Ling. Arabicæ, clxxxviij.
Rudimenta Linguæ Arabicæ & Persicæ, ccj.
Rudimenta Grammaticæ; par Jacques Rhenferd, clxxvij.
Rudimenta Grammaticæ harmonicæ Linguarum Orientalium; par Jacques Rhenferd, clxxviij.
Rudimenta Linguæ Hebraïcæ; par Antoine-Rodolphe le Chevalier, cxcviij.
Rudimenta Linguæ Persicæ; Ludovici de Dieu, cxciv.
Runes furent employés aux Amuletes & aux Enchantements, 482.
Russe, Langue, 528.

S.

SACERDOTALE des Égyptiens, 340.
Sage en apparence (du), xxvj.
Sagesse du Docteur angélique Saint Thomas d'Aquin; par un Docteur en Théologie de l'Ordre des Frères Prêcheurs, xliij.
Il n'y a point de véritable *Sagesse* sans la Religion, parce que la *Sagesse* vient de Dieu, j.
Samanéens adonnés à l'Étude des Belles-Lettres, 613.
Sanlecque, (Jacques de) Graveur & Fondeur de Caractères, clviij.
Satins, terme d'Imprimerie, 335.
Saturne porta en Italie la connoissance des Lettres, 409.
Scola Syriaca, cum dissertatione de litteris & Linguâ Samaritanorum; par Jean Leufden, cxcix.
Sciagraphia Philologiæ Sacræ, cum etymologico radicum deperditarum ex aliis Linguis, clxxxiij.
Science du Calcul numérique; ou l'Arithmétique raisonnée, traitée profondément; par M. Gallimard, cvij.
Science des Nombres raisonnée & démontrée; par M. Brunot, Mathématicien, cviij.
Science Pratique de l'Imprimerie; par M. D. Fertel, cliv.
Secours pour l'Art d'Écrire avec vitesse; par Will Tiffin, Chapelain de l'Hôpital de Wigston, à Leicester, cxxxj.
Le *Secteur*, point des Syriens, 367.
Sèpt Éditions principales de l'Alcoran, ccxiij.
Sèpt (les) Planettes, terme d'Imprimerie, 319.
Les *Sèpt* Tables de bronze d'Eugubio, 421.

TABLE DES MATIÈRES.

Septem *Psalmi Pœnitentiales*, hebraïcè ; par Jean Reuchelin, cxcviij.
Septénaire de l'Imprimerie, 337.
Valeur féroce des *Septentrionaux*, 465.
Servien, Langue, 535.
Sextil, terme d'Imprimerie, 320.
Siamois (les) n'exerçent quasi aucuns Arts, 624.
Signature, terme d'Imprimerie, 332.
Signes pour l'Algèbre, 320.
Signes pour les Mathématiques, 320.
Signes pour la Pharmacie, 320.
Signes du Zodiaque, terme d'Imprimerie, 319.
Socrate, ccxxvij.
Le *Stranguelo*, Langue, 360.
Style Marotique, 452.
Substantifs appellatifs *Cophtes* ont toujours la particule *pi* devant eux, 405.
Le *Supérieur*, point des Syriens, 367.
Suite des Clés Chinoises, 624 bis.
Systême de Morale ; par Pierre-Silvain Regis, xiv.

T.

TABLE des *Coüa* donnée par le Père Couplèt, 629.
Tables d'Eugubio, 421.
Tableau de la Chine, 626.
Tableau des vingt corps de Caractères d'usage ordinaire dans l'Imprimerie, 307.
Tablettes de Bambou substituées aux Cordelettes, 629.

Tablettes ou Cartes Méthodiques de l'Imprimerie, 301.
Tachéographie, ou *l'Art d'écrire* aussi vîte qu'on parle ; par le S. C. Al. Gentilh. Esc. cxx.
Tahrir heudaffiat, Livre de Géométrie, ccvj.
Talmud de Jérusalem, 362.
Taquoir, terme d'Imprimerie, 338.
Taquons, terme d'Imprimerie, 329.
Targum de Babylone, 362.
Tartare Manchéou, Langue, 546.
Le *Tems bref* des Grècs, 390.
Le *Tems long* des Grècs, 390.
Tems Historiques & certains de la Chine ne commencent qu'avec le Règne de *Yao*, 626.
Ternaire de l'Imprimerie, 330.
Novum Domini nostri JESU-CHRISTI *Testamentum arabice*, clxxxviij.
Nouveau *Testament* de Hutter, en douze Langues, cclxiij.
Livres du Nouveau *Testament* écrits en Syriaque, 361.
Tétières, terme d'Imprimerie, 337.
Thibétan, Langue, 546.
Thibétan ou Boutan, autre Langue, 584.
Thesaurus *Philologicus*, *seu clavis Scripturæ*, cxcij.
Thomas *Anselmus*, Joannis Reuchlini comitis Palatini Laterani, &c. cxcvij.
Thom. Erpenii, *Grammatica Arabica*, ccj.
Tierce, terme d'Imprimerie, 334.

TABLE DES MATIÈRES.

Cinq *Tons* des Chinois, 662.
Traité d'Arithmétique Théorie-Pratique, en sa plus grande perfection ; par M. Parent, de l'Académie Royale des Sciences, lxxxviij.
Nouveau *Traité* de l'Arithmétique ; par Blainville, mis dans sa perfection, xciv.
Nouveau *Traité* d'Arithmétique, ou Description des propriétés & usage du nouveau Tarif de réduction Arithmétique & Géométrique ; par J. B. de Méan, Ingénieur, xcv.
Traité des quatre premières Règles d'*Arithmétique* sur les Fractions ; par M. Roffin, Syndic des Experts-Écrivains & Arithméticiens Jurés, xcviij.
Traité des *Encres*, de toutes sortes d'espèces ; par Pierre-Marie Comparius, cxxiij.
Traité des Inscriptions en faux, & reconnoissances d'écritures & signatures ; par J. Raveneau, cxix.
Traité de la Science des Nombres, où l'on trouve des Principes d'Arithmétique & d'Algèbre ; par M. Brunot, Maître de Mathématique, xcj.
Travail, Accent Royal, 347.
Trésor de l'Arithmétique, contenant tout ce qu'il y a de nécessaire, d'utile & de curieux dans cette Science ; par M. le Roux, Arithméticien, lxxxix.
Trésor des anciennes Langues Septentrionales, ccxxxviij.
Trine, Caractère d'Imprimerie, 320.
Triphtongues de la Prononciation Angloise, 480.
Triple Canon, Caractère, 316.
Trismégiste, Italique, Caractère d'Imprimerie, 314.
Trismégiste, Romain, Caractère d'Imprimerie, 314.
Trois tons Grècs, 389.
Troubadours ou Trouvères, 449.
Tympan, terme d'Imprimerie, 325.

U.

UNITÉ de l'Imprimerie, 305.
Ulphilas fit connoître aux Goths les Caractères Grècs, & traduisit en leur Langue, tous les Livres de l'Écriture-Sainte, 495.
Usage & position des dix Accents Grècs, 389.
Usage de la Prière pour les Morts, parmi les Payens (de l'), lxxij.

V.

VALEUR des Lettres de l'Alphabèt Arménien, 372.
Valeur numérique du Boustrophédon, 380.
Valeur numérique des Lettres de

TABLE DES MATIÈRES.

l'Alphabèt Grèc, 380.

Valeur numérique de l'Alphabèt Runique, 483.

Valeur numérique des Lettres Syriennes, 360.

Iohannis *Wallis S. T. D. Geometriæ Professoris Saveliani in celeberrimâ Academiâ Oxoniensi Opera Mathematica*, lxxix.

Vanité (de la), xxix.

Gafpard Wafer, *institutio Linguæ Syræ*, cxcvij.

Verbes Cophtes ne fe conjuguent, qu'en mettant devant les mots, des particules d'une ou de plufieurs fyllabes, 406.

Versèt, Caractère d'Imprimerie, 319.

Versio & notæ ad Arabicam Paraphrasim in Evangelium Joannis, clxxxix.

Verfion des Livres Saints, en Copte, 396.

Vignettes, terme d'Imprimerie, 321.

Viforium, terme d'Imprimerie, 331.

Woldemar II, Roi de Dannemarck commença à règner l'an 1202; il enrichit l'Alphabèt *Runique* des Lettres ponctuées, 485.

Voyelles de la Prononçiation Angloife, 480.

Voyelles - tanouin, ou Nunnations de la Langue Arabe, 350.

X.

X On en attribuë l'invention à l'Empereur Claude, 414.

X. n'étoit point anciennement dans l'Alphabèt Latin, 414.

Y.

Y A O Prince, eft régardé par plufieurs Écrivains Chinois, comme le Fondateur de cette Monarchie, 626.

Z.

Z OHAR, 362.

FIN DE LA TABLE DES MATIÈRES DU TOME II. PARTIE II.

ERRATA

DE LA TABLE DES AUTEURS SUR LES LANGUES.

PAGE ccvj. ligne 7. Tahir, lisés *Tahrir*.
    Ibid.   lig. 23. d'*Amien*, lisés d'*Amin*.
    Ibid.   lig. 29. *Noovas*, lisés *Naovas*.
Pag. ccviij. lig. . *Fourat*, lisés *Sourat*.
Pag. ccxj. lig. 4. *Naffet*, lisés *Naffer*.
Pag. ccxiv. lig. 35. *Al-corrál*, lisés *Al-corát*.
Pag. ccxviij. lig. 4. *Moloux*, lisés *Molouk*.
    Ibid.   lig. 28. *Kelemal*, lisés *Kelemat*.
Pag. ccxxj. lig. 18. après ces mots, *le Vase du Roi*; supprimés le point & l'alinea.
    Ibid.   lig. 22. *Beu*, lisés *Ben*.
Pag. ccxxij. lig. 1re. *Mahammed*, lisés *Mohammed*.
Pag. ccxxiij. lig. 2. *Dhiacddin*, lisés *Dhiaeddin*.
    Ibid.   lig. 6. *Gent*, lisés *Gem*.
Pag. ccxxvij. lig. 5. *Giozgiani*, lisés *Giorgiani*.
Pag. ccxxviij. lig. 19. *Al-mohakkak*, lisés *Al-modakkak*.
Pag. ccxxix. lig. 31. *Gedidu*, lisés *Gedid-ou*.
Pag. ccxxx. lig. 9. *Namch*, lisés *Nameh*.
    Ibid,   lig. 27. *Rondeki*, lisés *Roudeki*.
    Ibid. lig. 28. *Maffoûh*, lisés *Maffoûd*.
Pag. ccxxxj. lig. 5. *Auvar*, lisés *Anuar*.
    Ibid,   lig. 13. *Al-Moufchi*, lisés *Al-Monfchi*.
Pag. ccxxxij. lig. 4. *Raïx*, lisés *Raïk*.
Pag. ccliv. lig. 16. *Beu*, lisés *Ben*.

www.ingramcontent.com/pod-product-compliance
Lightning Source LLC
Chambersburg PA
CBHW071700300426
44115CB00010B/1264